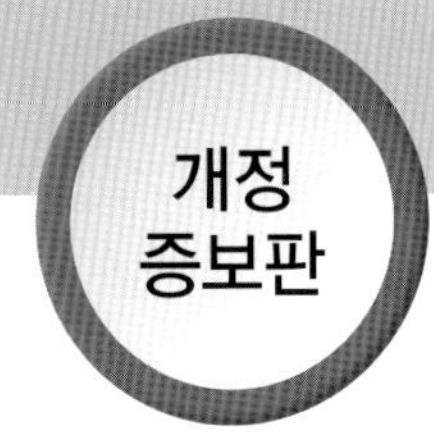

TAX AFFAIRS

개정 증보판

자산가의 승계전략에서
자본거래(M&A 등)를 통한 경영권 승계까지

승계전략의 기법과 세무

장두기 저

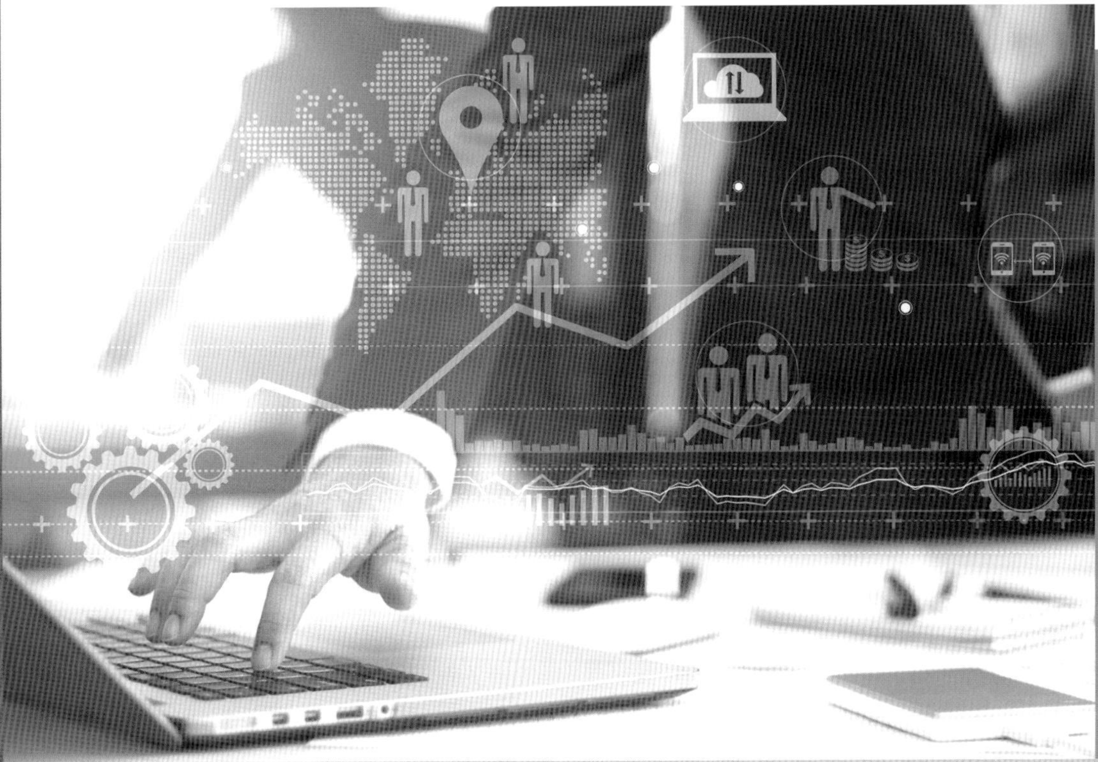

SAMIL | 삼일인포마인

www.samil*i*.com 사이트 **제품몰** 코너에서 본 도서 **수정사항**을 클릭하시면
정오표 및 중요한 수정 사항이 있을 경우 그 내용을 확인하실 수 있습니다.

제3판을 출간하며

개정법령과 새로운 판례 등을 반영해서 제3판을 낸다.

본서 출간 이후 책에서 언급한 법령개정의 필요성이 있는 부분은 법령으로 상당 부분 개정되었다. 특히 신탁과 관련된 과세정의의 미비점은 모든 세목에서 개정 정리된 상태이다. 또한, 지주회사 과세특례제도의 이중과세 부분도 개정(2022.1.1. 시행)으로 일단락된 상태이다.

본서는 승계와 관련된 모든 세법 이외에 세무와 관련한 현행 법령의 방대함에 따른 오해와 이해 부족으로 인한 잘못된 세무신고를 방지하기 위해서 집필된 책입니다. 그러다 보니 본서는 자산가나 경영권자는 물론 전문가가 반드시 알아야 하는 국내 모든 세법과 관련된 현행 법령뿐만 아니라 해외 재산세제까지 모두 이해하기 쉽게 핵심적인 사항으로 정리하여 반영된 상태이다. 따라서 매년 개정법령으로 인하여 책 전체가 수정되는 수고스러움이 있는 애증적인 책이다.

그럼에도 불구하고 본서를 집필한 초심["부의 크기와 상관없이 누구나 가장 합리적인 세법해석을 통하여 불필요한 납세 없이 가장 최상의 승계를 이룰 수 있도록 돕는 데 있다"]의 목적을 달성하기 위해서 매년 본서를 개정하는 노력을 기울이고 있지만, 여전히 미흡한 점이 있는 것도 사실이다.

개정판을 내는 지금도 본서를 통해 승계전략을 이해하고자 하는 자산가나 전문가 등 다양한 독자분에 도움이 되고자 각종 세법 및 현행 법령을 유기적으로 융합해서 책을 기술하고자 하다보니 전문적인 작가분들이 책을 쓰는 것처럼 세련되게 기술하는 문맥을 찾지 못함에 따른 부자연스러운 문구가 있음에도 불구하고 종전 개정판이 품절되는 고마움과 부끄러움이 있는 상태이다.

다시말해 본서는 승계과정에서 탈세나 불법을 하지 않더라도 얼마든지 성공적인 승계가 가능하다는 것을 설명하기 위한 책이다 보니 일부 전문가들이 바라보는 시각과 달리 보수적인 이야기를 하고 있을 것이다. 일례로 승계과정에서 절세를 위해서 증여보다 저가양도를 계획하고, 여기에 부당행위계산부인(5% 또는 3억원) 또는 현저한 차이(30% 또는 3억원) 기준을 위반하지 않는 범위에서 거래하는 경우가 있는데, 과연 이런 방법이 세무상 아무 문제가 없는 방안일까? 이러한 방법도 세무상 문제가 발생할 수 있다는 것이다. 이런 의도하지 않은 실수든 세법을 포괄적으로 이해하지 못함에서 오는 착오라고 할 수 있다. 이와 같은 아주 사소한 사례를 통하여 이야기하고자 하는 것은 탈세나 불법이 없는 진정한 절세를 하기 위해서는 많은 것을 이해하고 알아야 한다는 것이다. 하지만 세법의 모든 방대한 조문을 이해하기는 나 자신도 할 수 없는 것이 사실이다. 그래서 본서에서 설명하고 있는 승계와 관련된 세법의 계산구조 및 현행 법령을 포괄적으로 이해하고 더 나아가 본서에서 설명하고 있는 승계방안들을 응용한다면 본인들에게 맞는 합법적인 승계전략을 성공적으로 진행할 수 있다는 것이다.

오늘날 자본시장과 부동산시장의 고도화에 따라 조세정책 및 세법의 입법이 복잡하게 과세되는 방향으로 진행되고 있는 실정이다. 그러다 보니 세법은 너무 어렵게 개정되고 매년, 아니 매 반기 수준으로 개정됨에 따라 법령의 이해 및 해석의 스트레스가 심한 것이 사실이다. 이러다 보면 의도치 않는 탈세자가 발생하게 된다. 즉 세법을 몰라서 잘못 신고하거나, 너무 어려워서 잘못 신고하거나 하게 된다는 것이다. 따라서 누군가는 납세자들이 법을 쉽게 이해하고 해석하여 세법의 예측가능성을 보장받게 해 주는 것이 필요한 것이다. 이를 위한 조그마한 노력이 이 책에서 설명하고자 하는 것으로 이해하고 바라봐 주시면 감사하겠다.

끝으로 개정판을 내는 것이 경제활동의 기회비용을 사용하는 것임에도 항상 응원해준 아내와 아들 재혁에게 감사의 마음을 전합니다. 또한, 이 책이 출판되도록 도와주신 삼일인포마인의 이희태 대표이사님, 그리고 임직원분들의 노고에 감사드립니다.

2021. 4.
서판교의 올바른 승계전략연구소에서
저자

머리말

본서는 승계 가능한 모든 개별재산(부동산 등)에서부터 중소·중견·대기업의 경영권까지 승계와 관련하여 궁금해 하는 여러분들을 위한 책으로, 특히 기업가나 자산가 또는 승계에 관심이 있는 전문가를 위한 책이다. 승계는 단순할 수도 복잡할 수도 있다. 또는 승계는 승계자의 의중에 따라 절세가 될 수도 탈세가 될 수도 있다. 이에 승계는 과세대상이 되는 재산이나 경영권을 소유하고 있는 자의 최고의 관심사일 수밖에 없다.

하지만 승계대상이 되는 다양한 재산이나 경영권의 승계전략에 대하여 하나의 책에서 종합적으로 모든 승계전략의 수립방안을 설명하는 경우가 없었다. 또한, 승계과정에서 발생하는 세목[상속세, 증여세, 소득세, 양도소득세, 국외전출세, 증권거래세, 지방세(취득세, 과점주주취득세), 지방세특례제한법, M&A 및 법인전환 관련 세제(법인세, 조세특례제한법), 가업승계관련 지원세제, 국세기본법, 해외 재산세제 등]에 대하여 하나의 책에서 모두 설명하는 경우가 없었다.

본서는 이를 해소하고자 승계대상이 되는 모든 재산(부동산, 주식 등)의 승계방식과 평가방법(비상장주식의 평가방법 포함)에서부터 개인기업의 법인전환과 자본거래(M&A 등)를 통한 경영권승계까지의 모든 승계전략을 사례를 통하여 설명하고, 승계과정에서 발생할 수 있는 모든 세목에 대하여 설명함으로써 하나의 책으로 승계전략의 모든 과정을 설명하고 있는 국내 유일의 책이다.

오늘날 과세당국은 소득재분배와 과세형평제고를 위해서 대재산가 및 고소득자에 대한 과세를 강화하고 있기 때문에 부의 승계에서 발생하는 세금 또한 강화되고 있는 상태이다. 이런 과세정책에 따라 대재산가 및 고소득자일수록 탈세의 유혹에 빠지기 쉬운데, 본서는 탈세를 하지 않고도 얼마든지 합법적인 법 테두리 안에서 일반재산에서부터 경영권까지 승계가 가능한 사례를 설명하고 동 사례를 도출하는 승계전략 수립과정에 대한 전반적인 큰 흐름을 설명함으로써 탈세의 불필요성에 대하여 이야기하고 있다.

이처럼 본서는 다양한 사례를 통하여 성공적인 승계전략의 분석과정을 설명하고 이에 대한 이해를 위해서 승계방안에 대한 모든 절차와 모든 세무를 반드시 알아야 하는 핵심적인 내용 중심으로 설명하고 있으며 승계전략을 [기초편]과 [고급편]으로 나누어서 크게 세 부류의 독자층을 고려하였다.

첫 번째 부류는, 승계에 관심이 있는 사업가나 자산가로서 승계에 있어서 승계방식과 그에 따르는 절차 및 세금의 과세구조가 무엇인지를 이해하고자 하는 독자층이다. 사업가나 자산가의 경우 일반적으로 기업의 성장을 위해서 여유가 없기 때문에 승계전략의 일반적인 사례를 통하여 승계전략의 필요성과 승계방식과 과세구조에 대한 전반적인 이해에 도움을 주고자 했다.

여기서 기업가나 자산가는 승계전략의 절차와 세무의 이해를 위해서 직접 다양한 법률지식과 매년 개정되는 세법지식을 알아야 할 필요는 없다. 기업가나 자산가 입장에서는 승계전략 수립과정에 대한 큰 흐름의 이해를 바탕으로 외부전문가나 회사의 기획·재무팀을 잘 활용하면 되기 때문이다. 이런 목적으로 기업가나 자산가가 승계전략에 대한 전반적인 큰 흐름을 이해한다면 승계전략을 직접 구상할 수도 있고 어설픈 외부인에 현혹되어 불법 또는 탈법을 저지르는 우를 범하지 않게 될 것이다.

두 번째 부류는, 승계에 관심이 있고 세법지식도 어느 정도 갖추어져 있는 독자층이다. 이 부류에 속하는 독자층은 승계방식 및 자본거래에 대한 기본적인 개념은 있으나 구체적으로 업무수행 경험이 부족하여 최적방안을 도출하는 과정에서 막연한 어려움을 겪는 경우가 많다. 이를 위해서 승계전략의 효과를 분석하여 쉽게 이해시키고자 실무적인 사례를 먼저 기술하였고, 실무상 이해하기 복잡한 각 승계방안의 "법률적인 절차 및 세무"는 후술하여 실제 업무수행 시 참고할 수 있도록 정리하였다.

세 번째 부류는, 법률 또는 조세전문가로서 법률에 대한 이해력은 높으나 실제 지배구조개선업무나 최종 승계전략 플랜을 작성하는 업무를 총괄해 보지 아니하여 해당 자본거래관련 법률이나 승계방안에 관련된 각종 세목의 폭넓은 전문지식에 대한 심도 있는 분석이 필요한 독자층이다. 이 부류에 속하는 독자층은 전략적인 방안을 모색하는 기술이 부족할 뿐 전문적인 자본거래에 대한 절차 및 세무는 쉽게 이해할 수 있을 것이다.

위와 같은 다양한 독자층을 위해서 본서의 승계전략 사례는 단순화하여 쉽게 설명하고는 있지만, 모든 대기업이나 그룹에서 활용하고 있는 전략임을 인지할 수 있을 것이며, 전문적인 세무에 대한 위험이 제거된 합법적인 전략이라는 것도 이해할 수 있을 것이다.

또한 본서는 다른 책에서는 언급되지 아니하는 승계방안들을 일례로 언급함으로써 법의 이해가 다양한 승계전략 방안의 도출에 얼마나 중요한지를 최대한 쉽게 이해시키고자 하였다. 그리고 여기에는 대재산가 및 재벌들의 불법적인 경영권 승계사례는 되도록이면 언급을 피하였다. 또한 대규모 기업의 복잡한 자본거래 과정도 각 분야의 전문가들이 프로젝트 팀을 구성해서 몇 개월을 준비하고 기획해서 진행하는 것이라 이에 대한 세세한 설명도 생략하였다. 이는 자세히 기술할 수도 없으며 복잡하게 알 필요도 없기 때문이다. 왜냐하면, 각종 언론에 알려진 대재산가의 승계방법이나 재벌의 M&A 자본거래 승계방법이 본인들에게 맞지 않거나 나쁜 방법일 수도 있기 때문이다.

이처럼 실무에서 수많은 지배구조개선업무나 승계플랜 수립 시 겪은 경험을 비추어 볼 때 법에 대한 이해력의 정도가 높을수록 다양한 합법적인 승계전략의 도출이 가능하고 성공적인 승계전략의 수립이 가능하다는 것을 알 수 있었다. 또한 합법적인 승계전략이 진정한 승계의 성공을 보장한다는 것도 알 수 있었다. 간혹 일부에서 이런 합법적인 승계전략 없이 법의 이해도가 낮은 상태로 또는 법을 악용할 목적으로 승계를 진행함으로써 불법과 탈법을 자행하여 세금을 추징당하는 악순환이 반복되는 경우가 발생하는 데 참으로 안타까운 심정이다.

이러한 안타까운 심정에서 얼마든지 합법적인 승계방안으로도 절세는 물론 승계대상의 가치제고가 가능한 승계전략이 있을 수 있다는 사실을 이해시키는 데 조금이나마 도움이 되고자 이 책을 쓰게 되었다.

끝으로 이 책이 있기까지 항상 응원해준 가족과 늘 좋은 아빠가 되고자 노력하지만 그러지 못하여 미안한 아들 재혁이에게도 감사의 말을 전한다. 또한 이 책이 출판되도록 도와주신 삼일인포마인의 송상근 대표이사님, 그리고 직원분들의 노고에 감사드린다.

2019. 4.
서판교의 어느 연구소에서
저자

차례

제1편 승계전략 [기초편]

제1장 승계에 전략이 필요한가? / 33

차례

제3장 승계전략 수립 시 알아야 할 조세 / 119

차례

승계전략 [기초편]

본 편은 승계전략의 필요성과 어떻게 승계하는 것이 가장 합리적인 승계방안이 되는지를 승계관련 조세의 과세구조를 살펴봄으로써 성공적인 승계전략을 수립하는 과정을 설명하고자 한다. 이는 승계과정에서 발생하는 복잡하고 다양한 세금의 이해를 통해 부담하지 않아도 되는 세금에 대한 절세뿐만 아니라 승계대상의 가치제고를 위한 승계전략의 수립절차를 이해하는 데 목적이 있다. 여기서 살펴본 승계전략의 수립절차 등을 통하여 후술하는 [고급편]에서 실무적인 사례를 바탕으로 하여 자산가의 승계전략과 CEO의 경영권 승계전략을 구체적으로 살펴보기로 한다.

제1장 승계에 전략이 필요한가?

전 세계적으로 (가업)승계에 성공하는 확률은 30%에 불과하다는 통계가 있다. 이처럼 성공적인 승계는 힘든 것이 사실이다.

우리나라도 대기업 오너 및 99.9%인 중소·중견기업의 기업가나 부동산 자산가들은 회사나 자신의 성공을 위해서 하루 24시간이 모자랄 정도로 바쁘게 달려온 나머지 자신들의 부를 언제, 어떤 유형의 자산으로, 그리고 어떤 방식으로 승계해야 가장 합리적인 전략인지를 모르고 있다. 이런 상태에서 아무런 전략 없이 승계를 결심하거나, 급작스러운 사고로 인하여 승계가 필요한 상황이 발생하게 된다면, 필요 이상의 세금유출뿐만 아니라 평생 동안 각고의 노력으로 일궈온 부와 회사의 경영권에 치명적인 손실을 초래할 수 있다.

일례로 2013년 8월, 대한민국 1위 종자기술 업체인 농우바이오의 창업주인 명예회장이 급작스레 별세하면서 사망 전 보유했던 농우바이오 지분 45.4%를 유족들이 물려받으면서 내야 할 상속세는 1,000억원 정도였다. 하지만, 유족들은 1,000억원이 넘는 세금을 마련할 방법이 없어 결국 농우바이오 지분을 농협에 매각하게 되었다. 유족들 입장에서는 가장을 잃은 슬픔이 채 가시기도 전에 가업마저 잃게 되었다. 또한, 과거 세계 1위 손톱깎이 메이커인 쓰리세븐(777)의 유족들도 창업주가 갑자기 사망하면서 부과된 상속세 때문에 결국 회사를 매각해야만 했던 사례가 언론에 보도된 바 있다. 농우바이오는 사회초년생 시절에 방문했던 회사로서 좋은 기억이 있던 회사라 외부에서 바라보기에도 참 안타까운 심정이었다.

역사적으로도 1996년 4월, 미국 상공부장관을 비롯한 다수의 기업 최고경영진들이 탑승해서 보스니아로 향하던 비행기가 산악지대에 추락하여 전원이 사망하는 사고가 발생했지만, 사전에 CEO 승계계획이 이루어져 있던 엔지니어링 회사 포스터월러(Foster Wheeler)는 큰 어려움 없이 이를 잘 극복한 반면, 사전에 승계계획 및 관리가 이루어지지 않은 벡텔(Bechtel), ABB 등의 회사는 급작스런 최고 경영진의 사망으로 한동안 혼란과 어려움을 겪었던 유명한 해외사례가 있다.

이와 같이 여타 수많은 국내외 사례를 보더라도 사전 승계전략의 중요성은 강조하지 않아도 알 수 있을 것이다.

제1절 승계전략의 의의

승계는 다른 사람의 권리나 의무를 이어받는 것으로 상속과 같이 그 전부를 이어받는 '포괄승계'와 각개의 권리·의무를 개별적인 원인에 의하여 승계하는 '특정승계'로 구분된다. 또한, 승계는 무상으로 개개의 것을 이어받는 증여와 금전적 대가를 지불하고 유상으로 이어받는 양도로 구분하기도 한다.

승계전략(戰略, 영어: strategy)은 승계라는 특정한 목표를 달성하기 위해서 최적의 방법이나 절차 등을 미리 계획하는 것을 말한다. 따라서 승계전략을 사전에 계획하고 준비하지 않을 경우 수많은 사례들처럼 과도한 세금 유출로 인하여 기업가나 자산가의 부(재산)와 경영권 등이 훼손될 수 있다.

여기서 어려워 보이는 승계전략을 간단히 살펴보면,

승계전략은
1) 사전에 미리 계획을 준비하고
2) 계획된 실행시점에 재확인하고
3) 그리고 실행하면 된다.

이와 같이 승계전략은 기업가나 자산가 입장에서도 아주 단순하고 명료하다. 하지만 기업가나 자산가들은 승계전략 수립의 중요성을 인식하고는 있지만, 자신들에게 시간이 많이 남아 있다고 생각해 사전준비를 하지 않는 경우가 대부분이며 사전 승계계획을 검토하더라도 이런 단순·명료한 절차대로 승계전략을 실천하는 경우는 극히 드문 것이 현실이다.

왜냐하면, 승계전략은 장기계획을 수립하여 실행할 경우 절세는 되지만 승계시점에 필연적으로 발생되는 세금 때문에 대부분의 기업자산가는 쉽게 승계전략의 실행을 꺼리게 된다. 이는 탈세 없는 절세를 강조하면서도 세금부담을 꺼리는 정서 때문에 실제로 승계전략의 수립 및 이행을 하지 않게 되는 것이다. 여기에는 절세에 대한 잘못된 이해와 우리나라의 사회분위기가 상속·증여세를 제대로 내면 '바보'라는 주변 시선 때문에 기인되는 현상이라고 볼 수도 있다.

제2절 승계전략이 절세인가 탈세인가

승계과정에서 필연적으로 발생하는 것이 조세이다. 조세 중에서도 상속·증여세와 양도소득세에 해당되는 세금을 부담하여야 한다. 이 중 상속·증여를 통한 세금은 국내세법 중 가장 높은 최고 50%의 세금이 부과된다. 따라서 기업가나 자산가가 처음 100% 지분을 보유했지만 2대와 3대의 승계과정을 거치면서 전체 지분이 반의 반 토막으로 급격히 줄어들기 때문에 기업가나 자산가들이 가장 두려워하고 피하고 싶어 하는 것이 세금인 것이다.

따라서 세금을 징수당하는 입장에서 보면 가능한 한 세금을 적게 내거나 좀 더 줄여서 내고 싶은 것이 모든 사람들의 솔직한 심정일 것이다. 그렇다고 무조건 적게 낼 수는 없는 노릇이다. 왜냐하면, 국민으로서 마땅히 지켜야 할 법을 위반하게 될 수도 있기 때문이다.

절세와 탈세는 납세자가 세금을 줄이고자 하는 목적으로 행해진다는 점에서는 같다고 할 수 있다. 그러나 그 방법이 세법이 허용하는 범위 내에 있을 때는 '절세'라고 할 수 있으나, 그 이외에는 '탈세'로서 불이익은 물론 사기, 기타 부정한 방법으로 세금부담을 줄이게 되면 조세범처벌법에 의하여 처벌도 받게 된다.

I 절세와 탈세, 그리고 조세회피

1. 절세(Tax Saving)

국세청에서 장려하는 절세(Tax Saving)란 세법이 인정하는 범위 내에서 합법적으로 세금을 줄이는 행위를 말한다. 이는 세법에 따른 정확한 세금신고[1]는 물론, 납세자의 경제활동에 따른 선택적 거래에 있어서의 정확한 세금신고[2]를 의미하는 것이기도 하다.

우리나라의 조세제도는 납세자의 유형 및 경제활동의 거래방식에 따라 그 적용세율을 달리하며, 세법의 개정에 따라 동일한 납세자라도 납세연도에 따라 적용세율이 달라질 수 있다.

따라서 진정한 의미의 절세 핵심은 다양한 세목으로 구성된 복잡한 세법을 종합적으로 충분히 이해하고 법 테두리 안에서 세금을 줄일 수 있는 가장 유리한 방법을 찾는 것이다(일명 "Tax Planning"이라고 한다).

1) 좁은 의미 절세(예로 세액공제·감면혜택을 누락없이 받거나, 적격증빙수취로 가산세 부담 없는 신고 등)
2) 넓은 의미 절세(예로 승계시 다양한 거래형태 중 부담세금이 적은 승계거래를 선택해서 법정세금 신고 등)

절세는 납세자 입장에서 정당하고 당연한 경제적 행위이지만 하나의 경제적 거래에 다양한 Tax Planning이 존재한다면, 이는 세법이 너무 어려워서 모르고 부담하는 세금이 많다는 이야기이기도 하다. 또한, 조세전문가의 조력을 받는 자는 절세를 할 수 있고 그러지 못한 자는 절세를 할 수 없다면 조세공평주의 관점에서 논란이 발생할 수 있다.

따라서 고소득자 또는 자산가의 절세가 다른 이들로부터 거부감을 받지 않기 위해서는 상대적 차별이 없는 상태에서 Tax Planning이 되는 것이 가장 바람직하다. 이를 위해서는 복잡한 과세구조는 누구나 쉽게 이해할 수 있게 단순하고 명료화가 될 필요가 있고, Tax Planning은 세법이 의도한 범위 내에서 진행할 필요가 있는 것이다.

2. 조세회피(Tax Avoidance)

조세회피(Tax Avoidance)란 세법이 예상하는 거래형식을 따르지 아니하고 우회거래 행위 등 이상한 거래형식을 취하여 통상의 거래형식을 취한 경우와 동일한 효과를 거두면서 세금부담을 줄이는 것을 말한다. 이러한 조세회피는 과거 사회적 비난의 대상이 되었으나 세법상 처벌대상은 되지 아니하는 경우가 있었다. 이에 정부는 조세회피를 방지하는 법률을 새로 개정하거나 신설하고 있는 상태이다. 그리고 우회거래 행위 등을 통한 조세회피를 방지하기 위해서 '실질과세'규정을 두어 과세투명성을 확보하고 있으며, 완전포괄주의 제도를 도입하여 인위적인 조세회피는 쉽지 않게 되었다.

| 국세기본법 제14조의 실질과세 규정 |

구 분	내 용
귀속에 관한 실질과세	① 과세의 대상이 되는 소득, 수익, 재산, 행위 또는 거래의 귀속이 명의(名義)일 뿐이고 사실상 귀속되는 자가 따로 있을 때에는 사실상 귀속되는 자를 납세의무자로 하여 세법을 적용한다.
거래내용에 관한 실질과세	② 세법 중 과세표준의 계산에 관한 규정은 소득, 수익, 재산, 행위 또는 거래의 명칭이나 형식에 관계없이 그 실질 내용에 따라 적용한다.
조세회피방지를 위한 실질과세	③ 제3자를 통한 간접적인 방법이나 둘 이상의 행위 또는 거래를 거치는 방법으로 이 법 또는 세법의 혜택을 **부당하게** 받기 위한 것으로 인정되는 경우에는 그 경제적 실질 내용에 따라 당사자가 직접 거래를 한 것으로 보거나 연속된 하나의 행위 또는 거래를 한 것으로 보아 이 법 또는 세법을 적용한다.

가. 조세회피행위 방지를 위한 실질과세원칙

1) 실질과세원칙의 의의

실질과세의 원칙은 헌법상의 기본이념인 평등의 원칙을 조세법률관계에 구현하기 위한 실천적 원리로서 과세요건사실에 관하여 형식 또는 외관과 실질과의 사이에 괴리가 있는 경우에 그 형식 또는 외관에 불구하고 실질에 따라 담세력이 있는 곳에 과세함으로써 부당한 조세회피행위를 규제하고 과세의 형평을 제고하여 조세정의를 실현하고자 하는 데 주된 목적이 있다.

우리 세법은 실질과세의 원칙을 국세기본법 제14조와 지방세기본법 제17조에서 규정하고 있으며, 이 밖에도 법인세법 제4조, 국제조세조정에 관한 법률 제2조의 2에서도 같은 내용에 관한 규정을 두고 있다.

2) 실질과세원칙상 '실질'의 의미

실질과세원칙이 조세회피행위를 규제하는 조세법 원리로서 제대로 기능하게 하려면 그 법리와 규정이 정립되어 있어야 하는데, 여기서 '실질'이 의미하는 바가 무엇인지는 매우 중요하기 때문에 실질과세원칙에서의 '실질'의 개념을 둘러싸고 종래부터 법적 실질설[3]과 경제적 실질설이 대립하여 왔으나 오늘날은 경제적 실질설 입장을 견지하고 있는 상태이다.

가) 경제적 실질설

경제적 실질설은 '형식'과 '실질'을 '법적 형식'과 '경제적 실질'로 이해하면서 법적 실질과 경제적 실질 사이에 괴리가 발생한 경우에는 경제적 실질을 기준으로 하여 세법을 해석하고 적용하여야 한다는 견해이다. 여기서 경제적 실질은 "정상적 경제인의 객관적 관점에서 자연스럽고 합리적인 행위", "세법의 목적에 의할 때 가장 공평한 조세분배의 기준이 되는 객관적 사실", "납세자가 일반적으로 경제적 이익을 얻기 위하여 수행하는 통상의 방식을 선택하거나 또는 경제적 이익을 얻기 위한 합리적 의도에 따라 통상의 방식과 다른 방식을 선택하여 수행하는 실질적 활동" 등으로 설명된다.

나) '실질'에 대한 대법원 판례의 입장

실질과세원칙은 각 세법에서 조세회피행위를 막기 위한 개별규정(부당행위계산부인 규

3) "법적 실질설"은 거래의 내용과 그 귀속을 '사법질서'에 따라 포섭한다는 의미이다. 즉, 법적 실질설은 사법상의 법률관계를 전제로 하여 세법을 적용하여야 하므로 사법상의 법률관계를 무시하거나 재구성하여 과세할 수는 없다고 보는 견해이다.

정 등)으로도 직접 부인할 수 없는 조세회피행위를 부인하기 위한 일반규정이다. 이러한 일반규정은 조세회피행위를 부인하기 위한 구체적인 개별규정보다 그 법문의 구체성·명확성이 떨어지고, 그 규정의 의미나 내용이 명확하지 않는 경우가 발생하게 된다.

이에 종래의 대법원은 법적 실질설의 입장을 견지하여 "납세의무자가 경제활동을 함에 있어서는 동일한 경제적 목적을 달성하기 위하여서도 여러 가지의 법률관계 중 하나를 선택할 수 있으므로 그것이 가장행위[4]에 해당한다고 볼 특별한 사정이 없는 한 과세관청으로서는 납세의무자가 선택한 법률관계를 존중하여야 하고, 납세의무자의 거래행위를 그 형식에도 불구하고 조세회피행위라고 하여 그 효력을 부인할 수 있으려면 법률에 개별적이고 구체적인 부인 규정이 있어야 한다"고 판시하여 왔다[5].

그런데 대법원은 2012.1.19. 선고, 2008두8499 전원합의체 판결을 통하여 "조세의 부담을 회피할 목적으로 과세요건사실에 관하여 실질과 괴리되는 비합리적인 형식이나 외관을 취하는 경우에 그 형식이나 외관에 불구하고 실질에 따라 담세력이 있는 곳에 과세함으로써 …조세정의를 실현하려는 것"이라고 하여 **실질과세원칙에서의 실질의 개념을** 종래의 **법적 실질에서 경제적 실질로 그 방향을 전환**한 상태로 실질과세원칙을 통한 조세회피행위를 방지하기 위한 적극적인 태도를 보여준 상태이다.

하지만, 대법원은 여전히 조세법률주의에 근거한 개별적, 구체적 부인규정의 필요성을 강조하거나 '가장행위' 법리를 들고 있는 판결들[6]을 선고하고 있는 상태이다. 이는 납세의무자는 조세법률주의의 토대 위에서 조세의 부담을 제거하거나 완화하는 거래방법을 선택

---

4) "가장행위"는 상대방과 통정하여 이루어지는 진의 아닌 의사표시를 요소로 하는 행위로서 민법 제108조의 통정행위표시에 해당하여 무효이다.

5) 대법원 2011.5.13. 선고, 2010두5004 판결

6) "실질과세의 원칙에 의하여 납세의무자의 거래행위를 그 형식에도 불구하고 조세회피행위라고 하여 그 효력을 부인할 수 있으려면 조세법률주의 원칙상 법률에 개별적이고 구체적인 부인규정이 마련되어 있어야 한다."(대전고등법원 2016.10.12. 선고, 2016누10334 판결(대법원 2017.2.23. 선고, 2016두58130. 심리불속행 상고기각)).
"조세법률주의의 원칙상 과세요건이거나 비과세요건 등을 막론하고 조세법규의 해석은 특별한 사정이 없는 한 법문대로 해석하여야 하는 점 등을 종합하면, 양도소득세의 비과세요건인 '1세대 1주택'에 해당하는지를 판단할 때 거주자와 함께 1세대를 구성하는 배우자는 법률상 배우자만을 의미한다고 해석되므로, 거주자가 주택의 양도 당시 이미 이혼하여 법률상 배우자가 없다면, 그 이혼을 무효로 볼 수 있는 사정이 없는 한 종전 배우자와는 분리되어 따로 1세대를 구성하는 것으로 보아야 한다."(대법원 2017.9.7. 선고 2016두35083 판결)
☞ 해당 판례로 인하여 2019.1.1. 이후 양도분부터는 "사실혼 배우자"를 포함해서 1세대를 판단하도록 법령을 개정한 상태임.
"법률상의 부부관계를 해소하려는 당사자 간의 합의에 따라 이혼이 성립한 경우 그 이혼에 다른 목적이 있다 하더라도 당사자 간에 이혼의 의사가 없다고 말할 수 없고, 이혼이 가장이혼으로서 무효가 되려면 누구나 납득할 만한 특별한 사정이 인정되어야 한다. 그리고 이혼에 따른 재산분할은 부부가 혼인 중에 취득한 실질적인 공동재산을 청산·분배하는 것을 주된 목적으로 하는 제도로서 재산의 무상이전으로 볼 수 없으므로 이혼이 가장이혼으로서 무효가 아닌 이상 원칙적으로 증여세 과세대상이 되지 않는다."(대법원 2017.9.12. 선고 2016두58901 판결)

할 수 있으며, 그것이 가장행위나 위법한 거래로 평가되지 않는 한 납세의무자의 권리로서 존중되어야 한다는 관점으로 본질적으로 불확정개념인 실질과세원칙을 내세워 납세의무자가 선택한 거래형식을 함부로 부인하고 법 문언에 표현된 과세요건의 일반적 의미를 일탈하여 그 적용범위를 넓히게 되면 조세법률주의가 형해화되어 이를 통해 실현하고자 하는 법적 안정성과 예측가능성이 무너지게 될 수 있다고 보기 때문이다.

이처럼 실질과세원칙에 대한 실질의 의미는 대법원 전원합의체 판결로 경제적 실질설을 받아들인 상태이나 이를 적극적으로 적용하여 법적 안전성과 예측가능성까지 훼손하고 있지는 아니하는 상태이다.

나. 실질과세원칙과 승계전략의 관계

조세회피방지를 위한 실질과세의 원칙은 조세의 부담을 회피할 목적으로 과세요건사실에 관하여 실질과 괴리되는 비합리적인 형식이나 외관을 취하는 경우에 그 형식이나 외관에 불구하고 실질에 따라 담세력이 있는 곳에 과세함으로써 부당한 조세회피행위를 규제하고 과세의 형평을 제고하여 조세정의를 실현하고자 하는 데 주된 목적을 두고 있다.

이를 다시 말하면 조세회피방지를 위한 실질과세원칙은 납세의무자가 둘 이상의 행위 또는 거래를 거치는 방법 등으로 조세혜택을 부당하게 받는 경우에 한해서 적용되는 것이므로 '부당성'에 해당되지 않는 한 납세자의 거래 선택의 자유는 헌법으로 보장 받을 수 있는 것이다.

하지만, 조세법의 기본원리로서 조세회피방지를 위한 실질과세원칙은 조세공평의 원칙을 실현하기 위한 막강한 규정이 될 수 있으므로 절세 거래방안을 모색하는 것은 고도의 전문적인 지식이 필요한 것이다. 섣부른 거래행위는 절세가 아니라 조세회피방지규정이 적용되는 거래가 될 수 있기 때문에 Tax Planning시에는 경제적 실질을 훼손할 수 있는 인위적인 거래를 반드시 삼가고 항상 주의를 해야 할 것이다.

따라서 승계전략은 조세법률주의 토대 위에서 **가장행위나 부당성이 없는** 거래(승계)방법을 선택하여 조세의 부담을 제거하거나 완화하는 거래를 하여야만 그 거래의 실질이 법률로서 보장받는 합법적인 절세가 되는 것이다.

3. 탈세(Tax Evasion)

탈세(Tax Evasion)란 고의로 사실을 왜곡하는 등의 불법적인 방법을 동원해서 세금부담을 줄이려는 조세포탈 행위를 말한다. 탈세행위는 국가재정을 축내는 행위이기도 하지만, 더욱 중요한 것은 탈세로 축낸 세금은 결국 다른 사람이 부담해야 하기 때문에 성실한 납세자가 피해를 볼 수도 있다는 것이다.

따라서 국세행정 개혁TF는 대기업・대재산가의 편법승계 근절을 권고하였고 과세관청은 탈세행위 근절을 위하여 전산분석시스템 도입, 신용카드 및 현금영수증 가맹점 확대, 전자세금계산서 의무화, FIU 정보통합분석시스템 구축 등 과세인프라를 지속적으로 보강하고 있다. 여기에 각국 정부는 해외에서 발생한 소득에 대한 과세를 정상화하고 해외재산 은닉을 억제하기 위해 국가 간 정보교환을 강화하고 있는데, 우리나라는 해당국 또는 다자간에 맺은 금융정보 자동교환 협정(Multilateral Competent Authority Agreement, MCAA)에 따라 2021년 1월 현재까지 미국・중국・일본 등 140개 관할권(국가 또는 지역)과 자국민의 상대국내 금융정보를 상호제공 받으며, 버뮤다 등 12개 관할권에 대해서는 상대국내의 한국인 금융정보만 제공받게 됨에 따라 상대국 금융회사가 보유하고 있는 우리나라 거주자의 금융정보를 매년 정기적으로 수집하여 역외탈세 소득 과세에 활용할 수 있게 된다.

이러한 과세관청의 대기업・대재산가의 변칙적인 탈세에 대응하기 위한 조치에도 불구하고 만일, 납세자가 탈세를 할 경우 과세관청은 해당 세법 규정에 따라 탈세 소득금액에 대하여 기업가나 자산가에게 소득처분(상여, 배당 등)하고, 부정과소신고가산세 등 각종 가산세를 부과하여 탈세금액의 몇 배에 해당하는 세금을 부과하고 있다. 동시에 '사기나 그 밖의 부정한 행위로써 조세를 포탈하거나 조세의 환급・공제를 받은 자는 2년 이하의 징역 또는 포탈세액, 환급・공제받은 세액의 2배 이하에 상당하는 벌금에 처하고 있다[7]. 또한, 포탈세액 등이 3억원 이상이고, 그 포탈세액 등이 신고・납부하여야 할 세액의 100분의 30 이상인 경우와 포탈세액 등이 5억원 이상인 경우에는 3년 이하의 징역 또는 포탈세액 등의 3배 이하에 상당하는 벌금에 처하기 때문에 반드시 하지 말아야 하는 행위이다.

7) 조세범처벌법 제3조

탈세를 할 경우 받게 되는 불이익 사례

김 부자씨는 "갑"회사 및 갑의 자회사 "을"회사를 보유하고 있는 상태에서 경영수업을 받고 있는 아들에게 "을"회사를 승계하기 위해 고민하던 중 "을"회사 주식가치를 낮추기 위해서는 순자산가치를 감소시켜야 한다는 주위 지인의 말을 듣고 가공경비 5억원을 계상하였다. 이에 가공경비 5억원에 대한 법인세 1억원을 절감(탈세)한 상태이다.
해당 가공경비 5억원의 탈세액에 대한 불이익을 살펴보면 다음과 같다. 단, 법인세율 20%, 소득세율은 한계세율 40%, 탈세적발은 신고 뒤 1년(365일)을 가정하였다. 그리고 탈세에 대한 조세포탈 벌과금 및 4대 보험료 등의 사항은 검토 편의를 위해 생략하였다.

(단위: 천원)

구 분	계산근거	부담세액
법인세	본세 (5억원 × 20%)	100,000
	부정[8]과소신고가산세 (1억원 × 40%)	40,000
	납부지연가산세[9](1억원 × 2.5/10,000 × 365일)	9,125
소득세	대표자 상여 (5억원 × 40%)	200,000
	부정과소신고가산세 (2억원 × 40%)	80,000
	납부지연가산세(2억원 × 2.5/10,000 × 365일)	18,250
합계		447,375

상기와 같이 가공경비 5억원을 계상하면 일반적인 불이익 부담세액만 5억원 정도 발생하게 된다. 그리고 가공경비를 허위로 계상하여 법인세를 1억원을 포탈한 행위는 그 자체가 과세관청의 조세부과와 징수를 불가능하게 하거나 현저히 곤란하게 하는 적극적인 사기 기타 부정한 행위에 해당하므로 10년의 국세부과제척기간을 적용받게 된다. 또한, 탈세액(본세)에 추가 부담해야 하는 가산세는 탈세액의 4배 이상이며, 조세포탈행위로 인한 처벌도 별도로 받게 되니 절대로 탈세를 하면 안 되는 것이다.

여기에 만약 가공경비계상으로 "을"회사의 순자산가치를 감소시켜 증여까지 진행했다면 위에서 계산된 불이익뿐만 아니라 증여세 탈세에 대한 추가적인 불이익을 받게 되니 반드시 승계과정은 합법적인 방법으로 진행하여야 하는 것이다.

8) 가공경비를 계상하여 법인세를 포탈한 행위는 사기 기타 부정한 행위에 해당함(조심 2014서3115, 2015.2.25.).
9) 1일 0.03% → 0.025%. 2019.2.12. 전에 납부기한이 지났거나 환급받은 경우로서 2019.2.12. 이후 납부 또는 부과하는 경우 그 납부기한 또는 환급받은 날의 다음 날부터 2019.2.12. 전일까지의 기간에 대한 이자율은 영 제27조의 4의 개정규정에도 불구하고 종전의 규정에 따름(영 부칙(2019.2.12.) 9조)(국세기본법 시행령 제27조의 4).

Ⅱ 진정한 승계전략은 절세이다

절세가 합법적인 조세절약 행위라고 한다면 조세회피 행위는 합법적인 탈세라고 하여 과거에 많이 이용하였다. 하지만 현행 우리나라 세법은 탈세를 위한 우회거래에 대하여 실질과세 원칙[10)]과 완전포괄주의 과세제도[11)] 등을 도입하여 조세회피 행위를 방지하고 공평과세를 구현하기 위한 다양한 노력을 기울이고 있다. 따라서 승계거래 방식이나 Tax Planning을 순간적인 욕심과 어설픈 외부 조언에 따라 진행할 경우 조세회피방지규정에 따라 과세되는 세무위험에 직면할 수 있다. 하지만, 조세회피행위 방지를 위한 실질과세원칙 및 포괄과세제도에도 불구하고 가장행위나 부당성에 따른 인위적인 조세회피행위가 없다면, 우리나라 헌법(제59조)은 조세법률주의 원칙인 "조세의 종목과 세율은 법률로 정한다."라는 규정에 따라 과세를 정하고 있기 때문에 법 테두리 안에서 세금을 줄일 수 있는 합법적인 승계전략의 수립은 가능한 것이다.

이러한 합법적인 승계전략은 승계대상 자산에 대한 다양한 유형의 승계방안을 파악하고 여기서 발생할 수 있는 승계방안별 복잡한 세목 및 세금계산구조를 분석하여 종합적인 Tax Planning을 통해서 수립되어야 한다. 따라서 승계전략은 승계과정에서 발생할 수 있는 우리나라 모든 세목을 이해하고 있어야 진정한 승계전략의 수립이 가능한 것이다. 어설프게 특정 한두 개의 세목만 이해하고 있는 상태에서 수립한 승계전략은 단순한 승계방법만 계획하고 진행하기 때문에 진정한 승계전략이라고 할 수 없다.

이처럼 진정한 승계전략을 수립하기 위해서는 승계(거래)관련 모든 세금계산구조와 승계대상물에 대한 속성을 이해하고 이를 전환할 수 있는 능력까지 있어야 하며, 여기에 법인전환이나 합병, 분할 등을 다양한 자본거래를 통하여 승계대상물의 재무구조까지 개선할 수 있는 폭넓은 승계구조를 창출할 수 있는 능력까지 있어야 한다. 그리고 다양한 승계구조가 합법적인 법 테두리 안에서 실행될 수 있는지도 분석할 수 있는 폭넓은 법률지식도 필요하다. 이를 바탕으로 가장 합리적인 승계전략을 법 테두리 안에서 수립해야 진정한 승계전략이 되는 것이다. 이렇게 합법적인 법 테두리 안에서 수립된 승계전략은 당연히 절세전략이 되는 것이다.

---

10) 실질과세원칙 규정: 국세기본법 제14조, 국제조세조정에 관한 법률 제3조, 지방세기본법 제17조

11) • 완전포괄주의 규정: 상속세 및 증여세법 제2조 및 제4조,
• 부당행위계산의 유형 등에서 포괄개념의 규정: 법인세법 제52조 및 동법 시행령 제88조 제1항 제9호, 소득세법 제41조, 제101조 및 동법 시행령 제98조 제2항 제5호, 제167조 제3항 제2호

제3절 승계전략의 허와 실

승계전략의 핵심은 재산 및 경영권을 안정적으로 후계자들에게 승계하는 것임에도 불구하고 재산(주식)가치가 낮을 때 승계(이전) 시기를 정해서 재산이나 경영권을 이전함으로써 절세전략을 수립할 수 있다고 언급하는 경우가 있는데, 이런 방법은 너무 수동적이고 상식적이어서 엄밀히 말해서 '전략'이라고 말하기는 좀 어색한 부분이 있다. 즉, 진정한 승계전략을 수립하지 못한 경우에는 재산이나 주식가치가 하락하는 시점을 무한정 기다리게 되고, 이러한 기다림을 참지 못하는 경우는 인위적으로 재산이나 주식가치를 하락시키는 탈법의 유혹을 받게 되어 더 큰 부작용만 낳게 되는 결과를 초래하게 된다.

I 단순승계 전략의 허

승계전략은 복잡한 세법 이외에도 자본거래 관련 법률의 이해를 요구하는 전문영역에 해당된다. 그럼에도 불구하고 일부 전문가 중에는 승계대상 기업의 주식가액이 높으면 증여세 부담이 커지기 때문에 주식가액을 낮추어 승계하면 증여세 부담이 줄일 수 있다고 현혹하는 경우가 많다.

일례로 부(주식)의 승계목적임에도 불구하고 주식가치를 낮추기 위해서 유상감자나, 상여 등으로 현금을 인출하여 순자산가치를 낮추거나 인위적으로 주식가치를 낮게 하여 승계(증여 등)를 하는 경우가 있는데 이는 조삼모사에 불과한 것이며, 세법상 주식평가구조를 정확히 이해하지 못했을 뿐만 아니라 부의 승계전략 구조를 종합적으로 분석하지 못한 데에서 오는 다음과 같은 오류들을 범한 것에 불과하다.

| 단순승계 전략의 오류 |

구 분	내 용	오 류
1. 주식평가의 이해 오류	• 세법상 주식평가가액은 순자산가액(영업권 포함 전 순자산 + 영업권) 및 순손익가액을 가중평균해서 계산하는 구조임. • 영업권은 과거 순손익액이 일정한 상태에서 영업권 포함 전 순자산가액이 낮아지면 영업권의 가치는 증가하는 구조임.	순자산 감소분만큼 절대적인 금액이 감소하지 않음.

구 분	내 용	오 류
2. 상여 등 누진세율 부담	• 상여, 유상감자(배당) 등의 지급은 누진세율의 소득세율 부담하게 됨. 이는 상여 등이 30억원 이하이면 상대적으로 과세표준 대비 소득세율이 높은 상태로 증여세 부담보다 높은 세액을 부담할 수 있음. • 승계되어야 하는 부(현금)의 일부가 다시 자산가에게 이전하게 되는 구조임.	자산가가 받은 상여 등 현금은 다시 자녀 등에 증여해야 하기 때문에 재차 증여세 부담 발생 (이중과세구조)
3. 순자산 감소분만큼 부의 이전이 안 됨.	• 승계대상 주식의 순자산가치가 감소하는 현금분만큼 부(현금)의 이전도 안 되는 구조가 됨.	
4. 증여재산의 감소	• 증여재산의 총액이 감소하면 당연히 증여세도 적게 발생함으로 이는 절세라고 보기 어려움. • 절세는 재산 100을 이전했을 때 부담세액 50이 30이 되는 구조임. 재산 100을 증여하지 않고 60만 이전하면서 세금이 30이 발생했다고 절세라고 하는 것은 모순임.	부의 승계금액이 감소하게 됨.

따라서 승계전략은 재산이나 경영권의 가치가 훼손됨이 없이 합법적인 법 테두리 내에서 정상적인 방법으로 재산이나 경영권을 후계자에게 효과적으로 승계하는 것이다. 이를 위해서는 일반재산 승계방식 이외에 다양한 유형의 자본거래(M&A) 승계방식을 활용하여 승계목적에 맞는 정교한 분석을 통하여 가장 합리적인 승계전략을 수립하는 것이 필요하다.

Ⅱ 경영권승계 전략의 허

대기업 및 재벌의 경영권 승계는 경제민주화 및 재벌개혁이라는 이유 때문에 부정적인 시각으로 보는 경우가 많다. 이는 과거에 세법의 규제를 받지 않는 다양한 방법(전환사채, 신주인수권부사채 등 전환증권 발행, 공익재산과 차명주식 등)을 활용하여 경영권을 승계하면 사후에 과세당국이 이를 막는 법 개정을 반복했기 때문이다.

| 경영권 승계 방법과 사례 |

승계와 경영권 강화방법	대표사례	법제도 개선
공익재단 통한 상속	삼성	상증법 개정
차명주식	삼성 신세계 CJ	상증법 개정

승계와 경영권 강화방법	대표사례	법제도 개선
주식관련 사채와 비상장주식 상장차익	삼성	상증법 개정
일감몰아주기와 회사기회유용	현대차 SK 삼성	상증법 상법 공정거래법 개정
지주회사 전환	LG	공정거래법 지주사 규제 완화
인적분할	GS LS	
합병	삼성 SK	

*자료: 경제개혁연대

최근에도 일감몰아주기와 일감떼어주기 등으로 성장한 회사를 그룹 지배구조상 핵심 위치에 있는 계열사와 합병하면서 최종적인 지배회사로 전환한 사례들이 있다. 이는 2004년 증여세 과세를 강화하는 완전포괄주의 입법에도 불구하고 일감몰아주기, 내부정보 이용 등을 통한 편법적인 부의 이전방법이 사실상 방치되었던 결과이다.

따라서 과세당국은 편법적인 승계를 방지하기 위해서 상속세 및 증여세법을 개정하여 일감몰아주기(2012년)와 일감떼어주기(2016년)에 대한 과세를 신설하였다. 그리고 2016년 완전포괄주의 증여 및 증여재산 등에 대한 규정을 보다 명확히 하여 행정소송의 지속적인 다툼의 원인이 되었던 완전포괄주의 증여에 대한 과세근거 및 과세방법을 마련하였다. 또한, 상법(2012년 시행)은 "이사 등과 회사 간의 거래", "회사의 기회 및 자산유용금지" 규정을 개정하거나 신설하였으며, 독점규제 및 공정거래에 관한 법률에서도 "특수관계인에 대한 부당한 이익제공 등 금지" 규정을 신설함으로써 불공정거래행위의 금지에 대한 규정을 명확히 하여 불공정한 행위에 대한 제재를 하고 있다.

1. 편법적인 경영권승계의 규제규정

상기와 같은 편법적인 승계방법을 사전적으로 예방하거나 규제하기 위한 주요 법률 규정을 살펴보면 다음과 같다.

구 분	규 정	내 용
사전적 예방측면	상법 제397조의 2 (회사기회 및 자산유용금지)	이사는 **이사회의 승인 없이** 현재 또는 장래에 회사의 이익이 될 수 있는 회사의 사업기회를 자기 또는 제3자의 이익을 위하여 이용해서는 아니 됨. 이를 위반하여 회사에 손해를 발생시킨 이사 및 승인한 이사는 연대하여 손해를 배상할 책임이 있음(2012년 시행).

구 분	규 정	내 용
	독점규제 및 공정거래에 관한 법률 제47조 (특수관계인에 대한 부당한 이익 제공금지)	2014년 2월 신설된 규정으로 공시대상기업집단에 속하는 회사는 특수관계인이나 특수관계인이 20% 이상 보유한 계열회사 또는 동 계열사가 50% 보유한 자회사를 통하여 회사에 상당한 이익이 될 사업기회를 제공하는 행위를 하여 특수관계인에게 부당한 이익을 귀속시키는 행위를 하지 못하도록 하는 규정임.
법인간 적정가격 거래 규제측면	법인세법 제52조 (부당행위계산부인 규정)	법인이 자신이 영위해 왔거나 다른 사업자가 수행하고 있던 사업기회를 특수관계에 있는 법인에게 제공하는 경우에는 이 거래가 경제적 합리성을 벗어난 부당한 행위인지 따져보고 그 거래가격이 시가의 인정범위 내에 있는지 여부를 판단하여 부당행위계산부인 함.
거래행위 사전예방 및 과세측면	상속세 및 증여세법 제2조 제6호 (증여) (2015.12.15. 신설)	"증여"란 그 행위 또는 거래의 명칭·형식·목적 등과 관계없이 직접 또는 간접적인 방법으로 타인에게 무상으로 유형·무형의 재산 또는 이익을 이전(移轉)(현저히 낮은 대가를 받고 이전하는 경우를 포함한다)하거나 타인의 재산가치를 증가시키는 것을 말한다. 다만, 유증, 사인증여, 유언대용신탁 및 수익자연속신탁은 제외함.
	상속세 및 증여세법 제2조 제7호 (증여재산) (2015.12.15. 신설)	"증여재산"이란 증여로 인하여 수증자에게 귀속되는 모든 재산 또는 이익을 말하며, 다음 각 목의 물건, 권리 및 이익을 포함함. 가. 금전으로 환산할 수 있는 경제적 가치가 있는 모든 물건 나. 재산적 가치가 있는 법률 또는 사실상의 모든 권리 다. 금전으로 환산할 수 있는 모든 경제적 이익
	상속세 및 증여세법 제45조의 3 (일감몰아주기)	일감몰아주기 과세는 수혜법인의 매출액 중에서 그 법인의 지배주주와 특수관계에 있는 법인에 대한 매출액이 차지하는 비율이 정상거래비율 30%(중소기업 50%, 중견기업 40%)을 초과하는 경우에는 그 법인의 지배주주와 그 지배주주의 친족이 증여받은 것에 대한 과세제도임.
	상속세 및 증여세법 제45조의 4 (일감떼어주기)	일감떼어주기 과세는 자녀 등이 지배주주로 있는 특수관계법인에게 사업기회를 떼어주는 방식으로 변칙적으로 부가 무상이전되는 것에 대한 과세제도임.

위와 같은 규정 중 일감몰아주기와 일감떼어주기 등은 승계과정에서 편법적으로 활용된 방안이므로 이에 대한 과세개념을 이해하고 있어야 승계전략의 수립 시 편법의 오류를 범하지 아니할 수 있다.

가. 특수관계법인과의 거래를 통한 이익의 증여의제(일명 “일감몰아주기 과세”)

1) 일감몰아주기 과세제도의 개요

“일감몰아주기 과세제도”는 특수관계에 있는 법인이 자녀 등이 주주인 법인에게 일감을 몰아주어 세금부담 없이 부를 이전하는 사례에 대해 수혜법인의 세후영업이익을 기초로 지배주주가 얻은 이익을 증여로 의제하여 그 주주에게 증여세를 과세하는 제도이다.

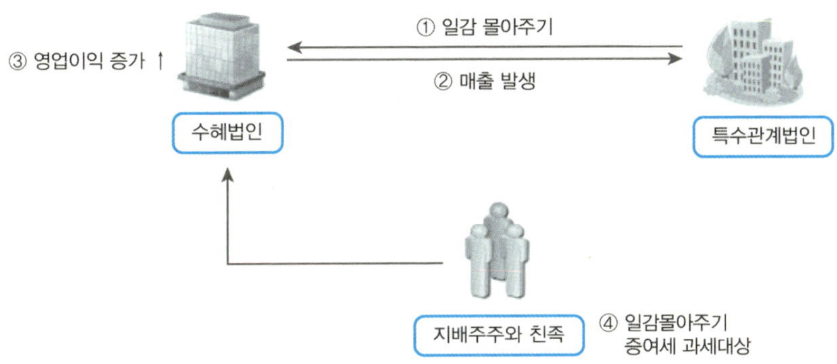

2) 일감몰아주기 과세제도의 증여이익계산

일감몰아주기에 대한 증여의제이익을 살펴보면 다음과 같다[12]. 해당 증여의제이익 조문은 매년 일정요건들이 개정된 상태이므로 연도별 증여의제이익을 계산할 때는 꼭 법조문을 참고하기 바란다.

구 분	내 용
과세대상자	수혜법인*의 지배주주와 그 친족으로서 3%(중소 · 중견기업[13] 10%) 초과 보유한 개인 주주 * 수혜법인은 내국법인에 한정(외국인투자기업 중 외국인이 50% 이상 소유한 법인 제외. 단, 거주자 및 내국법인이 30% 이상 직 · 간접 소유한 외국법인은 외국인으로 보지 아니함)
과세요건	① 수혜법인의 세후영업이익이 있을 것 ② 특수관계법인거래비율이 다음의 정상거래비율을 초과할 것 1) **중소 · 중견기업** : 수혜법인의 사업연도별 매출거래 중 특수관계법인과의 거래비율이 정상거래비율(중소기업 50%, 중견기업 40%)을 초과할 것 2) **대기업** : 다음 어느 하나에 해당하는 경우

12) 상속세 및 증여세법 시행령 제34조의 3

구 분	내 용
	㉮ 수혜법인의 사업연도별 매출거래 중 특수관계법인과의 거래비율이 30%를 초과할 것 ㉯ 특수관계법인거래비율이 20%를 초과하는 경우로서 특수관계법인에 대한 매출액이 1천억원을 초과하는 경우 ③ 지배주주와 그 친족의 주식보유비율*이 한계보유비율 3%(중소·중견기업 10%)를 초과할 것 * **주식보유비율은 직접 및 간접출자비율을 포함(자기주식 제외비율)**
지배주주 판단	① 수혜법인의 최대주주등 중에서 수혜법인에 대한 직접보유비율이 가장 높은 자가 개인인 경우에는 그 개인 ② 수혜법인의 최대주주등 중에서 수혜법인에 대한 직접보유비율이 가장 높은 자가 법인인 경우에는 수혜법인에 대한 직접보유비율과 간접보유비율을 모두 합하여 계산한 비율이 가장 높은 개인
특수관계법인	특수관계법인이란 지배주주와 상속세 및 증여세법 시행령 제2조의 2 제1항 제3호부터 제8호까지의 특수관계에 있는 자
특수관계법인 거래비율	$\text{거래비율} = \dfrac{\text{특수관계법인에 대한 매출액} - \text{과세제외매출액*}}{\text{수혜법인의 사업연도 매출액} - \text{과세제외매출액}} \times 100$ ***과제제외매출액** ① 중소기업인 수혜법인이 중소기업인 특수관계법인과 거래한 매출액 ② 수혜법인이 본인의 주식보유비율이 50% 이상인 특수관계법인과 거래한 매출액 ③ 수혜법인이 본인의 주식보유비율이 50% 미만인 특수관계법인과 거래한 매출액에 그 특수관계법인에 대한 수혜법인의 주식보유비율을 곱한 금액 ④ 수혜법인이 독점규제 및 공정거래에 관한 법률 제2조 제1호의 2에 따른 지주회사인 경우로서 수혜법인의 같은 법 제2조 제1호의 3에 따른 자회사 및 손자회사(증손회사를 포함)와 거래한 매출액 ⑤ 수혜법인이 제품·상품의 수출을 목적으로 특수관계법인(수혜법인이 중소기업 또는 중견기업에 해당하지 아니하는 경우에는 국외에 소재하는 특수관계법인으로 한정함)과 거래한 매출액 ⑥ 수혜법인이 다른 법률에 따라 의무적으로 특수관계법인과 거래한 매출액 ⑦ 한국표준산업분류에 따른 스포츠 클럽 운영업 중 프로스포츠구단 운영을 주된 사업으로 하는 수혜법인이 특수관계법인과 거래한 광고 매출액 ⑧ 수혜법인이 국가, 지방자치단체, 공공기관 또는 지방공기업(이하 "국가등")이 운영하는 사업에 참여함에 따라 국가등이나 「국가재정법」 별표 2에서 규정하는 법률에 따라 설립된 기금(이하 "공공기금") 또는 공공기금이 발행주식총수 또는 출자총액의 100%를 출자하고 있는 법인이 발행주식총수 등의 50% 이상을 출자하고 있는 법인에 출자한 경우 해당 법인과 거래한 매출액(2020.2.11. 이후 신고분부터)
증여의제이익 (사업연도 단위 계산)	수혜법인별 수증자의 증여이익계산은 다음과 같다. ① 대기업: 세후영업이익*×(특수관계거래비율－5%)× 주식보유비율** ② 중견기업: 세후영업이익×(특수관계거래비율－20%)×(주식보유비율－5%) ③ 중소기업: 세후영업이익×(특수관계거래비율－50%)×(주식보유비율－10%)

구 분	내 용
	* 세후영업이익=[법인세법상 영업이익 - (법인세 결정세액 × 법인세법상 영업이익/각 사업연도소득)] × 과세매출비율 ** 지배주주등의 수혜법인에 대한 직접출자와 간접출자관계(간접보유비율이 0.1% 미만인 경우의 해당 출자관계는 제외함)별로 각각 구분하여 계산한 금액을 모두 합하여 계산함. 이때 간접출자법인의 범위는 다음과 같다. ㉠ 지배주주와 그 친족이 30% 이상 출자한 법인 ㉡ 지배주주와 그 친족 및 ㉠의 법인이 50% 이상 출자한 법인 ㉢ ㉠ 및 ㉡의 법인과 수혜법인 사이에 출자관계를 통하여 하나 이상의 법인이 개재되어 있는 경우에는 해당 법인
증여시기	• 수혜법인의 해당 사업연도 종료일 (사업연도 중 증여시기 도래 가능: 해산등기일, 합병·분할등기일, 1년 미만 단위 사업자 등)
증여세 신고기한	수혜법인의 법인세 과세표준 신고기한이 속하는 달의 말일부터 3개월이 되는 날까지
이중과세 조정방법	• 증여세 과세된 주식 양도 시: 증여의제이익은 취득가액에 반영 • 배당소득 있는 경우: 배당소득공제액을 증여의제이익에서 공제

나. 특수관계법인으로부터 제공받은 사업기회로 발생한 이익의 증여의제 (일명 "일감떼어주기 과세")

1) 일감떼어주기 과세제도의 개요

"일감떼어주기 과세제도"는 지배주주와 그 친족(이하 "지배주주 등")의 주식보유비율이 30% 이상인 수혜법인이 지배주주와 특수관계에 있는 법인(조세특례제한법상 중소기업과 수혜법인의 주식보유비율이 50% 이상인 법인은 제외)으로부터 사업기회를 제공받는 경우에는 그 사업기회를 제공받은 날(이하 "사업기회제공일"이라 함)이 속하는 사업연도(이하 "개시사업연도"라 함)의 종료일에 그 수혜법인의 지배주주 등이 수혜법인의 이익을 기준으로 계산한 일정 금액(이하 "증여의제이익"이라 함)을 증여받은 것으로 의제하여 그 주주에게 증여세를 과세하는 제도이다.

13) 중소기업 및 중견기업은 「조세특례제한법」에 따른 중소·중견기업으로서 「독점규제 및 공정거래에 관한 법률」 제14조에 따른 공시대상기업집단에 소속되지 아니하는 기업

2) 사업기회의 유용 사례

① 시혜법인의 매출 · 매입 거래처를 수혜법인으로 대체

② 시혜법인의 거래단계에 수혜법인을 끼워 넣기

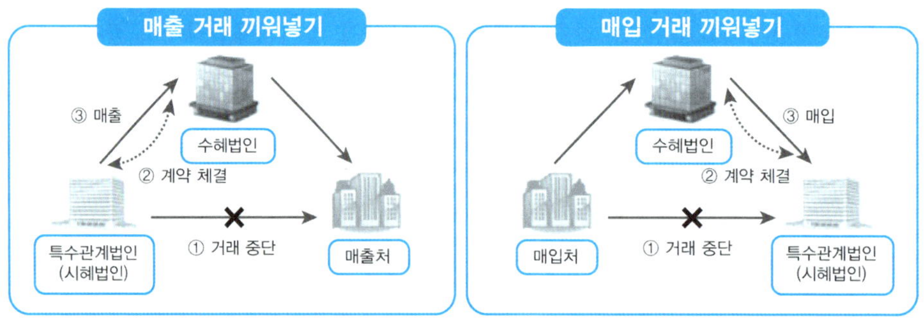

③ 시혜법인이 매출 · 매입 거래를 중단하고 수혜법인으로 대체

출처: 국세청 2020년 증여세 신고안내 '일감몰아주기 및 일감떼어주기'

3) 일감떼어주기 과세제도의 증여이익계산

일감떼어주기 과세제도는 2016.1.1. 이후 개시하는 사업연도에 사업기회를 제공받는 분부터 과세되는데 이를 요약하면 다음과 같다[14].

구 분	내 용
과세대상자	사업기회를 제공받은 법인(수혜법인) 주식 30% 이상 보유[직접 및 간접출자비율을 포함(자기주식 제외비율)] 지배주주와 그 친족
사업기회 제공방법	시혜법인이 직접 수행하거나 다른 법인이 수행하고 있던 사업기회를 임대차계약, 입점계약, 대리점 계약 및 프랜차이즈 계약 등 명칭여하를 불문한 약정의 방식으로 제공하는 것임
증여세 과세가액	증여의제이익 - 배당소득공제
증여의제이익	증여의제이익(개시 사업연도) = $\left[\dfrac{\text{(사업기회 제공받은 개시 사업연도의 수혜법인의 이익} \times \text{지배주주 등의 주식보유비율)} - \text{개시 사업연도분 법인세 납부세액 중 상당액}}{\text{개시 사업연도 월수}} \times 12 \right] \times 3$ ① 수혜법인의 이익** = 사업기회를 제공받은 해당 사업부문의 기업회계기준에 따른 영업이익 ± 법인세법에 따른 세무조정 사항* ② 법인세 납부세액 중 상당액 = ㉠ × ㉡ ㉠ : 수혜법인의 법인세 산출세액 - 공제·감면세액 ㉡ : 수혜법인의 이익 ÷ 수혜법인의 법인세 각 사업연도 소득 * 법인세법에 따른 세무조정 사항: 감가상각비 손금불산입, 퇴직급여충당금 손금산입, 대손충당금 손금산입, 손익의 귀속사업연도, 자산의 취득가액, 퇴직보험료 등의 손금불산입, 재고자산의 평가규정에 따른 세무조정 사항 **사업부문별로 회계를 구분하여 기록하지 아니하는 등의 사유로 해당 사업부문의 영업이익을 계산할 수 없는 경우에는 수혜법인의 전체 매출액에서 사업기회를 제공받은 해당 사업부문의 매출액이 차지하는 비율을 곱한 금액으로 한다.
배당소득 공제액	배당소득공제는 수혜법인의 사업연도 말일부터 증여세 신고기한까지 수혜법인으로부터 배당받은 소득이 있는 경우 증여의제이익에서 공제함 $\text{배당소득} \times \dfrac{\text{증여의제이익}}{\text{수혜법인의 사업연도 말일 배당가능이익} \times \text{지배주주 등의 수혜법인에 대한 주식보유비율}}$
증여시기	특수관계법인으로부터 제공받은 사업기회로 발생한 이익의 증여의제 규정 적용 시 증여시기는 사업기회 제공일이 속하는 사업연도의 종료일로 한다.

14) 상속세 및 증여세법 시행령 제34조의 4

구 분	내 용
증여세 신고기한	수혜법인의 법인세 과세표준 신고기한이 속하는 달의 말일부터 3개월이 되는 날까지
증여의제이익의 정산	정산사업연도(사업기회 제공일 이후 2년이 경과한 날이 속하는 사업연도)에 대한 법인세 신고기한 후 3개월 이내 추가납부 및 환급
정산시점의 증여세과세가액	정산증여의제이익 － 증여의제이익 － 배당소득공제액
정산증여의제이익	정산증여의제이익 = (사업기회 제공받은 개시 사업연도부터 정산 사업연도까지 발생한 수혜법인의 이익 합계액 × 지배주주 등의 주식보유비율) － 개시 사업연도분부터 정산 사업연도분까지 법인세 납부세액 중 상당액

2. 편법적인 경영권승계의 과세한계

현행 세법상 일감몰아주기 등 편법적인 방법으로 부를 승계(이전)하는 경우 상당한 세금을 부담해야 하는 상태이다. 하지만 대부분의 대기업은 과세입법 이후 일감몰아주기 등을 해결할 수 있는 방안을 강구하고 있으며, 이 중 일부는 근거법률에 대한 전문가의 조력을 받아 일감몰아주기 과세를 해소한 상태이다. 또한, 중소·중견기업 및 지주회사 등은 일감몰아주기 등에 대한 과세요건이 완화되거나 제외됨에 따라 다른 대기업에 비하여 과세실적은 아주 미미한 상태이다.

그리고 일감떼어주기(사업기회제공)에 대한 과세는 향후 정산개념이 있어서 환급을 받을 수 있다는 점과 중소기업은 과세대상에서 제외된 상태라 일감몰아주기 과세와는 차이가 있는 상태이다. 또한, 일감몰아주기 등의 증여이익을 통한 과세는 복잡한 단계의 계산(이는 단계별 조정가능성이 있을 수 있음)과 이중과세 조정(해당 주식의 양도 시 취득가액으로 인정 등)으로 인하여 편법적인 거래에 대한 영구적인 과세라기보다는 사전적인 과세라는 한계를 가지고 있는 상태이다.

이러한 일감몰아주기 등에 대한 사전적인 과세의 한계에도 불구하고 과세당국은 불공정하고 편법적인 승계에 대하여 제재와 입법은 강화할 예정이므로 현행 일감몰아주기 등의 과세요건 이외의 다른 방법으로 경영권의 승계방안을 구축하더라도 이는 법률을 회피한 절세가 아니라 탈세가 될 수 있으니 반드시 주의할 필요가 있다.

Ⅲ 승계전략의 실

오늘날 과세당국은 소득재분배 및 과세형평제고를 위해서 과세대상 명확화 및 고소득층에 대한 과세강화를 입법하고 있는 상태이다. 최근 입법예고된 2020년 개정세법(안) 중에는 고소득자의 최고소득세율을 42%에서 45%(2021년 시행)로 인상하고, 신탁자산 및 가상자산에 대한 과세근거를 명확히 한 상태이다. 또한, 편법적인 일감몰아주기에 대한 증여세를 강화하기 위해서 교차일감몰아주기 및 3각 일감몰아주기 등 기업집단 간에 몰아준 일감도 특수관계비율에 포함하여 계산하도록 하는 등 증여세 과세범위를 확대하였으며, 상속·증여세 신고세액공제율도 7%에서 단계적으로 5%(2018년)에서 3%(2019년)까지 인하되었다. 여기에 중견기업의 경우 가업상속재산 외에 다른 상속재산이 가업상속인 부담 상속세액의 2배보다 큰 경우 가업상속공제의 적용을 배제(2019년 시행)하는 쪽으로 과세를 강화한 상태이다.

이와 같이 고소득자의 승계와 관련된 과세정책은 계속적으로 강화되고 있는 상태이다. 이에 따라 이러한 과세방향에 맞는 승계전략의 수립은 무엇보다 중요한 것이다. 승계전략(경영권 승계전략 포함)의 수립 자체는 누가 뭐라고 해도 절대 나쁜 행위가 아니다. 자본민주주의 사회에서 승계는 정상적이고 정당한 행위인 것이다. 이러한 승계(경영권승계)전략 자체를 나쁘게 보는 것이 어쩌면 민주주의를 부정하는 것일 수도 있다. 하지만, 일부 대기업 등이 경영권 승계과정에서 공정한 방법이 아닌 수많은 편법적인 방법을 동원하여 공정한 세금의 부담이 없이 경영권을 승계하는 과정이 있었기 때문에 부정적인 시선으로 보는 것은 당연한 결과일 것이다. 그럼에도 불구하고, 합법적인 가업승계(경영권승계)와 지배구조개선은 기업의 연속성으로 국가 경제에 도움이 되기 때문에 과세당국에서도 각종 과세특례 제도(가업승계에 대한 증여세, 상속세 특례제도, 합병·분할 등 지배구조조정에 대한 과세특례 등)를 두어 장려하고 있는 실정이다.

따라서 승계(경영권 승계)는 편법적인 일감몰아주기 등의 방법이 아닌 과세특례제도 등의 활용을 통한 합법적인 법 테두리 안에서도 얼마든지 가능한 것이다. 이처럼 합법적인 법 테두리 안에서 성공적인 부의 승계(경영권승계)를 위해서는 승계대상의 분석과 검토를 통하여 승계목적에 맞는 전략을 수립하면 되는 것이다. 여기에 승계전략에 따른 승계 실행 시 과세정책의 변화를 즉각적으로 반영하여 승계전략을 실행한다면 보다 더 승계전략으로 인한 이득이 많아질 것이다.

어떻게 승계할 것인가?

승계의 방법에는 일반재산의 승계방식과 사업(경영권)의 승계방식으로 크게 구분할 수 있으며, 재산의 승계방식에는 양도, 증여(부담부증여), 그리고 인생에서의 최종적인 승계인 상속으로 크게 나누어진다. 여기서 사망 시 이루어지는 상속에도 전략이 필요한가라고 의문이 생길 수 있지만, 상속도 과세대상에 따른 공제감면혜택 등이 있는 과세구조이기 때문에 사전 승계전략의 준비가 없다면 당연히 막대한 세금유출 등으로 경영권의 훼손이 발생하게 될 것이다. 다만, 상속의 경우 사전 승계전략이 없는 경우에도 상속세 신고기한까지 상속재산별 분석을 통하여 상속인에게 어떻게 승계할지 상속신고계획을 전략적으로 수립한다면 부담하는 세금을 절약할 수 있으므로 신고기한 6개월을 잘 활용할 필요가 있다.

이처럼 재산이나 경영권을 어떻게 승계하느냐에 따라 부과되는 세목의 과세구조가 다르기 때문에 승계방식에 따라 부담하는 세금도 다르게 되는 것이다. 이는 승계대상의 승계방식에 따라 부담세액의 차이가 발생하기 때문에 어떻게 승계할 것인지에 대한 이해가 사전적으로 필요한 것이다.

제1절 승계방식의 유형

승계전략 수립에 필요한 재산 및 사업(경영권)의 승계방식에 대하여 살펴보면 다음과 같다. 여기서는 승계관점에서의 승계방식에 대하여 간단히 살펴보기로 하고 전략적인 승계방식의 활용편은 후술하는 [고급편]을 참고하기 바란다.

I 재산의 승계방식

1. 양도(매매)

가. 양도의 의의

법률상 양도라 함은 물권(物權)의 주체가 법률행위에 의하여 그 물건을 타인에게 이전하는 것을 말한다. 부동산의 양도와 취득은 등기를 하여야 물권변동의 효력이 발생하며, 동산(動産)의 경우에는 점유를 이전하여야 효력이 발생한다. 그러나 소득세법에서는 실질과세의 원칙에 따라 양도[15]를 자산에 대한 등기 또는 등록에 관계없이 매도, 교환, 법인에 대한

15) 소득세법 제88조 제1호

현물출자 등으로 인하여 그 자산이 유상으로 사실상 이전되는 것을 말한다.

나. 양도를 통한 승계

"양도(매매)" 방식으로 부를 이전할 경우에는 흔히 자녀들 간의 분쟁대상인 유류분 등의 문제가 발생하지 아니하며, 조세측면에서 완전포괄주의로 인한 증여세 이슈 등을 사실상 피할 수 있고, 양도시기 조절을 통하여 상대적으로 저가인 상태에서 부의 이전을 받을 수 있는 장점이 있다. 하지만 '양도(매매)'를 이용한 승계에 있어서는 승계받는 자가 거액의 자금을 마련하여야 하고 그 양도자금의 출처가 적법하게 입증될 수 있어야 한다는 것이 단점으로 작용할 수 있다.

2. 차입매수(LBO)

가. 차입매수의 의의

차입매수(LBO)란 Leveraged buyout의 약자로서 대상기업을 담보로 소수의 투자자들이 대규모 차입을 통한 자금조달로 대상기업의 전체주식 또는 자산을 매집하여 인수하는 차입인수를 말한다. 이는 통상 기업인수시 인수자금의 상당 부분을 대상회사 또는 피인수회사의 자산이나 현금흐름을 직접적으로 또는 간접적으로 담보로 제공하여 소수의 투자자들이 대규모 차입을 통하여 피인수회사를 매수하는 기법을 말한다.

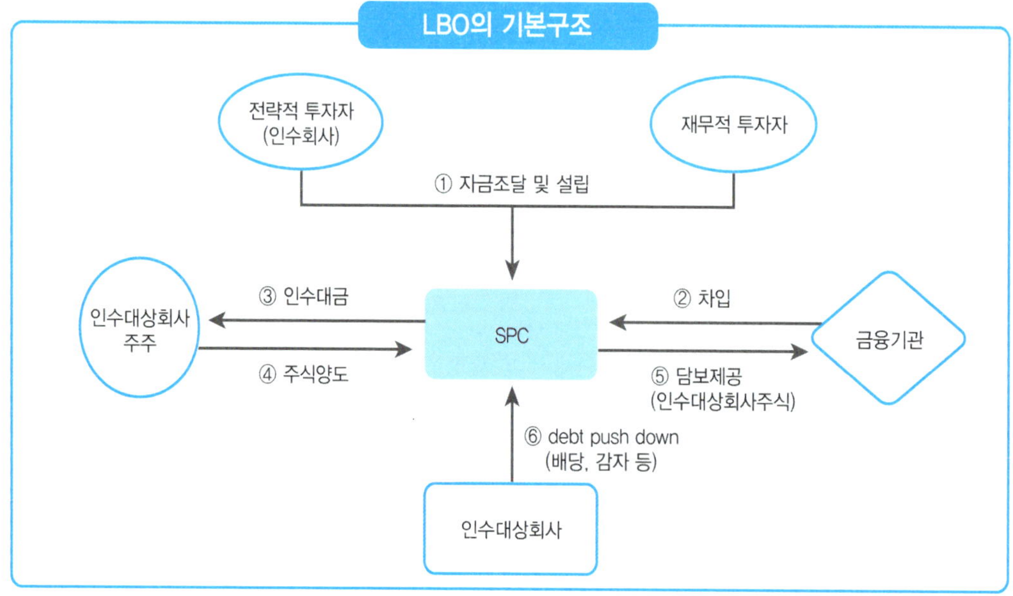

이러한 차입매수 방식은 취득자금을 정상적인 금융권 등으로부터 차입하게 되므로 승계받을 재산의 매수(인수) 자금에 대한 부담은 없을 수 있다. 즉, 차입매수는 레버리지효과를 통해 소액자본으로 큰 자본이득을 취득할 수 있는 효율적인 인수기법이다. 하지만, 차입매수는 차입금 조달 시 피인수회사(인수대상회사)의 자산을 담보로 과다한 부채를 조달하여 대상기업의 재무구조 악화 및 도산위험을 증가시키고, 대상회사를 인수한 후 그 회사 자산을 분할 매각하여 차입금을 상환하거나 단기간에 차익을 노리는 행태로 인하여 비난의 대상이 되거나 형법상 배임죄에 해당하는 경우가 빈번하게 발생하고 있는 상태이다.

나. 차입매수를 통한 승계

차입매수는 일반매매와 달리 인수자 측에서 자금의 부담이 한 푼도 없이 승계대상을 인수할 수 있는 가장 큰 장점이 존재하지만, 담보제공에 대한 대가를 지급하지 아니하는 경우 배임죄 및 부당행위계산부인 규정의 적용을 피할 수 없는 구조이므로 승계전략으로 활용 시 반드시 전문가의 조언이 필요하다. 차입매수를 통한 승계전략은 거래의 복잡성 때문에 후설하는 제2편 제2장 제1절 Ⅱ. "11. 차입매수(LBO)를 활용한 경영권 승계전략"편에서 논하기로 한다.

3. 증여(사전증여)

가. 증여의 의의

민법상 증여(贈與)란 일방의 당사자가 자기 재산을 무상으로 상대방에게 준다는 의사를 표시하고 수증자가 이것을 수락함으로써 성립하는 계약(민법 제554조)을 의미하나, 상속세 및 증여세법에서는 "증여"를 그 행위 또는 거래의 명칭 · 형식 · 목적 등에 불구하고 경제적 가치를 계산할 수 있는 유형 · 무형의 재산을 타인에게 직접 또는 간접적인 방법에 의하여 무상으로 이전(현저히 저렴한 대가로 이전하는 경우를 포함한다)하는 것 또는 기여에 의하여 재산 가치를 증가시키는 것이라 하여 민법상의 증여뿐만 아니라 재산의 직 · 간접적인 무상이전 또한 증여의 범위에 포함하여 정의하고 있다. 다만, 유증, 사인증여, 유언대용신탁 및 수익자연속신탁은 제외한다[16].

이처럼 증여세는 2004.1.1.부터 완전포괄주의제도를 도입 · 시행함으로써 상속세 및 증여세법상에서 열거적으로 과세요건을 규정한 것에 해당되지 아니하더라도 경제적 실질에 따

16) 상속세 및 증여세법 제2조 제6호

라 사실상 타인으로부터 무상으로 취득한 재산이 있는 경우에는 증여세를 과세할 수 있게 하였다. 즉, 완전포괄주의 시행으로 과세대상 등이 포괄적으로 규정되어 변칙적인 증여행위에 대하여 포섭이 가능해짐에 따라 상속세 및 증여세법 제33조부터 제45조의 5까지 예시된 경우뿐만 아니라 예시되지 아니한 사례에 대해서도 과세를 하기 시작하면서 다양한 조세불복이 잇따르자 이를 보완하기 위해서 다시 법을 개정(2016.1.1. 이후 증여받는 분부터)하여 증여세 완전포괄주의 과세근거 및 영리법인의 주주 등에 대한 증여세 과세범위를 명확히 하였다[17].

나. 사전증여를 통한 승계

사전증여는 조세부담 등의 측면에서 유리한 점이 많아 승계전략의 일환으로 오랫동안 널리 활용되어 오고 있다. 이는 사전증여 후 10년이 경과하면 증여받은 재산이 상속세 및 증여세 과세가액의 합산계산에서 제외될 뿐만 아니라 증여 이후 승계받은 재산의 가치 상승분을 수증자가 직접 영위할 수 있는 장점 때문이다. 그러나 법정유류분[18]을 전제로 할 때에는 10년 전에 이루어진 "사전증여"가 당사자 쌍방이 유류분 권리자에 손해를 가할 것을 알고 증여를 한 경우에 해당되면 이러한 사전증여도 유류분 반환대상 기초가액에 포함되어 계산된다는 점이다. 따라서 자녀들 사이에 상속분쟁이 예상될 경우 사전증여는 오히려 상속인의 세금부담을 증가시키는 역효과를 가져오는 경우가 있을 수 있으므로 세밀한 승계전략이 필요할 수 있다.

4. 부담부증여(負擔附贈與)

가. 부담부증여의 의의

부담부증여는 부모가 담보권이 설정된 재산을 자녀에게 증여하면서 그에 따른 채무도 함께 넘기는 것으로 수증자(受贈者)인 자녀가 증여자의 채무를 인수하는 증여를 말한다. 일반적으로 부담부증여를 할 때 증여재산 가액 중 채무 인수액을 제외한 부분은 무상증여에 해당되므로 수증자에게 증여세[19]를 과세하고 채무 인수부분은 유상양도에 해당되므로 증여자(양도자)에게 양도세를 과세한다[20].

17) 상속세 및 증여세법 제4조 제1항, 제2항
18) 상속인이 법정상속분 중 일정비율의 재산을 확보할 수 있는 지위
19) 상속세 및 증여세법 제47조 제3항
20) 소득세법 제88조 제1호

나. 부담부증여를 통한 승계

부담부증여는 예컨대 은행 채무가 8억원이 있는 20억원짜리 부동산을 자녀에게 부담부증여할 때 순수한 증여분인 12억원에 대해서는 증여세를 물리고 은행 채무 8억원에 대해서는 양도로 보아 양도차익에 대한 양도세를 과세하기 때문에 누진과세 세율인 증여세율(10%~50%)과 소득세율(6%~45%)의 차이에 따른 절세효과가 있을 수 있다. 이때 부담부증여의 해당 부동산에서 양도차익이 거의 발생하지 아니한다면 절세효과는 극대화될 수도 있다.

이와 같이 부담부증여는 절세효과 측면에서 많이 활용되는 만큼 과세당국도 부담부증여를 가장한 세금회피를 규제하기 위해서 인수채무가 가공의 채무가 아닌지 사실조사를 실시하고 수증자가 인수채무를 실제 변제했는지 여부를 사후관리하고 있다. 만약, 인수채무를 수증자 이외의 타인이 변제했을 때에는 증여세를 과세하고 있으므로 인수채무에 대한 관리가 반드시 필요하다.

부담부증여시 인정되는 인수채무

배우자 또는 직계존비속의 부담부증여(배우자 또는 직계존비속 간의 양도시 증여로 추정되는 경우를 포함함)시에 증여일 현재 증여자의 채무로서 수증자가 실제로 부담하는 사실이 다음의 방법에 의하여 입증되는 경우에는 그 부담액을 증여세 과세가액에서 공제한다(상속세 및 증여세법 시행령 제10조 및 제36조 제2항).

㉮ 국가·지방자치단체·회사 등에 대한 채무는 해당 기관에 대한 채무의 존재를 확인할 수 있는 서류를 제출하는 방법

㉯ 국가 등 이외의 자에 대한 채무는 채무부담계약서, 채권자확인서, 담보설정 및 이자지급에 관한 증빙 등에 의하여 수증자가 실제로 부담하는 사실을 확인하는 방법

5. 법정상속

가. 법정상속의 의의

법정상속이란 상속인, 상속순위, 상속지분 등의 모두를 법률에서 정하는 것으로 피상속인이 유언없이 사망한 경우 또는 유언을 하였으나 유언방식의 하자 등으로 인해 유언이 무효화된 경우 이루어지는 상속을 의미한다.

여기서 법정상속인은 피상속인을 기준으로 ① 직계비속 ② 직계존속 ③ 형제자매 ④ 4촌 이내의 방계혈족이 된다. 이때 **태아는 상속순위에 관하여는 이미 출생한 것으로 보며**(상속

인), 상속인이 될 직계비속 또는 형제자매가 상속개시 전에 사망하거나 결격자가 된 경우에 그 직계비속이 있는 때에는 그 직계비속이 사망하거나 결격된 자의 순위에 갈음하여 상속인이 된다(대습상속). 배우자는 직계비속 또는 직계존속이 있을 경우 그들과 동순위로 공동상속인이 되고, 그 상속인이 없는 때에는 배우자 혼자 단독상속인이 된다[21].

구 분			상속 적용순위(법률혼 기준)	
			배우자(○)	배우자(×)
1순위	직계비속(태아도 포함)(○)		직계비속+배우자	직계비속
2순위	직계비속(×)	직계존속(○)	직계존속+배우자	직계존속
3순위		직계존속(×)	배우자 단독	형제자매
4순위	형제자매(×)		배우자 단독	4촌 이내 방계혈족

다만, **다음 각 호의 어느 하나에 해당한 자는 법정상속인이 되지 못한다**[22].

1. 고의로 직계존속, 피상속인, 그 배우자 또는 상속의 선순위나 동순위에 있는 자를 살해하거나 살해하려 한 자
2. 고의로 직계존속, 피상속인과 그 배우자에게 상해를 가하여 사망에 이르게 한 자
3. 사기 또는 강박으로 피상속인의 상속에 관한 유언 또는 유언의 철회를 방해한 자
4. 사기 또는 강박으로 피상속인의 상속에 관한 유언을 하게 한 자
5. 피상속인의 상속에 관한 유언서를 위조·변조·파기 또는 은닉한 자

나. 상속의 한정승인과 포기

「민법」은 상속재산이 채무초과인 경우를 고려하여 상속의 승인이나 포기를 상속인에게 선택하게 한다. 여기서 상속의 **한정승인**이란 상속인이 상속재산의 한도에서 피상속인의 채무와 유증을 변제한다고 하는 조건을 붙여서 상속을 수락하는 것을 말한다. 한정승인은 상속개시가 있음을 안 날(보통은 피상속인의 사망의 날)로부터 3개월 이내에 상속재산의 목록을 첨부하여 가정법원에 신고하여야 한다. 상속채무가 상속재산을 초과하는 사실을 과실 없이 알지 못하여 단순승인을 하였다가 다시 한정승인을 하는 경우 상속재산 중 이미 처분한 재산이 있는 때에는 그 목록과 가액을 함께 제출하여야 한다[23].

21) 민법 제1000조~제1003조
22) 민법 제1004조
23) 민법 제1028조~제1040조

상속 포기란 상속이 개시된 후에 상속인이 행하는 상속거부의 의사표시로서 상속의 포기를 할 수 있는 자는 상속권이 있고 또 상속순위 상에 해당하는 자에 한한다. 상속인이 상속을 포기한 때에는 이해관계인 또는 검사 등에 의하여 가정법원에 대한 기간연장의 청구가 없는 한, 상속개시된 것을 안 날로부터 3개월 내에 가정법원에 포기의 신고를 하여야 한다. 상속의 포기는 한정승인과 달리 상속포기자는 상속개시 당초부터 상속인이 아닌 것으로 확정되기 때문에 포기한 상속재산의 귀속은 상속인이 수인인 경우에는 그 상속분은 다른 상속인의 상속분의 비율로 그 상속인에게 귀속된다[24).

다. 법정상속을 통한 승계

일반적으로 상속인이 상속포기를 하지 않는 한 상속을 통하여 특정 자녀에게 특정재산을 승계하고자 하는 경우 **상속인간 재산분할의 협의가 되지 아니한다면 특정재산을 특정 자녀에게 상속할 수 없게 된다.** 이는 우리나라 민법은 동순위 상속인이 수인인 때에는 균등분배(배우자는 5할 가산)를 하도록 하는 법정상속분 규정을 두고 있기 때문이다. 즉, 재산분할 협의가 없는 경우 공동상속인 전원이 모든 상속재산에 법정상속분만큼의 권리를 갖게 되기 때문에 특정인이 특정재산을 단독으로 소유할 수 없게 되는 것이다.

이러한 법정상속의 특성 때문에 가업상속재산인 주식에 대하여 특정 자녀에게 승계(사업승계)를 사실상 불가능하게 하는 경우가 발생할 수 있기 때문에 법정상속에 따른 상속재산의 분배는 승계관점에서 바람직스럽지 않은 측면이 더 많은 것이 사실이다.

또한, 법정상속지분에 대한 최근 민법개정(안)에 의하면 배우자에게 상속재산 선취분 50%를 인정하고 있으므로 만약, 해당 개정(안)이 국회를 통과할 경우 법정상속을 통한 자녀에게 가업승계는 더욱더 달성하기 힘든 상태가 될 것이다. 이러한 이유 등으로 비추어 볼 때 승계전략의 사전적인 수립이 필요한 것이다.

6. 유언상속

가. 유언상속의 의의

우리나라는 유언상속과 법정상속을 모두 인정하지만, 유언상속이 우선하고 유언이 없을 경우 보충적으로 법정상속을 적용하고 있다. 이런 유언상속에 대한 민법의 정의는 "유언은 본법의 정한 방식에 의하지 아니하면 효력이 발생하지 아니한다"라고 규정하고 있다. 즉,

24) 민법 제1041조~제1044조

법정방식을 갖춘 5종의 유언(자필증서에 의한 유언, 녹음에 의한 유언, 공정증서에 의한 유언, 비밀증서에 의한 유언, 구수증서에 의한 유언)[25]인 경우에만 유언이 성립되며, 그 유언자(피상속인)가 사망하면 유언상속의 효력이 발생하게 되는 것이다.

결국 특정 재산이나 지분에 대한 승계에 있어서 특정 후계자를 위한 승계는 사전증여나 유언상속에 의해 현실화가 될 수밖에 없으므로, 이러한 점에서 유언상속이 전제가 되는 경우 적법한 유언장의 작성이 매우 중요하다. 이런 유언의 작성방법 중 가장 보편적인 자필증서에 의한 유언과 공정증서에 의한 유언 등에 대하여 살펴보면 다음과 같다.

① 자필증서에 의한 유언

자필유언은 요식행위이므로 반드시 자필로 작성하여야 하며(대필 불가) 유언장 안에 ㉮ **유언자의 성명** ㉯ **유언자의 주소(반드시 번지까지 작성)** ㉰ **유언내용(되도록이면 구체적으로 작성)** ㉱ **작성일자** ㉲ **유언자 성명을 작성 후 반드시 날인(무인・지장은 가능하나 싸인(서명)은 인정되지 아니함)**을 해야 한다. 즉 자필유언은 법에서 정하는 위 5가지 요건이 반드시 충족되어야 유언장으로 인정받을 수 있다.

자필유언에 있어 주소가 누락되었든지, 날인이 누락되었든지 해서 무효가 된 사례가 많으므로 작성에 주의가 필요하다. 또한, 피상속자의 자필증서 유언을 보관한 자 또는 이를 발견한 자는 유언자의 사망 후 지체 없이 그 증서를 법원에 제출하여 검인을 받아야 한다. 자필유언은 일반적으로 가장 많이 활용할 수 있는 방법으로 증인은 필요 없으나, 위변조 가능성이 있는 단점이 있다.

② 공정증서에 의한 유언

공정증서에 의한 유언은 재산이 많거나 상속재산에 따른 이해관계자가 복잡하게 얽혀 있어 사후에 분쟁의 소지를 최소화시킬 수 있는 가장 확실한 방법이다. 공정증서를 작성할 수 있는 사람은 변호사, 검사, 판사로 한정되어 있으며, 공증인과 증인 2명이 참석해야 한다. 이런 공정증서에 의한 유언은 위변조 위험이 없으며 검인절차가 불필요하고 가장 안전하고 확실하다는 장점이 있으나, 유언서 작성에 비용이 소요되고 절차가 복잡하며 유언의 존재와 내용을 비밀로 할 수 없다는 단점이 있다.

③ 비밀증서에 의한 유언

유언자는 비밀증서에 의하여 유언을 할 수 있는데 비밀증서에 의한 유언이 법적 효력을

25) 민법 제1066조~제1070조

가지려면 유언자가 유언의 취지와 자신의 성명을 기입한 증서를 엄봉날인(嚴封捺印)하고 이를 2명 이상의 증인의 면전에 제출해서 자기의 유언서임을 표시한 후 표면에 제출 연월일을 기재해서 유언자와 증인이 각자 서명 또는 기명날인한 다음, 그 표면에 기재된 날로부터 5일 이내에 공증인 또는 법원서기에게 제출해서 그 봉인상에 확정일자인을 받아야 한다.

나. 유언상속을 통한 승계

법정상속의 경우 공동상속인 전원의 합의로 상속재산분할협의가 이루어지지 않는 한 공동상속인 전원이 모든 상속재산에 법정상속분만큼의 공유지분 내지 권리를 갖게 되므로 특정 후계자(자녀 등)에 대한 승계나 가업승계는 불가능한 상태이다. 하지만, 유언상속은 특정인에게 특정재산을 상속하는 것을 유언으로 정할 수 있기 때문에 유언을 활용하여 사전 승계전략을 수립할 수 있는 것이다. 다만, 우리나라 상속제도는 유언상속 우선원칙에 따라 재산상속을 결정하고 있으나 피상속인의 '유언' 자유를 무제한적으로 인정할 경우 다른 상속인들의 생활보장이 이루어지지 않을 수 있어 법정상속인에게 유류분권을 인정하여 유언 또는 사전증여로 이전된 재산에 대하여 법정상속인이 유류분만큼 반환받을 수 있도록 하고 있다.

따라서 승계관점에서 유언상속을 통하여 특정 자녀에게 특정 재산(주식)이 승계되도록 전략을 수립할 때 다른 상속인의 유류분에 대한 충분한 대책을 마련할 수 있는지 여부를 검토한 후 진행하는 것이 향후 유류분반환청구를 통한 원물(주식)이 반환되는 위험을 회피할 수 있을 것이다.

다. 법정유류분제도와 승계

상속이나 증여로 승계를 진행할 경우 우선 법정유류분제도를 이해하고 있어야 한다. 왜냐하면, 법정유류분제도 때문에 상속 분쟁이 발생하여 승계재산을 원물반환하게 되면 승계의 목적을 달성할 수 없기 때문이다. 즉, 성공적인 승계를 달성하기 위해서는 법정유류분제도를 이해하고 승계전략을 수립해야 원물반환청구를 통한 가업승계 주식의 반환문제가 발생하지 아니할 것이다.

이처럼 승계관점에서 법정유류분제도는 중요하므로 이에 대하여 간단히 살펴보면 다음과 같다.

| 법정유류분제도 |

구 분	내 용
정의	상속이 개시되면 일정한 범위의 상속인은 피상속인 재산의 일정한 비율을 확보할 수 있는 지위를 말하며 이를 유류분권이라고 한다.
유류분권자	유류분권을 행사할 수 있는 사람은 피상속인의 직계비속, 배우자, 직계존속, 형제자매(민법 제1112조) 중 상속의 순위상 상속권이 있는 자 * **태아도 출생하면 직계비속으로서 유류분권을 갖고 대습상속인도 피대습자 상속분의 범위 안에서 유류분을 가짐**(민법 제1118조에 의한 제1001조, 제1010조 준용).
유류분 및 대상자산의 평가	1. **유류분 산정** = ① + ② - ③ ① 피상속인의 상속개시 시에 있어서 가진 재산의 가액 ② 증여재산의 가액. 단, 증여는 상속개시 전의 1년간 행한 것에 한하여 그 가액을 산정한다. 다만, 당사자 쌍방이 유류분권리자에 손해를 가할 것을 알고 증여를 한 때에는 1년 전에 한 것이라도 그 가액을 산정한다(민법 제1114조). ③ 채무의 전액 2. **유류분 대상자산 평가** - 부동산, 주식: 상속개시 시 교환가치 - 현금: 상속개시 시 화폐가치로 환산(물가변동률 반영)
유류분 반환방법	유류분은 원물반환 원칙 단, 원물반환이 불가능한 경우 그 가액상당액을 반환하여야 한다. 가액산정의 기준시점은 사실심변론종결시로 한다[26].
유류분 비율	① **직계비속 · 배우자**: 법정상속분의 **2분의** 1 ② **직계존속 · 형제자매**: 법정상속분의 **3분의** 1(민법 제1112조)
유류분권 상실	유류분은 법정상속권에 기초하고 있는 것이므로 상속권의 상실원인인 상속인의 결격 · 포기에 의하여 상속권을 상실한 때에는 유류분권도 당연히 잃게 된다.
유류분의 반환청구권 소멸시효	유류분권리자가 상속의 개시와 반환하여야 할 증여 또는 유증을 한 사실을 안 때로부터 1년 내에 하지 아니하면 시효에 의하여 소멸하고 상속이 개시된 때로부터 10년을 경과한 때에도 동일하게 소멸한다(민법 제1117조).
증여받은 재산의 유류분으로 반환	피상속인의 증여에 따라 재산을 증여받은 자가 「민법」 제1115조에 따라 증여받은 재산을 유류분권리자에게 반환한 경우 반환한 재산가액은 당초부터 증여가 없었던 것으로 본다(상속세 및 증여세법 기본통칙 31-0…3).

26) 대법원 2005.6.23. 선고, 2004다51887 판결

7. 유언신탁

가. 유언신탁의 의의

민법상 재산승계제도인 증여와 상속(유언상속, 법정상속)을 통하여 재산을 승계할 수 있지만, 신탁제도는 민법으로도 대응할 수 없는 다양한 재산승계를 가능하게 한다.

"신탁"이란 신탁을 설정하는 자(이하 "위탁자")와 신탁을 인수하는 자(이하 "수탁자") 간의 신임관계에 기하여 위탁자가 수탁자에게 특정의 재산(영업이나 저작재산권의 일부를 포함)을 이전하거나 담보권의 설정 또는 그 밖의 처분을 하고 수탁자로 하여금 일정한 자(이하 "수익자")의 이익 또는 특정의 목적을 위하여 그 재산의 관리, 처분, 운용, 개발, 그 밖에 신탁목적의 달성을 위하여 필요한 행위를 하게 하는 법률관계를 말한다[27].

이러한 신탁구조에서 위탁자가 유언의 방식으로 수탁자, 신탁재산, 수익자 등을 정하여 신탁을 설정할 수 있는데 이를 "유언신탁"이라고 말한다. 즉, 유언신탁이란 유언에 의해 설정되는 신탁으로 '사후신탁'이라고도 한다.

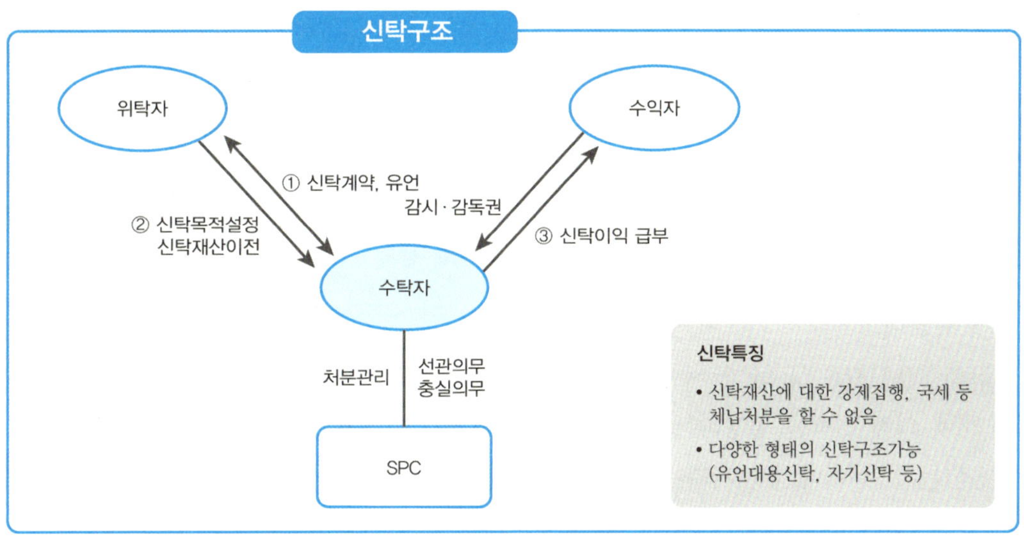

이처럼 신탁이 설정되면 신탁재산은 전 소유자인 위탁자로부터 독립하여 수탁자의 소유가 되나, 신탁재산은 위탁자로부터 독립될 뿐만 아니라 수탁자의 재산으로부터도 독립된다. 이러한 신탁재산의 독립성에 의하여 수탁자의 일반채권자는 신탁재산을 수탁자의 책임재산으로 취급하여 강제집행을 할 수 없고, 위탁자의 채권자도 「신탁 전의 원인으로 발생한 권리」

27) 신탁법 제2조

또는 「신탁사무의 처리상 발생한 권리」에 기한 경우 이외에는 강제집행, 담보권 실행을 위한 경매, 보전처분, 국세 등 체납처분을 할 수 없다[28]. 다만, 신탁 전의 원인으로 발생한 권리 또는 신탁사무의 처리상 발생한 권리에 기한 경우에는 그러하지 아니하는 특징이 있다.

나. 유언신탁을 통한 승계

유언신탁은 자력으로 재산관리를 할 수 없는 자녀 등에게 재산을 남겨주고 적절하게 이용하도록 하거나, 또는 재산을 넘겨줄 상대방을 미리 특정하지 않고 필요에 따라 승계자를 선택하도록 하는 경우에 승계방식으로 활용될 수 있다. 이 경우 유언신탁도 법정요건을 충족한 유언에 의하여 설정되는 것이므로 유언상속과 마찬가지로 유언서 작성 및 관리 등이 중요하다. 다만, 유언상속과 달리 유언신탁은 신탁을 이용하기 때문에 유언서 작성 및 관리 등에서 신탁은행인 수탁자가 개입하여 관리함에 따라 유언상속 시 보다 요식행위의 흠결 등에 따른 위험 등이 줄어드는 장점이 있다.

8. 유언대용신탁

가. 유언대용신탁의 의의

우리나라 신탁법은 1961년 신탁법을 제정한 후 무려 50년만인 2011년에 처음으로 신탁법을 전면 개정(2011.7.25. 공포, 2012.7.26. 시행)하여 상속의 대체수단으로 활용될 수 있는 '유언대용신탁'과 '수익자연속신탁' 제도를 신설하였다[29].

① 유언대용신탁

유언대용신탁은 '유언'과 비슷한 기능(재산의 승계대상자 지정 등)을 갖고 있으면서도 '계약'에 의해 신탁을 설정하는 방법을 '유언대용신탁'이라고 한다. 말 그대로 "유언 대신 사용되는 신탁"이다. 위탁자가 생존 중 처음에는 스스로를 수익자로 지정하여 신탁의 효력을 발생시킨 다음, 위탁자가 사망한 시점에서 지정된 사람(특정 상속인이나 제3자)에게 신탁의 수익권을 승계시키는 것을 말한다.

② 수익자연속신탁

'수익자연속신탁'은 위탁자가 사망 이후에 자신이 원하는 대로 수익자를 순차적으로 지정할 수 있는 신탁으로서, 수익권의 승계는 횟수에 제한 없이 순차적으로 수익자가 지정되

28) 신탁법 제22조 제1항
29) 신탁법 제59조(유언대용신탁), 제60조(수익자연속신탁)

어 있으면 가능하다. 또한, 신탁 설정시에 수익자가 현존하고 있을 필요도 없기 때문에, 아직 출생하지 않은 손자 등을 수익자로 정할 수도 있다. 이런 수익자연속신탁은 수익자의 사망시 그 뒤를 이어 제3자가 바로 수익자가 되도록 하여 기업경영의 공백 없이 후계자의 확보가 가능해지고, 재산의 불균등 상속이 용이해지는 등의 장점이 있다.

위와 같은 규정은 피상속인이 생전에 자기재산을 타인에게 신탁하여 위탁자 자신을 자기 생존 중에 수익자로 하고 자신의 자녀나 배우자 등을 사망 후 수익자로 함으로써 자기 사망 후의 재산분배를 달성하려는 것에 있다.

나. 유언신탁과 유언대용신탁의 차이

유언신탁은 유언의 방식으로 이루어지기 때문에 유언의 일반 법리가 그대로 적용되지만, 유언대용신탁은 유언이 아니기 때문에 유언의 방식을 갖출 필요도 없고 유언법정주의의 제한도 받지 않는다. 이러한 차이점을 간단히 비교하면 다음과 같다.

| 유언신탁과 유언대용신탁의 차이 |

구분	유언신탁	유언대용신탁
효력발생시기	사후신탁(상속개시 시)	생전신탁(신탁계약시 효력발생)
유언법정주의	법정 유언요건 필요	유언 아닌 신탁계약
유류분과 관계	유류분 대상	신탁재산은 유류분 대상이 아님(주1) (단, 유언대용신탁은 다양한 형태가 가능하므로 반드시 실무적용 시에는 검토 필요)

(주1) 유언대용신탁재산에 대하여 유류분 산정 기초재산 포함설과 불포함설이 있는 상태이나, 신탁재산설에 근거하여 신탁재산의 소유권이 피상속인으로부터 수탁자에게 이전하는 것으로 보아[30] 유언대용신탁의 신탁재산은 상속개시 피상속인의 재산에 포함되지 않는다고 보는 견해가 타당하다고 해석하고 있다. 그리고 신탁법은 민법의 특별법으로서 특별법 우선의 원칙에 따라 판단하기 때문에 불포함되는 것이 타당하다는 해석이 있다.

다. 유언대용신탁을 통한 승계

유언대용신탁의 경우 신탁재산이 유류분에 해당되지 않는 경우에 해당된다고 해석하고 있으므로 피상속인이 위탁자가 되어 가업승계의 대상이 되는 주식이나 사업용자산을 신탁재산으로 하여 유언대용신탁을 설정할 경우 유류분의 제한을 피해서 특정 후계자에게 가업을 물려줄 수 있는 것이 가능하게 된다. 이러한 사항은 신탁법 내에서 유언대용신탁과 유류

30) 대법원 2002.4.12. 선고, 2000다70460 판결

분의 관계를 입법[31]을 단행하지 않는 한 현재로서는 가업승계뿐 아니라 모든 상속에 있어서 유언대용신탁은 유류분제도를 피해갈 수 있는 방안이 될 수 있다.

다만, 유언대용신탁에 대한 유류분의 법률규정이 명확하지 아니한 상태이므로 입법을 통한 명확화가 필요한 상태이다. 즉, 특정 후계자에게 특정재산을 승계하기 위해서 유언대용신탁을 활용할 경우 반드시 관련 법률 및 세법규정에 대한 명확한 이해가 충분히 된 상태에서 진행하여야 할 것이다.

9. 유언대용신탁을 통한 가업승계 분석

유언대용신탁은 법인 가업의 승계를 위한 수단으로도 활용될 수 있다. 즉 경영자가 생전에 보유한 가업주식을 신탁재산으로 하여 유언대용신탁을 설정하면서, 자신의 생존 중에는 자신이 수익자가 되고 사후에는 자녀가 수익자가 되는 것으로 하는 것이다. 다만, 위탁자가 수탁자(신탁업자 제외, 신탁업자는 신탁재산 주식 중 15% 초과하는 부분에 대한 의결권 행사 불가)[32]에게 주식을 신탁할 경우 의결권의 행사에 문제가 발생할 수 있다. 즉, 신탁법상 수탁자는 신탁재산에 대한 선량한 관리자의 주의의무를 가지고 신탁사무를 처리하여야 하고, 수익자의 이익을 위하여 신탁사무를 처리해야 함에 따라 수탁자가 위탁자 또는 수익자의 지시에 따라 의결권을 행사하는 것이 가능한지에 의문이 있을 수 있다. 하지만 신탁법상 유언대용신탁의 위탁자는 자유로이 수익자변경권을 행사할 수 있다는 점 등에 비추어 위탁자의 지시에 따라 수탁자가 의결권을 행사하는 것은 가능하다라고 보고 있기 때문에 가업주식의 신탁은 그 목적을 달성할 수 있는 것으로 해석하고 있다.

이러한 유언대용신탁을 활용한 가업승계방법은 경영자가 생존 중에는 경영권을 유지할 수 있으므로 가업승계에 따른 회사에 대한 영향력 감소에 관한 우려를 불식시킬 수 있고, 후계자는 상속개시와 동시에 수익자가 되므로 경영상의 공백이 발생하지 않으며, 수탁자에 대한 의결권행사지시권이 부여된 수익권을 후계자가 취득하는 취지의 신탁계약을 체결해 두면 자녀가 경영권을 승계하는 데 지장이 없으며, 유언장에 관한 상속을 둘러싼 문제점을 대부분 회피할 수 있다는 장점이 있다.

31) 우리나라와 같이 상속법 제도를 가지고 있는 일본에서는 민법의 특별법으로서 「중소기업에 있어서 경영승계의 원활화에 관한 법률」을 제정하여 '유류분에 관한 민법의 특례'를 마련하여 가업승계 대상 회사의 주식에 대해 상속인들이 사전에 유류분의 산정대상에서 제외하는 합의를 하는 것을 유효한 것으로 규정하고 있다.

32) 신탁업자인 수탁자는 신탁재산으로 취득한 주식 중 15%를 초과하는 부분에 대한 의결권 행사가 불가능(자본시장과 금융투자업에 관한 법률 제112조 제3항 제1호)하기 때문에 신탁업자가 수탁자가 되는 경우는 가업승계의 목적을 달성하기 곤란하다. 또한, 유언대용신탁도 15% 초과 부분에 대한 의결권 행사가 불가하다는 것이 금융위원회의 입장이라 신탁업자를 통한 가업승계는 제한적이다.

가. 가업승계를 위한 유언대용신탁의 활용방법

1) 의결권행사지시권 설정 유언대용신탁

가업주식을 신탁을 통한 가업승계를 달성하기 위해서는 상기에서 분석한 바와 같이 위탁자가 신탁업자 아닌 수탁자에게 주식을 신탁하면서 의결권행사지시권은 위탁자 본인 또는 사후 수익자인 자녀에게 주는 것이다. 하지만, 의결권행사지시권을 본인 또는 사후 수익자인 자녀 등에게 설정한 경우에도 수탁자가 신탁행위에 반하여 의결권을 행사할 위험은 존재한다. 이처럼 수탁자가 임의로 주식의 의결권을 행사한 경우 그 대외적 효력은 유효하기 때문에 수탁자의 배신행위를 막을 대책이 필요하다. 수탁자가 신탁목적에 위반하여 의결권을 행사하였을 때 위탁자가 취할 수 있는 조치는 현실적으로 손해배상청구나 해임청구 정도를 생각할 수 있다. 그러나 이러한 방법은 가업승계의 본연의 목적달성에는 별로 도움이 되지 않는다.

2) 자기신탁과 결합한 유언대용신탁

일반 유언대용신탁의 경우 의결권행사지시권을 설정해 둔 경우라도 수탁자의 배신행위를 원천적으로 막을 수 없다. 이러한 수탁자의 배신행위를 막을 수 있는 최선의 방법은 유언대용신탁과 자기신탁을 결합하는 방법으로 스스로 가업승계를 이루는 것이다. 자기신탁[33]은 경영자인 위탁자가 신탁선언에 의해 자기에게 주식을 신탁하는 것으로 이렇게 하면 경영자는 주식의 수탁자로서 의결권을 행사할 수 있고, 자신이 사망한 후에는 유언대용신탁의 내용에 따라 후계자인 사후수익자가 주식을 취득하여 가업을 승계하는 구조가 되는 것이다.

자기신탁(신탁선언에 의한 신탁)(위탁자=수탁자)

위탁자가 자기 또는 제3자 소유의 재산 중에서 특정한 재산을 분리하여 그 재산을 자신이 수탁자로서 보유하고 수익자를 위하여 관리, 처분, 운용 개발 등을 한다고 선언하는 것으로 설정하는 신탁을 신탁선언에 의한 신탁이라고 한다. 위탁자가 자기의 선언만으로 수탁자를 겸하고 신탁을 설정하기 때문에 자기신탁이라고도 한다(신탁법 제3조 제1항 제3호). 다만, 수익자가 없는 특정의 목적을 위한 신탁은 「공익신탁법」에 따른 공익신탁을 제외하고는 제3호의 방법으로 설정할 수 없다.

이러한 자기신탁은 영미법계뿐만 아니라 유럽, 일본 등 대륙법계 국가에서도 인정하고 있어 이를 인정하는 것이 세계적인 추세이다.

33) 신탁법 제3조(신탁의 설정) 제1항 제3호

이러한 유언대용신탁과 자기신탁의 결합방식과 같이 다양한 결합신탁에 대하여 명확한 과세규정의 정립이 없다가 최근에 일부 신탁재산 등에 대하여 입법을 명확히 하고 있는 실정이라 실무적용 시에는 반드시 신탁전문가 및 조세전문가와 협의해서 진행하기 바란다.

나. 유언대용신탁을 통한 결합신탁의 과세문제

유언대용신탁은 자체의 장점에도 불구하고 도입된 지 10여년이 되는 동안 가업승계에 있어서 유언대용신탁이 아직 널리 이용되지 못하는 이유는 무엇일까? 우선 세법에서 유언대용신탁 등 결합신탁에 대하여 구체적이고 명확한 법 규정이 없다는 것이 문제였다. 물론 상속세 및 증여세법상 신탁재산 및 신탁의 이익에 대한 규정 등이 있지만, 유언대용신탁을 통한 복잡한 결합신탁 구조에 대한 과세근거(과세대상, 과세가액의 계산, 납세의무자 등)가 명확하지 않거나 불투명하기 때문에 신중한 의사결정을 하는 납세자의 경우는 해당 유언대용신탁을 잘 활용할 수가 없는 실정이다.

즉, 유언대용신탁은 일종의 계약이므로 그 신탁내용을 다양하게 정할 수 있으며, 또한 다양한 신탁과 결합할 수도 있다. 이는 위탁자가 사망한 경우 상속인 등 지정한 자에게 신탁재산과 수익을 모두 주게 하는 경우, 수익권만을 주게 하는 경우, 아예 수익자를 지정하지 않는 경우 등이 모두 가능하다. 이처럼 각각의 다양한 신탁을 할 경우 상속 시에 수익자가 받게 되는 수익권에 대한 증여세와 상속세, 소득세의 과세문제를 어떻게 정립해야 할지 명확하지 아니한 상태이다. 따라서 이에 대한 과세당국의 명확한 과세근거를 정립하여 향후 쟁송의 다툼 및 과세실익이 발생하지 않도록 할 필요가 있어 보였다.

이에 현행(2021년 시행) 상속세 및 증여세법은 상속에 대한 정의를 신설하여 상속의 범위에 「신탁법」상 유언대용신탁과 수익자연속신탁을 추가하여 해당 신탁의 수익은 상속세로 과세함을 명확히 한 상태이다[34]. 다만, 제33조 제1항에 따라 수익자의 증여재산가액으로 하는 해당 신탁의 이익을 받을 권리의 가액(價額)은 상속재산으로 보지 아니한다.

34) 상속세 및 증여세법 제2조 제1호 라목·마목, 제2조 제5호 다목, 제9조

Ⅱ 사업의 승계방식

1. 사업과 승계전략

세법은 사업을 "독립적인 지위에서 영리를 목적으로 계속 반복적으로 행하는 사회적 활동"으로 규정하고 있다. 이러한 사업에서 발생하는 소득을 사업소득이라고 하여 자산소득인 이자소득 · 배당소득과 구별하고, 자산의 양도에서 발생하는 양도소득 또는 금융투자소득과도 역시 구별하고 있다. 또한, 무상이전하는 증여(또는 상속)와 역시 구별하고 있다.

일반적으로 자산가들은 금융재산이나 부동산 투자 이외에도 사업(事業)을 영위하면서 자신들의 부를 증대시키고 있으며, 이러한 부의 형태는 아주 다양한 상태이다. 때문에 자산가들이 승계하고자 하는 부(자산이나 사업 또는 경영권 등)의 형태에 따라 승계과정에서 부담해야 하는 세목 및 세금에 차이가 있을 수밖에 없는 상태이다.

따라서 부의 승계(이전)를 일반자산 형태로 할지 사업형태로 전환해서 할지는 승계전략 관점에서 유불리가 있을 수 있다. 또한, 사업형태를 개인기업으로 할지 법인기업으로 할지는 사업(기업)의 본질이나 목적에는 별다른 차이가 없을 수 있지만, 승계관점에서는 유불리가 있을 수 있다. 때문에 단순한 자산의 매매나 증여 이외에 다양한 사업을 통한 자본거래(합병, 분할, 증자, 감자, 현물출자, 자기주식 취득 등)를 활용하여 승계전략을 수립하는 것이 보다 더 효과적일 수 있다.

2. 사업승계의 이해

가. 사업승계의 의의

사업승계(事業承繼, Business succession)란 '사업(기업)의 동일성을 유지하면서 소유권과 경영권을 차세대 경영자에게 이전하는 것'을 의미한다. 즉, 사업승계의 핵심은 지배주주가 되기 위한 지분확보이며 지분을 확보하는 것이 경영권(또는 소유권)을 승계하는 것이다.

사업승계는 승계받는 자가 누구냐에 따라 조세특례를 받을 수 있는 가업승계와 제3자 승계 등으로 구분하는데, 우리나라의 중소기업 대부분은 가족 구성원이 기업 지분의 과반수 이상을 소유하고 구성원들이 경영과 관리활동에 참여하는 가족기업의 형태로 운영되고 있어서 우리나라는 일반적으로 사업승계를 '가업승계'라는 표현으로 많이 쓰고 있는 상태이다.

가업승계의 정의

「중소기업 진흥에 관한 법률」에서 '가업승계'는 중소기업이 동일성을 유지하면서 상속이나 증여를 통하여 그 기업의 소유권 또는 경영권을 친족에게 이전하는 것이라고 정의하고 있으며, 구체적으로 업종, 고용, 가업승계 후 기업유지기간 등 동일성 유지의 기준은 대통령령으로 정하도록 규정하고 있다[35].

이러한 가업승계는 특정 요건들을 충족하는 경우 과세특례를 적용받을 수 있으므로, 반드시 과세특례제도와 관련된 법률의 이해가 동반된 상태에서 전략을 구축할 필요가 있다.

나. 사업승계의 중요성

사업승계는 단순히 사업을 가족이나 제3자에게 이전하는 것뿐만 아니라, 기업이 수십 년간 착실하게 쌓아온 기술과 경영 노하우를 가장 확실하게 보전할 수 있는 대책이다. 또한, 사업승계는 계속적으로 부가가치를 제공하고, 안정된 일자리를 유지·확대한다는 차원에서 사회적으로 매우 중요한 의미가 있다.

우리나라의 중소기업은 전체 사업체의 99.9%를 차지하고 고용시장의 76.2%를 담당하고 있는 국가 경제의 핵심이다. 오늘날 경영자의 고령화가 빠르게 진행되고 있는 상황에서 과거 1960~70년대 창업했던 경영 1세대들이 평생을 바쳐 일군 기업을 다음 세대에 승계해야 하는 중요한 시기를 맞이하고 있는 것이다. 이처럼 중차대한 시기에 사업승계가 원활하게 이루어지지 못한다면 우리나라 산업은 쇠퇴할 수밖에 없다.

따라서 사업승계에 소요되는 시간과 노력을 비추어 볼 때, 중소기업의 사업승계는 지금 우리 사회가 당면한 가장 시급하고도 중요한 사회적 과제이다. 이를 위해서는 효율적인 경영권 승계에 대한 계획뿐만 아니라, 기업의 지속가능성을 높이기 위한 경영 전반에 걸친 계획과 전략이 요구되고 있는 상태이다.

다. 사업승계의 주된 어려움

중소기업중앙회가 사업승계에 대하여 발표한 최근 "중소기업 실태조사" 보고서에 의하면, 가업승계 과정에서 경영상의 어려움을 겪은 적이 있는 기업의 대다수가 '상속세 및 증여세 등 조세부담(76.6%)'의 어려움을 겪은 것으로 나타났으며, 다음으로는 '지분구조 복

35) 중소기업진흥에 관한 법률 제2조 제10호, 동법 시행령 제2조 제6항

잡성으로 승계곤란'(7.4%), '거래처 물량축소 및 관계악화'(4.4%), '금융기관 자금 활용 곤란'(3.8%) 등이 어려운 것으로 조사되었다.

사업승계 단계별로 분류해보면 사업승계를 진행하고 있는 기업 중 80%가 과중한 조세부담을 가장 큰 장애요인이라고 답한 반면, 사업승계를 아직 진행하지 않는 기업의 경우 과중한 조세부담은 45.3%에 불과하고 후계자의 불확실한 경영능력을 18.5%로 뽑아 상대적으로 후계자 문제가 높은 것으로 나타났다.

라. 사업승계 원활화를 위한 지원정책

사업승계 원활화를 위한 최우선 정책에 대한 중소기업중앙회의 "중소기업 실태조사" 보고서에 의하면 상속세제 및 증여세제 개편 이외에 우선적으로 추진해야 할 정책과제로는 '가업승계 금융지원 확충(53.6%)'이 가장 많았고, 다음으로 '법률 조세 회계 등 사업승계 컨설팅지원(17%)' 순으로 나타났다. 즉, 사업승계에 대하여 정책적으로 세제 및 금융지원도 중요하지만 승계과정을 완벽히 마무리 할 수 있는 승계전략 컨설팅지원도 필요한 것으로 나타났다.

따라서 중소·중견기업의 경영자는 가업승계를 진행하고자 해도 전문적인 외부 컨설팅에 대한 조력을 받고 있지 못하고 있는 실정이므로 원활한 가업승계를 위해서는 승계전략의 수립이 필요해 보인다.

3. 사업승계의 일반적인 절차

앞서 살펴본 바와 같이 사업승계의 중요성과 필요성을 인식함에도 불구하고 사업승계의 애로사항에 따라 쉽게 사업승계를 진행하지 못하고 있다가 급작스러운 사망으로 가업주식을 상속하게 됨으로써 과중한 세부담으로 가업을 상실하는 경우가 종종 발생하게 된다. 따라서 사업가는 이런 사업승계의 애로점 등을 해결하기 위해서는 되도록이면 빠른 시일 내에 사업승계를 준비하는 것이 좋다. 사전에 사업승계(승계전략)를 준비할 경우 과세문제를 최소화할 수 있으며, 향후 상속인 간의 지분싸움이 벌어지거나 과도한 상속세의 부담으로 인하여 가업을 유지하기 어려운 상황을 미리 방지할 수도 있기 때문이다.

사업승계전략의 철저한 준비가 매우 중요함에 따라 성공적인 사업승계를 완성하기 위한 일반적인 단계별 절차를 살펴보면 다음과 같다.

① 사업승계의 의사 확인 → ② 사업승계의 현황 파악 → ③ 승계계획서 작성 → ④ 계획의 실행 → ⑤ 정기적 점검 → ⑥ 사후관리

가. 사업승계의 의사확인

우선 사업승계가 필요한지, 아니면 향후 회사를 매각하거나 청산할 것인지를 검토하고 자녀 등 후계자가 승계의지가 있는지 파악해야 한다. 검토 결과 사업승계를 통하여 가업을 지속하기로 결정했다면 최소한 3년~10년 이상의 계획을 수립하여 체계적으로 사업승계 절차를 진행하여야 한다. 이때 사업승계는 여러 가지 복잡한 법률 및 세무 등의 이슈가 발생할 수 있으므로 가능한 한 계획수립 단계에서부터 전문가의 조언을 구하는 것이 합리적이며 바람직할 것이다.

나. 사업승계의 현황 파악

자녀 등이 사업승계에 대한 의사가 있는 경우 사업승계 대상법인의 현황에 대하여 종합적인 진단 및 검토가 필요할 것이다. 이는 승계대상 법인의 제도 정비 등을 통하여 법인의 가치를 분석하고 파악함에 따라 사업승계 방식이 양도를 통해 이전할 것인지, 사전증여 또는 가업승계특례 및 가업상속공제를 통해 승계하는 것이 유리한지를 종합적으로 파악할 필요가 있기 때문이다.

다. 사업승계계획서 작성

사업승계계획서는 후계자나 이해관계자들과 대화를 통해 반드시 문서로 작성되어야 한다. 이는 충분한 대화를 하면 할수록 지분승계 문제나 상속 시 재산 다툼이 줄어들게 되기 때문이다. 그리고 다음의 내용을 토대로 작성된 승계계획서는 승계담당자가 지정되어 진행과정을 관리하는 것이 성공적인 사업승계의 실행을 도모할 수 있다. 왜냐하면, 중소·중견기업의 경우 인력난으로 인하여 각자 맡은바 일상 업무를 진행하거나 급한 사안을 쫓아 처리하다 보면 승계계획서에 작성한 작업 목록이 차일피일 미뤄지게 되고 결국 계획과는 어긋난 방향으로 상황이 진행될 수 있기 때문이다.

① 승계대상 현황 파악

우선 승계대상의 지분구성 및 기업가치를 평가·분석한 후 승계대상이 과세특례요건에 해당하는 지 파악할 필요가 있다.

② 승계시기(은퇴시기) 및 승계방식 선택

승계대상의 현황을 파악하고 나면, 과세특례 요건을 충족하기 위한 승계시기 또는 승계방식(양도, 사전증여, 과세특례 등)을 선택하여야 한다.

③ 후계자 선정 및 교육

승계대상 현황 파악 및 승계방식의 유형이 선택되면 후계자의 자질과 성격을 고려해서 후계자를 선정하고 후계자의 자질에 따라 사내·사외 경영자과정의 교육이 필요할 것이다. 하지만 우리나라의 경우는 미리 후계자인 자녀를 선정한 이후 승계계획을 수립하는 경우가 일반적이다.

④ 승계대상의 이해관계자에 대한 대책 수립

후계자 선정 이후 이해관계자(가족, 임직원, 주주, 거래처, 금융기관 등)들에 대한 후계자의 표명에 대한 대책이 수립되어야 불필요한 오해가 발생하지 않고 순조로운 승계가 진행될 수 있다.

⑤ 승계재산의 분배계획 수립

사업승계 후 절대적인 경영권을 확보하기 위해서는 후계자에게 회사 지분의 67%(경영권 확보가 목표인 경우 50% 이상) 이상을 확보할 수 있는 방안을 수립하고, 선정된 후계자 이외의 상속인에게 주식 이외의 개인재산으로 평등하게 분배하는 계획을 수립하여야 한다. 이로써 향후 상속인 간의 유류분 등 법정 다툼의 소지를 없앨 수 있기 때문이다.

⑥ 승계기업의 지속가능한 발전 전략계획

사업승계를 위한 승계계획서를 작성할 때 반드시 검토되어야 하는 것은 지속가능한 기업으로 발전하기 위한 전략과 계획이다. 이러한 발전전략은 각 기업마다 업종과 경영계획이 각기 다르기 때문에 구성원 간 공동체의식을 높이고, 기업의 핵심가치인 비전을 정립하는 등 각자의 기업에 맞는 구체적 성장가능성에 대한 논의를 통하여 검토할 필요가 있다.

⑦ 은퇴 후 대비

성공적인 승계는 사업가(창업자)의 은퇴로 마무리 되는 것이므로 아름다운 은퇴 후 인생계획을 세우는 것이 필요하다.

라. 승계계획의 실행 및 정기적 점검

사업승계는 승계계획에 따라 승계관리자가 실행을 관리하여야 성공적인 사업승계를 완성할 수 있다. 그리고 사전적으로 수립된 승계계획은 실행단계까지 상당한 시일이 소요됨으로 이러한 시일 동안 승계대상의 내부 환경 및 세법의 과세정책이 변화할 수도 있기 때문에 이를 정기적으로 점검하여 승계계획에 반영하여야 할 것이다.

마. 사후관리

사전 사업승계계획에 따라 사업승계를 완성했더라도 사후관리는 반드시 필요하다. 특히 증여세 과세특례제도를 활용하여 가업승계를 했다면 이에 따른 7년간 사후관리 규정을 인지하여 위반 시 추징세액의 부담이 없도록 주의해야 할 것이다.

여기에 국세청은 상속이나 증여가 고액인 경우 사후관리를 하고 있으며, 특히 상속재산이 30억원 이상인 상속인에 대하여 상속세 세무조사가 종결된 이후에도 상속인들이 보유한 주요 재산(부동산이나 주식 및 차입금 상환금액 등)의 증감내역에 대하여 5년간 면밀하게 분석 · 관리하고 있다. 따라서 고액 사업승계의 사후관리는 중요한 것이다. 즉, 불법적인 방법으로 과소하게 승계한 후 차명재산을 상속인 명의로 이전하거나 상속재산으로 신고 누락된 재산으로 부채를 상환하는 경우에는 세무조사를 다시 받게 되므로 반드시 승계과정에서 불법적인 방법을 사용해서는 안 될 것이다.

제2절 승계전략의 로드맵

본 절에서는 부의 승계전략을 수립하는 로드맵에 대하여 살펴보고자 한다. 부의 승계전략의 로드맵은 사업(가업)승계 대상인 주식에 한정하지 않고 승계대상이 될 수 있는 모든 자산을 포괄할 수 있는 종합적인 승계전략의 수립과정을 의미한다. 이러한 승계전략 수립과정을 살펴봄으로써 승계대상 재산별로 수립할 수 있는 전략에 대한 이해를 돕고자 한다.

Ⅰ 승계전략 수립 전 세금계산구조의 이해

부의 승계전략을 수립하는 과정에서 반드시 사전적으로 이해하고 있어야하는 것이 세금의 계산구조이다. 이는 후술하는 "Ⅱ. 승계전략의 수립과정"의 이해를 돕는 데 필요하며 승계대상에 대한 승계방식을 어떻게 진행할지에 대한 의사결정에 영향을 미치게 된다.

이는 우리나라의 과세체계(계산구조)는 세목별로 차이가 있으며, 같은 세목 및 동일한 승계재산이라 하더라도 납세자별 입장에 따라 부담하는 세금의 크기가 달라지는 구조이기 때문이다. 예를 들면 동일한 증여재산 6억원을 배우자에게 주는 것과 자녀에게 주는 것은 세금이 영(0)과 1억원으로 차이가 발생하게 된다. 또한, 동일한 부동산을 개별승계 방식(최고 누진세율 45%)으로 양도할 경우와 주식승계 방식(최소 단일세율 10%)으로 양도하느냐에 따라 양도소득세가 최고 35% 정도 차이가 날 수도 있다. 물론 이러한 결과는 사전적이고 장기적인 Tax Planning의 극대화 한 결과이지만 세금계산구조가 승계전략의 수립과정에 미치는 영향을 이해하는 데 도움이 될 것이다.

승계전략을 수립하기 전에 이해하고 있어야 하는 세금과세구조는 후술하는 "제3장 승계전략 수립 시 알아야 할 조세"편 및 승계전략 [고급편]의 "제1장, 제2절 Ⅱ. 법인전환 절차 및 세무"편, "제2장, 제2절 자본거래의 절차 및 세무"편에서 보다 자세히 살펴보기로 하고 여기서는 왜 승계에 있어서 세금의 계산구조의 이해가 중요한지에 대한 기본적인 설명을 하고자 한다.

우리나라의 일반적인 세금의 계산은 다음의 구조를 가지고 있기 때문에 각 단계별 과세대상 재산의 평가방법과 여기에 가산 또는 차감되는 금액의 크기를 사전에 분석함으로써, 이를 바탕으로 다른 유형재산으로 전환하는 방법을 분석하는 과정을 통하여 다양한 승계전략을 수립하게 된다.

| 과세가액 계산구조 단계별 전략 |

계산구조(세금크기 ±효과)	최대·최소화 분석	선택·전환 분석
1. 승계대상 재산 (+)	재산평가방법의 분석을 통한 최소화 전략	승계대상별 승계방식(양도, 증여, 상속 등)을 분석하고 최종 부담세액이 낮은 승계방식으로 선택과 전환을 고려하는 전략을 수립
• 10년 사전증여재산, 간주재산 등 (+)		
2. 차감금액 (−)	입증서류 확인 및 비과세, 과세제외의 분석을 통한 최대화 전략	
• 필요경비(취득가액, 자본적지출 등)		
• 비과세·과세불산입가액, 과세제외 등		
3. 과세가액(소득금액)[1−2]		
4. 공제금액 (−)	승계시기 및 승계자 분석을 통한 공제금액 최대화 전략	
• 상속·증여공제, 가업상속공제 등		
• 장기보유특별공제 등		
5. 과세표준[3−4]		
6. 세율 (+)	입법예고 세율 및 재산유형별 세율 분석을 통한 최소화 전략	
• 5단계(10%~50%), 8단계(6%~45%)		
• 재산유형별 단일세율 10%(20%), 70% 등		
7. 산출세액[5×6]		
8. 세액공제 (−)	각종 세액공제 최대화 전략	
• 신고세액공제, 외부납부세액공제 등		
9. 납부세액[7−8]	납부방법 활용 및 납부재원마련 전략 분석	
• 분납, 연부연납, 납부유예 등		

Ⅱ 승계전략의 수립과정

성공적인 승계를 계획하는 경우 승계전략의 수립과정은 우선적으로 승계대상의 현황을 파악한 후 승계대상의 지속가능성과 전환가능성을 분석하고, 승계대상의 정비를 통하여 최종 승계플랜을 도출하여야 할 것이다.

1. 승계대상의 현황 분석

가. 승계대상의 파악

승계는 자산가나 기업가의 재산(부동산, 금융재산 및 경영권인 주식 등)을 다음 세대에 이전하는 것을 의미한다. 이러한 승계에서 제일 중요한 것이 승계대상의 현황 파악이다. 왜냐하면, 승계대상의 특성에 따라 승계방식 및 가치평가방법 등이 달라지기 때문이다.

따라서 자산가나 기업가가 어떤 승계대상 재산을 가지고 있는지 파악하기 위하여 재산목록을 작성해야 한다. 승계대상 재산 중 부동산 등에 대해서는 중요한 자료(계약서, 등기부등본, 주주명부 등)를 정리하고 권리관계를 명확히 해야 하며 다음과 같은 확인사항을 파악할 필요가 있다.

- 부동산 등의 소재지, 용도, 이용자, 이용 상태, 법인(주식)의 주주현황
- 부동산 등의 면적, 평가액, 담보 등의 유무, 이용(양도)의 제한 등
- 임대차관계가 있는 경우는 계약서의 유무 또는 임차료
- 기타(건물도면의 유무, 등기부등본, 공공도면, 주택지도, 실측도 등의 자료)

또한, 경영권인 회사주식에 대해서는 명의신탁 주식의 유무 등 보유상황을 정확하게 파악해서 실질적인 최대주주 여부를 판단할 필요가 있다. 아울러 무형자산(특허권, 실용신안권, 저작권 등의 귀속), 현금예금(차명예금의 유무 포함) 등에 대해서도 사전에 충분하게 조사하여 실태를 파악해야 할 것이다.

나. 승계대상의 소유형태 파악

우리나라 기업 대부분은 가족기업 형태이며 이러한 가족기업은 경영자의 개인자산과 회사자산이 혼재되어 있는 경우가 많기 때문에 경영자 개인자산과 회사자산의 소유형태의 구분이 반드시 필요하다. 이는 경영자 개인이 사업용 부동산을 소유하고 있는 경우에는 나중에 상속이 발생하게 되면 해당 사업용부동산을 법정상속분만큼 재산분할이 이루어지거나 상속세 납세목적으로 타인에게 매각하게 되는 경우가 발생할 수 있기 때문이다. 이는 대상회사의 경영에 심각한 영향을 미칠 수 있고, 경우에 따라서는 사업활동 자체가 존립하지 못할 가능성도 발생하기 때문이다.

따라서 경영자의 개인자산과 회사자산과의 소유형태를 가능한 한 빨리 정리하는 것이 원활한 사업승계의 관점에서 매우 중요하다. 이에 따라 승계관점에서 승계대상의 소유형태를 정리하는 경우라면 현 소유상태를 기초로 하여 발생 가능한 비용 등을 추정하고 장기적인 관점에서 소유형태의 계획 및 활용 가능성을 고려하여 정리방법이나 시행시기를 정할 필요가 있다.

2. 승계대상의 지속가능성 분석

가. 승계받는자(후계지, 자녀 등)의 능력 및 의향 파악

승계과정에서 자녀 등이 승계대상을 승계받을 의향이 없거나, 승계대상을 운영 및 관리할 능력이 없다면 승계대상의 지속가능성을 기대하기는 힘들다. 예를 들어 자산가인 부모가 가치분석을 통하여 가치증대가 예상되는 부동산을 자녀에게 승계하더라도 승계받는 자녀입장에서 해당 부동산을 채무상환용으로 바로 처분하게 되면 해당 승계대상 부동산으로부터 예상되는 부의 증대는 자산가나 자녀 모두에게서 일시에 사라지게 되어 승계대상의 지속가능성을 기대하기 어렵게 될 것이다.

따라서 승계전략 수립 시 자산가나 사업가의 의중도 중요하지만, 승계받는 자녀 등의 개인능력 및 승계대상에 대한 향후 의향도 승계대상의 가치를 지속가능하게 발전시키는데 중요한 요소가 된다. 만약, 사업승계를 받는 자가 해당 사업을 경영할 능력이 없다면 후계자 양성교육을 받거나, 회사에서 경영수업을 단계적으로 밟아 경영능력을 향상시키면 되지만, 승계받은 자가 사업승계를 받을 의향이 없다면 성공적인 승계전략을 실행하기는 힘들기 때문이다.

나. 승계대상의 가치분석

승계대상이 파악되고 나면 승계대상에 대한 가치분석을 해야 한다. 자산가의 경우 해당 재산(부동산, 금융재산 등)에 대하여 가치분석 없이 단순히 실물형태 그대로 승계하게 되면 재산의 본질에 대하여 부담하여야 하는 세금을 모두 부담하여야 한다. 이는 승계자나 승계받는 자가 바라는 결과가 아닌 것이다.

예를 들어, 부동산 임대업을 하고 있는 자산가의 경우 해당 부동산에 대한 지역의 상권의 지속 가능성이나, 개발 가능성에 대한 분석이 없이 자녀들의 생활비 등을 지원하기 위해서 부동산 실물 형태로 그대로 이전해 줄 경우, 현 시점에서 부담해야 하는 증여세 및 취득세 등을 최고세율로 부담하여야 한다. 하지만 가치분석을 통하여 부동산이 있는 상권이 성장 가능성이 없고 해당 부동산의 경제적 가치도 하락할 것으로 파악된다면, 부동산보다는 현금화해서 창업자금 또는 금융재산으로 이전하는 것이 승계자산의 라이프사이클 전반에 있어서 절세효과가 있을 것이다.

따라서 승계대상의 가치분석은 반드시 필요하며, 이러한 가치분석은 SWOT[36]분석도구와 같은 표준화된 분석모형 등을 활용할 수도 있지만 자산가나 사업가의 오랜 성공 노하우를 활용하여 승계대상의 가치를 분석하는 것도 좋은 방안일 수 있다.

다. 승계대상의 가치제고

원활한 승계를 위해서는 승계대상인 개별자산 또는 경영권(주식)이 원천적으로 내포하고 있는 제약요소를 제거함으로써 승계대상의 가치를 제고시키는 것이 필요하다. 이러한 노력은 승계과정의 원활한 진행과 후계자의 승계 의욕을 높일 뿐만 아니라 제약요소에 따른 필요 없는 지출이 발생하는 것을 제거할 수 있기 때문이다.

승계대상의 가치를 제고하기 위해서는 우선 승계대상의 확정 및 구분이 필요할 것이다. 대기업의 경우는 회계감사 및 내부통제 등으로 회계구분이 엄격히 관리되지만, 가족기업이나 개인기업의 경우에는 경영자의 개인자산과 회사자산이 명확하게 구별되지 않는 경우가 많다. 또한, 경영자의 사적경비와 회사경비의 구분이 불분명한 경우도 여기저기 발견된다.

따라서 개별 자산승계 또는 사업승계를 진행함에 있어서는 경영자와 회사 간에 구분경리가 반드시 필요하다. 특히 경영자 자산의 임대차, 골프회원권, 자가용차, 접대비 등 항목에 관해서는 주의가 필요하며, 조직적인 기업운영을 위해서는 사무분장, 권한규정의 정비도 요구된다. 또한, 사업승계를 원활하게 진행하기 위해서는 회사의 정관을 정비하고, 기타 취업규칙, 제반 내부규정, 매뉴얼 등에 대해서도 원활한 사업승계에 장애가 되는 항목이 있는지 여부를 점검할 필요가 있다. 요컨대 기업가치를 높이기 위해서는 불필요한 비용의 지출을 없애고 제반 규정의 정비를 통하여 기업의 내부통제상 위험을 최소화하는 것이 중요한 과제가 될 것이다.

3. 승계대상의 전환가능성 분석

가. 승계대상전환의 개요

1) 승계대상전환의 의의

승계대상전환이란 승계대상의 과세소득 유형을 변경하는 것을 말한다. 즉, 개별자산인 부동산을 현물출자 방식으로 법인전환하게 되면 승계대상 자산은 부동산이 아닌 주식으로

36) SWOT는 강점(Strength), 약점(Weakness), 기회(Opportunity), 위협(Threat)의 머리글자를 모아 만든 단어로 사업전략을 수립하기 위한 분석방법이다.

전환하게 되는 것이다. 이러한 전환방식을 통해서 당초 과세구조와 다른 과세구조로 변경하는 것을 승계대상의 전환이라 하는 것이다.

이러한 과세소득 유형의 전환은 승계대상의 현황 및 관련법령에 대한 이해가 풍부하면 할수록 아주 다양한 방식으로 전환이 가능하므로 후술하는 승계전략 수립 시 알아야할 조세에 대한 과세구조의 이해가 반드시 필요한 것이다.

2) 승계전략과 승계대상전환

우리나라의 과세체계는 일반적으로 소득유형별 누진세율 구조를 가지고 있어 소득의 유형이 다르면 세율도 다르기 때문에 승계전략의 대표적인 유형 중 하나는 과세소득의 유형을 정비하고 전환하는 것이다. 따라서 승계전략 수립 시 승계대상에게 가장 합리적인 과세소득 유형이 무엇인지를 파악하는 것이 승계전략 수립의 기초적인 단계가 되는 것이다.

이러한 과세소득의 유형을 정비하거나 전환하는 방안은 단순히 절세차원뿐만 아니라 부(재산)의 지속가능한 가치의 증대 차원에서도 매우 중요한 것이기 때문에 반드시 이에 대한 이해가 필요하다.

나. 개별자산의 과세소득유형 전환

승계대상의 전환은 승계전략 수립 시 단계별로 파악한 승계대상의 현황 및 가치분석을 통하여 승계대상 자산의 과세소득유형을 이해할 필요가 있다. 그리고 이를 바탕으로 개별자산의 전환 여부를 확인하여야 할 것이다. 만약, 금융자산가인 경우 금융자산에서 발생하는 이자·배당소득보다는 부동산임대·투자소득이 더 높다면 현금을 부동산으로 전환하는 것을 고려할 수 있어야 하고, 부동산 자산가라면 부동산보다는 주식이 더 효과적이라면 법인전환을 고려할 수 있어야 할 것이다.

이러한 승계대상 자산에 대한 전환은 승계자산의 가치를 증대시키면서 절세를 위한 합법적이고도 합리적인 승계전략이 될 것이다.

1) 양도소득대상 자산의 전환전략

일반적으로 자산은 이전(승계) 방식에 따라 양도소득세 또는 증여세 등을 부담하게 되는데 이러한 세목에 대한 정확한 과세구조를 인지하고 있다면, 승계대상 자산별로 부담하는 세율 및 세금이 다르다는 것을 알고 있을 것이다. 즉, 양도의 경우 법에서 열거하고 있는 양도대상자산의 그룹별, 보유기간 등에 따라 양도소득세율에 차이가 있다.

이는 자산의 이전(승계) 과정에서 양도되는 자산의 형태에 따라 부담하는 세금에 차이가 있다는 것이므로 이러한 양도소득 과세구조를 활용하여 자산의 형태를 전환시켜서 부담할 수 있는 세금의 크기를 달리 할 수도 있는 것이다. 이러한 양도소득세의 과세구조에 대한 보다 더 자세한 내용은 후술하는 제3장 제2절 "Ⅲ. 양도소득세"편을 참고하기 바란다.

① 특정주식(기타자산)을 일반주식으로 전환

양도소득세 대상자산 중 기타자산으로 분류되는 특정주식은 누진세율(최고 45%, 비사업용토지 과다보유법인 특정주식은 누진세율+10%)을 적용받지만, 일반주식으로 전환될 경우 10%~25%(최고 30%) 세율로 부담세율의 변경이 가능하게 된다.

가령, 비사업용토지 보유비율이 50% 이상인 특정주식의 경우 누진세율+10%의 세율을 부담하지만, 사전검토를 통하여 비사업용토지를 사업용토지 요건에 맞게 일부 활용하게 되면 비사업용토지 과다보유 특정주식(기타자산)이 아닌 일반주식으로 전환이 되어 부담하는 양도소득세율도 최소 10%까지 크게 낮아지게 되는 것이다.

② 부동산을 일반주식으로 전환

일반적으로 부동산의 양도소득세율보다는 법인주식의 양도소득세율이 낮기 때문에 개인소유 부동산을 현물출자 또는 사업양수도를 통하여 법인으로 전환할 경우 양도자산의 형태가 부동산에서 주식으로 변경되어 최고 45% 누진세율에서 10%(중소기업인 경우) 세율로 세금부담을 낮출 수 있는 방안의 마련이 가능할 수 있다.

이처럼 법인전환을 통한 양도대상자산의 전환은 관련 법률 및 규정에 대한 폭넓은 이해가 반드시 필요하다. 이에 대한 자세한 설명은 후술하는 제2편 제1장 "제2절 개인기업의 법인전환을 활용한 사업승계"편을 참고하기 바란다.

2) 상속세 과세대상의 전환전략

상속의 경우 과세표준은 상속세과세가액에서 상속공제세액을 차감하여 산출되기 때문에 상속공제대상을 잘 활용해서 전환전략을 계획할 수 있다.

① 부동산 등을 금융재산으로 전환

상속의 경우 금융재산을 상속하게 되면 순금융재산가액의 20%에 해당하는 상속공제(최고 2억원)의 혜택을 받을 수 있다. 따라서 오랜 지병 등으로 인하여 상속개시시점이 얼마 남지 아니한 경우라면 상속재산에 대한 사전분석을 통하여 상속세 과세대상의 전환을 고려해 볼 필요가 있다. 가령, 피상속인이 보유하고 있는 부동산 중 비과세 1세대 1주택이 있는 경우 동거주택 상속공제 대상이 아니라면 비과세 등으로 양도해서 현금(금융재산)화 할 수 있는데, 이는 상속 시 부동산이 아닌 금융재산으로 상속하게 되므로 금융자산의 20%에 해당하는 상속공제의 혜택을 받을 수 있을 것이다. 이러한 방법은 양도차익이 없는 부동산 등에서도 활용하게 되면 양도소득세 부담없이 금융재산 상속공제의 혜택과 부동산의 취득세 부담없이 부의 승계가 가능할 것이다. 또한, 부동산 등의 현금화 전략은 상속세 재원마련에도 상당히 유용한 방법이므로 다각도로 활용하는 방안을 고려해 볼 필요가 있다.

② 특정자산을 가업상속공제대상 가업자산 또는 주식으로 전환

상속개시시점까지 장기간의 시간 소요가 예상될 경우 사전분석을 통하여 승계전략을 수립하게 된다. 이때 특정 일반자산을 가업승계대상 자산으로 전환을 고려하게 되는데 이는 상속공제 중에서 가장 상속공제금액이 큰 것은 가업상속공제(최고 500억원)이기 때문이다. 그리고 가업상속재산에 해당되는 경우에는 가업상속공제 대상금액을 산출시 고려되는 사업용자산 비율을 높이는 전환전략도 유효하므로 이를 잘 활용한다면 가업상속공제를 최고 500억원까지 받을 수 있게 된다.

이러한 전환전략은 양도시기 또는 상속개시시기에는 활용할 수 없기 때문에 사전적인 전환전략을 계획하고 사후적인 점검을 통하여 실행해야 성공적인 승계를 완성할 수 있는 것이므로 사전적인 전략수립이 중요한 것이다.

4. 개인기업의 법인기업 전환 분석

가. 개인기업과 법인기업의 차이분석

개인기업의 법인기업 전환이란 개인 사업주가 경영상 권리·의무의 주체가 돼 경영하던 기업을 법인의 형태로 바꾸는 것을 의미하는데 사업승계에 있어서 개인기업의 법인기업으로 전환 여부는 매우 중요하다. 이는 개인기업은 주식을 발행할 수 없지만 법인기업은 주식을 발행할 수 있기 때문에 가업승계에 대한 증여세과세특례[37]를 적용받을 수 있기 때문이다.

또한, 법인전환을 고민하는 요인으로는 소득유형간 세율차이에 있다. 개인사업자의 최고세율 45%와 법인사업자의 최고세율 25% 차이는 작다고 할 수 없기 때문이다. 여기에 개인기업의 경우 일정규모 이상이 되면 성실신고확인대상자[38]에 해당되어 장부에 대한 외부

37) 조세특례제한법 제30조의 6(가업의 승계에 대한 증여세 과세특례)

38) "성실신고확인제도"는 해당 과세기간의 수입금액(법 제19조 제1항 제20호에 따른 사업용 유형자산의 양도수입금액 제외)의 합계액이 일정금액 이상인 사업자의 경우 종합소득과세표준 확정신고시 세무사 등이 장부기장 내용의 정확성 여부를 확인하여 작성한 성실신고확인서를 납세지 관할 세무서장에게 제출하도록 함

전문가의 확인이 필요하기 때문에 신고관리 목적상 또는 대외신인도나 자금조달 용이 측면 등에서 법인전환을 고민하게 되는 것이다.

다만, 최근 법령개정으로 부동산 임대업을 주된 사업 등으로 하는 내국법인(유동화전문회사 제외)과 성실신고대상인 개인사업자가 법인전환 한 내국법인(사업연도 종료일 현재 법인으로 전환한 후 3년 이내의 내국법인으로 한정)에 대해서는 성실신고확인서를 과세표준신고시 제출(외부회계감사를 받은 내국법인 제외)하도록 하고, 성실신고확인서를 제출하지 아니하는 경우 산출세액의 5%에 해당하는 가산세를 부과하고 있다[39].

개인기업과 법인기업의 주요 차이점을 비교하면 다음과 같다.

구분	개인기업	법인기업
설립절차 비용	• 단순(사업자등록 신청으로 가능) • 설립비용 거의 없음.	• 상대적 복잡(상법상 설립절차 필요) • 설립등기비용, 등록세 등 발생
장점	• 의사결정이 신속 • 사업경영자의 활동의 자유로움 • 회사 운영상의 비밀유지 용이 • 사업주 개인이 이윤 독점	• 대외신용도 및 자본조달 용이 • 사업양도 용이(주식으로 이전) • 가업승계에 대한 과세특례 가능 • 보다 낮은 4단계 누진세율
단점	• 단독 무한책임 • 신용도 및 자금조달 능력이 취약 • 사업양도 복잡(사업평가 등) • 성실신고확인제도 대상	• 사업경영자 활동에 제약이 따름. • 법상 규제 증가(회계감사 등) • 법인자금을 개인용도로 사용하면 형사상 책임과 세무상 불이익이 있음. • 부동산 임대업 내국법인 등 극히 일부는 성실신고확인서 제출
청산	• 단순	• 복잡

으로써 개인사업자의 소득세 성실신고를 유도하고자 하는 제도이다[소득세법 제70조의 2(성실신고확인서 제출), 동법 시행령 제133조(성실신고확인서 제출)].

"성실신고대상자"는 다음 각 호의 구분에 따른 금액 이상인 사업자를 말한다.

1. 농어업, 광업, 도소매, 제122조 제1항에 따른 부동산매매업, 제2호, 제3호에 해당하지 아니하는 사업: 15억원
2. 제조업, 숙박 및 음식점업, 전기·가스·증기 및 공기조절공급업, 수도·하수·폐기물처리·원료재생업, 건설업(비주거용 건물 건설업은 제외하고, 주거용 건물 개발 및 공급업을 포함한다), 운수업 및 창고업, 정보통신업, 금융 및 보험업, 상품중개업: 7억5천만원
3. 부동산 임대업, 부동산업(제122조 제1항에 따른 부동산매매업은 제외한다), 전문·과학 및 기술 서비스업, 사업시설관리·사업지원 및 임대서비스업, 교육 서비스업, 보건업 및 사회복지 서비스업, 예술·스포츠 및 여가관련 서비스업, 협회 및 단체, 수리 및 기타 개인 서비스업, 가구내 고용활동: 5억원

39) 법인세법 제60조의 2, 제75조

구분	개인기업	법인기업
과세체계 적용세율	종합소득세 (8단계 누진세율)	법인세 (4단계 누진세율)
	~ 1,200만원 이하 : 6% 1,200만원 초과 ~ 4,600만원 이하 : 15% 4,600만원 초과 ~ 8,800만원 이하 : 24% 8,800만원 초과 ~ 1억5천만원 이하 : 35% 1억5천만원 초과 ~ 3억원 이하 : 38% 3억원 초과 ~ 5억원 이하 : 40% 5억원 초과 ~ 10억원 이하 : 42% 10억원 초과 ~ : 45%	~ 2억원 이하: 10% 2억원 초과 ~ 200억원 이하: 20% 200억원 초과 ~ 3천억원 이하: 22% 3천억원 초과 ~ : 25%

나. 법인전환전략 분석절차

개인기업에서 법인기업으로 전환하기 위해서는 가장 합리적인 전환전략이 필요하다. 이러한 전환전략에는 법인전환의 목적과 전환법인의 유형, 법인전환의 방법(방식), 그리고 법인전환의 시기를 종합적으로 고려해서 전환전략을 수립하게 된다. 즉, 성공적이고 원활한 법인전환이 되기 위해서는 이러한 고려사항을 순차적으로 반영해서 전환전략을 수립해야 할 것이다. 먼저 전환전략의 분석절차를 순차적으로 살펴보면 다음과 같다.

1) 법인전환의 목적분석

개인사업자가 법인기업으로 전환을 고려할 때 그 전환목적은 아주 다양하기 때문에 이러한 요인(소득증대, 매출증대, 고소득자 세무조사 강화, 세금 절감, 자본유치, 회계투명성 등)들을 종합적으로 분석하고 기업환경을 고려해서 법인전환 여부를 결정하여야 할 것이다. 여기서는 가장 일반적인 법인전환의 목적에 대하여 살펴보기로 한다.

가) 가업승계지원제도 활용 목적

우리나라 가업승계지원제도 중 승계기업이 가업승계에 대한 증여세 과세특례제도를 활용할 지 또는 가업상속공제를 활용할 지에 따라 개인기업의 법인기업 전환 여부를 결정할 수 있다. 즉, 가업상속공제는 개인기업도 가업상속공제 대상이 되지만, 가업승계에 대한 증여세 과세특례는 주식에 한정해서 적용받을 수 있기 때문에 법인기업으로 전환이 반드시 필요하기 때문이다.

나) 과세소득의 부담세액 절감 목적

기업소득의 유형이 개인인지 법인인지에 따라 과세체계가 다르기 때문에 일정 규모 이상으로 성장한 기업의 경영자는 법인전환 여부를 고민할 필요가 있다. 하지만 세금측면에서 법인전환이 절세효과가 있다는 견해가 있는 반면 궁극적으로는 그렇지 않다는 견해도 있기 때문에 단순히 기업소득 자체만을 가지고 한계세율을 비교분석해서 성급하게 법인전환을 하게 되면 후회할 수도 있다.

따라서 법인전환은 자신의 사업과 잘 맞는 형태가 어떤 것인지 잘 살펴보고 신중하게 선택해야 할 것이다. 즉, 개인기업의 사업소득은 종합소득세 하나만 부담하는 구조이지만, 법인기업의 사업소득은 법인소득에 대한 법인세와 법인비용으로 처리된 사업자의 급여, 상여 및 퇴직금 등에 대한 근로소득세와 퇴직소득세도 고려해야 할 것이다. 또한, 승계차원이라면 법인의 주주구성을 완성한 경우와 그러지 아니한 경우를 비교해서 배당소득세와 절감되는 상속세를 분석해서 전환 여부를 결정해야 할 것이다.

① 법인전환 분석 [사례 1] 개인기업과 법인기업 부담세액 비교

기업의 소득이 3억원인 경우 개인기업과 법인기업(1인 주주, 대표자 급여와 배당으로 이익실현 구조)에서 부담하는 세액을 비교하면 다음과 같다. 여기서 부담세액의 계산은 완벽성보다는 개인기업과 법인기업의 부담세액 구조를 비교하는 데 목적이 있기 때문에 각종 공제감면세액, 주민세, 금융소득의 원천징수세율로 과세 시 산출세액의 비교 등은 반영하지 아니하고 단순화하였다.

(단위: 원)

구 분	개인기업	법인기업	계산내역
기업소득	300,000,000	300,000,000	
대표자 급여		100,000,000	급여는 1억원 가정
과세표준	300,000,000	200,000,000	
① 사업소득세(법인세)	94,600,000	20,000,000	=과세표준 × 세율
이익잉여금(Ⓐ)	205,400,000	180,000,000	
배당가능액(Ⓐ/주주)		170,000,000	일부 준비금 제외 가정
대표자급여		100,000,000	
근로소득공제		14,750,000	근로소득공제[40)]
과세표준		85,250,000	
② 대표자 근로소득세		15,240,000	=과세표준 × 세율

구 분	개인기업	법인기업	계산내역
③ 대표자 배당소득세		59,800,000	금융소득종합과세[41]
④ 매년 부담세액	94,600,000	95,040,000	①~③ 합산

위 사례에서 단순히 개인기업과 법인기업의 소득세와 법인세만 비교하면 법인기업이 부담세액이 적지만, 유보이익에 대한 배당까지 고려할 경우 오히려 법인기업형태가 매년 전체 부담세액이 많거나 거의 차이가 발생하지 않을 수 있다. 따라서 단순히 절세목적을 위해 법인전환을 생각하는 경우라면 이러한 분석효과를 고려해야 할 것이다.

② 법인전환 분석 [사례 2] 주주구성 등 설계된 법인기업과 비교

기업의 소득이 3억원인 경우 개인기업과 법인기업[4인 주주(본인 외 자녀 등 3인), 급여·퇴직금·배당으로 이익실현 구조]에서 부담하는 세액을 비교하면 다음과 같다. 여기서 법인기업은 세무상 한도 범위 내에서 급여 등을 지급하는 것으로 가정하고, 부담세액의 계산은 완벽성보다는 비교목적을 위해서 단순화한 상태이다.

(단위: 원)

구 분	개인기업	법인기업	계산내역
기업소득	300,000,000	300,000,000	
대표자 급여		80,000,000	
대표자 퇴직급여		24,000,000	=8천만원×(1/10)×3배수[42] 가정
과세표준	300,000,000	196,000,000	
① 사업소득세(법인세)	94,600,000	19,600,000	=과세표준×세율
이익잉여금(Ⓐ)	205,400,000	176,400,000	
배당가능액(Ⓐ/주주)		160,000,000	주주당 40백만원 배당 가정
대표자급여		80,000,000	

40) 소득세법 제47조(근로소득공제)

① 근로소득이 있는 거주자에 대해서는 해당 과세기간에 받는 총급여액에서 다음의 금액을 공제한다. 다만, 공제액이 2천만원을 초과하는 경우에는 2천만원을 공제한다. (2019.12.31. 단서신설)

총 급 여 액	공 제 액
500만원 이하	총급여액 × 70%
500만원 초과 1,500만원 이하	350만원 + 500만원 초과금액 × 40%
1,500만원 초과 4,500만원 이하	750만원 + 1,500만원 초과금액 × 15%
4천 500만원 초과 1억원 이하	1천 200만원+(4천 500만원을 초과하는 금액의 100분의 5)
1억원 초과	1천 475만원+(1억원을 초과하는 금액의 100분의 2)

41) 소득세법 제14조, 제17조, 제45조, 제62조, 제129조에 따라 정확히 계산해야 하지만, 참고 목적상 다음과 같이 약식으로 계산함.

- 대표자 배당소득세=2천만원×14%+(배당소득−2천만원)×대표자 종합소득 한계세율(38% 가정)

구 분	개인기업	법인기업	계산내역
근로소득공제		13,750,000	근로소득공제(소득세법 제47조)
과세표준		66,250,000	
② 근로소득세		10,680,000	=과세표준×세율
③ 대표자 배당소득세		7,600,000	금융소득종합과세[43)]
④ 가족 3명 배당소득세		14,160,000	금융소득종합과세[44)]
⑤ 상속세 감소효과		(48,000,000)	배당으로 상속재산 감소효과[45)]
⑥ 퇴직소득세(1년 효과)		2,316,000	퇴직금(10년 근무 가정) 효과[46)]
⑦ 매년 부담세액	94,600,000	6,356,000	①~⑥ 합산

③ 법인전환 분석사례의 총평

위 [사례 1]을 분석해 보면 법인전환의 목적이 단순히 부담세액 절감차원이라면 법인전환 효과가 있는지는 의견이 분분할 수 있는 상태이다. 하지만, [사례 2]와 같이 법인기업의 주주 구성의 변화 또는 퇴직급여 등 지급규정의 정비로 인하여 부담세액을 낮출 수 있는 전략이 가능하므로 이를 잘 활용할 필요가 있다. 다만, 이는 어디까지나 기본적인 가정 하에서 분석된 숫자에 불과하므로 개인사업자의 경우 자신이 처한 기업환경 등 다양한 요소를 고려해서 법인전환 여부를 결정하여야 할 것이다. 즉 법인전환 시 반드시 절세가 발생하지 아니할 수 있기 때문에 실제로 법인전환을 고려한다면 각 기업의 특성에 맞는 신중한 의사결정을 하기 바란다.

그리고 법인기업으로 전환하고자 하는 목적이 분명한 경우라면 법인전환 시 법인기업의 정관이나 지급규정을 법률이 허용하는 한도 내에서 완벽하게 설계하고 수립하게 되면, 보다 더 합리적인 법인전환의 목적을 달성할 수 있기 때문에 이를 고려하여 종합적이고 사전

---

42) 소득세법 제22조 제3항
: 임원퇴직금 한도(퇴직전(2019년 이전) 3년 연평균급여 × 1/10 × 2012년~2019년 근속연수 × 3배수 + 퇴직전(2020년 이후) 3년 연평균급여 × 1/10 × 2020년 이후 근속연수 × 2배수)를 초과하는 금액은 근로소득으로 본다(2020.1.1. 이후 퇴직하여 지급하는 소득분부터 적용).

43) 소득세법 제14조, 제17조, 제45조, 제62조, 제129조에 따라 정확히 계산해야 하지만, 참고 목적상 다음과 같이 약식으로 계산함.
• 대표자배당소득세=2천만원×14%+(배당소득-2천만원)×대표자 종합소득 한계세율(24% 가정)

44) 자녀 등 3인은 다른 소득은 없고 오직 배당소득만 있다는 가정하에 계산함
• 자녀 등 3인 배당소득세=[2천만원×14%+(배당소득-2천만원)×소득세 기본세율]×3명

45) 배당 지급은 향후 대표자의 상속재산 감소효과가 있어 이를 고려하여 계산함.
=매년 배당금 4천만원×3명×상속세 한계세율(상속재산 규모를 고려하여 40% 가정)

46) 대표자가 10년간 적립된 퇴직금(24백만원×10년= 240백만원)을 지급 받는다는 가정하에 퇴직소득세를 계산하고 이를 10년으로 안분하여 매년 효과를 분석한 것임.
• 퇴직소득 1년 효과 = 퇴직소득세 23,160천원(국세청 계산프로그램 약식계산)/10년

적인 검토를 수행하기 바란다.

2) 전환법인의 유형분석

개인기업의 법인전환 시 선택 가능한 법인의 유형에는 상법상 법인이면 모두 가능하다. 상법상 법인은 구성원인 사원(社員)의 책임에 따라 합명회사, 합자회사, 유한책임회사[47], 유한회사, 주식회사로 분류하고 있다.

① 합명회사

합명회사는 2인 이상의 무한책임사원으로만 구성된 회사이며, 지분을 타인에게 양도하려고 할 경우에는 다른 사원 전원의 동의를 얻어야 한다[48].
주주총회나 사원총회와 같은 의사기관 및 별도의 감사기관이 없다는 점도 중요한 특징이다. 따라서 합명회사는 소수 인원의 인적 신뢰관계를 바탕으로 한 공동기업에 적합한 형태라고 할 수 있다.

② 합자회사

합자회사는 사원이 회사채권자에 대해서 직접 · 연대 · 무한의 책임을 지는 무한책임사원과 채권자에 대해서 직접 · 연대책임을 지지만 출자액을 한도로 하여 유한책임을 지는 유한책임사원으로 구성되는 복합적 조직의 회사이다.
유한책임사원은 무한책임사원 전원의 동의가 있으면 그 지분의 전부 또는 일부를 타인에게 양도할 수 있다. 지분의 양도에 따라 정관을 변경하여야 할 경우에도 같다[49].
합명회사와 마찬가지로 주주총회 등의 의사기관이 존재하지 않으며 각 무한책임사원이 업무를 집행하고 회사를 대표한다.

③ 유한책임회사

유한책임회사는 회사채권자에 대하여 출자금액을 한도로 간접 · 유한의 책임을 지는 2인 이상의 유한책임사원으로 구성된 회사이며, 사원은 다른 사원의 동의를 받지 아니하면 그 지분의 전부 또는 일부를 타인에게 양도하지 못한다[50].
공동기업이나 회사의 형태를 취하면서도 내부적으로는 사적 자치가 폭넓게 인정되는 조합의 성격을 갖고, 외부적으로는 사원의 유한책임이 확보되는 기업 형태에 대한 수요를 충족하기 위해 상법에 도입된 회사형태로서 사모투자펀드와 같은 펀드나 벤처기업 등 새로운 기업에 적합한 회사형태라고 할 수 있다.

④ 유한회사

유한회사는 1인 이상의 사원으로 구성되며 유한회사의 사원은 주식회사와 마찬가지로 회사채권자에게 직접적인 책임을 부담하지 않고 자신이 출자한 금액의 한도에서 간

47) 상법 제287조의 2~6

접・유한의 책임을 지는 회사이다[51]. 또한, 2011.4.14. 상법 개정으로 유한회사의 사원 총수 50인의 제한도 철폐되었으며, 사원도 자유로이 그 지분의 전부 또는 일부를 양도하거나 상속할 수 있게 되었다. 다만, 정관으로 지분의 양도를 제한할 수는 있다[52]. 유한회사는 강학상 물적회사로 분류되어 상법에 규정이 없는 한 주식회사에 관한 규정이 다수 준용되지만, ① 사원의 성명・주민등록번호 및 주소가 정관의 절대적 기재사항인 점, ② 설립의 하자에 주관적 하자를 원인으로 한 설립무효의 소와 설립취소의 소가 인정되는 점, ③ 설립시 설립사무의 처리를 하기 위하여 발기인이 선임되지 않는 점 등에서는 인적회사의 요소도 일부 가지고 있다고 볼 수 있다.

유한회사는 주식회사의 조직형태와 유사하다고 할 수 있으나, 폐쇄적이고 비공개적인 형태의 조직을 가지고 있으며 주식회사보다 설립절차가 비교적 간단하고 사원총회 소집절차도 간소하다는 특징이 있어 주식회사 다음으로 쉽게 찾아볼 수 있는데 상당수의 외국계 대기업이 한국지사로 유한회사를 설립하고 있다.

⑤ 주식회사

주식회사는 사원인 주주의 지위가 균등한 비례적 단위인 주식의 수로 표시되고 주주는 그가 인수한 주식금액을 한도로 하여 회사에 대해서만 책임을 지고 회사채권자에 대해서는 아무런 책임을 지지 않는 회사이다[53]. 즉, 주식회사는 주주의 유한책임이라는 특징을 가지고 있는 것이다. 또한, 주식회사는 주주라는 다수의 이해당사자가 존재하므로 합명회사나 합자회사와는 달리 의사결정기관으로 주주총회를 두고 있으며 업무집행기관으로 이사회 및 대표이사를 두어 회사의 업무를 집행한다. 또한, 주식회사 지분의 경우 증권화가 가능하고 이를 자유롭게 양도할 수 있다는 점도 다른 회사 형태와 구별되는 중요한 차이점이다.

이처럼 회사는 다양한 형태로 설립이 가능하며 설립방법, 사원의 구성, 책임범위, 지분의 양도가능 여부 등에 있어서 회사의 형태별로 차이가 크기 때문에 회사 설립 시에는 이러한 점을 충분히 고려하여 어떠한 회사를 설립할지 결정할 필요가 있다.

참고로 오늘날 대부분의 법인전환 시 법인의 유형은 기업 경영상의 편리함을 들어 주로 주식회사 형태로 전환되고 있다. 그러나 주식회사의 경우 일정 규모 이상이면 외부감사를 받아야 하는 부담과 현물출자를 통한 법인전환시 법원의 인가를 받아야하는 부담 때문에

48) 상법 제197조
49) 상법 제276조
50) 상법 제287조의 7, 상법 제287조의 8
51) 상법 제553조
52) 상법 제556조
53) 상법 제331조

최근에는 유한회사로의 전환도 조금씩 늘고 있는 상태이다. 이는 2011년 상법 개정으로 유한회사의 지분의 양도가 자유롭게 가능해진 점도 있다고 할 것이다.

하지만, “주식회사의 외부감사에 관한 법률”이 개정되어 2019.11.1. 이후 시작되는 사업연도부터 외부감사대상이 주식회사에 한정하지 않고 유한회사까지 확대되어 시행되고 있으므로 이를 고려해서 법인전환 목적에 맞는 상법상 회사를 선택할 필요가 있다.

| 외부감사의 대상[54] |

<table>
<tr><th>구분</th><th colspan="3">외부감사의 대상</th></tr>
<tr><td>1</td><td colspan="3">주권상장법인</td></tr>
<tr><td>2</td><td colspan="3">해당 사업연도 또는 다음 사업연도 중에 주권상장법인이 되려는 회사</td></tr>
<tr><td rowspan="6">3</td><td colspan="3">1호, 2호 이외 경우는 다음과 같다.</td></tr>
<tr><td>구분</td><td>주식회사</td><td>유한회사</td></tr>
<tr><td>자산총액</td><td colspan="2">직전 사업연도 말의 자산총액이 500억원 이상인 회사</td></tr>
<tr><td>매출액</td><td colspan="2">직전 사업연도의 매출액(직전 사업연도가 12개월 미만인 경우에는 12개월로 환산하며, 1개월 미만은 1개월로 본다)이 500억원 이상인 회사</td></tr>
<tr><td>소규모 회사</td><td>다음 각 목의 사항 중 2개 이상에 해당하는 주식회사
가. 직전 사업연도 말의 자산총액이 120억원 이상
나. 직전 사업연도 말의 부채총액이 70억원 이상
다. 직전 사업연도의 매출액이 100억원 이상
라. 직전 사업연도 말의 종업원이 100명 이상</td><td>다음 각 목의 사항 중 3개 이상에 해당하는 유한회사
가. 직전 사업연도 말의 자산총액이 120억원 이상
나. 직전 사업연도 말의 부채총액이 70억원 이상
다. 직전 사업연도의 매출액이 100억원 이상
라. 직전 사업연도 말의 종업원이 100명 이상
마. 직전 사업연도 말의 사원이 50명 이상</td></tr>
<tr><td>비고</td><td colspan="2">2019년 11월 1일 이후 「상법」 제604조에 따라 주식회사에서 유한회사로 조직을 변경한 유한회사는 같은 법 제606조에 따라 등기한 날부터 5년간 주식회사와 동일한 기준을 적용</td></tr>
</table>

3) 법인전환의 방법분석

법인전환은 상법 · 세법 등을 비롯한 각종 법률의 제반 절차를 거쳐야 하기 때문에 법인전환 과정에서 양도소득세, 취득세 등 각종 세금과 수수료 등의 비용이 발생하게 된다. 이러한 비용은 법인전환 방법에 따라 달라질 수 있다. 여기서는 법인전환 여부를 결정하는

54) 주식회사 등의 외부감사에 관한 법률 제4조 및 동법 시행령 제5조

단계에서의 법인전환 방법을 이해할 필요가 있어서 다음과 같이 간단히 법인전환 방법을 설명하기로 한다.

보다 전문적인 법인전환 절차 등에 대한 내용을 이해하고자 하는 경우에는 후술하는 제2편 제1장 제2절 "Ⅱ. 법인전환 절차 및 세무"편을 참고하기 바란다.

가) 현물출자에 의한 법인전환 방법

① 적용대상자

개인기업이 법인으로 전환함으로 인하여 발생하는 양도소득세의 이월과세[55] 대상자는 소득세법 제1조에서 규정하고 있는 거주자가 소비성서비스업을 영위하는 업종을 제외한 법인으로 전환하는 경우가 그 대상이다[56].

② 적용요건

거주자가 사업장별로 당해 사업에 사용한 사업용고정자산을 새로이 설립되는 법인에 현물출자하여 법인으로 전환하는 경우 그 사업용고정자산에 대해서는 이월과세를 적용받을 수 있다. 여기서 "사업용고정자산"이라 함은 당해 사업에 직접 사용하는 유형자산과 무형자산을 말하되 업무와 관련 없는 부동산은 제외한다. 또한, 해당 사업용고정자산이 주택 또는 주택을 취득할 수 있는 권리인 경우도 제외한다.

나) (세감면) 사업양수도에 의한 법인전환 방법

① 적용대상자

위 현물출자에 의한 법인전환의 적용대상자와 동일하다.

② 적용요건

거주자가 사업장별로 대통령령으로 정하는 사업 양도·양수의 방법에 따라 새로이 설립되는 법인으로 전환하는 경우 그 사업용고정자산에 대해서는 이월과세를 적용받을 수 있다. 여기서 "대통령령으로 정하는 사업 양도·양수의 방법"이란 해당 사업을 영위하던 자

---

55) 조세특례제한법 제2조 제1항 제6호
'이월과세'라 함은 개인이 당해 사업에 사용되는 사업용고정자산 등(이하 "종전 사업용고정자산 등"이라 한다)을 법인에게 현물출자 등을 통하여 양도하는 경우 이를 양도하는 개인에 대하여는 소득세법 제94조의 규정에 의한 양도소득에 대한 소득세를 과세하지 아니하고, 그 대신 이를 양수한 법인이 당해 사업용고정자산 등을 양도하는 경우 개인이 종전 사업용고정자산 등을 동 법인에게 양도한 날이 속하는 과세기간에 다른 양도자산이 없다고 보아 계산한 소득세법 제104조의 규정에 의한 양도소득산출세액 상당액을 법인세로 납부하는 것을 말한다.

56) 조세특례제한법 시행령 제29조 제3항

가 발기인이 되어 사업장의 순자산가액에 따른 금액 이상을 출자하여 법인을 설립하고, 그 법인설립일부터 3개월 이내에 해당 법인에게 사업에 관한 모든 권리와 의무를 포괄적으로 양도하는 것을 말한다[57]. 즉, 사업양수도 방식은 현물출자 방식과 다르게 순자산가액에 상당하는 현금이 필요하다.

다) 중소기업간 통합에 의한 법인전환 방법

소비성서비스업(소비성서비스업과 다른 사업을 겸영하고 있는 경우에는 부동산양도일이 속하는 사업연도의 직전 사업연도의 소비성서비스업의 사업별 수입금액이 가장 큰 경우에 한한다)을 제외한 사업을 영위하는 중소기업자(「중소기업기본법」에 의한 중소기업자를 말한다)가 경영하는 중소기업 간의 통합으로 인하여 소멸되는 중소기업이 사업용고정자산을 통합에 의하여 설립된 법인 또는 통합 후 존속하는 법인(이하 "통합법인"이라 한다)에 양도하는 경우 그 사업용고정자산에 대해서는 이월과세를 적용받을 수 있다. 이 경우 설립 후 1년이 경과되지 아니한 법인이 출자자인 개인(「국세기본법」 제39조 제2항의 규정에 의한 과점주주에 한한다)의 사업을 승계하는 것은 이를 통합으로 보지 아니한다[58].

여기서 유의할 점은 중소기업간의 통합이라 함은 사업에 관한 주된 자산을 모두 승계하여 사업의 동일성이 유지되는 것을 말하는 것이므로 사업장별로 그 사업에 관한 모든 권리와 의무를 포괄적으로 양도하는 포괄승계와는 개념이 다른 것이다.

라) 일반 사업양수도에 의한 법인전환 방법

상법상 사업(영업)의 양도와 양수는 자유이므로 일반적인 사업양수도에 의한 법인전환은 자유로이 사업의 양수도를 통하여 법인으로 전환하는 방식이다. 이러한 일반적인 사업양수도 방식은 법인전환 과정에서 이월과세, 지방세 면제 등 과세혜택을 적용받을 수 없기 때문에 부동산 등이 없는 경우에 한해서 고려할 필요가 있다.

57) 조세특례제한법 시행령 제29조 제2항
58) 조세특례제한법 시행령 제28조 제1항

마) 법인전환 방법별 주요사항 요약

개인기업의 법인전환 방법에 대한 주요사항을 비교하면 다음과 같다.

구 분	조세지원을 받는 법인전환 방법			(일반) 사업양수도
	현물출자	(세감면)사업양수도	중소기업간 통합	
세금부담	유리	유리	유리	불리
소요비용	보다 유리	유리	가장 유리	불리
소요기간	장기	단기	장기	단기
절차	복잡	단순	복잡	단순
근거규정	조세특례제한법 제32조		동법 제31조	

4) 법인전환의 시기분석

법인전환을 위해서는 법인기업으로 형태가 변경되는 법인전환기준일을 정해야 한다. 이러한 법인전환기준일은 개인기업의 폐업신고기준일이 되며 개인 사업소득의 결산기준일이 된다. 개인기업이 폐업하는 경우 폐업 전에 받고 있던 각종 조세지원혜택은 폐업과 함께 소멸하는 것이 원칙이다.

따라서 법인전환으로 각종 조세특례제한법상 준비금이 전액 환급되고 이월결손금은 소멸하기 때문에 해당 금액이 존재하는 개인기업은 이를 유용하게 활용한 이후 시점을 법인전환시기로 고려해 볼 수 있다. 또한, 실무적으로는 부가가치세법상 확정신고기준일을 주로 법인전환기준일로 정한다. 이는 부가가치세신고와 폐업에 따른 의제사업연도 부가가치세신고를 한 번에 종료할 수 있기 때문이다. 이때 확정신고기준일을 기말보다는 반기말(6월말)로 정하는 것이 소득유형의 누진세율 차이효과를 누릴 수 있는 경우가 발생할 수도 있다.

가) 법인전환 시기의 결정에 고려되는 요인 예시

구 분	내 용
이월결손금 소멸시기	개인사업의 이월결손금은 법인전환시 소멸되기 때문
성실신고대상자 여부	성실신고대상자가 세무관리 강화
부가가치세 확정신고기준일	전환기준일로 의제사업연도 확정신고를 하기 때문

나) 법인전환 분석 [사례 3] 법인전환 시기의 분석

연간 기업소득이 92백만원인 경우 법인전환 시기가 6월 말인 경우와 12월 말인 경우의 부담세액을 비교하면 다음과 같다. 다만, 본 사례는 전환시기의 비교를 위해서 법인기업 소득 전부는 모두 급여로 지급하는 것으로 가정하였으며, 법인전환 시기의 차이에 대한 구체적인 분석은 생략하였다.

(단위: 원)

구 분	6월말 전환		12월말 전환	
	개인기업	법인기업	개인기업	법인기업
기업소득	46,000,000	46,000,000	92,000,000	0
대표자 급여		46,000,000		
과세표준	46,000,000	–	92,000,000	0
① 사업소득세(법인세)	5,820,000	–	17,300,000	0
대표자급여		46,000,000		
근로소득공제		12,050,000		
과세표준		33,950,000		
② 대표자 근로소득세		4,012,500		
③ 부담세액	5,820,000	4,012,500	17,300,000	0
④ 종합소득 합산과세시 부담세액	13,968,000		17,300,000	

위와 같이 법인전환시기를 기말시점보다는 확정신고기준일 등을 고려한 6월말 기준으로 진행하는 것이 과세소득의 유형전환(사업소득에서 근로소득으로 전환) 등에 따른 누진세율의 한계세율 효과가 발생할 수 있다는 것을 살펴 볼 수 있다. 다만, 실제로 개인사업자가 법인전환 시기를 분석할 경우에는 개인사업자의 보다 더 많은 과세환경 요소들을 반영해서 검토해야 한다. 왜냐하면, 전환시기의 효과는 사업자 개인의 종합소득형태에 따라 효과가 다르게 나타날 수 있기 때문이다. 따라서 법인전환 시기의 합리적인 의사결정을 위해서는 반드시 사전검토가 필요하다.

5) 법인전환의 최적방안 결정

법인기업으로 전환 여부의 결정은 위와 같이 검토・분석한 내용을 토대로 여러 의사결정 사항을 종합해서 최적의 법인전환 방안을 결정해야 한다. 이 경우 법인전환의 목적(승계 또는 절세 등)이 타당하다고 분석되더라도 전환과정에서 막대한 세금이 발생할 수 있으므로 이에 대한 과세특례 여부를 분석(후술하는 "제2편 제2절 Ⅱ. 법인전환 절차 및 세무"에서 자세히 설명함)해야 한다. 이처럼 법인전환전략 분석절차를 통하여 분석된 법인전환의 효과(세금의 크기)가 승계과정에서 발생하는 절감되는 세금보다 적다면 성공적인 승계전략의 수립이 가능하게 되는 것이다.

이처럼 개인사업자는 법인기업 전환 여부를 분석하고 과세특례여부를 파악하는 등 다음의 프로세스를 바탕으로 전환된 법인을 관리해야 가장 성공적인 법인전환을 통한 승계전략을 완성할 수 있게 되는 것이다.

법인전환을 통한 승계 프로세스

첫째, 개인기업의 현황분석을 통한 승계재산가치 분석
둘째, 개인기업의 법인전환전략 분석을 통한 최적 전환방법 및 시기 결정
셋째, 전환법인의 정관 등 각종 지급규정을 정비 후 법인가치 제고
넷째, 승계대상 법인의 주식가치 분석을 통한 최적 승계전략 수립
다섯째, 입법예고 법령을 통한 조세정책방향을 분석하고 승계전략 점검
여섯째, 실행단계별 승계전략의 주기적인 사후관리를 통한 전략 완성

5. 승계대상 법인기업의 분석

승계대상이 법인기업인 경우 사업승계(경영권 승계)의 기본구조는 갖추어진 상태이다. 여기에 법인기업의 성공적인 사업승계를 완성하기 위해서는 대상회사의 기업환경과 기업내부의 제도적인 위험요소를 정확히 파악하여 개선함으로써 사업승계가 원활하게 이루어지게 할 필요가 있다. 이러한 기업환경의 제도적 개선이나 정비를 통한 성공적인 사업승계를 위해서는 우선 다음과 같이 주주현황, 정관이나 규정, 그리고 가지급금 · 가수금 등에 대한 분석이 필요하다.

가. 주주현황 분석

우선 경영권의 승계를 위해서 대상회사의 실질주주의 현황을 분석할 필요가 있다. 주주현황은 회사의 주주명부로 확인해야 하나, 주주명부가 없는 경우 납세지 관할 세무서장에게 제출한 주주 등에 관한 서류 및 주식등변동상황명세서에 의하여 명의개서 여부를 판정해야 할 것이다. 그리고 주주명부상 주주 중 명의신탁에 의한 차명주주의 존재 여부를 꼭 확인할 필요가 있다. 이는 승계과정에서 자녀 등이 확보해야 하는 지분을 파악하기 위함과 동시에 추후 명의신탁주식으로 인한 소유권분쟁을 미리 방지하기 위해서라도 필요한 것이

다. 또한, 대상회사가 자기주식을 보유하고 있는 경우 그 소유목적을 정확히 파악해야 승계대상 회사의 가치와 승계할 주식의 지분가치를 분석할 수 있다.

1) 명의신탁주식은 환원하라

회사의 주식은 부동산과 달리 주주명부에 명의개서만으로 소유권이 이전되기 때문에 지배주주는 각종 이해관계[59]로 인하여 친인척이나 지인 등에게 자신의 주식을 명의신탁 해둔 상태가 종종 발생한다. 이러한 명의신탁은 법률상 당사자 간의 합의에 의해서 성립되고 당사자 간의 합의에 의해서 계약해지가 가능하지만 실무에서는 명의수탁자가 자기의 것이라고 주장하거나, 명의수탁자가 사망하여 수탁자의 상속인에게 주식이 상속되는 경우 그 권리관계의 분쟁이 생기는 경우가 종종 발생하기 때문에 가능한 한 빨리 해결해야 한다.

만약, 이를 바로 해결하지 않으면 회사가치가 상승한 이후에는 명의신탁환원에 보다 더 큰 어려움이 따를 수 있기 때문이다. 일반적으로 명의신탁주식은 명의신탁 계약해지에 따른 환원방법을 활용하거나 명의신탁주식환원 간소화제도를 활용할 수 있다. 간혹, 실무에서 정상적인 환원방법을 활용하지 않고 개별적인 방안을 활용하기도 하는데 이는 정상적인 거래형태가 아닌 경우가 있을 수 있기 때문에 반드시 현혹되지 말아야 할 것이다.

가) 일반적인 명의신탁주식 환원방법

주주입장에서는 회사가 성장하면 할수록 명의신탁주식은 반드시 해결해야 할 고민거리일 것이다. 이때 실제 소유자가 명의신탁주식환원 간소화제도를 활용하지 못하는 경우에는 명의신탁환원은 명의신탁계약을 해지하고 절차에 따라 명의신탁주식을 실질소유자로 환원해야 할 것이다.

이러한 명의신탁환원절차는 관련 입증자료의 확보가 무엇보다 중요하므로 사전에 명의신탁관련 입증자료의 준비에 만전을 기해야 한다. 그리고 명의신탁계약 해지약정서의 작성 등 모든 명의신탁환원의 형식상 절차가 마무리되면 신탁자는 부과제척기간[60]이 남아 있는

---

59) 명의신탁을 하는 일반적인 원인:
- 배당소득 등 종합소득 합산과세 회피수단
- 법인의 제2차 납세의무자 및 간주취득세 납부의무자 지정되는 과점주주의 회피수단
- 상법상 최소 발기인 요건 때문(2001.7.24. 이후 상법 개정으로 발기인 수 제한 없음)
- 상법상 감사선임 3% 초과 의결권 제한 등

60) 부과의 제척기간이란 부과권의 법정존속기간을 의미하며 조세법률관계를 조속히 안정시킴으로써 납세의무자의 법적안정성을 보장하기 위하여 국세기본법에 규정하고 있다(국세기본법 제26조의 2).
① 사기 기타 부정한 행위로 국세를 포탈하거나 환급·공제받는 경우 10년(역외거래: 15년)[상속세 및 증여세: 15년(단, 명의신탁 증여의제 등에 해당하는 경우 안 날로부터 1년)]

종합소득세 등에 대하여 수정신고를 해야 한다.

일반적인 명의신탁계약해지에 따른 환원방법의 단계별 절차를 살펴보면 다음과 같다.

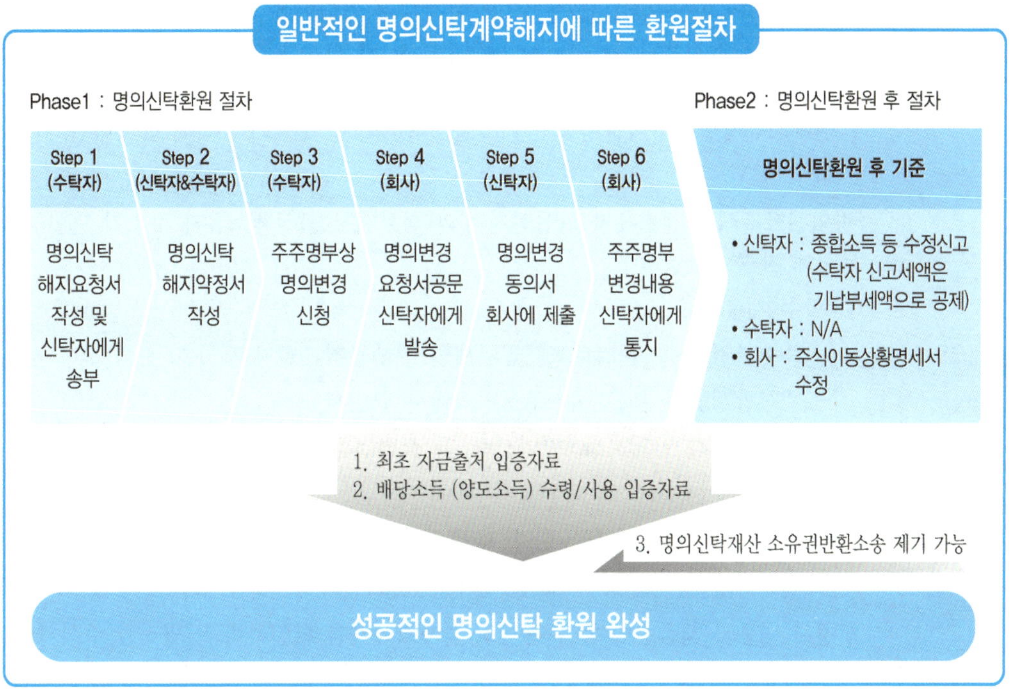

일반적인 명의신탁계약해지에 따른 환원절차

Phase1 : 명의신탁환원 절차

Step 1 (수탁자)	Step 2 (신탁자&수탁자)	Step 3 (수탁자)	Step 4 (회사)	Step 5 (신탁자)	Step 6 (회사)
명의신탁 해지요청서 작성 및 신탁자에게 송부	명의신탁 해지약정서 작성	주주명부상 명의변경 신청	명의변경 요청서공문 신탁자에게 발송	명의변경 동의서 회사에 제출	주주명부 변경내용 신탁자에게 통지

Phase2 : 명의신탁환원 후 절차

명의신탁환원 후 기준
• 신탁자 : 종합소득 등 수정신고 (수탁자 신고세액은 기납부세액으로 공제) • 수탁자 : N/A • 회사 : 주식이동상황명세서 수정

1. 최초 자금출처 입증자료
2. 배당소득 (양도소득) 수령/사용 입증자료
3. 명의신탁재산 소유권반환소송 제기 가능

성공적인 명의신탁 환원 완성

나) 명의신탁주식환원 간소화제도

상기와 같이 명의신탁계약해지에 따른 환원절차방법은 너무 복잡하여 실무적으로 활발하지 못한 점을 고려해서 국세청은 "명의신탁주식 실제소유자 확인신청"[61]제도를 시행(2014.6.23. 이후부터)하고 있다.

명의신탁주식 실제소유자 확인신청제도는 내국법인의 주식 등을 실제로 소유하는 거주자가 신탁이나 약정에 의하여 다른 사람 명의로 주주명부 등에 명의신탁한 주식을 실제소유자 명의로 실명 전환한 경우로서 다음 각 호의 요건을 모두 충족하는 경우에 그 실제소유자는 명의신탁주식 실명전환에 따른 실제소유자 확인을 신청할 수 있는 제도이다.

② 법정신고기한 내에 과세표준신고서를 제출하지 아니한 경우 7년(역외거래: 10년)[상속세 및 증여세: 15년]

③ 허위신고·누락신고를 한 경우 5년(역외거래: 7년)[상속세 및 증여세: 15년]

④ 그 밖의 경우 5년(역외거래: 7년)[상속세 및 증여세: 10년]

61) 상속세 및 증여세 사무처리규정 제9조의 2

구 분	내 용
신청요건	1. 주식발행법인이 「조세특례제한법 시행령」 제2조에서 정하는 중소기업에 해당할 것 2. 주식발행법인이 2001년 7월 23일 이전에 설립되었을 것 3. 신청인(실제소유자)과 명의자(명의수탁자)가 모두 법인설립 당시 발기인으로서 설립 당시에 명의신탁한 주식을 환원하는 경우일 것 4. 실제소유자별 · 주식발행법인별로 실명 전환하는 주식가액[62]의 합계액이 30억원 미만일 것
확인신청	'명의신탁주식 실제소유자 확인신청서'와 첨부서류를 실제소유자 주소지 관할 세무서에 제출 ① 필수 제출서류 - 중소기업 등 기준검토표(「법인세법 시행규칙」 별지 제51호 서식) - 주식발행법인이 발행한 주식명의개서 확인서 - 명의수탁자 인적사항, 명의신탁 및 실명전환 경위 등에 관한 확인서 ② 증빙 제출서류 - 주식대금납입 · 배당금 수령 계좌 등 금융자료 - 신탁약정서, 설립당시 정관, 실제주주명부, 확정판결문 등
확인절차	신청서 내용과 제출증빙 등을 근거로 실제소유자를 확인하며, 실명전환 주식가액이 10억원 이상이거나 실제소유자 여부가 불분명한 때에는 명의신탁주식 "실명전환자문위원회[63]" 자문을 받아 처리함.
결과통지	신청인에게 명의신탁주식 실제소유자 확인신청 처리결과를 통지함.

그러나 상기 제도를 활용해서 실제소유자로 인정받는 경우에도 부과제척기간이 남아있는 경우에는 당초 명의신탁에 따른 증여세, 배당에 따른 종합소득세 등이 발생할 수 있다. 또한, 실제소유자로 인정받지 못하는 경우에는 거래실질에 따라 유상거래인 경우에는 양도소득세 및 증권거래세, 무상거래인 경우에는 증여세 등이 발생할 수 있기 때문에 간소화 명의신탁 환원과정에 세심한 주의가 필요하다.

62) 상속세 및 증여세 사무처리규정 제9조의 2 제3항의 주식가액
- 비상장법인: 실명전환일 직전 사업연도 1주당 순자산가액 × 실명전환주식수
- 상장법인: Max(실명전환일 이전 2월간 종가평균액, 위 1주당 순자산가액) × 실명전환주식수

63) 실명전환자문위원회:
세무서에 위원장(세무서장)을 포함한 7명~10명 이내의 경력직원을 위원(외부위원 없음)으로 구성하고, 전원출석, 출석 과반수로 의결

2) 자기주식을 정비하고 활용하라

가) 자기주식의 분석

우선 자기주식을 보유하고 있는 회사는 그 자기주식의 취득목적이 소각인지 매매인지 여부를 반드시 파악해야 한다. 왜냐하면, 자기주식의 취득목적이 소각인 경우는 세무상 의제배당으로 간주하나, 매매인 경우에는 양도로 보기 때문이다. 즉, 소득의 유형에 따라 의제배당은 누진세율(6%~45%)로 과세되는 반면, 주식의 양도는 낮은 세율(10%, 20%, 20%~25%, 30%)로 과세되기 때문에 그 성격의 파악이 중요하다.

또한, 상속세 및 증여세법상 비상장법인의 주식평가방법에서도 자기주식의 성격이 매매인지 소각인지 여부에 따라 주식의 평가방법이 다르기 때문에 자기주식의 성격을 정확히 파악하고 정비하는 것이 필요하다.

그리고 과거에 회사가 처분목적으로 취득한 자기주식을 그 처분에 관한 아무런 대책도 세우지 않고 처분 노력을 하지 아니하는 경우에는 특수관계자간 업무무관가지급금으로 보아 과세하거나, 해당 자기주식의 취득이 자본감소절차의 일환으로 이루어진 것이라고 판단한 사례가 있으니 주의가 필요하다.

① 자기주식 취득대금의 업무무관가지급금 해당 여부 판단

상법이 개정(2011.4.14. 개정, 2012.4.15. 시행)되기 전에는 자기주식에 대한 취득의 제한 및 처분시기를 정하고 있었기 때문에 회사가 상법상 자기주식 취득요건을 구비하지 못한 경우 자기주식의 취득은 당연 무효였다. 즉, 해당 자기주식 취득행위가 상법 제341조에 위반되어 무효에 해당하는 경우 해당 법인이 특수관계자인 주주에게 자기주식 취득대금으로 지급한 금액은 법률상 원인없이 지급된 것으로서 이를 정당한 사유 없이 회수하지 않거나 회수를 지연한 때에는 '업무무관가지급금'으로 보도록 해석하고 있었다[64].

하지만, 개정 상법에서는 자기주식의 취득을 배당가능이익 한도 내에서 전면 허용하면서 처분시기도 정하지 아니하였다[65]. 이로 인하여 개정 상법 시행시기 이후 자기주식의 취득대금은 상법상 자기주식 취득관련 규정의 위반으로 보아 업무무관가지급금에 해당하는 지 여부를 판단할 수 없게 되었다. 하지만, 만약 자기주식의 취득대금이 실질적으로 특수관계자에게 자금대여형식으로 우회거래한 경우라면 여전히 업무무관가지급금으로 과세할 수 있으므로 주의가 필요하다.

64) 유권해석(법규과-1796, 2010.12.2.)
65) 상법 제341조

② 자기주식 취득목적의 판단(자본감소 일환으로 판단한 사례)

○ 대법원 2019.6.27. 선고, 2016두49525 판결

가. 주식양도가 자산거래인지 자본거래인지의 판단기준 관련

주식의 매도가 자산거래인 주식 양도에 해당하는지 또는 자본거래인 주식소각이나 자본 환급에 해당하는지는 법률행위 해석의 문제로서 거래의 내용과 당사자의 의사를 기초로 판단해야 하지만, **실질과세의 원칙상 단순히 계약서의 내용이나 형식에만 의존할 것이 아니라, 당사자의 의사와 계약체결의 경위, 대금의 결정방법, 거래의 경과 등 거래의 전체 과정을 실질적으로 파악하여 판단해야 한다**(대법원 2013.5.9. 선고, 2012두27091 판결 등 참조).

원고와 양도주주들 사이의 주식매매계약서, 이 사건 주식 취득을 위한 임시주주총회 의사록 등에 이 사건 주식의 향후 처리에 관한 내용이 기재되어 있지 않고, 원고가 이 사건 주식을 취득하고 주식을 소각하기까지 기간이 1년 3개월로 장기이나, 그러한 사정들만으로 원고에게 이 사건 주식을 취득할 당시 주식소각 또는 자본 환급의 목적이 없었다고 단정할 수 없으며, 실제로 이 사건 주식이 소각됨으로써 그만큼 자본 감소가 발생한 점을 비추어 대상 판결은 위 판단기준에 따라 자기주식을 취득한 전후 그 처분에 관한 아무런 대책도 세우지 않았던 점과 처분 노력을 하지 않은 점 등을 중시하여 이 사건 주식의 취득이 자본감소절차의 일환으로 이루어진 것이라고 판단하였다.

나. 의제배당소득의 귀속시기

소득세법상 의제배당소득의 수입시기는 주식의 소각, 자본의 감소 또는 자본에의 전입을 결정한 날(이사회의 결의에 의하는 경우에는 상법 제461조 제3항의 규정에 의하여 정한 날을 말한다)이나 퇴사 또는 탈퇴한 날이다(소득세법 시행령 제46조 제4호). 대상 판결은 이러한 규정에 근거하여 양도주주들의 배당소득 수입시기를 주식소각을 결정한 2012.4.5.로 보아 2012년 귀속 배당소득으로 과세한 처분이 적법하다고 판단하였다.

③ 자기주식 취득 소각이 의제배당이 아닌 사례

○ 서면-2019-법령해석법인-1349, 2020.3.31.

주권상장법인이 증권거래소에서 일반적인 매매방법으로 불특정다수로부터 자기주식을 취득하여 소각하는 경우에는 의제배당에 해당하지 아니함.

나) 자기주식과 지분율 관계 분석

자기주식은 상법상 의결권이 없기 때문에 세무상으로도 지분율을 계산할 때 자기주식은 발행주식 총수에서 제외하고 있다. 즉, 승계대상 회사가 자기주식을 보유하고 있는 경우 대상 회사의 지배주주는 실질적으로 지분율이 높게 나오게 되는 것이다. 이는 가업승계 과세특례 제도에서 가업에 해당되는 최대주주 지분율 50% 이상 여부를 판단할 때에도 유리하게 작용할 수 있다. 또한, 자본거래(M&A 등)를 통한 경영권 승계시 승계대상 회사가 자기주식을 보유하고 있는 구조가 사업승계과정에서 지분율 확보에 보다 더 유용하게 활용될 수 있다.

따라서 승계대상 법인의 주주현황 분석 시 자기주식을 활용할 수 있는 방안을 분석하고 자기주식의 취득을 제약할 수 있는 규정을 정비하거나 보완할 필요가 있는 것이다.

다) 자기주식과 자본거래(경영권 승계)와의 관계 분석

자기주식은 자본거래를 통한 경영권 승계과정에서도 매우 중요한 역할을 한다. 즉, 자기주식이 있는 상태에서 분할, 합병 등 자본거래를 진행할 경우 자기주식이 없는 상태에서 보다 더 효율적으로 경영권의 승계(지배력 강화)가 가능하게 된다. 이는 상법 개정으로 자기주식 취득에 제한이 없어져 보다 더 활발하게 자기주식을 통한 경영권 확보(지배력 강화)가 가능해진 상태이다. 다만, 자기주식의 취득에 대한 순기능보다 이처럼 경영권 승계 확보에만 활용하는 경우를 막기 위하여 자기주식 취득의 제한을 입법 발의하고 있는 상태이므로 이에 대한 입법 진행과정은 확인할 필요가 있다.

자기주식을 통한 경영권 승계사례는 후술하는 [고급편] "제2장 CEO의 경영권 승계전략"편을 참고하기 바란다.

나. 회사정관 및 규정의 분석

1) 정관의 규정을 정비하라

회사의 정관은 회사의 설립, 조직, 업무활동 등에 관한 기본규칙을 정한 문서로서 회사의 주식에 관한 사항도 정관에 기재하도록 정하고 있다. 이로 인하여 상법 규정에 따라 정관에 한 번 정해진 회사의 주식에 대한 사항을 변경하기 위해서는 주주총회의 특별결의[66]가 필요하기 때문에 정관은 매우 신중하게 작성되어야 하는 것이다.

66) 상법 제434조(정관변경의 특별결의)
: 제433조 제1항의 결의는 출석한 주주의 의결권의 3분의 2 이상의 수와 발행주식총수의 3분의 1 이상의 수로써 하여야 한다.

사전 승계전략에 따라 법인을 신설하는 경우에는 승계계획에 맞는 정관을 작성하여 활용하면 되지만, 이미 정관이 작성되어 있는 기존 법인인 경우에는 정관을 분석하여 승계를 위한 경영권 확보를 원활히 할 수 있는 정관 규정을 정비하여야 할 것이다.

가) 승계와 정관의 규정 분석

상법상 대상회사의 주주는 그가 가진 주식 수에 따라서 신주의 배정을 받을 권리가 원칙이기 때문에 정관에 별도로 주주 외의 자에게 신주를 배정할 수 있다는 정함이 없으면 제3자에게 신주를 배정할 수 없다. 또한, 주식으로 전환 가능한 전환증권(전환사채, 신주인수권부사채 등)도 정관에 정함이 없으면 제3자에게 발행할 수 없게 되어 있다.

따라서 승계관점에서 승계대상 회사의 정관에 제3자 배정과 관련한 내용이 없다면 기존 주주가 아닌 자녀 등에 승계대상 회사의 지분을 배정할 수 있는 방법에는 제약이 따르게 된다. 이 경우 사업승계의 다양한 방안을 모색하기 위해서는 신주나 전환증권의 제3자 배정과 관련한 주식의 정관기재사항을 정비하고 규정하는 것이 꼭 필요하다.

나) 주주권에 관련된 사항 분석

승계대상회사의 경영권 확보를 위한 방안을 수립할 수 있는 정관에 기재되는 주식과 관련된 사항을 간단히 요약하면 다음과 같다.

① 신주인수권[67)]

주주는 그가 가진 주식 수에 따라서 신주의 배정을 받을 권리가 있다. 회사는 이에 불구하고 정관에 정하는 바에 따라 주주 외의 자에게 신주를 배정할 수 있다. 다만, 이 경우에는 신기술의 도입, 재무구조의 개선 등 회사의 경영상 목적을 달성하기 위하여 필요한 경우에 한한다.

② 종류주식 발행[68)] 및 전환가능 사채 발행[69)]

회사는 이익의 배당, 잔여재산의 분배, 주주총회에서의 의결권의 행사, 상환 및 전환 등에 관하여 내용이 다른 종류의 주식(이하 "종류주식"이라 한다)을 발행할 수 있다. 또한, 주식으로 전환할 수 있는 사채(전환사채, 신주인수권부사채 등)를 발행할 수 있다. 이 경우, 주주 이외의 자에게 발행할 경우에는 반드시 정관에 정함이 있어야 함으로 사업승계과정에서 다양하게 활용될 수 있는 본 규정에 대하여 정관에 존재 여부를 파악하여 정비할 필요가 있다. 해당 전환증권에 대한 승계활용 방안은 후술하는 제2편 제2장 제1절 Ⅱ. "6. 전환증권을 활용한 경영권 승계전략"편에서 보다 자세히 설명하도록 한다.

③ 주식매수선택권[70)]

회사는 정관으로 정하는 바에 따라 주주총회의 특별결의로 발행주식총수의 100분의 10의 범위 내에서 회사의 설립 · 경영 및 기술혁신 등에 기여하거나 기여할 수 있는 회사의 이사, 집행임원, 감사 또는 피용자(被用者)에게 미리 정한 가액(이하 "주식매수선택권의 행사가액"이라 한다)으로 신주를 인수하거나 자기의 주식을 매수할 수 있는 권리(이하 "주식매수선택권"이라 한다)를 부여할 수 있다. 다만, 주식매수선택권의 행사가액이 주식의 실질가액보다 낮은 경우에 회사는 그 차액을 금전으로 지급하거나 그 차액에 상당하는 자기의 주식을 양도할 수 있다.

• 주의사항

다음 각 호의 어느 하나에 해당하는 자에게는 위와 같은 주식매수선택권을 부여할 수 없다. 다만, 상장회사는 위 규정에서 정한 자 외에도 발행주식총수의 20%의 범위에서 대통령령으로 정하는 관계회사의 이사, 집행임원, 감사 또는 피용자에게 주식매수선택권을 부여할 수 있다[71)]. 하지만, 최대주주 등의 자에게는 주식매수선택권을 부여할 수 없다.

1. 의결권 없는 주식을 제외한 발행주식총수의 100분의 10 이상의 주식을 가진 주주
2. 이사 · 집행임원 · 감사의 선임과 해임 등 회사의 주요 경영사항에 대하여 사실상 영향력을 행사하는 자
3. 제1호와 제2호에 규정된 자의 배우자와 직계존비속

④ 주식양도의 제한[72)]

주식회사의 주식은 타인에게 자유롭게 양도할 수 있다. 다만, 회사는 정관으로 정하는 바에 따라 그 발행하는 주식의 양도에 관하여 이사회의 승인을 받도록 할 수 있다. 정관에 정한 양도제한 규정을 위반하여 이사회의 승인을 얻지 아니한 주식의 양도는 회사에 대하여 효력이 없다.

⑤ 자기주식의 취득[73)]

Ⓐ 배당가능이익 한도 계산

= 직전 결산기 순자산액 - 다음 각 호의 금액

1. 자본금의 액
2. 그 결산기까지 적립된 자본준비금과 이익준비금의 합계액
3. 그 결산기에 적립하여야 할 이익준비금의 액
4. 대통령령으로 정하는 미실현이익[74)]

- 자산 및 부채에 대한 평가로 인하여 증가한 대차대조표상의 순자산액으로서, 미실현손실과 상계(相計)하지 아니한 금액을 말한다. 다만, 파생결합증권의 거래에서 위험을 회피하기 위한 거래의 경우에는 각각의 미실현이익과 미실현손실을 상계할 수 있다.

회사는 자기의 명의와 계산으로 거래소에서 직접 취득하거나, 각 주주가 가진 주식 수에 따라 균등한 조건의 취득 방법으로 자기의 주식을 취득할 수 있다. 다만, 그 취득가액의 총액은 직전 결산기의 대차대조표상의 순자산액에서 제462조 제1항 각 호의 금액을 뺀 금액(이하, "배당가능이익")을 초과하지 못한다.

⑥ 의결권의 배제·제한에 관한 종류주식[75]

회사가 의결권이 없는 종류주식이나 의결권이 제한되는 종류주식을 발행하는 경우에는 정관에 의결권을 행사할 수 없는 사항과, 의결권행사 또는 부활의 조건을 정한 경우에는 그 조건 등을 정하여야 한다. 의결권이 없는 종류주식의 총수는 발행주식총수의 4분의 1을 초과하지 못한다. 이 경우 의결권이 없거나 제한되는 종류주식이 발행주식총수의 4분의 1을 초과하여 발행된 경우에는 회사는 지체 없이 그 제한을 초과하지 아니하도록 필요한 조치를 하여야 한다.

상기와 같이 승계대상회사의 정관에 기재되는 주식관련 사항을 잘 정비하고 그 활용도를 이해한다면, 승계대상회사의 주주가 아닌 제3자인 자녀에게 지분을 이전할 수 있는 방안을 모색할 수 있을 것이다.

2) 임원보수 및 퇴직금 등 지급규정을 정비하라

가) 승계와 임원보수 등의 지급규정 분석

승계관점에서는 주식에 관한 사항도 중요하지만 승계대상 회사의 내부가치도 중요하다. 이러한 회사의 내부가치를 증대시키기 위해서는 회사 내부규정을 검토하고 정비함으로써 사업승계 환경을 개선해야 할 것이다. 즉, 회사의 정관 등에 임원급여·퇴직급여, 중간배당이나 현물배당 등에 관한 규정을 승계에 적합하게 잘 설계하여야 한다. 이는 경영자나 자녀 등이 승계과정 또는 승계 이후에 필요한 자금을 마련하기 위해서도 필요하다.

임원의 보수는 근로소득 기본(누진)세율(6%~45%)로, 퇴직금은 연분연승법 계산방식으로 인한 퇴직소득 유효세율(3%~10% 상당 수준)로, 배당금은 금융소득(2천만원 이하는

67) 상법 제418조(신주인수권의 내용 및 배정일의 지정·공고)
68) 상법 제344조(종류주식)
69) 상법 제513조(전환사채의 발행), 제516조의 2(신주인수권부사채의 발행)
70) 상법 제340조의 2(주식매수선택권)
71) 상법 제542조의 3(주식매수선택권)
72) 상법 제335조(주식의 양도성)
73) 상법 제341조(자기주식의 취득)
74) 상법 시행령 제19조(미실현이익의 범위)
75) 상법 제344조의 3(의결권의 배제·제한에 관한 종류주식)

14% 원천징수 분리과세)으로 과세됨에 따라 회사 내부규정을 잘 정비하면 소득유형의 전환에 따라 한계세율 효과 및 법인세 절감효과를 볼 수도 있기 때문에 이를 잘 활용할 필요가 있다.

이에 따라 승계전략을 위해서 검토할 필요가 있는 회사의 내부규정을 예시적으로 살펴보면 다음과 같다.

구분	규정 검토	정비
임원보수 규정	• 임원급여규정, 임원상여지급규정 - 지배주주 등에게 과다지급보수는 손금불산입 - 상여금 지급규정이 없는 경우 손금불산입 - 상여금 지급규정 초과 지급한 경우 손금불산입	정관 · 주총 · 이사회 등에서 규정 마련
임원 퇴직급여 규정	• 임원퇴직급여 지급규정 - 정관에 정함이 없으면 (1년 동안 지급한 총급여액 × 1/10 × 근속연수) 내에서 손금인정 - (퇴직 전 3년 연평균 급여 × 1/10 × 근속연수 × 2배수 (2019.12.31.까지 근무기간 3배수)을 초과하는 금액은 근로소득 봄. - 4대 보험료 부과대상 소득 아님.	정관 · 주총에서 규정 마련
배당금 규정	• 이익(주식)배당 - 배당은 회사 순자산액 감소로 인한 주식평가가액 감소 - 상속 및 증여 시 과세가액 감소효과 있음. - 배당효과를 위해서 주주 구성 설계 필요 • 중간(분기)배당 - 일시적 세금부담 재원마련 등 • 현물배당 - 특정재산(주식) 확보를 위해 필요	정관에 배당사항 정함.

나) 임원보수 등에 관한 사항

① 임원보수 및 퇴직급여

상법상 이사의 보수는 정관에 그 액을 정하지 아니한 때에는 주주총회의 결의로 이를 정하도록 규정[76]하고 있으며, 세법상 임원의 보수는 정관 · 주주총회 · 이사회 등을 통하여 제정된 임원급여지급규정에 의하도록 되어 있다. 또한, 임원의 퇴직급여는 정관 또는 정관에서

76) 상법 388조(이사의 보수)

위임한 별도의 '임원퇴직급여 지급규정'에서 정한 범위 내에서 손금으로 인정하고 있다.

따라서 정관에서 임원과 관련된 보수 및 퇴직급여 지급규정을 사전에 미리 설계해 두거나 정비하는 것이 세무상 불이익을 받는 위험을 제거하는 수단이 될 것이다.

② 중간배당[77], 분기배당[78]

연 1회의 결산기를 정한 회사는 정관으로 영업연도 중 1회에 한하여 이사회의 결의로 일정한 날을 정하여 그 날의 주주에 대하여 이익을 배당(이하 "중간배당"이라 한다)할 수 있다. 주권상장법인에 대한 특례규정[79]에 따라 주권상장법인은 정관으로 정하는 바에 따라 사업연도 중 그 사업연도 개시일부터 3월, 6월 및 9월 말일 당시의 주주에게 이사회 결의로써 금전으로 이익배당(이하 "분기배당"이라 한다)을 할 수 있다. 중간배당 및 분기배당은 직전 결산기의 대차대조표상의 순자산액에서 다음 각 호의 금액을 공제한 액을 한도로 한다.

1. 직전 결산기의 자본금의 액
2. 직전 결산기까지 적립된 자본준비금과 이익준비금의 합계액
3. 직전 결산기의 정기총회에서 이익으로 배당하거나 또는 지급하기로 정한 금액
4. 중간배당에 따라 당해 결산기에 적립하여야 할 이익준비금

③ 현물배당[80]

회사는 정관에 금전 외의 재산으로 배당(이하 "현물배당"이라 한다)할 수 있음을 정할 수 있다. 이에 따라 가족회사인 비상장법인이 보유하고 있는 성장성 있는 자회사의 지분 등을 직접 승계하기 위해서 현물배당을 활용할 수도 있다.

보다 더 자세한 설명은 후술하는 제2편 제2장 제1절 Ⅱ. "8. 현물배당을 활용한 경영권 승계전략"편을 참고하기 바란다.

다. 가지급금 · 가수금의 분석

가지급금이란 실제 현금의 지출은 있었지만 거래의 내용이 불분명하거나 거래가 완전히 종결되지 않아 계정과목이나 금액이 미확정인 경우에, 그 지출액에 대한 일시적인 채권을 표시하는 과목을 말한다. 세무상 가지급금이라 함은 명칭 여하에 불구하고 당해 법인의 업무와 관련이 없는 자금의 대여액을 말하며 가지급금에 대하여 지급이자손금불산입, 가지급금에 대한 인정이자 등 불이익이 따른다.

77) 상법 제462조의 3(중간배당),
78) 자본시장과 금융투자업에 관한 법률 제165조의 12(이익배당의 특례)
79) 자본시장과 금융투자업에 관한 법률 제165조의 2
80) 상법 제462조의 4(현물배당)

가수금이란 실제 현금의 수입은 있었지만 거래의 내용이 불분명하거나 거래가 완전히 종결되지 않아 계정과목이나 금액이 미확정인 경우에 현금의 수입을 일시적인 채무로 표시하는 계정과목을 말한다.

따라서 이와 같은 가지급금·가수금 계정은 일시적 성격을 갖는 계정과목이기 때문에 늦어도 결산기말까지는 그 내역을 명확히 조사하여 확정된 계정과목으로 대체시켜야 한다.

1) 가지급금을 해결하라

일반적으로 가지급금은 비용에 대한 지출증빙 등이 확인되지 아니하는 경우에 계상하지만 간혹 소규모 법인기업의 경우 회사가 적자임에도 불구하고 은행과의 거래를 위해서 혹은 세무조사 대상에서 제외되기 위해서 당기에 이익을 내는 경우가 종종 있는데 이때 회사장부에 이익으로 계상한 금액만큼 상대계정으로 가지급금이 생기게 되는 경우가 있다. 또한, 가지급금은 기업의 영업 특정상 세무상 비용으로 인정받지 못하는 비용을 어쩔 수 없이 대표자의 가지급금으로 처리하는 경우에도 발생하게 된다.

이러한 가지급금을 해결하지 아니하면 외부적으로 은행거래의 신용도 하락과 과세당국의 불신임에 따른 불이익(가지급금 인정이자 계상, 대손충당금 설정 제외 등)으로 회사의 기업가치에 상당히 악영향을 미치게 된다. 따라서 기업가치 증대를 위해서라도 반드시 가지급금의 정리는 필요하다.

가) 가지급금에 대한 불이익

회사 장부에 계상된 가지급금(대여금 포함)에 대한 주요 불이익은 다음과 같다.

구 분	내 용	규정
가지급금 인정이자	• 인정이자(가중평균차입이자율 혹은 당좌대출이자율 계산) 익금산입 • 대표자 인정이자 상여처분	법인세법 시행령 제89조
지급이자손금불산입	• 업무무관자산에 대한 지급이자손금불산입	법인세법 제28조
대손충당금설정제외	• 대손상각비 비용처리 불가	법인세법 제34조
대손처리 등 불인정	• 가지급금 대손처리 대손금 손금불산입 • 가지급금의 매각처분손실 손금불산입	법인세법 제19조의 2
비상장주식 과대평가	• 가지급금은 자산으로 분류 • 순자산가액 과대는 주식가치 증가요인 • 증여 등에서 세부담 증가	상속세 및 증여세법 제63조

구 분	내 용	규정
법인 청산시 상여처분 등	• 잔여재산 분배시 가지급금에 대한 객관적인 배분 입증자료가 없으면 대표자 상여로 처리 • 청산 실무시 법원 승인에 장애요인 작용	

나) 가지급금의 해결방안

가지급금이 회사 장부에 많이 계상되어 있는 경우 과세당국의 주목을 받게 될 수 있으므로 가능한 한 결산기 이전에 정리하는 것이 바람직하다. 하지만, 중소기업 경영자 입장에서 여러 경로로 축적된 가지급금에 대하여 일시에 해결하기란 쉽지 아니하다. 이러한 경영자의 고충을 이용하여 외부의 전문가 일부에서 세금부담 없이 가지급금을 한 번에 해결할 수 있는 합법적인 방법이 존재하는 것처럼 이야기하는 경우가 종종 있는데 반드시 주의할 필요가 있다.

가지급금의 정리에 있어서 세금부담 없이 가지급금(대여금)을 해결하는 방법은 경영자가 가지급금을 회사에 상환하거나, 실제 확보하지 못한 적격증빙을 찾아서 입증하는 방법밖에는 없다. 위에서 언급한 바와 같이 가공이익이나, 세무상 인정되지 아니한 비용의 지출 등을 통한 가지급금은 해결과정에는 반드시 세금이 발생하기 마련이다. 만약, 합법적인 방법이 아닌 다른 경로로 가지급금을 조정하는 것은 더 큰 세금폭탄을 만들 수 있는 것이므로 반드시 주의가 필요하다.

따라서 가지급금의 해결방안은 경영자의 경제적인 재산상태 및 개별기업의 재무상태를 분석하여 가지급금의 특성에 맞게 합법적인 세금부담을 통해서 가능한 빨리 해결하는 것이 지속적으로 발생하는 가지급금에 대한 불이익을 해소하는 방안일 것이다. 이러한 가지급금을 해결하는 방안을 예시하면 다음과 같다.

① 가지급금의 해결방안 예시

구 분	내 용	처리방법
가지급금 실태파악 (원칙)	• 가지급금에 대한 발생내역을 분석 · 검토하여 전기오류수정손실 처리	• 원인별 수정신고(가산세 부담) • 당기 세무조정에 반영
대표자 인건비	• 급여 및 상여금으로 처리해서 상계 • 누진세율에 따라 일시적 처리보다는 단계적 처리 활용	• 세무상 보수한도규정 정비 • 소득세 부담

구 분	내 용	처리방법
대표자 퇴직금 (중간정산)	• 중간정산 가능시점에 퇴직금과 상계 • 근무연수 등을 고려한 퇴직금 활용	• 세무상 퇴직금한도규정 정비 • 퇴직소득세 부담
주식양도 (자기주식취득)	• 제3자에 주식양도 후 양도대금 활용 • 회사에 양도(자기주식 취득) 후 양도대금과 상계(개정 상법)	• 양도소득세 부담 • 배당가능이익 한도 이용
주주배당 (유상감자)	• 배당(감자)대금으로 가지급금 상계	• 배당소득세 부담

위 방법 이외에 직무발명보상제도, 차등배당, 특허권의 양도 및 대여 등을 활용해서 가지급금을 정리하는 경우가 있는데, 이는 일반적으로 정상적인 방법이 아니기 때문에 해당 방법을 활용하는 과정에서 특허권의 감정평가 문제와 직무발명보상금의 적정성 문제 그리고 대여 등에 대한 거래시가의 적정성과 차등배당에 따른 증여문제가 발생하기 때문에 또 다른 과세문제가 발생할 수 있으므로 반드시 주의가 필요한 상태이다.

즉, 이러한 거래에 대하여는 현행 세법[초과배당은 세대생략 할증과세는 물론 소득세와 증여세를 함께 과세(2021년), 직무발명보상금 연 5백만원 이하 비과세 등]은 개정을 통하여 과세를 명확히 하는 추세이므로 반드시 주의가 필요하다.

② 가지급금 해결시 고려사항

가지급금은 가능한 빨리 정리하는 것이 합리적이지만 가지급금이 상당한 경우 일시에 해결하기보다는 매년 대표자 개인의 재산상태 및 회사의 재무제표 등의 진단을 통하여 합법적인 범위 내에서 순차적으로 처리하는 방안을 강구해야 할 것이다. 왜냐하면, 무리해서 일시에 가지급금을 해결할 경우 누진세율에 따른 부담세액이 가중될 수 있기 때문이다. 또한, 가지급금을 순차적으로 해결하다 보면 세법 및 상법의 개정으로 새로운 해결방안(자기주식 취득 등)이 도출될 수 있기 때문이다.

2) 가수금을 정리하라

일반적으로 소규모 법인기업의 경우 매출누락 또는 가공세금계산서 수취금액에 대해 상대계정을 대표자 가수금으로 회계처리하는 경우가 종종 발생하는데 가수금이 부채계정에 있는 이상 가수금에 대하여 회사는 변제할 채무로, 대표이사는 받을 권리가 있는 채권으로 보게 된다. 이러한 이유로 상속 시 가수금은 상속재산에 포함되어 과세되므로 불필요한 가수금에 대한 정리가 반드시 필요한 상태이다.

가) 가수금의 불이익

과세당국은 정상적인 가수금(차입금) 이외에 매출누락 등으로 입금된 현금의 상대계정으로 처리한 가수금에 대하여는 세무조사를 통하여 매출누락에 따른 법인세, 부가가치세 및 이와 관련된 가산세를 부과하고, 대표자에게는 매출누락분에 대하여 상여처분하여 소득세 등을 과세하게 되므로 반드시 정리하여야 한다. 또한, 이러한 가수금은 부채비율을 높이는 결과를 초래하므로 은행대출 등에서 불이익(높은 이자율, 대출거절 등)을 받을 수 있다.

나) 가수금의 정리방안

회사 장부에 계상된 가수금이 가공 또는 매출누락 등에 따른 가수금이라면 하루 빨리 정상적인 세금을 부담하는 수정신고(전기오류수정 등)를 하여야 가산세에 대한 부담을 줄일 수 있다. 이는 하루빨리 과세당국의 관리에서 벗어나는 가장 합리적인 방안이기도 하다.

하지만, 회사의 가수금이 정상적인 가수금이라면 회사의 재정상태 등을 고려해서 상환하거나 가수금의 상환이 불가능하다면 출자전환을 통하여 자본화하는 것도 합리적인 가수금 정리방안일 수 있다. 이처럼 출자전환이 가능한 것은 상법의 개정(2012.4.15. 시행)시 주금의 상계금지제도를 폐지함에 따라 대표이사의 가수금을 바로 상계처리하여 자본화할 수 있게 되었기 때문이다.

이러한 가수금의 출자전환은 회사의 부채비율을 감소시킬 뿐만 아니라 상속세 과세대상 채권(가수금)을 가업상속공제대상(주식)으로 전환시켜서 상속세의 부담을 낮추는 효과를 발생시키기 때문에 승계전략 관점에서도 가수금의 정리는 중요하다.

가수금의 출자전환 시 주의사항

가수금의 정리방안 중 상법 개정으로 출자전환이 가능하다고 하여 부정한 가수금까지 출자전환방식으로 정리하는 경우가 있는데, 이는 실질과세원칙에 따라 막대한 세금부담이 발생하므로 절대 좋은 방법이 아니다. 부정한 가수금의 정리는 반드시 정상적인 방법을 통해서 정리하는 것이 추가적인 가산세 및 조세범처벌법의 대상도 되지 아니하고, 탈세조력에 대한 처벌도 받지 않을 것이므로 반드시 주의하기 바란다.

다) 가수금(차입금) 유용성의 활용방안

회사의 정상적인 경영활동과정에서 일시적인 투자자금이나 운용자금이 필요한 경우 대표자의 개인 예금이자율(또는 대표자의 투자수익률)이 회사의 가중평균차입이자율 또는 당좌대출이자율(부당행위계산의 부인 시 적용할 당좌대출이자율 4.6%)보다 낮은 경우 대표자는 회사에 자금을 빌려주고 이자를 받는 것이 유리할 수도 있다. 즉, 외부에서 자금을 빌려 사용함에 따라 지급하는 이자상당액의 경우 대표자가 직접 이자를 수령하는 것이 금융기관 예금이자 수익보다 높다면 외부유출 절감차원에서 대표자 차입금(가수금)을 고려해 볼 필요가 있다.

그리고 정상적인 차입금(가수금)은 승계전략차원에서 출자전환을 통한 주식으로 변경하여 가업승계지원제도(증여세 과세특례제도 또는 가업상속공제제도)를 활용할 수도 있기 때문에 그 활용도는 회사의 특성에 따라 유용할 수도 있다.

라. 매년 중소기업 해당여부 분석

우리나라에서 사업을 경영하는 기업이 중소기업인 경우 각종 세제혜택(창업중소기업특별감면, 중소기업특별세액감면, 최저한세율, 각종 시설투자세액공제 우대, 연구개발(R&D) 관련 세액공제 우대 등)은 물론 각종 정부지원정책[81]이 제공되고 있으므로 매년 중소기업 해당 여부에 대한 검토는 매우 중요하다. 또한, 승계관점에서도 대상회사가 가업승계지원제도를 받기 위해서는 중소기업 또는 중견기업에 해당되어야 하기 때문에 매년 중소기업 해당 여부에 대한 분석이 중요한 것이다.

이러한 중소기업 해당 여부의 분석은 가업승계를 계획 중인 회사가 갑자기 성장함에 따라 중소기업에서 벗어나는 경우 가업승계지원제도의 혜택을 받지 못하는 경우가 발생할 수 있기 때문에 중소기업을 유지하기 위한 사업구조재편(분할 등) 방안의 마련은 매우 중요하며, 반드시 필요한 절차이다.

6. 최종적인 승계전략 수립

부의 승계과정은 아주 단순할 수도 아주 복잡할 수도 있다. 일반적으로 승계구조가 단순한 경우 시간과 노력은 적게 소요되는 반면, 절약할 수도 있는 세금의 부담이 발생할 수 있다. 물론, 승계구조가 복잡한 경우에도 사전에 완벽한 준비가 없으면 거래의 복잡성으로 많은 세금이 발생할 수 있다. 따라서 최종적인 승계(전략)구조는 사전에 승계대상을 분석하고 정비하여 승계대상에 맞는 합법적인 승계 거래구조를 완성하여야 성공적인 승계전략이 되는 것이다.

81) 중소기업의 각종 지원제도에 대하여 보다 자세히 알고자 한다면, 중소기업청 발간 "중소기업 · 중견기업 지원시책" 책자를 이용하기 바란다.

이러한 최종적인 승계전략의 수립은 앞서 설명한 바와 같이 우선 승계대상을 파악하는 단계에서부터 지속가능성 분석단계와 정비 및 전환 분석단계를 통해서 완성하게 된다. 즉, 최종적인 승계전략은 각 단계들을 거치면서 도출된 다양한 방안을 분석·검토하여 가장 합리적인 승계방안을 최종적으로 결정함으로써 완성되는 것이다.

여기에 승계전략의 성공적인 완성을 위해서는 승계전략 마스터플랜을 작성한 후 실행단계에서 매년 주기적인 점검을 통해 수정할 부분은 수정·반영해서 실행하는 사후관리 절차가 반드시 필요하므로 주의하기 바란다.

| 최종적인 승계전략 수립단계 |

1단계	2단계	3단계	4단계
승계대상 파악 및 분석	승계대상의 지속가능성 분석	승계대상의 정비 및 전환 분석	승계 마스터플랜 작성
• 승계대상 파악 • 승계대상의 소유형태 분석 • 승계대상의 가치분석	• 승계받는 자의 능력 및 의향 파악 • 승계대상의 제고	• 과세소득 유형 전환 검토 • 개인사업의 법인전환 • 법인기업의 제도 및 규정 정비 • 자본거래를 통한 경영권승계 방안 검토	• 방안별 승계전략 수립 • 가장 합리적인 최종적인 승계전략 선정

상기와 같은 승계전략의 수립절차를 큰 흐름에서 이해한다면 아주 복잡해 보이는 자본거래를 통한 경영권 승계방안의 수립절차도 쉽게 이해할 수 있을 것이다. 즉, 이러한 승계전략의 기본적인 수립구조를 이해한다면 우리나라의 대규모기업에서 활용하고 있는 합병·분할, 현물출자 등 자본거래를 통한 경영권 승계방안도 중소·중견기업에서 충분히 활용 가능한 방안으로 각색이 될 수 있는 것이다.

승계전략 수립 시 알아야 할 조세

본 장에서는 승계전략을 수립하는 과정에서 실행 가능한 방안을 마련하기 위해서 반드시 고려되어야 하는 세금에 대해 살펴보기로 한다. 이러한 승계과정에서 발생하는 세금은 성공적인 승계전략 수립을 위해서는 매우 중요하다. 만약 승계관련 세금에 대해 충분한 이해를 하고 있지 않다면 성공적인 승계는 불가능하기 때문에 성공적인 승계전략을 수립하기 위해서는 반드시 알아야 할 조세의 기본원칙과 승계 시 발생하는 각종 세금에 대한 이해가 필요한 것이다. 여기에 해외에 있는 자산에 대한 신고제도 및 승계관련 세금을 간단히 살펴봄으로써 해외자산에 대한 활용도를 알아보고자 한다.

제1절 승계관련 조세

Ⅰ 우리나라 조세의 기본원칙

승계과정에는 반드시 조세문제가 발생하므로 부당한 세금을 납부하지 않기 위해서는 우리나라 조세의 기본원칙을 잘 이해하고 있어야 한다. 우리나라 조세의 기본원칙은 헌법에서 다음과 같이 규정함으로써 조세법률주의를 채택하고 있다.

헌법 제38조 "모든 국민은 법률이 정하는 바에 의하여 납세의 의무를 진다."
헌법 제59조 "조세의 종목과 세율은 법률로 정한다."

1. 조세법률주의

조세법률주의란 법률의 근거 없이 국가는 조세를 부과·징수할 수 없고, 국민은 조세의 납부를 요구받지 않는다는 원칙을 의미한다. 이러한 조세법률주의의 원칙은 과세요건 등은 국민의 대표기관인 국회가 제정한 법률로써 규정하여야 하고 그 법률의 집행에 있어서도 이를 엄격하게 해석·적용하여야 하며 행정편의적인 확장해석이나 유추적용은 허용되지 않음을 의미한다. 따라서 법률의 위임이 없이 명령 또는 규칙 등의 행정입법으로 과세요건 등에 관한 사항을 규정하거나 법률에 규정된 내용을 함부로 유추·확장하는 내용의 해석규정을 마련하는 것은 조세법률주의의 원칙에 반하게 되는 특징이 있다.

이러한 조세법률주의의 특징인 파생원리는 다음과 같이 과세요건 법정주의, 과세요건 명확주의, 소급과세금지의 원칙, 엄격해석의 원칙, 합법성의 원칙 등 5가지가 있다. 따라서 조세법률주의의 원리를 잘 이해하고 있으면, 부당한 조세부과로부터 구제받을 수 있으며 사전에 합법적인 승계전략의 수립을 통한 절세도 가능하게 되는 것이다.

가. 과세요건 법정주의

과세요건 법정주의란 과세권의 행사는 국민의 재산권에 대한 국가권력의 침해이므로 조세의 종목과 세율은 물론 과세요건(납세의무자, 과세물건, 과세표준, 과세기간 등)과 조세의 부과·징수 절차를 법률로 정해야 한다는 원칙을 의미한다. 즉, 과세권의 행사는 국민의 재산권에 대한 침해적 성격이 강하므로 조세법률주의에 의해 납세의무의 내용과 한계가 법률로 명백히 규정되어야 한다는 원리를 의미하고 있다.

우리나라의 헌법 제75조는 "구체적으로 범위를 정하여 위임받는 사항과 법률을 집행하기 위하여 필요한 사항에 관하여 대통령령을 발할 수 있다"고 규정하고, 헌법 제95조는 "국무총리 또는 행정각부의 장은 소관사무에 관하여 법률이나 대통령령의 위임 또는 직권으로 총리령 또는 부령으로 발할 수 있다"고 규정하고 있음에 따라 조세법률주의에 의해 과세요건을 법률로 정하는 것 외에 세법상 하위법규에 위임하는 위임입법의 불가피성이 존재하고 있는 실정이다. 하지만, 세법상 위임입법 역시 과세요건 법정주의에 구체적이고 명확한 범위와 기준을 정하여 실시하는 개별적이고 구체적인 위임을 의미하는 것이므로 조세법률주의에 의한 법률의 위임이 없거나 포괄적 위임에 해당하여 그 위임의 범위가 법률의 정한 바를 초과한 경우에는 조세법률주의에 반하는 것으로 무효가 된다.

나. 과세요건 명확주의

과세요건 명확주의는 과세요건과 부과·징수절차를 규정한 법률 또는 그 위임에 따른 명령, 규칙은 그 내용이 일의적(一義的)이고 명확해야 한다는 원칙을 의미한다. 이는 과세요건 법정주의에 따라 과세요건 등을 법률로 정하였더라도 그 내용이 불명확할 경우라면 그 해석을 행정기관에 위임한 것에 해당되기 때문에 과세요건 명확주의에 반하여 무효가 된다는 것이다. 또한, 과세권자가 세법을 통해 끊임없이 변화하는 경제현상을 개별적으로 명확하게 규정하는 것에는 한계가 있는바, 불가피하게 불확정개념이나 개괄조항을 사용하는 경우에 있어서도 공권력의 남용을 초래할 우려가 있는 경우 해당 규정은 과세요건 명확주의에 반하여 무효가 되는 것이다.

다. 소급과세금지의 원칙

소급과세금지의 원칙이란 새로운 세법의 제정이 있거나 세법의 해석 또는 행정의 관행이 종전과 달라진 경우 신법이나 달라진 해석 또는 관행에 의하여 소급하여 과세할 수 없다는 원칙을 의미한다. 현행 조세법 및 해석·관행을 신뢰하여 경제활동을 영위한 납세자에게 국가가 새로운 세법의 제정 또는 개정을 이유로 해당 법률 등을 소급하여 적용할 경우 법적 안정성과 예측가능성을 저해하기 때문에 법에서 명확하게 금지하고 있다.

| 우리나라에서 소급과세금지원칙을 금지하고 있는 규정 |

규 정	내 용
헌법(제13조)	모든 국민은 소급입법에 의하여 재산권을 박탈당하지 아니한다.
국세기본법(제18조) 지방세기본법(제20조)	국세(지방세)를 납부할 의무가 성립한 소득·수익·재산·행위 또는 거래에 대해서는 그 성립 후 새로운 세법에 따라 소급하여 과세하지 아니한다.
	세법의 해석 또는 국세(지방세)행정의 관행이 일반적으로 납세자에게 받아들여진 후에는 그 해석 또는 관행에 따른 행위 또는 계산은 정당한 것으로 보며, 새로운 해석 또는 관행에 의하여 소급하여 과세되지 아니한다.

라. 엄격해석의 원칙

엄격해석의 원칙은 해석과정에 있어서 문언에 따라서 엄격하게 해석하여야 하고 법의 흠결을 유추해석으로 메우거나 행정편의적인 확장해석을 하는 것은 허용되지 않는다는 원칙을 말한다. 조세법도 세법을 해석하거나 적용할 때 준거하여야 할 원칙을 「국세기본법」 제18조 제1항 및 「지방세기본법」 제20조 제1항에서 두고 있는데, 이 항은 "세법을 해석·적용할 때에는 과세의 **형평(衡平)과 해당 조항의 합목적성에 비추어** 납세자의 **재산권이 부당하게 침해되지 않도록** 하여야 한다."라고 정의하고 있다. 이는 다음의 헌법 제11조 제1항의 조세평등주의 또는 조세의 합형평성의 원칙과 제23조 제1항의 국민의 재산권 보장에 관한 원칙을 세법적으로 확인한 규정이라고 하겠다.

헌법 제11조(①) "모든 국민은 법 앞에 평등하다. 누구든지 성별·종교 또는 사회적 신분에 의하여 정치적·경제적·사회적·문화적 생활의 모든 영역에 있어서 차별을 받지 아니한다."

헌법 제23조(①) "모든 국민의 재산권은 보장된다. 그 내용과 한계는 법률로 정한다."

하지만, 세법은 그 속성이 국민의 재산권 보장과의 관계에서 침해규범에 해당하므로 법적 안정성 및 예측가능성의 확보가 어느 법 분야보다 강하게 요구되고 있기 때문에 대법원[82)]은 "조세법률주의의 원칙상 과세요건이거나 비과세요건 또는 조세감면요건을 막론하고 조세법규의 해석은 특별한 사정이 없는 한 법문대로 해석할 것이고, 합리적 이유 없이 확장해석하거나 유추해석하는 것은 허용되지 아니한다"고 판시하고 있는 것이다.

마. 합법성의 원칙

조세법은 강행규정이므로 과세요건이 충족되면 납세의무가 발생하고 과세관청은 법률이 정한 그대로 조세를 부과・징수하여야 하며, 조세의 감면에 관한 구체적인 명문의 규정이 없는 한 과세관청에 조세채무를 감면하거나 징수하지 않을 재량이 없음을 뜻한다. 조세의 부과・징수를 위한 절차 중의 하나인 세무조사에서도 조세법률주의의 원칙인 합법성의 원칙과 절차적 보장 원칙이 지켜져야 한다.

이러한 조세의 기본원칙인 조세법률주의와 파생원리는 승계전략 수립과정에서 매우 중요하다. 이는 승계전략의 수립은 합법적인 법 테두리 안에서 도출되기 때문에 조세의 기본원칙을 이해하고 있어야 합법적인 법의 범위를 파악할 수 있기 때문이다.

따라서 합법적인 법의 범위를 파악하기 위해서는 조세법률주의를 이해해야 하는데 이를 쉽게 이해하기 위해서는 조세법률주의 위배와 관련된 최신 판례를 살펴보는 것이 좋은 방법일 수 있다.

조세법률주의 원칙 위배관련 쟁점판례

○ 대법원 2017.4.20. 선고, 2015두45700 전원합의체 판결[증여세부과처분취소] [공2017상, 1191]

【판시사항】

[1] 조세법률주의 원칙의 의미
법률의 위임 없이 명령 또는 규칙 등의 행정입법으로 과세요건 등에 관한 사항을 규정하거나 법률에 규정된 내용을 함부로 유추・확장하는 내용의 해석규정을 마련하는 것이 조세법률주의 원칙에 위배되는지 여부(적극)

[2] 법률의 위임의 근거가 없어 무효였던 법규명령이 법 개정으로 위임의 근거가 부여되면 그때부터 유효한 법규명령으로 볼 수 있는지 여부(적극) 및 법규명령이 개정된 법률에 규정된 내용을 함부로 유추・확장하는 내용의 해석규정이어서 위임의 한계

82) 대법원 2003.1.24. 선고, 2002두9537 판결

를 벗어난 것으로 인정될 경우, 법규명령이 여전히 무효인지 여부(적극)

[3] 구 상속세 및 증여세법 시행령 제31조 제6항이 모법인 2010.1.1. 법률 제9916호로 개정되기 전의 구 상속세 및 증여세법 제41조 제1항의 규정 취지에 반하고 위임범위를 벗어난 것으로서 무효인지 여부(적극) 및 2010.1.1. 상속세 및 증여세법 개정에도 불구하고 여전히 무효인지 여부(적극)

【판결요지】

[1] 조세법률주의 원칙은 과세요건 등 국민의 납세의무에 관한 사항을 국민의 대표기관인 국회가 제정한 법률로써 규정하여야 하고, 법률을 집행하는 경우에도 이를 엄격하게 해석·적용하여야 하며, 행정편의적인 확장해석이나 유추적용을 허용하지 아니함을 뜻한다. 그러므로 법률의 위임 없이 명령 또는 규칙 등의 행정입법으로 과세요건 등에 관한 사항을 규정하거나 법률에 규정된 내용을 함부로 유추·확장하는 내용의 해석규정을 마련하는 것은 조세법률주의 원칙에 위배된다.

[2] 일반적으로 법률의 위임에 따라 효력을 갖는 법규명령의 경우에 위임의 근거가 없어 무효였더라도 나중에 법 개정으로 위임의 근거가 부여되면 그때부터는 유효한 법규명령으로 볼 수 있다. 그러나 법규명령이 개정된 법률에 규정된 내용을 함부로 유추·확장하는 내용의 해석규정이어서 위임의 한계를 벗어난 것으로 인정될 경우에는 법규명령은 여전히 무효이다.

[3] (가) 구 상속세 및 증여세법(2003.12.30. 법률 제7010호로 개정되어 2010.1.1. 법률 제9916호로 개정되기 전의 것) 제41조 제1항(이하 '개정 전 법률 조항'이라고 한다)은 특정법인과의 일정한 거래를 통하여 최대주주 등이 '이익을 얻은 경우'에 이를 전제로 '이익의 계산'만을 시행령에 위임하고 있음에도 구 상속세 및 증여세법 시행령(2003.12.30. 대통령령 제18177호로 개정되어 2014.2.21. 대통령령 제25195호로 개정되기 전의 것) 제31조 제6항(이하 '시행령 조항'이라고 한다)은 특정법인이 얻은 이익이 바로 '주주 등이 얻은 이익'이 된다고 보아 증여재산가액을 계산하도록 하였다. 또한 개정 전 법률 조항에 의하면 특정법인에 대한 재산의 무상제공 등이 있더라도 주주 등이 '실제로 얻은 이익이 없다면' 증여세 부과대상에서 제외될 수 있으나, 시행령 조항에 의하면 특정법인에 재산의 무상제공 등이 있는 경우 그 자체로 주주 등이 이익을 얻은 것으로 간주되어 증여세 납세의무를 부담하게 된다. 결국, 시행령 조항은 모법인 개정 전 법률 조항의 규정 취지에 반할 뿐만 아니라 위임범위를 벗어난 것이다.

(나) 한편 2010.1.1. 법률 제9916호로 개정된 구 상속세 및 증여세법(2011.12.31. 법률 제11130호로 개정되기 전의 것, 이하 '상증세법'이라고 한다) 제41조 제1항(이하 '개정 법률 조항'이라고 한다)은 종전에 특정법인의 주주 등이 '이익을 얻은 경우'라고만 하던 것을 '대통령령으로 정하는 이익을 얻은 경

우'로 문언이 일부 변경되었으나, 시행령 조항은 2014.2.21. 대통령령 제25195호로 개정되기 전까지 그대로 존치되어 왔다.

(다) 증여세는 증여재산의 경제적 또는 재산적 가치를 정당하게 산정한 가액을 기초로 하여 과세하여야 하고, 납세의무자가 증여로 인하여 아무런 경제적·재산적 이익을 얻지 못하였다면 원칙적으로 증여세를 부과할 수 없다고 보아야 한다.

개정 법률 조항은 결손금이 있는 특정법인의 주주 등과 특수관계에 있는 자가 특정법인에 재산을 증여하는 등 일정한 거래를 함으로써 특정법인은 증여가액을 결손금으로 상쇄하여 증여가액에 대한 법인세를 부담하지 않도록 하면서도 특정법인의 주주 등에게는 이익을 얻게 하는 변칙증여에 대하여 증여세를 과세하기 위한 것이다. 그런데 증여세의 과세체계와 증여 및 증여재산의 개념 등에 비추어 볼 때 이는 여전히 특정법인에 대한 재산의 무상제공 등으로 인하여 주주 등이 상증세법상 증여재산에 해당하는 이익을 얻었음을 전제로 하는 규정으로 보아야 하고, 재산의 무상제공 등의 상대방이 특정법인인 이상 그로 인하여 주주 등이 얻을 수 있는 '이익'은 그가 보유하고 있는 특정법인 주식 등의 가액 증가분 외에 다른 것을 상정하기 어렵다.

따라서 개정 법률 조항은 문언의 일부 개정에도 불구하고 개정 전 법률 조항과 마찬가지로 재산의 무상제공 등 특정법인과의 거래를 통하여 특정법인의 주주 등이 이익을 얻었음을 전제로 하여 그 이익, 즉 '주주 등이 보유한 특정법인 주식 등의 가액 증가분'의 정당한 계산방법에 관한 사항만을 대통령령에 위임한 규정이라고 볼 것이다. 따라서 특정법인의 주주 등과 특수관계에 있는 자가 특정법인에 재산을 증여하는 거래를 하였더라도 거래를 전후하여 주주 등이 보유한 주식 등의 가액이 증가하지 않은 경우에는 그로 인하여 주주 등이 얻은 증여 이익이 없으므로 개정 법률 조항에 근거하여 증여세를 부과할 수는 없다고 보아야 한다.

(라) 그런데 시행령 조항은 특정법인에 재산의 무상제공 등이 있으면 그 자체로 주주 등이 이익을 얻은 것으로 간주함으로써, 주주 등이 실제로 얻은 이익의 유무나 다과와 무관하게 증여세 납세의무를 부담하도록 정하고 있으므로, 결국 시행령 조항은 모법인 개정 법률 조항의 규정 취지에 반할 뿐만 아니라 위임범위를 벗어난 것으로서 2010.1.1. 상증세법 개정에도 불구하고 여전히 무효이다.

2. 조세분류 및 체계

우리나라의 조세는 세금을 부과·징수하는 과세권의 주체에 따라 국세와 지방세로 분류되며, 2021년 현재 총 25개(국세 세목 14개, 지방세 세목 11개)의 세목으로 조세체계를 구성하고 있다.

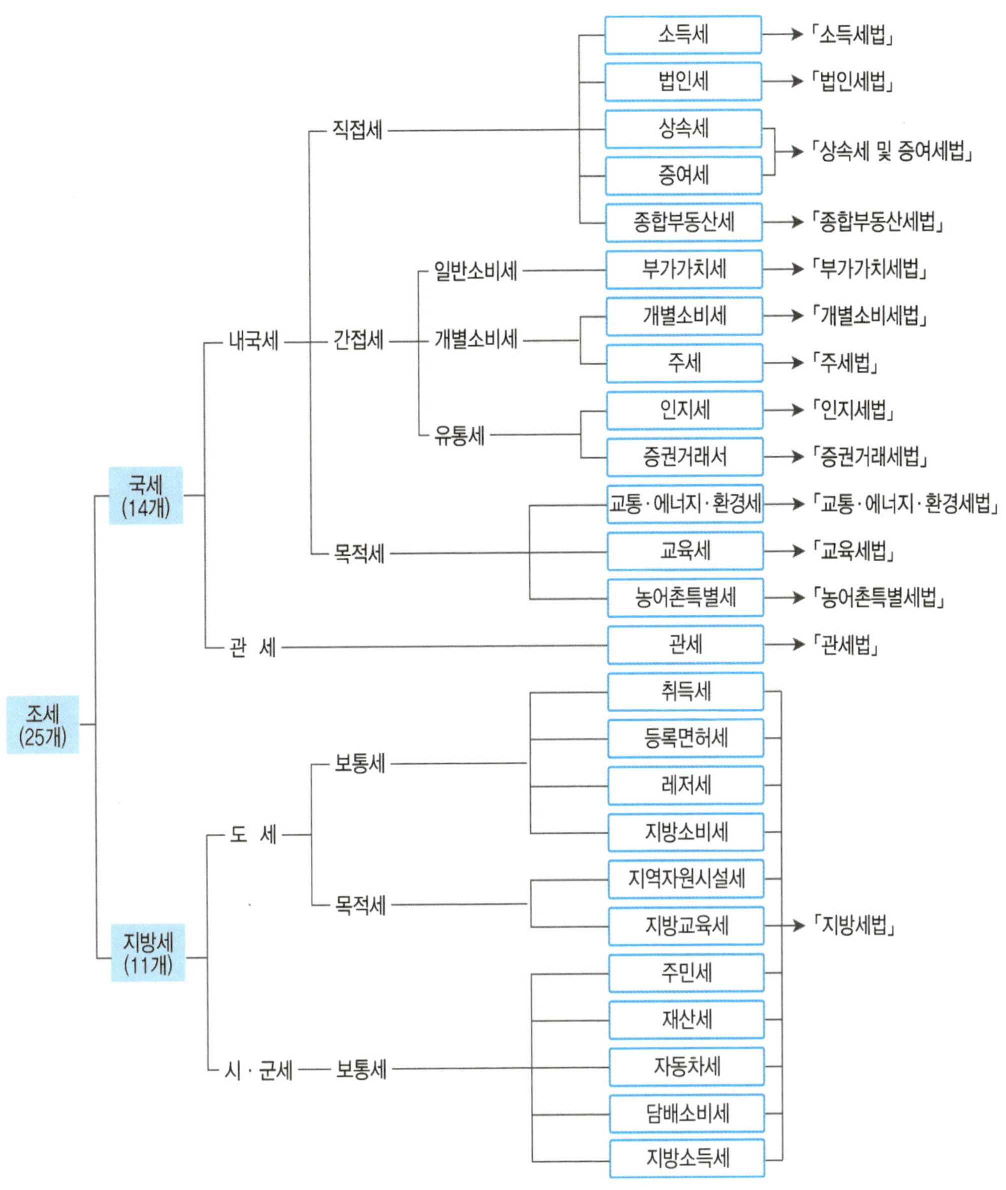

Ⅱ 승계와 세금의 중요성

우리나라의 조세에서 승계와 관련된 세목의 대부분은 누진세율이 적용되기 때문에 일시에 승계대상자산이나 경영권을 이전(승계)하는 경우에는 거액의 세금을 부담해야 하므로 원활한 승계가 이루어지기 위해서는 세금이라는 큰 장애요소를 극복하여야 한다. 또한, 우리나라 조세의 특징은 경제활동의 거래방식이나 납세자의 유형에 따라 그 적용세율을 달리하고 있으며, 동일한 납세자라도 과세연도에 따라 적용세율이 달라질 수가 있다.

따라서 승계방안 수립시 승계방식 유형(특정재산 승계 또는 사업의 승계 및 유상이전 또는 무상이전)을 어떻게 실행하느냐에 따라 부담하여야 하는 세목 및 세금이 달라지게 되므로, 이러한 세목 및 세금을 이해하기 위해서는 우리나라 조세의 기본원칙인 조세법률주의와 각 세목에 대한 기본 과세구조의 이해가 충분히 있어야 한다.

왜냐하면, 승계전략의 수립은 사전적이고 장기적인 기간이 소요되기 때문에 이러한 기간 동안에 언제든지 세법이 개정되거나 신설이 될 수 있는데, 이때 조세의 기본원칙인 조세법률주의의 기본개념을 이해하고 있다면, 그리고 승계관련 각각의 세목 및 세율에 대한 이해를 충분히 하고 있다면 세금으로부터 역차별을 받지 않을 수 있기 때문이다.

Ⅲ 승계관련 주요 세목

승계과정에서 발생하는 세목은 승계대상자산의 승계방식에 따라 여러 가지 세목이 관련될 수 있다. 그 중 개별자산의 승계방식에 대한 세목과 자본거래방식을 통한 승계에 있어서 관련 주요 세목을 살펴보면 다음과 같다.

1. 개별재산 승계 시 세목

가. 유·무상 승계(이전)에 따른 당사자별 세목

개별재산의 승계와 관련하여 가장 중요한 세금은 무상이전에 따른 상속세 및 증여세와 유상이전에 따른 양도소득에 대한 세금이다. 또한, 승계(취득)에 따른 취득세와 사업에서 발생한 소득에 대한 소득세 및 법인세 등이 거래상대방의 성격에 따라 다음과 같이 구분되어 발생할 수 있다.

| 유 · 무상 이전에 따른 당사자별 부과되는 세목 |

대가성	납세의무자	사업관련	세 목
무상 이전	수증자 (개인, 비영리법인)	사업무관	증여세
		사업관련 수증	사업과 관련하여 받은 자산수증익은 사업소득세 또는 법인세 과세
	수증자 (영리법인)		자산수증익으로 익금산입 법인세 과세(단, 특정법인의 주주 중 상속인과 직계비속이 있는 경우 해당 주주는 상속세 과세)
유상 이전	양도자	일시적 · 비반복적 양도	부동산 등 양도대상은 양도소득세 과세
		사업적 양도	사업적 자산양도(부동산 매매업 · 공급업 등)는 사업소득세 과세
		주식 등	유상양도 주식 등은 증권거래세 과세
	양수자	부동산 등	부동산 등 취득대상은 취득세 과세

나. 무상이전이 아닌 저가양도로 부를 이전할 경우 과세

1) 증여세 회피방지 과세체계

무상이전에 따른 증여세는 다른 세목에 비하여 세율이 높을 뿐만 아니라 일정기간 이내의 증여재산은 상속재산에 가산하거나 동일인으로부터 증여받은 재산에 합산하여 누진세율로 과세하고 있기 때문에 세금부담이 크다. 또한, 변칙적인 상속 · 증여를 통한 조세회피를 방지하기 위해서 다른 세목에 비하여 장기간의 부과제척기간을 두고 있을 뿐만 아니라 과세당국은 거의 전수로 세무조사를 수행하고 있으며, 상속인이나 수증자에게 부여된 각종 세제혜택에 대해서는 엄격한 사후관리를 하고 있다.

따라서 높은 증여세를 회피하기 위하여 자녀 등에게 무상이전 방식이 아닌 저가양도를 통한 유상이전 방식을 활용해서 증여세 대신 양도소득세로 신고하는 경우가 종종 발생한다. 이에 세법은 저가양도에 따른 부당행위계산부인 규정 및 저가양수를 통한 증여의제 규정 등을 두어 다음과 같이 양도자나 양수자에게 양도소득세, 소득세 및 증여세 등을 부과하여 조세회피를 방지하고 있다.

| 저가양도에 따른 당사자별 부과되는 세목 |

<table>
<tr><th colspan="2">양수도 당사자</th><th colspan="2">납세의무자</th><th rowspan="2">규 정</th></tr>
<tr><th>양도자</th><th>양수자</th><th>양도자</th><th>양수자</th></tr>
<tr><td rowspan="4">개인</td><td>개인
(특수관계자)</td><td>양도소득세
(부당행위계산
부인)</td><td>증여세</td><td>• 저가양도에 따른 부당행위계산부인 규정(소득세법 제101조)
• 저가양수에 따른 증여의제 규정(상속세 및 증여세법 제35조)</td></tr>
<tr><td>개인
(비특수관계자)</td><td>양도소득세</td><td>증여세
검토</td><td>• 저가양수에 따른 증여의제 규정(상속세 및 증여세법 제35조)</td></tr>
<tr><td>법인
(특수관계자)</td><td>양도소득세
(부당행위계산
부인)</td><td>법인세
(증여세[주1]
검토)</td><td>• 저가양도에 따른 부당행위계산부인 규정(소득세법 제101조)
• 특수관계자 개인에게 유가증권 저가양수시 익금산입(법인세법 제15조)
• 특정법인과의 거래를 통한 이익의 증여의제(상속세 및 증여세법 제45조의 5)</td></tr>
<tr><td>법인
(비특수관계자)</td><td>양도소득세</td><td></td><td></td></tr>
<tr><td rowspan="4">법인</td><td>개인
(특수관계자)</td><td>법인세
(부당행위계산
부인)</td><td>소득세</td><td>• 저가양도에 따른 부당행위계산부인 규정(법인세법 제52조)
• 법인의 소득처분(배당, 상여 등)에 따른 소득세 과세(법인세법 시행령 제106조, 상속세 및 증여세 집행기준 35-26-4)</td></tr>
<tr><td>개인
(비특수관계자)</td><td>법인세
(비지정
기부금)</td><td>증여세
검토</td><td>• 저가양도에 따른 의제기부금 규정(법인세법 시행령 제35조)
• 저가양수에 따른 증여의제 규정(상속세 및 증여세법 제35조)</td></tr>
<tr><td>법인
(특수관계자)</td><td>법인세
(부당행위계산
부인)</td><td>증여세
검토</td><td>• 저가양도에 따른 부당행위계산부인 규정(법인세법 제52조)
• 특정법인과의 거래를 통한 이익의 증여의제(상속세 및 증여세법 제45조의 5)</td></tr>
<tr><td>법인
(비특수관계자)</td><td>법인세
(비지정
기부금)</td><td></td><td>• 저가양도에 따른 의제기부금 규정(법인세법 시행령 제35조)</td></tr>
</table>

(주1) 당해 법인의 주주가 부담할 수 있는 세목

따라서 승계과정에서 증여세를 회피하기 위해 저가양도 등 편법적인 방법을 이용하게 되면 당초 정상적인 거래에서는 부담하지도 아니하는 부당행위계산부인 규정의 법인세 또는 소득세와 저가양수에 따른 증여세 등을 부담하게 되므로 임시방편적인 비정상적인 방법으로 세금을 절감하는 것은 반드시 금지되어야 한다.

참고로 고저가 양수도시 세법이 정하는 규정의 내용 및 과세가액은 다음과 같다.

가) 저가양도에 따른 부당행위계산부인 규정 등

구분	특수관계	과세요건	과세가액
양도인(개인)	O	(시가－대가)의 차액이 3억원 이상이거나 시가의 5% 이상인 경우에 한함. 다만, 주권상장법인이 발행한 주식을 거래한 경우에는 적용하지 않음(소법 시행령 제98조 ③, ⑦).	[양도가액(시가)－취득가액 등]: 양도소득]
양도인(법인)	O	(시가－대가)의 차액이 3억원 이상이거나 시가의 5% 이상인 경우에 한함. 다만, 주권상장법인이 발행한 주식을 거래한 경우에는 적용하지 않음(법법 시행령 제88조 ③, ④).	(시가－대가)의 차액: 익금산입(상여 또는 배당 등 소득처분)
	X	정당한 사유없이 정상가액(시가±30%)과 대가 차이 거래시 기부금의제(소법 시행령 제35조)	[정상가액－대가]: 손금불산입(기타사외유출 등)
양수인(개인)(주2)	O	(시가－대가)의 차액이 3억원(주1) 이상이거나 시가의 30% 이상인 경우에 한함(상증법 제35조).	(시가－대가)의 차액 － Min[시가×30%, 3억원]
	O	단, 특수관계 법인으로부터 취득한 경우 법인세법 제67조에 따라 상여 · 배당 등으로 처분된 금액이 있으면 그 처분된 금액을 취득가액에 더함(소법 시행령 제163조 ⑩).	① (시가－대가)의 차액: 상여 또는 배당 등 과세 ② 취득가액: 양수가액+소득처분금액
	X	(시가－대가)의 차액이 시가의 30% 이상인 경우에 한함(상증법 제35조).	[(시가－대가)의 차액 － 3억원]
양수인(법인)(주3)	O	특수관계자 개인에게 유가증권 취득시 한함(법법 제15조 ②).	[시가－취득가액]: 익금산입(유보)

(주1) 저가양수 및 고가양도에 따른 이익을 계산할 때 **그 증여일부터 소급하여 1년 이내에 동일한 거래 등이 있는 경우**에는 각각의 거래 등에 따른 이익(시가와 대가의 차액)을 해당 이익별로 합산하여 금액기준(3억원)을 계산한다(상속세 및 증여세법 제43조 제2항).

(주2) 저가양수인이 과세된 **증여재산가액*은 취득가액에 가산하여 계산**한다(소득세법 시행령 제163조 제10항).

* 증여재산가액: ① 특수관계인 간의 거래: 대가와 시가와의 차액 － Min[시가 × 30%, 3억원]
② 특수관계인 아닌 자간의 거래: 대가와 시가와의 차액－3억원

(주3) 특정법인과의 거래를 통한 지배주주 등에 대한 증여규정도 검토 필요

나) 고가양도에 따른 부당행위계산부인 규정 등

<table>
<tr><th>구분</th><th>특수관계</th><th>과세요건</th><th>과세가액</th></tr>
<tr><td rowspan="2">양도인
(개인)</td><td>O
(법인)</td><td rowspan="2">1. 특수관계법인에 고가양도한 경우로서 상여·배당 등으로 처분된 금액이 있는 경우에는 양도가액은 「법인세법」 제52조의 시가
2. 특수관계법인 외의 자에게 고가양도한 경우로서 「상속세 및 증여세법」 제35조에 따라 증여재산가액이 있는 경우에는 그 양도가액에서 증여재산가액을 뺀 금액을 양도가액으로 함(소법 제96조 제3항).</td><td>① [대가－시가]: 상여 또는 배당 등 과세
② [시가 － 취득가액 등] : 양도소득 과세</td></tr>
<tr><td>O
(개인)
X
(개인, 법인)</td><td>① 증여재산가액 해당 분 : 증여세 과세
② [(대가－증여재산가액) －취득가액등]: 양도소득</td></tr>
<tr><td>양도인
(법인)</td><td>O,X</td><td>N/A. 단, 특수관계인과 거래시 지배주주 등에 대한 증여의제 규정도 검토 필요</td><td>대가＝양도가액으로 과세</td></tr>
<tr><td rowspan="2">양수인
(법인)</td><td>O
(개인, 법인)</td><td>(대가－시가)의 차액이 3억원 이상이거나 시가의 5% 이상인 경우에 한함. 다만, 주권상장법인이 발행한 주식을 거래한 경우에는 적용하지 않음(법법 시행령 제88조 ③, ④).</td><td>[대가－시가]: 익금산입(상여 또는 배당, 기타사외유출), 손금산입(유보)</td></tr>
<tr><td>X
(개인, 법인)</td><td>정당한 사유없이 정상가액(시가±30%)과 대가 차이 거래시 기부금의제(소법 시행령 제35조)</td><td>[대가－정상가액]: 손금산입(유보), 손금불산입(기타사외유출 등)</td></tr>
<tr><td>양수인
(개인)</td><td>O
(개인, 법인)</td><td>부당행위계산부인 규정이 인정될 때에는 그 취득가액 또는 양도가액을 시가에 의하여 계산(소법 시행령 제167조 ④)</td><td>취득가액을 시가로 감액처리</td></tr>
</table>

2) 증여세 이중과세 방지

동일한 증여재산에 대하여 수증자에게 「소득세법」에 따른 소득세 또는 「법인세법」에 따른 법인세가 부과되는 경우에는 증여세를 부과하지 아니한다. 소득세 또는 법인세가 「소득세법」, 「법인세법」 또는 다른 법률에 따라 비과세되거나 감면되는 경우에도 또한 같다. 또한, 영리법인이 증여받은 재산 또는 이익에 대하여 「법인세법」에 따른 법인세가 부과되는 경우(법인세가 「법인세법」 또는 다른 법률에 따라 비과세되거나 감면되는 경우를 포함한다) 해당 법인의 주주 등에 대해서는 제45조의 3부터 제45조의 5까지의 규정에 따른 경우를 제외하고는 증여세를 부과하지 아니한다[83].

83) 상속세 및 증여세법 제4조의 2 제3항, 제4항

2. 자본거래를 통한 승계 세목

승계대상 자산을 단순히 특정재산의 무상이전이나 유상이전 방식이 아닌 자본거래 방식(합병, 인적·물적분할, 현물출자, 자기주식 취득 등)을 활용하여 사업승계(경영권 승계)를 진행할 수 있다. 이러한 자본거래를 통한 승계전략은 대기업 또는 대규모 기업집단에서 주로 활용하는 방법으로 아주 복잡해 보이지만 포괄적인 법률에 대한 이해가 바탕이 되면 중소·중견기업 등에서도 활용할 수 있는 방법이 될 수 있다.

하지만 대규모 기업집단에서 경영권 승계방안으로 활용하는 자본거래의 경우는 세법(법인세, 조세특례제한법 등)뿐만 아니라 상법, 독점규제 및 공정거래에 관한 법률(이하 "공정거래법"), 자본시장과 금융투자업에 관한 법률(이하 "자본시장법") 등 자본거래와 관련된 각종 법률 및 기업결합관련 회계기준 등에 대한 충분한 이해력을 바탕으로 승계전략을 수립해야 하기 때문에 외부 M&A 전문가의 조력을 받을 필요가 있다.

자본거래를 활용한 경영권 승계전략은 많은 전문적인 설명이 필요하므로 보다 더 자세한 내용은 후술하는 **제2편 승계전략 [고급편]**에서 별도의 장으로 다루기로 한다. 자산가 또는 기업가 중에서 자본거래를 통한 경영권 승계와 지배구조개선을 통한 경영권 승계에 관심이 있는 경우는 해당 승계전략 [고급편] 제2장을 참고하기 바란다.

제2절 개별재산의 승계관련 조세

본 절에서는 승계 시 개별재산의 유상이전 또는 무상이전을 어떻게 실행하느냐에 따라 달리 부담해야 하는 세목들에 대하여 살펴보기로 한다. 이러한 개별 세목에 대한 충분한 과세구조를 이해하고 있어야 언제, 어떻게 승계할지 그리고 어떤 세금을 얼마만큼 부담해야 하는지 알 수 있기 때문이다.

I 상속세

1. 승계와 상속세 및 증여세 관계

상속세는 사망이나 실종으로 그 재산이 가족이나 친족 등에게 무상으로 이전되는 경우에 부과되는 세금이지만, 증여세는 재산의 무상이전에 부과되는 세금으로 상속개시 전 일정기간 합산제도 및 증여세과세특례 적용에 따른 합산과세를 통하여 상속세 금액에 영향을 미친다. 특히 사업승계는 경영자의 사전증여에 따라 주식(경영권)이 이전되는 경우가 많으므로 증여세 과세문제뿐만 아니라 상속세 과세문제도 수반될 수 있다. 즉, 사전증여의 경우 상속개시일부터 소급하여 일정기간 이내(상속인(비상속인) 10년(5년), 조세특례제한법상 과세특례 증여재산은 기간에 상관없음)에 증여한 재산은 이를 상속재산에 다시 가산하여 상속세를 과세하고 있음에 유의하여야 한다.

따라서 효율적인 승계를 위해 상속세와 증여세는 서로 별개의 세금으로 볼 것이 아니라 서로 보완적이고 대체적인 관계에 있는 세금으로 인식할 필요가 있고 상속세 및 증여세에 대한 명확한 이해를 통해 가능한 세금부담을 낮출 필요가 있다.

여기서는 상속세 및 증여세의 방대하고 세세한 부분보다는 승계전략수립의 이해에 필요한 세목의 계산방식 및 세율에 대하여 살펴보기로 한다.

2. 상속세 과세대상

사망 또는 실종선고로 상속이 개시된 경우에 있어서 **피상속인(사망자)**이 거주자인 경우에는 상속개시일 현재 국내·국외에 있는 모든 상속재산이, 비거주자인 경우에는 상속개시일 현재 국내에 있는 모든 상속재산이 과세대상이 된다[84].

피상속인	과세대상
거주자	상속개시일 현재 피상속인 소유의 국내·국외에 있는 모든 상속재산
비거주자	상속개시일 현재 피상속인 소유의 국내에 있는 모든 상속재산

가. 상속세 개시일

상속은 상속개시의 원인이 발생한 때가 상속개시일이 된다. 이러한 상속개시일은 피상속인의 납세의무의 승계기준일이 되며, 상속인의 거주자 또는 비거주자 여부를 판단하는 기준일이 된다. 그리고 상속세의 과세대상 범위와 평가금액, 신고기한 등을 결정하는 기준이 되기 때문에 중요하다.

| 상속개시의 원인에 따른 상속개시일 |

상속개시원인	상속개시일	비 고
자연사망	사망일	실제로 사망한 사실이 발생한 시점임. 보통 의사의 사망진단서 또는 검안서에 의거 가족관계등록부에 기재된 사망 연·월·일로 확인
실종선고	실종선고일	「민법」에서는 실종에 따른 상속개시일은 실종기간이 만료되는 때(보통실종: 5년, 특별실종: 1년)
동시사망	사망일	민법은 "2 이상이 동일한 위난으로 사망한 경우 그들은 동시에 사망한 것으로 추정한다"(민법 §30). 이는 추정 규정이므로 사망일시가 명백하면 번복될 수 있다.

동시사망의 경우 사망자 상호간에는 상속이 개시되지 아니하므로 동시사망자들이 친자간이라도 상속은 개시되지 아니한다. 그러나 대습상속은 개시되는 것으로 해석하고 있다. 예를 들면 할아버지와 아버지가 동일한 사고로 사망한 경우 아버지는 할아버지의 재산을 상속받을 수 없지만 그 손자는 아버지를 대습하여 할아버지의 재산을 상속받을 수 있다.

위와 같이 상속개시일은 상속인의 순위[85]를 결정하는 데도 중요한 기준이 되므로 주의

84) 상속세 및 증여세법 제3조

85) 법정상속 순위(민법 제1000조~제1004조)

구 분		내 용
1순위	직계비속과 배우자	항상 상속인이 됨.
2순위	직계존속과 배우자	직계존속은 직계비속이 없는 경우에만 상속인이 됨.
3순위	형제자매	1, 2순위가 없는 경우에만 상속인이 됨.
4순위	4촌 이내의 방계혈족	1, 2, 3순위가 없는 경우에만 상속인이 됨.

※ 피상속인의 배우자는 직계비속과 동 순위로 공동상속인이 되고, 직계비속이 없으면 직계존속과 동 순위로 공동상속인이 된다. 직계비속과 직계존속이 없는 때에는 단독상속인이 된다.

할 필요가 있다.

나. 거주자와 비거주자 구분

상속세 및 증여세법상 거주자란 국내에 **주소**를 두거나 183**일 이상 거소**(居所)를 둔 사람을 말한다[86]. 비거주자는 거주자가 아닌 사람을 말한다. 주소는 국내에서 생계를 같이하는 가족 및 국내에 소재하는 재산의 유무 등 생활관계의 객관적 사실에 따라 다음과 같이 구분한다. 다만, 비거주자가 우리나라에 영주를 목적으로 귀국하여 우리나라에서 사망한 경우에는 거주자로 본다.

| 국내 주소 여부 판단 |

국내에 주소를 가진 것으로 보는 경우	국내에 주소가 없는 것으로 보는 경우
계속하여 183일 이상 「국내」에 거주할 것을 통상 필요로 하는 직업을 가진 때	내국인으로서 「해외이주법」에 따라 해외이주 신고를 하고 출국한 자[87]
국내에 생계를 같이 하는 가족이 있고 또 그 직업 및 자산상태에 비추어 계속하여 183일 이상 국내에 거주할 것으로 인정되는 때	외국국적을 가졌거나 영주권을 얻은 자가 국내에 생계를 같이 하는 가족이 없고 그 직업 및 자산상태에 비추어 다시 입국하여 주로 국내에 거주하리라고 인정되지 아니하는 때
외항선박 또는 항공기의 승무원의 경우 생계를 같이하는 가족이 거주하는 장소 또는 그 승무원이 근무기간 외의 기간 중 통상 체재하는 장소가 「국내」에 있는 때는 주소가 국내에 있는 것으로 보고, 그 장소가 「국외」에 있는 때에는 주소가 국외에 있는 것으로 봄.	

| 거주일자와 상관없이 거주자로 보는 경우 |

① 계속하여 183일 이상 국외에 거주할 것을 통상 필요로 하는 직업을 가지고 출국하거나, 국외에서 직업을 갖고 183일 이상 계속하여 거주하는 때에도 국내에 가족 및 자산의 유무 등과 관련하여 생활의 근거가 국내에 있는 것으로 보는 때에는 거주자로 본다.

② 국외에서 근무하는 공무원 또는 거주자나 내국법인의 국외사업장 또는 해외현지법인(내국법인이 발행주식총수 또는 출자지분의 100분의 100을 직·간접 출자한 경우에 한정한다) 등에 파견된 임원 또는 직원은 1년 이상 국외에 거주할 것을 통상 필요로 하는 직업을 가진 경우에도 불구하고 거주자로 본다.

---

86) 상속세 및 증여세법 시행령 제2조, 소득세법 시행령 제2조【주소와 거소의 판정】
① 「소득세법」 제1조의 2에 따른 **주소**는 국내에서 생계를 같이 하는 가족 및 국내에 소재하는 자산의 유무 등 생활관계의 객관적 사실에 따라 판정한다.
② 법 제1조의 2에 따른 **거소**는 주소지 외의 장소 중 상당기간에 걸쳐 거주하는 장소로서 주소와 같이 밀접한 일반적 생활관계가 형성되지 아니한 장소로 한다.

87) 구) 상속세 및 증여세법 기본통칙 1-2…2【내국인으로서 국외이주자의 주소지】

3. 상속세 납세의무자

가. 상속세 납세의무자

상속세의 납세의무자는 원칙적으로 자연인인 개인(태아 포함)이나 비영리법인 등도 대상이 될 수 있다. 상속세는 피상속인의 사망을 원인으로 상속·유증, 사인증여 및 유언대용신탁, 수익자연속신탁에 의하여 재산이 무상으로 이전되는 경우에 그 상속재산에 대하여 부과하는 조세이므로 상속인(상속포기자 및 특별연고자 포함[88]) 또는 수유자(유증, 사인증여, 유언대용신탁 및 수익자연속신탁에 의한 신탁의 수익권 등을 받은 자)는 부과된 상속세에 대하여 상속재산 중 각자가 받았거나 받을 재산을 기준으로 계산한 점유비율에 따라 상속세를 납부할 의무가 있다[89]. 공동상속의 경우 다른 상속인이 상속세를 납부하지 않을 때에는 나머지 상속인 또는 수유자는 상속 순자산가액(상속재산－공과금·채무)에서 본인이 납부한 상속세액을 차감한 금액의 범위 내에서 연대하여 납부할 의무가 있다.

다만, 특별연고자 또는 수유자가 영리법인인 경우에는 그 영리법인이 납부할 상속세를 면제하되, 그 영리법인의 주주 또는 출자자 중 상속인과 그 직계비속이 있는 경우에는 지분상당액을 그 상속인 및 직계비속이 납부할 의무가 있다[90].

사인증여·유증 받은 영리법인 주주 중 상속인 및 직계비속의 상속세 납세의무

우리나라는 유언자유의 원칙에 의하여 유증을 자연인이 아닌 법인에 할 수 있으며 유증을 받은 법인은 그 유증을 받은 재산의 범위 내에서 상속세의 납세의무자로 대상될 수 있지만, 상속세 납부의무가 있는 상속인 중 특별연고자와 수유자에서 영리법인을 제외하고 있다. 단, 특별연고자 또는 수유자가 영리법인인 경우로서 그 영리법인의 주주 중 상속인과 그 직계비속이 있는 경우에는 다음과 같이 계산한 지분상당액을 그 **상속인 및 직계비속**이 납부할 의무가 있다고 규정하고 있다.

[영리법인이 받았거나 받을 상속재산에 대한 상속세 상당액 － (영리법인이 받았거나 받을 상속재산 × 10%)] × 상속인과 그 직계비속의 주식 또는 출자지분의 비율

88) 특별연고자란 상속권을 주장하는 상속인이 없을 경우 피상속인과 생계를 같이하고 있던 자, 요양간호를 한 자, 기타 특별한 연고가 있던 자로서 청구에 의해 상속재산의 전부 또는 일부를 받는 자를 말한다(상속세 및 증여세법 제2조 제1호 다목).
89) 상속세 및 증여세법 제3조의 2 제1항
90) 상속세 및 증여세법 제3조의 2 제2항

이는 법인세율이 상속세율보다 낮아 변칙적인 상속수단으로 영리법인을 이용하는 사례를 방지하고 상속세 과세를 강화하기 위하여 상속인과 그 직계비속이 영리법인의 주주인 경우 영리법인에게 면제된 상속세 중 지분상당액을 그 상속인과 직계비속이 납부할 의무를 부과한 것이다.

나. 납세의무자별 과세방법

「상속세 및 증여세법」은 **피상속인의 거주자 여부**에 따라 상속세 계산항목에서 다음과 같은 차이를 두고 있다.

구 분	거주자	비거주자
과세대상	**국내·외 모든 상속재산**	**국내 소재 상속재산**
공과금/장례비용/채무	공제가능	국내 소재 상속재산관련 금액은 공제가능 (단, 장례비용 공제불가)
상속공제	공제가능	공제불가(단, 기초공제 2억원은 공제가능)
감정평가수수료	공제가능	공제가능
신고기한	상속개시일이 속하는 달의 말일부터 6월	상속개시일이 속하는 달의 말일부터 9월
신고세액공제	공제가능	공제가능

다. 상속세(증여세)의 부과제척기간

상속세 및 증여세는 다양하고 새로운 편법적인 방식으로 부를 이전하는 경우가 많기 때문에 다른 세목에 비하여 세금을 부과할 수 있는 제척기간이 긴 편이다. 따라서 편법적인 승계는 언젠가는 과세가 될 수 있으므로 반드시 합법적인 승계전략의 수립이 필요한 것이다. 이러한 상속세 및 증여세의 부과제척기간은 다음과 같다[91].

① 납세자가 사기나 그 밖의 부정한 행위(조세범처벌법 제3조 제6항에 해당하는 행위)로 포탈하거나 환급·공제받거나, 무신고, 거짓신고 또는 누락신고(그 거짓신고 또는 누락신고를 한 부분만 해당)한 경우는 **15년**

② ① 외의 경우는 **10년**

③ 다만, 납세자가 부정한 행위로 상속세·증여세를 포탈한 경우로서 다음 중 어느 하나에 해당한다면 해당 재산의 상속 또는 증여가 있음을 **안 날부터 1년 이내**로 한다. 단, 상속

91) 국세기본법 제26조의 2 제4항, 제5항

인이나 증여자 및 수증자(受贈者)가 사망한 경우와 포탈세액 산출의 기준이 되는 재산가액(다음 각 호의 어느 하나에 해당하는 재산의 가액을 합친 것을 말한다)이 50억원 이하인 경우에는 그러하지 아니하다.

1. 제3자의 명의로 되어 있는 피상속인 또는 증여자의 재산을 상속인이나 수증자가 취득한 경우
2. 계약에 따라 피상속인이 취득할 재산이 계약이행기간에 상속이 개시됨으로써 등기·등록 또는 명의개서가 이루어지지 아니하고 상속인이 취득한 경우
3. 국외에 있는 상속재산이나 증여재산을 상속인이나 수증자가 취득한 경우
4. 등기·등록 또는 명의개서가 필요하지 아니한 유가증권, 서화(書畵), 골동품 등 상속재산 또는 증여재산을 상속인이나 수증자가 취득한 경우
5. 수증자의 명의로 되어 있는 증여자의 「금융실명거래 및 비밀보장에 관한 법률」 제2조 제2호에 따른 금융자산을 수증자가 보유하고 있거나 사용·수익한 경우
6. 「상속세 및 증여세법」 제3조 제2호에 따른 비거주자인 피상속인의 국내재산을 상속인이 취득한 경우
7. 「상속세 및 증여세법」 제45조의 2에 따른 명의신탁재산의 증여의제에 해당하는 경우

4. 상속세의 계산구조

상속세의 계산구조에 대한 주요 내용을 요약하면 다음과 같다. 이러한 상속세 계산구조를 충분히 이해하고 있어야 상속재산에 가장 적합한 승계전략의 수립할 수 있다.

구 분		내 용
총 상속재산가액	본래의 상속재산	금전으로 환가할 수 있는 경제적 가치가 있는 모든 물건과 재산적 가치가 있는 법률상·사실상의 모든 권리
	간주 상속재산	상속재산으로 간주하는 것으로서 • 보험금(주1) • 신탁재산(주2) • 퇴직금 등(주3)
	추정 상속재산	재산처분대가, 예금 순인출액 및 채무부담가액 등이 상속개시일 전 1년(2년) 이내 재산종류별·채무부담별로 2억원(5억원) 이상인 용도가 불분명한 일정금액
(−) 비과세 상속재산가액		국가·지방자치단체 등에 유증 등을 한 재산, 분묘에 속한 금양임야 및 묘토인 농지, 족보 및 제구, 정당·사내근로복지기금 등에 유증·사인증여한 재산 (단, 금양임야 및 묘토는 2억원을 한도로 함)

구 분		내 용
(−) 상속재산 차감금액	채무	상속개시일 당시 피상속인이 부담하여야 할 확정채무 (임대보증금, 금융기관채무, 사인간 채무 등)
	공과금	상속개시일 현재 납부할 의무가 있는 조세, 공공요금 등
	장례비용	• 일반 장례비용(최소 5백만원~최대 1천만원) • 봉안시설 등 비용(최대 5백만원)
	과세가액 불산입액	공익법인에 공익을 목적으로 출연한 재산 또는 공익신탁재산
(+) 상속재산 가산금액	사전증여재산	• 상속개시 전 10년 이내 상속인에게 증여한 재산가액 • 상속개시 전 5년 이내 상속인 외의 자에게 증여한 재산가액
	과세특례 증여재산	과세특례적용 증여재산(창업자금, 가업승계 주식)
= 상속세 과세가액		
(−) 상속세 과세가액 차감금액	상속공제	일괄공제, 배우자공제, 가업상속공제 등
	상속재산의 감정평가 수수료	• 감정평가업자의 감정평가수수료(납부목적용): 5백만원 한도(신고 및 납부 시에만 허용) • 평가심의위원회가 비상장주식에 대하여 신용평가전문기관에 의뢰한 경우 평가수수료: 평가대상법인의 수 및 의뢰기관 수 별로 각각 1천만원 한도 • 서화·골동품 등 예술적 가치가 있는 유형재산에 대한 전문가평가수수료: 5백만원 한도
= 상속세 과세표준		과세표준이 50만원 미만이면 상속세를 부과하지 않음.
(×) 세율		10%~50%의 5단계 초과누진세율
= 산출세액		
(+) 세대생략 가산액 (할증세액)		상속인 피상속인의 자녀가 아닌 손자·손녀인 경우 (단, 대습상속 제외) : 상속재산가액이 20억원 이하(초과)인 경우 30%(40%) 할증
= 산출세액 계		
(−) 징수유예액		문화자료 등 징수유예
(−) 세액공제		증여세액공제, 외국납부세액공제, 신고세액공제(3%)[92] 등
(+) 가산세		신고불성실가산세, 납부지연가산세 등
= 납부할 세액		
(−) 분납, 연부연납, 물납		분납과 연부연납은 중복 적용되지 않음.
= 신고납부세액		

92) 신고세액공제=(상속세 산출세액−문화재자료 등 징수유예액−각종 세액공제·감면세액) × 3%(2019.1.1. 이후부터 적용)(2018년 5%, 2017년 7%, 2017년 이전 10%)(상속세 및 증여세법 제69조)

(주1) 보험금: 보험의 계약자가 피상속인 여부에 관계없이 해당 보험료의 총 납부액 중 **피상속인이 납부한 보험료가 차지하는 비율에 상당하는 보험의 보험금**은 상속재산으로 본다(상속세 및 증여세법 제8조).
(주2) 신탁재산: 피상속인이 신탁한 재산 및 피상속인이 신탁으로 인하여 타인으로부터 신탁의 이익을 받을 권리를 소유하고 있는 경우에는 그 이익에 상당하는 가액, **수익자연속신탁의 수익자가 사망함으로써 타인이 새로 신탁의 수익권을 취득하는 경우 그 타인이 취득한 신탁의 이익을 받을 권리의 가액은 사망한 수익자의** 상속재산에 포함한다. 다만, **수익자의 증여재산가액으로 하는 해당 신탁의 이익을 받을 권리의 가액은 상속재산으로 보지 아니한다**(상속세 및 증여세법 제9조).
(주3) 퇴직금 등: 피상속인에게 지급될 퇴직금, 퇴직수당, 공로금, 연금 또는 이와 유사한 것은 피상속인의 사망으로 인하여 지급되는 경우 그 금액은 상속재산으로 본다. 다만, 피상속인의 퇴직금 중 국민연금법 등 관련법 등에 따른 유족연금, 유족보상금 등은 상속재산으로 보지 않는다(상속세 및 증여세법 제10조).

가. 상속공제

상속공제는 승계전략 수립 시 가장 중요한 분석대상이다. 이는 합법적으로 상속세과세가액을 줄여주기 때문이다. 상속공제는 피상속인이 거주자인 경우 다음의 1) 상속공제금액 합계액과 2) 상속공제적용 종합한도액 중 적은 금액을 공제하고, 피상속인이 비거주자인 경우 기초공제 2억원과 공제적용 종합한도액 중 적은 금액을 공제한다.

1) 상속공제금액

구 분	공제금액
기초공제	2억원
배우자공제	배우자공제액: Max[①, ②] ①* Min(㉮, ㉯) ㉮ 배우자가 실제로 상속받은 가액[배우자가 상속받은 상속재산가액(사전증여재산 및 추정상속재산가액 제외) − 배우자가 승계한 채무·공과금 − 배우자가 공익법인 등에 출연한 상속재산][93] ㉯ 공제한도액: Min(Ⓐ, Ⓑ) Ⓐ (상속재산가액 × 법정상속지분) − (합산대상 증여재산 중 배우자가 증여받은 재산의 과세표준) Ⓑ 30억원 ② 5억원 * ①은 신고기한의 다음날부터 9개월까지 배우자상속재산 분할시 적용(부득이한 경우 배우자재산분할기한 경과 후 6개월 되는 날까지 신고하는 경우에는 배우자상속재산분할기한까지 분할한 것으로 봄)
그 밖의 인적공제(주1)	① 자녀공제: 1인당 5천만원 ② 미성년자공제: 1인당 1천만원 × 19세까지 잔여연수 • 상속인(배우자 제외) 및 동거가족* 중 19세 미만인 자 ③ 연로자공제: 1인당 5천만원(65세 이상)

구 분	공제금액
	• 상속인(배우자 제외) 및 동거가족 중 65세 이상인 자 ④ 장애인공제: 1인당 1천만원 × (통계청고시 기대여명 연수) • 상속인(배우자 포함) 및 동거가족 중 장애인에 해당하는 자 • 장애인 공제는 자녀, 미성년자, 연로자, 배우자공제와 중복적용 가능 * 동거가족: 상속개시일 현재 피상속인이 사실상 부양하고 있는 직계존비속(배우자의 직계존속을 포함한다) 및 형제자매를 말한다[94].
일괄공제	일괄공제액: Max[일괄공제 5억원, (기초공제 + 그 밖의 인적공제)] * 배우자 단독으로 상속받는 경우(다른 상속인이 포기한 경우 제외): 일괄공제방식 적용 안됨 * 기한 내 신고 또는 기한 후 신고가 없는 경우: 일괄공제(5억원) 적용 가능
가업상속공제	가업상속재산의 100%(사업용자산비율 상당액에 한함) • 10년 이상 ~ 20년 미만: 200억원 • 20년 이상 ~ 30년 미만: 300억원 • 30년 이상: 500억원
영농상속공제	영농상속재산가액(15억원 한도)
금융재산 상속공제	순금융재산가액(금융자산 - 금융부채)이 • 2천만원 초과시: Min(Max(순금융재산 × 20%, 2천만원), 2억원) • 2천만원 미만시: 순금융재산가액 공제
재해손실 공제	상속개시 이후 신고기한 이내에 재난 등으로 상속재산이 멸실 및 훼손된 경우에 그 손실가액
동거주택 상속공제(주2)	• 피상속인과 상속인(**직계비속에 한정**)이 10년 이상 동거한 1세대 1주택을 무주택자(피상속인과 공동으로 1세대 1주택을 보유한 자 포함) 상속인이 상속받은 경우: 주택가액[상속주택가액(부수토지포함) - 주택 등에 담보된 채무]의 100%를 6억원 한도 내에서 공제 * 대통령령으로 정한 일시적 2주택인 경우도 1세대 1주택으로 인정

(주1) 인적공제 관련 상속세 및 증여세법 집행기준[20-18-2~7] 규정
① 태아: 상속인 지위에 있지만 자연인이 아니므로 자녀 및 미성년자공제 등의 공제대상은 아님.
② 손자: 피상속인의 재산으로 생계를 유지하는 경우에는 인적공제 대상이나, 그의 부모가 부양능력이 있는 경우에는 인적공제를 받을 수 없음.
③ 대습상속인: 피상속인이 대습상속인(상속인의 직계비속)을 사실상 부양하고 있었다면 그 대습상속인에 대하여 미성년자공제는 받을 수 있으나 자녀공제는 받을 수 없음.
④ 상속포기자: 상속인이 상속 포기 등으로 상속을 받지 아니하는 경우에도 인적공제 대상이 됨.
(주2) 동거주택 상속공제 80%→100%, 5억원→6억원 개정은 2020.1.1. 이후 상속증여받는 분부터 적용

93) 상속세 및 증여세법 시행령 제17조
94) 상속세 및 증여세법 시행령 제18조

2) 상속공제적용 종합한도액[95)]

상속공제액의 한도액
= 상속세 과세가액 − 〔㉮ 상속인 아닌 자에게 유증 또는 사인증여한 재산가액 + ㉯ 상속인의 상속포기로 그 다음 순위의 상속인이 상속받은 재산가액 + ㉰ 사전 증여재산가액(증여재산공제 및 재해손실공제액 차감한 금액) 단, ㉰은 상속세 과세가액이 5억원을 초과하는 경우만 적용〕

나. 상속세 세율

우리나라의 상속세에 부과되는 세율은 5단계 초과누진세율 구조로 되어 있으며, 상속재산가액에 따라 과세표준이 30억원을 초과하는 경우 적용되는 최고세율은 50%이다[96)].

과세표준	세율	누진공제액
1억원 이하	10%	
1억원 초과 5억원 이하	20%	10,000,000
5억원 초과 10억원 이하	30%	60,000,000
10억원 초과 30억원 이하	40%	160,000,000
30억원 초과	50%	460,000,000

다. 세대생략 할증과세

피상속인의 자녀가 아닌 손자, 외손자 등이 상속받을 경우에는 세대를 건너뛴 상속에 대한 30%(상속인이 미성년자이며 상속재산가액이 20억원을 초과할 경우 40%) 할증과세를 한다. 다만, 자녀가 먼저 사망하거나 상속 결격사유가 있어 손자 또는 외손자가 대습상속인으로서 조부모 또는 외조부모의 재산을 상속받은 경우에는 할증과세를 하지 않는다[97)].

① 미성년자로 상속재산가액 20억원을 초과하여 받는 경우

$$= \frac{\text{상속세}}{\text{산출세액}} \times \frac{\text{피상속인의 자녀를 제외한 직계비속이 받은 상속재산가액}}{\text{총상속재산가액(상속인 또는 수유자가 증여받은 재산가액 포함)}} \times 40\%$$

95) 상속세 및 증여세법 제24조
96) 상속세 및 증여세법 제26조
97) 상속세 및 증여세법 제27조

② '①' 외의 경우

$$= \text{상속세 산출세액} \times \frac{\text{피상속인의 자녀를 세외한 직계비속이 받은 상속재산가액}}{\text{총상속재산가액(상속인 또는 수유자가 증여받은 재산가액 포함)}} \times 30\%$$

5. 상속세의 신고 및 납부

가. 신고납부기한

상속세 납부의무가 있는 상속인 또는 수유자는 상속개시일이 속하는 달의 말일부터 6개월(피상속인이나 상속인이 외국에 주소를 둔 경우에는 9개월) 이내에 상속세의 과세가액 및 과세표준을 납세지 관할 세무서장에게 신고·납부하여야 한다[98].

구 분	과세표준 신고기한
원칙	상속개시일이 속하는 달의 말일부터 6개월이 되는 날
예외	피상속인 또는 상속인 전원이 외국에 주소를 둔 경우에는 상속개시일이 속하는 달의 말일부터 9개월이 되는 날

나. 납부방법(분납 · 연부연납 · 물납)

상속세는 일시에 현금으로 납부하는 것이 원칙이지만 다음의 다양한 납부방법(분납, 연부연납 및 물납제도 등)을 이용하면 일시적으로 거액의 세금을 현금으로 납부해야 하는 과중한 세금부담을 완화시킬 수 있다. 단, 연부연납을 허가받은 경우에는 분납할 수 없다. 또한, 연부연납과 물납제도를 병행할 수 없으나, 연부연납에 의해 금전납부가 곤란한 경우 물납이 허용되며, 납세자의 기대를 일정수준 보호하기 위해 첫 회분(중소기업의 경우 5회분)의 분납세액에 한하여 물납이 허용된다.

구 분		요 건	비 고
현금납부	분납	신고기한 이내에 신고한 납부세액이 1천만원을 초과하는 경우	승인없이 2개월 이내 분납 가능
	연부연납(주1)	납부세액이 2천만원을 초과하고 납세담보를 제공하는 경우	연부연납을 허가신청할 수 있음.

98) 상속세 및 증여세법 제67조

구 분	요 건	비 고
물납(주2)	부동산과 유가증권가액이 1/2을 초과하고, 납부세액이 2천만원을 초과하고, 납부세액이 상속재산가액(상속재산에 가산하는 증여재산 불포함) 중 금융재산의 가액을 초과하는 경우[99]	물납신청을 받아 허가할 수 있음.
징수유예	상속재산 중 문화재자료 또는 박물관자료 등이 포함되어 있는 경우	상속세 중 그 재산가액의 상당액을 징수유예 함.

(주1) 연부연납은 다음의 요건을 모두 충족하는 경우에 신청할 수 있다. 이 경우 상속세 또는 증여세 과세표준 신고기한(수정신고, 기한 후 신고기한 또는 납세고지서상의 납부기한)까지 과세표준 신고와 함께 연부연납 신청서를 납세지 관할 세무서장에게 제출하여야 한다.

① 상속세 또는 증여세 납부세액이 2천만원을 초과하여야 함.

② 과세표준 신고기한(기한후 신고 포함)이나 납부고지서상의 납부기한까지 연부연납 신청서를 관할 세무서장에게 제출하여야 함.

③ 연부연납 상당액의 납세담보*를 제공하여야 함.

* 납세담보 – 국세징수법 제18조【담보의 종류】

1. 금전, 납세보증보험증권, 「은행법」에 따른 은행 등 대통령령으로 정하는 자의 납세보증서
2. 「자본시장과 금융투자업에 관한 법률」 제4조 제3항에 따른 국채증권 등 유가증권
3. 토지, 보험에 든 등기ㆍ등록된 건물, 공장재단, 광업재단, 선박, 항공기 또는 건설기계

(주2) 1) 물납재산 범위: 물납에 충당할 수 있는 부동산 및 유가증권은 다음과 같다.

① 국내에 소재하는 부동산

② 국채ㆍ공채ㆍ주권 및 내국법인이 발행한 채권 또는 증권과 자본시장과 금융투자업에 관한 법률에 따른 신탁업자가 발행하는 수익증권ㆍ집합투자증권ㆍ종합금융회사가 발행하는 수익증권. 다만, 다음의 어느 하나에 해당하는 유가증권은 **물납대상에서 제외**한다.

가) **거래소에 상장된 것**. 다만, 최초로 거래소에 상장되어 물납허가통지서 발송일 전일 현재 자본시장과 금융투자업에 관한 법률에 따라 처분이 제한된 경우에는 그러하지 아니하다.

나) **거래소에 상장되어 있지 아니한 법인의 주식등**. 다만, 상속의 경우로서 그 밖의 다른 상속재산이 없거나 시행령 제74조 제2항 제1호부터 제3호까지의 상속재산으로 상속세 물납에 충당하더라도 부족하면 그러하지 아니하다.

2) 물납재산 한도= Min(①, ②)

물납을 신청할 수 있는 납부세액은 다음의 물납 한도를 초과할 수 없다.(2018.4.1. 이후 신청분부터 적용)

① 상속세 납부세액 $\times \dfrac{\text{물납에 충당할 수 있는 부동산 및 유가증권의 가액}}{\text{상속재산가액}}$

② 상속세 납부세액 – 금융재산의 가액(시행령 제10조 제1항 제1호에 따라 증명되는 금융회사 등에 대한 채무의 금액을 차감한 금액을 말함) – 거래소에 상장된 유가증권(법령에 따라 처분이 제한된 것은 제외함)의 가액

99) 상속세 및 증여세법 제73조

다. 연대납세의무

상속세는 상속인 또는 수유자 각자가 받았거나 받을 재산을 한도로 연대하여 납부할 의무를 지도록 되어 있으며, 연대납세의무에 대한 각자의 책임은 그가 받았거나 받을 재산을 한도로 한다[100].

연대납세의무의 한도에 있어 각자가 받았거나 받을 재산이라 함은 상속으로 인하여 얻은 자산총액에서 부채총액과 그 상속으로 인하여 부과되거나 납부할 상속세를 공제한 가액을 말한다.

Ⅱ 증여세

1. 증여세 과세대상

타인(법인 포함)으로부터 재산을 증여받은 경우로서 수증자(증여를 받은 자)가 거주자(비영리내국법인 포함)인 경우에는 국내·국외에 소재하는 재산(증여받은 재산)이, 수증자가 비거주자인 경우에는 국내에 소재하는 재산이 증여세의 과세대상이 된다[101].

수증자	과세대상
거주자·비영리내국법인	증여일 현재 증여받은 국내·국외에 있는 모든 증여재산
비거주자·비영리외국법인	증여일 현재 증여받은 국내에 있는 모든 증여재산(주1)

(주1) 종전(2013.1.1.~2016.12.31.)에는 비거주자의 경우 거주자로부터 증여받은 국외 예금이나 국외 적금 및 거주자로부터 증여받은 외국법인(증여재산 취득일 현재 자산총액 중 국내 소재 자산가액의 합계액이 차지하는 비율이 100분의 50 이상인 법인을 말한다)의 주식 또는 출자지분도 포함하여 증여세 과세대상으로 하였으나, 법 개정으로 2017.1.1. 이후부터는 다시 국내에 있는 증여재산에 한하는 것으로 환원되었다. 단, 거주자로부터 증여받은 국외재산은 「국제조세조정에 관한 법률」 제35조[국외 증여에 대한 증여세 과세특례] 규정에 따라 증여자(거주자)가 납세의무가 발생한다.

가. 증여의 정의

상속세 및 증여세법상 "증여"란 민법상 증여[102] 개념보다 폭넓게 그 행위 또는 거래의 명칭·형식·목적 등과 관계없이 직접 또는 간접적인 방법으로 타인에게 무상으로 유형·무

100) 상속세 및 증여세법 제3조의 2
101) 상속세 및 증여세법 제4조의 2 제1항
102) 민법 제553조의 증여란 당사자의 일방(증여자)이 대가없이 즉 무상으로 재산을 상대방에게 준다는 의사표시를 하고 상대방(수증자)이 그것을 승낙함으로써 성립하는 계약이다.

형의 재산 또는 이익을 이전(移轉)(현저히 낮은 대가를 받고 이전하는 경우를 포함한다)하거나 타인의 재산가치를 증가시키는 것으로 규정함으로써 완전포괄주의 개념을 도입하였다.

증여로 승계 시 주의사항

2004.1.1. 이후 완전포괄주의 과세제도의 시행으로 변칙적인 증여행위에 대하여 과세할 근거가 마련되었으나, 구체적으로 법령에서 열거하지 아니한 증여사례에 대하여 최근 대법원 판례에서는 조세법률주의에 근간하고 있는 과세요건 명확주의 및 예측가능성에 대한 미비 등의 이유로 납세자의 편을 들어주고 있는 상태였다. 이에 과세관청은 조세법률주의에 위배되지 아니한 예시적인 규정을 구체적으로 입법하고 있으며, 2016.1.1. 이후 증여세의 완전포괄주의 과세근거(과세대상의 범위, 증여재산 계산의 일반원칙 등)를 보다 더 명확히 하였다(상속세 및 증여세법 제4조, 제4조의 2, 제31조). 이로 인하여 승계전략 수립을 위해서는 승계시점에 적용될 법령에 대한 명확한 이해와 주의가 필요한 상태이다.

1) 증여계약의 무효 및 취소

법률행위의 무효란 당사자가 의도한 법률행위의 효력이 무효원인(의사능력이 없는 경우, 강행법규에 위반하거나 사회질서에 반하는 경우, 허위표시 등)으로 법률상 당연히 처음부터 발생하지 않는 것을 말하며, 법률행위의 취소란 취소권자가 일단 발생하고 있는 법률행위를 후에 소급하여 효력을 잃게 하는 것을 말한다. 민법은 취소할 수 있는 법률행위로 미성년자 등 행위무능력자가 한 법률행위, 사기·강박에 의한 법률행위, 착오로 인한 법률행위를 두고 있다.

따라서 증여세 과세대상이 되는 재산이 취득원인무효의 판결에 따라 그 재산상의 권리가 말소되는 때에는 증여세를 과세하지 아니하며, 과세된 증여세는 취소한다. 다만, 형식적인 재판절차만 경유한 사실이 확인되는 경우에는 그러하지 아니하다[103].

2) 증여계약의 합의해제 및 반환

합의해제란 당사자가 전에 맺었던 증여계약에 대하여 소급적으로 동 계약의 효력을 소멸시키는 것을 내용으로 하는 새로운 쌍방 당사자의 합의에 의한 계약이다. 이처럼 합의해제를 하게 되면 소급적으로 계약의 효력이 소멸되기 때문에 이행되지 않은 부분은 이행할 필요가 없으나, 이미 이행이 완료된 증여재산의 경우에는 이를 반환하여야 한다.

103) 상속세 및 증여세법 집행기준 4-0-5【취득원인무효에 따른 재산 등의 소유권 환원시 증여세 과세 여부】

이때 당사자 간의 합의에 따라 증여재산을 반환하는 시점에 따라 발생하는 과세문제는 다음과 같다[104]. 여기에서 "반환"이라 함은 부동산의 경우 등기원인에 불구하고 당초 증여자에세 등기부상 소유권을 사실상 무상이전하는 것을 말한다.

반환 또는 재증여시기		당초 증여	반환·재증여
금전	금전(시기에 관계 없음)	과 세	과 세
금전 외	증여세 신고기한 이내 (증여받은 날이 속하는 달의 말일부터 3개월 이내)	과세제외	과세제외
	신고기한 경과 후 3개월 이내 (증여받은 날이 속하는 달의 말일부터 6개월 이내)	과 세	과세제외
	신고기한 경과 후 3개월 후 (증여받은 날이 속하는 달의 말일부터 6개월 후)	과 세	과 세
	증여재산 반환 전 증여세가 결정된 경우	과 세	과 세

나. 증여재산

1) 증여세 과세대상

증여세 과세대상인 "증여재산"이란 증여로 인하여 수증자에게 귀속되는 모든 재산 또는 이익을 말하며, 다음 각 목의 물건, 권리 및 이익을 포함한다[105].

1. 금전으로 환산할 수 있는 경제적 가치가 있는 모든 물건
2. 재산적 가치가 있는 법률상 또는 사실상의 모든 권리
3. 금전으로 환산할 수 있는 모든 경제적 이익

이를 보다 구체적으로 규정하고 있는 증여세 과세대상은 다음과 같다[106].

구 분	증여세 과세대상
일반적 증여재산 유형	무상으로 이전받은 재산 또는 이익(제4조 제1항 제1호, 제31조 제1항 제1호)
	현저히 낮은 대가를 주고 재산 또는 이익을 이전받음으로써 발생하는 이익이나 현저히 높은 대가를 받고 재산 또는 이익을 이전함으로써 발생하는 이익. 다만, 특수관계인이 아닌 자 간의 거래인 경우에는 거래의 관행상 정당한 사유가 없는 경우로 한정(제4조 제1항 제2호, 제31조 제1항 제2호)

104) 상속세 및 증여세법 집행기준 4-0-4【증여재산을 반환 또는 재증여한 경우】
105) 상속세 및 증여세법 제2조 제7호
106) 상속세 및 증여세법 제4조 제1항

구 분	증여세 과세대상
일반적 증여재산 유형	재산 취득 후 해당 재산의 가치가 증가한 경우의 그 이익. 다만, 특수관계인이 아닌 자 간의 거래인 경우에는 거래의 관행상 정당한 사유가 없는 경우로 한정(제4조 제1항 제3호, 제31조 제1항 제3호)
	상속재산의 재협의분할로 인한 당초상속분 초과 취득분(제4조 제3항)
	증여재산의 반환 및 재증여(제4조 제4항)
변칙적 거래에 따른 이익의 증여 (상증세법상 개별적 예시규정을 둠)	신탁이익의 증여(제33조)
	보험금의 증여(제34조)
	저가양수 또는 고가양도에 따른 이익의 증여(제35조)
	채무면제 등에 따른 증여(제36조)
	부동산 무상사용에 따른 이익의 증여(제37조)
	합병에 따른 이익의 증여(제38조)
	증자에 따른 이익의 증여(제39조)
	감자에 따른 이익의 증여(제39조의 2)
	현물출자에 따른 이익의 증여(제39조의 3)
	전환사채 등의 주식전환 등에 따른 이익의 증여(제40조)
	초과배당에 따른 이익의 증여(제41조의 2)
	주식등의 상장 등에 따른 이익의 증여(제41조의 3)
	금전무상대출 등에 따른 이익의 증여(제41조의 4)
	합병에 따른 상장 등 이익의 증여(제41조의 5)
	재산사용 및 용역제공 등에 따른 이익의 증여(제42조)
	법인의 조직변경 등에 따른 이익의 증여(제42조의 2)
	재산취득 후 재산가치 증가에 따른 이익의 증여(제42조의 3)
증여추정	배우자 등에게 양도한 재산의 증여추정(제44조)
	재산취득자금 등의 증여추정(제45조)
증여의제	명의신탁재산의 증여의제(제45조의 2)
	일감몰아주기: 특수관계법인과의 거래를 통한 이익의 증여의제(제45조의 3)
	일감떼어주기: 특수관계법인으로부터 제공받은 사업기회로 발생한 이익의 증여의제(제45조의 4)
	특정법인과의 거래를 통한 이익의 증여의제(제45조의 5)

상기 증여세 과세대상 중 주요 증여대상에 대하여 간단히 설명하면 다음과 같다.

가) 저가양수 또는 고가양도에 따른 이익의 증여(제35조)

특수관계 여부를 불문하고 시가보다 높은 가액으로 재산[제40조의 전환사채, 증권시장에서 거래되는 주식 등(시간외 대량매매방식으로 종가 이외로 거래된 것 제외)은 제외]을 양도하거나 또는 시가보다 낮은 가액으로 재산을 양수한 경우에 이로 인하여 이익을 받은 자는 그 대가와 시가와의 차액에 상당하는 금액으로서 법소정의 금액을 증여재산가액으로 하되, 특수관계인이 아닌 자간의 거래에 있어서는 거래의 관행상 정당한 사유가 없는 경우에만 증여세가 과세된다. 이를 산식으로 표시하면 다음과 같다[107].

구 분	과세요건	증여재산가액
1. 특수관계인간의 거래	대가와 시가의 차액이 3억원 이상이거나, 시가의 30% 이상인 경우	= (대가와 시가와의 차액 - Min [시가 × 30%, 3억원)
2. 특수관계인 아닌 자간의 거래	대가와 시가의 차액이 시가의 30% 이상인 경우	= (대가와 시가와의 차액 - 3억원)
3. 법인과 거래	그 대가가 법인세법상 시가의 범위에 해당되어 부당행위계산부인 규정이 적용되지 아니하는 경우에는 증여이익이 적용되지 아니함. 즉, 부당행위계산부인 규정에 따라 개인에게 소득처분(상여 또는 배당)이 발생한 경우 소득세가 과세됨(증여세는 부과되지 아니함)[108].	

나) 전환사채등의 주식전환 등에 따른 이익의 증여(제40조)

전환사채, 신주인수권부사채(신주인수권증권이 분리된 경우에는 신주인수권증권) 또는 그 밖의 주식으로 전환·교환하거나 주식을 인수할 수 있는 권리가 부여된 사채(이하 "전환사채등"이라 한다)를 인수·취득·양도하거나, 전환사채등에 의하여 주식으로 전환·교환 또는 주식의 인수(이하 "주식전환등"이라 한다)를 함으로써 다음 각 호의 어느 하나에 해당하는 이익을 얻은 경우에는 그 이익에 상당하는 금액을 그 이익을 얻은 자의 증여재산가액으로 한다. 다만, 그 이익에 상당하는 금액이 기준금액 미만인 경우는 제외한다.

(1) 전환사채등 인수·취득시

구 분	내 용
증여요건 대상	① 특수관계인으로부터 저가 취득 ② 전환사채등의 발행법인의 최대주주와 그 특수관계인 주주가 비례배정 수를 초과하여 발행법인(인수인 포함)으로부터 저가 인수·취득

107) 상속세 및 증여세법 시행령 제26조
108) 상속세 및 증여세법 집행기준 35-26-4【법인과 저가양수·고가양도 증여세 과세여부】

구 분	내 용
	③ 전환사채등의 발행법인의 최대주주의 특수관계인(그 법인 주주 제외)이 저가 인수·취득
증여재산가액	전환사채등 시가 - 인수·취득가액
기준금액	Min(① 전환사채 등의 시가의 30%, ② 1억원)
증여일	전환사채 등을 인수·취득을 한 날

(2) 전환사채등에 의한 주식전환등

<table>
<tr><th>구 분</th><th colspan="2">내 용</th></tr>
<tr><td>증여요건
대상</td><td colspan="2">① 특수관계인으로부터 취득 후 고가 주식전환 등
② 전환사채등의 발행법인의 최대주주와 그 특수관계인 주주가 비례배정 수를 초과하여 인수·취득 후 고가 주식전환 등
③ 전환사채등의 발행법인의 최대주주의 특수관계인(그 법인 주주 제외)이 인수·취득 후 고가 주식 전환 등
④ 전환사채등에 의하여 교부받은 주식의 가액이 전환가액등보다 낮게 됨으로써 그 주식을 교부받은 자의 특수관계인이 이익을 얻은 경우</td></tr>
<tr><td>증여재산가액</td><td>①, ②, ③에 해당하는 경우
1) 주식전환시
(교부받은 주식가액 - 전환가액등) × 교부받은 주식수- 이자손실분 - 취득·인수시 증여이익
2) 전환사채등 양도
(교부받을 주식가액 - 전환가액등) × 교부받을 주식수 - 이자손실분 - 취득·인수시 증여이익
(전환가액등 - 교부받은 주식가액) × 증가한 주식수 × 전환등 전 특수관계인 지분비율</td><td>④에 해당하는 경우
(전환가액등 - 교부받은 주식가액) × 증가한 주식수 × 전환등 전 특수관계인 지분비율</td></tr>
<tr><td>기준금액</td><td>1억원</td><td>0원</td></tr>
<tr><td>증여일</td><td colspan="2">전환사채등에 의하여 주식전환등을 한 날</td></tr>
</table>

(3) 전환사채등 특수관계인에게 고가 양도

구 분	내 용
증여재산가액	전환사채등 양도가액 - 시가
기준금액	Min(① 전환사채등의 시가의 30%, ② 1억원)
증여일	전환사채등의 양도일

다) 재산취득자금등의 증여추정(제45조)

취득자금의 출처를 **입증하지 못한 금액**이 Min(취득재산가액×20%, 2억원)한 것보다 큰 경우 입증하지 못한 금액은 증여세가 과세된다. 다만, 취득자금 또는 상환자금이 직업, 연령, 소득, 재산 상태 등을 고려하여 증여추정배제기준 금액 이하인 경우와 취득자금 또는 상환자금의 출처에 관한 충분한 소명(疏明)이 있는 경우에는 본 규정을 적용하지 아니한다. 이때 증여추정배제기준은 재산취득일 전 또는 채무상환일 전 10년 이내에 주택과 기타재산의 취득가액 및 채무상환금액이 각각 아래 기준에 미달하고, 주택취득자금, 기타재산 취득자금 및 채무상환자금의 합계액이 총액한도 기준에 미달하는 경우를 말한다[109].

| 증여추정배제기준 |

구 분	취득재산		채무상환	총액한도
	주택	기타재산		
1. 30세 미만	5천만원	5천만원	5천만원	1억원
2. 30세 이상	1.5억원	5천만원	5천만원	2억원
3. 40세 이상	3억원	1억원	5천만원	4억원

| 자금출처 인정 범위 |

구 분	자금출처 인정 금액	증빙서류
근로소득	총급여액 － 원천징수세액	원천징수영수증
원천징수소득 (이자 · 배당 · 기타소득 포함)	총지급액 － 원천징수세액	원천징수영수증
사업소득	소득금액 － 소득세상당액	소득세신고서 사본
차입금	차입금액	부채증명서
임대보증금	보증금 또는 전세금	임대차계약서 사본
보유재산처분액	처분가액 － 양도소득세 등	매매계약서 사본
현금, 예금 수증	증여재산가액	통장사본

109) 상속세 및 증여세 시행령 제 34조 제2항, 동법 사무처리규정 제38조(재산취득자금 등의 증여추정 배제기준)(2020.7.20. 국세청훈령 제2382호)

2) 증여세 과세제외

일반적으로 다음의 경우는 증여세 과세대상에서 제외한다.

1. 수증자가 증여받은 재산을 유류분으로 반환하는 경우
2. 취득원인무효에 대한 재산상의 권리 말소되는 증여계약의 무효 및 취소
3. 이혼 등에 의하여 **정신적 또는 재산상 손해배상의 대가**로 받는 위자료

   다만, 남편 소유의 모든 소유재산이 이혼 위자료 명목으로 처에게 소유권 이전됐으나 국세 등 채무면탈 목적으로 이혼위자료를 위장하여 증여받은 것이라 하여 증여세를 과세한 사례가 있으니 위장이혼 위자료는 주의가 필요하다.
4. 재산분할청구권에 의한 재산분할(법원판결로 사실혼 관계로 인해 이전되는 경우도 포함)
5. 국외재산을 국내반입의 경우

[참고] 이혼시 위자료와 재산분할에 대한 과세

구분	취득자 증여세	지급자 양도소득세	취득자 양도시 취득시기
위자료	과세제외	양도소득 과세대상 지급시 과세	취득자의 취득시기
재산분할	과세제외	과세제외	분할 전 배우자의 취득시기 (분할 전 배우자 취득가액)[110]

다. 증여시기(증여재산 취득시기)

증여재산의 증여시기(취득시기)는 원칙적으로 증여에 의하여 재산을 취득하는 때이며 증여재산에 대해 법으로 특별히 규정된 경우를 제외하고는 그 증여시기(취득시기)는 다음과 같다[111]. 이는 민법상 증여일인 '증여계약의 성립일'과는 다를 수 있다. 보다 구체적인 특정 증여재산에 대한 증여시기는 후술하는 제4장 제1절 Ⅲ. "2. 세목별 평가기준일"편을 참고하기 바란다.

증여재산	증여재산의 취득시기
등기·등록을 요하는 재산	소유권의 이전 등기·등록 신청서 접수일
건물이나 분양권	사용승인서 교부일, 사실상 사용일, 임시사용승인일 중 빠른 날
주식 및 출자지분	주식 등의 인도일. 다만, 인도일이 불분명하거나 인도 전 명의개서를 하는 경우 명의개서일

110) 소득세법 집행기준 97-163-49【이혼시 재산분할로 취득한 자산의 취득가액】
111) 상속세 및 증여세법 시행령 제24조

증여재산	증여재산의 취득시기
무기명채권	이자지급 등으로 취득사실이 객관적으로 확인된 날. 다만, 불분명시 이자지급, 채권상환을 청구한 날
이외의 재산	인도한 날 또는 사실상의 사용일

위와 같이 세법상 증여일을 규정하여 확정하는 것은 증여에 관하여 생길 문제들을 해결하기 위한 기준을 제시하는 것이다.

증여일 확정의 의미

① 증여세 납세의무성립일
② 증여세 과세대상 재산의 판정기준이 되는 날
③ 각종 증여재산공제 대상을 판정하는 시점
④ 증여세의 신고기한을 정하는 기준이 되는 날
⑤ 증여세에 대한 부과제척기간 및 증여재산을 평가하기 위한 기준이 되는 날
⑥ 개정법령의 적용시점
⑦ 증여받은 재산을 유상으로 양도할 때의 양도차익계산을 위한 취득시기 등을 결정하는 기준

2. 증여세 납세의무자

가. 수증자 납세의무

증여세는 증여를 받은 자(수증자)가 자연인인 경우 납세의무를 지는데 수증자가 거주자(국내소재 비영리법인 포함)인 경우 국내외 모든 증여재산에 대하여 납세의무가 있으며, 수증자가 비거주자(국외소재 비영리법인 포함)인 경우에는 국내 소재 증여재산에 대하여 납세의무가 있다.

따라서 영리법인이 증여를 받는 경우에는 증여세의 납세의무가 없다. 영리법인은 순자산증가설에 따라 증여재산가액을 각 사업연도 소득금액에 포함하여 법인세를 납부하기 때문에 동일한 과세대상에 대하여 법인세와 증여세를 이중으로 과세하는 것을 방지하기 위한 것이다.

| 납세의무자별 과세방법 |

구 분	거주자	비거주자
과세대상	**국내 · 외 모든 증여재산**	**국내 소재 증여재산**
증여공제	공제가능	공제불가
감정평가수수료	공제가능	공제가능
신고기한	증여일등이 속하는 달의 말일부터 3월	거주자와 동일
신고세액공제	공제가능	공제가능

나. 증여자 납세의무

1) 국외재산 증여시 증여자

거주자가 비거주자에게 국외에 있는 재산을 증여(증여자의 사망으로 인하여 효력이 발생하는 증여는 제외한다)하는 경우 그 증여자는 국제조세조정에 관한 법률 제35조에 따라 증여세를 납부할 의무가 있다. 다만, 수증자가 증여자의 「국세기본법」 제2조 제20호에 따른 특수관계인이 아닌 경우로서 해당 재산에 대하여 외국의 법령에 따라 증여세(실질적으로 이와 같은 성질을 가지는 조세를 포함한다)가 부과되는 경우(세액을 면제받는 경우를 포함한다)에는 증여세 납부의무를 면제한다[112]. 이 경우 증여세를 납부하는 경우 상속세 및 증여세법의 일부 규정을 준용한다.

2) 명의신탁 증여의제시 증여자(실소유자)

권리의 이전이나 그 행사에 등기 등이 필요한 재산(토지와 건물은 제외한다)의 실제소유자와 명의자가 다른 경우에는 실질과세원칙에도 불구하고 그 명의자로 등기 등을 한 날(그 재산이 명의개서를 하여야 하는 재산인 경우에는 소유권취득일이 속하는 해의 다음 해 말일의 다음 날)에 그 재산의 가액(그 재산이 명의개서를 하여야 하는 재산인 경우에는 소유권취득일을 기준으로 평가한 가액)을 **실제소유자가 명의자에게 증여한 것**으로 보는데 이때 실제소유자가 해당 재산에 대하여 증여세를 납부할 의무가 있다[113].

112) 국제조세조정에 관한 법률 제35조 제3항

113) 2019.1.1. 이후 증여로 의제되는 분부터 적용함(상속세 및 증여세법 제4조의 2 제2항).
단, 2019.1.1. 전에 실제소유자가 소유권을 취득하였으나 명의개서를 하지 아니하여 2019.1.1. 이후 증여로 의제되는 분에 대해서는 법 제4조의 2 제2항의 개정규정에도 불구하고 종전의 규정에 따름(법 부칙(2018.12.31.) 제6조).

다. 영리법인 주주의 납세의무

수증자가 영리법인인 경우 증여세 납세의무는 없지만 변칙적인 증여를 막기 위해서 영리법인이 증여받은 재산 등에 대하여 법인세가 부과(법인세가 법인세법 또는 다른 법률에 따라 비과세되거나 감면되는 경우를 포함함)되더라도 다음의 규정에 따른 경우에는 해당 영리법인의 주주 등에 대해서 증여세를 부과한다[114].

① 특수관계법인과의 거래를 통한 이익의 증여의제(법 제45조의 3)

② 특수관계법인으로부터 제공받은 사업기회로 발생한 이익의 증여의제(법 제45조의 4)

③ 특정법인과의 거래를 통한 이익의 증여의제(법 제45조의 5)

3. 증여세의 계산구조

가. 증여재산 유형별 증여세 계산구조

증여세 과세표준은 증여재산 유형별로 다음과 같이 계산되며, 과세표준이 50만원 미만이면 증여세를 부과하지 아니한다[115].

구 분	과세표준 계산방식
1. 명의신탁의 증여의제	그 명의신탁재산가액 - 증여재산 감정평가수수료
2. 특수관계법인과 거래를 통한 이익의 증여의제 및 특수관계법인으로부터 제공받은 사업기회로 발생한 이익의 증여의제	증여의제이익 - 증여재산 감정평가수수료
3. 합산배제증여재산(1호, 2호 제외)	그 증여재산가액 - 3천만원 - 증여재산 감정평가수수료
4. 1호~3호 외 일반적인 경우	증여세과세가액 - 증여재산공제 - 재해손실공제 - 증여재산 감정평가수수료

나. 일반 증여재산의 증여세 계산구조

일반적인 증여세 계산구조는 다음과 같으며, 이러한 증여세 과세구조를 잘 이해하고 있어야 성공적인 승계전략을 수립할 수 있다. 특히 증여재산공제액에 대한 활용이 중요하다.

114) 상속세 및 증여세법 제4조의 2 제4항
115) 상속세 및 증여세법 제55조 제1항

구 분		내 용
증여재산가액		증여의제 등 증여세 과세대상 참조
(−) 비과세증여재산가액		• 국가 또는 지방자치단체로부터 받은 증여재산 • 사회통념상 인정되는 이재구호물품, 생활비, 부의금 등 • 소액주주에 해당하는 우리사주조합원이 우리사주조합을 통하여 취득한 주식의 취득가액과 시가와의 차액 등
(−) 증여재산 차감금액	과세가액 불산입액	• 공익법인이 출연받은 재산, 공익신탁재산 • 장애인이 증여받은 재산(타익신탁 원본가액 합산 5억원 한도)
	부담부증여 채무인수액	증여재산의 담보한 채무 (임대자산의 경우 임대보증금)
(+) 증여재산 가산금액		동일인으로부터 10년 이내 증여받은 재산가액(1천만원 이상). 단, 합산배제 증여재산가액 제외
= 증여세 과세가액		
(−) 증여공제	증여재산 공제액 (10년간)	• 배우자: 6억원 • 직계존속(계부모 포함): 5천만원(미성년자 2천만원) • 직계비속(의붓자녀 포함): 5천만원 • 6촌 이내의 혈족 및 4촌 이내의 인척: 1천만원
	재해손실 공제액	증여신고기한 이내에 재난으로 인하여 증여재산이 멸실되거나 훼손된 경우의 손실가액 상당액
(−) 증여재산의 감정평가 수수료		• 감정평가업자의 감정평가수수료(납부목적용): 5백만원 한도 (신고 및 납부 시에만 허용) • 평가심의위원회가 비상장주식에 대하여 신용평가전문기관에 의뢰한 경우 평가수수료: 평가대상법인의 수 및 의뢰기관 수별로 각각 1천만원 한도 • 서화·골동품 등 예술적 가치가 있는 유형재산에 대한 전문가 평가수수료: 5백만원 한도
= 증여세 과세표준		과세표준이 50만원 미만이면 증여세를 부과하지 않음.
(×) 세율		10%~50%의 5단계 초과누진세율
= 산출세액		
(+) 세대생략가산액 (할증세액)		• 수증자가 증여자의 자녀가 아닌 손자, 손녀인 경우(단, 증여자의 최근친인(부모) 사망시 제외): 증여재산가액이 20억원 이하(초과)인 경우 30%(40%) 할증
= 산출세액 계		
(−) 징수유예액		박물관자료 등 징수유예
(−) 세액공제		기납부세액공제, 외국납부세액공제, 신고세액공제(3%)[116] 등

구 분	내 용
(+) 가산세	신고불성실가산세, 납부지연가산세 등
= 납부할 세액	
(-) 분납, 연부연납	분납과 연부연납은 중복적용 되지 않음. (2016년부터 물납은 인정 않음)
= 신고납부세액	

다. 증여재산의 합산 및 합산배제

가) 합산 시 동일인에 대한 유의사항

동일인으로부터 10년 이내에 증여받은 재산은 합산하여 증여세를 과세하는 것이 원칙이다. 여기서 동일인에는 증여자가 직계존속인 경우에는 그 직계존속의 배우자(부와 모, 조부와 조모)를 포함한다. 다만, 조부와 부는 직계존속이라고 할지라도 동일인으로 보지 아니하며, 이혼한 부와 모는 동일인이 아니다. 또한, 증여자가 재혼한 부・모일 경우 계모・계부는 동일인에 포함되지 아니한다[117].

나) 합산하는 증여재산가액

증여재산 합산과세는 해당 증여일 전 10년 이내에 동일인(증여자가 직계존속인 경우 그 직계존속의 배우자를 포함)으로부터 받은 증여재산가액을 합친 금액이 1천만원 이상인 경우에는 그 가액을 증여세 과세가액에 합산하는 것을 말한다. 즉, 합산과세는 가장 최근의 재차증여일로부터 소급하여 10년 이내에 이루어진 증여가액을 모두 합산하는 것으로, 10년 이내에 이루어진 증여재산가액의 합계액이 1천만원 이상이 될 때에만 합산과세의 대상이 되며, 1천만원에 미달할 때에는 당해 재차증여가액에 대해서만 증여세를 납부하면 된다. 다만, 합산배제증여재산의 경우에는 그러하지 아니하다[118].

다) 합산배제하는 증여재산

동일인으로부터 받은 증여재산은 합산이 원칙이지만 다음의 경우는 예외로 합산배제하고 있다[119]. 그리고 가업승계 및 창업자금 과세특례, 영농자녀가 증여받은 농지등에 대한

116) 신고세액공제=(증여세 산출세액-문화재자료 등 징수유예액-각종 세액공제・감면세액) × 3%(2019.1.1. 이후부터 적용)(2018년 5%, 2017년 7%, 2017년 이전 10%)(상속세 및 증여세법 제69조)
117) 상속세 및 증여세법 집행기준 47-36-6(증여재산의 합산시 유의사항)
118) 상속세 및 증여세법 제47조 제2항
119) 상속세 및 증여세법 제47조 제1항

100% 감면에 해당하는 분은 증여재산에 가산하지 아니한다.

1. 재산 취득 후 해당 재산의 가치가 증가하는 경우 증가사유가 발생하기 전과 후의 재산의 시가의 차액으로서 재산가치상승금액[재산가치증가사유 발생시점 재산가액 - (취득가액 + 통상적 가치상승분 + 가치상승기여분)]. 다만, 그 재산가치상승금액이 3억원 이상이거나 해당 재산의 취득가액 등을 고려한 금액(취득가액 + 통상적 가치상승분 + 가치상승기여분)의 100분의 30 이상인 경우로 한정한다(법 제30조 제1항 제3호).
2. 전환사채 등에 의하여 주식으로의 전환·교환 또는 주식의 인수를 하거나 전환사채를 특수관계인에게 양도함으로써 얻는 이익의 증여(법 제40조 제1항 2·3호)
3. 주식 등의 상장 등에 따른 이익의 증여(법 제41조의 3)
4. 합병에 따른 상장 등 따른 이익의 증여(법 제41조의 5)
5. 재산취득 후 재산가치 증가에 따른 기타이익의 증여(법 제42조의 3)
6. 명의신탁재산의 증여의제(법 제45조의 2)(2019.1.1. 이후 증여의제되는 분부터 적용)
7. 특수관계법인과의 거래를 통한 이익의 증여의제(법 제45조의 3)
8. 특수관계법인으로부터 제공받은 사업기회로 발생한 이익의 증여의제(법 제45조의 4)

라. 증여재산공제

수증자가 **거주자**인 경우로서 증여자인 배우자(법률혼인자), 직계존속(수증자의 직계존속과 법률혼인 중인 배우자를 포함), 직계비속(수증자와 법률혼인 중인 배우자의 직계비속을 포함), 친족(6촌 이내의 혈족, 4촌 이내의 인척)으로부터 증여받은 경우에는 10년간 합산한 증여세 과세가액에서 아래의 증여재산공제금액을 공제한다[120]. 이때 2 이상의 증여가 그 증여시기를 달리하는 경우에는 2 이상의 증여 중 최초의 증여세 과세가액에서부터 순차로 공제하고, 2 이상의 증여가 동시에 있는 경우(예를 들면, 직계존속인 조부와 부로부터 동시에 증여)에는 각각의 증여세 과세가액에 대하여 공제금액을 안분하여 공제한다[121].

한편, 수증자가 비거주자인 경우에는 증여재산공제가 적용되지 않는다.

120) 상속세 및 증여세법 제53조
121) 상속세 및 증여세법 시행령 제46조 제1항 2호

| 증여재산공제금액 |

구분 \ 증여시기		2008.1.1. 이후	2014.1.1. 이후	2016.1.1. 이후
증여자	직계존속	3천만원 (미성년자는 1,500만원)	5천만원 (미성년자는 2천만원)	5천만원 (미성년자는 2천만원)
	직계비속	3천만원	3천만원	5천만원
	배 우 자	6억원	6억원	6억원
	기타 친족	5백만원	5백만원	1천만원
	타 인	없음.	없음.	없음.

증자에 따른 이익의 증여 시 증여재산공제 여부

증자에 따른 증여이익은 합산배제되는 증여재산이 아니므로 일반적인 증여재산 과세표준 방식에 따라 증여재산공제가 가능하다. 따라서 불균등증자로 인하여 배우자가 이익을 얻는 경우 증자에 따른 이익의 증여 규정에 따라 이익을 얻은 경우에는 그 이익에 상당하는 금액을 그 이익을 얻은 자의 증여재산가액으로 하는 것이며 이 경우 증여재산공제를 적용(같은 법 제39조 제2항의 규정에 의하여 증여자를 1인으로 보아 증여세를 계산하는 경우는 제외)하는 것이다(재산-418, 2011.9.6.). 즉, 배우자공제 6억원을 한도로 증여재산공제 가능하다.

마. 증여세 세율

증여세에 부과되는 세율은 상속세율과 같이 5단계 초과누진세율 구조로 되어 있으며, 재산가액에 따라 과세표준이 30억원을 초과하는 경우 적용되는 최고세율은 50%이다.

과세표준	세율	누진공제액
1억원 이하	10%	
1억원 초과 5억원 이하	20%	10,000,000
5억원 초과 10억원 이하	30%	60,000,000
10억원 초과 30억원 이하	40%	160,000,000
30억원 초과	50%	460,000,000

바. 세대생략 할증과세

수증자가 증여자의 자녀가 아닌 손자, 외손자 등일 경우에는 증여세 산출세액의 30%(수증자가 미성년자로 증여재산가액이 20억원을 초과하는 경우 40%)에 상당하는 금액을 할증 과세한다. 다만, 증여자의 최근친(最近親)인 직계비속이 사망하여 그 사망자의 최근친인 직계비속이 증여받은 경우에는 그러하지 아니하다.

$$\text{할증과세} = \text{증여세 산출세액} \times \frac{\text{수증자의 부모를 제외한 직계존속으로부터 증여받은 재산가액}}{\text{총증여재산가액}} \times 30\%(40\%) - \text{기납부할증과세}$$

4. 증여세의 신고 및 납부

가. 신고납부기한

증여세 납세의무가 있는 자는 증여받은 날이 속하는 달의 말일부터 3개월 이내에 증여세의 과세가액 및 과세표준을 납세지 관할 세무서장에게 신고·납부하여야 한다.

구분	과세표준 신고기한(상속세 및 증여세법 제68조 제1항)
원칙	증여일이 속하는 달의 말일부터 3개월이 되는 날
예외	• 상장 또는 합병에 따른 증여세과세표준 정산신고기한은 정산기준일이 속하는 달의 말일부터 3개월이 되는 날 • 특수관계법인과의 거래를 통한 이익 및 특정법인과의 거래를 통한 이익의 증여의제에 따른 증여세 신고기한은 수혜법인 또는 특정법인의 법인세 과세표준 신고기한이 속하는 달의 말일부터 3개월이 되는 날

나. 납부방법

증여세를 신고하는 자는 신고기한까지 증여세과세표준신고와 함께 자신이 산출한 납부세액을 납세지 관할 세무서·한국은행 또는 우체국에 자진납부해야 한다. 납부방법은 상속세의 경우와 분납 및 연부연납 등은 동일하나, 2016.1.1.부터 물납에 대하여는 인정하지 않고 있다.

다. 연대납세의무

증여세는 수증자가 납세의무자가 되는 것이나 다음의 사유가 발생한 경우에는 증여자도 증여세의 연대납부의무자가 된다. 다만, 연대납세의무가 배제되는 증여이익(고저가양수도, 합병 등에 따른 증여의제이익 등)에 대하여는 제외한다[122].

① 주소 또는 거소가 분명하지 않은 경우로서 조세채권 확보가 곤란한 경우
② 증여세를 납부할 능력이 없다고 인정되는 경우로서 체납처분을 하여도 조세채권 확보가 곤란한 경우 중 어느 하나에 해당하는 경우
③ 수증자가 비거주자인 경우

증여자가 납세의무자인 경우 징수방법

명의신탁재산에 대하여 종전에는 명의자에게 과세하고 실제소유자에게는 연대납세의무만 부여하였으나, 조세회피 목적으로 명의신탁을 활용하는 주체는 실제소유자라는 점을 감안하여 앞으로는 납세의무자를 실제소유자로 변경됨에 따라 실제소유자가 명의신탁 증여의제에 따른 증여세·가산금 또는 강제징수비를 체납한 경우에 그 실제소유자의 다른 재산에 대하여 강제징수를 하여도 징수할 금액에 미치지 못하는 경우에는 「국세징수법」에서 정하는 바에 따라 그 명의자에게 증여한 것으로 보는 재산으로써 납세의무자인 실제소유자의 증여세·가산금 또는 강제징수비를 징수할 수 있다[123].

Ⅲ 양도소득세

1. 소득세의 기본 과세체계

가. 과세소득 열거주의

과세소득을 규정하는 방식에는 포괄주의 방식과 열거주의 방식이 있는데, 현행 우리나라 소득세법은 구체적으로 과세대상으로 열거한 소득에 대해서만 과세하고 있다. 즉, 개인에 대한 세금은 열거하고 있지 아니한 소득에 대하여는 과세를 하지 않고 있다.

* 이자소득, 배당소득, 사업소득, 근로소득, 연금소득, 기타소득, 퇴직소득, 양도소득, 금융투자소득 9가지 소득

122) 상속세 및 증여세법 제4조의 2 제6항
123) 상속세 및 증여세법 제4조의 2 제9항(2019.1.1. 이후 증여의제분부터 적용)

나. 승계와 소득세 과세방법

가) 개인단위 과세

우리나라 소득세법은 원칙적으로 개인을 단위로 하여 소득세를 과세하고 있다. 즉, 공동사업자 중에 특수관계인(배우자와 직계존비속, 직계존비속의 배우자 및 형제자매와 그 배우자)이 포함되어 있는 경우에도 원칙적으로 손익분배 비율 등에 따라 개별과세한다. 다만, 명의분산 등 조세회피목적으로 공동사업 운영 시 주된 공동사업자의 소득으로 보아 합산과세 한다.

나) 소득세 과세방법

현행 소득세는 크게 종합소득세제와 분류소득세제로 구분하여 과세한다.

① 종합소득세제(Global Income Tax): 소득의 원천이나 소득의 종류에 관계없이 모든 소득을 종합하여 누진세율에 의하여 과세(이자소득, 배당소득, 사업소득, 근로소득, 연금소득, 기타소득)

* 분리과세(separate taxation)는 종합과세되는 소득을 지급받을 때 일정률의 원천징수를 하고 나면 종합소득 신고시 이를 합산하지 않는 것을 말한다.

② 분류소득세제(Classified Income Tax): 소득을 몇 개의 발생원천별로 구분하고 각 소득원천에 따라 단일비례세율 또는 복수비례세율을 적용하여 과세(퇴직소득, 금융투자소득(2023.1.1. 시행), 양도소득)

다) 승계와 소득세 과세방법과의 관계

소득세의 과세방법은 종합과세가 되거나 분류(분리)과세되기 때문에 승계자산의 형태를 어떻게 소유하고 있는지 여부에 따라 과세되는 구조가 다르게 된다. 따라서 절세차원의 승계관점에서는 과세방법에 대한 이해가 반드시 필요한 것이다.

| 소득세 과세방법별 세액 결정과정 |

주: 1) 이자 · 배당 · 사업 · 근로 · 연금 · 기타에서 비과세소득, 분리과세소득, 필요경비 등을 제외한 금액(근로소득세의 경우 근로소득공제를 제외하고, 연금소득의 경우 연금소득공제를 제외한 것임)
2) 퇴직소득금액에서 비과세 퇴직소득 제외
3) 양도차익에서 장기보유특별공제 차감

다. 종합소득세 기본세율

현재 우리나라 종합소득세는 총 8개 과세표준구간에 대해 초과누진세제 적용하고 있으며 소득구간에 따라 과세표준이 10억원을 초과하는 경우 적용되는 최고세율은 45%(2021.1.1. 이후부터 적용)이다[124]. 하기 기본세율은 퇴직소득은 물론 양도소득의 산출세액 계산시 준용되는 기본세율에 해당된다.

124) 소득세법 제55조

과세표준	세율	누진공제액
1,200만원 이하	6%	0
1,200만원 초과 ~ 4,600만원 이하	15%	1,080,000
4,600만원 초과 ~ 8,800만원 이하	24%	5,220,000
8,800만원 초과 ~ 1억 5,000만원 이하	35%	14,900,000
1억 5,000만원 초과 ~ 3억원 이하	38%	19,400,000
3억원 초과 ~ 5억원 이하	40%	25,400,000
5억원 초과 ~ 10억원 이하	42%	35,400,000
10억원 초과 ~	45%	65,400,000

2. 양도소득세

가. 양도소득세 과세대상

1) 양도의 정의 및 비(非)양도 거래

가) 양도로 보는 경우

양도소득세는 소득세법상 열거된 자산을 양도할 경우에 과세된다. 이때 자산의 양도란 자산의 ① **등기·등록에 관계없이** 유효한 법률행위에 의한 소득세법상 열거된 자산을 매도·교환·법인에 대한 현물출자, 대물변제, 위자료, 물납 등으로 ② **유상으로** ③ **사실상 소유권이 이전되는 것**을 말한다[125].

따라서 부동산의 교환, 수용, 공매, 경매 등 유상으로 소유권이 이전되는 경우에도 자산의 양도에 해당하므로 양도소득세가 과세된다. 또한, 부담부증여 채무액에 해당하는 부분(증여자가 수증자(증여받는 자)에게 자산을 증여하면서 당해 자산에 담보된 증여자의 채무를 수증자가 인수하는 경우 채무에 상당하는 부분)은 사실상 유상으로 이전된 것이므로 증여자는 그 부분에 대해 양도소득세 납세의무가 있다.

나) 양도로 보지 아니하는 경우

양도소득세법은 주식의 **자전거래**[126], 소유자산을 경매·공매로 인하여 **자기가 재취득하는**

125) 소득세법 제88조
126) 국심 2002서0480, 2002.9.27.

경우 등 다음과 같이 사실상 소유권이 이전되지 아니하는 거래는 양도로 보지 아니한다[127].

구 분	비(非)양도 거래
양도담보자산	채무자가 양도담보계약을 체결하고 양도담보계약서의 사본을 과세표준확정신고서에 첨부하여 신고하는 경우
명의신탁해지	법원의 확정판결에 의하여 신탁해지를 원인으로 소유권이전등기를 하는 경우
매매원인무효로 자산이전	매매원인 무효의 소에 의하여 그 매매사실이 원인무효로 판시되어 소유권이 환원되는 경우
어음부도로 계약이 해지된 경우	소유권이전등기가 완료되지 않은 상태에서 매매대금의 일부로 받은 어음이 부도처리 되어 당초 계약이 해지된 경우
본인소유 자산을 자기가 재취득하는 경우	본인 소유자산을 경매 등으로 자기가 재취득하는 경우
재산분할청구권의 행사로 소유권이 이전되는 경우	혼인 중에 형성된 실질적인 부부공동재산을 재산분할청구권의 행사(민법 제839조의 2)에 따라 소유권이 이전되는 경우
환지처분 또는 체비지 충당	「도시개발법」이나 그 밖의 법률에 따른 환지처분으로 지목 또는 지번이 변경되거나 보류지로 충당되는 경우
지적경계선 변경을 위한 교환	토지의 경계를 변경하기 위하여 「공간정보의 구축 및 관리 등에 관한 법률」 제79조에 따른 토지의 분할 등 일정한 방법과 절차로 하는 토지 교환의 경우
실질소유 신탁재산	위탁자와 수탁자 간 신임관계에 기하여 위탁자의 자산에 신탁이 설정되고 그 신탁재산의 소유권이 수탁자에게 이전된 경우로서 위탁자가 신탁 설정을 해지하거나 신탁의 수익자를 변경할 수 있는 등 신탁재산을 실질적으로 지배하고 소유하는 것으로 볼 수 있는 경우

2) 계약해제와 양도소득세

가) 법률행위의 무효 및 취소

양도는 유효한 법률행위에 의하여 소유권이 이전되는 것으로서 민법상 계약이 무효이거나 취소가 되는 경우(행위무능력자와의 계약, 사기·강박, 착오에 의한 경우, 계약의 내용이 원시적·객관적으로 불능이 되는 경우)는 당초 양도신고 여부에 불구하고 당연히 자산의 양도로 보지 아니하는 것이다. 또한, 매매원인 무효의 소에 의하여 매매사실이 법원에 의하여 원인무효로 판시되어 소유권이 환원되는 경우에도 이를 양도로 보지 않고 있다.

127) 소득세법 제88조 및 동법 기본통칙 88-0…1【자산의 양도로 보지 아니하는 경우】

나) 계약해제와 양도소득세

계약의 해제는 유효하게 성립하고 있는 계약의 효력을 당사자 일방의 의사표시에 의하여 그 계약이 처음부터 있지 않았던 것과 같은 상태에 복귀시키는 것을 말한다(소급효). 따라서 양도계약이 해제된 경우 소급효에 따라 양도로 보지 않을 것인지, 아니면 사실상 유상이전인 경우 양도로 보는 양도소득세법 규정에 따라 양도로 볼 것인지에 대하여 다음과 같은 과세당국의 견해가 상존하므로 명확한 법률규정이 필요한 상태이다.

계약해제에 대한 양도여부의 판단

1. 과세관청 입장

- 조심 2018서4241, 2019.2.15.

  매매계약상 흠결・하자가 있어 계약이 당연 취소되지 않는 이상, 부동산 양도대금(잔금) 미지급으로 계약해제를 한 경우라도 양도소득세를 정상적으로 신고한 이상, 양도소득세 부과에는 영향이 있을 수는 없음.

- 사전-2015-법령해석소득-393, 2015.11.27.

  양도소득세 과세표준 예정신고기한 전에 대금의 청산절차를 거치지 아니한 채 소유권 이전등기를 말소한 경우 양도소득세 과세대상에 해당하지 아니함.

- 부동산거래-95, 2011.2.1.

  ① 거래 및 계약내용 등 사실관계에 따라 당해 거래가 대금의 청산절차를 거친 사실상 유상이전인 경우: 양도소득세 과세

  ② 계약내용 불이행 등 대금청산 절차 없이 단순히 소유권이전등기 절차만 경료 됨으로써당사자의 합의에 의한 계약해제로 소유권이 환원된 사실이 확인되는 경우: 양도로 보지 않음.

2. 대법원 입장

- 대법원 2014두44076, 2015.2.26., 수원지방법원 2018구단9211, 2019.9.25.

  부동산에 대한 매매계약을 체결하고 양도대금을 모두 지급받았다고 하더라도 매매계약의 이행과 관련한 분쟁으로 인하여 매매계약이 합의해제 되었다면, 위 매매계약은 그 효력이 소급하여 상실되었다고 할 것이므로 매도인에게 양도로 인한 소득이 있었음을 전제로 한 양도소득세부과처분은 위법. 즉, 계약은 합의해제 되었고, 특별한 사유 없이 합의해제가 되는 등 그 계약이 가장행위라고 볼 만한 사정도 없으므로 양도소득세 부과처분은 부당함.

• 대법원2017두60802, 2017.12.13.
양수인이 양도인(원고)에게 실질적으로 대금지급을 완료하여 양도인이 경제적 이득을 얻은 상태에서 해지된 경우 실질적인 양도가 이루어진 것으로 봄.

3) 양도소득세 과세대상 자산의 범위

양도소득세 과세대상 자산은 토지, 건물, 부동산을 취득할 수 있는 권리(아파트분양권, 조합원입주권 등), 지상권, 전세권, 등기된 부동산 임차권, 주식 또는 출자지분(이하 "주식 등"), 특정주식(A,B), 사업용 고정자산과 함께 양도하는 영업권, 특정시설물이용권(관련 주식 포함) 등이 있다. 여기에 금융상품간 과세형평 제고를 위해 2016.1.1. 이후 거래 또는 행위가 발생하는 파생상품[KOSPI200 선물 · 옵션, KOSPI200 ELW 등]을 과세대상에 포함하였으며, 2021.1.1. 이후부터는 신탁의 수익권도 과세대상에 포함하도록 규정하였다.

양도소득세는 다음과 같이 4그룹과 국외자산 1그룹(국내자산 Ⅰ그룹 해당 자산) 구분해서 과세대상을 계산한다. 즉, 여기서 열거되지 아니한 자산의 양도에 대하여는 양도소득세를 과세하지 아니한다[128].

그룹	구분	과세대상
Ⅰ	토지 · 건물	1. 토지, 건축물 *건축법상 건축물에 해당하지 않는 건설 중인 자산을 토지와 함께 양도한 경우 전액 토지의 양도로 본다(재산-943, 2009.12.8.).
	부동산에 관한 권리	2. 지상권 · 전세권(등기 여부와 상관없음) 3. 등기된 부동산임차권 4. 부동산을 취득할 수 있는 권리
	기타자산	5. 특정주식(A, B) 6. 사업용고정자산과 함께 양도하는 영업권 7. 특정시설물 이용권, 회원권 등 *골프회원권 · 헬스클럽회원권 · 콘도미니엄이용권 · 스키장회원권 등을 말하며 시설물이용권이 주된 내용이 되는 법인의 주식 또는 출자지분을 포함한다.
		8. 상장주식(유가증권시장, 코스닥시장, 코넥스시장) 1) 대주주 양도분 2) 소액주주의 **장외거래** 양도분(소액주주의 장내거래 비과세) 다만, 「상법」 제360조의 2 및 제360조의 15에 따른 주식의 포괄적 교

128) 소득세법 제94조

<table>
<tr><th>그룹</th><th>구분</th><th>과세대상</th></tr>
<tr><td>Ⅱ(주1)</td><td>주식등
(신주
인수권과
증권예탁
증권 포함)</td><td>환・이전 또는 같은 법 제360조의 5 및 제360조의 22에 따른 주식의 포괄적 교환・이전에 대한 주식매수청구권 행사로 양도하는 주식 등은 비과세한다(2018.1.1. 이후 양도분부터 적용).
9. 비상장주식
1) 대주주 양도분
2) 소액주주 양도분
다만, 금융투자협회가 운용하는 협회장외시장(K-OTC)의 활성화 및 비상장 중소・중견기업의 투자를 촉진하기 위해 K-OTC을 통해 소액주주가 양도하는 중소기업 및 중견기업[129]의 주식 등을 비과세한다(2018.1.1. 이후 양도분부터 적용).
10. 국외주식 등
외국법인이 발행한 주식등과 내국법인이 발행한 주식등으로서 해외증권시장에 상장된 것(2020.1.1. 이후 양도분부터)

◎ 비과세대상 주식
① 중소기업창업투자회사, 벤처기업, 신기술창업전문회사, 기술우수중소기업 등에 출자한 주식 등에 대한 양도소득세 비과세(조세특례제한법 제14조 제1항)
② 우리사주조합원이 퇴사시 우리사주를 우리사주조합에 양도하는 경우 양도소득세 비과세(단, 양도차익이 3천만원 초과시 과세)(조세특례제한법 제88조의 4 제14항) 등</td></tr>
<tr><td>Ⅲ(주1)</td><td>파생상품</td><td>11. "파생상품등"이란 파생결합증권, 「자본시장과 금융투자업에 관한 법률」에 따른 장내파생상품 또는 장외파생상품 중 다음 각 호의 어느 하나에 해당하는 것을 말한다.
① 국내・외 주가지수를 기초자산으로 하는 장내 파생상품 및 일정요건에 해당하는 장외 파생상품
1) KOSPI200 선물・옵션, 미니KOSPI200 선물・옵션
2) 코스피200 ELW(2017.4.1. 이후 양도분부터 적용)
3) 상기외 지수를 기초자산으로 하는 상품(2019.4.1. 이후 양도분부터 적용)
4) CFD(contract for difference) 등 일정 요건을 갖춘 신종 장외 파생상품(2021.4.1. 이후 양도분부터 적용)
② 당사자 일방의 의사표시에 따라 상기 ①에 따른 지수의 수치의 변동과 연계하여 미리 정하여진 방법에 따라 주권의 매매나 금전을 수수하는 거래를 성립시킬 수 있는 권리를 표시하는 증권 또는 증서
③ 해외파생상품시장에서 거래되는 파생상품(2018.1.1. 이후 양도분부터 적용)
④ 장외파생상품으로서 경제적 실질이 상기 ①에 따른 장내파생상품과 동일한 상품(2019.4.1. 이후 양도분부터 적용)</td></tr>
</table>

그룹	구분	과세대상
Ⅳ	신탁 수익권	12. 신탁의 이익을 받을 권리. 단, 자본시장법에 따른 금전신탁계약의 수익권(수익증권), 투자신탁 수익권 및 신탁 수익권의 그 양도로 발생하는 소득이 법 제17조 제1항에 따른 배당소득으로 과세되는 경우 해당 수익권 등은 제외한다.

(주1) 그룹 Ⅱ, Ⅲ 등에 대한 양도소득은 2023.1.1. 이후부터는 금융투자소득으로 전환되어 과세 예정임.

4) 특정주식(A, B)의 판단

양도대상 중 기타자산에 속하는 특정주식(A, B)은 다음의 요건을 모두 충족하는 법인주식을 말한다[130]. 해당 특정주식은 일반주식보다 높은 세율로 과세되고 보다 빨리 신고납부해야 한다. 따라서 승계대상 자산이 주식인 경우 특정주식(A, B) 등에 대한 이해가 있어야 특정주식으로 부과되는 세금을 방지할 수 있는 합리적인 승계방안을 마련할 수 있다.

구분	특정주식(A)	특정주식(B)
업종	업종 제한 없음.	골프장, 스키장, 휴양콘도미니엄, 전문휴양시설 중 어느 하나에 해당하는 시설을 건설 또는 취득하여 직접 경영하거나 분양 또는 임대하는 사업을 영위하는 법인
부동산 등의 보유비율	해당 법인의 자산총액 중 토지, 건물, 부동산에 관한 권리의 가액의 합계액이 차지하는 비율이 50% 초과인 법인의 주식일 것	부동산 등의 보유비율이 80% 이상
주식 등의 소유비율	해당 법인의 주식 합계액 중 과점주주[주주(출자자를 포함) 1인과 특수관계인]가 소유하고 있는 주식 합계액이 50% 초과[131]일 것	제한 없음.
주식 등의 양도비율	과점주주가 양도일로부터 소급하여 3년간 해당 법인의 발행주식의 50% 이상을 과점주주 이외의 자에게 양도하는 경우(과점주주가 다른 과점주주에게 양도한 후 양수한 과점주주가 과점주주 외의 자에게 다시 양도하는 경우	1주만 양도하여도 과세대상임.

129) 소득세법 시행령 제157조의 2【중소기업 및 중견기업의 범위】
㉠ 중소기업: 주식등의 양도일이 속하는 사업연도의 **직전 사업연도 종료일 현재 중소기업기본법**상 중소기업. 다만, 신설법인의 경우에는 주식등의 양도일 현재(2020.2.11. 이후 양도하는 분부터)(종전규정: 1월~3월 양도분은 전전년도 기준, 4월~12월 양도분은 전년도 기준으로 중소기업 판단함)
㉡ 중견기업: 주식등 **양도일 현재 조세특례제한법** 시행령 제4조 제1항에 따른 중견기업
130) 소득세법 제94조 제1항 제4호 다목, 라목, 동법 시행령 제158조

구분	특정주식(A)	특정주식(B)
	로서 과점주주 외의 자에게 양도하기 전에 과점주주 간에 양도·양수한 주식등도 포함[132])일 것	

가) 부동산비율 판단

부동산과다보유법인에 해당하는지의 여부는 **양도일 현재** 해당 법인의 자산총액을 기준으로 이를 판정한다. 다만, 양도일 현재의 자산총액을 알 수 없는 경우에는 양도일이 속하는 사업연도의 직전 사업연도 종료일 현재의 자산총액을 기준으로 한다[133].

① 부동산가액

부동산과다법인을 판정하기 위한 부동산가액이란 다음의 가액을 합한 금액을 의미한다. 이때 취득 전 건설가계정은 제외하며, 토지·건물은 장부가액과 **기준시가** 중 큰 금액으로 평가한다. 이때 장부가액은 유보금액을 가감한 세무상 가액을 의미한다.

Ⓐ 부동산: 토지, 건물(건물에 부속된 시설물과 구축물을 포함)

Ⓑ 부동산에 관한 권리: 부동산을 취득할 수 있는 권리, 지상권, 전세권과 등기된 부동산 임차권

Ⓒ 부동산과다보유법인의 주식: 해당 법인이 **직접 또는 간접**으로 보유한 다른 법인(부동산비율이 50% 이상인 법인 및 특정사업을 영위하는 부동산비율이 80% 이상인 법인)의 주식가액에 그 다른 법인의 부동산등 보유비율을 곱하여 산출한 가액[134]

□ **부동산등 보유비율 : (① + ②)/자산총액**

① 부동산등 가액

② 법인이 경영지배하는 법인*의 주식가액 × 부동산등 보유비율**

* 경영지배하는 법인: 「국세기본법 시행령」 제1조의 2 ③에 따른 법인

** 부동산등 보유비율 = 특수관계법인의 부동산등 가액/특수관계법인의 자산총액

131) 소득세법 시행령 제158조 제1항
[과점주주 범위 국세기본법과 동일화, 50% 이상 → 50% 초과로 개정(2020.2.11. 이후 양도하는 분부터 적용)]

132) 과점주주 외의 자에게 주식의 50% 이상을 양도한 경우 해당 주식 중에서 과점주주 간 거래된 주식에 대해 누진세율을 적용하여 조세회피 방지목적(2019.1.1. 이후 과점주주 간 양도분부터 적용)

133) 소득세법 시행규칙 제76조 제1항

134) 간접보유 법인에 합산은 2020.7.1. 이후 양도하는 분부터 적용(소득세법 시행령 제158조 제7항)

② 자산총액

자산총액은 장부가액기준으로 판단하는 것이며 다음의 가액을 제외한다. 이때 장부가액이란 세무상 장부가액을 의미하므로 세무상 유보금액을 조정하고, 토지・건물은 장부가액과 **기준시가** 중 큰 금액을 반영한다.

Ⓐ 무형고정자산으로 계상된 개발비와 사용수익 기부자산가액

Ⓑ 평가기준일부터 소급하여 1년 이내에 차입금 또는 증자에 의하여 증자한 현금・금융재산(상속세 및 증여세법 제22조의 규정에 의한 금융재산. 즉, 금융회사등이 취급하는 예금・적금・부금・계금・출자금・신탁재산(금전신탁재산에 한한다)・보험금・공제금・주식・채권・수익증권・출자지분・어음 등의 금전 및 유가증권 등을 말한다) 및 대여금 합계액

위 규정에도 불구하고 자산총액을 계산할 때 동일인에 대한「법인세법」제28조 제1항 제4호 나목에 따른 가지급금 등과 가수금이 함께 있는 경우에는 이를 상계한 금액을 자산총액으로 한다. 다만, 동일인에 대한 가지급금 등과 가수금의 발생시에 각각 상환기간 및 이자율 등에 관한 약정이 있는 경우에는 상계하지 아니한다[135].

나) 수차례에 걸쳐 주식 양도시 특정주식(A)의 판단

과점주주가 주식등을 과점주주 외의 자에게 여러 번에 걸쳐 양도하는 경우로서 과점주주 중 1인이 주식등을 양도하는 날부터 소급해 3년 내에 과점주주가 양도한 주식등을 합산해 해당 법인의 주식등의 100분의 50 이상을 양도하는 경우에도 적용한다. 이 경우 특정주식 A에 해당하는지는 과점주주 중 1인이 주식 등을 양도하는 날부터 소급하여 그 합산하는 기간 중 최초로 양도하는 날 현재의 해당 법인의 주식 등의 합계액 또는 자산총액을 기준으로 한다[136].

다) 비사업용토지 과다보유법인 특정주식(기타자산)

비사업용토지 과다보유법인 주식이란 소득세법 제94조 제1항 제4호 다목 또는 라목에 해당하는 특정주식(A,B)으로서 해당 법인의 자산총액 중「법인세법」제55조의 2 제2항에 따른 비사업용토지의 가액이 차지하는 비율이 100분의 50 이상인 법인의 주식 등을 말한다[137].

135) 소득세법 시행령 제158조 제4항, 제5항
136) 소득세법 시행령 제158조 제2항
137) 소득세법 시행령 제167조의 7

5) 대주주의 범위

대주주는 주주 1인 및 특수관계인이 주식등의 양도일 속하는 사업연도의 **직전 사업연도 종료일(새로 설립법인은 설립등기일) 현재 해당 법인의 주식등의 합계액이 다음의 기준[① 소유주식비율과 ② 시가총액기준] 중 어느 하나에 해당되게 소유하는 경우 주주 1인 및 특수관계인 모두**를 말한다. 이 경우 직전 사업연도 종료일 현재 주주 1인 및 특수관계인이 소유한 해당 법인의 주식의 합계액이 소유주식비율 기준에 미달하더라도 **주식 양도일 해당 사업연도 중** 주식을 취득함으로써 **소유주식비율 기준을 충족**하는 경우에는 그 취득일 이후의 주주1인 및 특수관계인은 **대주주로 본다**[138]. 하지만 직전 사업연도 종료일 시가총액이 미달한 경우로서 당해 사업연도에 시가총액이 상승하더라도 대주주에는 해당되지 않는다[139].

구 분		① 소유주식 비율 기준	② 시가총액기준		
			2016.4.1.부터 (비상장 2017.1.1.)	2018.4.1. 이후부터	2020.4.1.~ 2022.12.31.
상장 주식	유가증권시장	1% 이상	25억원 이상	15억원 이상	10억원 이상
	코스닥시장	2% 이상	20억원 이상	15억원 이상	10억원 이상
	코넥스시장	4% 이상	10억원 이상	10억원 이상	10억원 이상
비상장 주식	K-OTC거래 벤처기업만	4% 이상	40억원 이상	40억원 이상	40억원 이상
	그 밖의 경우	4% 이상	25억원 이상	15억원 이상	10억원 이상

가) 대주주 판단 시 특수관계인 범위

대주주 판정 시 특수관계인 범위를 2016.4.1. 이후 양도분부터 다음과 같이 구분하여 판단하도록 개정하였다. 즉, 주주 1인 등 중에서 최대가 아닌 경우에는 특수관계인의 범위를 "6촌 이내의 혈족"과 "4촌 이내의 인척" 등을 제외하는 것으로 하였다[140].

구 분	특수관계인 범위
1. 주주 1인 및 그와 특수관계에 있는 자의 소유주식 비율의 합계가 해당 법인의 주주 1인 등 중에서 최대인 경우	㈎ 친족(국세기본법 시행령 제1조의 2 제1항[141] 각 호의 어느 하나에 해당하는 자) ㈏ 경영지배관계(국세기본법 시행령 제1조의 2 제3항 제1호에 해당하는 자)

138) 소득세법 시행령 제157조 및 동법 시행령 제167조의 8
139) 서면4팀-3501, 2006.10.24.
140) 소득세법 시행령 제157조 제4항
141) 국세기본법 시행령 제1조의 2 (특수관계인의 범위)

구 분	특수관계인 범위
2. 해당 법인의 주주 1인 등 중에서 최대가 아닌 경우	(가) 직계존비속 (나) 배우자(사실상 혼인관계자 포함) (다) 경영지배관계(국세기본법 시행령 제1조의 2 제3항 제1호에 해당하는 자)

나) 시가총액의 계산

대주주 판단 시 주식 시가총액의 계산은 직전 사업연도 말 기준으로 다음과 같이 계산한다[142].

구 분	내 용
주권상장법인의 주식 등	양도일이 속하는 사업연도의 직전 사업연도 종료일 현재의 **최종시세가액**. 단, 직전 사업연도 종료일 현재의 최종시세가액이 없는 경우에는 직전 거래일의 최종시세가액
위 이외 주식 등	소득세법 시행령 제165조 제4항에 따른 **기준시가** 산정규정에 의한 평가액

다) 합병(분할) 및 사모집합투자기구를 통한 보유시 대주주 판단

피합병법인(분할신설법인)의 주주가 합병(분할)에 따라 합병법인(분할신설법인)의 신주를 교부받아 그 주식을 합병(분할)등기일이 속하는 사업연도에 양도하는 경우 대주주의 범위 등에 관하여는 해당 피합병법인(분할 전 법인)의 합병(분할)등기일 현재 주식보유 현황에 따른다. 또한, 거주자가 「자본시장과 금융투자업에 관한 법률」에 따른 사모집합투자기구를 통하여 법인의 주식등을 취득하는 경우 그 주식등(사모집합투자기구의 투자비율로 안분하여 계산한 분으로 한정)은 해당 **거주자의 소유**로 보아 대주주를 판단한다[143].

나. 납세의무자

양도소득세 납세의무자는 소득세법에 열거된 과세대상 자산을 양도함으로써 발생하는 소득이 있는 개인(법인으로 보는 단체가 아닌 단체 포함)으로서, 양도일 현재 거주자는 국

① 법 제2조 제20호 가목에서 "혈족ㆍ인척 등 대통령령으로 정하는 친족관계"란 다음 각 호의 어느 하나에 해당하는 관계(이하 "친족관계"라 한다)를 말한다.
1. 6촌 이내의 혈족
2. 4촌 이내의 인척
3. 배우자(사실상의 혼인관계에 있는 자를 포함한다)
4. 친생자로서 다른 사람에게 친양자 입양된 자 및 그 배우자ㆍ직계비속

142) 소득세법 시행령 제157조 제7항 및 동법 시행령 제167조의 8 제3항

143) 소득세법 시행령 제157조 제8항 내지 제11항

내외 소재 자산 모두에 대하여, 비거주자는 국내 소재 자산에 대하여만 납세의무가 있다.

1) 거주자와 비거주자 구분

소득세법상 거주자란 국내에 **주소**를 두거나 183**일 이상 거소**(居所)를 둔 사람을 말한다[144]. 비거주자는 거주자가 아닌 사람을 말한다. 주소는 국내에서 생계를 같이하는 가족 및 국내에 소재하는 재산의 유무 등 생활관계의 객관적 사실에 따라 다음과 같이 구분한다.

| 국내 주소 여부 판단 |

국내에 주소를 가진 것으로 보는 경우	국내에 주소가 없는 것으로 보는 경우
계속하여 183일 이상 「국내」에 거주할 것을 통상 필요로 하는 직업을 가진 때	내국인으로서 「해외이주법」에 따라 해외이주 신고를 하고 출국한 자
국내에 생계를 같이 하는 가족이 있고 또 그 직업 및 자산상태에 비추어 계속하여 183일 이상 국내에 거주할 것으로 인정되는 때	외국국적을 가졌거나 영주권을 얻은 자가 국내에 생계를 같이 하는 가족이 없고 그 직업 및 자산상태에 비추어 다시 입국하여 주로 국내에 거주하리라고 인정되지 아니하는 때
외항선박 또는 항공기의 승무원의 경우 생계를 같이하는 가족이 거주하는 장소 또는 그 승무원이 근무기간 외의 기간 중 통상 체재하는 장소가 「국내」에 있는 때는 주소가 국내에 있는 것으로 보고, 그 장소가 「국외」에 있는 때에는 주소가 국외에 있는 것으로 봄	

| 거주일자와 상관없이 거주자로 보는 경우 |

① 거주자 여부 판단에 있어서 계속하여 183일 이상 국외에 거주할 것을 통상 필요로 하는 직업을 가지고 출국하거나, 국외에서 직업을 갖고 183일 이상 계속하여 거주하는 때에도 국내에 가족 및 자산의 유무 등과 관련하여 생활의 근거가 국내에 있는 것으로 보는 때에는 거주자로 본다.

② 국외에서 근무하는 공무원 또는 거주자나 내국법인의 국외사업장 또는 해외현지법인(내국법인이 발행주식총수 또는 출자지분의 100분의 100을 직·간접 출자한 경우에 한정한다) 등에 파견된 임원 또는 직원은 1년 이상 국외에 거주할 것을 통상 필요로 하는 직업을 가진 경우에도 불구하고 거주자로 본다.

144) 소득세법 제1조의 2 제1항

2) 납세의무자별 과세방법

거주자 중 **국외자산에 대한 양도소득이 과세되는 거주자는 해당 자산의 양도일까지 계속 5년 이상 국내에 주소 또는 거소를 둔 자에 한한다**[145]. 비거주자에 대해서는 양도소득에 대한 과세대상을 별도로 규정하면서 원칙적으로 거주자와 동일한 방법으로 과세한다고 규정하고 있다. 다만, 개별규정상 거주자와 비거주자에 달리 적용되는 규정은 다음과 같다.

구 분	거주자	비거주자
과세대상	**국내 · 외 소재한** 소득세법상 열거된 자산	**국내**에 소재한 소득세법상 열거된 자산. 단, 비상장 부동산 주식 등 이외의 주식 등의 양도소득은 유가증권양도소득을 과세하고[146], 파생상품은 과세대상 아님[147].
예정 · 확정 신고납부	열거된 자산 모두 적용대상(단, 파생상품과 해외주식 등은 예정신고 없이 확정신고[148])	국내소재 열거된 자산 모두 적용대상
비과세 · 감면	적용	적용배제. 단 1세대 1주택자인 거주자가 해외이주 등으로 비거주자가 된 경우에는 출국일부터 2년 이내 양도하면 비과세
기본공제	적용	적용
세율(중과 포함)	양도소득세율	거주자와 동일
원천납부의무	없음	법인이 비거주자로부터 부동산 등을 양수하고 양수대금을 지급하는 경우에는 원천징수해야 함.

다. 양도시기(또는 취득시기)

양도 또는 취득시기는 원칙적으로 당해 자산의 대금을 청산한 날이지만, 대금청산 전에 소유권이전등기 · 등록 · 명의개서를 한 경우에는 등기부 · 등록부 또는 명부 등에 기재된 접수일이 양도 또는 취득시기가 된다. 대금청산일이 불분명한 경우에도 등기접수일 등이 양도 또는 취득시기가 된다.

145) 소득세법 제118조의 2
146) 소득세법 제119조 제9호, 제11호
비거주자가 국내원천소득 중 주식 또는 출자지분의 양도소득은 다음과 같다.
① 비상장 부동산 주식 등의 양도소득: 양도소득세 과세
② ① 이외의 주식 등: 유가증권양도소득으로 과세(국내사업장 소득분은 종합과세, 그 외는 분리과세)
147) 소득세법 시행령 제179조 제12항
148) 소득세법 제118조의 8

승계관점에서 이러한 자산의 양도시기(또는 취득시기)규정[149]은 과세소득의 귀속시기, 보유기간, 자산의 양도차익 등을 계산함에 있어 과세가액을 결정하는 기준일이 되므로 매우 중요하다. 소득세법상 일반적인 양도시기(또는 취득시기)는 다음과 같다.

보다 더 특수한 경우의 양도시기에 대한 부분은 후술하는 제4장 제1절 Ⅲ. "2. 세목별 평가기준일" 편을 참고하기 바란다.

구 분	양도시기(또는 취득시기)
대금청산일이 분명한 경우	원칙: 자산의 대금을 청산한 날
	예외: 대금을 청산하기 전에 소유권이전등기를 한 경우에는 등기부·등록부 또는 명부 등에 기재된 등기·등록접수일 또는 명의개서
대금청산일이 불분명한 경우	등기부·등록부 또는 명부 등에 기재된 등기·등록접수일 또는 명의개서
장기할부조건(주1) 매매	소유권이전등기(등록 및 명의개서를 포함한다) 접수일·인도일 또는 사용수익일 중 빠른 날
상속·증여로 취득	상속(유증 포함)이 개시된 날 또는 증여를 받은 날
공익사업에 수용되는 경우	대금을 청산한 날, 수용의 개시일 또는 소유권이전 등기접수일 중 빠른 날

(주1) 장기할부조건 판단
소득세법상 장기할부조건이란 자산의 양도로 인하여 해당 자산의 대금을 월부·연부 기타의 부불방법에 따라 수입하는 것 중 다음 요건을 갖춘 것을 말한다[150].
① 계약금을 제외한 해당 자산의 양도대금을 2회 이상으로 분할하여 수입할 것
② 양도하는 자산의 소유권이전등기(등록 및 명의개서를 포함한다) 접수일·인도일 또는 사용수익일 중 빠른 날의 다음 날부터 최종 할부금의 지급기일까지의 기간이 1년 이상인 것
즉, 장기할부조건 판단은 계약당시 시점으로 하기 때문에 대금지급과정에서 기간이 연장되거나 2회 이상 분할 수입하는 경우에는 장기할부조건 거래가 아니다.

라. 양도소득세의 계산구조

양도소득세의 계산구조는 다음과 같다. 승계관점에서 이러한 양도소득세의 계산구조는 매우 중요하다. 특히 자산유형별 소득구분과 과세세율은 승계전략과정에서 소득유형 전환 여부를 고려할 때 분석기준이 되므로 반드시 이해가 필요하다.

149) 소득세법 시행령 제162조
150) 소득세법 시행규칙 제78조 제3항

<table>
<tr><th colspan="2">구 분</th><th>내 용</th></tr>
<tr><td colspan="2">양도가액</td><td>1. 원칙: 양도당시 실지거래가액(이하 "실가")
2. 실가확인·인정불능 시: 매매사례가액, 감정가액
3. 위 가액이 없을 시: 양도가액·취득가액을 기준시가로 과세</td></tr>
<tr><td colspan="2">(−) 취득가액</td><td>1. 원칙: 취득 시 실지거래가액
2. 실가확인·인정불능 시: 매매사례가액, 감정가액, 환산가액*을 순차적으로 적용한 금액[151]
* 환산취득가액＝양도당시 실가, 매매사례가액, 감정가액 × (취득시 기준시가/양도시 기준시가)
3. 상속·증여취득 시: 상증세법상 평가액*을 실가로 봄
* 최초 고시 이전 상속·증여시 취득: Max(①, ②)
① 상증세법상 평가액
② 양도소득세법상 기준시가
4. 의제취득일 전 취득(상속·증여 포함) 시: 하기 내용 참조</td></tr>
<tr><td rowspan="2">(−) 기타 필요경비</td><td>자본적 지출액</td><td rowspan="2">1. 취득가액이 실가시: 자본적지출액 등* + 양도비용 등**
2. 취득가액이 매매사례가액, 감정가액: 필요경비개산공제액
① 토지건물: 취득시 기준시가 × 3%(미등기 0.3%)
② 지상권·전세권·등기된 부동산임차권: 취득시 기준시가 × 7%(미등기 1%)
③ 위 이외 자산: 취득시 기준시가 × 1%
3. 취득가액이 환산가액인 경우: 하기 내용 참조
* 자본적지출액 등: 자산의 내용연수를 연장시키거나 그 가치를 현실적으로 증가시키는 데 소요된 자본적지출 및 소유권 확보를 위한 쟁송비용, 개발부담금, 용도변경·개량 등을 위한 비용을 말한다.[152]
** 양도비용 등: 자산을 양도하기 위해 직접 지출한 비용으로서 증권거래세, 양도소득 과세표준 신고서 작성비용 및 계약서 작성비용, 공증비용 및 소개비, 위탁매매수수료, 명도비용과 국민주택채권 매각손실, 농어촌특별세 등의 비용을 말한다.[153]
단, 자본적지출 및 양도비용 등은 그 지출에 대하여 적격증빙 등 증명서류를 수취·보관(2016.2.17. 이후 분부터)하거나, 또는 금융거래 증빙서류(2018.4.1. 이후 분부터)로 확인되는 경우에 한하여 인정됨.</td></tr>
<tr><td>양도비용</td></tr>
<tr><td colspan="2">= 양도차익</td><td>= 양도소득금액 − (취득가액 − 필요경비산입 감가상각비) − 기타 필요경비 − 기납부 토지초과이득세</td></tr>
</table>

151) 소득세법 시행령 제163조 제12항에 따른 동법 시행령 제176조의 2 제2항부터 제4항까지의 규정에 따른 가액을 말한다.

152) 소득세법 시행령 제163조 제3항

153) 소득세법 시행령 제163조 제5항

<table>
<tr><th colspan="2">구 분</th><th>내 용</th></tr>
<tr><td rowspan="2">(−) 장기보유 특별공제</td><td>토지, 건물, 다주택</td><td>양도차익×공제율[3년 이상(6%)~15년 이상(30%)]
* 비사업용토지는 2017.1.1. 이후 양도분부터 적용</td></tr>
<tr><td>1세대 1주택</td><td>양도차익×보유기간공제율[3년 이상(12%)~10년 이상(40%)]×거주기간공제율[2년 이상(8%)~10년 이상(40%)]</td></tr>
<tr><td colspan="2">= 양도소득금액</td><td>• 양도소득금액은 다음의 그룹별로 계산(국내자산 4개그룹 + 국외자산 1개 그룹)
1. 토지·건물, 부동산에 관한 권리, 기타자산의 양도소득
2. 주식등의 양도소득(해외주식은 2020.1.1. 이후 양도분부터 국내자산에 포함)
3. 파생상품의 양도소득(해외파생상품은 2018.1.1. 이후 양도분부터 국내자산에 포함)
4. 신탁 수익권의 양도소득(2021.1.1. 이후 양도분부터 적용)</td></tr>
<tr><td colspan="2">(−) 양도소득기본공제</td><td>그룹별로 구분하여 각각 연간 250만원 공제
(미등기자산은 배제)</td></tr>
<tr><td colspan="2">= 양도소득 과세표준</td><td></td></tr>
<tr><td colspan="2">(×) 세율</td><td>1. 토지 등: 기본세율(6%~45%), 40%, 50%, 60%, 70%,
비사업용토지 관련 토지 및 특정주식: 기본세율+10%(20%)
조정대상지역 다주택: 기본세율+20%(30%)
2. 주식등: 10%, 20%, 30%, 누진세율(20%~25%)
3. 파생상품: 10%
4. 신탁수익권: 누진세율(20%~25%)</td></tr>
<tr><td colspan="2">= 산출세액 계</td><td></td></tr>
<tr><td colspan="2">(−) 공제 감면세액</td><td>외국납부세액공제, 조세특례제한법상 감면세액</td></tr>
<tr><td colspan="2">= 결정세액</td><td></td></tr>
<tr><td colspan="2">(+) 가산세</td><td>신고불성실가산세(부당 40%, 무신고 20%, 과소신고 10%)
납부지연가산세, 감정(또는 환산)취득가액 적용시 5% 가산세 등</td></tr>
<tr><td colspan="2">= 총 결정세액</td><td></td></tr>
<tr><td colspan="2">(−) 기납부·고지세액</td><td>기 예정신고납부세액, 기 결정·경정세액, 원천징수세액</td></tr>
<tr><td colspan="2">= 차가감납부할세액</td><td>납부세액이 1천만원 초과 시 2개월 내 분납 가능</td></tr>
</table>

1) 양도가액(또는 취득가액) 계산

양도소득세는 실제 증빙에 의한 **실지거래가액**으로 계산하여 신고·납부를 히여야 한다. 이때 양도차익은 동일기준적용원칙이 적용하여 다음과 같이 산정한다.

적용방법	양도가액	취득가액
원칙	실질거래가액	실질거래가액
기타	매매사례가액, 감정가액	실가를 확인할 수 없는 경우는 매매사례가액, 감정가액, 환산취득가액을 순차적으로 적용
	환산양도가액 인정되지 아니함	

가) 양도당시 실지거래가액

양도자와 양수자간에 **실제로 거래한 가액**을 말한다. 이때 거주자가 다음의 어느 하나에 해당하는 경우에는 그 가액을 해당 자산의 양도 당시의 실지거래가액으로 본다[154].

| 양도소득세와 증여세등의 이중과세 조정 |

구 분	실지거래가액으로 인정되는 시가
특수관계법인에게 양도한 경우	특수관계법인에게 양도한 경우로서 해당 거주자의 상여·배당 등으로 소득처분된 금액이 있는 경우에는 「법인세법」 제52조에 따른 시가
특수관계법인 외의 자에게 고가양도한 경우	특수관계법인 외의 자에게 **정당한 사유없이** 고가양도한 경우로서 상증세법 제35조에 따른 해당 거주자의 증여재산가액으로 하는 금액이 있는 경우에는 그 양도가액에서 증여재산가액을 뺀 금액

나) 매매사례가액 및 감정가액

매매사례가액이란 **양도일 또는 취득일 전후 각 3개월 이내**에 당해 자산(상장주식 제외)과 동일성 또는 유사성이 있는 자산의 매매사례가 있는 경우 그 가액을 말한다. 단, 특수관계인과의 거래에 따른 가액으로 부당하다고 인정되는 경우에는 적용하지 아니한다.

감정가액이란 양도일 또는 취득일 전후 각 3개월 이내에 해당 자산(주식 등 제외)에 대하여 2 **이상**의 감정평가업자가 평가한 것으로서 **신빙성이 있는 것으로 인정**되는 감정가액(감정평가기준일이 양도일 또는 취득일 전후 각 3개월 이내인 것에 한정한다)이 있는 경우에는 그 감정가액의 평균액을 말한다. 다만, 2020.2.11. 이후 양도분부터는 **기준시가 10억원 이하**의 부동산에 대해서는 **하나**의 감정기관의 감정가액도 인정된다.

---

154) 소득세법 제96조 제1항, 제3항

다) 감정가액 및 환산가액으로 취득가액 신고시 가산세

거주자가 건물을 신축 또는 증축(증축의 경우 바닥면적 합계가 85제곱미터를 초과하는 경우에 한정)하고 그 건물의 **취득일 또는 증축일부터 5년 이내**에 해당 건물을 양도하는 경우로서 **감정가액 또는 환산취득가액을 그 취득가액으로 신고하는 경우**에는 해당 건물의 감정가액(증축의 경우 증축한 부분에 한정) 또는 환산취득가액(증축의 경우 증축한 부분에 한정)의 5%**에 해당하는 가산세**를 양도소득 결정세액에 더하여 신고해야 한다. 이 경우 양도소득의 산출세액이 없는 경우에도 적용된다[155].

2) 특수한 경우의 취득가액 계산

가) 양도자산의 취득시기가 불분명한 경우 취득가액

양도한 자산의 취득시기가 분명하지 아니한 경우에는 먼저 취득한 자산을 먼저 양도한 것으로 본다. 즉, 양도주식의 취득시기를 판정할 때 양도한 주식의 주권발행번호・별도의 계좌 등으로 취득시기를 확인할 수 있는 경우에는 그 확인되는 날이 취득시기가 되는 것이며, 양도주식의 취득시기가 분명하지 아니한 경우에는 먼저 취득한 주식을 먼저 양도(선입선출법)한 것으로 본다[156].

나) 의제취득일 전 취득 시 취득가액 계산

양도소득세의 취득가액은 실지거래가액이 원칙이다. 하지만 의제취득일 이전에 취득한 자산(상속・증여받은 자산을 포함)의 경우 의제취득일 현재의 취득가액은 Max(①,②)으로 한다[157].

① 의제취득일 현재의 매매사례가액, 감정가액, 환산취득가액

② 취득 당시의 실지거래가액, 매매사례가액, 감정가액 × (의제취득일 전월 생산자물가지수/취득 당월 생산자물가지수[158])

여기서 의제취득일이라 함은 일정한 기준일 이전에 취득한 자산에 한하여 실제 취득시기가 아닌 특정 일자를 취득일자로 간주하는 날을 말한다. 즉, 토지・건물, 부동산에 관한 권리 및 기타자산으로서 1984.12.31. 이전에 취득한 자산은 1985.1.1.에 취득한 것으로 보고, 주식 및 출자지분으로서 1985.12.31. 이전에 취득한 자산은 1986.1.1.에 취득한 것으로 본다.

155) 소득세법 제114조의 2[2018.1.1.(증축 및 감정가액 신고는 2020.1.1.) 이후 양도분부터 적용]
156) 소득세법 시행령 제162조 제5항, 동법 집행기준 98-162-20
157) 소득세법 시행령 제176조의 2 제4항
158) 한국은행 경제통계시스템(http://ecos.bok.or.kr)에서 확인가능

이때 비상장주식의 경우 의제취득일 전에 취득하여 취득가액을 확인할 수 없는 경우에는 의제취득일 현재의 매매사례가액, 환산가액을 적용한다. 만일 매매사례가액이 없고 의제취득일의 취득가액을 산성함에 있어 취득당시 기준시가도 확인할 수 없는 경우 "액면가액"을 취득당시의 기준시가로 적용한다[159].

| 취득가액 및 필요경비 계산[160] |

취득유형 및 시기		취득가액		기타필요경비
		2010.12.31. 이전	2011.1.1. 이후	
실지거래가액에 의하는 경우	의제 취득일 전	의제 취득가액(주1) - 감가상각비 (물가상승률로 계산한 취득가액)		자본적지출액 + 양도비
	의제 취득일 이후	실지거래가액 - 감가상각비		자본적지출액 + 양도비
		등기부기재가액(주2) - 감가상각비		
실지거래가액을 확인할 수 없는 경우	의제 취득일 전	매매사례가액·감정가액·환산가액	(매매사례가액·감정가액·환산가액) - 감가상각비	개산공제액
	의제 취득일 이후	매매사례가액·감정가액·환산가액	(매매사례가액·감정가액·환산가액(주3)) - 감가상각비	개산공제액

(주1) 의제취득가액은 2009.1.1. 이후 결정·경정분부터 적용(소법 §97 ③, 부칙 §8)
(주2) 2008.12.31. 이전 양도분은 등기부기재가액 + 개산공제액으로 계산(소법 §97 ③)
(주3) 2013.2.15. 이후 양도하는 분부터 신주인수권은 환산가액 적용 배제(소령 §176의 2 ③)

다) 환산취득가액으로 신고시 기타필요경비 계산

2011.1.1. 이후 환산가액에 의하여 취득가액을 신고하는 경우 취득가액 및 기타필요경비의 산정은 ①금액으로 하되, ②금액이 ①보다 큰 경우 Max(①, ②)한 금액으로 할 수 있다[161].

① 환산취득가액+필요경비개산공제액

② 자본적 지출액 등+양도비용 등

라) 무상증자 또는 무상감자시 주식의 취득가액

① 무상증자로 교부받은 주식의 취득가액

법인의 잉여금을 자본에 전입함에 따라 주주가 무상으로 받은 주식의 취득일은 그 무상

159) 서면4팀-2443, 2006.7.24.
160) 소득세법 집행기준 97-163-1【취득가액 및 필요경비】
161) 소득세법 제97조 제2항 제2호

주의 취득이 「소득세법」 제17조 제2항에 의해 의제배당으로 과세되지 않는 경우 당해 무상주 취득의 원인이 되는 기존주식의 취득일이고, 당해 무상주의 취득가액은 "0"으로 한다. 다만, 법인의 잉여금을 자본에 전입함에 따라 주주가 무상으로 받은 주식 중 의제배당으로 과세된 주식의 취득가액은 액면가액으로 한다[162].

② 무상감자시 주식 취득가액

주식을 발행한 법인이 무상감자를 한 경우 해당 주식의 취득에 소요된 실지거래가액은 거주자의 주식양도차익 계산시 양도가액에서 공제하는 취득가액에 포함한다.

사례

- 2000년 1월 : 갑은 A법인의 주식 취득(10,000주, 50,000천원)
- 2004년 1월 : A법인주식 9,000주 무상감자
- 2009년 3월 : 갑의 A법인주식 500주 양도

☞ **1주당 취득가액** : 50,000**원**(= 50,000**천원** ÷ 1,000**주**)

마) 상속 · 증여받은 자산에 대한 취득가액

상속 또는 증여(부담부증여의 채무액에 해당하는 부분도 포함하되, 「상속세 및 증여세법」 제34조부터 제39조까지, 제39조의 2, 제39조의 3, 제40조, 제41조의 2부터 제41조의 5까지, 제42조, 제42조의 2 및 제42조의 3에 따른 증여는 제외)받은 자산에 대하여 실지취득가액을 적용할 때에는 **상속개시일 또는 증여일 현재** 「상속세 및 증여세법」 제60조부터 제66조까지의 규정에 따라 **평가한 가액**(「상속세 및 증여세법」 제76조에 따라 세무서장등이 결정 · 경정한 가액이 있는 경우 그 결정 · 경정한 가액)을 취득당시의 실지거래가액으로 본다. 다만, 다음 중 어느 하나에 해당하는 경우에는 다음 구분에 따라 계산한 금액으로 한다[163].

1. 1990.8.30. 개별공시지가가 고시되기 전에 상속 · 증여받은 토지의 경우
   : 상속개시일 또는 증여일 현재 상속세 및 증여세법 규정에 의하여 평가한 가액과 소득세법 시행령 제164조 제4항(건물 등 기준시가 산정) 규정에 의한 가액 중 많은 금액
2. 2000.12.31. 이전에 상속 · 증여받은 건물의 경우
   : 상속개시일 또는 증여일 현재 상속세 및 증여세법 규정에 의하여 평가한 가액과 제164조 제5항 내지 제7항 (건물 등 기준시가 산정) 규정에 의한 가액 중 많은 금액

162) 서면-2019-자본거래-1671, 2020.2.19.
163) 소득세법 시행령 제163조 제9항

바) 부담부증여 시 취득가액(양도가액) 계산

부담부증여를 통해 자산을 증여하면서 당해 증여자산에 담보된 증여자의 채무를 수증자가 인수하는 경우에는 증여가액 중 그 채무액에 상당하는 부분만 양도소득세를 과세한다. 이 경우 양도가액 또는 취득가액은 다음의 산식에 의하여 계산한다.

> 취득가액(양도가액) = ① 당해 자산의 취득(양도)가액 × (② 채무액 / ③ 증여가액)

사) 법인의 분할로 취득한 주식의 취득가액

양도소득세를 계산함에 있어서 법인의 분할로 인하여 취득한 주식의 1주당 취득가액은 분할 전 법인의 주식취득 비용(분할시 과세된 의제배당액은 가산하고, 수령한 교부금은 차감)을 분할로 교부받은 주식 수로 나누어 계산한다[164].

> 법인의 분할로 인하여 취득한 주식의 1주당 취득가액
> = 〔총 취득가액 − 분할존속법인 주식 상당가액 + 의제배당금 등〕/ 분할신설법인 주식수
>
> * 총 취득가액: 개인이 분할 전 법인의 주식 취득시 지급한 금액
> * 분할존속법인 주식 상당가액: 총 취득가액 × (분할존속법인 주식수 / 분할 전 법인 주식수)
> * 분할 전 법인 주식수: 개인이 당초 취득한 분할 전 법인의 주식총수
> * 분할존속법인 주식수: 개인이 당초 취득한 분할 전 법인의 주식 중 분할 후 보유하는 주식수
> * 분할신설법인 주식수: 분할로 인하여 개인이 취득한 분할신설법인의 주식수

사례

- 2000년 1월 : 갑은 A법인의 주식 취득(5백만주, 130억원)
- 2002년 1월 : A법인(분할존속법인)의 인적분할로 B법인 설립(갑의 A법인주식 3백만주 감소, B법인주식 100만주 취득)
- 2009년 3월 : B법인 주식 양도

  ☞ **1주당 취득가액** : 7,800**원**{=(130**억원**×3,000,000**주**/5,000,000**주**)÷1,000,000**주**}

하지만, 의제배당을 계산함에 있어서 분할법인의 주식수 감소 없는 인적분할 시 분할신설법인 주식의 취득가액은 소액주주의 경우 액면가액(실질가액을 입증한 경우 제외), 소액주주 이외의 경우 자기자본 비율로 안분 계산하는 것으로 해석[165]하고 있어서 인적분할시

164) 소득세법 집행기준 97-163-9, 부동산납세과-754, 2014.10.13.
165) 법규소득 2013-13, 2013.2.18.

취득가액 계산에 대한 소득세법 내에서 일치가 필요해 보인다.

[주의] 법인주주인 경우 분할교부 신주의 취득가액 계산 비교

합병 또는 분할(물적분할은 제외한다)에 따라 취득한 주식 등의 취득가액은 종전의 장부가액에 의제배당 금액 및 불공정자본거래로 인하여 특수관계인으로부터 분여받은 이익의 금액을 더한 금액에서 법 제16조 제2항 제1호에 따른 합병대가 또는 같은 항 제2호에 따른 분할대가 중 금전이나 그 밖의 재산가액의 합계액을 뺀 금액으로 한다[166].

합병·인적분할에 따라 주주 등이 취득하는 주식의 취득가액 =
종전의 장부가액(a) + 합병·분할에 따른 의제배당액 + 불공정자본거래로 인하여 특수관계인으로부터 분여받은 이익 − 합병·분할대가 중 금전·기타재산가액의 합계액

종전 주식(감소주식)의 장부가액(a)

분할법인이 존속하는 경우 소각 등에 의하여 감소된 "주식을 취득하기 위하여 소요된 금액"은 다음 산식에 의하여 계산한다(법통 16-0…1).

분할 전 법인주식 취득가액 × $\frac{\text{분할등기일 현재 감소한 분할법인의 자기자본 (자본금과 잉여금의 합계액 중 분할로 인하여 감소되는 금액)}}{\text{분할 전 당해 법인의 자기자본}}$

아) 이혼시 재산분할로 취득한 자산의 취득가액

실지거래가액에 의해 양도소득세를 산정함에 있어 양도자산의 필요경비는 「소득세법」 제97조 및 같은법 시행령 제163조에 열거된 항목에 한하는 것으로서, 협의 또는 재판상 이혼시 재산분할청구권의 행사에 따라 취득한 자산을 양도하는 경우 그 자산의 취득시기 및 취득가액은 소유권을 이전해 준 다른 이혼자의 당초 취득시기 및 취득가액에 의한다[167].

자) 취득가액 계산시 포함 및 제외되는 것[168]

① 감가상각비의 공제금액 제외

양도가액에서 차감되는 필요경비를 계산할 때 양도자산 보유기간에 그 자산에 대한 감가

166) 법인세법 시행령 제72조 제2항 제5호
167) 재산세과-438, 2009.2.6., 소득세법 집행기준 97-163-49
168) 소득세법 시행령 제163조 제1항

상각비로서 각 과세기간의 사업소득금액을 계산하는 경우 필요경비에 산입하였거나 산입할 금액이 있을 때에는 이를 공제한 금액을 그 취득가액으로 한다[169]. 이때 취득가액을 실지거래가액, 기준시가 또는 매매사례가액·감정가액·환산가액으로 결정하는 지와는 관계없이 감가상각비는 취득가액에서 공제하도록 한다. 이는 2011.1.1. 이후 최초로 양도하는 분부터 적용한다.

② 현재가치할인차금 포함

자산을 장기할부조건으로 매입하는 때 기업회계기준에 따라 현재가치할인차금을 계상한 경우 당해 현재가치할인차금은 취득가액에 포함된다. 단 현재가치할인차금의 상각액을 각 연도의 사업소득금액에 필요경비로 산입하였거나 산입할 금액이 있는 때에는 당해 금액을 공제한다.

③ 부당행위계산에 의한 시가초과액은 취득가액에서 제외 등

3) 장기보유특별공제액

가) 장기보유특별공제 적용대상

장기보유특별공제액은 양도차익에 양도자산의 보유기간별 공제율을 곱하여 계산하며, 원칙적으로 3년 이상 보유한 **등기된 부동산**[토지(비사업용토지는 2017.1.1. 이후 양도분부터 취득일이 보유기간 기산일로 적용)·건물]과 부동산을 취득할 수 있는 권리 중 **조합원입주권**(조합원으로부터 취득한 것 제외)에 대하여 적용한다[170].

| 장기보유특별공제 적용배제 대상 |

적용연도	적용배제
2012.1.1. 이후 양도분	• 미등기 양도자산, 3년 미만 부동산, 부동산이 아닌 자산, 국외 부동산 • 비사업용 토지
2017.1.1. 이후 양도분	• 미등기 양도자산, 3년 미만 부동산, 부동산이 아닌 자산, 국외 부동산
2018.4.1. 이후 양도분	• **미등기 양도자산**, 3년 미만 부동산, 부동산이 아닌 자산, **국외 부동산** • **조정대상지역에 있는 중과대상 주택***(2018.4.1. 이후 양도분부터 적용) * 1세대 2주택 이상에 해당하여 기본세율 + 10%(또는 20%) 세율이 적용되는 주택

169) 소득세법 제97조 제3항
170) 소득세법 제95조 제2항

나) 보유기간별 공제율

장기보유특별공제율은 부동산의 보유기간 및 1세대 1주택 여부에 따라 다음과 같이 구분하여 적용한다. 다만, 1세대 1주택(이에 딸린 토지를 포함)에 해당하는 자산의 경우에는 그 자산의 양도차익에 다음의 **보유기간별 공제율을 곱하여 계산한 금액과 거주기간별 공제율을 곱하여 계산한 금액**을 합산한 것을 말한다[171]. 이때 1세대 1주택에 대한 장기보유특별공제는 거주자에게만 적용하므로 비거주자(1세대 1주택에 대한 비과세를 적용받을 수 있는 출국일부터 2년 이내 양도하는 자 제외)는 이 공제율을 적용받을 수 없다.

보유기간(주1)	양도자산 유형별 공제율				
	일반부동산	1세대 1주택(주2)(거주자)			장기임대주택의 추가공제율(주3)
	보유기간 공제율	보유기간 공제율	거주기간	거주기간 공제율	
3년 이상 4년 미만	100분의 6	100분의 12	2년 이상 3년 미만 (보유기간 3년 이상에 한정함)	100분의 8	
			3년 이상 4년 미만	100분의 12	
4년 이상 5년 미만	100분의 8	100분의 16	4년 이상 5년 미만	100분의 16	
5년 이상 6년 미만	100분의 10	100분의 20	5년 이상 6년 미만	100분의 20	
6년 이상 7년 미만	100분의 12	100분의 24	6년 이상 7년 미만	100분의 24	+2%
7년 이상 8년 미만	100분의 14	100분의 28	7년 이상 8년 미만	100분의 28	+4%
8년 이상 9년 미만	100분의 16	100분의 32	8년 이상 9년 미만	100분의 32	+6%
9년 이상 10년 미만	100분의 18	100분의 36	9년 이상 10년 미만	100분의 36	+8%
10년 이상 11년 미만	100분의 20	100분의 40	10년 이상 11년 미만	100분의 40	+10%
11년 이상 12년 미만	100분의 22		11년 이상 12년 미만		
12년 이상 13년 미만	100분의 24		12년 이상 13년 미만		
13년 이상 14년 미만	100분의 26		13년 이상 14년 미만		
14년 이상 15년 미만	100분의 28		14년 이상 15년 미만		
15년 이상	100분의 30		15년 이상		

(주1) **장기보유특별공제 공제율 계산시 보유기간**은 일반적인 양도자산의 취득일(기산일)부터 양도일까지로 계산한다(초일산입). 다만, 배우자 또는 직계존비속으로부터 증여받은 재산에 이월과세가 적용되는 경우에는 증여자가 그 자산을 취득한 날부터 기산하고, 가업상속공제가 적용된 비율에 해당하는 자산의 경우에는 피상속인이 해당 자산을 취득한 날부터 기산한다(소법 제95조 제4항).

※ 주의: 양도소득세 세율 계산시 보유기간 기산일과는 차이가 있는 상태이므로 꼭 확인 필요.

(주2) 2020.1.1. 이후 양도분부터 장기보유특별공제 적용에 있어 "1세대 1주택"이란 1세대가 양도일 현재 국내에

171) 소득세법 제95조 제2항(2021.1.1. 이후 양도분부터 보유기간공제율과 거주기간공제율을 곱하여 계산)

1주택(일부 1세대 1주택의 특례 포함)을 보유하고 보유기간 중 거주기간이 2년 이상인 것을 말한다[172].

(주3) 거주자 또는 비거주자가 법 소정의 요건을 충족하는 장기임대주택을 양도함으로써 발생하는 소득에 대해서는 소득세법 제95조 제2항에 따른 보유기간별 공제율(일반부동산 장기보유특별공제율)에 해당 주택의 임대기간에 따라 추가공제율을 더한 공제율을 적용한다. 다만, 같은 항 단서(1세대 1주택에 해당하는 주택)에 해당하는 경우에 대해서는 이를 적용하지 아니한다(소세특례제한법 제97조의 4).

장기보유특별공제 적용대상 조합원입주권[소득세법 집행기준 95 - 166 - 1]

장기보유특별공제는 토지・건물의 양도시만 적용되고 부동산을 취득할 수 있는 권리에는 적용되지 않으나, 재개발・재건축 관리처분계획인가 승인시점에서 주택을 보유한 자가 추후 조합원입주권 양도시 멸실 전 주택분 양도차익*에 대해서는 주택이 조합원 입주권으로 변환된 것으로 보아 장기보유특별공제를 적용(2013.1.1. 이후 최초로 양도하는 분부터 적용)한다.

• 적용대상: 조합원입주권의 관리처분계획인가 전 양도차익 부분(승계취득 제외)
• 보유기간: 기존 주택의 취득일부터 관리처분계획인가일까지의 기간

* 2014.1.1. 양도하는 분부터 토지・건물분 양도차익도 포함됨.

4) 비사업용토지의 판단

소득세법상 비사업용토지란 아래의 기준을 모두 충족하는 토지를 말한다[173]. 해당 비사업용토지는 양도시 누진세율에 추가로 10% 세율을 중과세하기 때문에 승계관점에서 해당 비사업용 토지(법인세법상 비사업용 토지 과다보유법인의 특정주식 포함)를 승계하기 위해서는 비사업용토지의 판단에 대한 정확한 이해가 필요한 상태이다.

구 분	판단내용
1. 기간 기준	보유기간 중 일정기간 사업용으로 사용되지 않은 토지 ※ 다만, 다음의 요건 중 하나를 충족하는 경우에는 비사업용토지가 아닌 것으로 본다. ① 양도일 직전 3년 중 2년 이상을 직접 사업에 사용 ② 양도일 직전 5년 중 3년 이상을 직접 사업에 사용 ③ 보유기간 중 60% 이상을 직접 사업에 사용 다만, 보유기간 2년 미만인 경우 ③만 적용한다.
2. 대상 토지 기준	다음 중 하나에 해당되는 토지 ① 농지: 다음에 해당되지 않는 전・답・과수원

172) 소득세법 시행령 제159조의 4
173) 소득세법 제104조의 3, 동법 시행령 제168조의 6, 국세청발간책자 "부동산과 세금"

구 분	판단내용
	• 시 이상 주거 · 상업 · 공업지역 외에 소재하는 재촌 · 자경 농지(2016.2.17. 이후 양도하는 분부터는 근로소득 총급여액과 사업소득의 합계액이 3,700만원 이상인 연도는 자경기간에서 제외) • 농지법에 따른 주말 · 체험 영농소유농지(세대당 1,000m^2 미만) 등 ② 임야: 다음의 임야는 제외 • 영림계획인가를 받아 시업중인 임야 또는 특수개발지역으로 지정된 임야 ※ 도시지역 밖 또는 도시지역의 보전녹지지역 안의 임야에 한함 • 재촌하는 자가 소유하는 임야 ③ 목장용지: 다음의 목장용지는 제외 • 시 이상 주거 · 상업 · 공업지역 외의 지역에 소재하는 축산업을 영위하는 목장용지로서 기준면적 이내의 토지 ④ 비사업용 나대지: 재산세 종합합산과세대상 토지로 건축물이 없는 나대지, 잡종지 등의 토지. 다만, 사업에 사용하는 다음의 토지는 제외 • 운동장 · 경기장 등 체육시설용 토지 • 휴양시설업용, 주차장용, 청소년수련시설용, 예비군훈련장용 토지 • 개발사업시행자가 조성한 토지, 기타 토지
3. 위의 기준에 관계없이 비사업용 토지에서 제외	㉮ 2006.12.31.까지 상속으로 취득하거나 또는 2006.12.31. 이전에 20년 이상 소유한 농지 · 임야 · 목장용지로 2009.12.31.까지 양도하는 토지 ㉯ 법률에 따른 협의매수 · 수용 토지로 사업인정고시일이 2006.12.31. 이전 토지 또는 취득일(상속 토지는 피상속인 취득일)이 사업인정고시일 2년 이전 토지 ㉰ 2005.12.31.까지 취득한 종중소유의 농지 · 임야 · 목장용지 ㉱ 직계존속 또는 배우자가 8년 이상 토지 소재지에 거주하면서 직접 경작한 농지 · 임야 및 목장용지로서 이를 해당 직계존속 또는 해당 배우자로부터 상속 · 증여받은 토지(단, 양도당시 도시지역 안의 토지 제외)

5) 1세대 1주택의 비과세요건

주택의 경우 양도일 현재 1세대를 구성하는 거주자가 2년 이상 보유한 국내의 1주택을 양도할 때에는 비과세된다[174]. 비과세대상 1세대 1주택은 다음의 요건을 충족하는 경우를 말한다.

구분	내 용
1. 거주요건	거주요건 없음. 단, 국토교통부장관이 지정 공고한 **조정대상지역(서울특별시 등)에 있는 주택의 경우 거주요건 2년**(2017.8.3. 이후 주택취득분부터 적용)[175]

174) 소득세법 제89조

구분	내 용
	• 조정대상지역 주택 중 거주기간이 적용되지 아니하는 경우 1. 5년 이상 거주한 건설임대주택을 양도하는 경우 2. 공공사업용으로 양도 및 수용되는 경우 3. 해외이주 또는 출국으로 양도하는 경우 4. 1년 이상 거주한 주택으로서 부득이한 사유가 있어 양도하는 경우 5. 2019.12.16. 이전에 등록(세무서 및 시·군·구)한 임대주택으로 임대의무기간 충족한 주택(2019.12.17. 이후 임대주택으로 등록한 경우에는 거주요건 적용) 6. 조정대상지역 지정일 (2017년 8월 2일) 이전 매매계약을 체결 및 계약금을 지급한 경우(단, 계약금 지급일 현재 무주택자에 한함)
2. 보유기간	주택을 취득한 날부터 양도한 날까지의 기간이 2년(비거주자가 거주자로 전환된 경우 3년) 이상 보유[176] * 취득한 날 및 양도한 날은 잔금일과 등기접수일 중 빠른 날(계약일 아님). 다만, 1세대가 1주택 이상을 보유(부득이한 사유로 2주택인 경우 제외)한 경우 다른 주택들을 모두 양도하고 최종적으로 1주택만 보유하게 된 날로부터 보유기간 기산(초일 산입)[177] • 보유기간 제한을 받지 아니하는 경우 1. 5년 이상 거주한 건설임대주택을 양도하는 경우 2. 공공사업용으로 양도 및 수용되는 경우 3. 해외이주 또는 출국으로 양도하는 경우 4. 1년 이상 거주한 주택으로서 부득이한 사유가 있어 양도하는 경우
3. 부수토지 요건	주택에 딸린 토지가 도시지역 안에 있으면 주택정착면적의 5배(도시지역 밖 10배)까지를 1세대 1주택의 범위에 포함해서 비과세
4. 등기요건	양도일 현재 등기된 주택과 그 부수토지

가) 1세대 및 주택 정의

비과세 요건 중 "1세대"란 거주자 및 그 배우자(**법률상 이혼을 하였으나 생계를 같이 하는 등 사실상 이혼한 것으로 보기 어려운 관계에 있는 사람을 포함**[178])가 그들과 같은 주소 또는 거소에서 생계를 같이 하는 자[거주자 및 그 배우자의 직계존비속(그 배우자를 포함한다) 및 형제자매를 말하며, 취학, 질병의 요양, 근무상 또는 사업상의 형편으로 본래의 주소 또는 거소에서 일시 퇴거한 사람을 포함]와 함께 구성하는 가족단위를 말한다.

비과세요건 중 "주택"이란 허가 여부나 공부(公簿)상의 용도구분에 관계없이 사실상 주거용으로 사용하는 건물을 말한다. 이 경우 그 용도가 분명하지 아니하면 공부상의 용도에 따른다.

175) 소득세법 시행령 제154조 제1항(2017.9.19. 시행령 개정)
176) 소득세법 시행령 제154조 제1항
177) 소득세법 시행령 제154조 제5항(2021.1.1. 이후 양도분부터 적용)
178) 소득세법 제88조 제6호(사실혼 배우자 규정은 2019.1.1. 이후 양도분부터 적용)

① 겸용주택의 판단

1세대 1주택자가 점포가 딸린 주택(비과세요건을 갖춘 경우에 한함)을 양도시 주택면적이 점포면적보다 큰 경우 점포도 주택으로 보아 양도소득세를 과세하지 아니한다.

구 분	비과세 여부
주택 〉 점포	점포를 주택으로 보아 전체를 비과세 (다만, 2022.1.1. 이후 양도하는 **고가겸용주택**의 경우에는 주택 부분만 주택으로 보아 양도소득세를 계산)
주택 ≤ 점포	주택부분은 비과세, 점포부분만 과세

② 다가구 주택의 판단

다가구[179] 주택은 원칙적으로 한 가구가 독립하여 거주할 수 있도록 구획된 부분을 각각 하나의 주택으로 본다. 그러나 가구별로 양도하지 아니하고 당해 다가구 주택을 하나의 매매단위로 하여 양도하는 경우 이를 단독주택으로 간주하여 1세대 1주택 비과세 여부를 판정한다[180]. 한편, 이 경우 단독주택으로 보는 다가구주택은 그 전체를 하나의 주택으로 보아 고가주택 기준을 적용한다.

나) 1세대 1주택인 경우에도 과세되는 경우

1세대 1주택인 경우에도 다음의 경우는 양도소득세 과세된다[181].

과세대상	내 용
1) 미등기 전매	취득등기를 하지 않고 매도하는 이른바 '미등기 전매'는 양도차익의 70%로 과세
2) 고가주택 (9억원 초과분)	'고가주택'이란 주택(부수토지 포함)의 양도당시의 실지거래가액의 합계액이 9억원을 초과하는 주택을 말한다. • 1세대 1주택 비과세요건을 갖춘 고가주택의 양도차익 계산 $= (\text{양도가액} - \text{취득가액 등}) \times \frac{(\text{양도가액} - \text{9억원})}{\text{양도가액}}$ 즉, 고가주택이 1세대 1주택 비과세 요건을 갖추었다면 9억원을 초과하는 양도차익에 대해서만 양도소득세 과세

179) "다가구 주택"은 건물에 여러개의 방이 있지만 하나의 건물등기부가 존재하는 주택, "다세대 주택"은 빌라 또는 연립주택처럼 건물 각 호수별로 별도의 등기가 되어 있는 집합건물형태의 주택을 말한다.
180) 소득세법 시행령 제155조 제15항
181) 소득세법 제91조

과세대상	내 용
3) 매매계약서(주1) 의 거래가액을 실지거래가액과 다르게 적은 경우	양도소득세의 비과세 규정을 적용할 때 비과세받을 세액에서 아래 ①과 ② 중 적은 금액을 뺀 세액만 비과세 ① 비과세를 적용 안한 경우의 산출세액 ② 매매계약서의 거래가액과 실지거래가액과의 차액

(주1) 2011.7.1. 이후 최초로 매매계약서를 체결하는 분부터 적용

다) 1세대 2주택인 경우에도 비과세되는 경우

다음과 같은 경우 1세대 2주택이라도 양도하는 주택이 비과세요건을 갖춘 경우 양도소득세를 과세하지 아니한다[182].

① 일시적으로 2주택을 갖게 될 경우

국내에 1주택을 소유한 1세대가 그 주택(이하 "종전 주택")을 양도하기 전에 다른 주택(이하 "신규 주택")을 취득(자가건설하여 취득한 경우를 포함)함으로써 일시적으로 2주택이 된 경우 종전 주택을 취득한 날부터 1년 이상이 지난 후 신규 주택을 취득하고 다음에 따라 종전 주택을 양도하는 경우에는 이를 1세대 1주택으로 보아 1세대 1주택 비과세 규정을 적용한다.

㉮ 신규 주택을 취득한 날부터 3년 이내에 2년 보유 종전의 주택을 양도하는 경우

㉯ 단, 종전 주택이 조정대상지역에 있고, 조정대상지역에 있는 신규 주택을 취득하면 2년 이내에 양도해야 비과세 되나, 2019.12.17. 이후 조정대상지역 내 종전 주택이 있는 상태에서 조정대상지역 내 주택을 취득하는 경우에는 신규 주택 취득 후 1년 이내 전입요건과 1년 이내 종전 주택 양도요건을 충족해야 비과세(단, 신규 주택에 기존임차인이 있는 경우 2년을 한도로 임대차계약 종료시까지 기한 연장)

② 상속을 받아 2주택을 갖게 될 경우

: 비과세 요건을 갖춘 일반주택을 양도하는 경우 비과세(상속주택 먼저 양도시 과세)

③ 한 울타리 안에 2개의 집이 있을 경우

④ 집을 사간 사람이 등기이전을 해가지 않아 2주택이 될 경우

⑤ 60세 이상의 직계존속(배우자 직계존속 포함)을 모시기 위하여 세대를 합쳐 2주택의 집을 갖게 될 경우

: 세대를 합친 날로부터 10년(2018.2.12.까지 양도분 5년) 이내에 먼저 양도하는 주택은 비과세규정 적용

182) 소득세법 시행령 제155조

⑥ 결혼으로 2주택의 집을 갖게 될 경우
: 결혼하여 1세대 2주택이 된 경우 혼인한 날로부터 5년 이내에 먼저 양도하는 주택은 비과세규정 적용

⑦ 농어촌주택을 포함하여 2주택의 집을 갖게 될 경우
: 농어촌주택과 일반주택을 각각 1개씩 소유한 1세대가 비과세 요건을 갖춘 일반주택을 팔면(귀농주택의 경우 그 취득일부터 5년 안에 일반주택을 팔아야 함) 비과세규정 적용

⑧ 취학 등 부득이한 사유로 수도권 밖에 소재하는 주택을 취득하여 2주택을 소유한 경우
: 수도권 밖에 소재하는 1주택을 취득하여 1세대 2주택이 된 경우 부득이한 사유가 해소된 날부터 3년 이내에 일반주택을 팔면 비과세규정 적용

⑨ 특정요건을 갖춘 장기임대주택 또는 장기가정어린이집과 거주주택을 보유한 경우 2년 이상 거주주택(평생 1회)을 양도하는 경우 비과세규정 적용

6) 양도소득금액 및 과세표준 계산

가) 양도소득금액의 구분계산

양도소득금액(차익, 차손)은 양도자산을 먼저 '국내자산'과 '국외자산'으로 구분하고, 이를 다시 토지·건물, 부동산에 관한 권리 및 기타자산의 양도소득금액과 주식 및 출자지분의 양도소득금액(국외주식은 2020.1.1. 이후 양도분부터 국내주식과 통산하여 과세), 파생상품등의 양도소득금액(해외파생상품은 2018.1.1. 이후 양도분부터는 국내파생상품에 통산하여 과세), 신탁 수익권의 양도소득금액(2021.1.1. 이후 양도분부터 적용)으로 구분하여 계산한다.

양도소득금액을 계산함에 있어서 양도차손이 발생한 자산이 있는 경우에는 다음 순서에 따라 동일한 그룹별 소득금액 내의 다른 자산의 양도소득금액에서 그 양도차손을 순차적으로 공제한다[183].

① 양도차손이 발생한 자산과 같은 세율을 적용받는 자산의 양도소득금액에서 공제
② 양도차손이 발생한 자산과 다른 세율을 적용받는 자산의 양도소득금액의 비율로 안분하여 공제

결손금은 위와 같은 순서에 따라 양도차손을 각 구분별 소득금액 내의 다른 세율을 적용받는 자산의 양도소득금액의 비율로 안분공제한 후에도 남은 금액을 말하며, 이러한 결손

183) 소득세법 제102조 및 동법 시행령 제167조의 2

금은 다른 구분별 소득금액에서 공제받을 수 없고 이후 차기 과세기간의 양도소득금액에 대한 이월공제도 허용되지 않는다.

나) 국외자산 양도소득의 범위

거주자(해당 자산의 양도일까지 계속 **5년 이상 국내에 주소 또는 거소를 둔 자**만 해당한다)의 국외에 있는 자산의 양도에 대한 양도소득은 해당 과세기간에 국외에 있는 자산을 양도함으로써 발생하는 토지, 건물 등(I그룹 자산)의 양도소득으로 한다. 다만, 국외자산 양도소득이 국외에서 외화를 차입하여 취득한 자산을 양도하여 발생하는 소득으로서 환율변동으로 인하여 외화차입금으로부터 발생하는 환차익을 포함하고 있는 경우에는 해당 환차익을 양도소득의 범위에서 제외한다[184]. 따라서 2021.1.1. 현재 국외자산으로 양도소득이 별도로 계산되는 자산은 I그룹 자산뿐인 상태이다.

다) 양도소득의 과세표준 계산(양도소득 기본공제)

양도소득의 과세표준은 국내자산 및 국외자산으로 구분하여 그룹별로 계산하여 각각 250만원을 공제한다. 다만, 토지·건물, 부동산에 관한 권리 중 미등기양도자산의 양도소득금액에 대해서는 그러하지 아니하다[185].

마. 양도소득세율

소득세법상 양도소득세 세율은 기본세율과 탄력세율의 이원구조로 이루어져 있으며, 기본세율은 자산의 종류, 등기 또는 등록 여부, 보유기간, 보유하고 있는 주택 및 조합원입주권의 수, 주식을 발행한 법인의 규모 및 주식의 소유정도에 따라 누진세율 형태로 적용된다. 이러한 세율구조의 차이는 승계관점에서 중요한 효과를 초래하기 때문에 반드시 소득유형별 과세세율을 이해할 필요가 있다.

양도자산별 양도소득세율을 요약하면 다음과 같다. 이 경우 하나의 자산이 다음 세율 중 둘 이상에 해당할 때에는 해당 세율을 적용하여 계산한 양도소득 산출세액 중 큰 것을 그 세액으로 한다[186]. 또한, I그룹의 자산에 대한 양도소득 산출세액은 비교과세 방식을 두어 큰 금액으로 과세하고 있다.

184) 소득세법 제118조의 7
185) 소득세법 제103조 및 동법 제118조의 7
186) 소득세법 제104조

<table>
<tr><th colspan="3">구 분</th><th colspan="2">보유기간[주1] · 대상자산</th><th colspan="2">세 율</th></tr>
<tr><td rowspan="9">Ⅰ</td><td colspan="2" rowspan="7">1. 토지 · 건물
2. 부동산에 관한 권리
① 지상권, 전세권
② 등기된 부동산임차권
③ 부동산을 취득할 수 있는 권리</td><td colspan="2">1년 미만 보유</td><td colspan="2">50%(단, 주택[주2] · 조합원입주권 및 분양권: 70%)[주3]</td></tr>
<tr><td colspan="2">1년 이상 2년 미만 보유</td><td colspan="2">40%(단, 주택 · 조합원입주권 및 분양권: 60%)[주3]</td></tr>
<tr><td colspan="2">2년 이상 보유</td><td colspan="2">기본세율(6%~45%)
(단, 분양권: 60%)[주3]</td></tr>
<tr><td colspan="2" rowspan="2">조정지역 다주택의 주택분 (조합원입주권 또는 분양권을 포함계산)[주4]</td><td>1세대 2주택</td><td>기본세율+20%</td></tr>
<tr><td>1세대 3주택 이상</td><td>기본세율+30%</td></tr>
<tr><td colspan="2">비사업용토지</td><td colspan="2">기본세율+10%(지정지역 20%)</td></tr>
<tr><td colspan="2">미등기 양도자산</td><td colspan="2">70%</td></tr>
<tr><td colspan="2" rowspan="2">3. 기타자산[주1]
① 특정주식(A, B)
② 사업용고정자산과 함께 양도하는 영업권
③ 특정시설물이용권</td><td colspan="2">일반원칙</td><td colspan="2">기본세율</td></tr>
<tr><td colspan="2">비사업용토지
과다보유법인 특정주식</td><td colspan="2">기본세율+10%</td></tr>
<tr><td rowspan="7">Ⅱ</td><td rowspan="7">4. 주식 등
(신주인수권 등 포함)</td><td rowspan="3">대주주</td><td rowspan="2">중소기업 이외</td><td>1년 미만 보유</td><td colspan="2">30%</td></tr>
<tr><td>1년 이상 보유</td><td colspan="2">20%(과세표준 3억원 초과분: 25%)</td></tr>
<tr><td colspan="2">중소기업[주5]</td><td colspan="2">20%(2020.1.1. 이후부터 과세표준 3억원 초과분: 25%)</td></tr>
<tr><td rowspan="3">소액주주</td><td colspan="2">중소기업 이외</td><td colspan="2">20%</td></tr>
<tr><td colspan="2">중소기업</td><td colspan="2">10%</td></tr>
<tr><td colspan="2">상장주식 장내 양도분</td><td colspan="2">과세제외</td></tr>
<tr><td colspan="3">해외주식</td><td colspan="2">20%(중소기업의 주식등 10%)</td></tr>
<tr><td>Ⅲ</td><td>5. 파생상품등</td><td colspan="3">국내 및 해외 파생상품 등</td><td colspan="2">10%[주6]</td></tr>
<tr><td>Ⅳ</td><td>6. 신탁수익권</td><td colspan="3">신탁의 이익을 받을 권리</td><td colspan="2">20%(과세표준 3억원 초과분: 25%)</td></tr>
</table>

(주1) **보유기간**은 해당 자산의 취득일부터 양도일까지로 한다. 다만, 다음 중 어느 하나에 해당하는 경우에는 각각 그 정한 날을 그 자산의 취득일로 본다(소법 제104조 제2항).

① 상속받은 자산은 피상속인이 그 자산을 취득한 날

② 배우자 또는 직계존비속으로부터 증여받은 재산에 이월과세가 적용되는 경우에는 증여자가 그 자산을 취득한 날

③ 법인의 합병 · 분할(물적분할 제외)로 인하여 합병법인, 분할신설법인 또는 분할 · 합병의 상대방 법인으로부터 새로 주식등을 취득한 경우에는 피합병법인, 분할법인 또는 소멸한 분할 · 합병의 상대방 법인의 주식등을 취득한 날

(주2) 주택에는 일정 면적 이내의 주택부수토지를 포함한다. 주택부수토지의 범위는 1세대 1주택의 부수토지와 동일함(소령 제167조의 5).

(주3) 소득세법 제104조 제1항 제1호, 제2호, 제3호, 제4호의 개정규정은 2021.6.1. **이후 양도하는 분부터 적용**함.
(주4) 2018.4.1. 이후 양도분부터 적용. 이때 조합원입주권 또는 분양권은 주택수의 계산에는 포함되나, "기본세율+20%(또는 30%)"의 세율의 적용대상은 아니다. 따라서 다주택자가 조정지역 내에서 조합원입주권 또는 분양권을 양도하는 경우에는 조합원입주권 또는 분양권에 대한 세율을 적용한다.
(주5) 중소기업기본법 제2조에 따른 중소기업(소득세법 시행령 제157조의 2 제1항)
(주6) 2016.1.1.부터 5%의 세율을 적용하되 2018.4.1. 이후 양도분부터는 10% 탄력세율 적용

□ 토지, 건물, 부동산에 관한 권리와 기타자산에 대한 비교과세 방식

해당 과세기간에 토지・건물, 부동산에 관한 권리 및 기타자산을 둘 이상 양도하는 경우 양도소득 산출세액은 다음 중 큰 것(이 법 또는 다른 조세에 관한 법률에 따른 양도소득세 감면액이 있는 경우에는 해당 감면세액을 차감한 세액이 더 큰 경우의 산출세액을 말한다)으로 한다. 이 경우 ②의 금액을 계산할 때 기본세율+10%의 세율이 적용되는 비사업용토지와 비사업용토지 과다보유 법인의 주식등은 동일한 자산으로 보고, 한 필지의 토지가 비사업용 토지와 그 외의 토지로 구분되는 경우에는 각각을 별개의 자산으로 보아 양도소득 산출세액을 계산한다[187].

① 해당 과세기간의 양도소득과세표준 합계액에 대하여 기본세율에 따른 세율을 적용하여 계산한 양도소득 산출세액
② 「소득세법」 제104조 제1항부터 제4항까지 및 제7항의 규정에 따라 계산한 자산별 양도소득 산출세액 합계액. 다만, 둘 이상의 자산에 대하여 제1항 각 호, 제4항 각 호 및 제7항 각 호에 따른 세율 중 동일한 호의 세율이 적용되고, 그 적용세율이 둘 이상인 경우 해당 자산에 대해서는 각 자산의 양도소득과세표준을 합산한 것에 대하여 제1항・제4항 또는 제7항의 각 해당 호별 세율을 적용하여 산출한 세액 중에서 큰 산출세액의 합계액으로 한다.

바. 양도소득세의 신고 및 납부

1) 예정신고납부기한

양도소득세는 확정신고기한 전에 예정신고납부제도를 두고 있으며, 양도차익이 없거나 양도차손이 발생한 경우에도 납세지 관할 세무서장에게 예정신고를 해야 한다[188]. 이때 해당 과세기간에 누진세율 적용대상 자산에 대한 예정신고를 2회 이상하는 경우 거주자가 그 2회 이상의 양도소득에 대한 예정신고시 이미 신고한 양도소득금액과 합산하여 신고할 수

187) 소득세법 제104조 제5항
188) 소득세법 제105조

도 있고, 또는 그러하지 않을 수도 있다. 이러한 예정신고방식은 유효하며 가산세 대상이 되지 아니하나, 예정신고 및 납부를 하지 않은 경우에는 각종 가산세가 부과되므로 꼭 주의할 필요가 있다. 단, 국외자산 중 주식 등에 대해서는 2012년 양도분부터 예정신고납부제도가 폐지되었다.

구 분	예정신고납부기한
① 토지・건물, 부동산에 관한 권리, 기타자산 및 신탁 수익권	양도일이 속하는 달의 말일부터 2개월 이내 (부동산 거래신고 등에 관한 법률 제10조 제1항에 따른 토지거래계약에 관한 허가구역에 있는 토지를 양도할 때 토지거래계약허가를 받기 전에 대금을 청산한 경우에는 그 허가일이 속하는 달의 말일부터 2개월로 한다)
② 주식 및 출자지분 (주식 등)	양도일이 속하는 **반기**의 말일부터 2개월 이내 (2017.12.31. 이전분은 분기의 말일부터 2개월 이내)
③ 부담부증여 양도분	①, ② 규정에도 불구하고 그 양도일이 속하는 달의 말일부터 3개월 이내(2017.1.1. 이후 양도 분부터 적용)
④ 파생상품, 국외주식	예정신고의무 없음.

□ 기타자산인 특정주식 등 예정신고 시 주의사항

실무적으로 모든 주식에 대하여 예정신고기한을 반기의 말일부터 2개월 이내인 것으로 간과하기 쉬운데, 부동산과다보유 주식등 특정주식에 해당하는 자산은 기타자산에 해당되기 때문에 양도일이 속하는 달의 말일부터 2개월 내에 예정신고납부하여야 한다. 하지만, 다음의 실무사례처럼 특정주식을 일반주식의 예정신고기한으로 착각하여 법정예정신고기한까지 신고납부하지 아니하여 무신고가산세와 납부지연가산세를 부담할 수 있으므로 반드시 주의가 필요하다.

실무사례

A씨는 2021.4.5.자 부동산과다보유 특정주식을 처분하고 예정신고기간을 착각하여 반기말일부터 2개월 이내인 2021.8.31.자에 양도차익에 대한 양도소득세 5억원을 신고납부하였다(법정예정신고기한은 2021.6.30.).

〈가산세〉 57.6백만원 부담

무신고가산세: 5억원 × 20% × (1－50% 감면) = 50백만원

납부지연가산세: 5억원 × (7.1.~8.31.) × 2.5/10,000 = 7.6백만원

〈해설〉

1) 무신고가산세: 산출세액 × 20%
2) 납부지연가산세: 산출세액 × 신고기한의 다음 날부터 기한후신고납부하는 날(또는 고지하는 날)까지의 일수 × 2.5/10,000

다만, 무신고가산세를 적용함에 있어, 신고기한이 지난 후 1개월 이내에 기한후신고납부를 하는 경우에는 무신고가산세의 50%를 감면하고, 1개월 초과 3개월 이내에 기한후신고납부를 하는 경우에는 무신고가산세의 30%(3개월~6개월 이내: 20%)를 감면하나, 양도소득세 예정신고 등 세법에 따른 예정신고・중간신고를 무신고하였거나 과소신고(초과신고)한 이후 확정신고기한까지 신고하거나 수정하여 신고한 경우를 무신고가산세 50% 감면사유에 추가하였음. 동 개정규정은 2018.1.1. 이후 도래하는 확정신고기한까지 신고하거나 수정하여 신고하는 분부터 적용함(국세기본법 제48조 제2항 제3호 라목).

2) 확정신고납부기한

해당 과세기간의 양도소득금액이 있는 거주자는 그 양도소득 과세표준을 **그 과세기간의 다음 연도 5월 1일부터 5월 31일까지** 납세지 관할 세무서장에게 신고하여야 한다. 만일, 거주자가 사망한 경우 양도소득세의 소득세법 제74조[과세표준확정신고의 특례] 규정 준용에 따라 그 상속인은 그 상속개시일이 속하는 달의 말일부터 6개월이 되는 날(이 기간 중 상속인이 출국하는 경우에는 출국일 전날)까지 사망일이 속하는 과세기간에 대한 그 거주자의 과세표준을 신고하여야 한다.

즉, 과세표준확정신고는 해당 과세기간의 과세표준이 없거나 결손금액이 있는 경우에도 적용되나, 해당 과세기간에 1회 양도를 한 자가 예정신고를 한 경우 해당 소득에 대한 확정신고를 하지 아니할 수 있다[189]. 그러나 다음의 경우에는 예정신고를 하였다 하더라도 반드시 확정신고를 하여야 한다[190].

㉮ 당해연도에 누진세율의 적용대상 자산에 대한 예정신고를 2회 이상 한 자가 2회 이후 양도시 이미 신고한 양도소득금액과 합산하여 신고하지 아니한 경우
㉯ 토지, 건물, 부동산에 관한 권리 및 기타자산을 2회 이상 양도한 경우로서 양도소득기본공제를 법 제103조 제2항의 규정에 의해 감면소득금액 외의 양도소득금액에서 먼저 공제하고 감면소득금액 외의 양도소득금액 중에서는 먼저 양도한 자산의 양도소득금액에서부터 공제함에 따라 당초 신고한 양도소득산출세액이 달라지는 경우

189) 소득세법 제110조 제4항
190) 소득세법 시행령 제173조 제5항

㉰ 법 제94조 제1항 제3호 가목 및 나목에 따른 주식 등을 2회 이상 양도한 경우로서 법 제103조 제2항에서 규정한 양도소득기본공제 순서를 적용함에 따라 당초 신고한 양도소득산출세액이 달라지는 경우

㉱ 토지, 건물, 부동산에 관한 권리 및 기타자산을 2 이상 양도한 경우로서 법 제104조 제5항의 비교과세 규정을 적용할 경우 당초 신고한 양도소득산출세액이 달라지는 경우

3) 분납 · 물납

가) 분납

예정신고 및 확정신고시 자진납부할 세액이 각각 1천만원을 초과하는 자는 다음의 분납할 세액을 납부기한 경과 후 2개월 이내에 분납할 수 있다[191].

납부세액	분납가능금액
납부할 세액이 2천만원 이하	1천만원을 초과하는 금액
납부할 세액이 2천만원 초과	그 세액의 100분의 50 이하의 금액

나) 물납

기존의 양도소득세의 물납제도는 2016.1.1.자 양도분부터 폐지되었다.

4) 양도소득에 대한 개인지방소득세

가) 개인지방소득세 계산

양도소득에 대한 개인지방소득세는 「소득세법」에 따라 계산한 금액(「조세특례제한법」 및 다른 법률에 따라 과세표준 산정에 관련한 조세감면 또는 중과세 등의 조세특례가 적용되는 경우에는 이에 따라 계산한 금액)을 과세표준으로 하여 「지방세법」 제103조의 3의 세율(양도소득세율의 약 1/10 정도)을 곱하여 양도소득에 대한 개인지방소득세 산출세액을 계산한다.

나) 예정신고납부

거주자가 「소득세법」 제105조에 따라 양도소득과세표준 예정신고를 하는 경우에는 해당 신고기한에 2개월을 더한 날(이하 "예정신고기한")까지 양도소득에 대한 개인지방소득세 과세표준과 세액을 납세지 관할 지방자치단체의 장에게 신고(이하 "예정신고")하고 납부

191) 소득세법 제112조

하여야 한다. 이 경우 거주자가 양도소득에 대한 개인지방소득세 과세표준과 세액을 납세지 관할 지방자치단체의 장 외의 지방자치단체의 장에게 신고한 경우에도 그 신고의 효력에는 영향이 없다. 예정신고는 양도차익이 없거나 양도차손이 발생한 경우에도 적용한다.

다만, 2019.12.31. 법 개정시 개인지방소득세의 신고·납부 편의를 높이기 위하여 거주자가 납세지 관할 지방자치단체의 장이 발송한 납부서에 기재된 세액을 예정신고기한까지 납부한 경우 양도소득에 대한 개인지방소득세를 예정신고하고 납부한 것으로 간주하도록 하였다(동 개정규정은 2020.1.1. 이후 납세의무가 성립하는 분부터 적용)[192].

다) 총액납부(분납규정 없음)

지방세법상 지방소득세는 분납규정이 없으므로 양도소득세가 분납되는 경우에도 지방소득세는 세액총액을 신고·납부하여야 한다.

3. 양도소득세의 이월과세제도

양도소득세는 특수한 자산에서 발생한 양도소득에 대하여 이월과세제도를 두어 과세회피를 방지하거나, 해당 거래를 장려하기 위해서 과세혜택을 제공하고 있다. 따라서 승계관점에서는 해당 이월과세제도에 대한 충분한 이해가 있어야 전략적인 승계방안의 수립이 가능하므로 이러한 이월과세제도에 대하여 살펴보기로 한다.

가. 배우자 등으로부터 증여받은 자산에 대한 이월과세

거주자가 **양도일부터 소급하여 5년 이내**에 그 배우자[양도 당시 혼인관계가 소멸된 경우를 포함(즉, 증여당시 배우자는 포함)하되, 사망으로 혼인관계가 소멸된 경우는 제외] 또는 직계존비속으로부터 증여받은 **토지, 건물, 특정시설물이용권, 부동산을 취득할 수 있는 권리**[193]에 대한 자산의 양도차익을 계산할 때 양도가액에서 공제할 취득가액은 그 배우자 또는 직계존비속의 취득 당시 취득가액에 해당하는 금액으로 한다. 이 경우 거주자가 증여받은 자산에 대하여 납부하였거나 납부할 증여세 상당액이 있는 경우에는 필요경비에 산입한다[194]. 또한, 장기보유특별공제 및 세율적용을 위한 보유기간 기산점은 증여한 배우자 또는 직계존비속이 해당 자산을 취득한 날부터 기산한다[195].

192) 지방세법 제103조의 5 제5항
193) '부동산을 취득할 수 있는 권리(분양권, 조합원입주권 등)'는 2019.2.12. 시행일 이후 양도분부터 적용(소득세법 시행령 제163조의 2 제1항)
194) 소득세법 제97조의 2 제1항

다만, 다음 각 호의 어느 하나에 해당하는 경우에는 위 이월과세규정을 적용하지 아니한다.

① 사업인정고시일부터 소급하여 2년 이전에 증여받은 경우로서 「공익사업을 위한 토지 등의 취득 및 보상에 관한 법률」이나 그 밖의 법률에 따라 협의매수 또는 수용된 경우

② 비과세 요건의 주택[양도소득의 비과세대상에서 제외되는 고가주택(부수토지를 포함)을 포함]의 양도에 해당하게 되는 경우

③ 이월과세를 적용해 계산한 양도소득 결정세액이 이월과세를 적용하지 아니하고 계산한 양도소득 결정세액보다 적은 경우(2017.7.1. 이후 양도분부터 적용)

나. 가업상속공제 자산에 대한 양도소득세 이월과세

1) 입법취지

가업상속공제는 상속 단계에서 과도한 상속세의 부담을 경감하려는 취지의 제도이나 상속인이 양도할 경우 피상속인의 보유기간 동안의 자본이득에 대한 양도소득세까지 과세되지 아니하여 과세형평성을 저해하는 문제가 있었다. 이에 가업상속공제가 적용된 자산부분에 대해서는 피상속인의 취득가액을 적용하여 양도차익을 계산하도록 가업상속공제 자산에 대한 양도소득세 이월과세제도를 도입하였다(2014.1.1. 이후 상속받아 양도하는 분부터 적용)[196].

가) 가업상속공제가 적용된 자산의 취득가액 계산(= ① + ②)

① 피상속인의 취득가액 × 가업상속공제 적용률
② 상속개시일 현재 해당 자산가액 × (1 – 가업상속공제 적용률)

$$* \text{ 가업상속공제 적용률} = \frac{\text{가업상속공제금액}}{\text{가업상속재산가액}}$$

나) 가업상속공제가 적용된 자산의 장기보유특별세액공제

가업상속공제가 적용된 자산의 경우 장기보유특별공제 계산시 보유기간은 피상속인이 해당 자산을 취득한 날부터 기산한다[197].

195) 소득세법 제95조 제4항, 동법 제104조 제2항
196) 소득세법 제97조의 2 제4항
197) 소득세법 제95조 제4항

2) 이월과세 계산사례

수증자(아들)가 가업상속을 통하여 가업상속공제액(300억원)을 받은 경우 상속공제받은 주식을 양도하는 경우 해당 주식의 취득가액?

父 취득가액	父의 사망	子의 양도
취득가액 50억원	주식시가 500억원	양도가액 600억원

[취득가액 계산]

취득가액= ①+ ② = 230억원

① 피상속인의 취득가액 × 가업상속공제 적용률=50억원 × 60%= 30억원

② 상속개시일 해당 자산가액 × (1 − 가업상속공제 적용률)= 500억원 × 40% = 200억원

$$(*)\text{가업상속공제 적용률} = \frac{\text{가업상속공제금액(300억원)}}{\text{가업상속재산가액(500억원)}} = 60\%$$

다. 법인전환에 대한 양도소득세의 이월과세

조세특례제한법상 법인전환에 대한 양도소득세 "이월과세(移越課稅)"란 거주자 개인이 해당 사업에 사용되는 사업용고정자산[198] 등(이하 "종전사업용고정자산 등")을 현물출자(現物出資) 등을 통하여 법인에 양도하는 경우 이를 양도하는 개인에 대해서는 소득세법 제94조에 따른 양도소득에 대한 소득세를 과세하지 아니하고, 그 대신 이를 양수한 법인이 그 사업용고정자산 등을 양도하는 경우 개인이 종전사업용고정자산 등을 그 법인에 양도한 날이 속하는 과세기간에 다른 양도자산이 없다고 보아 계산한 같은 양도소득 산출세액 상당액을 법인세로 납부하는 것을 말한다[199].

즉, 조세특례제한법상 개인기업이 사업용자산을 현물출자 등을 통하여 법인(소비성서비스업을 제외한 법인)으로 전환하는 경우 양도소득세를 이월과세 적용받을 수 있으며, 자산취득에 따른 취득세도 2021.12.31.까지는 75%(2018.12.31.까지는 100%) 면제받을 수 있기 때문에 장기적인 승계전략 수립시 해당 규정을 이해할 필요가 있을 것이다[200].

법인전환에 대한 보다 자세한 내용은 후술하는 제2편 제1장 제2절 "Ⅱ. 법인전환 절차 및 세무"편을 참고하기 바란다.

198) "사업용고정자산"이라 함은 당해 사업에 직접 사용하는 유형자산과 무형자산을 말하되 업무와 관련없는 부동산은 제외한다(조세특례제한법 시행령 제28조 제2항).

199) 조세특례제한법 제2조

200) 조세특례제한법 제31조, 제32조, 지방세특례제한법 제57조의 2 제3항 제5호, 제4항

4. 특수관계인간 양도거래 시 과세방법

가. 배우자 또는 직계존비속에게 직접 양도시 증여 추정

배우자 또는 직계존비속에게 양도한 재산은 양도자가 그 재산을 양도한 때에 그 재산의 가액을 배우자 등이 증여받은 것으로 추정하여 이를 배우자등의 증여재산가액으로 한다[201]. 다만, 경매, 공매, 파산에 의한 경우 또는 배우자 등이 대가를 받고 양도한 사실이 명백한 경우 등에는 증여추정규정이 적용되지 아니한다[202].

본 조 증여추정규정에서 배우자 및 직계존비속의 범위는 다음과 같다[203].

① 배우자는 민법상 혼인관계에 의한 배우자를 말한다. 따라서 사실혼에 의한 배우자는 포함되지 아니한다.

② 직계비속에는 친양자 및 출양자도 포함된다.

③ 계모자 관계, 적모서자 관계는 직계존비속 관계에 해당되지 아니한다.

④ 며느리와 시아버지・시어머니 관계 그리고 사위와 장인・장모의 관계는 직계존비속 관계가 아니라 친족관계이다.

나. 배우자 또는 직계존비속에게 간접 양도시 증여 추정

특수관계인에게 양도한 재산을 그 특수관계인(이하 "양수자")이 양수일부터 3년 이내에 당초 양도자의 배우자 또는 직계존비속에게 다시 양도한 경우에는 양수자가 그 재산을 양도한 당시의 재산가액을 그 배우자 또는 직계존비속이 증여받은 것으로 추정하여 이를 배우자 또는 직계존비속의 증여재산가액으로 한다. 다만, 당초 양도자 및 양수자가 부담한 소득세법에 따른 결정세액을 합친 금액이 양수자가 그 재산을 양도한 당시의 재산가액을 당초 그 배우자 등이 증여받은 것으로 추정할 경우의 증여세액보다 큰 경우에는 그러하지 아니하다[204].

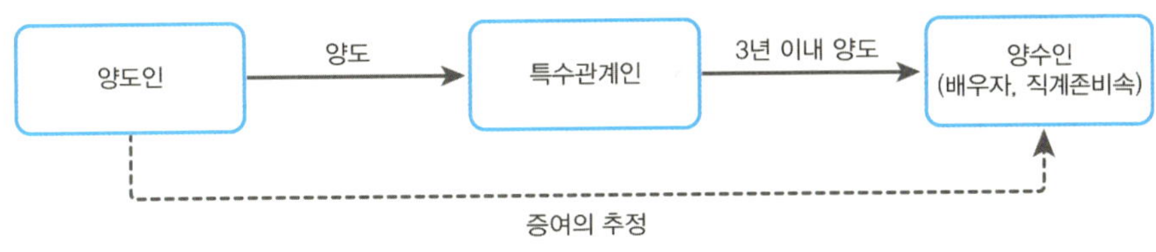

201) 상속세 및 증여세법 제44조 제1항
202) 상속세 및 증여세법 제44조 제3항
203) 상속세 및 증여세법 집행기준 44-0-2【배우자와 직계존비속의 범위】. 단, 이 중 직계존비속의 범위가 증여세액공제에서 정하고 있는 범위와 해석차이가 있는데 명확화가 필요한 상태이다.
204) 상속세 및 증여세법 제44조 제2항. 증여세가 부과되는 경우 소득세는 부과되지 아니함(동조 제4항).

상기 가), 나)의 증여추정규정을 적용하지 아니하는 경우

1. 법원의 결정으로 경매절차에 따라 처분된 경우
2. 파산선고로 인하여 처분된 경우
3. 국세징수법에 따라 공매(公賣)된 경우
4. 자본시장과 금융투자업에 관한 법률 제8조의 2 제4항 제1호에 따른 증권시장을 통하여 유가증권이 처분된 경우. 다만, 불특정 다수인 간의 거래에 의하여 처분된 것으로 볼 수 없는 경우로서 시간외대량매매 방법으로 매매된 것(당일 종가로 매매된 것은 제외)은 제외한다.
5. 배우자 등에게 대가를 받고 양도한 사실이 명백히 인정되는 경우로서 다음 각 항의 어느 하나에 해당하는 경우[205)]
   ① 권리의 이전이나 행사에 등기 또는 등록을 요하는 재산을 서로 교환한 경우
   ② 이미 과세(비과세 또는 감면 포함)되었거나 신고한 소득금액 또는 상속 및 수증재산의 가액으로 그 대가를 지급한 사실이 입증되는 경우
   ③ 소유재산 처분금액으로 그 대가를 지급한 사실이 입증되는 경우
   ④ 배우자 등의 채무 부담사실이 명백하고 동 채무로 대가를 지급한 경우

다. 수증자가 5년 내 타인에게 양도시 증여자 직접 양도의제

특수관계인(이월과세를 적용받는 배우자 및 직계존비속의 경우 제외)에게 자산을 증여한 후 그 자산을 증여받은 자가 그 증여일부터 5년 이내에 다시 타인에게 양도한 경우로서 다음의 제1호에 따른 세액이 제2호에 따른 세액보다 적은 경우에는 증여자가 그 자산을 직접 양도한 것으로 본다. 다만, 양도소득이 해당 수증자에게 실질적으로 귀속된 경우에는 그러하지 아니하다[206)].

1. 증여받은 자의 증여세(상속세 및 증여세법에 따른 산출세액에서 공제・감면세액을 뺀 세액)와 양도소득세(양도소득세법 결정세액)를 합한 세액
2. 증여자가 직접 양도하는 경우로 보아 계산한 양도소득세

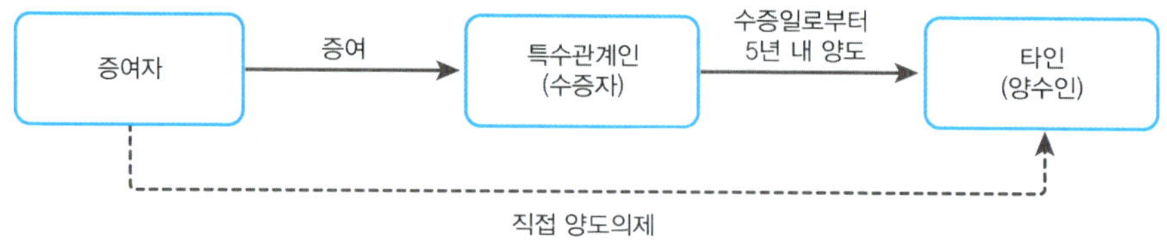

205) 상속세 및 증여세법 시행령 제33조 제3항, 동법 집행기준 44-33-2
206) 소득세법 제101조 제2항. 소득세가 부과되는 경우 증여세는 부과되지 아니함(동조 제3항).

5. 거주자의 국외전출세

국외전출세는 거주자인 고액 주식보유자가 조세피난처 등으로 이민을 간 후 주식 등을 양도함으로 역외 조세회피를 방지하고 국내 재산에 대한 과세권을 확보하기 위해 거주자가 이민 등으로 국외로 출국하는 경우 국외전출일에 국내주식을 양도한 것으로 보아 양도소득세(2023.1.1. 이후부터는 금융투자소득세 및 양도소득세로 구분과세)를 과세하기 위해 도입된 제도로서 2018년 1월 1일 이후 거주자가 출국하는 경우부터 적용한다[207].

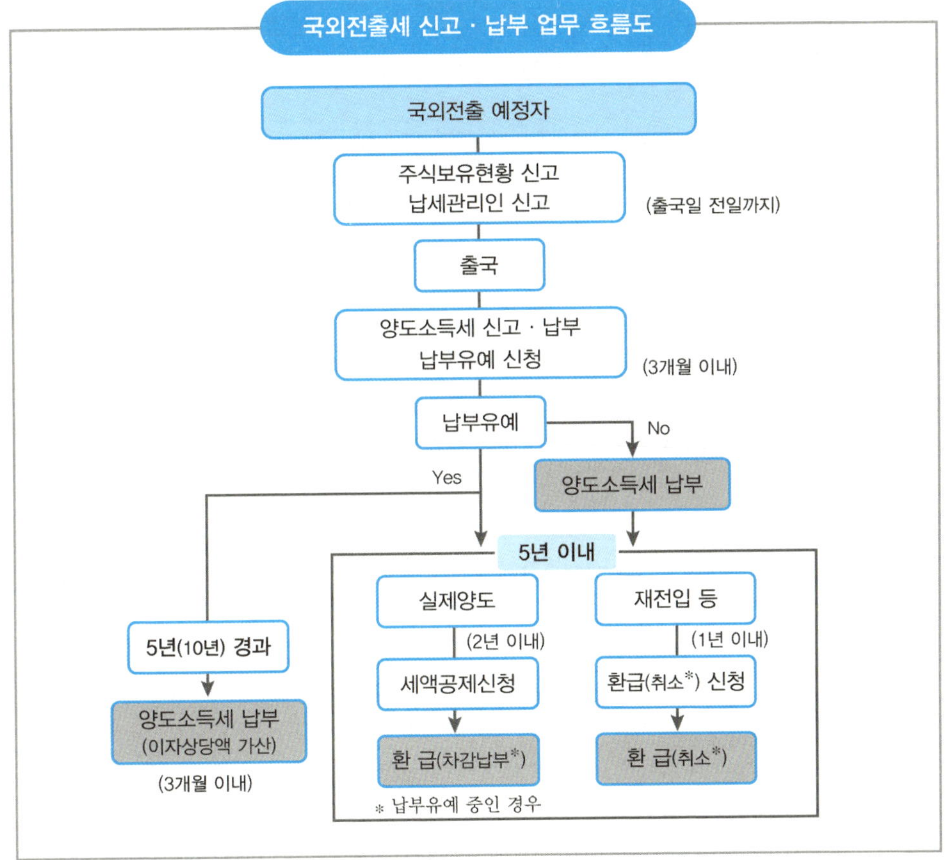

가. 국외전출세의 납세의무자 요건

다음의 요건을 모두 갖추어 출국하는 거주자(이하 "국외전출자")는 출국 당시 소유한 「소득세법」 제94조 제1항 제3호(**주식 등**) 및 같은 항 제4호 다목 및 라목(**특정주식**(A, B))에 해당하는 주식 등의 평가이익에 대하여 소득세를 납부할 의무가 있다.

207) 소득세법 제11절 거주자의 출국시 국내주식 등에 대한 과세특례(제118조의 9~제118조의 18)

① **출국일 10년 전부터 출국일까지의 기간 중 국내에 주소나 거소를 둔 기간의 합계가 5년 이상일 것**

② 출국일이 속하는 연도의 직전 연도 종료일 현재 소유하고 있는 주식 등의 비율·시가총액 등을 고려한 **대주주**(「소득세법 시행령」 제167조의 8 제1항 각 호의 어느 하나에 해당하는 자)일 것

나. 국외전출세의 계산구조

국외전출자의 양도소득에 대한 과세표준은 다음 계산식에 따르며, 종합소득, 퇴직소득 및 법 제92조 제2항에 의한 거주자의 양도소득 과세표준과 구분하여 계산한다.

구 분	내 용
양도가액	• 원칙: 출국일 당시의 시가(주1)
(−) 필요경비	• 주식 등 양도시 필요경비 준용
= 양도소득금액	• 국내 주식 등의 평가이익
(−) 양도소득기본공제	• 연 250만원 공제
= 양도소득 과세표준	• 다른 종합소득, 퇴직소득, 일반 양도소득과세표준과 구분계산
(×) 세율	• 누진세율(주2) = 과세표준 3억원 이하분 20%, 3억원 초과분 25% 단, 중소기업 주식은 2019.12.31.까지는 20% 적용
= 산출세액	
(−) 감면·공제세액	• 조정공제액(주3) • 외국납부세액공제(주4) • 비거주자의 국내원천소득 세액공제(주5) (*) 세액공제를 받고자하는 자는 국내주식 등을 실제 양도한 날부터 2년 이내에 해당 공제신청서를 납세지 관할 세무서장에게 제출해야 함.
(+) 가산세	• 국내주식 등 보유현황 무신고·누락신고시(액면가액의 2% 가산세)
= 차가감납부할세액	• 납부유예 가능(분납 규정 없음)

(주1) 양도가액

국외전출자 국내주식 등의 양도가액은 국외전출자의 출국일 당시의 시가(해당 주식 등의 거래가액을 의미함)로 한다. 다만, 시가를 산정하기 어려울 때에는 다음의 구분에 따른 방법에 따른다[208].

구분		양도가액
시가 불분명한 경우	주권상장법인 주식 등	국외전출일 이전 1개월 최종 시세가액의 평균액(기준시가)
	주권비상장법인 주식 등 (①, ②를 순차로 적용)	① 출국일 전후 각 3개월 이내에 매매사례가 있는 경우 그 가액
		② 법 제99조 제1항 제4호에 따른 기준시가

208) 소득세법 제118조의 10

(주2) 누진세율은 2019.1.1. 이후 거주자가 출국하는 경우부터 적용함(2018.1.1.~12.31.까지는 단일세율 20%)

(주3) 조정공제

국외전출자가 출국한 후 국내주식 등을 실제 양도한 경우로서 실제 양도가액이 국외전출시 과세대상으로 삼았던 양도가액보다 낮은 때에는 아래 계산식에 따라 세액을 산출세액에서 공제한다[209].

(제118조의 10 제1항에 따른 양도가액 - 실제양도가액) × 국외전출세 세율

(주4) 외국납부세액공제

국외전출자가 출국한 후 국내주식 등을 실제로 양도하여 해당 자산의 양도소득에 대하여 외국정부(지방자치단체를 포함)에 세액을 납부하였거나 납부할 것이 있는 때에는 산출세액에서 조정공제액을 공제한 금액을 한도로 다음의 계산식에 따라 계산한 외국납부세액을 산출세액에서 공제한다[210].

외국납부세액 공제 Min(①, ②) ① 외국납부세액 = 해당 자산의 양도소득에 대하여 외국정부에 납부한 세액 × [제118조의 10 제1항에 따른 양도가액(제118조의 12 제1항에 해당하는 경우에는 실제 양도가액) - 제118조의 10 제2항에 따른 필요경비] ÷ (실제 양도가액 - 제118조의 10 제2항에 따른 필요경비) ② 한도액: 산출세액 - 조정공제액

(주5) 비거주자의 국내원천소득 세액공제

국외전출자가 출국한 후 국내주식 등을 실제로 양도하여 비거주자의 국내원천소득으로 국내에서 과세되는 경우에는 산출세액에서 조정공제액을 공제한 금액을 한도로 산출세액에서 공제한다. 이 경우 외국납부세액의 공제를 적용하지 아니한다[211].

비거주자의 국내원천소득에 대한 세액공제 : Min[①, ②] ① 국내원천소득에 대한 세액 : 양도가액 × 10%* ② 한도액: 산출세액 - 조정공제액 * 취득가액 및 양도비용이 확인되는 경우에는 양도가액의 10%와 양도차익의 20% 중 적은 금액으로 한다(소법 제156조 제1항 제7호).

다. 국외전출세의 신고납부 및 환급

1) 주식 등 보유현황 제출

국외전출자는 국내 주식 등의 양도소득에 대한 **납세관리인**과 출국일이 속하는 연도의 직전 연도 종료일 현재 국외전출자 **국내 주식 등의 보유현황**을 **출국일 전날**까지 납세지 관할 세무서장에게 신고하여야 한다. 이 경우 국외전출자 국내주식 등의 보유현황은 신고일의 전날을 기준으로 작성한다[212].

209) 소득세법 제118조의 12
210) 소득세법 제118조의 13
211) 소득세법 제118조의 14
212) 소득세법 제118조의 15 제1항

2) 과세표준 신고납부

국외전출자는 국외전출에 따른 양도소득과세표준을 **출국일이 속하는 달의 말일부터 3개월 이내**(납세관리인을 신고한 경우에는 그 과세기간의 다음 연도 5월 1일부터 5월 31일까지)에 양도소득과세표준신고서 및 납부계산서를 납세지 관할 세무서장에게 신고·납부하여야 한다[213].

3) 납부유예

국외전출자는 **납세관리인을 두면서 납세담보를 제공하는 경우**에는 출국일부터 국외전출자 국내주식 등을 실제로 양도할 때까지 납세지 관할 세무서장에게 양도소득세 납부의 유예신청서를 제출하여 납부를 유예받을 수 있다[214].

① 납부유예액의 납부방법

- 출국일부터 5년(국외전출자의 국외유학 등 사유에 해당하는 경우에는 10년) 이내에 국외전출자 국내주식 등을 양도하지 아니한 경우에는 **출국일부터 5년이 되는 날이 속하는 달의 말일부터 3개월 이내**에 국내주식 등에 대한 양도소득세를 납부
- 국내주식 등을 **실제 양도한 경우 양도일이 속하는 달의 말일부터 3개월 이내**에 국내주식 등에 대한 양도소득세를 납부

② 납부유예액에 대한 이자상당액 가산

납부를 유예받은 국외전출자는 국외전출자 국내주식 등에 대한 양도소득세를 납부할 때는 이자상당액을 가산하여 납부하여야 한다.

4) 재진입 등에 따른 환급

국외전출자(상속이 이루어지는 경우에는 상속인을 말함)는 다음의 어느 하나에 해당하는 사유가 발생한 경우 그 **사유가 발생한 날부터 1년 이내**에 납세지 관할 세무서장에게 납부한 세액의 환급을 신청하거나 납부유예 중인 세액의 취소를 신청하여야 한다[215]. 이 경우 ②③항은 국세기본법에도 불구하고 환급시 국세환급금가산금을 가산하지 않는다.

① 국외전출자가 **출국일부터 5년 이내**에 국외전출자 국내주식 등을 양도하지 아니하고 국내에 다시 입국(국내에 다시 주소를 두거나 출국일 후 국내에 거소를 둔 기간이 2과세

213) 소득세법 제118조의 15 제2항, 제3항
214) 소득세법 제118조의 16
215) 소득세법 제118조의 17

기간에 걸쳐 183일 이상인 것을 말함)한 경우

② 국외전출자가 출국일부터 5년 이내에 국외전출자 국내주식 등을 거주자에게 증여한 경우

③ 국외전출자의 상속인이 국외전출자의 출국일부터 5년 이내에 국외전출자 국내주식 등을 상속받은 경우

6. 금융투자소득세(2023.1.1. 이후 시행)

가. 금융투자소득 개요

현행 주식등에 대한 양도소득 과세체계가 2023.1.1. 이후 양도분부터는 금융투자소득으로 구분하여 계산하도록 개정된 상태이다. 개정된 금융투자소득의 가장 큰 특징은 현행 주식등에 대한 대주주와 소액주주 구분없이 발생되는 금융투자소득(주식등소득, 채권등소득, 투자계약증권소득, 집합투자기구소득, 파생결합증권소득 및 파생상품소득)금액을 합한 금액으로 구분계산하고, 5년 이내 발생한 금융투자결손금과 기본공제금액(5천만원 또는 2.5백만원)을 차례로 공제하여 과세표준을 계산하도록 규정하고 있다[216].

나. 금융투자소득 계산구조

2023.1.1. 이후 시행되는 금융투자소득에 대한 계산구조는 다음과 같다. 이는 기존 대주주인 금융자산가에게 엄청난 혜택으로 개정된 상태이다. 따라서 실제 시행시점에 기존의 수직적 공평과세 관점으로 재・개정 여부에 대하여 확인할 필요가 있다.

구 분	금융투자소득 계산구조
양도가액	**□ 주식등・채권등・투자계약증권양도가액** • 양도자와 양수자가 실제로 거래한 가액, 양도소득세법 준용
(－)필요경비	**□ 주식등・채권등・투자계약증권소득의 필요경비＝ ①＋②＋③** ① 취득가액*(실지거래가액을 확인할 수 없는 경우 매매사례가액, 환산취득가액을 순차적으로 적용) * 취득가액의 평가방법은 다음 각 호의 구분에 따른 방법을 준용하여 계좌별로 한다. 1. 주식등: 영 제92조 제2항 제5호에 따른 이동평균법 2. 채권등: 영 제92조 제2항 제1호에 따른 개별법과 같은 항 제5호에 따른 이동평균법 중 납세자가 신고한 방법. 다만, 신고하지 않은 경우에는 개별법을 적용한다. 3. 투자계약증권: 영 제92조 제2항 제1호에 따른 개별법

216) 소득세법 제2장의 2 거주자의 금융투자소득에 대한 납세의무(제87조의 2~제87조의 27)

구 분	금융투자소득 계산구조
	② 자본적 지출액(취득 이후 소송비용 등) ③ 양도비 □ **주식 의제취득가액 도입** 1. 대상: 2022년까지 비과세 되는 ① 소액주주 국내상장주식, ② 소액주주가 K-OTC를 통해 양도하는 중소·중견기업 비상장주식 2. 의제취득가액: Max(2022년 과세기간 종료일*의 가액, 실제 취득가액) * 단, 과세기간 종료일이 매매가 없는 날인 경우 종료일 전 매매가 있는 마지막 날 □ **배우자로부터 증여받은 주식등 양도시 필요경비 계산 특례** 1. 요건: 양도일부터 소급하여 1년 이내에 배우자에게 증여받은 주식등 양도 2. 취득가액 조정: 증여자의 당초 취득가액으로 의제 3. 증여세 필요경비 산입: 증여받은 주식등에 대해 납부했거나 납부할 증여세 상당액이 있는 경우 필요경비 산입 4. 비교과세: 특례를 적용하는 경우와 적용하지 않는 경우의 소득금액을 비교하여 전자가 큰 경우에만 특례적용 □ **가업상속공제가 적용된 주식등의 필요경비 계산시 취득가액 특례** 1. 취득가액: ① + ② ① 피상속인의 취득가액 × 가업상속공제 적용률 ② 상속개시일의 자산가액 × (1 - 가업상속공제 적용률)
= 소득금액	□ **주식등·채권등·투자계약증권소득금액** • 소득금액 = 양도가액 - 필요경비 □ **집합투자기구소득금액** = ① + ② ① 적격 집합투자기구 분배소득금액: 기준가격 등을 고려하여 정한 금액 ② 집합투자증권 양도소득금액: 양도가액, 기준가격 등을 고려하여 정한 금액 □ **파생결합증권소득금액** • 파생결합증권으로부터의 분배금, 회수한 금전의 가액, 지급한 금전의 가액 및 보수·수수료 등을 고려하여 정한 금액 □ **파생상품소득금액** • 선물, 선도, 스왑, 옵션에 대해 계약 시 약정가격, 최종결제가격 등을 고려하여 정한 금액
(-)투자결손금	• 해당 과세기간의 개시일 전 5년 이내에 발생한 따른 금융투자결손금
(-)기본공제	□ **기본공제는 다음과 같이 구분해서 적용** 1. 국내 상장주식, 공모 국내주식형 적격 집합투자기구, K-OTC를 통한 중소·중견기업 비상장주식: 5**천만원** 2. 기타 금융투자상품: 2.5**백만원**

구 분	금융투자소득 계산구조
= 과세표준	
(×) 세율	• 과세표준 3억원 이하분 20%, 3억원 초과분 25%
= 산출세액	
비고	• 예정신고(주1) 납부기한

(주1) 예정신고기한

1. 금융회사등을 통하여 지급받지 아니한 금융투자소득: 지급일이 속하는 반기(半期)의 말일부터 2개월
2. 금융회사등을 통하여 지급받은 금융투자소득 중 제127조에 따라 원천징수되지 아니한 소득: 지급일이 속하는 달의 말일부터 2개월
3. 부담부증여 시 수증자가 부담하는 채무액에 해당하는 부분으로서 양도로 보는 부분에 대한 소득: 양도일이 속하는 달의 말일부터 2개월

Ⅳ 취득세

1. 취득세 과세대상

가. 취득의 정의

지방세법에서 취득이라 함은 매매, 교환, 상속, 증여, 기부, 법인에 대한 현물출자, 건축, 개수(改修), 공유수면의 매립, 간척에 의한 토지의 조성 등과 그 밖에 이와 유사한 취득으로서 원시취득(수용재결로 취득한 경우 등 과세대상이 이미 존재하는 상태에서 취득하는 경우는 제외한다), 승계취득 또는 유상·무상의 모든 취득을 말한다[217].

다시 말해 지방세법상 「취득」이라 함은 취득자가 소유권이전등기·등록 등 완전한 내용의 소유권을 취득하는가의 여부에 관계없이 **사실상의 취득행위**(잔금지급, 연부금완납 등) 그 자체를 말하는 것이다.

여기서 "사실상 취득"이라 함은 일반적으로 등기와 같은 소유권 형식의 형식적 요건을 갖추지는 못하였으나 대금의 지급과 같은 소유권 취득의 실질적 요건을 갖춘 경우를 말하는데[218], 매매에 있어서는 사회통념상 대금의 거의 전부가 지급되었다 볼 만한 정도의 대금지급이 이행되었음을 뜻한다[219].

217) 지방세법 제6조 제1호
218) 대법원 2001.2.9. 선고, 2000두2204 판결
219) 대법원 1993.4.27. 선고, 92누8934 판결

① 취득의 유형 구분

취득세에서 취득의 유형을 구별하는 실익은 취득세 세율의 세율 적용상 차이가 있기 때문에 그 구별에 따른 실익이 있는 것이다.

구 분	내 용
승계취득	이미 존재하고 있는 물건 등을 이전하는 것 "소유권 이전" • 유상승계취득: 매매, 교환, 현물출자, 사업(포괄)양수도, 물적분할 등 • 무상승계취득: 증여, 기부, 상속, 합병, 인적분할 등
원시취득	어떤 권리를 타인으로부터 물려받지 않고, 없던 것을 새로이 취득하는 것 • 공유수면매립, 간척, 신축, 증축, 건조, 제조, 조립, 출원 등
간주취득	물건 등의 가치증가 등에 대하여 취득으로 간주하는 간주취득 • 토지: 지목변경 • 건축물: 개수 • 차량, 기계장비, 선박: 종류(구조)변경 • 과점주주의 주식취득

② 건축물의 간주취득(개수)

여기서 "개수"란 다음 각 목의 어느 하나에 해당하는 것을 말한다[220].

가. 「건축법」 제2조 제1항 제9호에 따른 대수선*

나. 건축물 중 레저시설, 저장시설, 도크(dock)시설, 접안시설, 도관시설, 급수·배수시설, 에너지공급시설 및 그 밖에 이와 유사한 시설(이에 딸린 시설을 포함한다)로서 대통령령으로 정하는 것*을 수선하는 것

다. 건축물에 딸린 시설물 중 대통령령으로 정하는 시설물*을 한 종류 이상 설치하거나 수선하는 것

* 개수관련 대수선 등에 대한 개념

대수선	"대수선"이란 건축물의 기둥, 보, 내력벽, 주계단 등의 구조나 외부 형태를 수선·변경하거나 증설하는 것으로서 다음의 대통령령으로 정하는 것을 말한다. "대통령령으로 정하는 것"이란 다음 각 호의 어느 하나에 해당하는 것으로서 증축·개축 또는 재축에 해당하지 아니하는 것을 말한다. 1. 내력벽을 증설 또는 해체하거나 그 벽면적을 30제곱미터 이상 수선 또는 변경하는 것 2. 기둥을 증설 또는 해체하거나 세 개 이상 수선 또는 변경하는 것 3. 보를 증설 또는 해체하거나 세 개 이상 수선 또는 변경하는 것 4. 지붕틀(한옥의 경우에는 지붕틀의 범위에서 서까래는 제외한다)을 증설 또는 해체하거나 세 개 이상 수선 또는 변경하는 것 5. 방화벽 또는 방화구획을 위한 바닥 또는 벽을 증설 또는 해체하거나 수선 또는 변경하는 것

220) 지방세법 제6조 제6호

	6. 주계단·피난계단 또는 특별피난계단을 증설 또는 해체하거나 수선 또는 변경하는 것 7. 미관지구에서 건축물의 외부형태(담장을 포함한다)를 변경하는 것 8. 다가구주택의 가구 간 경계벽 또는 다세대주택의 세대 간 경계벽을 증설 또는 해체하거나 수선 또는 변경하는 것 9. 건축물의 외벽에 사용하는 마감재료(법 제52조 제2항에 따른 마감재료를 말한다)를 증설 또는 해체하거나 벽면적 30제곱미터 이상 수선 또는 변경하는 것
대통령령으로 정하는 것	각각 잔교(棧橋)(이와 유사한 구조물을 포함한다), 기계식 또는 철골조립식 주차장, 차량 또는 기계장비 등을 자동으로 세차 또는 세척하는 시설, 방송중계탑(방송법 제54조 제1항 제5호에 따라 국가가 필요로 하는 대외방송 및 사회교육방송 중계탑은 제외한다) 및 무선통신기지국용 철탑을 말한다.
대통령령으로 정하는 시설물	1. 승강기(엘리베이터, 에스컬레이터, 그 밖의 승강시설) 2. 시간당 20킬로와트 이상의 발전시설 3. 난방용·욕탕용 온수 및 열 공급시설 4. 시간당 7천560킬로칼로리급 이상의 에어컨(중앙조절식만 해당한다) 5. 부착된 금고 6. 교환시설 7. 건물의 냉난방, 급수·배수, 방화, 방범 등의 자동관리를 위하여 설치하는 인텔리전트 빌딩시스템 시설 8. 구내의 변전·배전시설

나. 취득세 과세대상

취득세는 **부동산(토지 및 건축물[221]), 차량[222], 기계장비[223], 항공기, 선박, 입목, 광업권, 어업권, 양식업권, 골프회원권, 승마회원권, 콘도미니엄 회원권, 종합체육시설 이용회원권 또는 요트회원권**을 취득한 자에게 부과한다[224]. 그리고 소유권 이전이나 건축 등에 의하여 취득하는 것이 아니라도 토지의 **지목변경**, 차량·기계장비·선박 등의 **종류변경**, **과점주주의 주식취득** 등도 취득으로 간주하여 취득세의 과세대상으로 하고 있다.

다만, 부동산, 차량, 기계장비 또는 항공기는 특별한 규정이 있는 경우를 제외하고는 해당 물건을 취득하였을 때의 사실상 현황에 따라 부과하나 취득하였을 때의 사실상 현황이 분명하지 아니한 경우에는 공부상의 등재 현황에 따라 부과한다[225].

221) 건축물
건축법 제2조 제1항 제2호에 따른 건축물(이와 유사한 형태의 건축물을 포함)과 토지에 정착하거나 지하 또는 다른 구조물에 설치하는 레저시설, 저장시설, 도크시설, 접안시설, 도관시설, 급수·배수시설, 에너지 공급시설 및 그 밖에 이와 유사한 시설(이에 딸린 시설을 포함)로서 일정한 시설(지방세법 제6조 제4호 및 지방세법 시행령 제5조)

222) 차량
원동기를 장치한 모든 차량(원동기로 육상을 이동할 목적으로 제작된 모든 용구. 다만, 총 배기량 50시시 미만의 이륜자동차는 제외)과 피견인차 및 궤도(궤도운송법 제2조 제1호에 따른 궤도를 말함)로 승객 또는 화물을 운반하는 모든 기구(지방세법 제6조 제7호 및 지방세법 시행령 제7조)

223) 기계장치
건설공사용, 화물하역용 및 광업용으로 사용되는 기계장비로서 건설기계관리법에서 규정한 건설기계 및 이와 유사한 기계장비 중 지방세법 시행규칙 [별표 1]에 규정된 것을 말함(지방세법 제6조 제8호 및 지방세시행세칙 제3조).

224) 지방세법 제7조 제1항

다. 기업합병 · 분할 등에 대한 취득세 감면

승계과정에서 발생하는 취득세 중 합병, 분할, 법인전환 등에 대하여는 감면규정을 두고 있는데 그 중 일부 주요내용을 살펴보면 다음과 같다[226].

① 「법인세법」 제44조 제2항 또는 제3항에 해당하는 합병으로서 소비성서비업을 제외한 사업을 1년 이상 계속해서 영위한 법인간의 **합병에 따라 양수(讓受)하는 사업용 재산**을 2021년 12월 31일까지 취득하는 경우에는 **취득세의** 50%(법인으로서 「중소기업기본법」에 따른 중소기업 간 합병 및 법인이 기술혁신형사업법인과의 합병을 하는 경우에는 **취득세의** 60%)을 경감하되, 해당 재산이 지방세법 제15조 제1항 제3호 단서에 해당하는 경우에는 다음 각 호에서 정하는 금액을 빼고 산출한 취득세를 경감한다. 다만, 합병등기일부터 3년 이내에 「법인세법」 제44조의 3 제3항 각 호의 어느 하나에 해당하는 사유가 발생하는 경우(같은 항 각 호 외의 부분 단서에 해당하는 경우는 제외한다)에는 경감된 취득세를 추징한다.

1. 「지방세법」 제13조 제1항에 따른 취득 재산에 대해서는 같은 조에 따른 중과기준세율(이하 "중과기준세율"이라 한다)의 100분의 300을 적용하여 산정한 금액
2. 「지방세법」 제13조 제5항에 따른 취득 재산에 대해서는 중과기준세율의 100분의 500을 적용하여 산정한 금액

② 다음 각 호의 어느 하나에 해당하는 재산을 2021년 12월 31일까지 취득하는 경우에는 **취득세의** 75%를 경감한다.

1. 「법인세법」 제46조 제2항 각 호(물적분할의 경우에는 같은 법 제47조 제1항을 말한다)의 요건을 갖춘 **분할로 인하여 취득하는 재산**. 다만, 분할등기일부터 3년 이내에 같은 법 제46조의 3 제3항(물적분할의 경우에는 같은 법 제47조 제3항을 말한다) 각 호의 어느 하나에 해당하는 사유가 발생하는 경우(같은 항 각 호 외의 부분 단서에 해당하는 경우는 제외한다)에는 경감받은 취득세를 추징한다.
2. 「법인세법」 제47조의 2에 따른 **현물출자에 따라 취득하는 재산**. 다만, 취득일부터 3년 이내에 같은 법 제47조의 2 제3항 각 호의 어느 하나에 해당하는 사유가 발생하는 경우(같은 항 각 호 외의 부분 단서에 해당하는 경우는 제외한다)에는 경감받은 취득세를 추징한다.
3. 「법인세법」 제50조에 따른 자산교환에 따라 취득하는 재산

---

225) 지방세법 시행령 제13조
226) 지방세특례제한법 제57조의 2

4. 「조세특례제한법」 제31조에 따른 **중소기업 간의 통합에 따라** 설립되거나 존속하는 법인이 양수하는 해당 **사업용 재산**. 다만, 사업용 재산을 취득한 날부터 5년 이내에 같은 조 제7항 각 호의 어느 하나에 해당하는 사유가 발생하는 경우에는 경감받은 취득세를 추징한다.

③ 「조세특례제한법」 제32조에 따른 현물출자 또는 사업 양도·양수에 따라 2021년 12월 31일까지 취득하는 사업용 고정자산에 대해서는 취득세의 75%를 경감(2020.8.12. 이후부터 한국표준산업분류에 따른 부동산 임대 및 공급업에 대해서는 경감 제외)한다. 다만, 취득일부터 5년(2019.1.1. 이후분부터 시행(2018.12.31.까지 감면분은 2년)) 이내에 정당한 사유 없이 해당 사업을 폐업하거나 해당 재산을 처분(임대를 포함. 단, 2020.8.12. 이전 부동산임대업의 임대는 제외) 또는 주식을 처분하는 경우에는 경감받은 취득세를 추징한다.

2. 취득세 취득시기

일상적인 부동산 등의 취득의 경우는 잔금지급일을 취득일로 하되, 잔금지급일 이전에 등기·등록을 한 경우는 해당 등기·등록일을 취득일로 보면 된다. 하지만 취득의 유형이 다양하여 지방세법은 부동산 등 취득세 과세대상의 취득시기에 대하여는 다음과 같이 세분하여 규정하고 있다[227].

구 분		취득시기
승계취득	무상승계취득	그 계약일(상속 또는 유증 개시일). 다만, 해당 취득물건을 등기·등록하지 아니하고 일정한 서류에 의하여 취득일부터 60일 이내에 계약이 해제된 사실이 입증되는 경우에는 취득한 것으로 보지 아니함(지령 §20 ① 및 지칙 §4의 3).
	유상승계취득	㉠ 신빙성이 보장되는 사실상의 취득가격이 적용되는 일정한 취득의 경우: 그 사실상의 잔금지급일(지령 §20 ② 1호) ㉡ 일반적인 유상 승계취득의 경우: 그 계약상의 잔금지급일(계약상 잔금지급일이 명시되지 아니한 경우에는 계약일부터 60일이 경과한 날)(지령 §20 ② 2호 및 지칙 §4의 3)
	차량·선박 등의 최초 승계취득	제조·조립 등이 완성되어 실수요자가 인도받는 날과 계약상의 잔금지급일 중 빠른 날을 최초의 승계취득일로 봄(지령 §20 ③).

227) 지방세법 시행령 제20조

구 분		취득시기
	수입에 따른 취득	해당 물건을 우리나라에 반입하는 날(보세구역을 경유하는 것은 수입신고필증 교부일)(지령 §20 ④)
	연부취득	연부로 취득하는 것[취득가액의 총액이 면세점(50만원) 적용을 받는 것은 제외]은 그 사실상의 연부금 지급일(지령 §20 ⑤)
	회원권의 기간연장의 경우	회원권 연장을 취득으로 보지 않음에 따라 '회원권 연장 관련 취득시기' 규정 삭제(지령 §20 ⑪)(2018.1.1. 이후 납세의무가 성립하는 분부터 적용)
	재산분할로 인한 취득	재산분할(민법 §839의 2 및 §843)로 인한 취득의 경우에는 취득물건의 등기일 또는 등록일을 취득일로 봄(지령 §20 ⑫).
	취득일 전에 등기·등록한 경우	취득일 전에 등기 또는 등록을 한 경우에는 그 등기일 또는 등록일에 취득한 것으로 봄(지령 §20 ⑬).
원시취득	건축물	건축물을 건축 또는 개수하여 취득하는 경우에는 사용승인서(준공검사 증명서, 준공인가증 및 사용승인서에 준하는 서류 포함)를 내주는 날(사용승인서를 내주기 전에 임시사용승인을 받은 경우에는 그 임시사용승인일을 말하고, 임시사용승인서를 받을 수 없는 건축물의 경우에는 사실상 사용이 가능한 날을 말함)과 사실상의 사용일 중 빠른 날을 취득일로 봄(지령 §20 ⑥).
	토지	매립·간척 등으로 토지를 원시취득하는 경우에는 공사 준공 인가일을 취득일로 봄. 다만, 공사 준공 인가일 전에 사용승낙·허가를 받거나 사실상 사용하는 경우에는 사용승낙일·허가일 또는 사실상 사용일 중 빠른 날(지령 §20 ⑧)
간주취득	차량·기계장비·선박의 종류변경에 따른 취득	변경한 날과 공부상 변경한 날 중 빠른 날을 취득일로 봄(지령 §20 ⑨).
	토지의 지목변경에 따른 취득	토지지목이 사실상 변경된 날과 공부상 변경된 날 중 빠른 날을 취득일로 봄. 다만, 토지의 지목변경일 이전에 사용하는 부분에 대해서는 그 사실상의 사용일을 취득일로 봄(지령 §20 ⑩).

3. 취득세 과세표준

가. 취득세 과세표준 산정방법

취득세의 과세표준은 "취득 당시의 가액"으로 하며, 연부[228]로 취득하는 경우에는 연부금액

228) 연부매매란 매매계약서상 연부계약 형식을 갖추고 일시에 완납할 수 없는 대금을 2년 이상에 걸쳐 일정액씩 분할하여 지급하는 것을 말함(지방세법 제6조 제20호).

(매회 사실상 지급되는 금액을 말하며, 취득금액에 포함되는 계약보증금을 포함)으로 한다[229].

"취득 당시의 가액"은 ① **취득자가 신고한 가액**으로 하되, 신고 또는 신고가액의 표시가 없거나 그 신고가액이 시가표준액[230]보다 적을 때에는 그 ② **시가표준액**으로 한다. 다만, 다음 각 호의 취득(증여·기부, 그 밖의 무상취득 및 소득세법 제101조 제1항 또는 법인세법 제52조 제1항에 따른 부당행위계산부인 규정 거래로 인한 취득은 제외한다)에 대하여는 ③ **사실상의 취득가격** 또는 연부금액을 과세표준으로 한다[231].

1. 국가, 지방자치단체 또는 지방자치단체조합으로부터의 취득
2. 외국으로부터의 수입에 의한 취득
3. 판결문·법인장부 중 대통령령으로 정하는 것에 따라 취득가격이 증명되는 취득
4. 공매방법에 의한 취득
5. 부동산 거래신고 등에 관한 법률 제3조에 따른 신고서를 제출하여 같은 법 제5조에 따라 검증이 이루어진 취득(2016.1.19. 개정; 부동산 거래신고에 관한 법률 부칙)

과세표준 산정방법

① 취득당시 신고가액
② 시가표준액: 신고가액이 없거나 신고가액이 시가표준액보다 적은 경우
③ 사실상 취득가액: 국가로부터 취득, 법인장부 등을 확인되는 경우

○ **합병의 경우 취득세 과세표준(대법원 98두19193, 2000.10.13.)**

법인의 합병으로 인하여 취득한 토지는 무상취득으로서, 합병 당시 법인장부에 기재된 당해 토지의 가격을 사실상의 취득가격으로 보아 취득세의 과세표준으로 삼을 수는 없다. 따라서 합병으로 인한 토지의 취득은 무상취득에 해당하여 시가표준액에 의하여 취득세 과세표준을 산정하여야 한다.

229) 지방세법 제10조 제1항

230) 지방세법 제4조: 지방세법상 시가표준액

구 분		산정방법
건물	주택	개별(공동)주택 공시가격
	주택 이외	지방자치단체장이 결정한 가액
토지		개별 공시시가

231) 지방세법 제10조 제5항

나. 사실상 취득가액의 계산

국가 등으로부터 취득하거나, 판결문이나 법인장부에 따라 취득기액이 증명되는 취득가격 또는 연부금액은 취득시기를 기준으로 그 이전에 해당 물건을 취득하기 위하여 거래 상대방 또는 제3자에게 지급하였거나 지급하여야 할 직접비용과 다음 각 호의 어느 하나에 해당하는 간접비용의 합계액으로 한다. 다만, 취득대금을 일시급 등으로 지급하여 일정액을 할인받은 경우에는 그 할인된 금액으로 한다[232].

1. 건설자금에 충당한 차입금의 이자 또는 이와 유사한 금융비용
2. 할부 또는 연부(年賦) 계약에 따른 이자 상당액 및 연체료. 다만, 법인이 아닌 자가 취득하는 경우는 취득가격 또는 연부금액에서 제외한다.
3. 「농지법」에 따른 농지보전부담금, 「문화예술진흥법」 제9조 제3항에 따른 미술작품의 설치 또는 문화예술진흥기금에 출연하는 금액, 「산지관리법」에 따른 대체산림자원조성비 등 관계 법령에 따라 의무적으로 부담하는 비용
4. 취득에 필요한 용역을 제공받은 대가로 지급하는 용역비·수수료
5. 취득대금 외에 당사자의 약정에 따른 취득자 조건 부담액과 채무인수액
6. 부동산을 취득하는 경우 「주택도시기금법」 제8조에 따라 매입한 국민주택채권을 해당 부동산의 취득 이전에 양도함으로써 발생하는 매각차손. 이 경우 행정안전부령으로 정하는 금융회사 등 외의 자에게 양도한 경우에는 동일한 날에 금융회사 등에 양도하였을 경우 발생하는 매각차손을 한도로 한다.
7. 「공인중개사법」에 따른 공인중개사에게 지급한 중개보수. 다만, 법인이 아닌 자가 취득하는 경우는 취득가격 또는 연부금액에서 제외한다. (2018. 12. 31. 신설)
8. 붙박이 가구·가전제품 등 건축물에 부착되거나 일체를 이루면서 건축물의 효용을 유지 또는 증대시키기 위한 설비·시설 등의 설치비용 (2019. 12. 31. 신설)
9. 정원 또는 부속시설물 등을 조성·설치하는 비용 (2019. 12. 31. 신설)
10. 제1호부터 제7호까지의 비용에 준하는 비용

232) 지방세법 시행령 제18조 제1항

4. 취득세 세율

가. 표준세율

지방세법상 부동산 등 취득에 관한 표준세율(일반세율)은 다음과 같다[233]. 이 중 1) 과밀억제권역 안 취득 등을 하는 경우와, 2) 법인의 주택 취득 등의 경우에는 별도로 중과규정을 두고 있다[234].

부동산 별 취득유형 구분		취득세 (표준세율)	농어촌특별세 (주1)	지방교육세 (주1)	합계세율
6억원 이하 주택(주2)	85㎡ 이하	1.0%	비과세	0.1%	1.1%
	85㎡ 초과	1.0%	0.2%	0.1%	1.3%
6억원 초과 9억원 이하 주택	85㎡ 이하	1%~3%	비과세	0.1%~0.3%	1.1%~3.3%
	85㎡ 초과	1%~3%	0.2%	0.1%~0.3%	1.4%~3.5%
9억원 초과 주택	85㎡ 이하	3.0%	비과세	0.3%	3.3%
	85㎡ 초과	3.0%	0.2%	0.3%	3.5%
주택 외 매매(토지, 건물 등)		4.0%	0.2%	0.4%	4.6%
주택 신축·증축 후 그 부속토지		4.0%	0.2%	0.4%	4.6%
원시취득, 상속(농지 외)		2.8%	0.2%	0.16%	3.16%
무상취득(증여)		3.5%	0.2%	0.3%	4.0%
농지	매매(신규)	3.0%	0.2%	0.2%	3.4%
	매매(2년 이상 자경)	1.5%	비과세	0.1%	1.6%
	상속	2.3%	0.2%	0.06%	2.56%

(주1) 농어촌특별세와 지방교육세는 요건에 따라 적용세율이 달라짐.
(주2) 주거용 건축물과 그 부속토지를 말함.

나. 중과세율

1) 과밀억제권역 안 취득 등 중과

지방세법은 별장·골프장·고급주택·고급오락장·고급선박을 취득하거나 과밀억제권역에서 법인이 본점·주사무소 사업용 부동산 또는 공장을 신설하거나 증설하기 위하여 사업용 과세물건을 취득하는 경우 취득세를 중과세하며, 과밀억제권역 내 법인의 본점·주사

233) 지방세법 제11조, 국세청 발간책자 "부동산과 세금" 참고
234) 지방세법 제13조 및 제13조의 2

무소 또는 지점·분사무소의 설치·설립 등기 및 과밀억제권역 내로의 법인의 본점 등 전입등기와 법인의 설립 또는 전입에 따른 5년 내 부동산 취득 및 법인등기시 취득세와 등록면허세를 중과세하는 제도를 두고 있다[235].

가) 본점 또는 주사업소용 부동산 등의 신축(증축)시 중과

과밀억제권역에서 본점 또는 주사무소의 사업용으로 신축하거나 증축하는 건축물과 그 부속토지를 취득하는 경우와 공장(산업집적활성화 및 공장설립에 관한 법률의 적용을 받는 산업단지·유치지역 및 국토의 계획 및 이용에 관한 법률의 적용을 받는 공업지역 제외)을 신설하거나 증설하기 위하여 사업용 과세물건을 취득하는 경우의 취득세율은 표준세율에 중과기준세율(2%)의 2배를 합한 세율을 적용한다.

중과세 적용세율 = 표준세율 + 중과가산세율 〔중과기준세율(2%) × 2배〕

| 과밀억제권역 부동산 등 신축·증축의 중과범위 및 제외 |

구 분	중과범위	중과제외
부동산의 신축·증축	본점 또는 주사무소의 사무소로 사용하는 부동산과 그 부대시설용 부동산	기숙사·합숙소·사택·연수시설·체육시설 등 복리후생시설과 향토예비군 병기고 및 탄약고 제외(지방세법 시행령 제25조)
공장의 신설·증설	건축물의 연면적에는 당해 공장의 제조시설을 지원하기 위하여 공장 경계구역 안에 설치되는 부대시설의 연면적을 포함	부대시설의 연면적에서 식당, 휴게실, 목욕실, 세탁장, 의료실, 옥외 체육시설 및 기숙사 등 종업원의 후생복지증진에 제공되는 시설과 대피소, 무기고, 탄약고 및 교육시설은 제외(지방세법 시행규칙 제7조 제1항)

나) 대도시내 신설법인 등의 부동산 취득시 중과

대도시[236]에서 법인을 설립(휴면법인인수 포함)하거나 지점 또는 분사무소를 설치하는 경우, 법인의 본점·주사무소·지점 또는 분사무소를 대도시로 전입(수도권의 경우 서울특별시로 전입도 대도시 전입으로 봄)함에 따라 대도시의 부동산을 취득(그 설립·설치·전입 이후의 부동산 취득을 포함)하는 경우 및 대도시에서 공장을 신설하거나 증설함에 따라 부동산을 취득하는 경우의 취득세는 표준세율의 3배에서 중과기준세율(2%)의 2배를 공제

235) 지방세법 제13조

236) 대도시는 「수도권정비계획법」 제6조에 따른 과밀억제권역(「산업집적활성화 및 공장설립에 관한 법률」을 적용받는 산업단지는 제외한다)을 말한다(지방세법 제13조 제2항).

한 세율을 적용한다[237].

중과세 적용세율 = 중과가산세율 〔표준세율 × 3배〕 − 중과기준세율(2%) × 2배

다만, 대도시에 설치가 불가피하다고 인정되는 업종으로서 은행업, 유통산업, 전기통신사업, 의료업, 여객운수사업, 중소기업 · 벤처기업제품판매회사 등 대통령령으로 정하는 업종(**"대도시 중과 제외 업종[238]"**)에 직접 사용할 목적으로 부동산을 취득하거나, 법인이 사원에 대한 분양 또는 임대용으로 직접 사용할 목적으로 주거용 부동산("사원주거용 목적 부동산")을 취득하는 경우의 취득세는 지방세법 제11조에 따른 해당 표준세율을 적용한다.

| 대도시 부동산 취득의 중과세범위 및 적용기준[239] |

구 분	대도시에 법인 설립 · 전입이전 시 부동산 취득	그 설립 · 설치 · 전입 이후의 부동산 취득
중과대상	법인 또는 사무소, 사업장(사무소 등)이 그 설립 · 설치 · 전입 이전에 법인의 본점 · 주사무소 · 지점 또는 분사무소[240]의 용도로 직접 사용하기 위한 부동산 취득(채권을 보전하거나 행사할 목적으로 하는 부동산 취득은 제외)	법인 또는 사무소 등이 설립 · 설치 · 전입 이후 **5년 이내**에 하는 업무용 · 비업무용 또는 사업용 · 비사업용의 모든 부동산 취득
중과제외	① 분할의 경우 분할등기일 현재 5년 이상 계속하여 사업을 한 대도시의 내국법인이 법인의 분할(「법인세법」 제46조 제2항 제1호 가목부터 다목까지의 요건을 갖춘 경우만 해당)로 법인을 설립하는 경우 중과세 대상으로 보지 아니한다. ② 합병의 경우 대도시에서 설립 후 5년이 경과한 법인(이하 "기존법인"이라 한다)이 다른 기존법인과 합병하는 경우에는 중과세 대상으로 보지 아니하며, 기존법인이 대도시에서 설립 후 5년이 경과되지 아니한 법인과 합병하여 기존법인 외의 법인이 합병 후 존속하는 법인이 되거나 새로운 법인을 신설하는 경우에는 합병 당시 기존법인에 대한 자산비율에 해당하는 부분을 중과세 대상으로 보지 아니한다.	

237) 지방세법 제13조 제2항
238) 지방세법 시행령 제26조
239) 지방세법 시행령 제27조 제3항 내지 제5항
240) "지점 또는 분사무소"란 반드시 민법 · 상법상의 지점 · 분사무소를 가리키는 것이 아니고 사업장 · 출장소 등 명칭 여하에 불구하고 업무처리를 위한 본점 이외의 사무소를 말하는 것임. 즉, 사실상 부가가치세법 등에 따른 사업자등록 대상 '지점'으로 이용하면서도 고의로 사업자등록을 하지 아니함으로써 중과세를 회피하는 사례를 방지하기 위해, 종전 취득세 중과대상 '지점' 요건을 부가가치세법 등에 따라 등록된 사업장에서 **등록대상 사업장**으로 개정하였으며, 동 개정규정은 2014.1.1.부터 시행함.

대도시 5년경과 법인의 부동산취득 중과여부

○ 서울세무-1348, 2018.1.17.(서울세제-12071, 2016.8.26.)

서울시에서 설립한 지 5년이 경과한 법인이 서울시의 부동산을 매입하여 해당 법인의 본점으로 사용하는 경우라면 취득세 중과세 대상에 해당하지 않음.

[해설] 지방세법 제13조 제2항, 시행령 제27조 제3항, 시행규칙 제6조에서는 "대도시에서 법인을 설립하거나 지점 또는 분사무소를 설치하는 경우 및 법인의 본점·주사무소·지점(법인세법 등에 따른 등록대상 사업장으로서 인적 물적 설비를 갖추고 계속하여 사무 또는 사업이 행하여지는 사업장) 또는 분사무소를 대도시내로 전입 이후 5년 이내에 취득하는 업무용·비업무용 또는 사업용·비사업용의 모든 부동산에 대하여는 취득세를 중과세한다"라고 규정하고 있으므로, 귀 법인의 경우 2008년 10월에 설립하여 서울시 강남구 소재 건물을 임차하여 본점으로 사용하여 오다가 본점설립 이후 5년을 충분히 경과한 2016년 2월에 서울시 강남구 소재 부동산을 매매로 취득하고, 이를 본점으로 사용하는 경우라면 지방세법 제13조 제2항의 취득세 중과세 대상에 해당하지 아니한 것으로 판단됨.

다) 사치성 재산 등의 취득세 중과

별장, 골프장, 고급주택, 고급오락장, 고급선박 등을 취득하는 경우의 취득세율은 지방세법 표준세율(지방세법 제11조 및 제12조의 세율)과 중과기준세율(2%)의 4배를 합한 세율을 적용한다.

중과세 적용세율 = 표준세율 + 중과가산세율 〔중과기준세율 × 4배〕

고급주택 판단

고급주택으로 보는 주거용 건축물과 그 부속토지는 다음 각 호의 어느 하나에 해당하는 것으로 한다. 다만, 주거용 건축물과 그 부속토지 또는 공동주택과 그 부속토지는 취득 당시의 시가표준액이 9억원을 초과하는 경우만 해당한다[241].

1. 1구(1세대가 독립하여 구분 사용할 수 있도록 구획된 부분을 말한다)의 건축물의 연면적(주차장면적은 제외한다)이 331제곱미터를 초과하는 주거용 건축물과 그 부속토지
2. 1구의 건축물의 대지면적이 662제곱미터를 초과하는 주거용 건축물과 그 부속토지

2의 2. 1구의 건축물에 엘리베이터(적재하중 200킬로그램 이하의 소형엘리베이터는 제외한다)가 설치된 주거용 건축물과 그 부속토지(공동주택과 그 부속토지는 제외한다)

3. 1구의 건축물에 에스컬레이터 또는 67제곱미터 이상의 수영장 중 1개 이상의 시설이 설치된 주거용 건축물과 그 부속토지(공동주택과 그 부속토지는 제외한다)
4. 1구의 공동주택(여러 가구가 한 건축물에 거주할 수 있도록 건축된 다가구용 주택을 포함하되, 이 경우 한 가구가 독립하여 거주할 수 있도록 구획된 부분을 각각 1구의 건축물로 본다)의 건축물 연면적(공용면적은 제외한다)이 245제곱미터(복층형은 274제곱미터로 하되, 한 층의 면적이 245제곱미터를 초과하는 것은 제외한다)를 초과하는 공동주택과 그 부속토지

2) 법인의 주택 취득 등 중과

주택 실수요자를 보호하고 투기수요를 근절하기 위하여 법인이 주택을 취득하거나 1세대가 2주택 이상을 취득하는 경우 등은 주택 취득에 따른 취득세율을 중과하는 제도를 두고 있다[242]. 중과대상 주택 수의 판정 시에는 신탁된 주택은 위탁자의 주택 수에 포함하고, 조합원입주권 및 주택분양권과 주택으로 재산세 과세대상 오피스텔은 소유자의 주택 수에 포함한다[243].

가) 법인 및 다주택자의 주택 취득에 대한 중과세율

주택(유상취득분 주택의 세율적용 규정에 따른 주택을 말한다. 이 경우 주택의 공유지분이나 부속토지만을 소유하거나 취득하는 경우에도 주택을 소유하거나 취득한 것으로 본다)을 유상거래를 원인으로 취득하는 경우로서 다음 어느 하나에 해당하는 경우에는 다음에 따른 세율을 적용한다.

① 법인(「국세기본법」에 따른 법인으로 보는 단체, 「부동산등기법」에 따른 법인 아닌 사단·재단 등 개인이 아닌 자를 포함한다)이 주택을 취득하는 경우: 4%의 세율을 표준세율로 하여 해당 세율에 중과기준세율(2%)의 400%를 합한 세율

② 1세대 2주택(일시적 2주택은 제외)에 해당하는 주택으로서 「주택법」에 따른 조정대상지역에 있는 주택을 취득하는 경우 또는 1세대 3주택에 해당하는 주택으로서 조정대상지역 외의 지역에 있는 주택을 취득하는 경우: 4%의 세율을 표준세율로 하여 해당 세율에 중과기준세율의 200%를 합한 세율

③ 1세대 3주택 이상에 해당하는 주택으로서 조정대상지역에 있는 주택을 취득하는 경우

241) 지방세법 시행령 제28조 제4항
242) 지방세법 제13조의 2 (2020.8.12. 이후 취득분부터 적용)
243) 지방세법 제13조의 3 (2020.8.12. 이후 조합원입주권, 주택분양권 및 오피스텔을 취득하는 분부터 적용함)

또는 1세대 4주택 이상에 해당하는 주택으로서 조정대상지역 외의 지역에 있는 주택을 취득하는 경우: 4%의 세율을 표준세율로 하여 해당 세율에 중과기준세율의 400%를 합한 세율

| 개인 및 법인의 주택 취득의 취득세율(중과 포함) |

구분	1주택	2주택	3주택	법인 · 4주택~
조정대상지역[244]	1%~3%	8%	12%	12%
비조정대상지역	1%~3%	1%~3%	8%	12%

나) 조정대상지역 주택의 무상취득에 대한 중과세율

조정대상지역에 있는 주택으로서 취득 당시 시가표준액(지분이나 부속토지만을 취득한 경우에는 전체 주택의 시가표준액을 말한다)이 3억원 이상인 주택을 상속 외의 무상취득을 원인으로 취득하는 경우에는 4%의 세율을 표준세율로 하여 해당 세율에 중과기준세율의 400%를 합한 세율을 적용한다. 다만, 1세대 1주택자가 소유한 주택을 배우자 또는 직계존비속이 무상취득, 적격분할로 신설법인이 분할법인으로부터 미분양주택 취득등의 경우는 제외한다.

다) 사치성 재산에 대한 중과세율이 동시에 적용되는 경우

상기 가) 또는 나)와 사치성 재산에 대한 중과세율이 동시에 적용되는 과세물건에 대한 취득세율은 가)의 세율 및 나)의 세율에 중과기준세율의 400%를 합한 세율을 적용한다.

다. 취득세 세율의 특례규정

지방세법은 취득세와 등록세가 통합되기 전의 지방세법상 "취득세 과세 등록세 비과세", "취득세 비과세 등록세 과세"인 과세대상에 대하여는 통합 후에도 동일한 세부담을 유지할 수 있도록 다음과 같이 특례세율 적용을 규정하고 있다.

1) 적격합병 등 형식적 취득에 대한 특례세율

환매등기를 병행하여 환매기간 내에 매도자가 환매한 경우의 그 매도자와 매수자의 취

244) 조정대상지역 취득 판단: 조정대상지역 지정고시일 이전에 주택에 대한 매매계약(공동주택 분양계약을 포함한다)을 체결한 경우(다만, 계약금을 지급한 사실 등이 증빙서류에 의하여 확인되는 경우에 한정한다)에는 조정대상지역으로 지정되기 전에 주택을 취득한 것으로 본다.

득, 적격합병으로 인한 취득, 공유물의 분할, 건축물의 이전으로 인한 취득 등에 대한 취득세는 표준세율에서 중과기준세율(2%)을 뺀 세율로 산출한 금액을 그 세액으로 한다. 이는 현행 취득세 통합 전인 취득세(2%)가 비과세되고 등록세가 과세되는 부분으로 보면 된다. 다만, 취득물건이 대도시내 법인신설에 다른 부동산 취득의 중과세 적용에 해당하는 경우에는 특례적용으로 산출한 세율의 100분의 300을 적용한다[245].

세율특례 적용세율 = 취득세 표준세율 − 중과기준세율(2%)

2) 등기 · 등록이 불필요한 취득에 대한 특례세율

종전의 취득세 간주취득(지목변경, 개수, 과점주주의 취득, 차량 등의 종류변경)이나, 건축물 중 등기를 하지 아니하는 부분인 시설물의 취득, 등록세가 비과세되는 부분의 취득 등 등기 · 등록이 불필요한 취득에 대한 취득세는 중과기준세율을 적용하여 계산한 금액을 그 세액으로 한다. 다만, 취득물건이 본점사업용 부동산 등에 해당하는 경우에는 중과기준세율의 100분의 300을, 사치성재산의 취득에 해당하는 경우에는 중과기준세율의 100분의 500을 각각 적용한다[246].

등기 · 등록이 불필요한 취득의 적용세율 = 취득세중과기준세율 (2%)

5. 취득세의 신고납부

취득세 과세물건을 취득한 자는 그 취득한 날 **취득일부터 60일**[상속은 상속개시일이 속하는 달의 말일부터 6월 이내(납세자가 외국에 주소를 둔 경우에는 각각 9개월)] 이내에 그 과세표준에 취득세율을 적용하여 산출한 세액을 **취득세 과세물건별로 정하고 있는 납세지**를 관할하는 시장 · 군수 · 구청장에게 신고납부하여야 한다[247]. 또한, 해당 부동산 등을 취득한 후에 그 과세물건이 중과세대상이 되었을 때에는 각 사유별 기산일로부터 60일 이내에 중과세세율을 적용하여 산출한 세액에서 이미 납부한 세액을 공제한 금액을 세액으로 하여 신고하고 납부하여야 한다[248].

245) 지방세법 제15조 제1항
246) 지방세법 제15조 제2항
247) 지방세법 제20조 제1항
248) 지방세법 제20조 제2항

다만, 취득세 과세물건 중 신고·납부기한 이내에 재산권과 그 밖의 권리의 취득·이전에 관한 사항을 공부(公簿)에 등기하거나 등록[등재(登載)를 포함]하려는 경우에는 등기 또는 등록신청서를 등기·등록관서에 접수하는 날까지 취득세를 신고·납부하여야 한다[249].

6. 과점주주의 간주취득세

가. 과점주주의 납세의무

1) 과점주주의 간주취득

과점주주의 간주취득은 법인(주식을 「자본시장과 금융투자업에 관한 법률」에 따른 유가증권시장에 상장한 법인은 제외한다)의 주식 또는 지분을 취득함으로써 지방세기본법 제46조 제2호에 따른 과점주주가 되었을 때에는 그 과점주주가 해당 법인의 부동산 등(법인이 신탁법에 따라 신탁한 재산으로서 수탁자 명의로 등기·등록이 되어 있는 부동산 등을 포함) 취득세 과세대상을 취득(법인설립 시에 발행하는 주식 또는 지분을 취득함으로써 과점주주가 된 경우에는 취득으로 보지 아니한다)한 것으로 보아[250] 과점주주에게 취득세를 부과한다.

가) 과점주주 정의

지방세법상 과점주주는 주주 또는 유한책임사원 1명과 그의 특수관계인 중 대통령령으로 정하는 자로서 그들의 소유주식의 합계 또는 출자액의 합계가 해당 법인의 발행주식 총수 또는 출자총액의 100**분의** 50**을 초과**하면서 그에 관한 권리를 **실질적으로 행사하는 자**를 말한다[251]. 따라서 명의신탁 주식은 실질소유자인 명의신탁자의 소유이며, 명의신탁해지를 통하여 환원되는 경우에도 취득으로 보지 아니한다. 여기서 **과점주주의 주식소유 비율 산정시 의결권이 없는 주식은 제외**한다.

249) 지방세법 제20조 제4항
250) 지방세법 제7조 제5항
251) 지방세기본법 제46조 제2호

명의신탁자의 과점주주 지분율 판단

○ 대법원 2018.11.9. 선고, 2018두49376 판결

대상 판결은 기존 대법원 2017.3.23. 선고, 2015다248342 전원합의체 판결[종래 대법원은 명의신탁 주식의 상법상 주주는 주주명부상의 주주인 명의수탁자가 아니라 실질 주주인 명의신탁자라는 입장이었는데 이를 변경하여 주주명부상의 주주인 명의수탁자를 상법상 주주로 판시]에도 불구하고 실질과세원칙을 근거로 하여 명의신탁 주식의 경우 세법상으로는 종전 판례와 마찬가지로 주주명부상의 주주인 명의수탁자가 아니라 주주권을 실질적으로 행사하는 명의신탁자가 납세의무자라는 점을 재확인함.

나) 과점주주 관련 대통령령이 정하는 특수관계인 범위

지방세기본법 제46조 제2호에서 "특수관계인 중 대통령령으로 정하는 자"란 해당 주주 또는 유한책임사원과 지방세기본법 시행령 제2조의 어느 하나에 해당하는 관계에 있는 자를 말한다[252].

지방세기본법 시행령 제2조 【특수관계인의 범위】

① 「지방세기본법」(이하 "법"이라 한다) 제2조 제1항 제34호 가목에서 "혈족·인척 등 대통령령으로 정하는 친족관계"란 다음 각 호의 어느 하나에 해당하는 관계(이하 "친족관계"라 한다)를 말한다.

1. 6촌 이내의 혈족
2. 4촌 이내의 인척
3. 배우자(사실상의 혼인관계에 있는 사람을 포함한다)
4. 친생자로서 다른 사람에게 친양자로 입양된 사람 및 그 배우자·직계비속

② 법 제2조 제1항 제34호 나목에서 "임원·사용인 등 대통령령으로 정하는 경제적 연관관계"란 다음 각 호의 어느 하나에 해당하는 관계(이하 "경제적 연관관계"라 한다)를 말한다.

1. 임원과 그 밖의 사용인
2. 본인의 금전이나 그 밖의 재산으로 생계를 유지하는 사람
3. 제1호 또는 제2호의 사람과 생계를 함께하는 친족

③ 법 제2조 제1항 제34호 다목에서 "주주·출자자 등 대통령령으로 정하는 경영지배관계"란 다음 각 호의 구분에 따른 관계를 말한다.

252) 2012.12.31. 이전에 성립한 납세의무의 경우 제2차 납세의무를 지는 특수관계인의 범위에 대해서는 대통령령 제24295호 지방세기본법 시행령 일부개정령 제2조의 2 및 제24조의 개정규정에도 불구하고 종전의 지방세기본법 시행령(대통령령 제24295호로 개정되기 전의 것을 말함)에 따름(시행령 부칙(2017.3.27.) 제6조 ①).

> 1. 본인이 개인인 경우: 본인이 직접 또는 그와 친족관계 또는 경제적 연관관계에 있는 자를 통하여 법인의 경영에 대하여 지배적인 영향력을 행사하고 있는 경우 그 법인
> 2. 본인이 법인인 경우
>   가. 개인 또는 법인이 직접 또는 그와 친족관계 또는 경제적 연관관계에 있는 자를 통하여 본인인 법인의 경영에 대하여 지배적인 영향력을 행사하고 있는 경우 그 개인 또는 법인
>   나. 본인이 직접 또는 그와 경제적 연관관계 또는 가목의 관계에 있는 자를 통하여 어느 법인의 경영에 대하여 지배적인 영향력을 행사하고 있는 경우 그 법인
>
> ④ 제3항을 적용할 때 다음 각 호의 구분에 따른 요건에 해당하는 경우 해당 법인의 경영에 대하여 지배적인 영향력을 행사하고 있는 것으로 본다. (2017.3.27. 개정)
> 1. 영리법인인 경우
>   가. 법인의 발행주식 총수 또는 출자총액의 100분의 50 이상을 출자한 경우
>   나. 임원의 임면권의 행사, 사업방침의 결정 등 법인의 경영에 대하여 사실상 영향력을 행사하고 있다고 인정되는 경우
> 2. 비영리법인인 경우
>   가. 법인의 이사의 과반수를 차지하는 경우
>   나. 법인의 출연재산(설립을 위한 출연재산만 해당한다)의 100분의 30 이상을 출연하고 그 중 1명이 설립자인 경우

2) 과점주주의 취득대상 요건

지방세법상 과점주주의 취득으로 보는 경우는 지방세법 시행령 제11조의 다음 각 항과 같이 하고 있다[253]. 단, 법인설립 시에 발행하는 주식 또는 지분을 취득함으로써 과점주주가 된 경우에는 취득으로 보지 아니한다.

① 최초로 과점주주에 해당하는 경우

법인의 과점주주가 아닌 주주 또는 유한책임사원이 다른 주주 또는 유한책임사원의 주식 또는 지분(이하 "주식 등"이라 한다)을 취득하거나 증자 등으로 최초로 과점주주가 된 경우에는 최초로 과점주주가 된 날 현재 해당 과점주주가 소유하고 있는 법인의 주식 등을 모두 취득한 것으로 보아 과점주주 간주취득세를 부과한다.

② 이전 과점주주 주식비율보다 증가하는 경우

이미 과점주주가 된 주주 또는 유한책임사원이 해당 법인의 주식 등을 취득하여 해당 법인의 주식 등의 총액에 대한 과점주주가 가진 주식 등의 비율이 증가된 경우에는 그 증가분

253) 지방세법 시행령 제11조

을 취득으로 보아 과점주주 간주취득세를 부과한다. 다만, 증가된 후의 주식 등의 비율이 해당 과점주주가 이전에 가지고 있던 주식 등의 최고비율보다 증가되지 아니한 경우에는 취득세를 부과하지 아니한다.

해당 요건은 2015.12.31. 시행령 개정 시 과점주주 주식 증가분에 대한 5년 기간제한 규정을 삭제하여, 입법취지를 명확히 반영하고 지방세법 시행령 제11조 제3항과의 해석상 다툼을 방지하였다. 동 개정규정은 2016.1.1. 이후 최초로 납세의무가 성립하는 분부터 적용한다.

③ 과점주주 주식비율보다 증가하는 경우

과점주주였으나 주식 등의 양도, 해당 법인의 증자 등으로 과점주주에 해당되지 아니하는 주주 또는 유한책임사원이 된 자가 해당 법인의 주식 등을 취득하여 다시 과점주주가 된 경우에는 다시 과점주주가 된 당시의 주식 등의 비율이 그 이전에 과점주주가 된 당시의 주식 등의 비율보다 증가된 경우에만 그 증가분만을 취득으로 보아 ②항의 예에 따라 취득세를 부과한다.

해당 요건은 2017.12.29. 시행령 개정시 과점주주에서 주주 지위를 상실하였다가 재차 과점주주가 된 경우에는 지방세법 시행령 제11조 제3항이 적용되지 않고 지방세법 시행령 제11조 제1항이 적용되도록 명확히 하였다. 동 개정규정은 2018.1.1. 이후 납세의무가 성립하는 분부터 적용한다.

3) 사업승계가 과점주주의 간주취득에 미치는 영향

승계전략을 수립하는 과정에서 원활한 경영권승계를 완성하기 위해서는 아주 다양하거나 복잡한 자본거래(합병, 분할, 현물출자 등) 방법들을 활용하게 된다. 이때 경영권을 승계하는 지분확보 순서에 따라 과점주주 취득세를 부담할 수도 아닐 수도 있기 때문에 이에 대한 검토는 반드시 필요하다.

물론, 가업승계를 통한 경영권승계와 같이 부자(父子)지간의 대물림은 과점주주 집단 내의 지분이동이므로 과점주주의 납세의무가 발생하지 아니하나, 계열사 간 지분정리나, 계열사 등을 통한 외부주주 지분을 확보해서 경영권을 승계하는 경우 지분확보 순서에 따라 과점주주 집단(지방세법상 특수관계인 범위) 내의 거래가 될 수도 있고 아닐 수도 있기 때문에 주의 깊은 검토가 반드시 필요하다.

또한, 자본거래 방법인 적격합병, 적격분할 등에서도 취득세(과점주주 간주취득세 포함)에 대한 감면이 차츰 줄어들고 있는 실정이므로 사업승계 시 과점주주의 간주취득세에 대한 감면 여부도 반드시 확인할 필요가 있다.

나. 과점주주의 취득세

1) 과세표준

과점주주가 취득한 것으로 보는 해당 법인의 부동산 등에 대한 과세표준은 그 부동산 등의 총가액[법인장부(금융회사의 금융거래 내역 또는 감정평가 및 감정평가사에 관한 법률 제6조에 따른 감정평가서 등 객관적 증거서류에 의하여 법인이 작성한 원장, 보조장, 출납전표, 결산서)[254]에서 감가상각누계액을 차감한 가액]을 그 법인의 주식 또는 출자의 총수로 나눈 가액에 과점주주가 취득한 주식 또는 출자의 수를 곱한 금액으로 한다.

이 경우 과점주주는 조례로 정하는 바에 따라 과세표준 및 그 밖에 필요한 사항을 신고하여야 하되, 신고 또는 신고가액의 표시가 없거나 신고가액이 과세표준보다 적을 때에는 지방자치단체의 장이 해당 법인의 결산서 및 그 밖의 장부 등에 따른 취득세 과세대상 자산총액을 기초로 전단의 계산방법으로 산출한 금액을 과세표준으로 한다[255].

여기서 유의할 점은 과점주주의 과세표준은 장부상 총가액을 기준으로 하며 장부상 총가액이란 취득세 과세물건의 취득가액에 산입되는 모든 지출을 합산한 것을 의미한다. 따라서 취득시기 이전에 발생한 건설자금이자 및 취득 직전연도의 재평가차액 등은 당연히 과세표준에 산입하여야 하지만, 취득시점에 재평가 착수는 하였으나 재평가액이 결정되지 않은 상태하에서의 재평가차액은 그 소급효과 여부에 불구하고 과세표준에 포함되지 아니한다는 것이다[256].

2) 과점주주의 취득세 계산

과점주주에 대한 취득세는 과세표준에 중과기준세율(2%)을 적용하여 계산한 금액을 그 세액으로 한다. 다만, 과세표준 대상물건이 사치성 재산에 해당하면 중과기준세율의 5배 중과세한다[257].

> 과점주주 간주 취득세 = 법인장부상 부동산 등 가액 × 2% × 과점주주 최초 비율 (또는 증가비율)

254) 지방세법 시행령 제18조 제3항 제2호
255) 지방세법 제10조 제4항
256) 대법원 83누103, 1983.12.13.
257) 지방세법 제15조 제2항. *부동산 등에 대한 과점주주 취득세도 농어촌특별세(10%, 면제분 20%) 부담함.

3) 과점주주의 취득세 면제대상

지방세법상 다음 각 호의 어느 하나에 해당하는 경우에는 과점주주 간주취득세를 2021년 12월 31일까지 면제한다[258]. 하지만, 지방세특례제한법상 100% 면제는 감면특례의 제한규정(최소납부세제)에 따라 취득세의 85%만 면제를 적용받게 되는데, 여기서 지방세법에 따라 산출한 취득세(전액면제 취득세)가 200만원 이하인 경우에는 최소납부세제를 적용하지 아니한다[259].

1. 「금융산업의 구조개선에 관한 법률」에 따른 제3자의 인수, 계약이전에 관한 명령 또는 계약이전결정을 받은 부실금융기관으로부터 주식 또는 지분을 취득하는 경우
2. 금융기관이 법인에 대한 대출금을 출자로 전환함에 따라 해당 법인의 주식 또는 지분을 취득하는 경우
3. 「독점규제 및 공정거래에 관한 법률」에 따른 지주회사(「금융지주회사법」에 따른 금융지주회사를 포함하되, 지주회사가 「독점규제 및 공정거래에 관한 법률」 제2조 제3호에 따른 **동일한 기업집단 내 계열회사가 아닌 회사의 과점주주인 경우를 제외**한다)가 되거나 지주회사가 자회사의 주식을 취득하는 경우. 다만, 해당 지주회사의 설립·전환일부터 3년 이내에 「독점규제 및 공정거래에 관한 법률」에 따른 지주회사의 요건을 상실하게 되는 경우에는 면제받은 취득세를 추징한다.
4. 예금보험공사 또는 정리금융회사가 주식 또는 지분을 취득하는 경우
5. 한국자산관리공사가 인수한 채권을 출자전환함에 따라 주식 또는 지분을 취득하는 경우
6. 농업협동조합자산관리회사가 인수한 부실자산을 출자전환함에 따라 주식 또는 지분을 취득하는 경우
7. 「조세특례제한법」 제38조 제1항 각 호의 요건을 모두 갖춘 주식의 포괄적 교환·이전으로 완전자회사의 주식을 취득하는 경우. 다만, 같은 법 제38조 제2항에 해당하는 경우(같은 조 제3항에 해당하는 경우는 제외)에는 면제받은 취득세를 추징한다.
8. 코스닥시장에 상장한 법인의 주식을 취득한 경우

위와 같이 지방세의 감면을 받으려는 자는 지방세의 감면을 신청하려는 자는 감면대상을 취득한 날부터 60일 이내 기간에 감면신청서를 관할 시장·군수·구청장에게 제출하여야 한다. 다만, 지방자치단체의 장이 감면대상을 알 수 있을 때에는 직권으로 감면할 수 있다[260].

258) 지방세특례제한법 제57조의 2 제5항
259) 지방세특례제한법 제177조의 2(동법 제57조의 2 제5항은 2019.1.1. 이후분부터 적용)
260) 지방세특례제한법 제183조, 동법 시행령 제126조 제1항

다. 과점주주 납세의무의 특이사항

① 반드시 알아야 하는 과점주주의 납세의무 핵심사항[261)]

1. 과점주주에 대한 취득세를 과세함에 있어 대도시 내 법인 본점 또는 주사무소의 사업용 부동산 등에 대하여는 중과세를 하지 아니한다.
2. 과점주주의 납세의무성립 당시 당해 법인의 취득시기가 도래되지 아니한 물건에 대하여는 과점주주에게 납세의무가 없으며, 연부취득 중인 물건에 대하여는 연부 취득시기가 도래된 부분에 한하여 납세의무가 있다.
3. 과점주주 집단내부 및 특수관계자 간의 주식거래가 발생하여 과점주주가 소유한 총주식의 비율에 변동이 없다면 과점주주 간주취득세의 납세의무는 없다. (2016.1.1. 신설)
   예시 1. 과점주주 집단 내부에서 주식이 이전되는 경우 (2016.1.1. 신설)
   예시 2. 당해 법인의 주주가 아니었던 자가 기존의 과점주주와 친족 기타 특수관계에 있거나 그러한 특수관계를 형성하면서 기존의 과점주주로부터 그 주식의 일부 또는 전부를 이전받아 새로이 과점주주가 되는 경우 (2016.1.1. 신설)
4. 과점주주의 취득세 납세의무는 과점주주성립 당시(즉, 주식취득일) 당해 법인이 소유하고 있던 취득세 과세물건이므로 과점주주가 된 이후에 법인이 취득하는 과세물건에 대하여는 납세의무가 없다. 또한 세율(일반세율 또는 중과세율)의 적용 여부도 과점주주 성립 당시를 기준으로 한다.
5. 2016.1.1. 이후 납세의무 성립 분부터 신탁법에 따른 신탁재산은 위탁자에게 귀속되는 것으로 보아 위탁법인의 과점주주에게 간주취득세를 부과토록 하였다. 이는 대법원 판례(대법원 2014.9.4. 선고, 2014두36266 판결)에서 신탁재산을 위탁법인의 재산에 포함하여 과점주주 간주취득세를 부과할 수 없다고 판시함에 따라 이로 인한 조세회피 목적의 신탁행위가 조장되는 것을 방지하기 위하여 납세의무 규정을 보완한 것이다.
6. 2014.1.1. 이후 과점주주가 된 자부터 취득세 체납을 방지하기 위하여 법인의 과점주주에 대한 연대납세의무 규정을 신설 명확화하였다.
7. 지방세기본법 제46조 제2호의 시행으로 과점주주가 아니었던 자가 과점주주가 된 경우에는 2008.1.1. 이후 최초로 법인의 주식 또는 지분을 취득하는 날에 해당 과점주주가 소유하고 있는 해당 법인의 주식 또는 지분을 모두 취득한 것으로 보아 법 제7조 제5항을 적용한다(법 부칙(2010.3.31.) 제3조).
8. 명의신탁을 해지하여 주주명부상의 명의가 회복되어 과점주주가 되었다면 과점주주에 대한 간주취득세 납세의무가 없다(대법원 2009.8.20. 선고, 2009두7448 판결).
9. 과점주주의 납세의무는 과점주주성립 시점에 법인이 소유하고 있는 취득세과세물건이 되며 이때 소유란 지방세법상 취득의 시기가 완성된 것을 의미함. 따라서 미준공상태의

261) 지방세법 운영예규(7-3 등) 및 판례에서 참고

건물계약상태의 취득 등에 대하여는 납세의무가 없는 것임.
10. 과점주주의 신분이 법인 또는 개인인지에 따라 중과세율이 달리 적용되는 해석들이 법원에서는 법인의 과점주주에 대하여도 중과세율을 적용할 수 없다(고법 98누12392, 1999.6.2.)고 판시함에 따라 기존의 유권해석을 변경하여 과점주주에 대한 중과세 세율적용은 과세대상물건에 대해 누구에게도 중과세되는 사치성 재산(별장, 고급오락장 등)에 대해서는 중과세 세율을 적용하고, 일정요건에 해당하는 경우 중과세하는 경우(예: 대도시 내 본점사업용 부동산) 과점주주는 별개의 권리의무자이므로 중과세대상에서 제외하고 있는 것으로 해석하고 있다(세정 13430-392, 2001.10.4., 대법원 2000두3375, 2001.9.4.).

② 과점주주의 간주취득세는 주식 양도시 필요경비에 포함

주식의 양도에 따른 양도차익을 계산함에 있어서 법인의 과점주주가 신고・납부한 취득세는 양도자산의 필요경비에 포함되는 것이다(재재산-1036, 2010.10.28.).

V 증권거래세

1. 증권거래세 과세요건

가. 증권거래세 과세대상

증권거래세법은 주권 또는 지분의 유상 양도에 대해서 증권거래세를 부과한다. 다만, 다음 중 어느 하나에 해당하는 양도에 대해서는 증권거래세를 부과하지 아니한다[262].

1. 외국증권시장에 상장된 주권 양도
2. 외국증권시장에 상장하기 위해 인수인에게 양도하는 경우
3. 금융위원회가 지정한 지정거래소가 채무인수를 하면서 주권 등을 양도하는 경우

증권거래세법 제1조의 2 주권 및 지분, 양도 정의	
주권	이 법에서 "주권"이란 다음 각 호의 어느 하나에 해당하는 것을 말한다. 1. 「상법」 또는 특별한 법률에 따라 설립된 법인의 주권 2. 외국법인이 발행한 주권으로서 「자본시장과 금융투자업에 관한 법률」 제8조의 2 제4항 제1호에 따른 증권시장에 상장된 것 3. 주식・사채 등의 전자등록에 관한 법률에 따라 전자등록된 주식, 주권 발행 전의 주식, 주식의 인수로 인한 권리, 신주인수권과 특별한 법률에 따라 설립된 법인이 발행

262) 증권거래세법 제2조

증권거래세법 제1조의 2 주권 및 지분, 양도 정의	
	하는 출자증권 및 자본시장과 금융투자업에 관한 법률 제4조 제8항에 따른 증권예탁증권(같은 법 제4조 제2항 제2호의 지분증권을 예탁받은 자가 발행한 것만 해당함)
지분	이 법에서 "지분"이란 「상법」에 따라 설립된 합명회사 · 합자회사 · 유한책임회사 및 유한회사의 사원 지분을 말한다.
양도	이 법에서 "양도"란 계약상 또는 법률상의 원인에 의하여 **유상(有償)**으로 소유권이 이전되는 것을 말한다.

① 증권거래세 비과세대상

다음 중 어느 하나에 해당하는 경우에는 증권거래세를 부과하지 아니한다[263]. 해당 비과세양도분에 대한 농어촌특별세도 비과세 된다[264].

1. 국가나 지방자치단체가 주권 등을 양도하는 경우. 다만, 「국가재정법」 별표 2에서 규정하는 법률에 따라 설치된 기금으로서 기금관리주체가 중앙행정기관의 장인 기금에서 취득한 주권 등을 양도하는 경우 및 「우정사업 운영에 관한 특례법」 제2조 제2호에 따른 우정사업총괄기관이 주권 등을 양도하는 경우는 제외한다.
2. 「자본시장과 금융투자업에 관한 법률」 제119조에 따라 주권을 매출[265]하는 경우(청약된 주권의 총수가 매출하려는 주권 총수에 미달된 경우, 그 청약되지 아니한 주권을 인수인이 인수하는 경우를 포함한다)
3. 주권을 목적물로 하는 소비대차의 경우

② 증권거래세 면제대상

조세특례제한법은 정책상 증권거래세 면세규정을 두고 있는데 자산가의 승계가능 주식과 관련된 해당 각호를 살펴보면 다음과 같다. 이때 해당 증권거래세를 면제 적용받으려는 자는 증권거래세과세표준신고서와 함께 세액면제신청서를 납세지 관할 세무서장에게 제출하여야 한다[266]. 해당 면제에 대한 농어촌특별세도 비과세 된다[267].

1. 중소기업창업투자회사, 한국벤처투자조합, 농식품투자조합 등이 창업자 또는 벤처기업에 직접 출자함으로써 취득한 주권을 양도하는 경우

263) 증권거래세법 제6조[비과세양도], 동법 시행령 제3조
264) 농어촌특별세 제4조 제7호
265) "매출"이란 유기증권시장 또는 코스닥시장 밖에서 50인 이상의 불특정 투자자에게 이미 발행된 증권의 매도의 청약을 하거나 매수의 청약을 권유하는 행위임. 이에 대응되는 개념인 모집이란 50인 이상의 불특정 투자자를 대상으로 하여 신규로 발행되는 증권에 대하여 취득의 청약을 권유하는 행위임.
266) 조세특례제한법 제117조, 동법 시행령 제115조 제15항
267) 농어촌특별세 제4조 제7호의 2

2. 신기술사업금융업자 등이 신기술사업자에게 직접 출자함으로써 취득한 주권을 양도하는 경우
3. 1호 중소기업창업투자회사 등과 2호 신기술사업금융업자 등 또는 제1호·제2호에 따른 투자조합이 코넥스상장기업(상장 후 2년 이내의 중소기업에 한한다)에 직접 출자함으로써 취득한 주권 또는 지분을 양도하는 경우
4. 창업·벤처전문 경영참여형 사모집합투자기구가 창업자, 벤처기업 또는 코넥스상장기업(상장 후 2년 이내의 중소기업에 한정한다)에 직접 또는 「자본시장과 금융투자업에 관한 법률」 제249조의 23 제3항에 따른 투자목적회사를 통하여 출자함으로써 취득한 주권 또는 지분을 양도하는 경우
5. 「법인세법」 제47조의 2[**현물출자**시 과세특례]에 따른 **신설법인의 설립**, 같은 법 제44조 제2항 각 호 또는 제3항에 따른 **합병**, 같은 법 제46조 제2항 각 호 또는 같은 법 제47조 제1항의 요건을 갖춘 **분할**, 이 법 제38조 제1항 각 호의 요건을 모두 갖춘 **주식의 포괄적 교환·이전**을 위하여 주식을 양도하는 경우
6. 금융기관 등의 주주 및 「금융지주회사법」 제2조 제1항 제1호에 따른 금융기관 및 금융업의 영위와 밀접한 관련이 있는 회사의 주주 또는 같은 법에 따른 **금융지주회사**(이하 "금융지주회사"라 한다)가 제38조의 2에 따라 주식을 이전하거나 주식을 교환하는 경우
7. 제121조의 30의 사업재편계획에 따라 주권 또는 지분을 양도하는 경우

위와 같은 면제대상 중 다음의 면제기한까지 양도·인출·편입·현물출자·주식이전·주식교환을 하는 것에만 적용된다.

1. 제1호~제4호: 2022년 12월 31일
2. 제6호, 제7호: 2021년 12월 31일

나. 증권거래세 납세의무자

증권거래세의 납세의무자는 다음과 같다[268].

1. 다음 각 목의 어느 하나에 해당하는 주권을 계좌 간 대체(對替)로 매매결제하는 경우에는 「주식·사채 등의 전자등록에 관한 법률」 제2조 제6호에 따른 전자등록기관(이하 "전자등록기관"이라 한다) 또는 「자본시장과 금융투자업에 관한 법률」 제294조에 따라 설립된 한국예탁결제원
   가. 증권시장에서 양도되는 주권

268) 증권거래세법 제3조

나. 증권시장 밖에서 대통령령으로 정하는 방법에 따라 양도되는 주권
2. 제1호 외에 「자본시장과 금융투자업에 관한 법률」 제8조 제1항에 따른 금융투자업자를 통하여 주권 등을 양도하는 경우에는 해당 금융투자업자
3. 제1호 및 세2호 외의 방법으로 주권 등을 양도하는 경우에는 그 주권 등의 양도자. 다만, 국내사업장을 가지고 있지 아니한 비거주자 또는 국내사업장을 가지고 있지 아니한 외국법인이 주권 등을 금융투자업자를 통하지 아니하고 양도하는 경우에는 그 주권 등의 양수인을 증권거래세 납세의무자로 한다.

다. 증권거래세 양도의 시기

주권 등의 양도시기는 해당 **매매거래가 확정되는 때**로 한다. 이때 매매거래의 확정시기는 다음 각 호에 따른다[269].

1. 「자본시장과 금융투자업에 관한 법률」에 따른 증권시장에서 거래(다자간매매체결회사에서의 거래를 포함한다)된 주권에 대하여는 그 양도가액이 결제되는 때
2. 제1호에 따른 주권 외의 주권 등을 금융투자업자가 매매 · 위탁매매 또는 매매의 중개나 대리를 하는 경우에는 그 대금의 전부를 결제하거나 결제받는 때
3. 제1호 및 제2호 이외의 경우에는 당해 주권 등을 인도하거나 대가의 전부를 받는 때. 다만, 그 주권 등을 인도하거나 대가의 전부를 받기 전에 권리가 이전되는 때에는 그 권리가 이전되는 때로 한다.

2. 증권거래세 과세표준

① 주권 등의 양도가액을 알 수 있는 경우

증권거래세의 과세표준은 주권 등의 양도가액을 알 수 있는 경우는 **해당 주권 등의 양도가액**으로 한다. 다만, 다음의 어느 하나에 해당하는 경우에는 다음에 규정하는 가액으로 한다[270].

1. 「소득세법」 제101조, 「법인세법」 제52조에 따른 부당행위계산 또는 「상속세 및 증여세법」 제35조에 따른 저가 · 고가양도에 따른 이익의 증여 등에 따라 주권 등이 시가액보다 낮은 가액으로 양도된 것으로 인정되는 경우(「국제조세조정에 관한 법률」 제7조에 따른 제3자 개입거래가 적용되는 경우는 제외)에는 그 시가액

269) 증권거래세법 제5조, 동법 시행령 제2조
270) 증권거래세법 제7조

2. 「소득세법」 제126조에 따른 비거주자 분리과세시 과세표준과 세액의 계산, 「법인세법」 제92조에 따른 국내원천소득금액의 계산 또는 「국제조세조정에 관한 법률」 제7조에 따라 주권등이 정상가격보다 낮은 가액으로 양도된 것으로 인정되는 경우에는 그 정상가격

② 주권 등의 양도가액을 알 수 없는 경우

주권 등의 양도가액을 알 수 없는 경우는 다음 각 호의 가액에 양도된 당해 주권 등의 거래수량을 곱하여 계산한 가액을 과세표준으로 한다.

1. 상장법인의 주권 등을 증권시장 및 다자간매매체결회사 밖에서 양도하는 경우: 한국거래소가 공표하는 양도일의 매매거래 기준가액
2. 한국금융투자협회가 기준에 따라 거래되는 종목으로 지정한 주권 등을 기준 외의 방법으로 양도하는 경우: 금융투자협회가 공표하는 양도일의 매매거래 기준가액
3. 그 밖의 방식으로 주권 등을 양도하는 경우: 「소득세법 시행령」(제165조)에 따라 계산한 취득(양도)가액

3. 증권거래세 세율과 신고납부

양도자(납세의무자가 양수자인 경우 포함)는 주권 등의 양도에 따른 과세표준에 다음과 같은 세율을 곱하여 계산한 증권거래세를 매 반기분의 과세표준과 세액을 양도일이 속하는 **매 반기(半期)의 말일부터 2개월 이내에 신고**(한국예탁결제원과 금융투자업자는 매월분의 과세표준과 세액을 다음 달 10일까지 신고)납부하여야 한다[271].

구 분	코스피(주1)	코스닥	코넥스	K-OTC (협회장외시장)	비상장주식 및 장외거래
~2019.6.2.	0.3%	0.3%	0.3%	0.3%	0.5%
2019.6.3.~2020.12.31.	0.25%	0.25%	0.1%	0.25%	0.5%/0.45%(주2)
2021.1.1.~2022.12.31.	0.23%	0.23%	0.1%	0.23%	0.43%
2023.1.1.~	0.15%*	0.15%	0.1%	0.15%	0.35%

(주1) 농어촌특별세 0.15% 포함된 세율임.
(*) 2023.1.1. 이후 코스피 증권거래세는 영(零)이므로 현행 농어촌특별세법 제4조 7호에 따라 증권거래세가 영(零)이면 농어촌특별세가 비과세라고 규정하고 있으므로 농어촌특별세 0.15% 존치를 위해서는 법령 명확화가 필요함.
(주2) 2020.4.1. 이후 주식을 양도하는 분부터 0.45% 적용하고 이전분은 0.5% 적용함.

271) 증권거래세법 제10조.
-'**반기**의 말일' 규정은 2018.1.1. 이후 양도분부터 적용(이전까지는 '**분기**의 말일'임)

Ⅵ 해외자산관련 신고제도 및 세금

오늘날 해외투자에 대한 관심으로 간접투자는 물론 직접투자도 활발하게 하고 있는 상태라 해외자산관련 신고제도 및 세금에 대하여 이해하고 있어야 한다. 따라서 여기서는 해외부동산과 해외주식에 관한 우리나라의 세금에 대하여 살펴보기로 한다. 그리고 해외자산이 속한 나라의 세금에 대하여 예를 들어(우리나라 재외동포가 가장 많이 거주하고 있는 미국의 재산세제) 간단히 살펴보기로 한다.

1. 해외금융계좌 신고제도

최근 역외탈세와 재산의 불법적인 해외반출 행위가 큰 문제로 대두됨에 따라 세계 각국은 국부 유출을 억제하고 역외탈세를 차단하고자 해외금융자산 신고제도를 두어 신고불이행에 대한 제재를 강화하고 있으므로 이에 대한 이해가 필요한 상태이다.

가. 해외금융계좌 신고제도 개요

해외금융계좌 신고제도는 해외금융계좌[272]를 보유한 **거주자 또는 내국법인**이 해당연도의 매월 말일 중 어느 하루의 보유계좌잔액(보유계좌가 복수인 경우에는 각 계좌잔액을 합산한다)이 5**억원**(2018년도 6월 신고 시까지는 10억원)**을 초과**하는 경우 그 해외금융계좌 정보를 다음 해 6월 1일부터 30일까지 납세지 관할 세무서에 신고하는 제도이다[273].

이때 '매월 말일 중 어느 하루의 보유계좌잔액'의 기준판단은 신고대상 연도 중 '**매월 말일의 종료시각 현재시점**(즉, 연도 중 시점으로 판단하지 아니함)에 보유하고 있는 모든 해외금융계좌 잔액'을 의미하므로 매월 말일 현재 해당 계좌의 합계액이 5억원을 초과하는 날이 하루라도 있으면 신고의무가 발생한다는 의미이다.

---

272) "해외금융계좌"란 해외금융회사등과 금융거래(「금융실명거래 및 비밀보장에 관한 법률」 제2조 제3호의 금융거래 및 이와 유사한 거래를 포함한다) 및 **가상자산거래**(「특정 금융거래정보의 보고 및 이용 등에 관한 법률」 제2조 제2호 라목의 가상자산거래 및 이와 유사한 거래를 포함한다)를 위하여 해외금융회사등에 개설한 계좌를 말한다(「국제조세조정에 관한 법률」 제52조 제2호).

273) 「국제조세조정에 관한 법률」 제52조~제57조(**가상자산거래관련 부분은** 2022.1.1. **이후 신고의무**가 발생하는 경우 적용함)

나. 신고의무자

해외금융회사등(금융회사 및 가상자산사업자 등)에 개설된 해외금융계좌를 보유한 **거주자** 및 **내국법인**이 신고의무자가 된다. 거주자란 국내에 주소를 두거나 183일 이상 거소를 둔 개인을 말하며, 내국법인이란 본점, 주사무소 또는 사업의 실질적 관리장소를 국내에 둔 법인을 말한다. 내국법인의 해외지점이나 해외연락사무소는 내국법인에 포함되며 해외현지법인은 제외된다.

신고의무자인 거주자 및 내국법인은 신고대상 연도 종료일을 기준으로 판정한다. 차명계좌인 경우에는 계좌의 명의자와 실질적 소유자 둘 다 신고의무가 있으며, 공동명의계좌인 경우 공동명의자 모두가 신고의무가 있다.

해외현지법인의 보유계좌가 신고대상이 되는 경우

친족 등 특수관계인의 보유분 포함하여 외국법인을 직접 또는 간접으로 100% 지배하는 국내 모회사와 거주자의 경우에는 그 외국법인 명의로 보유하고 있는 해외금융계좌에 대해 신고하여야 한다. 이는 거주자와 내국법인이 실질적으로 지배하고 있는 외국법인의 해외금융계좌에 신고의무를 부여하여 역외세원의 관리를 강화하기 위해서 2018년 세법개정시 특수관계인 보유분을 포함하여 지분율을 판단하고, 신고대상자도 거주자를 추가하였다(개정내용은 2019년에 보유하고 있는 해외금융계좌를 신고하는 분부터 적용)[274].

※ 기획재정부장관이 조세조약 체결 등을 고려하여 지정하는 경우는 제외

다. 신고의무면제자

신고의무자 중 다음 어느 하나에 해당하는 경우에는 신고의무를 면제한다.

① 재외국민[275]

: 「재외동포의 출입국과 법적 지위에 관한 법률」 제2조 제1호의 재외국민으로서 해당 신고대상연도 종료일 1년(2018.12.31.까지는 2년) 전부터 국내에 거소를 둔 기간의 합계가 183일 이하인 자

② 외국인 거주자

: 신고대상연도 종료일 현재 10년 전부터 국내에 주소나 거소를 둔 기간이 5년 이하인 외국인 거주자

274) 구법) 국제조세조정에 관한 법률 시행령 제50조 제5항

275) "재외국민"이란 대한민국 국민으로서 외국의 영주권을 취득한 자 또는 영주할 목적으로 외국에 거주하고 있는 자를 말한다(재외동포의 출입국과 법적 지위에 관한 법률 §2).

③ 국가, 지방자치단체, 공공기관, 금융회사 등

④ 국가의 관리 · 감독이 가능한 기관(금융투자업 관계기관, 집합투자기구, 집합투자기구 평가회사, 채권평가회사, 금융지주회사, 외국환업무취급기관 등)

⑤ 해외금융계좌 관련자 중 다른 공동명의자 등의 신고를 통하여 본인의 모든 해외금융계좌정보를 확인할 수 있게 되는 자

라. 신고대상 범위

해당연도의 매월 말일 중 어느 하루의 해외금융계좌 잔액(보유계좌가 복수인 경우에는 각 계좌잔액을 합산함)이 5억원을 초과하여야 한다.

신고대상 해외금융계좌는 해외금융회사에 예 · 적금계좌 등 은행업무와 관련하여 개설한 계좌, 증권(해외증권 포함)의 거래를 위하여 개설한 계좌, 파생상품(해외파생상품 포함)의 거래를 위하여 개설한 계좌, 그 밖의 금융거래를 위하여 개설한 모든 계좌와 가상자산거래를 위하여 해외금융회사등에 개설한 계좌를 말한다. 신고대상 해외금융계좌의 자산은 현금, 주식(예탁증서 포함), 채권, 집합투자증권, 보험상품, 가상자산 등 위 신고대상 해외금융계좌에 보유한 모든 자산을 말한다.

마. 신고하여야 할 해외금융계좌 정보

신고의무자가 신고하여야 할 해외금융계좌 정보는 다음과 같다.

① 신원에 관한 정보(계좌 보유자의 성명 · 주소 등)

② 보유계좌에 관한 정보(계좌번호, 금융회사의 이름, 매월 말일의 보유계좌잔액의 최고금액 등)

③ 해외금융계좌 관련자에 관한 정보(공동명의자 · 실질소유자 · 명의자에 관한 정보)

바. 신고시기 및 신고방법

매년 6월 1일부터 30일까지 납세지 관할 세무서에 해외금융계좌신고서를 제출하거나 홈택스서비스(www.hometax.go.kr)를 통해 전자신고를 할 수 있다.

사. 신고의무 불이행에 대한 제재

해외금융계좌 정보의 신고의무자로서 신고기한 내에 신고하지 아니한 금액이나 과소신고한 경우에는 과태료부과, 명단공개 및 형사처분을 받는다.

① (과태료부과) 미・과소신고 금액의 20% 이하에 상당하는 과태료 부과. 단, 조세범처벌법에 따라 처분받은 경우 과태료 부과는 제외[276)]

미(과소)신고 금액	과태료 부과율
20억원 이하	해당 금액 × 10%
20억원 초과 50억원 이하	2억원 + 20억원 초과금액 × 15%
50억원 초과	6억5천만원 + 50억원 초과금액 × 20%

② (명단공개) 미・과소신고 금액이 50억원을 초과하는 경우 인적사항 및 신고의무 위반금액 등을 공개[277)]

③ (형사처분) 미・과소신고 금액이 50억원을 초과하는 경우, 2년 이하의 징역 또는 신고의무 위반금액의 13% 이상 20% 이하에 상당하는 벌금에 처함[278)]

276) 국세조세조정에 관한 법률 제62조[해외금융계좌 신고의무 불이행 등에 대한 과태료] 제4항
277) 국세기본법 제85조의 5 제1항 제4호
278) 조세범처벌법 제16조[해외금융계좌신고의무 불이행]

2. 해외부동산관련 세금

가. 해외부동산 취득 등의 절차

개인 투자자가 해외부동산을 취득 및 처분하는 경우 제 절차는 외국환 송금 및 회수에 따른 은행절차와 해외부동산과 관련하여 발생된 소득에 대한 세무절차로 나눌 수 있다.

은행절차	세무절차
해외부동산 취득계약	• 신고수리를 위한 서류준비
해외부동산 취득 신고수리 (외국환거래은행 전 영업점)	• 해외부동산 취득 신고 · 수리는 외국환거래은행 한 곳만을 지정하여 거래하여야 하며, 사후관리도 지정거래 외국환은행을 통해서 하여야 함(신고 · 수리은행의 영업점)
취득자금 송금 후 3개월 이내에 「취득보고서」 제출 (지정거래 외국환은행)	• 취득대금 해외송금 시 납세증명서(전국세무서 발급) 지정거래 외국환은행 영업점 제출 * 취득(2억원 이상 한정) 다음 연도 종합소득세 확정신고 기간 중 해외부동산 취득 및 투자운용(임대)명세서 주소지 관할 세무서에 제출 (국제조세조정에 관한 법률 제58조)
신고 · 수리 후 일정시점마다 사후관리 서류제출 (지정거래 외국환은행)	• 해외부동산 임대소득에 대하여 다음 연도 종합소득세 확정신고기간 중 종합소득세 신고 · 납부 * 해외부동산 취득 및 투자운용(임대)명세서를 함께 주소지 관할 세무서에 제출[미제출시 과태료 부과(국제조세조정에 관한 법률 제63조)]
해외부동산 처분(양도)	• 해외부동산 처분(양도)한 달의 말일부터 2월 이내에 부동산 양도소득세 예정신고납부 * 처분 다음 연도 종합소득세 확정신고 기간 중 부동산 양도소득세 확정신고납부(주소지 관할 세무서)
처분 후 3개월 이내(수령시점)에 「처분보고서」 제출 (지정거래 외국환은행)	• 구체적인 은행절차는 해당 지정거래 외국환은행에서 안내하고 있음

나. 해외부동산의 취득단계 세금

일반적으로 해외부동산을 취득할 때에는 국내에 납부하는 세금은 없다. 다만, 해당 부동산 취득 시 취득자금을 증여받았을 때에는 증여세를 납부하여야 하며, 직업·연령·소득 및 재산상태 등으로 보아 자력으로 재산을 취득하였거나 채무를 상환하였다고 인정하기 어려운 경우에는 다른 사람으로부터 그 자금을 증여받은 것으로 추정한다[279].

따라서 취득자금의 출처를 **입증하지 못한 금액**이 Min(취득재산가액×20%, 2억원)한 것보다 큰 경우 입증하지 못한 금액은 증여세가 과세된다. 다만, 취득자금 또는 상환자금이 직업, 연령, 소득, 재산 상태 등을 고려하여 증여추정배제기준 금액 이하인 경우와 취득자금 또는 상환자금의 출처에 관한 충분한 소명(疏明)이 있는 경우에는 본 규정을 적용하지 아니한다. 이때 증여추정배제기준은 재산취득일 전 또는 채무상환일 전 10년 이내에 주택과 기타재산의 취득가액 및 채무상환금액이 각각 아래 기준에 미달하고, 주택취득자금, 기타재산 취득자금 및 채무상환자금의 합계액이 총액한도 기준에 미달하는 경우를 말한다[280].

| 증여추정배제기준 |

구 분	취득재산		채무상환	총액한도
	주택	기타재산		
1. 30세 미만	5천만원	5천만원	5천만원	1억원
2. 30세 이상	1.5억원	5천만원	5천만원	2억원
3. 40세 이상	3억원	1억원	5천만원	4억원

다. 해외부동산의 보유단계 세금

해외에 주거용 주택을 취득하고 실제로 취득자가 해외주택에서 거주함으로써 소득이 발생하지 아니하는 경우 우리나라 국세청(세무서)에 신고하여야 할 세금항목은 없다. 다만, 해외부동산을 취득·보유하고 있는 자는 종합소득세 확정신고 시 「해외부동산 취득 및 투자운용(임대)명세서」를 첨부하여 제출하여야 한다[281].

279) 상속세 및 증여세법 제45조
280) 상속세 및 증여세 시행령 제 34조 제2항, 동법 사무처리규정 제38조(재산취득자금 등의 증여추정 배제기준)(2020.7.20. 국세청훈령 제2382호)
281) 국제조세조정에 관한 법률 시행규칙 제56조 제5호

해외부동산을 임대한 경우

국내 거주자(국내에 주소를 두거나 183일 이상 거소를 둔 개인을 말함)가 해외부동산(주택, 상가, 기타건물, 토지 등)을 취득한 후 동 부동산을 타인에게 임대하였을 경우, 동 부동산으로부터 발생되는 임대소득에 대하여는 부동산 소재지국 세법에 따라 해당국 과세당국에 관련 소득세를 신고납부하는 것과는 별도로, 우리나라 국세청(세무서)에 동 임대소득을 국내·외에서 발생된 타 소득과 합산하여 신고하여야 한다. 이 경우 임대관련 외국에서 납부한 세액은 외국납부세액의 공제방법(필요경비 산입방법 또는 세액공제방법)을 통하여 이중과세조정을 받게 된다.

라. 해외부동산의 처분단계 세금

1) 양도소득세의 납세의무자

해외부동산 양도일까지 계속 5년 이상 국내에 주소 또는 거소를 둔 거주자가 해외부동산을 양도하였을 경우에는 부동산 소재지국에서 양도소득세를 신고납부한 경우라도 이와는 별도로, 우리나라 세법에 따라 해외부동산 양도에 대한 양도소득세를 주소지 관할 세무서에 신고납부해야 한다[282]. 이때 해외부동산 소재지국 세법에 따라 현지국가에서 동 부동산 양도와 관련된 양도소득세를 신고납부한 경우 국가 간 동일소득에 대한 이중과세 조정을 위해 동 외국납부세액은 세액공제받거나 또는 필요경비에 산입하는 방법으로 공제받을 수 있다.

참고로, 국내부동산과 달리 해외부동산의 경우 1세대 1주택 비과세 규정 및 장기보유특별공제 등의 적용은 받지 못한다.

2) 양도소득세의 신고납부절차

해외부동산을 양도한 경우에는 양도일이 속하는 달의 말일부터 2월 이내에 관할 세무서에 예정신고를 하고 동일 연도에 부동산 등을 여러 건 양도한 경우에는 예정신고와 함께 다음 해 5월에 주소지 관할 세무서에 양도소득세 확정신고납부를 하여야 한다.

이때 예정신고 및 확정신고납부를 하지 않은 경우에는 무신고가산세(20% 또는 40%) 및 납부지연가산세(1일 1만분의 2.5)를 부담하므로 주의해야 한다.

282) 소득세법 제118조의 2~제118조의 8

3. 해외주식관련 세금

가. 해외주식의 취득단계 세금

우리나라 거주자가 해외주식에 투자하는 방법에는 직접투자와 간접투자(집합투자)가 있다. 직접투자란 우리나라 거주자가 국내 증권사에 외국법인의 주식을 거래하기 위한 계좌를 개설한 후 국내 증권사의 인터넷 주식거래시스템(이트레이딩시스템 등) 등을 이용하여 외국법인의 주식을 거래하는 방식을 말하며, 간접투자(집합투자)란 거주자 자신이 직접 투자하지 않고 투자펀드 등 집합투자기구에 자금을 제공하여 투자펀드 등으로 하여금 증권, 채권 등의 자산에 투자하게 하고 이익을 분배받는 투자방식을 말한다.

거주자가 해외주식을 직접 취득할 때에는 국내에 납부하는 세금은 없다. 다만, 해외주식을 타인(부모 등 친족 포함)으로부터 취득자금을 증여받아 해외주식을 취득한 경우 동 자금을 증여받은 때 「상속세 및 증여세법」에 따라 증여세를 신고·납부하여야 한다.

나. 해외주식의 보유단계 세금

우리나라 거주자가 외국법인이 발행한 해외주식을 소유함에 따라 외국법인으로부터 받는 이익이나 잉여금의 배당 또는 분배금 등은 배당소득에 해당된다[283]. 일반적으로, 국내 증권사를 통해 외국법인의 주식에 투자하여 외국법인으로부터 배당금을 수령할 경우 국내 증권사는 국내세법에 의해 14%의 세율을 적용하여 산출한 세액(해외현지에서 배당소득에 대하여 이미 원천징수하였다면 국내세법에 의한 세율 14%에서 현지원천징수세율을 차감하여 산출한 세액)을 원천징수하게 된다[284].

또한, 국외에서 받은 금융소득이 원천징수되지 않았거나, 연간 금융소득이 2천만원을 초과하는 자는 다른 소득과 합산하여 종합소득세 확정신고를 하여야 한다. 이 경우 종합소득세 신고 시 원천지국과의 조세조약 및 원천지국 세법에 따라 적정하게 납부된 외국납부세액은 외국납부세액공제를 받을 수 있다.

다. 해외주식의 처분단계 세금

해외주식(해외상장주식, 비상장주식 등)을 매매함에 따라 발생되는 양도소득에 대하여는 소액주주 여부에 불구하고 양도소득세를 신고납부해야 한다. 이 경우 해외주식 양도소득에 대하여는 보유기간에 관계없이 20%(우리나라 중소기업이 해외에서 발행한 상장주식

283) 소득세법 제3조 및 제17조
284) 소득세법 제127조 제1항 및 제5항, 제129조 제4항

등은 10%)의 세율이 적용된다. 다만, 거주자가 해외상장주식 등을 금융기관(주로 국내증권회사)을 통하여 양도한 경우로서 금융기관이 확인한 「주식양도소득금액 계산보조자료」를 제출하는 경우 「주식등 양도소득금액 계산명세서」(소득세법 시행규칙 별지 제84호 서식 부표2) 및 필요경비 증빙 제출을 생략할 수 있다.

해외주식 양도에 대하여는 예정신고제도가 없으며, 같은 과세기간(1.1.~12.31.) 중 다른 해외주식의 거래에서 발생한 양도차익과 양도차손을 통산하여 다음 해 5월 양도소득과세표준 확정신고납부만 하면 된다. 다만, 거주자의 국외자산에서 발생한 양도차손은 국내자산의 양도차익과 통산할 수 없었으나, 2020.1.1. 이후 양도분부터는 해외주식은 국내 주식등과 통산하는 것으로 개정되었다.

참고로 간접투자(국내외 펀드)를 통한 국내 또는 국외에서 받는 집합투자기구로부터의 이익은 배당소득에 해당된다[285].

4. 외국의 상속·증여세 및 양도소득세 등

해외에 재산이 있는 경우 승계를 위해서는 그 나라의 재산세제에 대한 이해는 필수적이다. 이에 우리나라의 재외동포가 가장 많은 미국을 기준으로 미국세법상 거주자에 해당하거나 비거주 외국인에 해당하는 경우의 상속세, 증여세, 양도소득세 및 해외금융계좌 보고의무 등에 대하여 간단히 살펴보고자 한다. 일반적으로 상속·증여세 및 양도소득세의 과세가액 계산과정에서 공제하는 비용 등은 우리나라 재산세제와 유사한 개념구조를 갖고 있지만 미국의 경우 매년 인플레이션 등을 감안하여 세금부과의 기준이 되는 면제금액과 과세표준의 구간금액 등이 바뀌기 때문에 매년 이에 대한 세금규정을 확인해야 한다.

가. 미국의 상속세제도

1) 상속세 과세대상

연방세법의 경우 피상속인(사망자)이 미국 시민 또는 상속세법상 미국 거주자인 경우에는 전 세계의 모든 상속재산이 상속세 과세대상이 되며, 사망일 또는 사망 후 6개월이 된 때의 시가(Fair Market Value)가 당해 연도의 상속세 면제한도를 초과할 때 상속세가 부과된다. 피상속인(사망자)이 비거주 외국인(Nonresident Alien)인 경우에는 미국 내에 소재하거나 미국과 관련있는 상속재산(U.S. Situs Property)만 상속세 과세대상이 된다.

285) 소득세법 제17조 제1항 제5호

가) 미국 거주자 판단

미국의 상속세·증여세가 부과되는 거주자는 사망 시 또는 증여 시 미국에 'Domicile'(거주지)이 있을 것을 요건으로 하고 있다. 즉, 미국 소득세법상 미국인 여부를 판정하기 위해 영주권 또는 체류일수 기준 등 보다 객관적인 기준을 사용하고 있는 것과 달리, 상속세·증여세법에서는 각각 사망 또는 증여시점에서 거주자의 'Domicile'이 어디에 있는지를 기준으로 미국 거주자 여부를 판단한다. Domicile 존재 여부는 모든 사실관계와 정황을 고려하여 판단하도록 되어 있으며 쉽게 단편적으로 적용할 수 있는 판단 기준이 마련되어 있지 아니하여 단지 한두 가지 사실이나 정황만으로 판단할 수 없다는 점을 유의하여야 한다. 예를 들어 미국 영주권을 가지고 있더라도 미국에 domicile이 있다고 단정 지을 수 없다.

상속세법 시행규칙에서는 "사람들은, 이후에 이동해서 나갈 것이라는 명확한 의사가 현재 상황에서 없는 한, 어떠한 장소에 삶으로써 심지어 잠시 살더라도 'Domicile'을 가지게 된다", "항구적으로 머무르려는 의도가 없이는 domicile이 성립되지 않는다", "일단 domicile이 성립되면 그 domicile을 실제 떠나지 않은 상태에서 훗날 domicile을 바꾸겠다는 의도를 갖는 것만으로는 domicile이 바뀌지 않는다"는 등 'domicile'에 대해 설명하고 있다.

나) 상속재산의 범위

미국의 상속세 과세대상이 되는 상속재산에는 피상속인이 사망 시 소유한 모든 재산, 사망시 이전키로 한 재산, 취소가능 신탁의 재산, 생명보험 수령액, 부적합한 증여 및 매도로 이전한 재산, 공동소유권의 피상속인 지분, 피상속인이 수익자를 지명할 수 있는 권리(Power of Appointment)를 가진 신탁의 재산권 등이 포함된다. 피상속인이 생전에 연간 증여세 면제액을 초과하여 증여한 금액은 상속재산가액에 가산된다. 단, 취소 불가능한 신탁(Irrevocable Trust)은 상속재산에서 제외된다.

다) 납세의무자

상속세 보고 및 납세는 "유언집행인(executor)"이 한다. "유언집행인"이란 용어는 유언집행인(the executor)은 물론, 대리인(personal representative) 혹은 관리인(administrator)이란 호칭을 망라하며, 신탁(trust) 등을 통하여 상속이 이루어져 법원 절차를 거쳐야 할 필요가 없는 경우에는 피상속인의 재산을 상속받는 자 또는 기관을 칭한다.

유산(the decedent's estate)은 피상속인과는 별도의 납세의무를 가진 개체로서 따로 납세자번호(EIN)를 발급받아야 하며 상속 절차가 이루어지는 동안 유산으로부터 발생하는 소득을 신고하고 그에 대한 세금을 납부하여야 한다.

2) 과세표준 및 세액의 계산

상속세 과세표준은 피상속인이 소유한 총 상속재산가액을 산정한 후, 장례비용, 유언집행비용, 부채 등을 차감하고, 다시 배우자공제(Marital Deduction), 기부금공제(Charitable Deduction), 주정부 상속세 공제(State Death Tax Deduction)를 차감한 과세대상 재산가액을 산출한 후, 피상속인이 1976년 이후 증여한 과세대상 증여가액을 합산한다. 여기에 누진 상속세율(18%~40%)을 적용하여 잠정 상속세액을 산출한다.

잠정 상속세액에서 통합세액공제(Unified Tax Credit)와 기타 세액공제(기납부 증여세 등) 등을 차감하면 최종 상속세 납부세액이 산출된다. 통합세액공제액을 활용하면 거주가 가 2021년 사망한 경우 상속세 면제상당금액 $11,700,000(2020년: $11,580,000, 2019년: $11,400,000)까지 상속재산가액에서 차감할 수 있는 셈이다. 다만 증여세에서 통합세액공제를 활용한 경우 그만큼 상속세에서 활용할 수 있는 한도가 줄어든다.

가) 통합 상속세 · 증여세 면제상당금액

새로이 입법되어 시행되는 "The American Taxpayer Relief Act of 2012"에 따르면 미국 시민 또는 미국 상속세법상의 미국 거주자가 이용할 수 있는 **통합공제**(United Credit)방식에 따른 상속세 · 증여세 면제상당금액(Exemption Equivalent)은 상속과 증여를 합쳐 인플레이션과 연동된 2021년도분 상속세 · 증여세 면제상당금액은 $11,700,000이 된다. 피상속인이 2021년 사망하는 경우, 살아 있는 배우자의 상속재산에 대해서는, 사용되지 않은 피상속인의 상속세 면제상당금액을 이용할 수 있다. 따라서 결혼한 부부는 먼저 사망한 배우자가 자신의 상속세 면제상당금액을 이용하지 못하고 사망하더라도 최고 $23,400,000까지는 상속재산 가액에서 차감할 수 있는 셈이다. 상속세 · 증여세 면제상당금액을 초과하는 상속 또는 증여에 대해서는 40%의 상속세 또는 증여세가 부과된다.

피상속인이 비거주 외국인인 경우에는 미국 내에 소재하는 유산(부동산, 동산, 주식, 사채, 조합지분 등)이 $60,000을 초과하는 경우 상속세 신고를 해야 한다. 또한 피상속인(사망자)이 비거주 외국인인 경우로서 미국 내에 소재하는 유산이 있어 상속세가 부과되는 경우에 제한된 일부 공제(기부금공제, 살아 있는 배우자가 미국 시민권자인 경우 배우자공제 등)만 허용되고, $13,000의 통합세액공제를 받게 된다.

나) 배우자공제

배우자공제(Marital Deduction)는 배우자가 미국 시민권자인 경우 배우자가 실제 상속받는 재산의 가액(즉, 시민권자인 배우자에게 상속하는 재산에는 상속세가 부과되지 않는 것임)이고, 배우자가 영주권자나 비거주자인 경우 적격신탁(Qualified Domestic Trust)을 통한 상속을 제외하고는 배우자공제를 받을 수 없다.

다) 외국납부세액 공제

동일한 재산에 대하여 외국에서 상속세를 납부한 경우 이중과세를 방지하기 위하여 타국에 실제로 납부한 세액 또는 동 재산가액에 상당하는 미국 상속세액 중 적은 금액을 한도로 하여 외국납부세액으로 상속세액에서 공제가 인정된다.

3) 세대생략세(Generation Skipping Transfer Tax, GST Tax)

세대생략세는 조부모로부터 손자·손녀(또는 증손자·증손녀)에게 유언 또는 신탁에 의해 재산이 넘어갈 때 부과되는 세금이다. 세대생략세는 37.5세를 초과하여 연하인 제3자에게 재산이 넘어갈 때도 부과된다. 세대생략세는 상속세 및 증여세와 별도로 부과되는 세금이다.

세대생략세는 기증자보다 두 세대 이상 아래인 세대의 수취자에게 부를 이전하는 것에 대해 두 계층의 세금(상속세의 별도부과 및 최고세율을 이용하여)이 부과되는 효과를 낸다. 예를 들면, 조부모가 손자·손녀에게 증여를 할 때 증여 대상물에 대해 증여세와 세대생략세가 동시에 부과될 수 있다. 세대생략에 대한 면제상당금액은 인플레이션과 연동되고, 면제상당금액을 초과하는 액수에 대해서는 40%의 세율이 적용된다. 따라서 2021년에 이루어진 세대생략에 대해서는 40%의 세율과 $11,700,000의 면제상당금액이 적용된다.

4) 상속세 신고납부

상속세 납세의무자는 상속개시일(사망일)로부터 9개월 이내에 상속세 신고(Form 706)를 하고, 세금을 납부하여야 한다. 상속세는 일시에 현금으로 납부하는 것이 원칙이다. 예외적으로 피상속인의 사업체가 상속재산의 35% 이상일 경우에는 상속세를 분할납부하는 제도가 있으나, 법령에 정하는 모든 기준을 충족하여야 한다.

비거주 외국인(nonresident alien)이 사망한 경우로서 미국 내에 소재하는 유산이 있어 상속세가 부과되는 경우에는 역시 상속개시일로부터 9개월 이내에 상속세 신고를 하고, 세금을 납부하여야 한다.

상속세 신고 시 제출할 서류는 피상속인의 사망확인 서류, 유언장이 있는 경우 유언장 사본, 주정부 상속세 납부확인 서류, 재산평가 서류, 증여세 보고 서류 등이다.

5) 주정부 상속세

미국의 많은 주(State) 정부는 2001년 연방세법 개정 이후 상속세를 부과하는 법을 신설하여 주정부 상속세 보고 및 납세를 요구한다. 주정부 상속세의 경우 많은 변화가 있고 또한 연방정부 상속세(estate tax)와는 다른 개념의 상속세(ex), inheritance tax)를 부과하는 경우도 있으므로 각 해당 주정부의 상속법에 대한 자세한 사항은 세무전문가와 상담할 필요가 있다.

나. 미국의 증여세제도

1) 납세의무자

미국은 증여계약에 의하여 재산을 무상 또는 낮은 가액으로 이전하는 **증여자**(Donor)가 증여세 납세의무자이다. 증여자가 미국 시민 또는 미국 증여세법상 거주자인 경우에는 전 세계의 모든 증여재산에 대하여 증여세 보고 및 납세의무가 있고, 증여자가 비거주 외국인인 경우에는 미국 내에 소재하거나 미국과 관련 있는 자산(U.S. Situs Property)을 증여한 경우에만 납세의무가 있다.

한국과 미국의 증여세제도 차이에서 발생하는 과세

한국은 수증자(Donee)에게 증여세가 과세되고, 수증자가 한국 거주자인 경우에는 전 세계에서 증여받은 모든 재산에 대하여 한국에 증여세 납세의무가 있다. 만일 수증자가 비거주자인 경우에는 한국 거주자로부터 한국에 있는 모든 재산 및 특정 국외소재재산(국외예금 · 적금, 특정 외국법인 주식 등을 2013.1.1.~2016.12.31. 사이에 증여받은 분에 한정)을 증여받았을 때 한국에 증여세 납세의무가 있다.
한국 또는 미국에서 증여가 이루어진 경우 증여자가 미국 시민인지 여부, 증여자가 어느 나라 거주자인지, 수증자가 어느 나라 거주자인지, 재산이 어느 나라에 있는지에 따라서 아래에서 보는 바와 같이 여러 가지 사례가 발생할 수 있고, 이중과세가 발생하는 경우도 있으므로 주의하기 바란다.

증여자 거주지	수증자 거주지	재산 소재지	미국 증여세	한국 증여세
미국	미국	미국	과 세*	비과세
미국	미국	한국	과 세	과 세
미국	한국	미국	과 세	과 세
미국	한국	한국	과 세	과 세
한국	미국	미국	과 세	비과세**
한국	미국	한국	비과세	과 세
한국	한국	미국	과 세	과 세
한국	한국	한국	비과세	과 세

* 표에서 '과세'라는 것은 한국의 경우 증여재산공제, 미국의 경우 Unified Tax Credit 등 각종 공제를 적용한 결과 납부할 증여세가 없는 경우도 포함하는 바, 양국에서 '과세'라 하더라도 실질적으로는 이중과세가 발생하지 않는 경우도 많음.

** 수증자가 한국 비거주자인 경우 한국 거주자로부터 한국에 있는 재산뿐만 아니라 2013.1.1.~2016.12.31. 사이 특정 국외소재재산(국외 예금 · 적금 등 해외금융계좌에 보유된 재산과 국내소재 재산을 50% 이상 보유한 외국법인의 주식)을 증여받을 경우에는 증여세가 과세되었음. 2017.1.1. 이후부터는 국외소재재산은 과세대상에서 제외된 상태이다.

다만, 국세조세조정에 관한 법률 제21조 [국외 증여에 대한 증여세 과세특례]에 따라 거주자가 비거주자에게 국외에 있는 재산을 증여(증여자의 사망으로 인하여 효력이 발생하는 증여는 제외한다)하는 경우 그 증여자는 이 법에 따라 증여세를 납부할 의무가 있다. 다만, 수증자가 증여자의 「국세기본법」 제2조 제20호에 따른 특수관계인이 아닌 경우로서 해당 재산에 대하여 외국의 법령에 따라 증여세(실질적으로 이와 같은 성질을 가지는 조세를 포함한다)가 부과되는 경우(세액을 면제받는 경우를 포함한다)에는 증여세 납부의무를 면제한다.

2) 증여공제

미국은 증여자(Donor) 1인당 각 수증자(Donee)에 대하여 연간 $15,000(For 2018, 2019, 2020 and 2021, the annual exclusion)[The annual exclusion for 2014, 2015, 2016 and 2017 is $14,000]의 증여세 면제액(Annual Gift Tax Exclusion) 기준을 두고 있다. 즉, 한 명의 증여자가 한 명 또는 여러 명에게 각각 $15,000 이하를 증여하는 경우 증여세 보고 및 납세의무가 면제된다. 연간 증여세 면제액은 사용하지 않아도 누적되지 않는다.

가령, 아버지가 3명의 자녀에게 각각 $15,000을 증여하는 경우(총 $45,000) 증여세가 면제되고, 증여세 보고를 할 필요가 없다.

2021년에 연간 증여세 면제액을 초과하여 증여하는 경우 시민권자 및 증여세법상 미국 거주자가 이용할 수 있는 통합세액공제(Unified Tax Credit)를 활용하면 한 번 또는 여러 번에 걸쳐 증여자 1인당 평생 증여재산가액에서 $11,700,000을 차감하여 증여세를 계산하는 셈이다. 단, 증여자가 비거주 외국인인 경우 통합세액공제를 활용할 수 없다. 증여세에서 통합세액공제를 활용하는 경우 상속세에서 사용할 수 있는 통합세액공제가 줄어들게 된다.

연간 증여세 면제액($15,000)을 초과하여 증여하는 경우 납부할 증여세가 없더라도 반드시 세금보고는 해야 하므로 주의가 필요하다.

3) 비과세

재산이 무상으로 이전되는 경우라 하더라도 부부간 증여, 자선단체에 대한 기부, 정치단체에 대한 기부, 인가된 교육기관의 교육비(수업료)를 직접 교육기관에게 지불하기 위한 증여, 의료비를 직접 의료기관에게 지불하기 위한 증여는 증여세 과세대상이 아니다.

다만, 증여를 받는 배우자가 미국 시민권자(U.S. Citizen)가 아닌 외국인인 경우 연간 $15,000의 증여세 면제액(Annual Exclusion) 대신 연간 배우자공제 금액인 $159,000(2021년 기준)을 증여가액에서 차감해 준다.

4) 과세표준 및 세액의 계산

증여세 과세표준은 연간 증여재산총액에서 연간 증여세 면제액, 배우자공제, 자선단체 기부공제 등을 차감하여 과세대상 증여가액을 산출하고, 그 이전의 과세대상 증여가액 누계액을 더해 평생 과세대상 증여가액(Lifetime Taxable Gifts)을 구한다. 여기에 누진세율(18%에서 최고 40%까지 12단계)을 적용하여 산출한 세액에서 그 이전의 과세대상 증여가액에 대한 세액을 차감하여 잠정 증여세액을 산출한다.

잠정 증여세액에서 사용하지 않은 통합세액공제(최대 통합세액공제 - 이전증여에 대한 통합세액공제)를 차감하면 당해 연도에 납부해야 할 증여세가 산출된다.

2021년의 경우 $11,700,000까지 세금을 납부하지 않고 증여를 할 수 있다. 다만, 증여세에서 통합세액공제를 활용한 경우 그만큼 상속세에서 활용할 수 있는 한도가 줄어든다.

5) 증여세 신고

증여자가 미국 시민권자 또는 증여세법상 거주자인 경우 특정 수증자에게 연간 증여세 면제액보다 많은 재산을 증여한 때에는 증여일이 속하는 연도의 다음 해 4월 15일까지 증여세 신고서(Form 709)를 제출하여야 한다.

증여재산의 가액이 연간 증여세 면제액보다 적더라도 부부가 함께 분할증여(Split Gifts)를 한 때에는 납부할 증여세가 없더라도 증여세 신고서를 제출하여야 한다.

6) 상속 · 증여재산 양도시 양도차익 계산

증여받은 재산을 양도했을 때 양도차익 계산에 있어서 취득원가(Tax Basis)는 증여자의 원가(Carry - over Basis)이기 때문에 수증자가 소유한 기간에 발생한 자본이득에 대해 양도소득세를 내야 한다. 상속받은 재산을 양도했을 때 양도차익 계산에 있어서 취득원가

(Tax Basis)는 상속받을 당시의 시가(Stepped-up Basis)가 되기 때문에 피상속인(사망자)의 생전에 발생한 자본이득에 대한 양도소득세가 과세되지 않는 결과가 된다.

7) 해외거주자로부터의 증여 및 상속 보고

미국 세법상의 미국인이 미국 비거주자(nonresident alien)로부터 연간 $100,000을 초과하여 증여나 상속을 받은 경우, 또는 $16,388(2020년 기준)을 초과하여 외국법인 또는 외국 Partnership으로부터 증여를 받은 경우 다음 해 4월 15일까지 소득세 신고 시에 Form 3520(Annual Return to Report Transactions with Foreign Trusts and Receipt of Certain Foreign Gifts)을 보고하여야 한다.

기한 내에 Form 3520을 보고하지 않은 경우에는 매월 지급받은 금액의 5%(최고 35%까지)에 상당하는 Penalty를 부과한다.

8) 주정부 증여세

상속세와 다르게 증여세를 부과하는 주정부는 많지 않다. 하지만, 주정부 증여세의 경우 많은 변화가 있을 수 있고 또한 연방정부 증여세와는 다를 수도 있으므로 각 해당 주정부의 증여세법에 대한 자세한 사항은 세무전문가와 상담할 필요가 있다.

다. 미국의 양도소득세

1) 과세대상

미국세법은 투자목적이든 아니든 법에 따로 명시된 몇몇 자산 외에 개인이 소유하고 있는 모든 자산은 Capital Assets에 해당하며, 이를 양도하여 발생하는 소득(Capital Gains)이 양도소득세 과세대상이다. 이러한 자산에는 부동산, 동산, 투자증권, 귀금속, 수집품, 사업용 자산 등 거의 모든 자산이 포함된다.

Capital Asset 양도시 양도가액과 cost basis(통상취득가액에 상당)의 차액이 양도소득 혹은 양도차손에 해당한다. 양도소득은 양도차손과 상계되며, 따라서 순양도소득 혹은 순양도차손은 조세채무를 계산함에 있어 중요한 수치이다.

2) 납세의무자

양도자가 시민권자, 영주권자, 거주외국인 등 미국세법상의 '미국인(US person)'에 해당하면 일반적으로 전 세계에서 발생한 양도소득에 대하여 미국에서 납세의무를 부담한다.

전 세계 소득에 대하여 미국에서 납세의무를 부담할 경우 미국에서 소득세를 계산할 때 국외원천소득과 관련하여 외국에 납부한 세금 중 세법에서 정한 한도 내의 금액은 외국납부세액으로 소득세액에서 공제받을 수 있다. 양도자가 미국의 비거주자인 경우에는 미국 내의 부동산 또는 부동산에 대한 권리의 양도소득에 대하여 납세의무가 있다. 양도소득이 발생하면 다음 해 4월 15일까지 소득세 신고 시에 함께 신고하여야 한다.

3) 과세표준 및 세액의 계산

미국의 양도소득세는 보유기간이 1년 이하인 자산의 양도시 발생하는 소득을 단기양도소득(Short-term Capital Gains, 이하 STCG), 1년 초과 보유자산의 양도시 발생하는 소득을 장기양도소득(Long-term Capital Gains, 이하 LTCG)으로 분류하고 있다.

단기양도소득(STCG)은 일반소득과 합쳐 일반세율(2020년 귀속연도의 경우 10%~37%)을 적용하여 세액을 계산하지만, 장기양도소득(LTCG)은 합산과세하지 않고 별도의 세율(0%~20%)로 계산하고 있다.

| 2020년 소득구간별 세율표: STCG, LTCG |

소득구간		일반소득세율 (STCG)
싱글(단독)신고	부부합산보고	
~ $9,875	~ $19,750	10%
$9,876 ~ $40,125	$19,750 ~ $80,250	12%
$40,126 ~ $85,525	$80,251 ~ $171,050	22%
$85,526 ~ $163,300	$171,051 ~ $326,600	24%
$163,301 ~ $207,350	$326,601 ~ $414,700	32%
$207,351 ~ $518,400	$414,701 ~ $622,050	35%
$518,401 ~	$622,051 ~	37%

소득구간		장기양도세율 (LTCG)
싱글(단독)신고	부부합산보고	
~ $40,000	~ $80,000	0%
$40,001 ~ $441,125	$80,001 ~ $496,600	15%
$441,500 ~	$496,600 ~	20%

4) 양도손실 공제

우리나라 양도차손은 이월되거나 다른 소득에서 통산할 수 없지만, 미국의 경우는 양도 시 발생한 손실은 다른 양도소득이 있으면 우선 서로 상계하고 남은 순양도손실(Net Capital Losses)은 일반 종합소득에서 공제[공제한도액은 연간 $3,000이다(부부 별도신고의 경우 $1,500)]할 수 있다. 그러고도 당해 연도에 공제하지 못한 순양도손실은 다음연도로 이월되어 양도소득이 있는 경우 양도소득과 먼저 상계하고, 그래도 상계하지 못한 순양도손실은 매년 $3,000을 한도로 일반 종합소득에서 이월공제할 수 있다.

양도손실을 이월할 때, 단기양도손실 혹은 장기양도손실의 성격이 그대로 남는다. 다음 해로 이월하는 장기양도손실은 다음 해의 장기양도소득과 먼저 상계하고 나서 다음 해의 단기양도소득과 상계한다.

가령, 어느 부부의 2020년 일반 종합소득이 $50,000이라고 가정하고, 그 부부가 2008년에 $20,000에 취득한 주식을 2020년에 $10,000에 양도하여 $10,000의 손실이 발생하였다면, 연간 $3,000을 일반 종합소득 $50,000에서 차감하여 소득세 과세표준($47,000)을 계산한다. 이 경우 공제받지 못한 양도손실 $7,000은 이월하여 2021년부터 다른 양도소득(Capital Gains)이 있으면 우선 서로 상계하고(한도 없음), 그러고도 순양도손실이 남으면 연간 $3,000을 한도로 일반 종합소득에서 공제할 수 있다.

5) 주거용 자택에 대한 혜택

미국은 주거용 자택(Principal Residence)을 처분했을 경우 부부합산보고 납세자는 양도소득 $500,000까지, 그 이외의 납세자는 $250,000까지 면세 혜택이 주어진다. 그 조건은 반드시 지난 5년 사이 2년 이상을 소유하고 2년 이상 주거용 자택으로 사용해야 한다. 2년 거주 규정은 지속적으로 살아야 한다는 뜻은 아니고, 지난 5년 동안 아무 때나 24개월 이상을 주거용 자택으로 사용하면 된다. 면세혜택은 거주자뿐만 아니라 비거주자에게도 적용된다.

가령, 부부합산보고하는 어느 부부가 2015.12.1. $300,000에 구입한 주거용 자택을 2021.11.30. $750,000에 처분했고, 2015년부터 2021년까지 5년을 주거용 자택으로 사용했다면 2년 이상 거주 규정을 충족하였으므로 양도소득 $450,000 전액에 대해 면세혜택이 주어진다.

라. 미국의 해외금융계좌 보고의무(FBAR)

미국 시민권자, 영주권자 및 거주외국인을 포함한 미국 세법상의 미국 거주자(개인), 주식회사, 합자회사, 합명회사, 신탁 등은 해당 연도(Calendar Year)의 어느 시점이든 모든 보고대상 해외 금융계좌를 합하여 $10,000을 초과하여 보유한 적이 있었으면 그 구체적인 내용을 FBAR(Report of Foreign Bank and Financial Accounts)양식에 의해 전자신고방식으로 FinCEN(Financial Crimes Enforcement Network)에 보고해야 한다. FBAR 보고는 소득세 신노와는 별도로 FinCen Form 114를 통해 개인세금보고 기한인 4월 15일까지 전자보고를 해야 하며 개인 세금 보고와 같이 6개월 연장도 가능하다.

미국 세법상 미국인 범위

미국 세법에서는 (1)과 (2) 및 (3)의 요건 중 어느 하나에 해당되면 미국 세법상 미국인으로 보나, 예외적으로 (4)에 해당하는 경우 세법상 미국인이 아니라고 판정할 수 있다.

(1) 미국 시민: 미국 시민은 미국 세법상 미국인이다.

(2) Green Card Test: 미국 영주권자는 미국 거주자로서 미국 세법상 미국인이다.

(3) Substantial Presence Test: 미국 영주권자가 아니라 하더라도 외국인이 일정기간 이상 미국 체류요건을 충족하는 경우에는 거주외국인(resident alien)으로 미국 거주자로 본다. (2019년 소득세 신고 시의 거주자 기준: ① 2019년에 31일 이상 미국에 체류하고, ② 미국 체류 기준일수가 2019년(체류일수의 100% Count), 2018년(1/3 Count), 2017년(1/6 Count) 3년을 합하여 183일 이상인 경우)

(4) 다만, 위 (3)의 체류기준을 충족하는 경우에도 신고대상연도 중 미국에서 체류한 일수가 183일 미만이고, 당해 신고대상연도에 외국에 tax home(가족이 사는 주거지인 family home이 어디이든 관계없이 사업의 주된 장소, 고용 혹은 근무장소를 말하나, 일의 성격상 일상적인 혹은 주된 사업장소가 없는 경우에는 일상적으로 사는 장소를 말함)을 가지고 있으며, 미국보다도 tax home이 있는 외국과 보다 밀접한 관계가 있을 경우(예: 외국이 가족거주지, 개인 은행업무 수행지, 운전면허증 발급지 등임을 소명) form 8840을 제출하여 소명하여야 한다.

더 나아가 미국세법은 영주권자 및 외국인이 미국 세법에 의해 미국 거주자가 됨과 동시에 외국 세법에 의해 외국 거주자가 됨으로써 이중거주자에 해당하는 경우 조세조약에 의해 거주지국을 판정하는 것을 허용하고 있다.

해외 금융계좌와 관련하여 소득세 신고 및 FBAR 보고를 하여야 함에도 불구하고 이를 하지 않을 경우 민사상 또는 형사상 강력한 벌칙이 가해진다.

□ **한국에 있는 금융계좌 잔고의 합계액이 $10,000을 초과하였는데, 미국의 해외계좌 보고 의무(FBAR) 미이행시 Penalty**

시민권자, 영주권자 또는 거주외국인 등을 포함한 미국 세법상 미국인이 해외에 금융계좌를 가지고 있고, 1역년(Calendar Year) 동안 어느 시점이든 모든 해외 금융계좌 잔고의 합계액이 $10,000을 초과하였는데, 이에 대한 소득세 신고 및 FBAR 보고를 하지 않거나 또는 잘못된 신고(보고)를 하는 경우 엄격한 민사상 또는 형사상 불이익 및 처벌을 받을 수 있다.

민사상 제재(Civil Penalties) 내용은 다음과 같다.

(1) 소득세 신고시 소득액을 적게 보고하여 세금액이 누락된 경우: 누락된 세금 및 그에 대한 이자 상당액
(2) 신고불성실가산세(Accuracy-related Penalty): 누락된 세금의 20% 가산세
(3) 사기 기타 부정한 방법에 의하여 탈세한 경우: 누락된 세금의 75% 이하 가산세
(4) FBAR 페널티: 고의가 없는 경우(Non-willful) 일반적으로 연간 $12,921(+인플레이션 조정금액), 고의가 있는 경우(Willful), 일반적으로 계좌 최대 연중 잔액 총계의 50% 또는 $129,210(+인플레이션 조정금액) 중 큰 금액

형사상 제재(Criminal Penalties) 내용은 다음과 같다.

(1) 조세포탈(tax evasion) 페널티: $250,000 이하의 벌금 및(또는) 5년 이하의 징역
(2) False Return (소득세 고의 허위 신고) 페널티: $250,000 이하의 벌금 및(또는) 3년 이하의 징역
(3) 소득세 고의 미신고 페널티: $100,000 이하의 벌금 및(또는) 1년 이하의 징역
(4) FBAR 페널티: $500,000 이하의 벌금 및(또는) 10년 이하의 징역

마. 미국의 해외금융자산 보고의무(Foreign Financial Asset Reporting)

2010년 발효된 해외계좌신고법(Foreign Account Tax Compliance Act: FATCA)에 따라 미국 세법상의 미국인 중 법인이 아닌 개인(즉, 시민권자, 영주권자, 거주외국인)이 정해진 한도를 초과하는 '특정 해외 금융자산'을 소유한 경우 매년 개인소득세 신고 시에 전년의 '특정 해외금융자산'에 대한 정보를 Form 8938(Statement of Specified Foreign Financial Assets)을 통해 IRS에 보고하여야 한다.

'특정 해외 금융자산'은 (1) 해외금융기관에서 관리되고 있는 모든 해외 금융계좌들과 (2) 금융계좌를 통해 관리되지는 않지만 투자목적으로 소유한, 거주 외국인이 아닌 외국 개인 및 외국 법인(비미국인)이 발행한 주식과 채권, 해외법인에 대한 모든 권리, 미국인이

발행인 또는 상대방(counterpart)이 아닌 금융계약이나 금융상품을 말한다. 즉, 은행계좌, 증권계좌, 주식, 채권, 합자회사에 관한 권리, 트러스트, 각종의 해외 파생상품 등이 특정 해외 금융재산에 해당한다. 따라서 FBAR 보고의무가 없는 납세자의 경우에도 해외 금융자산 보고의무가 발생할 수 있다.

일반적으로 미국에 거주하는 미혼자 그리고 기혼이지만 단독으로 세무신고를 할 경우에는 세무회계연도 최종일의 특정 해외 금융자산 총액이 $50,000을 초과할 경우 또는 1년 중 한 번이라도 그 총액이 $75,000을 초과했을 경우 Form 8938을 제출하여야 한다. 미혼자 또는 단독으로 세금신고를 하는 기혼자의 경우라도 해외에서 거주할 경우 각각의 최저 한도액이 $200,000(최종일 총액)과 $300,000(연중 최고액)으로 증가한다.

미국 거주 기혼자로 부부가 공동으로 세무신고를 할 경우에는 보유하고 있는 특정 해외 금융자산의 세무회계연도 최종일 총액이 $100,000을 초과하거나 연중 최고액이 $150,000을 초과하였을 경우 Form 8938을 제출하여야 한다.

해외에서 생활(living abroad)하면서 공동으로 세무신고를 하는 부부인 경우에는 한도액이 $400,000(최종일 총액)과 $600,000(연중 최고액)으로 증가한다. 미국 시민권자의 경우 해외에서 생활(living abroad)하는 것으로 인정을 받으려면 우선 'tax home'(일반적으로 tax home이란 납세자가 일하는 직장이나 소유한 사업장이 있는 도시나 지역을 말한다)이 외국에 있어야 하고, 세무회계연도 전기간 동안 타국의 "거주자"이었거나 세무회계연도의 최종일 이전 12개월 기간 중 330일을 해외에 체류하여야 한다. 즉, 미국 "거주자"의 경우에도 tax home이 외국에 있고 세무회계연도의 최종일 이전 12개월 기간 중 330일을 해외에 체류할 경우 해외에서 생활하는 것으로 인정받을 수 있다. 다만, 한 · 미 조세조약에 의한 거주지 기준에 따라 Form 8833을 제출하여 한국 거주자임을 주장하는 경우에는, 1040NR 또는 1040NR-EZ에 따라 소득세를 신고하므로, Form 8938은 별도로 보고하지 않아도 된다.

Form 8938 제출시에는 다음의 점을 고려하여야 한다. ① Form 8938에 보고되어야 할 금융자산과 FBAR에 보고되어야 할 금융자산은 동일하지 않다. ② 보고되어야 할 일부 혹은 전체 '특정 해외금융자산'이 미국 국세청에 제출되는 다른 양식(예를 들면, Form 3520, 5471, 8621)에 기재될 경우에는 Form 8938에 기재할 필요가 없다. ③ 금융자산의 평가액 산출에 주의하여야 한다.

가령, 공동명의의 금융자산을 보유한 부부가 각각 단독으로 세무신고를 할 경우 또는 배우자 외의 다른 사람과 공동명의로 특정 해외 금융자산을 보유한 경우에는 소유권의 비율과는 관계없이 공동명의로 소유한 금융자산의 평가총액이 신고한도액 계산에 이용되어야 한다.

보다 구체적인 사항은 미국 국세청 웹사이트(www.irs.gov)를 보거나 세무 전문가와 상의할 필요가 있다.

미국의 해외 금융자산 보고의무(Form 8938) 미이행시 페널티

미국 세법상의 미국인(시민권자, 영주권자, 거주외국인)이 해외 금융자산 보고의무를 이행하지 않는 경우 정당한 이유가 없는 한 $10,000의 페널티가 부과되며, 미국 국세청의 제출요구에 응하지 않을 경우 각각 30일이 경과할 때마다 추가로 $10,000씩 증가하여 최고 $50,000까지의 추가 페널티가 부과된다. 그러나 추가적인 $10,000의 페널티가 발생되기 전에 미국 국세청이 제출요구 통지를 한 날로부터 90일의 유예기간(grace period)이 있을 수 있다.

또한 보고되지 않은 해외금융자산으로부터의 소득이 세무신고에서 누락된 경우에는 세금 미납액의 40%에 해당하는 금액이 페널티로 부과될 수 있다. 세금미납이 사기(fraud)에 의한 경우 세금미납액의 75%에 해당하는 페널티가 부과될 수 있다.

더불어 Form 8938을 제출하지 않은 경우, 일부 혹은 전체 해외 금융자산을 보고에서 누락한 경우 또는 해외금융자산과 관련된 세금의 일부 또는 전부를 미납한 경우 각각 형사처벌이 가능하다. Form 8938의 제척기간(Statutes of limitation)은 form 8938이 제출된 후 3년 후에 종료되며, 만약 제출되지 않았을 경우 제척기간은 종료되지 않는다.

바. 미국의 국적포기세 과세제도

1) 적용대상

현행 국적포기세는 특정 미국 시민권자 또는 특정 영주권자가 시민권 또는 영주권을 포기할 경우 국적포기일 현재 보유하고 있는 전세계의 모든 재산을 양도한 것으로 가정하여 국적포기세(Expatriation Tax)를 납부하도록 규정하고 있다.

적용대상은 미국 시민권자 또는 국적포기일 직전 15년 중 최소 8년 이상 세법상 미국 거주자에 해당하였던 영주권자로서 아래와 같은 기준에 해당하는 고소득자, 대재산가 또는 국적포기 전 5년간 미국세법을 충실히 준수했음을 증명할 수 없는 자이다. 다만, 이중국적자 또는 미성년자 중 국적포기일 직전 10년 동안 미국에 연간 30일 이상 체류한 사실이 없는 자 등 사실상의 외국인은 제외한다.

① 고소득자는 국적포기일 직전 5년간의 평균 소득세 납부액이 일정 금액(2020년 국적포기자의 경우 $171,000)을 초과하는 자를 말한다.

■ 소득세 납부액

= 매년 외국납부세액을 차감한 후의 소득세 납부액

② 대재산가는 국적포기일 현재 순자산가액(Net Worth)이 $2,000,000 이상인 자를 말한다.

■ 순자산가액

= 국적포기일 현재의 시장가치를 기준으로 현금, 예금, 증권, 부동산, 무형자산 등 전세계에 보유하는 모든 재산(미국에 있는 재산뿐만 아니라 한국 등 외국에 있는 재산을 포함한다)의 가액에서 부채가액을 차감하여 계산

2) 과세방법

국적포기일 현재 전세계에 보유하는 모든 재산을 양도한 것으로 가정하여 Capital Gain을 산출한 후, Capital Gain에 대한 소득세 과세방법에 의하여 세액을 계산한다. 다만, 2020년의 경우 Capital Gain $737,000까지는 과세표준에서 제외한다.

보유기간 1년 이하 재산은 일반 소득세율(10%~37%)을, 보유기간 1년 초과 재산은 우대세율(최고 20%)을 적용하여 세액을 계산하며, 일반 소득과 함께 다음 해 4월 15일까지 소득세 신고를 하여야 한다. 재산별로 본인의 사망일 또는 재산의 양도일까지 과세를 연기할 수 있으나, 납세담보(Security)를 제출하여야 하고, 과세 연기일까지의 이자를 부담하여야 한다.

3) 보고의무

앞서 언급된 바와 같이 국적포기자는 과거 5년 동안 미국세금을 성실히 납부했음을 증명할 필요가 있다. 그러지 못할 경우 $2,000,000의 순자산기준 혹은 $171,000(2020년 기준)의 평균소득세 납부액 기준을 충족하지 못한다 하더라도 국적포기세 과세대상이 될 수 있다.

국적포기자는 이러한 성실납세를 증명하기 위하여 국적포기일이 속하는 해의 다음 해 4월 15일까지 소득세신고서(Form 1040) 및 국적포기일을 기준으로 한 Form 8854(Expatriation Information Statement)를 보고하여야 한다. 국적포기일 현재 고소득자 또는 대자산가 기준에 해당하는 경우 실제 국적포기세 납부세액이 없는 경우에도 보고의무가 있다.

4) 국적포기세 과세제도 관련 유의사항

소득세 납부액 $171,000(2020년 기준) 초과, 순자산가액 $2,000,000 이상 중 어느 하나에

해당되면 국적포기세 적용대상이 된다. 따라서 소득이 적더라도 재산이 많으면($2,000,000 이상) 국적포기세가 적용되고 미국에 있는 재산뿐만 아니라 외국에 있는 재산도 국적포기세 과세대상이 된다. 따라서 이민 오기 전부터 보유하고 있던 한국에 있는 재산도 순자산가액 $2,000,000 이상인지 여부를 판단할 때 포함되고, 국적포기일 현재 시장가치로 양도한 것으로 가정하여 국적포기세를 납부하여야 한다.

미국에 있는 재산으로서 국적포기세 과세대상이 된 재산을 나중에 양도하였을 경우 국적포기세를 계산할 때의 시장가치로 취득가액을 조정한다. 예를 들어 미국에 있는 주택을 2004년에 $500,000에 취득하였는데, 2020년에 국적을 포기할 때의 시장가치가 $1,000,000인 경우 Capital Gain $500,000($1,000,000 - $500,000)이 최소과세소득 $737,000보다 적으므로 국적포기세를 납부하지 않아도 된다. 이 주택은 2020년 국적포기시에 양도차익이 국적포기세 산출에 포함되었으므로 이 주택을 2021년에 $1,700,000에 양도하였다고 가정할 경우 이때는 취득가액을 $1,000,000로 조정하여 Capital Gain $700,000($1,700,000 - $1,000,000)에 대하여 양도소득세를 납부하게 된다.

제3절 우리나라 가업승계 지원제도

'가업승계'란 일반적으로 기업이 동일성을 유지하면서 상속이나 증여를 통하여 그 기업의 소유권 또는 경영권을 다음 세대에 무상으로 이전하는 것을 의미한다. 이러한 중견·중소기업 등의 가업승계를 지원하기 위해서 우리나라는 가업승계 주식에 대한 증여세 과세특례, 가업상속공제, 가업상속 재산에 대한 상속세 연부연납 제도 등의 지원책을 두고 있다.

여기서는 가업승계 전략 시 검토되는 세법의 이해를 위해서 가업승계에 대한 지원제도 등에 대하여 살펴보기로 한다.

Ⅰ 가업승계 지원제도

1. 가업승계에 대한 증여세 과세특례제도

가. 가업승계 과세특례제도의 개요

"가업승계에 대한 증여세 과세특례"제도는 중소·중견기업 경영자의 고령화에 따라 생전에 자녀에게 가업을 계획적으로 사전 승계하도록 함으로써 중소·중견기업의 영속성을 유지하고 경제활력을 도모하기 위해 도입된 제도로서, 가업을 10년 이상 계속하여 경영한 60세 이상의 부모가 18세 이상의 자녀에게 가업승계의 목적으로 주식 또는 출자지분(이하 "주식 등"이라 함)을 증여하는 경우 그 주식 등의 가액 중 가업자산상당액에 대한 증여세 과세가액(100억원 한도)에서 5억원을 공제하고 10%(과세표준에 30억원을 초과하는 경우 그 초과금액에 대해서는 20%) 세율을 적용하여 증여세를 과세하는 제도이다[286].

동 과세특례제도를 적용받을 경우 일반 증여와 달리 누진세율(10%~50%)을 적용받지 않고 10%(또는 20%)의 낮은 세율로 증여세를 부담하는 장점은 있으나, 가업승계에 대한 사후관리로 7년 동안 매년 위반사항을 점검하여 사후관리요건 위반시 증여세를 추징당할 수 있다. 또한, 가업승계 특례 증여재산가액은 증여자(부·모)의 사망시 상속재산가액에 가산해야 하는 부담이 있는 상태이다.

286) 조세특례제한법 제30조의 6(가업의 승계에 대한 증여세 과세특례)

| 가업승계 과세특례제도 도해 |

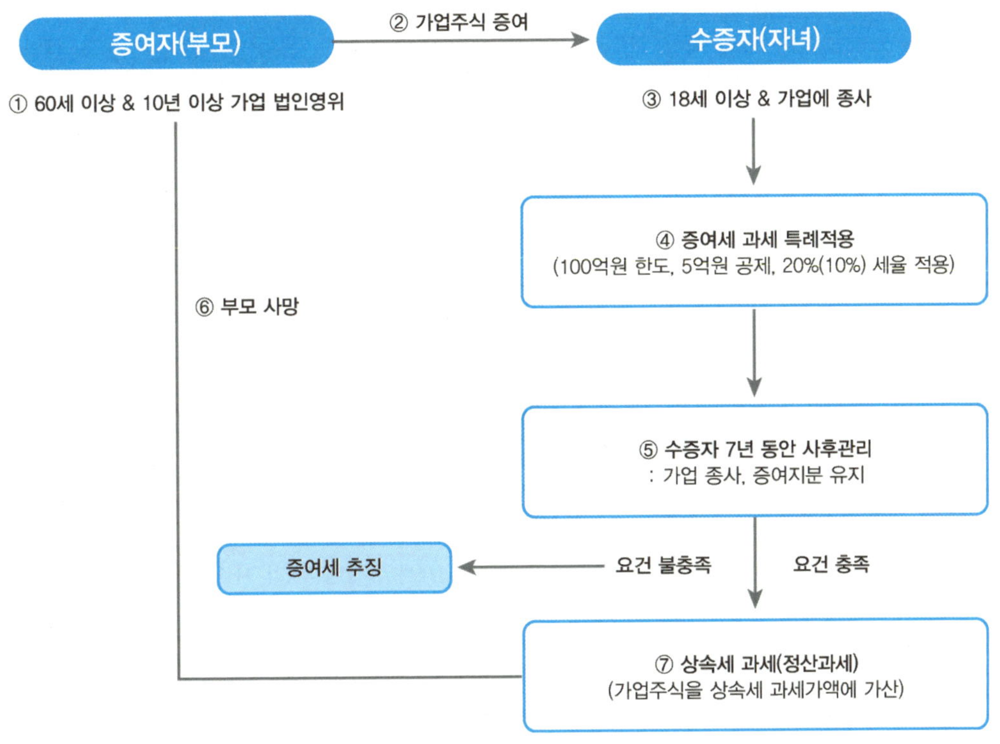

출처: 중소기업청, "중소기업가업승계 세제해설"

가업승계 과세특례제도는 가업의 주식에 대한 과세특례만 인정하고 개인사업체로 구성된 가업에는 적용되지 아니하는 상태라 승계관점에서 자산가가 향후 가업승계에 대한 증여세 과세특례의 적용을 고려한다면 법인기업으로 사업의 시작 여부를 고민해 볼 필요도 있다. 또한, 개인사업자는 개인기업의 법인전환으로 가업승계 과세특례를 승계전략에 활용할 수 있는 지도 검토해 볼 필요가 있다.

나. 가업승계 과세특례 적용요건

가업승계에 따른 주식 등의 증여세 과세특례를 적용받기 위해서는 다음의 요건을 모두 충족한 상태에서 증여세 신고기한(증여일의 말일부터 3개월)[287]까지 과세표준신고서와 함께 「가업승계 주식 등 증여세 과세특례 적용신청서」를 납세지 관할 세무서장에게 제출하여야 한다. 즉, 신고기한까지 신청하지 않으면 과세특례를 적용받을 수 없다.

287) 상속세 및 증여세법 제68조

구 분	적용 요건
증여자	① 가업주식의 증여일 현재 중소·중견기업인 **가업을 10년 이상 계속하여 경영한** 60세 이상인 수증자의 부모(증여 당시 부모가 사망한 경우에는 그 사망한 부모의 부모를 포함)일 것 ② 10년 이상 계속하여 경영한 중소·중견기업으로서 증여자와 그의 친족 등 특수관계에 있는 자의 주식 등을 합하여 해당 법인의 **발행주식총수 또는 출자총액의** 50%(**상장법인은** 30%) 이상의 주식등을 소유 할 것
수증자	① 증여일 현재 18세 이상으로서 **거주자**인 자녀일 것. ② 가업주식을 증여받은 수증자 또는 그 배우자가 증여세 신고기한(증여일의 말일부터 3개월)까지 가업에 종사하고, 증여일로부터 **5년 이내에 대표이사에 취임**할 것 ③ 가업승계 과세특례는 **2인 이상 가업승계자 모두에게 특례 적용**(주1)됨(2019. 12.31. 증여받는 분까지 최대주주등의 자녀 1인에 대해서만 적용됨).

(주1) 2인 이상 가업승계자 모두에게 특례 적용되는 경우 1인이 모두 증여받은 것으로 보아 각 가업승계자의 증여세액을 다음과 같이 계산

㉠ (동시 증여) 1인이 증여받은 경우와 동일하게 증여세를 계산한 후 각 거주자가 증여받은 주식가액 비례로 안분

㉡ (순차 증여) 후순위 수증자의 경우 선순위 수증자의 증여재산가액을 과세가액에 합산하여 증여세를 계산하고 선순위 수증자가 납부한 증여세를 공제*

* 1인이 수차례 나누어 증여받는 경우와 동일하게 과세

1) 가업의 정의

여기서 중요한 것은 가업에 대한 정의이다. 과세특례제도는 모든 기업이 대상이 되는 것이 아니라 세법상 '가업'에 해당하는 기업만이 그 대상이다.

'가업'의 정의(상속세 및 증여세법 제18조 ②, 동법 시행령 제15조)

가업이란 대통령령으로 정하는 중소기업 또는 중견기업(상속이 개시되는 소득세 과세기간 또는 법인세 사업연도의 직전 3개 소득세 과세기간 또는 법인세 사업연도의 매출액의 평균금액이 3천억원 이상인 기업은 제외한다)으로서 피상속인이 10년 이상 계속하여 경영한 기업을 말한다.

즉, 증여세 과세특례 적용대상 가업이란 증여자가 **동일업종**을 10년 이상 계속하여 경영한 기업을 말한다. 이는 증여자가 증여일까지 계속해서 사실상 경영한 경우를 말하는 것으로, 여기서 경영이란 단순히 지분의 소유를 넘어 가업의 효과적이고 효율적인 관리 및 운영을 위해 실제 가업 운영에 참여한 경우를 말한다.

2) 중소기업 및 중견기업 요건

가) 중소기업 요건

가업승계에 대한 과세특례를 적용함에 있어 "대통령령으로 정하는 중소기업"이란 상속개시일이 속하는 소득세 과세기간 또는 법인세 사업연도의 직전 소득세 과세기간 또는 법인세 사업연도 말 현재 다음 각 호의 요건을 모두 갖춘 기업을 말한다[288].

1. 별표에 따른 업종을 주된 사업으로 영위할 것
2. 「조세특례제한법 시행령」 제2조 제1항 제1호 및 제3호의 요건을 충족할 것

「조세특례제한법 시행령」 제2조 제1항 제1호 및 제3호의 요건
1. 매출액이 업종별로 「중소기업기본법 시행령」 별표 1에 따른 규모 기준("평균매출액 등"은 "매출액"으로 보며, 이하 이 조에서 "중소기업기준"이라 한다) 이내일 것
3. 실질적인 독립성이 「중소기업기본법 시행령」 제3조 제1항 제2호에 적합할 것. 이 경우 「중소기업기본법 시행령」 제3조 제1항 제2호 나목의 주식 등의 간접소유 비율을 계산할 때 「자본시장과 금융투자업에 관한 법률」에 따른 집합투자기구를 통하여 간접소유한 경우는 제외하며, 「중소기업기본법 시행령」 제3조 제1항 제2호 다목을 적용할 때 "평균매출액 등이 별표 1의 기준에 맞지 아니하는 기업"은 "매출액이 「조세특례제한법 시행령」 제2조 제1항 제1호에 따른 중소기업기준에 맞지 아니하는 기업"으로 본다.

3. 자산총액이 5천억원 미만일 것

나) 중견기업 요건

가업승계에 대한 과세특례를 적용함에 있어 "대통령령으로 정하는 중견기업"이란 상속개시일이 속하는 소득세 과세기간 또는 법인세 사업연도의 직전 소득세 과세기간 또는 법인세 사업연도 말 현재 다음 각 호의 요건을 모두 갖춘 기업을 말한다[289].

1. 별표에 따른 업종을 주된 사업으로 영위할 것
2. 「조세특례제한법 시행령」 제9조 제3항 제1호 및 제3호의 요건을 충족할 것

「조세특례제한법 시행령」 제9조 제3항 제1호 및 제3호의 요건
1. 중소기업이 아닐 것
3. 소유와 경영의 실질적인 독립성이 「중견기업 성장촉진 및 경쟁력 강화에 관한 특별법 시행령」 제2조 제2항 제1호에 적합할 것

288) 상속세 및 증여세법 시행령 제15조 제1항
289) 상속세 및 증여세법 시행령 제15조 제2항

3. 상속개시일의 직전 3개 소득세 과세기간 또는 법인세 사업연도의 매출액(매출액은 기업회계기준에 따라 작성한 손익계산서상의 매출액으로 계산하며, 소득세 과세기간 또는 법인세 사업연도가 1년 미만인 소득세 과세기간 또는 법인세 사업연도의 매출액은 1년으로 환산한 매출액을 말한다)의 평균금액이 3천억원 미만인 기업일 것

다) 중소기업 및 중견기업의 주된 업종 판단 기준

가업승계에 대한 과세특례가 적용되는 중소기업 및 중견기업이 되기 위해서는 "별표에 따른 업종"을 주된 사업으로 영위해야 한다. 여기서 해당 별표의 업종은 상속세 및 증여세법 시행령에서 별도로 아래의 [별표]와 같이 열거하고 있다. 따라서 과세특례를 적용받을 수 있는 중소·중견기업이란 아래 업종을 주된 사업으로 영위해야 하는 것이다.

가업승계대상 중소·중견기업의 판단 규정은 세법 개정으로 조세특례제한법에서 상속세 및 증여세법으로 변경되었으나, "주된 사업"의 판단에 대하여는 상속세 및 증여세법 시행령에서는 명확한 언급이 없는 상태이다. 다만, 기존 조세특례제한법 규정에 따라 주된 사업을 판단할 경우 **사업별 수입금액(매출액)이 큰 사업을 주된 사업**으로 보아야 할 것이다[290]. 하지만, 중소기업기본법상 중소기업의 **주된 업종 판단은 평균매출액**으로 판단[291]하기 때문에 주된 사업 판단에 대한 주의가 필요한 상태이다.

290) 조세특례제한법 시행령 제2조 제3항

291) 평균매출액등(직전 3개 사업연도의 총 매출액을 3으로 나눈 금액 등)의 비중이 가장 큰 업종을 주된 업종으로 봄(중소기업기본법 시행령 제4조).

【별표】 가업상속공제를 적용받는 중소ㆍ중견기업의 해당 업종(2020.2.11. 개정)
(상속세 및 증여세법 시행령 제15조 제1항 및 제2항 관련)

1. 한국표준산업분류에 따른 업종

구 분	가업 해당 업종
가. 농업, 임업 및 어업(01~03)	작물재배업(011) 중 종자 및 묘목생산업(01123)을 영위하는 기업으로서 다음의 계산식에 따라 계산한 비율이 100분의 50 미만인 경우 [제15조 제7항에 따른 가업용 자산 중 토지(「공간정보의 구축 및 관리 등에 관한 법률」에 따라 지적공부에 등록하여야 할 지목에 해당하는 것을 말한다) 및 건물(건물에 부속된 시설물과 구축물을 포함한다)의 자산의 가액] ÷ (제15조 제7항에 따른 가업용 자산의 가액)
나. 광업(05~08)	광업 전체
다. 제조업(10~33)	제조업 전체. 이 경우 자기가 제품을 직접 제조하지 않고 제조업체(사업장이 국내 또는 「개성공업지구 지원에 관한 법률」 제2조 제1호에 따른 개성공업지구에 소재하는 업체에 한정한다)에 의뢰하여 제조하는 사업으로서 그 사업이 다음의 요건을 모두 충족하는 경우를 포함한다. 1) 생산할 제품을 직접 기획(고안ㆍ디자인 및 견본제작 등)할 것 2) 해당 제품을 자기명의로 제조할 것 3) 해당 제품을 인수하여 자기책임하에 직접 판매할 것
라. 하수및폐기물 처리, 원료재생, 환경정화 및 복원업(37~39)	하수ㆍ폐기물 처리(재활용을 포함한다), 원료재생, 환경정화 및 복원업 전체
마. 건설업(41~42)	건설업 전체
바. 도매 및 소매업(45~47)	도매 및 소매업 전체
사. 운수업(49~52)	여객운송업[육상운송 및 파이프라인 운송업(49), 수상 운송업(50), 항공 운송업(51) 중 여객을 운송하는 경우]
아. 숙박 및 음식점업(55~56)	음식점 및 주점업(56) 중 음식점업(561)
자. 정보통신업(58~63)	출판업(58)
	영상ㆍ오디오 기록물제작 및 배급업(59). 다만, 비디오물 감상실 운영업(59142)은 제외
	방송업(60)
	우편 및 통신업(61) 중 전기통신업(612)
	컴퓨터 프로그래밍, 시스템 통합 및 관리업(62)
	정보서비스업(63)

구 분	가업 해당 업종
차. 전문, 과학 및 기술 서비스업(70~73)	연구개발업(70)
	선문서비스업(71) 중 광고업(713), 시장조사 및 여론조사업(714)
	건축기술, 엔지니어링 및 기타 과학기술 서비스업(72) 중 기타 과학기술 서비스업(729)
	기타 전문, 과학 및 기술 서비스업(73) 중 전문디자인업(732)
카. 사업시설관리 및 사업지원 서비스업(74~75)	사업시설 관리 및 조경 서비스업(74) 중 건물 및 산업설비 청소업(7421)
	사업지원 서비스업(75) 중 고용알선 및 인력 공급업(751, 농업노동자 공급업을 포함한다), 경비 및 경호 서비스업(7531), 보안시스템 서비스업(7532), 콜센터 및 텔레마케팅 서비스업(75991), 전시, 컨벤션 및 행사 대행업(75992), 포장 및 충전업(75994)
타. 임대업: 부동산 제외(76)	무형재산권 임대업(764, 「지식재산 기본법」 제3조 제1호에 따른 지식재산을 임대하는 경우로 한정한다)
파. 교육서비스업(85)	교육 서비스업(85) 중 사회교육시설(8564), 직원훈련기관(8565), 기타 기술 및 직업훈련학원(85669)
하. 사회복지 서비스업(86~87)	사회복지서비스업 전체
거. 예술, 스포츠 및 여가관련 서비스업(90~91)	창작, 예술 및 여가관련서비스업(90) 중 창작 및 예술관련 서비스업(901), 도서관, 사적지 및 유사 여가관련 서비스업(902). 다만, 독서실 운영업(90212)은 제외한다.
너. 협회 및 단체, 수리 및 기타 개인 서비스업(94~96)	기타 개인 서비스업(96) 중 개인 간병인 및 유사 서비스업(96993)

2. 개별 법률의 규정에 따른 업종

가업 해당 업종
가. 「조세특례제한법」 제7조 제1항 제1호 커목에 따른 직업기술 분야 학원
나. 「조세특례제한법 시행령」 제5조 제9항에 따른 엔지니어링사업
다. 「조세특례제한법 시행령」 제5조 제7항에 따른 물류산업
라. 「조세특례제한법 시행령」 제6조 제1항에 따른 수탁생산업
마. 「조세특례제한법 시행령」 제54조 제1항에 따른 자동차정비공장을 운영하는 사업
바. 「해운법」에 따른 선박관리업
사. 「의료법」에 따른 의료기관을 운영하는 사업

가업 해당 업종
아. 「관광진흥법」에 따른 관광사업(카지노, 관광유흥음식점업 및 외국인전용 유흥음식점업은 제외한다)
자. 「노인복지법」에 따른 노인복지시설을 운영하는 사업
차. 법률 제15881호 노인장기요양보험법 부칙제4조에 따라 재가장기요양기관을 운영하는 사업
카. 「전시산업발전법」에 따른 전시산업
타. 「에너지이용 합리화법」 제25조에 따른 에너지절약전문기업이 하는 사업
파. 「근로자직업능력 개발법」에 따른 직업능력개발훈련시설을 운영하는 사업
하. 「도시가스사업법」 제2조 제4호에 따른 일반도시가스사업
거. 「국가과학기술 경쟁력 강화를 위한 이공계지원 특별법」 제2조 제4호 나목에 따른 연구개발지원업
너. 「민간임대주택에 관한 특별법」에 따른 주택임대관리업
더. 「신에너지 및 재생에너지 개발·이용·보급 촉진법」에 따른 신·재생에너지 발전사업

주의사항 가업승계 과세특례가 적용이 안 되는 업종

예시 상속세 및 증여세법상 중소기업 제외 업종

작물재배업(일부는 적용 가능), 축산업, 임업, 어업, 전기·가스·수도사업, **일반숙박업, 유흥음식점업, 주차장운영업**, 우편·소포송달업(택배, 퀵) 금융보험업(은행, 보험, 증권 등), **부동산임대 및 공급업**, 법무·회계서비스업, 교육서비스업(학교, 입시학원, 운전학원 등), 장애인복지시설, 보육시설업, 경기장운영업(골프장, 스키장) 기타오락관련(게임장, 노래방, 무도장, 도박장 등), 기타서비스업(이·미용, 욕탕 세탁업, 예식장 등), 가사서비스업(요리사, 가정부, 파출부 등)

라) 중소기업 규모 기준

가업승계에 대한 과세특례 적용이 되는 중소기업에 해당되기 위해서는 매출액이 업종별로 「중소기업기본법 시행령」 별표 1에 따른 규모 기준("평균매출액 등"은 "매출액"으로 봄) 이내이어야 한다.

여기서 해당 "「중소기업기본법 시행령」 별표 1"은 아래와 같이 판단하도록 규정하고 있다. 따라서 과세특례를 적용받을 수 있는 중소기업이란 아래 규모 기준을 충족해야 하는 것이다.

|「중소기업기본법 시행령」 별표 1 |[292)]

해당 기업의 주된 업종	분류기호	규모 기준
1. 의복, 의복액세서리 및 모피제품 제조업	C14	평균매출액 등 1,500억원 이하
2. 가죽, 가방 및 신발 제조업	C15	
3. 펄프, 종이 및 종이제품 제조업	C17	
4. 1차 금속 제조업	C24	
5. 전기장비 제조업	C28	
6. 가구 제조업	C32	
7. 농업, 임업 및 어업	A	평균매출액 등 1,000억원 이하
8. 광업	B	
9. 식료품 제조업	C10	
10. 담배 제조업	C12	
11. 섬유제품 제조업(의복 제조업은 제외한다)	C13	
12. 목재 및 나무제품 제조업(가구 제조업은 제외한다)	C16	
13. 코크스, 연탄 및 석유정제품 제조업	C19	평균매출액 등 1,000억원 이하
14. 화학물질 및 화학제품 제조업(의약품 제조업은 제외한다)	C20	
15. 고무제품 및 플라스틱제품 제조업	C22	
16. 금속가공제품 제조업(기계 및 가구 제조업은 제외한다)	C25	
17. 전자부품, 컴퓨터, 영상, 음향 및 통신장비 제조업	C26	
18. 그 밖의 기계 및 장비 제조업	C29	
19. 자동차 및 트레일러 제조업	C30	
20. 그 밖의 운송장비 제조업	C31	
21. 전기, 가스, 증기 및 공기조절 공급업	D	
22. 수도업	E36	
23. 건설업	F	
24. 도매 및 소매업	G	
25. 음료 제조업	C11	평균매출액 등 800억원 이하
26. 인쇄 및 기록매체 복제업	C18	
27. 의료용 물질 및 의약품 제조업	C21	
28. 비금속 광물제품 제조업	C23	
29. 의료, 정밀, 광학기기 및 시계 제조업	C27	

292) 2017.10.17. 개정(2018.1.1. 이후 분부터 적용)

해당 기업의 주된 업종	분류기호	규모 기준
30. 그 밖의 제품 제조업	C33	
31. 수도, 하수 및 폐기물 처리, 원료재생업(수도업은 제외)	E(E36 제외)	
32. 운수 및 창고업	H	
33. 정보통신업	J	
34. 산업용 기계 및 장비 수리업	C34	평균매출액 등 600억원 이하
35. 전문, 과학 및 기술 서비스업	M	
36. 사업시설관리, 사업지원 및 임대 서비스업(임대업은 제외)	N(N76 제외)	
37. 보건업 및 사회복지 서비스업	Q	
38. 예술, 스포츠 및 여가 관련 서비스업	R	
39. 수리(修理) 및 기타 개인 서비스업	S	
40. 숙박 및 음식점업	I	평균매출액 등 400억원 이하
41. 금융 및 보험업	K	
42. 부동산업	L	
43. 임대업	N76	
44. 교육 서비스업	P	

비고:
1. 해당 기업의 주된 업종의 분류 및 분류기호는 「통계법」 제22조에 따라 통계청장이 고시한 한국표준산업분류에 따른다.
2. 위 표 제19호 및 제20호에도 불구하고 자동차용 신품 의자 제조업(C30393), 철도 차량 부품 및 관련 장치물 제조업(C31202) 중 철도 차량용 의자 제조업, 항공기용 부품 제조업(C31322) 중 항공기용 의자 제조업의 규모 기준은 평균매출액 등 1,500억원 이하로 한다.

[참고] 중소기업기본법상 중소기업 판단

중소기업기본법상 중소기업 판단 기준은 영리기업 또는 비영리 사회적기업 등을 대상으로 적용하며 하기의 **규모기준과 독립성 기준을 모두 충족**해야 한다.

1. 규모기준: 업종별 규모기준과 상한기준 모두 충족해야 함

[조건1] 주된 업종별 평균매출액 또는 연간매출액 기준

중소기업에 해당하려면 해당 기업이 영위하는 주된 업종과 해당 기업의 평균매출액 또는 연간매출액(이하 "평균매출액 등"이라 함)이 「중소기업기본법 시행령」 별표1의 규모기준을 충족해야 한다.

1) 평균매출액 등의 산정방법

"평균매출액 등"을 산정하는 경우 매출액은 일반적으로 공정·타당하다고 인정되는 회계

관행에 따라 작성한 손익계산서상의 매출액을 말한다. 다만, 업종의 특성에 따라 매출액에 준하는 영업수익 등을 사용하는 경우에는 영업수익 등을 말한다. 해당 평균매출액 등은 다음의 구분에 따른 방법에 따라 산정한다(중소기업기본법 시행령 제7조).

1. 직전 3개 사업연도의 총 사업기간이 36개월인 경우: 직전 3개 사업연도의 총 매출액을 3으로 나눈 금액
2. 직전 사업연도 말일 현재 총 사업기간이 12개월 이상이면서 36개월 미만인 경우(직전 사업연도에 창업하거나 합병 또는 분할한 경우로서 창업일, 합병일 또는 분할일부터 12개월 이상이 지난 경우는 제외함): 사업기간이 12개월인 사업연도의 총 매출액을 사업기간이 12개월인 사업연도 수로 나눈 금액
3. 직전 사업연도 또는 해당 사업연도에 창업하거나 합병 또는 분할한 경우로서 위 2.에 해당하지 않는 경우: 다음의 구분에 따라 연간매출액으로 환산하여 산정한 금액
   가. 창업일, 합병일 또는 분할일부터 12개월 이상이 지난 경우: 중소기업 해당 여부에 대하여 판단하는 날(이하 "산정일"이라 함)이 속하는 달의 직전 달부터 역산(逆算)하여 12개월이 되는 달까지의 기간의 월 매출액을 합한 금액
   나. 창업일, 합병일 또는 분할일부터 12개월이 되지 않은 경우: 창업일이나 합병일 또는 분할일이 속하는 달의 다음달부터 산정일이 속하는 달의 직전 달까지의 기간의 월 매출액을 합하여 해당 월수로 나눈 금액에 12를 곱한 금액. 다만, 다음 중 어느 하나에 해당하는 경우에는 창업일이나 합병일 또는 분할일부터 산정일까지의 기간의 매출액을 합한 금액을 해당 일수로 나눈 금액에 365를 곱한 금액으로 한다.
      √ 산정일이 창업일, 합병일 또는 분할일이 속하는 달에 포함되는 경우
      √ 산정일이 창업일, 합병일 또는 분할일이 속하는 달의 다음 달에 포함되는 경우

2) **주된 업종의 기준**

하나의 기업이 둘 이상의 서로 다른 업종을 영위하는 경우에는 위에 따라 산정한 평균매출액 등 중 **평균매출액 등의 비중이 가장 큰 업종을 주된 업종**으로 본다(중소기업기본법 시행령 제4조 제1항).

[조건2] 상한기준

중소기업에 해당하려면 위 업종별 규모기준 외에도 업종에 관계없이 자산총액이 5천억원 미만이어야 한다. 이때 자산총액은 회계관행에 따라 작성한 직전 사업연도 말일 현재 재무상태표상의 자산총계로 한다. 다만, 해당 사업연도에 창업하거나 합병 또는 분할한 기업의 경우에는 창업일이나 합병일 또는 분할일 현재의 자산총액으로 한다(중소기업기본법 시행령 제7조의 2).

2. 독립성 기준: 다음 3가지 중 어느 하나에도 해당하지 아니할 것

[조건1] 상호출자제한기업집단 등 또는 상호출자제한기업집단 등의 소속회사로 편입・통

지된 기업이 아닐 것

[조건2] 자산총액 5천억원 이상인 법인이 100분의 30 이상 출자한 기업이 아닐 것

• 자산총액이 5천억원 이상인 법인(외국법인을 포함하되, 비영리법인 및 **다음의 어느 하나에 해당하는 자는 제외함**)이 해당 기업의 주식 등을 100분의 30 이상 직접적 또는 간접적으로 소유하고 해당 법인이 단독으로 주식 등을 소유하거나 개인이 단독으로 또는 특수관계자와 합하여 해당 기업의 최대출자자가 되는 경우에는 해당 기업의 규모와 관계 없이 중소기업에 해당하지 않는다.
  √ 「중소기업창업 지원법」에 따른 중소기업창업투자회사
  √ 「여신전문금융업법」에 따른 신기술금융사업자
  √ 「벤처기업육성에 관한 특별조치법」에 따른 신기술창업전문회사
  √ 「산업교육진흥 및 산학연협력촉진에 관한 법률」에 따른 산학협력기술지주회사
  √ 「자본시장과 금융투자업에 관한 법률」 제8조에 따른 금융투자업자(금융투자업자가 금융 및 보험업 이외의 업종을 영위하는 기업의 주식 등을 소유한 경우로서 해당 기업과의 관계에 한정함)
  √ 「자본시장과 금융투자업에 관한 법률」 제9조 제19항에 따른 사모집합투자기구(금융위원회에 등록한 외국 사모집합투자기구를 포함함)
  √ 「기업구조조정 촉진법」 제2조 제3호에 따른 채권금융기관(채권금융기관이 다음의 어느 하나에 해당하는 기업의 주식 등을 소유한 경우로서 해당 기업과의 관계에 한정함)
    가. 「기업구조조정 촉진법」 제2조 제7호에 따른 부실징후기업
    나. 채권금융기관으로부터 받은 신용공여액의 합계가 500억원 미만으로서 「기업구조조정 촉진법」에 따라 기업구조조정 중인 기업
    다. 「채무자 회생 및 파산에 관한 법률」에 따라 법원으로부터 회생절차 개시의 결정을 받은 기업

  ※ "주식 등"이란 주식회사의 경우에는 발행주식(**의결권이 없는 주식은 제외함**) 총수, 주식회사 외의 기업인 경우에는 출자총액을 말한다(중소기업기본법 시행령 제2조 제4호).

[조건3] 관계기업에 속하는 기업이 아닐 것

• 관계기업에 속하는 기업의 경우 평균매출액등이 중소기업 업종별 규모기준에 맞지 않는 기업이면 중소기업에 해당하지 않는다.
• 관계기업 간 평균매출액등 산정기준은 「중소기업기본법 시행령」 별표2에 따르며, 이 때 주식등을 소유하는 방식과 소유비율에 따라 산정방식이 달라진다.

〈관계기업 간 평균매출액등 산정기준〉

① 지배기업이 종속기업(자회사 및 손자기업)을 직접 지배하는 경우
- 실질적 지배(50% 이상 소유한 경우): 100% 합산
- 형식적 지배(50% 미만 소유한 경우): 그 비율만큼 합산

② 지배기업이 자회사를 통해 손자기업을 간접 지배하는 경우
- 지배기업이 자회사를 실질적 지배한 경우: 자회사의 손자기업에 대한 소유 비율만큼 매출액 합산
- 지배기업이 자회사를 형식적 지배한 경우: 지배기업의 자회사에 대한 소유 비율과 자회사의 손자기업에 대한 소유비율을 곱한 비율로 합산
  이 경우 지배기업과 종속기업이 상호간 의결권 있는 주식 등을 소유하고 있는 경우에는 그 소유비율 중 많은 비율을 해당 지배기업의 소유비율로 본다.

※ 관계기업

"관계기업"이란 외부감사의 대상이 되는 기업이 다른 국내기업을 지배함으로써 지배 또는 종속의 관계에 있는 기업의 집단을 말한다.

① 관계기업에서의 지배 또는 종속의 관계
"관계기업에서의 지배 또는 종속의 관계"란 기업이 직전 사업연도 말일 현재 다른 국내기업을 직접 또는 간접으로 30% 이상 소유하면서 지배하는 경우 그 기업(지배기업)과 그 다른 국내기업(종속기업)의 관계를 말한다.

② 관계기업에서의 주된 업종의 기준
관계기업의 경우 지배기업과 종속기업 중 **평균매출액 등이 큰 기업의 주된 업종을 지배기업과 종속기업의 주된 업종으로** 본다(「중소기업기본법 시행령」 제4조 제2항).

마) 중견기업 독립성 기준

가업승계에 대한 과세특례 적용이 되는 중견기업에 해당되기 위해서는 소유와 경영의 실질적인 독립성이 「중견기업 성장촉진 및 경쟁력 강화에 관한 특별법 시행령」 제2조 제2항 제1호에 적합해야 한다. 따라서 중견기업이 되기 위해서는 소유와 경영의 실질적인 독립성이 다음 각 목의 어느 하나에 해당하지 아니하는 기업이어야 한다.

가. 「독점규제 및 공정거래에 관한 법률」 제14조 제1항에 따른 상호출자제한기업집단에 속하는 기업

나. 「독점규제 및 공정거래에 관한 법률 시행령」 제21조 제2항에 따른 상호출자제한기업집단 지정기준인 자산총액 이상인 기업 또는 법인(외국법인을 포함)이 해당 기업의 주식(「상법」 제344조의 3에 따른 의결권 없는 주식은 제외) 또는 출자지분(이하 "주식 등"이라 한다)의 100분의 30 이상을 직접적 또는 간접적으로 소유하면서 최다출

자자인 기업. 이 경우 최다출자자는 해당 기업의 주식 등을 소유한 법인 또는 개인으로서 단독으로 또는 다음의 어느 하나에 해당하는 자와 합산하여 해당 기업의 주식 등을 가장 많이 소유한 자로 하며, 주식 등의 간접소유비율에 관하여는 「국제조세조정에 관한 법률 시행령」 제2조 제3항을 준용한다.

① 주식 등을 소유한 자가 법인인 경우: 그 법인의 임원

② 주식 등을 소유한 자가 개인인 경우: 그 개인의 친족

3) 가업영위기간 계산

가업이란 증여자가 동일업종을 10년 이상 계속하여 경영한 기업을 말한다. 이는 증여자가 증여일까지 계속해서 사실상 경영한 경우를 말하는 것으로 가업영위기간의 계산방법은 중요하다. 여기서 가업승계 지원제도를 적용함에 있어서 가업영위기간 계산방법을 사례별로 살펴보면 다음과 같다.

유형	가업영위기간	근거법령
가업영위기간 개시일	피상속인이 가업을 영위하다 주된 업종을 변경한 경우 가업영위기간이 10년인지 여부는 업종 변경 후 최초로 재화 또는 용역을 개시한 날부터 10년의 요건을 판단함.	기준법령재산-227, 2015.10.28.
합병	피상속인이 10년 이상 계속하여 경영한 A법인이 가업에 해당하지 않는 B법인을 흡수합병한 경우 가업영위기간은 합병 전 A법인을 피상속인이 계속하여 경영한 기간을 가업영위기간에 포함하는 것이며, 가업상속 재산가액은 피합병법인으로부터 승계받은 자산, 부채, 손익을 제외하고 계산함.	서면법령재산-22512, 2015.5.27.
분할	상증세법상 가업승계 대상법인을 인적분할한 경우로서 분할법인 또는 분할신설법인(A) 중 분할 전 법인과 동일업종 영위법인의 주식을 조특법상 가업승계특례에 따라 증여하는 경우 A의 사업영위기간은 분할 전 분할법인의 사업개시일부터 계산함.	재산-809, 2010.11.1.
사업장 이전시	피상속인이 사업장을 이전하여 동일업종의 사업을 계속하여 영위하는 경우에는 종전 사업장에서의 사업영위 기간은 가업영위 기간에 포함	상속세 및 증여세법 집행기준 18-15-6
개인기업의 법인 전환시	개인사업자로서 영위하던 가업을 동일한 업종의 법인으로 전환하여 피상속인이 법인 설립일 이후 계속하여 해당 법인의 최대주주 등에 해당하는 경우, 개인사업자로서 가업을 영위한 기간도 가업영위 기간에 포함	상속세 및 증여세법 집행기준 18-15-7

유형	가업영위기간	근거법령
업종 변경시	동일한 사업장에서 2 이상의 서로 다른 사업을 영위하는 경우에는 사업별 사업수입금액이 큰 사업을 주된 사업으로 보게 되므로 겸영 업종 중 수입금액이 큰 사업을 10년 이상 계속하여 경영한 경우에 적용되므로, 법인이 2 이상의 서로 다른 사업을 영위하는 경우에는 피상속인이 영위하는 사업 전부를 10년 이상 계속하여 경영한 경우에 업종변경이 되더라도 적용되는 것임.	재산-770, 2010.10.19.

4) 최대주주 지분 요건

증여자는 중소기업 등의 최대주주로서 그와 특수관계인의 주식을 합하여 해당 기업의 발행주식 총수의 50%(상장법인의 경우 30%) 이상을 10년 이상 계속하여 보유하여야 한다. 즉, 최대주주가 증여일 현재 10년 이상 계속하여 50%(30%) 이상을 보유하여야 하므로 10년의 기간 중 단 한 번이라도 50%(30%) 미만의 지분을 보유한 경우에는 가업승계 증여세 과세특례를 받을 수 없다.

여기서 "최대주주 등"이란 주주 1인 및 그와 특수관계에 있는 주주가 보유하고 있는 의결권이 있는 주식 등을 합하여 그 보유주식 등의 합계가 가장 많은 경우의 해당 주주 등과 그의 특수관계인 모두를 말하며, 이 경우 증여자와 그의 특수관계인의 보유주식 등을 합하여 최대주주 등에 해당하는 경우에는 증여자 및 그의 특수관계인 모두를 최대주주 등으로 보는 것이므로, 증여자의 지분이 가장 크지 않은 경우라도 다른 요건을 모두 충족한 경우라면 증여세 과세특례를 적용받을 수 있다.

| 우선주 및 자기주식 등 최대주주 판단 및 가업대상 여부[293] |

주식종류	발행주식총수	최대주주 보유주식수	가업대상 주식 여부
의결결 없는 우선주	제외	제외	지원대상 주식 아님
자기주식	제외	미포함	해당사항 없음.
10년 미만 보유주식	포함	제외	제외

293) 유권해석(법규-1088, 2014.10.14., 법규과-1386, 2013.12.22.)

법인전환 가업인 경우 최대주주 보유기간 포함 여부

○ 재산-899, 2009.3.13.

「조세특례제한법」 제30조의 6 제1항의 규정에 따라 증여자가 「상속세 및 증여세법」 제18조 제2항 제1호에 따른 가업을 10년 이상 계속하여 영위하였는지를 판단할 때, 증여자가 개인사업자로서 영위하던 가업을 동일한 업종의 법인으로 현물출자에 의하여 신설하거나 법인 설립 후 사업양수도 방법에 의하여 전환한 경우로서 증여자가 법인설립일 이후 계속하여 당해 법인의 최대주주 등에 해당하는 경우에는 개인사업자로서 가업을 영위한 기간을 포함하여 계산하는 것임.

○ 서면-2017-법령해석재산-0561, 2017.6.30.

피상속인이 개인사업체를 동일업종의 법인으로 전환하면서 취득한 주식의 보유기간은 피상속인이 **개인사업체의 대표자로서 사업을 운영한 기간을 포함**하는 것임.

○ 기획재정부 재산세제과-186, 2015.2.17.

비상장법인이 상장을 위하여 「자본시장과 금융투자업에 관한 법률 시행령」 제6조 제4항 제14호에 따른 기업인수목적회사(SPAC)와 합병을 하는 경우로서 합병 후 상장법인이 합병 전의 비상장법인과 업종, 명칭, 대표이사 및 최대주주 등이 동일하여 사업의 계속성이 인정되는 경우에는 「상속세 및 증여세법」 제18조 제2항 제1호에 따른 "피상속인이 10년 이상 계속하여 경영한 기업" 판정시 **피상속인이 합병 전 비상장법인을 계속하여 경영한 기간을 피상속인의 가업영위기간에 포함**하는 것임.

5) 수증자 1인 요건(2019.12.31.까지 증여받은 분에 한함)

기존의 과세특례 요건 중 수증자 1인 요건에 대하여 2019.12.31. 법 개정시 가업승계 제도의 유연성을 제고 하고자 2**인 이상이 가업을 승계한 경우에도 가업승계 과세특례를 적용**하도록 하였다. 동 개정규정은 2020.1.1. 이후 증여받는 경우부터 적용한다.

다만, 가업의 승계 후 가업의 승계 당시 「상속세 및 증여세법」 제22조 제2항에 따른 최대주주 또는 최대출자자에 해당하는 자(가업의 승계 당시 해당 주식등의 증여자 및 해당 주식등을 증여받은 자는 제외한다)로부터 증여받는 경우에는 그러하지 아니하다. 즉, 종전에 증여자가 10년 이상 영위하던 가업의 주식을 증여하여 증여세 과세특례(1차 과세특례)를 적용받은 경우로서 그 당시 최대주주 등에 해당하는 다른 주주가 다시 주식을 증여하는 경우에는 증여세 과세특례(2차 과세특례)를 적용받을 수 있는 가업의 대상에서 제외된다.

최대주주가 복수인 경우 수증자 해당 여부

- 공동경영자가 특수관계에 해당되어 동일한 최대주주 등인 경우로서 공동경영자 일방의 자녀가 가업을 승계받은 후 다른 공동경영자의 자녀가 가업을 승계받는 것에 대해서는 증여세 과세특례가 적용되지 아니함(서면상속증여-4650, 2016.9.27.).
- 「상속세 및 증여세법」 제18조 제2항 제1호에 따른 가업을 갑과 을이 공동으로 경영하는 경우로서 갑의 자녀가 갑으로부터 해당 가업의 승계를 목적으로 「조세특례제한법」 제30조의 6에 따라 가업을 승계받는 경우에는 증여세 과세특례를 적용받을 수 있는 것이며, 이 경우 갑과 을이 「상속세 및 증여세법 시행령」 제19조 제2항 각 호의 특수관계에 해당하여 동일한 최대주주 등에 해당하는 경우에는 갑의 자녀가 가업을 승계받은 후 을의 자녀가 가업을 승계받는 것에 대해서는 증여세 과세특례를 적용받을 수 없는 것임(재산-469, 2011.10.7.).

6) 대표이사 취임요건 – "정당한 사유" 적용에 대한 쟁점

증여세 과세특례를 적용받을 수 있는 수증자의 요건 중 수증자 또는 그 배우자의 대표이사 취임규정이 있다. 이는 수증자 또는 그 배우자가 "증여세 과세표준 신고기한까지 가업에 종사하고 증여일부터 5년 이내에 대표이사에 취임하는 경우를 말한다."[294)]

이때 증여일로부터 5년 이내에 대표이사에 취임과정에 부득이한 정당한 사유가 존재할 경우 예외로 인정 가능한지에 대하여 최근 유권해석(조심 2018중2854, 2018.9.4.)은 질병·출산 등 부득이한 사유가 있더라도 반드시 5년 이내에 취임해야 하는 예외 없는 조건으로 해석하고 있다.

수증자의 대표이사 취임요건 유권해석

○ 조심 2018중2854, 2018.9.4.

조특법 시행령 제27조의 6 제2항의 "증여일부터 5년 이내 대표이사 취임" 규정은 "가업에 종사할 수 있는 상태로부터 기산하여 5년 이내 대표이사 취임"을 의미하는 것으로 보아야 한다는 청구주장은 조세법규는 특별한 사정이 없는 한 법문대로 해석할 것이고 합리적 이유 없이 확장·유추해석하는 것은 허용되지 아니한다는 엄격해석의 원칙에 반하는 것으로서 받아들이기 어려움 (기각)

하지만, 이러한 엄격해석은 수증자가 여성인 경우 출산중이거나, 중환자실에 있는 경우 등에도 반드시 대표이사로 취임해야 한다는 강요해석으로, 중환자실에 있는 의식불명의 환

294) 조세특례제한법 시행령 제27조의 6 제1항

자 등이 대표이사로 경영을 할 수 없는 상황을 고려치 아니한 해석으로 판단된다. 가업승계 특례 규정상 대표이사의 취임기간을 5년 이내로 둔 이유는 수증자가 경영수업 등을 통하여 원활한 가업승계를 지원하기 위한 것이므로 사례와 같이 중환자 등에 대한 부득이한 사유 없이 취임을 강요하여 가업의 부실화를 강요한다면, 이는 입법취지와도 맞지 아니하며 가업상속공제의 "상속인의 대표이사 2년 이내 취임"에서 정당한 사유를 두고 있는 것과 비교하더라도 동일제도에 대한 형평성 문제가 있는 해석으로 판단된다.

또한, 현행 조세특례제한법 제30조의 6 제3항 및 동법 시행령 제27조의 6 제3항에서 대표이사 취임이 부득이한 정당한 사유가 적용될 수 없는 규정으로 해석하는 것은 동법 시행령 제27조의 6 제6항에서 '대표이사 취임을 가업에 종사하는 경우'로 규정하고 정당한 사유를 적용할 수 있는 경우로 해석하고 있는 것과 해석의 불일치가 존재할 수 있는 상태이므로 법령해석의 일맥상통을 위해서라도 해당 조문에 대한 명확한 입법이 필요한 상태이다.

7) 가업승계 과세특례 후 상장 등에 따른 과세특례

가업승계 과세특례가 적용되는 주식 등을 증여받은 후 해당 주식 등에 대하여 다음의 어느 하나에 해당하는 증여이익이 발생하는 경우 당초 증여세 과세특례대상 주식 등의 과세가액과 해당 증여이익을 합하여 100억원까지 납세자의 선택에 따라 가업승계 과세특례를 적용받을 수 있다[295].

① 상속세 및 증여세법 제41조의 3에 따른 주식 등의 상장 등에 따른 이익의 증여
② 상속세 및 증여세법 제41조의 5에 따른 합병에 따른 상장 등 이익의 증여

8) 가업승계 과세특례 후 상속이 개시된 경우의 과세특례

가업승계 과세특례대상인 주식 등을 증여받은 후 상속이 개시되는 경우 상속개시일 현재 다음의 요건을 모두 갖춘 경우에는 가업상속으로 보아 관련 규정을 적용한다[296].

① 상속세 및 증여세법 시행령 제15조 제3항에 따른 가업에 해당할 것(피상속인이 주식 전부를 증여하여 최대주주등에 해당하지 않게 된 경우 해당 주식을 피상속인이 보유한 것으로 보아 가업상속공제 요건 충족 여부를 판단). 다만, 상속세 및 증여세법 시행령 제15조 제3항 제1호 나목(피상속인의 대표이사 재직요건)은 적용하지 아니한다.
② 수증자가 증여받은 주식 등을 처분하거나 지분율이 낮아지지 아니한 경우로서 가업에 종사하거나 대표이사로 재직하고 있을 것

295) 조세특례제한법 시행령 제27조의 6 제8항
296) 조세특례제한법 시행령 제27조의 6 제9항

다. 가업승계 과세특례에 대한 증여세 계산

1) 과세특례의 증여세 계산

기업승계를 목적으로 주식 등을 증여받아 증여세 과세특례를 적용받을 수 있는 금액은 그 주식 등의 가액 중 "가업자산상당액"에 대한 증여세 과세가액(100억원 한도)에서 5억원을 공제하고 10%(과세표준에 30억을 초과하는 경우 그 초과금에 대해서는 20%) 세율을 적용하여 증여세를 계산한다. 이 경우 100억원을 초과하는 주식 등의 가액은 일반 증여로 보아 증여재산공제(직계존비속간 증여재산공제액: 10년간 5천만원)를 적용 후 10%~50%의 초과누진세율을 적용하여 계산한다.

| 가업승계 주식 등 또는 창업자금 과세특례의 증여세 과세구조 |

구 분	내 용
증여재산가액	해당 가업승계 주식 등의 가액 중 가업자산상당액 또는 창업자금
채무부담액	
= 증여세 과세가액	
(+) 기과세특례적용된 과세가액	특례적용 대상 증여세 과세가액은 해당 증여세 과세가액과 기과세 특례적용된 과세가액의 합계액 • 가업승계주식은 100억원 한도 • 창업자금은 30억원(10명 이상 신규 고용시 50억원) 한도
(−) 증여공제	5억원
(−) 증여재산의 감정평가수수료	• 감정평가업자의 감정평가수수료(납부목적용): 5백만원 한도(신고 및 납부 시에만 허용) • 평가심의위원회가 비상장주식에 대하여 신용평가전문기관에 의뢰한 경우 평가수수료: 평가대상 법인의 수 및 의뢰기관 수 별로 각각 1천만원 한도
= 증여세 과세표준	
(×) 세율(특례세율)	• 가업승계주식: 10%(과세표준 30억원 초과분은 20%) • 창업자금: 10%
= 산출세액	
(−) 세액공제 등	• 납부세액공제 · 외국납부세액공제 • 신고세액공제는 적용하지 않음(조특법 §30의 5 ⑩ · §30의 6 ③).
= 납부할 세액	

2) 가업자산상당액 계산

가업주식에 대한 증여세 과세특례 계산시 가업자산상당액의 계산은 다음과 같이 한다[297].

$$\text{가업자산상당액} = \text{증여한 주식가액} \times \left(1 - \frac{\text{사업무관자산가액}}{\text{법인의 총자산가액}}\right)$$

가업승계 과세특례금액을 계산시 사업무관자산가액 및 법인의 총자산가액은 증여개시일 현재를 기준으로 상속세 및 증여세법에 따라 평가한 가액이며, 여기서 "사업무관자산"이라 함은 상속개시일 현재 법인의 자산 중 다음에 해당하는 자산을 말한다.

① 「법인세법」상 비사업용 토지 등

「법인세법」 제55조의 2 규정에 따라 토지 등 양도소득에 대한 과세특례가 적용되는 자산은 특정지역에 소재하는 부동산, 주택 및 주택부수토지와 별장, 비사업용 토지로 구분할 수 있지만 특정지역은 현재까지 지정되지 않고 있으므로 주택 및 주택부수토지와 별장, 비사업용 토지가 여기에 해당된다.

② 「법인세법」상 업무무관자산 및 타인에게 임대하고 있는 부동산

「법인세법 시행령」 제49조에 따른 업무와 관련이 없는 자산은 업무무관 부동산과 업무무관 동산으로 구분할 수 있다.

③ 금전소비대차계약 등에 의하여 타인에게 대여한 대여금

「법인세법 시행령」 제61조 제1항 제2호에 의한 대여금으로서 대손충당금을 설정할 수 있는 채권 중 금전소비대차계약 등에 의해 타인에게 대여한 금액을 말한다. 또한 특수관계인에게 업무와 관계없이 지급한 가지급금도 대손충당금 설정대상채권에서는 제외되지만 당연히 이에 포함된다고 보는 것이 제도의 취지에 부합한다고 판단된다.

④ 과다보유현금

여기서 말하는 현금이란 보통예금, 당좌예금 등의 요구불예금과 취득일부터 만기일까지가 3개월 이내인 금융상품을 포함하는 것으로, 상속개시일(증여일) 현재 가업에 해당하는 법인기업이 보유하는 현금이 상속개시일(증여일) 직전 5개 사업연도 말 평균 보유 현금액의 150% 초과하는 경우 그 현금을 "과다보유현금"이라고 하여 업무무관자산에 포함한다.

297) 조세특례제한법 시행령 제27조의 6 제10항, 상속세 및 증여세법 시행령 제15조 제5항 제2호

⑤ 법인이 영업활동과 직접 관련이 없이 보유하고 있는 주식, 채권·금융상품

이는 투자업 등이 주업이 아닌 법인이 보유하고 있는 투자주식, 채권과 금융기관이 취급하는 정기예금·정기적금·사용이 제한되어 있는 예금 및 기타 정형화된 상품 등을 말하는 것으로 취득일 당시 만기가 3개월 이내인 단기금융상품을 제외한 것을 말한다.

가업자산상당액 해당 여부 판단

- 피상속인이 10년 이상 계속하여 경영한 A법인이 피상속인이 10년 이상 계속하여 경영하지 않은 B법인을 흡수합병한 후 합병존속법인이 합병전 A법인과 업종, 명칭, 대표이사 및 최대주주 등이 동일하여 A법인 사업의 계속성이 인정되는 경우 「상속세 및 증여세법」 제18조 제2항 제1호에 따른 "피상속인이 10년 이상 계속하여 경영한 기업" 판정 시 피상속인이 **합병전 A법인을 계속하여 경영한 기간을 피상속인의 가업영위기간에 포함**하는 것임.
  즉, 가업에 해당하는 법인이 **가업에 해당하지 않는 법인을 흡수합병한 경우** 가업영위기간은 합병전 가업에 해당하는 법인을 증여자가 계속하여 경영한 기간을 가업영위기간에 포함하는 것이며, **가업자산상당액은 피합병법인으로부터 승계받은 자산, 부채, 손익을 제외**하고 계산함(서면-2015-상속증여-0019, 2015.7.10.).
- 기업회계기준에서 **투자자산**은 기업이 장기적인 투자수익이나 타기업 지배목적 등의 부수적인 기업활동의 결과로 보유하는 자산으로 유형자산이나 무형자산과 성격이 다르기 때문에 구분·표시하는 것이 바람직하여 별도 분류하고 있는 점 등에 비추어 쟁점주식 등이 **사업무관자산에 해당**한다고 보아 가업의 승계에 대한 증여세 과세특례 적용을 배제하여 증여세를 과세한 이 건 처분은 잘못이 없음(조심 2017서0167, 2017.5.16.).

3) 과세특례 적용 시 추가 고려사항

과세특례 적용 시 추가로 주의해서 고려할 사항은 다음과 같다.

가) 동일인으로부터 증여받은 다른 재산과의 합산과세 배제

일반적인 증여세 과세에 있어 동일인으로부터 여러 차례에 걸쳐 증여를 받는 경우 재차증여에 따른 합산과세(10년 이내 증여한 부분에 한함) 규정을 적용하는 것이 원칙이나, 가업승계 과세특례를 적용받는 수증자의 경우 동일인으로부터 가업승계 주식 외의 재산을 증여받은 경우에는 재차증여에 대한 합산과세 규정을 적용하지 않는다. 다만, 동일인으로부터 가업승계 주식을 여러 차례 승계받는 경우는 합산[298]한 금액을 기준으로 100억원 한도

298) 동일인의 가업승계 주식에 대한 합산의 경우 특례규정의 취지를 볼 때 10년 이내 여부와 상관없이 합산한

내에서 과세특례 신청이 가능하다.

나) 창업자금에 대한 과세특례와 중복적용 배제

가업승계 과세특례를 적용받은 거주자에게는 창업자금에 대한 증여세 과세특례를 적용하지 않는다.

다) 신고세액공제 배제

가업승계에 대한 과세특례 증여세 과세표준신고서를 제출한 경우에는 증여세액에 대하여 신고세액공제(2019.1.1. 이후부터 3%, 2018년 5%, 2017년 7%)를 적용하지 않는다.

라) 증여시기와 상관없이 상속재산 가산 및 증여세액공제

증여세 과세특례 적용 가업승계 주식 등은 증여자가 사망한 경우 해당 주식 등을 증여받은 날부터 상속개시일까지의 기간과 상관없이 상속세 과세가액에 가산하여 상속세를 정산한다. 다만, 상속공제적용의 한도를 적용할 때에는 상속세 과세가액에 가산한 증여재산가액으로 보지 않는다. 따라서 가업승계를 위한 사전증여분에 대해서는 상속공제의 한도액을 계산할 때 상속세 과세가액에서 빼지 않고 전액 상속공제를 적용받을 수 있다.

가업승계 과세특례를 적용받은 주식을 상속재산가액에 가산하여 상속세를 과세하는 경우 해당 증여재산의 증여세액은 상속세 산출세액에서 공제하지만 공제할 증여세액이 상속세 산출세액보다 많은 경우 그 차액에 상당하는 증여세액은 환급하지 않는다.

4) 사전증여와 가업승계 과세특례 사례 비교분석

사업가가 경영하는 법인이 가업에 해당하는 경우 일반 사전증여와 가업승계 과세특례 증여를 비교·분석하면 다음과 같다.

가업승계 과세특례 사례: 사전증여와 비교분석

장백산(만 60세)씨는 주식회사 바이오를 가업으로 영위하고 있는데 동 회사는 바이오 산업의 발전으로 인하여 지속적인 성장이 예상되고 있다. 장백산씨는 회사의 성장성을 감안하여 현재 시점에서 자녀(만 20세)에게 어떻게 승계하는 것이 가장 합리적인지를 고민하고 있는 상태이다.

금액으로 판단해야 할 것으로 보아나, 증여세 합산 일반기준 규정인 10년 이내 범위를 준용할 경우 10년 이내 분만 합산으로 해석할 여지가 있는 상태이므로 명확한 법 규정의 보완이 필요한 상태이다.

1) 기본정보

- 기업가치: 현시점 50억원, 10년 후 500억원 예상
- 주주현황: 장백산 100%, • 사업용자산비율: 100%

2) 사전증여 등의 검토

장백산씨가 보유하고 있는 바이오 주식의 경우 가업주식에 해당하는 상태이므로 증여세 과세특례가 가능할 수 있다. 이에 단순하게 사전증여하는 경우와 가업승계 과세특례를 적용받는 증여를 할 경우를 비교・분석해 볼 필요가 있다. 단, 비교 검토시 다른 증여에 대한 이슈는 없는 것을 가정하기로 한다.

① 시점별 일반증여를 가정할 경우 증여세 부담세액

(단위: 백만원)

구 분	현재시점(사전증여 Ⓐ)	미래시점(증여 Ⓑ)
증여재산가액	5,000	50,000
증여공제	50	50
증여세과세표준	4,950	49,950
증여세율	10%~50%	10%~50%
산출세액	2,015	24,515
신고세액공제(2019.1.1. 이후 3%)	60	735
부담세액	1,955	23,780
사전증여 효과(Ⓑ-Ⓐ)	(21,825)	

② 시점별 가업승계 과세특례를 가정할 경우 증여세 부담세액

(단위: 백만원)

구 분	현재시점(사전특례 Ⓒ)	미래시점(특례 Ⓓ)		
		특례적용분	특례초과분	소계
증여재산가액	5,000	10,000	40,000	50,000
증여공제	500	500	50	550
증여세과세표준	4,500	9,500	39,950	49,450
증여세율	10%, 20%	10%, 20%	10%~50%	
산출세액	600	1,600	19,515	21,115
신고세액공제(2019.1.1. 이후 3%)			585	585
부담세액	600	1,600	18,930	20,530
사전 과세특례효과(Ⓓ-Ⓒ)	(19,930)			
과세특례적용 효과(Ⓒ-Ⓐ)	(1,355)		(Ⓓ-Ⓑ)	(3,250)

3) 일반증여와 가업승계 과세특례의 분석 및 주의사항

본 사례처럼 성장성 있는 회사는 사전에 증여하는 것이 증여의 효과를 최대화할 수 있다. 그리고 사전증여 시 과세특례제도까지 활용하게 되면 보다 더 사전증여 효과를 극

대화 할 수도 있다. 하지만, 절세측면만 고려해서 사전 가업승계 과세특례를 선택할 경우 성공적인 사업승계의 목적을 달성하지 못할 수 있다. 이는 승계전략을 계획 시 절세만 고려하는 것이 아니기 때문이다. 사전 승계전략이 성공적인 승계인지는 다음과 같은 예시적인 Check Point를 파악하면서 신중히 고민하여야 할 것이다.

• **사례 분석시** Check Point

1. 가업승계특례 적용 시 자녀의 나이(20세)를 고려하고 학업 대신에 가업에 종사할 수 있는지 파악
2. 최대주주 지분 전부를 승계할지 노후생활자금 등을 위해서 일부 주식보유가 필요한지 파악
3. 미래시점에 상속을 고려 시 500억원 한도까지 가업상속공제가 가능한데 사전에 증여세 부담할 필요적인 요인이 있는 지 파악 등

즉, 승계전략은 단순히 절세관점 이외의 가업승계 대상 자산의 다양한 내적·외적 환경변화에 따른 상황파악이 필요할 것이므로 사전적으로 전략의 수립이 중요한 것이다.

또한, 본 사례는 증여의 효과를 분석하기 위한 목적으로 가치가 크게 증가한 것을 가정한 것이므로 실제로 승계전략 수립을 위한 증여효과 분석 시에는 증여대상의 특성에 따라 다른 효과가 발생할 수도 있으므로 반드시 사전검토를 수행하기 바란다.

라. 가업승계 과세특례의 7년간 사후관리

1) 증여 후 가업승계 불이행 시 정상세율로 증여세 과세

가업 주식의 증여일부터 7년[299] 이내에 **정당한 사유**[300] **없이** 정상적으로 가업승계를 이행하지 아니한 경우에는 해당 가업 주식의 가액을 일반 증여재산으로 보아 이자상당액과 함께 기본세율(10%~50%)로 증여세를 다시 계산하여 납부하여야 한다.

이 경우 사유 발생일이 속하는 달의 말일부터 3개월 이내에 가업승계 증여세 과세특례 추징사유 신고 및 자진납부계산서를 납세지 관할 세무서장에게 제출하고 해당 증여세와 이자상당액을 납세지 관할 세무서, 한국은행 또는 체신관서에 납부하여야 한다. 이때 증여세에 가산하는 이자상당액 계산은 다음과 같이 계산한다[301].

299) 2014.12.31. 이전 증여분에 대한 사후관리기간은 10년이었으나 개정법령 부칙 제16조에 따라 종전 가업승계자에 대해서도 사후관리기간 7년이 적용됨.
300) 조세특례제한법 시행령 제27조의 6 제4항
301) 조세특례제한법 시행령 제27조의 6 제5항

이자상당액
= 증여당시 기본세율에 의해 결정한 증여세액 × 당초 증여 주식의 증여세 신고기한 익일부터 추징사유 발생일까지 일수 × 2.5/10,000

2) 사후 의무이행 위반으로 증여세가 추징되는 경우

가) 가업을 승계하지 아니한 경우

가업 주식을 증여받은 수증자가 증여세 신고기한까지 가업에 종사하지 아니하거나 증여일로부터 5년 이내에 대표이사에 취임하지 아니한 경우

나) 가업을 승계한 후 주식 등을 증여받은 날로부터 7년 이내에 정당한 사유 없이 다음에 해당하게 된 경우

① 수증자가 가업에 종사하지 아니하거나 해당 가업을 휴업하거나 폐업하는 경우

㉠ 수증자(수증자의 배우자 포함)가 주식의 증여일부터 5년 이내에 대표이사로 취임하지 않거나, 증여일부터 7년까지 대표이사직을 유지하지 않는 경우(단, 수증자가 증여자와 공동대표이사로 취임하는 경우는 유지 가능)

㉡ 가업의 주된 업종을 변경하는 경우(단, 다음의 어느 하나에 해당하는 경우는 제외함)

가. 한국표준산업분류에 따른 중분류 내에서 업종을 변경하는 경우(2020.2.11. 이후 업종을 변경하는 분부터 적용)

나. 위 가. 외의 경우로서 상속세 및 증여세법 시행령 제49조의 2에 따른 평가심의위원회의 심의를 거쳐 업종의 변경을 승인하는 경우

㉢ 해당 가업을 1년 이상 휴업(실적이 없는 경우를 포함)하거나 폐업하는 경우(가업승계 후 경영사정 등으로 폐업하는 경우에도 사후관리 위반으로 보아 증여세를 추징한다)

② 수증자가 증여받은 주식의 지분이 줄어드는 경우

㉠ 수증자가 증여받은 주식을 처분하는 경우. 다만, 다음의 사유는 제외

- 합병·분할 등 조직변경에 따라 주식 등을 처분하는 경우. 다만, 처분 후에도 수증자가 최대주주에 해당해야 한다.
- 「자본시장과 금융투자업에 관한 법률」 제390조 제1항에 따른 상장규정의 상장요건을 갖추기 위하여 지분을 감소시킨 경우

㉡ 증여받은 주식을 발행한 법인이 유상증자 등을 하는 과정에서 수증자의 실권 등으로 지분율이 낮아지는 경우. 다만, 다음의 사유는 제외

- 해당 법인의 시설투자·사업규모의 확장 등에 따른 유상증자를 하면서 수증자의 특수관계인 외의 자에게 신주를 배정하기 위하여 실권하는 경우로서 수증자가 최대주주 등에 해당하는 경우
- 해당 법인의 채무가 출자전환됨에 따라 수증자의 지분율이 낮아지는 경우로서 수증자가 최대주주 등에 해당하는 경우

㉢ 수증자와 특수관계에 있는 자의 주식처분 또는 유상증자 시 실권으로 지분율이 낮아져 수증자가 최대주주에 해당되지 않는 경우

3) 정당한 사유로 증여세가 추징되지 않는 경우

① 수증자가 사망한 경우로서 수증자의 상속인이 상속세 과세표준 신고기한까지 당초 수증자의 지위를 승계하여 가업에 종사하는 경우

② 수증자가 증여받은 주식 등을 국가 또는 지방자치단체에 증여하는 경우

③ 수증자가 법률에 따른 병역의무의 이행, 질병의 요양, 취학상 형편 등으로 가업에 직접 종사할 수 없는 부득이한 경우. 다만, 증여받은 주식 또는 출자지분을 처분하거나 그 부득이한 사유가 종료된 후 가업에 종사하지 아니하는 경우는 제외한다.

사후관리요건과 관련된 주요 유권해석

- 「조세특례제한법」 제30조의 6 제1항에 따라 가업의 승계에 따른 증여세 과세특례를 적용받은 후 가업용자산인 공장시설을 확장·이전하기 위해 기존 공장을 처분하고 새로운 공장을 취득하는 경우 같은 법 제30조의 6 제2항을 적용하지 아니하는 것임(서면법규-150, 2014.2.18.).
- 「조세특례제한법」 제30조의 6 가업의 승계에 대한 증여세 과세특례 규정을 적용함에 있어 2개의 서로 다른 사업을 영위하는 중소기업의 주식을 증여받은 후 사업별 수입금액이 **작은 사업부문을 물적 분할한 경우에는** 같은 법 시행령 제27조의 6 제5항 제2호의 **주된 업종을 변경한 경우에 해당하지 아니함**(재산-92, 2011.2.23.).
- 「조세특례제한법」 제30조의 6 제1항에 따른 증여세 특례대상인 주식 등을 증여받은 후 상속이 개시되는 경우로서 수증자가 가업을 승계받기 전 보유한 기존 주식을 처분한 후에도 「상속세 및 증여세법 시행령」 제15조 제3항에 따른 최대주주 등에 해당하는 경우에는 같은 법 시행령 제27조의 6 제8항 제3호의 요건을 충족하는 것으로 보는 것임(재산-594, 2010.8.16.).
- 가업의 승계를 위하여 주식을 증여받은 후 회사가 신주인수권부사채나 전환사채를 사

모형태로 발행하여 사채권자의 권리 행사로 수증자의 지분율이 낮아지는 경우로서 「조세특례제한법 시행령」 제27조의 6 제6항 제2호 단서에 해당하는 때에는 같은 법 제30조의 6 제2항이 적용되지 아니하는 것임(재산-821, 2009.4.29.).

- 가업승계 증여세 과세특례를 받은 주식의 처분사유가 **합병 · 분할 등** 조직변경에 따른 **처분으로서** 수증자가 「상속세 및 증여세법 시행령」 제15조제3항에 따른 **최대주주 등에 해당하는 경우에는 증여세를 부과하지 아니하는 것**이며,1개 가업을 공동상속한 경우 대표이사로 취임하는 등 가업승계 요건을 충족한 자의 승계지분에 대해 가업상속공제를 적용하는 것임(서면-2017-상속증여-2874, 2018.1.24.).
- 가업승계후 해당 가업이 인적분할하여 분할존속법인이 가업승계받은 사업을 영위하지 않는 경우 사후관리 위반사유에 해당하고, 가업승계 특례받은 주식에 대하여 증여세(이자상당액 포함함)를 추징하는 것임(서면-2015-법령해석재산-2528, 2016.9.29.).

마. 가업승계에 대한 증여세 과세특례 신청

가업승계에 대한 증여세 과세특례는 증여세 과세표준 신고기한(증여받은 날이 속하는 달의 말일부터 3월 이내)까지 다음의 서류를 첨부하여 증여세 과세표준신고와 "주식 등 특례신청서 및 사용내역서"를 납세지 관할 세무서장에게 제출하여야 한다. 신고기한까지 특례신청을 하지 않은 경우에는 가업승계에 대한 증여세 과세특례는 적용되지 아니하며, 일반증여로 증여세가 과세되므로 주의하여야 한다.

- 가업법인의 중소기업기준검토표
- 가업승계 법인의 증여일 현재와 직전 10년간의 사업연도의 주주현황
- 그 밖에 가업승계 사실을 입증할 수 있는 서류

2. 가업상속공제제도

가. 가업상속공제제도의 개요

사업승계에서 가장 부담이 되는 것은 상속으로 인하여 발생하는 상속세의 부담일 것이다. 즉, 창업주 또는 경영자의 급작스러운 사망 등으로 상속이 개시되어 경영권의 승계가 발생하는 경우 거액의 상속세 납부재원 마련을 위하여 해당 가업주식을 처분하게 되어 종종 가업승계가 이루어지지 못하는 경우가 발생하고 있는데, 이러한 문제점을 해결하기 위해서 국가는 원활한 가업승계를 지원하는 가업상속공제제도를 두고 있다.

| 가업상속공제제도 도해 |

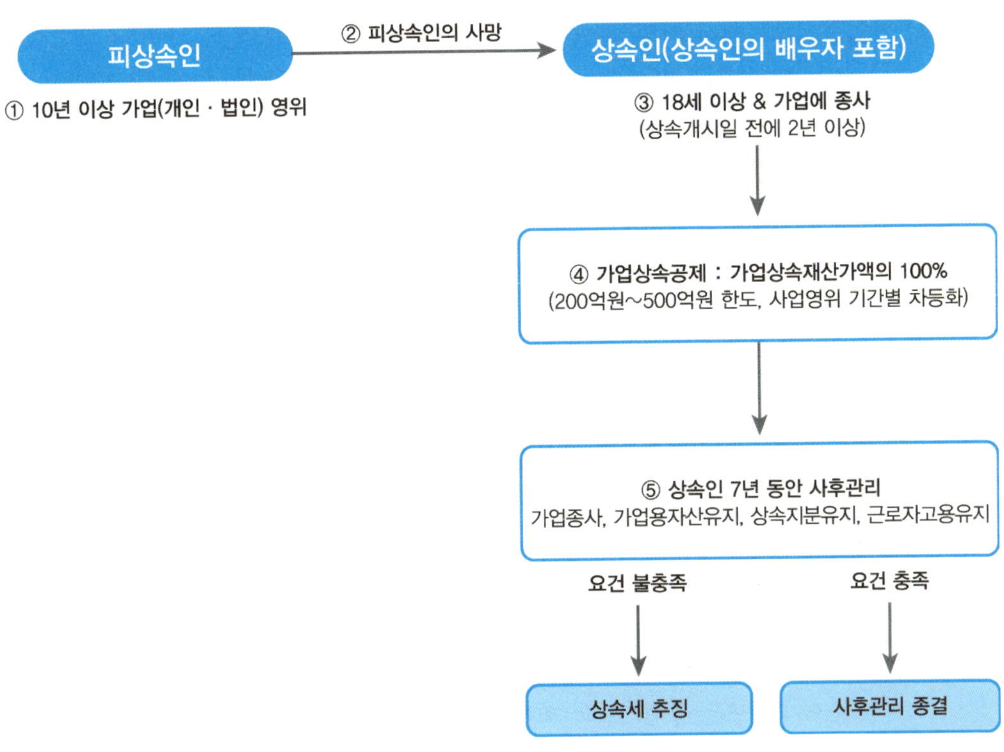

출처: 중소기업청, "중소기업가업승계 세제해설"

가업상속공제제도는 중소 · 중견기업의 기술 및 경영노하우를 상속인이 효율적으로 전수받아 그 원천기술을 승계 · 발전시키고 영속적인 성장을 할 수 있도록 원활한 가업승계를 지원하기 위해 거주자인 피상속인이 최대주주로서 생전에 10년 이상 계속 영위한 중소 · 중견기업을 18세 이상의 상속인에게 정상적으로 상속하는 경우 가업상속재산가액에 상당하는 금액(최대 500억원 한도)을 상속재산에서 공제하여 가업상속에 따른 상속세 부담을 크게 경감시켜 주는 제도이다.

이러한 가업상속공제는 가업상속재산가액의 최대 500억원까지 혜택을 부여함으로써 대부분의 중소기업은 상속세의 부담없이 부의 승계가 가능하게 되어 그 공제요건 및 사후관리를 7년간 유지하도록 규정하고 있다. 또한, 종전에는 상속인이 가업상속공제를 적용받은 재산을 추후 양도하는 경우 피상속인이 보유기간 중 발생한 재산가치 상승분(자본이득)에 대해서는 양도소득세가 과세하지 아니하였지만, 2014.1.1. 법 개정 시 가업상속공제를 받아 상속세가 과세되지 않는 재산에 대해서는 피상속인의 당초 취득가액을 기준으로 양도차익을 계산하여 피상속인의 자본이득에 대해 과세하도록 하는 이월과세제도[302]를 도입하였다.

따라서 가업승계관점에서 가업상속공제를 적용받는 경우 가업승계에 대한 증여세 과세특례제도를 적용받는 경우에 비하여 강화된 사후관리 기간과 가업상속재산의 양도에 대한 양도소득세 이월과세제도를 두고 있으나, 개인기업에 대한 가업상속재산도 상속공제가 가능하므로 승계전략 수립시 가업승계에 대한 증여세 과세특례제도와 비교해서 사전승계 또는 사후승계를 고민해야 할 것이다.

나. 가업상속공제 적용요건

가업상속공제를 적용받기 위해서는 다음의 요건을 모두 충족한 상태에서 상속세 신고기한(상속개시일의 말일부터 6개월)[303]까지 과세표준신고서와 함께 가업상속공제명세서 등을 납세지 관할 세무서장에게 제출하여야 한다. 즉, 신고기한까지 신청하지 않으면 상속공제를 적용받을 수 없다.

구분	적용요건
피상속인	다음의 요건을 모두 충족하는 경우 1. 중소기업 또는 중견기업의 최대주주 등인 경우로서 피상속인과 그의 특수관계인의 주식 등을 합하여 해당 기업의 발행주식총수 등의 50%(자본시장과 금융투자업에 관한 법률 제8조의 2 제2항에 따른 거래소에 상장되어 있는 법인이면 30%) 이상을 10년 이상 계속하여 보유할 것 2. 가업상속공제는 상속개시일 현재 거주자인 피상속인이 대표이사(개인사업자인 경우 대표자, 이하 "대표이사 등"이라 한다)로 재직한 경우로 다음 중 어느 하나에 해당되어야 한다. ① 전체 가업의 영위기간 중 50% 이상을 대표이사 등으로 재직한 경우 ② 피상속인이 상속개시일부터 소급하여 10년 중 5년 이상의 기간을 대표이사 등으로 재직한 경우 ③ 전체 가업의 영위기간 중 10년 이상을 대표이사 등으로 재직한 후 상속인이 승계하여 상속개시일까지 계속 대표이사 등으로 재직한 경우
상속인	상속인이 다음에 해당하는 요건을 모두 갖춘 경우[304]. 이 경우 상속인의 배우자가 다음의 요건을 모두 갖춘 경우에는 상속인이 그 요건을 갖춘 것으로 본다. 1. 상속개시일 현재 18세 이상일 것 2. 상속개시일 전에 **2년 이상 직접 가업에 종사**하였을 것(다만, 피상속인이 65세(2016년 2월 4일 이전: 60세) 이전에 사망하거나 천재지변 및 인재 등 부득이한

302) 소득세법 제97조의 2 제4항
303) 상속세 및 증여세법 제67조

구분	적용요건
	사유로 피상속인이 사망한 경우에는 2년이 안되어도 가능) 3. 상속세 과세표준 신고기한까지 임원으로 취임하고, 상속세 신고기한부터 **2년 이내에 대표이사 등으로 취임**할 것 4. 가업이 중견기업에 해당하는 경우, ① 가업상속재산 외에 상속재산의 가액이 해당, ② 상속인이 상속세로 납부할 금액에 2배를 초과하지 않을 것(2019.1.1. 이후 분부터 시행)(주1)

(주1) 납부능력 요건이란
가업이 중견기업에 해당하는 경우로서 "① 가업을 상속받거나 받을 상속인의 가업상속재산 외에 받거나 받을 상속재산의 가액"이 "② 해당 상속인이 상속세로 납부할 금액에 일정 비율을 곱한 금액"을 초과하면 해당 상속인이 받거나 받을 가업상속재산에 대해서는 가업상속공제를 적용하지 아니한다[305].
① 가업을 상속받거나 받을 상속인의 가업상속재산 외에 받거나 받을 상속재산의 가액은 가업상속인이 받거나 받을 상속재산(법 제13조에 따라 상속재산에 가산하는 증여재산 중 가업상속인이 받은 증여재산을 포함함)의 가액에서 다음의 금액을 차감한 금액으로 한다.
㉮ 해당 가업상속인이 부담하는 채무로서 시행령 제10조 제1항에 따라 증명되는 채무의 금액
㉯ 해당 가업상속인이 시행령 제15조 제5항 각 호의 구분에 따라 받거나 받을 가업상속 재산가액
② 해당 상속인이 상속세로 납부할 금액에 일정 비율을 곱한 금액은 가업상속인이 가업상속공제를 받지 아니하였을 경우 법 제3조의 2 제1항 및 제2항에 따라 계산한 해당 가업상속인이 납부할 의무가 있는 상속세액에 100분의 200을 곱한 금액을 말한다.

여기서 상속인에 대한 요건 중 가업에 대한 공동상속 허용은 2016.1.1. 이후 상속분부터 적용되었으며, 그 이전은 1인 전부 상속을 요건으로 하고 있었다.

가업상속공제요건에 대한 해석사례

- **2개 이상의 가업을 각각 다른 상속인에게 상속하는 경우 가업상속공제가 적용되며**, 2개 이상 가업 전부를 **승계받는 수증자 1인에 대하여만 가업승계 과세특례가 적용**되는 것임(서면상속증여-3616, 2016.5.17.).
- 「상속세 및 증여세법」 제18조 제2항 제1호를 적용할 때 개인사업자로서 영위하던 가업을 폐업하고 같은 장소에서 법인을 설립하여 동일업종을 영위하는 경우로서 법인전환에 해당하지 않거나, 개인사업의 사업용 자산의 일부를 제외하고 법인전환한 경우에는 개인사업자로서 가업을 영위한 기간은 포함하지 않는 것임(서면법규-1179, 2014.11.7.).
- 상증세법 시행령 제15조 제4항 제2호 다목의 "대표이사 등으로 취임한 경우"는 상속인이 대표 이사로 선임되어 **법인등기부에 등재되고 대표이사직을 수행**하는 경우를 말하는 것임(재산-166, 2010.3.18.).

304) 상속세 및 증여세법 시행령 제15조 제3항 제2호
305) 상속세 및 증여세법 시행령 제15조 제6항 및 제7항

가업상속공제를 적용함에 있어서 가업요건, 중소·중견기업의 범위 및 최대주주요건에 대하여는 앞서 설명한 "1. 가업승계에 대한 증여세 과세특례제도"편을 준용하기 바란다.

다. 가업상속공제액 계산

1) 가업상속공제 적용대상

가업상속공제액 산정의 기초가 되는 가업상속재산은 「소득세법」을 적용받는 가업(개인기업)과 법인세법을 적용받는 가업(법인기업)으로 구분하여 산정한다[306].

① 소득세법을 적용받는 개인기업

「소득세법」을 적용받는 가업의 경우 가업상속재산이란 상속재산 중 가업에 직접 사용되는 토지, 건축물, 기계장치 등 사업용 자산에서 담보된 채무액을 제외한 것을 말한다.

② 법인세법을 적용받는 법인기업

「법인세법」을 적용받는 법인기업의 경우 가업상속재산이란 상속재산 중 가업에 해당하는 법인의 주식 등의 가액에 그 법인의 총자산가액 중 상속개시일 현재 "사업무관자산"을 제외한 자산가액이 그 법인의 총자산가액에서 차지하는 비율을 곱한 금액을 말한다.

기업유형	가업상속재산가액
개인기업	[상속재산 중 가업에 직접 사용되는 토지·건축물·기계장치 등 사업용 자산 － 사업용 자산에 담보된 채무]
법인기업	상속재산 중 가업에 해당하는 법인의 주식 × [1－(사업무관자산가액/총자산가액)]

여기서 "사업무관자산가액"의 범위에 대해서는 앞에서 설명한 "1. 가업승계에 대한 증여세 과세특례제도"편을 준용하기 바란다.

2) 가업상속공제액의 계산

가) 가업상속공제액

가업상속공제액은 가업상속재산에 상당하는 금액, 즉 100%를 상속세 과세가액에서 공제하며, 그 금액이 200억원을 초과하는 경우에는 200억원을 한도로 하고, 피상속인이 20년 이상 계속하여 경영한 경우에는 300억원, 피상속인이 30년 이상 계속하여 경영한 경우에는

306) 상속세 및 증여세법 시행령 제15조 제5항

500억원을 한도로 한다[307].

가업상속공제액 = Min【①, ②】
① 가업상속재산가액 × 100%
② 한도: 경영기간 10년 이상 200억원, 20년 이상 300억원, 30년 이상 500억원

피상속인이 2개 이상의 서로 다른 기업을 영위하던 중 사망한 경우 해당 기업이 가업에 해당하는지 여부의 판단은 각 기업별로 하는 것이며, 모든 요건을 충족한 경우로서 상속인 요건을 충족한 상속인들(2016.2.4. 이전 상속분의 경우 상속인 1명)이 모두 상속받는 경우에 가업상속공제가 적용된다.

나) 가업상속공제 한도 적용순서

가업상속의 공제한도를 적용함에 있어 피상속인이 둘 이상의 독립된 가업을 영위한 경우에는 해당 기업 중 계속하여 경영한 기간이 긴 기업의 계속 경영기간에 대한 공제한도를 적용하며, 상속세 과세가액에서 피상속인이 계속하여 경영한 기간이 긴 기업의 가업상속재산가액부터 순차적으로 공제한다[308].

가업상속공제액 계산사례

가업상속재산 900억원 중 가업영위기간이 각기 다른 주식의 상속공제액 계산은 다음과 같이 한다.

가업영위 기간	가업상속 재산가액	적용 순위	공제한도 계산	공제액
31년	150억원	1순위	500억원	150억원
12년	400억원	3순위	Min(500억원-150억원-300억원, 200억원)	50억원
22년	350억원	2순위	Min(500억원-150억원, 300억원)	300억원
합계	900억원			500억원

라. 가업상속공제의 7년간 사후관리

가업상속공제를 적용받았다 하더라도 가업상속인이 상속개시 이후에 세법에서 정한 사후의무요건을 이행하지 아니한 경우에는 '공제받은 금액'에 가업용 자산처분비율 및 '사후

307) 기존 15년→20년, 20년→30년 변경은 2018.1.1. 이후 상속분부터 적용
308) 상속세 및 증여세법 시행규칙 제5조

의무 위반기간에 따른 추징률[309)]'을 곱한 금액을 상속개시 당시의 상속세 과세가액에 다시 산입하여 상속세를 다시 계산하여 납부하여야 한다. 이 경우 사후관리 위반사유 발생일 또는 조세포탈 등으로 형이 확정되는 날이 속하는 달의 말일부터 6개월 이내에 가업상속공제 사후관리추징사유신고 및 자진납부계산서를 납세지 관할 세무서장에게 제출하고 해당 상속세와 이자상당액을 납세지 관할 세무서, 한국은행 등에 납부하여야 한다[310)].

이자상당액
= 사후관리 위반에 따른 상속세액 × 당초 상속받은 가업상속재산에 대한 상속세 과세표준 신고기한의 다음 날부터 해당 사유 발생일까지 일수 × 상속세 부과당시 국세기본법 시행령 제43조의 3 제2항에 따른 이자율(연 1.2%)/365

'사후의무 이행 위반사유'란 가업 상속인이 상속개시일부터 **7년**[10**년**(2019.12.31. **이전에 상속 개시분**)[311)]] 이내에 정당한 사유 없이 다음 중 어느 하나의 위반사항에 해당하는 경우를 말한다[312)].

1) 가업종사 요건

가업상속공제를 받은 상속인은 상속개시일로부터 **7년 이상 가업에 종사**해야 한다.

① 가업에 종사하지 않는 경우의 범위

가업에 종사하지 않는 경우란 사실상 가업을 영위하지 않는 것을 말하고, 구체적으로 다음과 같은 경우를 포함한다.

㉠ 상속인이 대표이사 등으로 종사하지 않는 경우

㉡ 가업의 주된 업종(둘 이상의 업종을 영위하는 경우에는 둘 중 수입금액이 큰 업종을 주된 업종으로 함)을 변경하는 경우. 다만, 다음의 어느 하나에 해당하는 경우는 제외

309) 기간별 추징률(개정규정은 2020.1.1. 이후 상속개시분부터 적용)

기 간	추징률(2020.1.1. 이후 상속)	기 간	추징률(2019.12.31.까지 상속)
5년 미만	100%	7년 미만	100%
5년 이상 7년 미만	80%	7년 이상 8년 미만	90%
		8년 이상 9년 미만	80%
		9년 이상 10년 미만	70%

310) 상속세 및 증여세법 제18조 제10항

311) 2020.1.1. 당시 종전의 사후관리기간(10년)이 경과하지 않은 가업상속에 대한 사후관리기간은 개정규정에도 불구하고 종전의 규정에 따른다.

312) 상속세 및 증여세법 시행령 제15조

Ⓐ 한국표준산업분류에 따른 중분류 내에서 업종을 변경하는 경우

Ⓑ Ⓐ 외의 경우로서 시행령 제49조의 2에 따른 평가심의위원회의 심의를 거쳐 업종의 변경을 승인하는 경우

㉢ 해당 가업을 1년 이상 휴업(실적이 없는 경우를 포함)하거나 폐업하는 경우

② 가업에 종사하지 않아도 추징하지 않는 정당한 사유

㉠ 가업상속재산을 국가 또는 지방자치단체에 증여하는 경우

㉡ 가업상속을 받은 상속인이 사망하는 경우

㉢ 상속인이 법률의 규정에 의한 병역의무의 이행, 질병의 요양, 취학상 형편 등으로 가업에 직접 종사할 수 없는 부득이한 사유가 있는 경우. 다만, 가업상속받은 재산을 처분하거나 부득이한 사유 종료 후 가업에 종사하지 않는 경우에는 정당한 사유로 보지 않는다.

2) 가업용자산 유지요건

가업상속공제를 받은 상속인이 상속개시일부터 7년 이내에 **가업용 자산의** 20%(**5년 이내에** 10%) **이상을 처분**하지 아니하여야 한다. 이때 처분은 사업에 직접 사용하지 않고 임대하고 있는 경우를 포함한다.

$$\text{가업용자산 처분비율}^{313)} = \frac{\text{처분(임대)한 가업용자산의 상속개시일 현재가액}}{\text{상속개시일 현재 총 가업용 자산가액}}$$

다만, 가업용 자산을 처분하는 경우에도 다음과 같은 '정당한 사유'가 있는 경우에는 상속세를 부과하지 않는다.

㉠ 법률에 따라 수용 또는 협의 매수되거나 국가 또는 지방자치단체에 양도되거나 시설의 개체, 사업장 이전 등으로 처분되는 경우로 처분 자산과 같은 종류의 자산을 대체 취득하여 가업에 계속 사용하는 경우

㉡ 가업상속재산을 국가 또는 지방자치단체에 증여하는 경우

㉢ 가업상속 받은 상속인이 사망한 경우

㉣ 합병・분할, 통합, 개인기업의 법인전환 등 조직변경으로 인하여 자산의 소유권이 이

313) 가업용 자산처분비율 규정은 2019.1.1. 이후 자산을 처분하는 분부터 적용함. 자산처분비율을 산정할 때 수회에 걸쳐 자산을 처분하는 경우 각 처분가액을 기준으로 계산하도록 하였으며, 이 규정은 2020.2.11. 이후 자산을 처분하는 분부터 적용함.

전되는 경우. 다만, 조직변경 이전의 업종과 같은 업종을 영위하는 경우로서 이전된 가업용 자산을 그 사업에 계속 사용하는 경우에 한함.

㉤ 내용연수가 지난 가업용 자산을 처분하는 경우

㉥ 가업의 수된 업종 변경과 관련하여 자산을 처분하는 경우. 다만, 변경된 업종을 영위하는 가업의 영위를 위하여 자산을 대체취득한 후 가업에 계속 사용하는 경우에 한함.

㉦ 가업용 자산의 처분금액을 「조세특례제한법」 제10조에 따른 '연구인력개발비'로 사용하는 경우(2020.2.11. 시행령 개정 이전에 공제를 받은 후 사후관리를 받고 있는 경우에도 적용)

3) 지분유지 요건

가업상속공제를 받은 상속인은 상속개시일로부터 **7년**(2019.12.31. **이전은 10년**) 이상 상속받은 주식지분을 유지(다만, 정당한 사유가 있는 경우는 제외하고 상속인이 상속받은 주식 등을 물납하여 지분이 감소한 경우는 제외하되 상속인은 최대주주 등에 해당하여야 함)하여야 한다.

① 지분이 감소되는 경우

㉠ 상속인이 상속받은 주식 등을 처분하는 경우

㉡ 해당 법인이 유상증자할 때 상속인의 실권 등으로 지분율이 감소한 경우

㉢ 상속인의 특수관계인이 주식 등을 처분하거나 유상증자할 때 실권으로 상속인이 최대주주가 안 되는 경우

② 상속인의 지분이 감소한 정당한 사유

상속인의 지분이 감소하는 경우에도 다음과 같은 '정당한 사유'가 있는 경우에는 지분이 감소한 것으로 보지 아니한다[314].

㉠ 합병·분할 등 조직변경에 따라 주식 등을 처분하는 경우. 다만, 처분 후에도 상속인이 합병법인 또는 분할신설법인 등 조직변경에 따른 법인의 최대주주 등이어야 한다.

㉡ 해당 법인의 사업 확장 등에 따라 유상증자할 때 상속인의 특수관계인 외의 자에게 주식을 배정함에 따라 상속인의 지분율이 낮아지는 경우. 다만, 상속인이 최대주주 등이어야 한다.

㉢ 상속인이 사망한 경우. 다만, 사망한 자의 상속인이 원래 상속인의 지위를 승계하여 가업에 종사하는 경우에 한한다.

314) 상속세 및 증여세법 시행령 제15조 제8항

㉣ 주식 등을 국가 또는 지방자치단체에 증여하는 경우

㉤ 「자본시장과 금융투자업에 관한 법률」 제390조 제1항에 따른 상장규정의 상장요건을 충족하기 위해 지분이 감소하는 경우. 다만, 상속인이 최대주주 등에 해당해야 한다.

㉥ 균등 무상감자를 하는 경우

㉦ 회생계획인가 결정에 따른 무상감자・출자전환을 하는 경우

4) 근로자(고용)유지 요건과 총급여액 유지 요건의 선택 적용

가업상속 이후 사후관리기간 동안 정규직 근로자수 유지 뿐 아니라 총급여액 유지 기준을 신설하여 둘 중 가업승계기업이 선택하여 적용하도록 하였다. 이때 가업상속법인이 합병・분할하는 경우 기준고용인원은 합병으로 가업법인이 승계한 다른 법인의 정규직 근로자 수를 합산하여 계산하고, 분할로 다른 법인이 승계한 정규직 근로자 수를 합산하여 계산한다[315]. 개정 규정(총급여액 유지 기준)은 2019년 12월 31일 법 개정 이전에 공제를 받은 후 사후관리 중인 경우에도 적용하도록 하였다.

가) 고용유지 요건을 충족하지 못한 경우

상속이 개시된 사업연도 말부터 ① 매년 말 정규직 근로자 수의 평균고용인원이 기준고용인원의 80% 이상이어야 하고(각 사업연도 근로자 수 유지 요건), ② 7년간(2019년 12월 31일 이전 상속은 10년간) 정규직 근로자 수의 전체 평균고용인원이 기준고용인원의 100%(중견기업도 동일) 이상이어야 한다(누적평균 근로자 수 유지 요건).

Ⓐ 정규직 근로자 수의 평균
= (각 소득세 과세기간 또는 법인세 사업연도의 매월 말일 현재의 정규직 근로자 수의 합)/(해당 소득세 과세기간 또는 법인세 사업연도의 월수)

Ⓑ 기준고용인원: 상속이 개시된 소득세 과세기간 또는 법인세 사업연도의 직전 2개 소득세 과세기간 또는 법인세 사업연도의 정규직근로자 수의 평균

나) 총급여액 유지 요건을 충족하지 못한 경우

상속이 개시된 사업연도 말부터 ① 매년 말 정규직 근로자에게 지급한 총급여액이 기준총급여액의 80% 이상이어야 하고(각 사업연도 총급여액 유지 요건), ② 7년간(2019년 12월 31일 이전 상속은 10년간) 정규직 근로자에게 지급한 총급여액의 전체평균이 기준총급

315) 상속세 및 증여세법 시행령 제15조 제18항(2019.2.12. 시행일 이후 합병・분할하는 경우부터 적용)

여액의 100%(중견기업도 동일) 이상이어야 한다(누적평균 총급여액 유지 요건).

마. 탈세 및 회계부정 기업인의 가업상속 혜택 배제

2019년 12월 31일 「상속세 및 증여세법」 개정 시에 기업인의 준법경영책임을 강화하는 취지에서 탈세 및 회계부정 등 불성실 기업인에 대해서는 가업상속공제 혜택을 배제하는 조항이 신설되었다[316]. 이에 따라 피상속인 또는 상속인이 「조세범처벌법」 제3조 제1항(탈세[317]) 또는 「주식회사 등의 외부감사에 관한 법률」 제39조 제1항에 따른 행위(회계부정[318])(상속개시일 10년 전부터 사후관리 기간까지의 행위에 한정)로 인하여 징역형 또는 벌금형을 선고받고 그 형이 확정되는 경우 다음과 같이 처리해야 한다.

구 분	처리내용
1. 상속세 과세표준과 세액에 대한 결정이 있기 전에 피상속인 또는 상속인의 형이 확정된 경우	가업상속공제 적용 배제
2. 가업상속공제를 받은 후 상속인에 대한 형이 확정된 경우	해당일이 속하는 달의 말일부터 6개월 이내에 가업상속공제를 적용하지 않은 금액으로 당초 상속세를 재계산하여 이자상당액과 함께 신고·납부

바. 가업상속공제 신청

가업상속공제를 받으려는 자는 가업상속공제 요건에 해당됨을 입증할 수 있는 아래 서류를 과세표준신고서와 함께 납세지 관할 세무서장에게 제출하여야 한다[319].

- 가업상속공제신고서 및 가업상속재산 명세서(중소기업기준검토표 포함)
- 최대주주에 해당하는 자임을 입증하는 서류(법인 가업의 경우)
- 주식평가내역과 사업무관자산가액을 확인할 수 있는 입증서류(법인 가업의 경우)
- 기타 상속인이 당해 가업에 직접 종사한 사실을 입증할 수 있는 서류

이 경우 납세지 관할 세무서장은 가업상속공제의 적정 여부와 가업상속공제를 받은 상속인이 상속개시일로부터 7년 또는 5년 이내에 정당한 사유 없이 가업용자산을 처분하는지 여부 등을 매년 관리하고 위반사항 발생 시 상속세를 추징한다.

316) 상속세 및 증여세법 제18조 제9항
317) 탈세: 포탈세액이 3억원 이상이고 포탈세액 등이 납부하여야 할 세액의 30% 이상인 경우, 포탈세액이 5억원 이상인 경우
318) 회계부정: 재무제표상 변경금액이 자산총액의 5% 이상인 경우
319) 상속세 및 증여세법 시행령 제15조 제21항, 동법 시행규칙 제6조의 2

3. 가업상속 및 증여세에 대한 연부연납제도

상속재산 또는 증여재산이 대부분 부동산이나 주식 등으로 구성되어 있는 경우 세금납부를 위해 현금화하는 과정에서 부득이 사업용 재산 등을 급히 매각하게 된다면 사업유지가 곤란하거나, 저가매각으로 인한 손실 등으로 경영에 큰 부담이 될 수 있다. 이에 상속세 및 증여세의 일시 납부에 대한 어려움을 덜어주기 위해 거액의 세금을 일정기간 동안에 여러 번에 걸쳐 나누어 납부할 수 있도록 하는 연부연납제도를 두고 있다.

여기에 가업상속재산에 대한 상속세는 거치기간 포함 최장 20년으로 일반 상속재산의 연부연납기간(5년)보다 더 장기적으로 가업승계를 지원하고 있다[320].

가. 연부연납 신청요건 및 허가

다음의 요건을 모두 충족하는 경우에는 연부연납을 신청할 수 있다. 이 경우 상속세 또는 증여세 과세표준 신고기한 등의 기한까지 연부연납 신청서를 납세지 관할 세무서장에게 제출하여야 한다.

① 상속세 또는 증여세 납부세액이 2천만원을 초과하여야 함.

② 과세표준 신고기한이나 수정신고, 기한 후 신고시 또는 결정통지에 의한 납부고지서상의 납부기한까지 연부연납 신청서를 관할 세무서장에게 제출하여야 함.

③ 연부연납 신청세액(연부연납 가산금 포함)의 120%(현금, 납세보증보험증권 또는 은행이 발행한 납세보증서의 경우는 110%) 이상의 가액에 상당하는 납세담보*를 제공하여야 함.

* 납세담보 - 국세징수법 제18조 【담보의 종류】

1. 금전
2. 「자본시장과 금융투자업에 관한 법률」 제4조 제3항에 따른 국채증권 등 대통령령으로 정하는 유가증권
3. 납세보증보험증권
4. 「은행법」에 따른 은행 등 대통령령으로 정하는 자의 납세보증서
5. 토지
6. 보험에 든 등기・등록된 건물, 공장재단, 광업재단, 선박, 항공기 또는 건설기계

연부연납신청서를 받은 세무서장은 신청인에게 그 허가 여부를 서면으로 결정・통지해야 한다[321]. 이 경우 해당 기간까지 그 허가 여부에 대한 서면을 발송하지 않은 때에는 허가를 한 것으로 본다. 또한, 연부연납 신청 시 특정 납세담보(국세징수법 제18조 제1호부터 제4호까지)를 제공하는 경우에는 신청일에 허가받은 것으로 보며, 별도의 연부연납 허가통

320) 상속세 및 증여세법 제71조(2018.1.1. 이후분부터 15년에서 20년으로 변경)

321) 상속세 및 증여세법 시행령 제67조
- 신고기한 내 신청한 경우: 신고기한으로부터 9개월(증여세 6개월) 내
- 신고기한 후 신고시 신청한 경우: 기한 후 신고한 날이 속하는 달의 말일부터 9개월(증여세 6개월) 내

지 절차는 필요하지 아니한다.

나. 연부연납기간

연부연납의 기간은 일반 상속재산 또는 증여재산의 경우 거치기간 없이 5년, 가업상속재산인 경우에는 상속재산 중 가업상속재산이 차지하는 비율에 따라 다음과 같은 범위 내에서 납세의무자가 신청한 기간으로 할 수 있다.

<table>
<tr><th colspan="3">세 목</th><th>연부연납기간</th></tr>
<tr><td colspan="3">증여세(구분 없음)</td><td>연부연납 허가일부터 5년 이내</td></tr>
<tr><td rowspan="3">상속세</td><td colspan="2">일반재산</td><td>연부연납 허가일부터 5년 이내</td></tr>
<tr><td rowspan="2">가업상속재산 비율[322)]</td><td>50% 미만</td><td>연부연납 허가일부터 10년 또는
연부연납 허가 후 3년 거치 7년 분할납부</td></tr>
<tr><td>50% 이상</td><td>연부연납 허가일부터 20년 또는
연부연납 허가 후 5년 거치 15년 분할납부</td></tr>
</table>

다. 연부연납에 의한 분납세액

연부연납하는 경우의 납부할 세액은 매년 납부할 금액이 1천만원을 초과하는 경우 다음과 같이 계산된 금액으로 납부하게 된다.

1) 증여세 및 일반재산만 있는 경우 상속세

$$\text{납부기한 및 납부기한 후 연부연납기간에 매년 납부할 세액} = \text{연부연납대상 금액} \times \frac{1}{(\text{연부연납기간} + 1)}$$

2) 가업상속재산이 있는 경우 상속세

① 일반상속재산 해당분

$$\text{납부기한 및 연부연납기간에 매년 납부할 세액} = \left[\text{상속세 납부할 세액} - \text{상속세 납부할 세액} \times \frac{(\text{가업상속재산} - \text{가업상속공제금액}^{323)})}{(\text{총상속재산가액} - \text{가업상속공제금액})} \right] \times \frac{1}{(\text{연부연납기간}+1)}$$

322) 가업상속재산비율 = (가업상속재산 - 가업상속공제액) / (총상속재산가액 - 가업상속공제액)

② 가업상속재산(사립유치원재산 포함) 해당분

$$\text{연부연납기간에 매년 납부할 세액} = \left[\text{상속세 납부할 세액} \times \frac{(\text{가업상속재산} - \text{가업상속공제금액})}{(\text{총상속재산가액} - \text{가업상속공제금액})} \right] \times \frac{1}{(\text{연부연납기간}+1)}$$

라. 연부연납 가산금

연부연납의 허가를 받은 자는 각 회분 분납세액에 대해 연부연납 가산금 이자율[324]로 계산한 가산금을 분납세액에 가산해 납부해야 한다. 이때 유의할 점은 아래의 가산금 이자율이 변경되더라도 과거에는 연부연납 신청일 현재의 이자율을 적용하도록 규정하였으나, 2020년 2월 11일 시행령 개정으로 인하여 각 회분의 분할납부세액의 납부일 현재의 이자율을 적용하도록 하였다[325].

■ **연부연납 가산금 이자율**

2015.3.6.~	2016.3.7.~	2017.3.15.~	2018.3.19.~	2019.3.20.~	2020.3.13.~	2021.3.16.~
연 2.5%	연 1.8%	연 1.6%	연 1.8%	연 2.1%	연 1.8%	연 1.2%

Ⅱ 기타 중소기업 지원제도

1. 창업자금에 대한 증여세 과세특례제도

가. 창업자금 과세특례제도의 개요

창업자금에 대한 증여세 과세특례제도는 출산율 저하, 고령화 진행에 대응하여 젊은 세대로의 부(재산)의 조기 이전을 촉진함으로써 경제활력을 증진하기 위한 목적으로 18세 이상인 거주자가 중소기업을 창업할 목적으로 60세 이상인 부모로부터 현금 등을 증여받아 창업하는 경우에 증여재산가액(최대 30억원, 2016.1.1. 이후 증여분부터는 10명 이상 신규 고용하는 경우 50억원 한도)에서 5억원을 공제하고, 누진세율을 적용받지 않고 10%의 저

323) 가업상속공제금액 차감은 2018.2.13. 이후 연부연납신청 분부터 적용함.
324) 연부연납가산금의 이자율은 국세환급가산금의 이율 1.2%을 말한다(국세기본법 시행규칙 제19조의 3).
325) 상속세 및 증여세법 시행령 제69조(2020.2.11. 이전에 연부연납을 신청하여 분할납부하고 있는 경우, 2020.2.11. 이후 납세분부터 적용 가능)

율로 증여세를 부담하게 된다[326].

| 창업자금에 대한 증여세 과세특례 도해 |

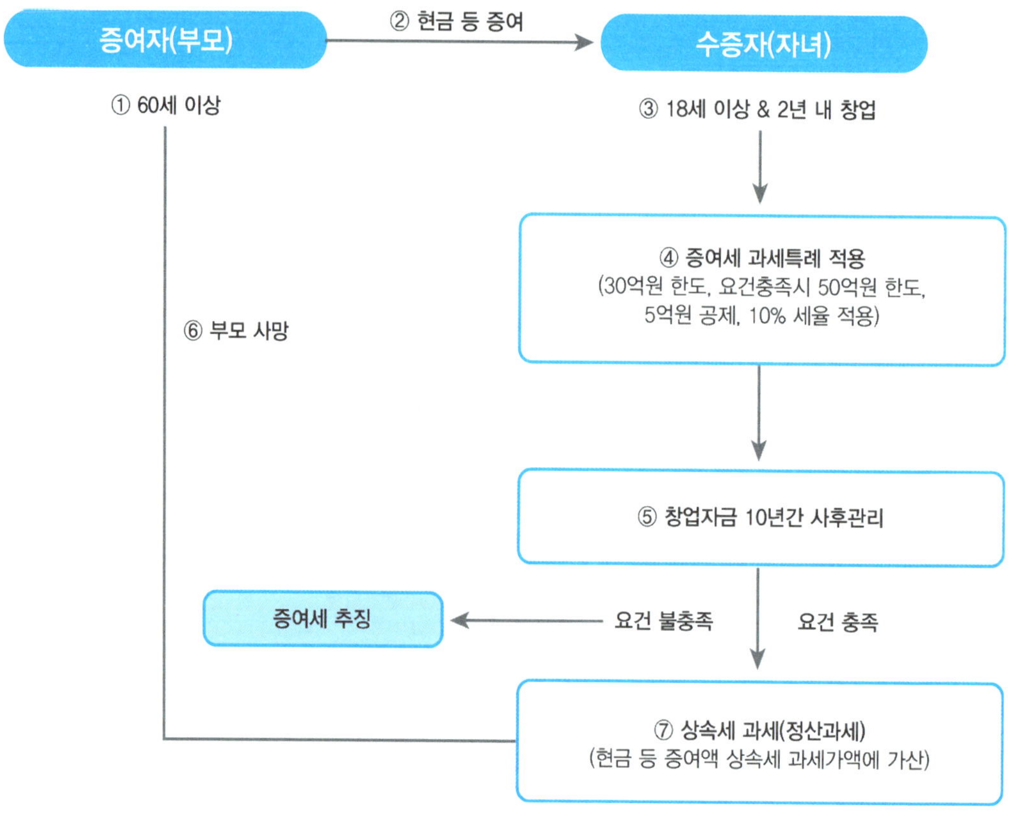

출처: 중소기업청, "중소기업가업승계 세제해설"

창업자금에 대한 증여세 과세특례는 낮은 세금부담이 장점이나, 증여기간에 관계없이 항상 상속재산에 포함되어야 한다는 단점도 존재한다. 따라서 승계관점에서 창업자금에 대한 증여세 과세특례는 창업으로 인한 성공 가능성, 2세의 경영능력 및 경영자의 연령 등을 고려하여 적용 여부를 검토하여야 한다.

나. 창업자금 과세특례 적용요건

창업자금에 대한 증여세 과세특례를 적용받기 위해서는 다음의 요건을 모두 충족한 상태에서 증여세 신고기한(증여일의 말일부터 3개월)까지 과세표준신고서와 함께 「창업자금

326) 조세특례제한법 제30조의 5

특례신청 및 사용내역서」를 납세지 관할 세무서장에게 제출하여야 한다. 즉, 신고기한까지 신청하지 않으면 과세특례를 적용받을 수 없다.

구 분	적용 요건
증여자	60세 이상의 부모(증여 당시 부모가 사망한 경우에는 그 사망한 부모의 부모를 포함)일 것
수증자	증여일 현재 18세 이상인 거주자(수증자 1인에 한정하지 않음)
증여재산	양도소득세 과세대상이 아닌 모든 재산 (창업자금을 2회 이상 증여받거나 부모로부터 각각 증여받는 경우에는 각각의 증여세 과세가액을 합산하여 적용)
창업요건	증여받은 날로부터 2년 이내에 「조세특례제한법」 제6조 제3항에 열거된 각 호의 업종을 경영하는 중소기업의 창업하고, 증여받은 날부터 4년(2019년 12월 31일 이전 증여분은 3년)이 되는 날까지 창업자금을 모두 당해 목적에 사용할 것 (2016년 2월 5일 이후부터는 사업의 확장을 위해 사업용자산을 취득, 사업장의 임차보증금(전세금 포함) 및 임차료 지급하는 경우 포함)

1) 창업의 정의

여기서 중요한 것은 창업에 대한 정의이다. 과세특례제도는 모든 기업이 대상이 되는 것이 아니라 세법상 창업 중소기업만이 그 대상이다.

'창업'의 정의(조세특례제한법 시행령 제27조의 5 제3항)

창업이란 세법 규정에 따라 납세지 관할 세무서장에게 사업자 등록을 하고 사업을 개시하여 실제 독립적인 경영을 하는 것을 말하며, 사업을 확장하는 경우로서 사업용자산을 취득하거나 확장한 사업장의 임차보증금 및 임차료를 지급하는 경우도 창업으로 본다.

한편, 창업자금을 증여받은 자는 증여받은 날부터 2년 이내에 창업을 하여야 한다. 여기서 말하는 창업의 범위는 사업을 확장하는 경우로서 사업용 자산을 취득하거나 확장한 사업장의 임차보증금 및 임차료를 지급하는 경우를 포함하는 것이나, 다음의 어느 하나에 해당하는 경우는 창업으로 보지 아니한다[327]. 다만, 창업자금을 증여받아 창업을 한 자가 새로 창업자금을 증여받아 당초 창업한 사업과 관련하여 사용하는 경우에는 다음의 ③~⑤에 해당하더라도 과세특례를 배제하지 아니한다.

327) 조세특례제한법 제30조의 5 제2항

❑ 창업으로 보지 아니하는 경우

① 합병·분할·현물출자 또는 사업의 양수를 통하여 종전의 사업을 승계하거나 종전의 사업에 사용되던 자산을 인수 또는 매입하여 같은 종류의 시업을 하는 경우
② 거주자가 하던 사업을 법인으로 전환하여 새로운 법인을 설립하는 경우
③ 폐업 후 사업을 다시 개시하여 폐업 전의 사업과 같은 종류의 사업을 하는 경우
④ 다른 업종을 추가하는 등 새로운 사업을 최초로 개시하는 것으로 보기 곤란한 경우
⑤ 창업자금을 증여받기 이전부터 영위한 사업의 운용자금과 대체설비자금 등으로 사용하는 경우

2) 창업중소기업 해당 업종

창업자금 과세특례를 적용받을 수 있는 창업중소기업 및 창업벤처중소기업에 해당하는 업종은 다음과 같다[328].

1. 광업
2. 제조업(제조업과 유사한 사업으로서 대통령령으로 정하는 사업을 포함)
3. 수도, 하수 및 폐기물 처리, 원료 재생업
4. 건설업
5. 통신판매업
6. 대통령령으로 정하는 물류산업
7. 음식점업
8. 정보통신업. 다만, 다음 각 목의 어느 하나에 해당하는 업종은 제외한다.
   가. 비디오물 감상실 운영업
   나. 뉴스제공업
   다. 블록체인 기반 암호화자산 매매 및 중개업
9. 금융 및 보험업 중 정보통신을 활용하여 금융서비스를 제공하는 업종
10. 전문, 과학 및 기술 서비스업[대통령령으로 정하는 엔지니어링사업을 포함]. 다만, 다음 각 목의 어느 하나에 해당하는 업종은 제외한다.
    가. 변호사업
    나. 변리사업
    다. 법무사업
    라. 공인회계사업
    마. 세무사업

328) 조세특례제한법 제6조 제3항

바. 수의업
사. 「행정사법」 제14조에 따라 설치된 사무소를 운영하는 사업
아. 「건축사법」 제23조에 따라 신고된 건축사사무소를 운영하는 사업
11. 사업시설 관리, 사업 지원 및 임대 서비스업 중 다음 각 목의 어느 하나에 해당하는 업종
가. 사업시설 관리 및 조경 서비스업
나. 사업 지원 서비스업(고용 알선업 및 인력 공급업은 농업노동자 공급업을 포함)
12. 사회복지 서비스업
13. 예술, 스포츠 및 여가관련 서비스업. 다만, 다음 각 목의 어느 하나에 해당하는 업종은 제외한다.
가. 자영예술가
나. 오락장 운영업
다. 수상오락 서비스업
라. 사행시설 관리 및 운영업
마. 그 외 기타 오락관련 서비스업
14. 협회 및 단체, 수리 및 기타 개인 서비스업 중 다음 각 목의 어느 하나에 해당하는 업종
가. 개인 및 소비용품 수리업
나. 이용 및 미용업
15. 「학원의 설립·운영 및 과외교습에 관한 법률」에 따른 직업기술 분야를 교습하는 학원을 운영하는 사업 또는 「근로자직업능력 개발법」에 따른 직업능력개발훈련시설을 운영하는 사업(직업능력개발훈련을 주된 사업으로 하는 경우로 한정)
16. 「관광진흥법」에 따른 관광숙박업, 국제회의업, 유원시설업 및 관광객 이용시설업
17. 「노인복지법」에 따른 노인복지시설을 운영하는 사업
18. 「전시산업발전법」에 따른 전시산업

다. 창업자금 과세특례에 대한 증여세 계산

1) 과세특례의 증여세 계산

창업자금에 대한 증여세 과세특례를 적용받는 경우 창업자금에 대한 증여가액(증여세 과세가액 30억원(창업을 통하여 10명 이상을 신규 고용한 경우에는 50억원)을 한도)에서 5억원을 공제하고, 10% 세율을 적용하여 증여세를 계산한다. 이 경우 창업자금을 2회 이상 증여받거나 부모로부터 각각 증여받는 경우에는 각각의 증여세 과세가액을 합산하여 적용한다.

2) 과세특례 적용 시 추가 고려사항

창업자금에 대한 과세특례 적용시 추가로 고려할 사항은 다음과 같습니다.

- 동일인으로부터 증여받은 다른 재산과의 합산과세 배제
- 가업승계에 대한 증여세 과세특례와 중복적용 배제
- 신고세액공제 배제
- 증여시기와 상관없이 상속재산 가산

3) 창업자금 과세특례와 가업승계 과세특례 비교분석

승계차원에서 창업자금 과세특례제도는 기존에 가업이 없더라도 부모로부터 부(현금 등)를 승계받는 경우 과세특례혜택을 받을 수 있기 때문에 승계전략관점에서 검토할 필요가 있다. 이를 가업승계 특례제도와 비교하면 다음과 같다.

| 창업자금 과세특례와 가업승계 과세특례 비교 |

구 분	창업자금 과세특례	가업승계 과세특례
과세구조	저율로 과세 후 상속 시 합산하여 정산 과세	
수증자	자녀 모두 가능	자녀 모두 가능(2019.12.31.까지 1인 한정)
특례증여대상	양도소득세 대상 이외 모든 재산	주식 또는 출자지분
대상 중소기업	법인, 개인	법인만
대상 업종(일치)	창업중소기업 해당 업종 (조세특례제한법 제6조 제3항)	중소·중견기업 해당 업종 (상속세 및 증여세법 시행령 제15조 제1항, 제2항)
특례한도	30억원(10인 이상 고용시 50억원)	100억원
최대주주 요건	해당 없음.	해당 있음.

라. 창업자금사용명세서 제출 및 미제출가산세

창업자금을 증여받은 자는 창업자금을 증여받은 날부터 2년 이내에 창업을 해야 하고, 다음에 해당하는 날에 창업자금사용명세를 납세지 관할 세무서장에게 제출하여야 한다.

- 창업일이 속하는 달의 다음 달 말일
- 창업일이 속하는 과세연도부터 4년 이내의 과세연도(창업자금을 모두 사용한 경우에는 그 날이 속하는 과세연도)까지 매 과세연도의 과세표준 신고기한

창업자금사용명세서를 미제출하거나 제출된 창업자금 사용명세서가 불분명한 경우에는 그 미제출 또는 불분명 금액에 1**천분의** 3을 곱하여 산출한 금액이 창업자금사용명세서 미제출가산세로 부과되므로 주의를 요한다[329].

마. 창업자금 과세특례의 10년간 사후관리

창업자금을 증여받은 자는 증여받은 날로부터 4년[3년(2019.12.31. 이전 증여분)]이 되는 날까지 창업자금을 모두 해당 목적에 사용해야 하고, 다음의 사후관리 위반사유 어느 하나에 해당하는 경우에는 각 호의 구분에 따른 금액에 대하여 「상속세 및 증여세법」에 따라 증여세와 상속세를 각각 부과한다. 이 경우 다음 산식에 의한 이자상당액을 그 부과하는 증여세에 가산하여 부과한다[330].

> 이자상당액 = 결정한 증여세액 × 추징기간 × 1만분의 2.5

① 사후 의무이행 위반사유

1. 2년 이내에 창업하지 아니한 경우: 창업자금
2. 창업자금으로 창업 업종 외의 업종을 경영하는 경우: 창업 업종 외의 업종에 사용된 창업자금
3. 창업자금을 증여받아 2년 이내에 창업을 한 자가 새로 창업자금을 증여받아 당초 창업한 사업과 관련하여 사용하지 아니한 경우: 해당 목적에 사용되지 아니한 창업자금
4. 창업자금을 증여받은 날부터 4년이 되는 날까지 모두 해당 목적에 사용하지 아니한 경우: 해당 목적에 사용되지 아니한 창업자금
5. 증여받은 후 10년 이내에 창업자금(창업으로 인한 대통령령으로 정하는 바에 따라 계산한 가치증가분을 포함한다. 이하 "창업자금 등"이라 한다)을 해당 사업용도 외의 용도로 사용한 경우: 해당 사업용도 외의 용도로 사용된 창업자금등
6. 창업 후 10년 이내에 해당 사업을 폐업하거나 휴업(실질적 휴업 포함)한 경우 또는 수증자가 사망한 경우: 창업자금 등(창업으로 인한 가치증가분 포함)
7. 증여받은 창업자금이 30억원을 초과하는 경우로서 창업한 날이 속하는 과세연도의 종료일부터 5년 이내에 각 과세연도의 근로자 수가 다음 계산식에 따라 계산한 수보다 적은 경우: 30억원을 초과하는 창업자금

329) 조세특례제한법 제30조의 5 제5항
330) 조세특례제한법 제30조의 5 제6항

창업한 날의 근로자수 − (창업을 통하여 신규 고용한 인원 수 − 10명)

② 증여세가 추징되지 않는 경우

1. 수증자가 사망한 경우 수증자의 상속인이 당초 수증자의 지위를 승계받아 창업하는 경우
2. 다음에 해당하는 경우는 위 해당 사업을 폐업하거나 휴업(실질적 휴업을 포함)한 경우로 보지 아니한다.
   ㉠ 부채가 자산을 초과하여 폐업하는 경우
   ㉡ 최초 창업 이후 영업상 필요 또는 사업전환을 위하여 1회에 한하여 2년(폐업의 경우에는 폐업 후 다시 개업할 때까지 2년) 이내의 기간 동안 휴업하거나 폐업하는 경우

2. 중소기업 주식에 대한 할증평가 배제

비상장주식을 평가함에 있어 최대주주 주식이 일반주주 주식보다 높은 가액으로 거래되고 있는 점을 감안해 최대주주 주식 등에 포함되어 있는 경영권(지배권) 프리미엄을 정당하게 계산해 그 가치를 평가하기 위해서 최대주주 할증평가 규정을 두고 있다. 여기서 할증평가대상은 주식 발행회사의 상장 여부를 불문하고 최대주주 또는 최대출자자 및 그와 특수관계에 있는 주주의 주식은 20%를 가산하여 할증평가 된다.

다만, 중소기업(「중소기업기본법」 제3조에 따른 중소기업[331])은 영속성을 유지하고 원활한 가업승계를 돕기 위해 중소기업의 최대주주 주식지분은 상속받거나 증여받는 때에는 할증평가하지 않도록 규정하고 있다[332]. 따라서 가업승계주식에 대한 증여세 과세특례 및 가업상속공제의 적용대상이 되는 중소기업의 주식평가는 할증평가가 배제되는 것이다.

331) 중소기업 최대주주 등의 주식 할증평가 적용특례는 주식 등의 평가기준일 현재 중소기업기본법상 중소기업에 해당하는 기업에 대하여 적용함(재산-38, 2011.1.18.).
332) 상속세 및 증여세법 제63조 제3항, 구법, 조세특례제한법 제101조

재산의 평가

본 장의 재산평가는 승계관점에 있어서 승계대상자산의 과세가액을 결정하는 기초가 되기 때문에 승계전략을 수립하는 데 매우 중요하다. 왜냐하면 승계대상자산의 승계방식에 따라 발생할 수 있는 세목이 다양하기 때문이다. 따라서 이러한 승계방식(방안)에 따른 세목의 평가에 대한 이해를 충분히 하고 있어야 성공적인 승계방안의 수립이 가능하기 때문에 세목별 평가원칙과 평가시기, 평가방법에 대하여 살펴보기로 한다.

제1절 재산평가의 원칙

I 재산평가의 의의

재산의 평가란 특정 재산의 경제적 가치를 결정하는 과정이다. 여기서 가치란 객관적으로 측정할 수 있는 가치를 말하며, 객관적으로 측정할 수 있는 가치란 시장을 통하여 불특정 다수의 매매당사자 사이에 **경제적인 합리성**을 근거로 자유로이 이루어지는 시장가격을 의미한다.

하지만, 세상에 존재하는 수없이 다양한 재산들에 대해서 일일이 경제적 가치를 결정하는 것은 매우 어려운 일이다. 따라서 조세공평의 관점에서 볼 때 객관적이고 통일된 재산의 평가원칙이 필요한 것이다.

이에 세법은 통일된 재산의 평가원칙으로 시가평가원칙을 기본으로 정하고 있다. 하지만, 소득세나 법인세의 경우는 실제 거래행위를 통한 금전 등의 수수가 발생하여 시가의 존재를 파악하는 것이 가능하지만, 상속 또는 증여는 사실원인으로 과세되고 과세대상이 현실적으로 금전화 또는 처분되지도 않는 재산의 특성 때문에 시가의 산정이 어려운 경우가 대부분이다. 세법은 이를 대비하여 시가의 산정이 어려운 경우 보충적인 평가방법으로 재산의 평가를 하도록 규정하고 있다.

Ⅱ 재산의 평가방법

재산의 평가방법은 아주 중요한 의미를 가진다. 왜냐하면, 세목별 평가원칙에 따라 세목별 과세표준이 다르게 평가되므로 부담하는 세금도 차이가 발생하기 때문이다. 이는 승계대상자산의 승계방식에 따라 부담하는 세금도 다를 수 있다는 것이다. 이에 세법상 자산평가의 대전제인 시가평가 및 세목별 거래가액의 결정방법인 평가원칙을 반드시 이해할 필요가 있다.

1. 시가평가 원칙

세법상 재산평가의 대전제는 시가평가를 원칙으로 하고 있다. 따라서 정상적인 시가가 존재한다면 이를 사용해서 재산을 평가하면 아무런 문제가 없지만, 조세회피 목적으로 거래가격을 정하고 통상적인 시가의 범위를 벗어나는 거래를 한다면 조세질서에 심각한 위협이 될 수 있다. 이에 이를 통제하고 공평한 과세를 하기 위해서 사인 간의 거래라고 할지라도 각 세목의 과세목적에 맞는 재산평가에 대한 시가의 정의를 규정하고 있다. 다만, 시가의 산정이 어려운 경우는 보충적인 평가방법에 따라 재산의 평가를 하도록 규정하여 시가평가의 애로사항을 해결하고 있다.

세법상 각 세목별 시가의 정의는 통상적으로 일치되는 개념이지만, 동일한 정의로 정리하지 않고 다른 문언으로 표현·규정하고 있다. 이로 인하여 시가에 대한 판단을 각 세목별로 구분해서 명확하게 해야 하는 문제가 발생한다. 이는 세목별 과세목적에 맞는 재산평가를 위해서라고 하지만 동일한 시가에 대한 납세자의 이해의 편익을 위해서라도 단순 명확화 및 동일화가 필요해 보인다.

2. 세목별 평가원칙

일반적으로 사인 간 정상적인 거래인 경우의 그 거래가액은 경제적 시장가치로 보아 세법상 시가로 인정되지만, 특수관계자간 거래나 비정상적인 거래인 경우에는 그 거래가액이 경제적인 시장가치를 잘 반영하고 있다라고 단정할 수 없다. 이에 각 세목별 과세형평을 위해서 그 거래가액을 평가하는 기준인 시가 등의 개념을 다음과 같이 두고 있다.

가. 법인세법의 시가

1) 시가의 의의

특수관계자간 부당행위계산부인 규정을 적용함에 있어서 그 판단기준이 되는 시가란 "건전한 사회통념 및 상관행과 특수관계인이 아닌 자간의 정상적인 거래에서 적용되거나 적용될 것으로 판단되는 가격(요율·이자율·임대료 및 교환비율 기타 이에 준하는 것을 포함)을 말하는 것으로, 해당 거래와 유사한 상황에서 해당 법인이 특수관계인 외의 불특정 다수인과 계속적으로 거래한 가격 또는 특수관계인이 아닌 제3자간에 일반적으로 거래된 가격이 있는 경우에는 그 가격"으로 한다.

다만, 주권상장법인이 발행한 주식을 다음 각 호의 어느 하나에 해당하는 방법으로 거래한 경우 해당 주식의 시가는 그 거래일의 「자본시장과 금융투자업에 관한 법률」 제8조의 2 제2항에 따른 거래소 최종시세가액(거래소 휴장 중에 거래한 경우에는 그 거래일의 직전 최종시세가액)으로 하며, 사실상 경영권의 이전이 수반되는 경우에는 「상속세 및 증여세법」 제63조 제3항을 준용하여 그 가액의 100분의 20을 가산한다[333].

1. 「자본시장과 금융투자업에 관한 법률」 제8조의 2 제4항 제1호에 따른 증권시장 외에서 거래하는 방법
2. 대량매매 등 기획재정부령으로 정하는 방법

구 분	내 용
부당행위계산부인 규정 시가판단	① 원칙: 제3자간 일반적으로 거래된 가격 ② **주권상장법인 주식**의 장외거래 및 대량매매의 경우: 거래일의 한국거래소 최종시세가액 ③ ②의 거래 중 **경영권이 이전되는 경우**(*): **②의 가액에** 20% **가산** (*) 경영권 이전을 수반하는 경우 ㉮ 「상속세 및 증여세법」에 따른 최대주주가 변경되는 경우 ㉯ 「상속세 및 증여세법」에 따른 최대주주등 간의 거래에서 지분율이 1% 이상 변동되는 경우

333) 법인세법 시행령 제89조 제1항(영 제89조 제1항의 개정규정은 2021.2.17. 이후 거래하는 분부터 적용함)

2) 시가가 불분명한 경우

시가가 불분명한 경우에는 자산별로 다음 순서로 계산한 금액을 시가로 본다.

자산	시가의 범위
주식등 및 가상자산	「상속세 및 증여세법」 제38조 · 제39조 · 제39조의 2 · 제39조의 3, 제61조부터 제66조까지의 규정을 준용하여 평가한 가액 (*) 이 경우 비상장주식을 평가할 때 해당 비상장주식을 발행한 **법인이 보유한 주권상장법인이 발행한 주식의 평가금액은 평가기준일의 거래소 최종시세가액**으로 하며, 「상속세 및 증여세법」 제63조 제2항 제1호 · 제2호 및 같은 법 시행령 제57조 제1항 · 제2항을 준용할 때 "직전 6개월(증여세가 부과되는 주식등의 경우에는 3개월로 한다)"은 각각 "직전 6개월"로 본다.
위 이외의 자산	• 1순위: 감정평가법인 또는 감정평가사가 감정한 가액이 있는 경우 그 가액(주1) (감정가액이 2 이상인 경우에는 그 감정가액의 평균액) • 2순위: 「상속세 및 증여세법」 제38조 · 제39조 · 제39조의 2 · 제39조의 3, 제61조부터 제66조까지의 규정을 준용하여 평가한 가액

(주1) • 감정평가사의 감정가액 기준금액(5억원 이하) 요건은 폐지함(2019.2.12. 시행일 이후 평가하는 분부터 적용).
• 「상법」 제298조에 따라 법원이 선임한 검사인은 「부동산가격공시 및 감정평가에 관한 법률」에 의한 감정기관에 해당되지 아니하므로 현물출자자산에 대한 법원검사인의 감정가액은 시가로 보지 아니한다.

나. 소득세법의 적정대가

1) 소득세법의 적정대가

소득세법은 배당소득(출자공동사업자의 손익분배비율에 따른 배당소득만 해당한다), 사업소득 또는 기타소득의 계산에 있어서 조세를 부당히 감소시킨 것으로 인정되는 경우 정상적인 대가개념을 사용하고 있다. 여기서 정상적인 대가개념들은 시가, 적정이율 · 요율, 적정임대료, 통상이율 · 요율, 통상판매가격 등과 같이 거주자의 행위에 대응하는 적정대가라는 개념을 기본적 기준으로 하고 있다. 즉, 자유경쟁시장에서 거래대상이 어떤 값으로 거래되고 있는지가 적정대가 결정의 기본이 된다.

하지만, 동종 또는 유사한 거래대상이 많은 경우는 적정대가의 확인에는 문제가 없으나, 비상장주식 등과 같이 거래대상 자체의 속성이 독립적이고 비교대상 거래가 많지 않을 경우 적정대가를 결정하기가 어려운 것이 현실이다. 이에 소득세법은 **법인세법의 시가판단 기준을 준용**하도록 하고 있다[334].

334) 소득세법 시행령 제98조 제3항(부당행위계산의 부인)

2) 양도소득세의 시가

가) 실질거래가액 원칙

양도소득세의 거래가액의 결정은 **실질거래가액을 원칙**으로 한다. 하지만, 부당행위계산 규정을 적용하는 경우에는 시가로 거래가액을 결정하고 있다. 여기서 시가란 「상속세 및 증여세법」 제60조부터 제66조까지와 같은 법 시행령 제49조, 제50조부터 제52조까지, 제52조의 2, 제53조부터 제58조까지, 제58조의 2부터 제58조의 4까지, 제59조부터 제63조까지의 규정을 준용하여 평가한 가액에 따른다. 이 경우 「상속세 및 증여세법 시행령」 제49조 제1항 각 호 외의 부분 본문 중 "평가기준일 전후 6개월(증여재산의 경우에는 평가기준일 전 6개월부터 평가기준일 후 3개월까지로 한다) 이내의 기간"은 "양도일 또는 취득일 전후 각 3개월의 기간"으로 본다[335].

다만, 주권상장법인이 발행한 주식의 시가는 「법인세법 시행령」 제89조 제1항에 따른 시가로 한다. 이 경우 시가와 거래가액 차액(3억원 이상 또는 5% 이상)과 상관없이 부당행위계산부인규정이 적용된다[336].

나) 기준시가 개념

기준시가는 양도소득세 과세대상자산의 양도 또는 취득 당시의 기준이 되는 가액을 말하며, 토지 · 건물 등과 같은 자산의 양도가액과 취득가액을 계산하기 위한 기준이 되는 가액으로서 국세청장이 결정한 것 또는 결정한 방법에 따라 평가한 가액을 말한다[337].

이러한 기준시가는 종전에 양도차익산정의 기준이었으나 2006.1.1.자로 양도소득세의 과세기준이 기준시가에서 실제거래가액으로 전환되어 현재는 실제거래가액을 기준으로 양도차익을 산정하도록 하고 있다. 따라서 양도소득세법상 기준시가의 사용빈도는 감소하였으나, 환산취득가액의 산정, 취득가액 안분 등의 경우에는 다음의 기준시가를 여전히 사용하고 있는 상태이다.

---

335) 소득세법 시행령 제167조 제5항
336) 소득세법 시행령 제167조 제7항
337) 소득세법 제99조, 동법 시행령 제164조, 제165조

구 분		기준시가
토지		• 일반지역: 개별공시지가 • 시성지역: 개별공시지가 × 배율
건물		건물의 신축가격·구조·용도·위치·신축연도 등을 고려하여 매년 1회 이상 국세청장이 산정·고시하는 가액
지정지역 내 오피스텔 및 상업용건물		건물의 종류·규모·거래상황·위치 등을 고려하여 매년 1회 이상 국세청장이 토지와 건물에 대하여 일괄하여 산정·고시한 가액
주택 (부수 토지 포함)	공동주택, 아파트, 연립, 다세대	국토교통부장관이 결정·고시한 공동주택가격 다만, 국세청장이 결정·고시한 공동주택가격이 있을 때에는 그 가격에 따름.
	단독주택	시장·군수·구청장이 결정·고시한 개별주택가격
주식	코스피, 코스닥, 코넥스 상장법인 주식	양도·취득일 이전의 1월간 종가 평균액
	비상장법인 주식(위 이외)	1주당 가액= Max(가중평균액(*), ② × 80%) (*) 가중평균액= [(① × 3) + (② × 2)] ÷ 5 단, 부동산과다보유법인은 [(① × 2)+(② × 3)] ÷ 5 ① 1주당 순손익액: 직전 사업연도의 1주당 순손익액 ② 1주당 순자산가액: 장부가액(토지는 기준시가) • 평가기준일: 양도취득일이 속한 사업연도의 직전 사업연도 종료일 • 기준시가 계산시 최대주주 할증은 배제(소득세법 집행기준 99-165-5)
위 이외 기타		상속세 및 증여세법상 보충적인 평가방법의 평가가액 다만, 일부 계산에서 평기기간 등에 차이가 있으니 주의 요함.

3) 개인과 법인 간 양수도시 시가

특수관계인 개인과 법인 간에 재산을 양도 또는 양수하는 경우로서 그 대가가 법인세법상 부당행위계산부인 규정이 적용되지 아니하면 양도소득세법상 부당행위계산부인 규정도 적용되지 아니하므로 그 대가는 정상적인 시가로 인정받게 된다. 다만 거짓 또는 기타 부정한 방법으로 양도소득세를 감소시킨 것으로 인정되는 경우에는 제외한다[338].

338) 소득세법 시행령 제167조 제6항(양도소득의 부당행위계산)

| 부당행위계산부인 시 적용하는 시가 |

구분	시가 산정방법	감정가액	상장주식
소득세	실질거래가액 〉 상증법상 평가액 (단, 상장주식 법인세법 준용)	2개 이상 감정가액 평균액 (단, 부동산 중 **기준시가 10억원 이하**인 경우 1개 이상의 감정가액)	① 원칙: 제3자간 일반적으로 거래된 가격 ② 주권상장법인 주식의 장외거래 및 대량매매의 경우: 거래일의 한국거래소 최종시세가액 ③ ②의 거래 중 경영권이 이전되는 경우: ②의 가액에 20% 가산
법인세	매매사례가액 〉 감정가액 〉 상증법상 평가액	1개 감정가액 (2 이상 감정가액이 있으면 평균액)	

다. 부가가치세법의 대가

1) 대가의 의의

부가가치세법상 재화·용역의 공급에 대한 과세표준은 해당 과세기간에 공급한 재화 또는 용역의 공급가액을 합한 금액으로 한다. 여기서 공급가액을 결정하는 대가는 거래상대방으로부터 받은 대금, 요금, 수수료, 그 밖에 어떤 명목이든 상관없이 재화 또는 용역을 공급받는 자로부터 받는 금전적 가치 있는 모든 것을 포함하되, 부가가치세는 포함하지 아니한다[339].

부가가치세법상 공급가액을 결정하는 과세표준은 다음과 같이 그 대가 또는 시가로 평가한다.

구 분	과 세 표 준
금전으로 대가를 받는 경우	그 대가
금전 외의 대가로 받는 경우	**자기가 공급한** 재화 또는 용역의 시가
특수관계인과의 거래	• 재화: 부당하게 낮은 대가를 받거나 대가를 받지 아니한 경우에는 자기가 공급한 재화의 시가 • 용역: 부당하게 낮은 대가를 받은 경우에는 자기가 공급한 용역의 시가 • 사업용부동산의 무상 임대용역: 시가 * **일반적인 용역의 무상공급은 과세대상에서 제외**
폐업할 때 남아 있는 재화	폐업할 때 남아있는 재고재화의 시가
봉사료	사업자가 자기의 수입금액으로 계상한 종업원 봉사료

339) 부가가치세법 제29조(과세표준)

구 분	과 세 표 준
수입재화	관세의 과세가격과 관세, 개별소비세, 주세, 교육세, 농어촌특별세 및 교통·에너지·환경세의 합계액
개별소비세, 교통·에너지·환경세, 주세가 과세되는 재화 또는 용역	개별소비세, 주세, 교육세, 농어촌특별세 및 교통·에너지·환경세 상당액이 포함된 재화 또는 용역의 대가

2) 시가의 기준

부가가치세법상 공급가액을 금전 외 시가로 평가하는 경우 시가란 다음의 가격을 말한다[340].

구 분	시가의 기준
1. 시가	사업자가 특수관계인이 아닌 자와 해당 거래와 유사한 상황에서 계속적으로 거래한 가격 또는 제3자간에 일반적으로 거래된 가격
2. 1호의 가격이 없는 경우	사업자가 그 대가로 받은 재화 또는 용역의 가격 (공급받은 사업자가 특수관계인이 아닌 자와 해당 거래와 유사한 상황에서 계속적으로 거래한 해당 재화 및 용역의 가격 또는 제3자간에 일반적으로 거래된 가격을 말함)
3. 1, 2호의 가격이 없거나 시가가 불분명한 경우	소득세법 시행령 제98조 제3항 및 제4항 또는 법인세법 시행령 제89조[시가의 범위 등] 제2항 및 제4항에 따른 가격

라. 상속세 및 증여세법의 시가

상속세나 증여세가 부과되는 재산의 가액은 평가기준일 현재의 시가에 의하여 평가하고, 시가를 산정하기 어려운 경우에는 재산별로 보충적 평가방법에 의하여 평가한다[341].

1) 시가평가 원칙

상속세 및 증여세법에 따른 재산의 평가 원칙인 시가는 "불특정 다수인 사이에 자유롭게 거래가 이루어지는 경우에 통상적으로 성립된다고 인정되는 가액"으로 정의하고 있다.

또한, **시가로 보는 가액**은 다음과 같다.

① **평가기준일 전후 6개월(증여재산은 평가기준일 전 6개월, 후 3개월.** 이하 "평가기간[342]")

340) 부가가치세법 시행령 제62조(시가의 기준)
341) 상속세 및 증여세법 제60조(평가의 원칙 등)
342) 상속세 및 증여세법 시행령 제49조 제1항
평가기간의 판단기준: 매매거래가액 등이 평가기준일 전·후 6월(증여는 전 6월, 후 3월)의 기간 이내에 있는 지 아니면 그 기간의 밖에 있는 지를 판정하는 경우에는 평가기준일부터 아래의 기준일까지의 기간

이내의 기간 중 매매 · 감정(2개 이상의 감정평가법인의 감정가액 평균액. 단, 부동산 중 **기준시가 10억원 이하**인 경우에는 하나 이상의 감정기관이 평가한 감정가액[343]) · 수용 · 경매(「민사집행법」에 따른 경매) 또는 공매가액이 확인되는 가액[344]

② 평가대상 재산과 면적 · 위치 · 용도 · 종목 및 기준시가가 동일하거나 유사한 다른 재산에 대한 평가기간 내의 매매 · 감정 · 수용 등의 가액(예시 같은 동 아파트 거래가액 등) **단, ①의 가액이 있는 경우 유사재산에 대한 매매 · 감정 등의 가액은 적용되지 아니한다.**

③ 평가기준일 전 2년 이내에 매매 · 감정 · 경매 등이 있는 경우 평가기준일과 매매계약일 등에 해당하는 날까지의 기간 중에 가격변동의 특별한 사정이 없다고 보아 상속세 또는 증여세 납세자, 지방국세청장 또는 관할 세무서장이 신청하는 때에는 평가심의위원회의 심의를 거쳐 시가에 포함시킬 수 있다.

④ 평가기간 후부터 법정결정기한[신고기한부터 9개월(증여세는 6개월)]까지 발생한 매매 · 감정 · 경매 등이 있는 경우 납세자 등이 신청하는 때에는 평가심의위원회의 심의를 거쳐 시가에 포함시킬 수 있다[345].

여기서, 시가로 보는 가액이 2 이상인 경우에는 평가기준일을 전 · 후하여 가장 가까운 날에 해당하는 가액에 의한다. 가장 가까운 날에 해당하는 가액이 둘 이상인 경우 그 평균액에 의한다.

가) 시가로 인정되지 않는 경우

매매 등의 가액이 통상적으로 성립된 가액이며 시가로 인정되지만 다음과 같은 경우에는 시가의 범위에 속하지 않는다.

구 분	시가 범위에서 제외
매매의 경우	① 특수관계인과의 거래 등으로 그 거래가액이 객관적으로 부당하다고 인정되는 경우 ② 거래된 비상장주식의 가액(액면가액의 합계액)이 다음의 금액 중 적은 금액 미만인 경우(평가심의위원회의 심의를 거쳐 정당한 사유가 있다고 인정되는

으로 판단한다.
① 거래가액 : 거래가액이 확정되는 계약체결일
② 감정가액 : 감정가액평가서를 작성한 날
③ 수용 · 보상 · 경매가액 : 보상가액 · 경매가액 · 공매가액이 결정된 날

343) 상속세 및 증여세법 시행령 제49조 제6항

344) • 증여세의 시가로 인정되는 매매사례 평가기간 연장은 2019.2.12. 시행일 이후 증여분부터 적용
• 시가로 인정되는 1개 이상의 감정평가가액은 2018.4.1. 이후부터 적용

345) 상속세 및 증여세법 시행령 제49조 제1항(2019.2.12. 시행일 이후 상속 · 증여분부터 적용)

구 분	시가 범위에서 제외
	경우는 제외) 1) 법인의 발행주식총액 또는 출자총액의 1%에 해당하는 금액 2) 3억원
감정의 경우	① 일정조건 충족을 전제로 한 감정가액 ② 평가기준일 재산의 원형대로 감정하지 아니한 감정가액 ③ 시가불인정기관의 감정가액(2017.7.1. 시행) ④ 상장주식이나 비상장주식의 감정가액
수용, 경매·공매의 경우	① 물납한 재산을 상속인 또는 그의 특수관계인이 경매 또는 공매로 취득한 경우 ② 경매·공매된 비상장주식의 가액(액면가액의 합계액)이 다음의 금액 중 적은 금액 미만인 경우 1) 법인의 발행주식총액 또는 출자총액의 1%에 해당하는 금액 2) 3억원 ③ 경매·공매 절차 후 법령에 따라 수의계약에 의하여 취득하는 경우 ④ 최대주주 등의 상속인 또는 특수관계인이 최대주주 등이 보유하고 있던 비상장주식 등을 경매 또는 공매로 취득한 경우(2020.1.1. 이후 분부터 적용)

비특수관계자간 거래시 시가 범위 내 여부 판단시 유의사항

비상장주식을 특수관계자 이외의 자와 거래한 경우 시가 판단은 거래가액이 발행주식총수의 1% 이상이거나 3억원 이상인 경우로만 해서는 안 되고, 시가판단의 대전제인 통상적인지 여부가 항상 선행되어야 한다.

따라서 시가는 불특정다수의 당사자간에 자유로이 거래되는 통상 성립된다고 인정되는 가액이므로 당사자간 자유롭지 못한 거래나 일시적인 고가·저가의 거래는 설사 거래가 있었다 하여도 시가로 인정될 수 없다.

여기서 비특수관계자간의 거래에 대한 정당성의 입증책임은 과세당국에 있다.

나) 상장주식의 평가원칙

유가증권시장 및 코스닥시장에서 거래되는 상장법인의 주식 및 출자지분은 평가기준일(평가기준일이 공휴일 등인 경우 그 전일) **이전·이후 각 2개월 동안** 공표된 매일의 한국거래소 **최종 시세가액의 평균액으로 하며 거래실적 유무는 따지지 아니한다.** 다만, 평가기준일 이전·이후 당해 법인의 증자·합병 등으로 평가대상기간이 4개월에 미달하는 경우에는 미달하는 그 기간의 평균액으로 한다[346].

346) 상속세 및 증여세법 집행기준 63-52의 2-1

다만, 평가기준일 전·후 2개월 이내에 매매거래 정지·관리 종목으로 지정된 기간이 있는 경우에는 보충적 평가방법을 적용한다.

참고로 합병으로 인하여 합병당사법인의 대주주가 얻은 이익을 계산함에 있어 유가증권상장주식 또는 코스닥상장주식의 경우도 비상장주식의 평가방법에 의하는 것이 평가가액의 차액이 적게 되는 때에는 비상장주식의 평가방법을 적용하며, 분할합병을 하기 위하여 분할하는 법인의 분할사업부문에 대한 합병 직전 주식 등의 가액은 비상장주식의 평가방법을 준용하여 분할사업부문을 평가한 가액으로 한다[347].

2) 보충적인 평가방법

상속 및 증여의 사실원인으로 인한 재산의 평가는 실질적인 거래행위로 발생한 과세거래가 아니기 때문에 실질적인 거래가액인 시가를 산정하기 어려운 경우가 대부분이다. 상속세 및 증여세법은 이러한 상황을 감안하여 법 제61조부터 제65조까지에 규정된 방법에 의하여 보충적으로 평가하도록 하고 있다. 다만, 보충적인 평가방법은 시가의 산정이 가능한 경우에 사용할 수 없다.

즉, 보충적인 평가방법은 시가산정이 어려운 경우에 한하여 그 시가에 갈음할 객관적이고 합리적인 방법을 법에서 별도로 규정하고 있는 것이다. 보충적 평가방법에 대한 보다 더 자세한 설명은 후술하는 "제2절 보충적인 평가방법"편을 참고하시기 바란다.

3) 저당권 등이 설정된 재산의 평가특례

일반적인 상속재산은 상속개시 당시의 시가에 의하여 평가하는 것이 원칙이며, 시가를 산정하기 어려운 경우에는 보충적으로 법 제61조 내지 법 제65조에서 규정하는 방법에 의한다.

하지만, 재산에 저당권 등이 설정된 재산은 ① 평가기준일 현재의 시가 또는 보충적 평가방법에 의한 평가액과 ② 당해 재산이 담보하는 채권액 등으로 평가한 가액 중 큰 금액으로 평가한다[348]. 자세한 내용은 후술하는 "제2절 보충적인 평가방법"편을 참고하시기 바란다.

저당권 등이 설정된 재산의 평가특례
평가액 = Max (① 시가 or 보충적 평가방법에 의한 평가액, ② 당해 재산이 담보하는 채권액 등)

347) 상속세 및 증여세법 시행령 제28조 제6항, 제7항(동 개정규정은 2016.2.5. 이후 증여받는 경우부터 적용)
348) 상속세 및 증여세법 제66조

3. 국외증여에 대한 증여세 과세특례

가. 국외증여에 대한 과세특례 개요

거주자가 비거주자에게 국외에 있는 재산을 증여(증여자의 사망으로 인하여 효력이 발생하는 증여는 제외한다)하는 경우 그 증여자는 국제조세조정에 관한 법률에 따라 증여세를 납부할 의무가 있다. 이에 따라 증여세를 납부하는 경우 상속세 및 증여세법의 일부 규정을 준용한다. 다만, 수증자가 증여자의 국세기본법 제2조 제20호에 따른 특수관계인이 아닌 경우로서 해당 재산에 대하여 외국의 법령에 따라 증여세(실질적으로 이와 같은 성질을 가지는 조세를 포함한다)가 부과되는 경우(세액을 면제받는 경우를 포함한다)에는 증여세 납부의무를 면제한다[349].

나. 국외증여재산의 시가 산정

1) 유가증권 이외 자산의 시가

국외증여에 대한 증여세 과세특례 규정을 적용할 때, 증여재산의 가액은 증여재산이 있는 국가의 증여 당시의 현황을 반영한 시가에 따르되 그 시가를 산정하는 경우 다음의 가액이 확인되는 때에는 이를 당해 증여재산의 시가로 한다[350].

1. 증여재산의 증여일 전후 6월 이내에 이루어진 실제매매가액
2. 증여재산의 증여일 전후 6월 이내에 평가된 공신력 있는 감정기관의 감정가액
3. 증여재산의 증여일 전후 6월 이내에 수용 등을 통하여 확정된 증여재산의 보상가액

2) 유가증권의 시가

국외증여에 대한 증여세 과세특례 규정을 적용할 때, 증여재산의 가액은 증여재산이 있는 국가의 증여 당시의 현황을 반영한 시가에 따르되, 유가증권가액의 산정은 상속세 및 증여세법 제63조에 따른 평가방법을 준용한다.

3) 국외증여재산의 시가 산정이 어려운 경우

증여재산의 시가를 산정하기 어려울 때에는 해당 재산의 종류, 규모, 거래상황 등을 고려하여 상속세 및 증여세법 제61조부터 제65조까지의 규정을 준용하여 증여재산가액을 평가

349) 국제조세조정에 관한 법률 제35조 제3항
350) 국제조세조정에 관한 법률 시행령 제71조 제1항

한다. 다만, 그 평가방법이 적절하지 아니한 경우에는 「부동산 가격공시 및 감정평가에 관한 법률」에 따라 설립된 감정평가법인이 평가하는 것을 말한다.

 평가기준일

1. 평가기준일 의미

평가기준일이란 재산의 평가액을 산정하는 기준시점으로서 재산을 어느 시점의 가액으로 평가할 것인지를 결정하는 시기의 문제이다. 즉, 재산의 시가는 시간이 경과함에 따라 달라질 수 있기 때문에 어느 시점의 가액으로 재산을 평가하느냐에 따라 재산의 평가액이 다르게 되고 부담하는 세액도 달라진다.

따라서 세법은 재산의 평가기준이 되는 시기를 법에서 정하고 있기 때문에 승계전략을 수립하기 위해서는 평가기준일에 대한 이해가 반드시 필요한 것이다.

2. 세목별 평가기준일

가. 평가기준일의 원칙

세법은 세목에 따라 재산의 평가시점을 정하고 있는데 거래 및 거래손익을 중시하는 법인세 및 소득세, 지방세 등은 취득·양도시기를 평가기준일로, 사실원인일을 중시하는 상속세는 상속개시일(사망, 실종선고시 실종선고일 등)로 평가하며, 증여세는 증여재산의 취득시기가 곧 증여일로 증여세의 납세의무가 성립한다. 증여재산의 취득시기는 상속세 및 증여세법에서 열거하고 유형별 특정재산의 증여시기와 증여재산의 취득일을 증여재산의 취득시기로 하여 평가기준일을 정하고 있다[351).]

여기에 세법은 재산별 평가가액 산정의 예측가능성과 과세형평성을 위해서 보다 구체적으로 양도시기 및 증여시기 등에 대한 평가기준일을 정하고 있다. 이러한 구체적인 규정에 따라 승계대상 자산의 거래계약일 또는 증여계약일이 실제 평가기준일이 되지 않을 수도 있기 때문에 주의가 필요한 것이다.

351) 상속세 및 증여세법 제32조

1) 부당행위계산부인 규정 판단 시 평가기준일

가) 법인세법상 부당행위계산부인 규정 판단 시 평가기준일

내국법인이 특수관계자에게 비상장주식을 매매계약일 현재의 확정된 가액으로 양도하는 경우 「법인세법」 제52조의 규정에 따른 부당행위계산부인 적용대상인지 여부는 해당 비상장주식 **매매계약일** 현재의 같은 법 시행령 제89조에 따른 시가를 적용하여 판단한다. 다만, 주식양도, 자산증여 등 일련의 행위가 둘 이상의 행위 또는 거래를 거치는 방법으로 세법의 혜택을 부당하게 받기 위한 것으로 인정되는 경우에는 그 경제적 실질 내용에 따라 주식양도 및 자산증여를 연속된 하나의 행위 또는 거래를 한 것으로 보아 부당행위계산부인 적용대상인지를 판단하는 것으로 이에 해당하는지는 사실판단 할 사항이다[352].

나) 개인과 법인 간의 거래 시 시가의 평가기준일

개인과 법인 간에 재산을 양수 또는 양도하는 경우로서 그 대가가 법인세법상 시가의 범위에 해당되어 법인세법상 부당행위계산의 부인의 규정이 적용되지 아니하는 경우에는 거짓 그 밖의 부정한 방법으로 상속세 또는 증여세를 감소시킨 것으로 인정되는 경우를 제외하고는 저가·고가 양도에 따른 이익의 증여 등의 규정을 적용하지 아니한다[353]. 이는 법인세법상의 시가의 범위와 상속세 및 증여세법상의 시가의 범위의 차이로 인하여 법인과의 거래시 법인세법상의 시가에 해당하는 가액으로 재산을 양수·도한 경우에도 개인에게 상속세 및 증여세법 제35조[저가 양수 또는 고가 양도에 따른 이익의 증여]의 규정이 적용될 수 있는 것을 방지하기 위한 취지로 도입된 상태이다. 따라서 개인과 법인 간의 거래시 시가의 평가기준일은 법인세법상 시가의 평가기준일인 매매계약일이 되는 것이다.

다) 소득세법상 부당행위계산부인 규정 판단 시 평가기준일

「소득세법」 제101조 제1항에 따른 양도소득의 부당행위에 해당하는지의 여부는 행위당시를 기준으로 하는 것으로 해당 거래가액이 매매계약일 현재의 시가에 해당하는지 여부를 기준으로 판정한다. 즉, 거주자와 특수관계 있는 자와의 거래가 부당한 행위에 해당하는지 여부는 거래 당시 즉, 양도가액을 확정지을 수 있는 시점인 **매매계약일**을 기준으로 판단한다[354].

한편, 양도행위에 따라 상속세 및 증여세법 제35조[저가 양수 또는 고가 양도에 따른 이익의 증여]의 규정을 적용할 때 해당 자산의 시가는 **양도일 또는 양수(취득일)일** 현재의

352) 법인, 법인세과-354, 2011.5.23.
353) 상속세 및 증여세법 제35조 제3항
354) 소득세법 집행기준 101-167-2.

시가에 의한다. 다만, 매매계약시는 저가·고가 양도시의 증여에 해당하지 않았으나 매매계약 후 급격한 환율의 변동 등으로 인해 잔금 청산시점에는 증여에 해당되어 과세여부가 달라지게 되는 사유(매매계약일부터 대금청산일 전일까지 환율이 30% 이상 변동하는 경우)가 있는 경우에는 **매매계약일을 기준**으로 시가를 판단한다[355].

2) 부당행위계산부인 규정의 소득처분금액 계산 시 평가기준일

부당행위계산부인 규정에 해당하는지 여부는 매매계약체결일을 기준으로 판단한다 하더라도, 하기 판례가 의미하는 바와 같이 익금에 산입할 금액을 산정함에 있어서는 **취득시기**인 잔금지급(혹은 소유권이전등기)시점을 기준으로 하여야 한다. 하기 판례를 적용할 경우 예컨대 2019.12.1. 매매계약을 체결하고 잔금(혹은 소유권이전 등기)은 2020.3.30. 지급한 경우, 부당행위계산부인의 판단기준일은 2019.12.1.이지만, 소득처분으로 익금에 산입할 금액은 계약일인 2018.12.1.의 시가가 아닌 취득시기인 2020.3.30.의 시가를 기준으로 계산하여야 한다는 것이다.

부당행위계산부인 소득처분금액 계산시점 관련 판례

○ 대법원 2007두14978, 2010.5.13., 대전고등법원 2010누0908, 2010.10.14.

부당행위계산부인 제도의 취지, 저가양도로 인한 부당행위계산부인에 있어 매매계약 체결시기와 양도시기가 다른 경우 토지 등의 양도가 부당행위계산에 해당하는지 여부는 그 대금을 확정짓는 거래 당시를 기준으로 판단하는 반면, 그 토지의 양도차익을 계산함에 있어서는 양도가액을 양도시기를 기준으로 산정하고 이는 그 선택의 이유와 기준을 달리하므로 양자가 기준시기를 달리 본다고 하여 불합리한 것은 아닌 점(대법원 1989.6.13. 선고, 88누5273 판결; 대법원 1999.1.29. 선고, 97누15821 판결 참조), 이러한 기준시기의 구별은 고가매입의 경우의 세무회계 처리방법, 소득처분의 시기와 방법에 비추어 동일하게 적용될 수 있는 점 등을 종합하면, 고가매입으로 인한 부당행위계산부인의 경우에도 토지 등의 취득이 부당행위계산에 해당하는지 여부 결정의 기준시기는 거래 당시인 반면, 그 익금에 산입하여 소득처분할 금액 산정의 기준시기는 특별한 사정이 없는 한 그 취득시기로 봄이 상당하다.

○ 상증, 상속증여세과-238, 2014.7.7.

「소득세법」 제101조 제1항에 따른 양도소득의 부당행위계산과 상속세 및 증여세법 제35조에 따른 저가양도에 따른 이익의 증여를 적용할 때 해당 자산의 시가는 양도일 또는 취득일 현재의 시가에 의하는 것이며 시가에 해당하는 가액이 없는 경우에는 부동

355) 상속세 및 증여세법 시행령 제26조 제5항

산의 경우 같은 법 제61조에 따라 기준시가 등 보충적인 방법으로 평가하는 것이다.

나. 세목별 평기기준일

각 세목에서 재산의 평가시기를 규정하는 일반적인 대원칙은 다음과 같다. 이러한 세목별 평가기준일을 전제로 구체적인 세목별 평가시기를 살펴보기로 한다.

구 분	평가기준일 내용	법 령
법인세	손익의 귀속시기	법 제40조~제43조
소득세	양도 또는 취득의 시기	법 제98조, 시행령 제162조
부가가치세	재화 및 용역의 공급시기	법 제15조~제18조
지방세(취득세)	취득의 시기 등	시행령 제20조
상속세 및 증여세	증여재산의 취득시기	법 제32조, 시행령 제24조

1) 법인세법상 손익의 귀속시기

기업회계에서는 발생주의를 전제로 하여 수익은 실현주의에 의하고 비용은 수익·비용대응의 원칙에 의하여 인식하나, 세법에서는 내국법인의 각 사업연도의 익금과 손금의 귀속사업연도를 권리·의무확정주의에 의하여 결정하는 것이 원칙이다.

법인의 경우 자산의 양도 등에 따른 익금 및 손금의 귀속사업연도는 다음의 날이 속하는 사업연도로 한다[356]. 즉, 상품, 제품 또는 기타의 생산품을 판매함으로써 생긴 판매손익의 귀속사업연도는 「부가가치세법」의 규정에 관계없이 「법인세법」의 규정에 의한다. 이러한 귀속시기는 자산의 소득(거래)에 대한 과세연도를 결정하게 된다.

구 분	귀속사업연도
부동산을 제외한 "상품 등"의 판매	• 그 상품 등을 인도한 날 다만, 계약에 따라 검사를 거쳐 인수 및 인도가 확정되는 물품의 경우에는 해당 검사가 완료된 날
상품 등의 시용판매	• 상대방이 구입의 의사를 표시한 날 다만, 일정기간 내에 반송하거나 거절의 의사를 표시하지 아니하면 특약 등에 따라 그 판매가 확정되는 경우에는 그 기간의 만료일

356) 법인세법 집행기준 40-68-1(자산의 판매손익 등의 귀속사업연도)

구 분	귀속사업연도
상품 등 외의 자산의 양도	그 대금을 청산한 날, 이전등기일(등록일 포함)·인도일 또는 사용수익일 중 빠른 날
자산의 위탁매매	수탁자가 그 위탁자산을 매매한 날
증권시장에서 보통거래방식으로 한 유가증권의 매매	매매계약을 체결한 날

2) 소득세법상 양도·취득의 시기

양도소득세 과세대상인 토지·건물 등의 거래는 계약체결에서부터 중도금, 잔금을 청산하고 소유권이전등기를 하는 데까지 상당한 기간이 소요된다. 이러한 거래과정 중 어느 시점을 양도(취득)시기로 보느냐에 따라 소득의 귀속연도, 양도차익, 장기보유특별공제, 세율 적용에 필요한 보유기간 계산, 각종 비과세·감면요건 판단에 상당한 영향을 미치게 된다.

따라서 소득세법은 구체적으로 양도(취득)시기에 대한 명문규정을 다음과 같이 두고 있다[357]. 이때 양도한 자산의 취득시기가 분명하지 아니한 경우에는 먼저 취득한 자산을 먼저 양도한 것으로 본다.

구 분		양도시기 또는 취득시기
대금청산일이 분명한 경우		원칙: 자산의 **대금을 청산한 날**
		예외: 대금청산 전에 소유권이전등기를 한 경우에는 등기부·등록부 또는 명부 등에 기재된 등기·등록접수일 또는 명의개서일
대금청산일이 불분명한 경우		등기부·등록부 또는 명부 등에 기재된 등기접수일 등
장기할부조건 매매		소유권이전등기(등록 및 명의개서를 포함) 접수일·인도일 또는 사용수익일 중 빠른 날
상속·증여로 취득		상속(유증 포함)이 개시된 날 또는 증여를 받은 날
공익사업에 수용되는 경우		대금을 청산한 날, 수용의 개시일 또는 소유권이전등기 접수일 중 빠른 날. 다만, 소유권에 관한 소송으로 보상금이 공탁된 경우에는 소유권 관련 소송 판결 확정일
법인에 현물출자	주식 미교부 시	자본변경등기일과 소유권(부동산 등)이전등기 접수일 중 빠른 날[358]
	주식 교부 시	주식교부일과 소유권(부동산 등)이전등기 접수일 중 빠른 날[359]
	법인 설립 시	법인설립등기일[360]

357) 소득세법 시행령 제162조 제1항, 동법 집행기준 98-162-1~21

구 분		양도시기 또는 취득시기
취득시기가 확인 안 되는 경우		양도주식의 취득시기가 분명하지 아니한 경우에는 먼저 취득한 주식을 먼저 양도(선입선출법)한 것으로 본다.
특정주식(A)		발행주식총수의 50% 이상 양도된 날
증여계약 해제로 반환받은 경우	3개월 이내 반환	증여자가 당초 취득한 날(당초 증여가 없는 것으로 봄)
증여계약 해제로 반환받은 경우	6개월 이내 반환	증여자가 반환받은 날(당초 증여, 반환은 증여 아님)
증여계약 해제로 반환받은 경우	6개월 경과 후 반환	증여자가 반환받은 날(당초 증여, 반환은 재차 증여)
자기 건설물		사용승인서 교부일. 다만, 사용승인서 교부일 전에 그 사실상의 사용일 또는 임시사용승인을 받은 날 중 빠른 날로 하고 건축 허가를 받지 아니하고 건축하는 건축물에 있어서는 그 사실상의 사용일로 한다.
대금을 청산한 날까지 그 목적물이 완성·확정되지 아니한 경우		그 목적물이 완성 또는 확정된 날. 이 경우 건설 중인 건물의 완성된 날에 관하여는 자기 건설물 준용
의제 취득시기	부동산, 부동산상 권리, 기타자산	1985.1.1.(1984.12.31. 이전에 취득)
의제 취득시기	주식 등	1986.1.1.(1985.12.31. 이전에 취득)
부동산을 취득할 수 있는 권리(조합원입주권 포함)		부동산을 분양받을 수 있는 권리가 확정되는 날(아파트당첨권은 당첨일, **조합원입주권**은 관리처분계획인가일) 단, 타인으로부터 그 권리를 인수받은 때에는 잔금청산일
잔금을 소비대차로 변경		소비대차로 변경한 날
잔금을 어음으로 받는 경우		잔금을 어음이나 기타 이에 준하는 증서로 받는 경우에는 어음 등의 결제일
이혼으로 자산 취득		• 재산분할청구권 행사: **당초 배우자의 해당 자산 취득일** • 이혼 위자료: 소유권이전등기 접수일
법원의 무효판결로 소유권이 환원된 자산		해당 자산의 당초 취득일
합병으로 피합병법인 주주가 받는 합병법인 주식		합병등기일(주1)

(주1) 합병(분할)에 따라 취득한 주식의 취득시기 판단

합병(분할)에 따라 피합병법인 주주가 교부받은 주식의 취득시기는 합병등기일(분할등기일 준용)로 유권해석[재일 46014-1071, 1996.4.29.]은 판단하고 있다. 다만, 양도소득세 세율 계산시 보유기간 계산 기

358) 서이 46012-11755, 2003.10.9.

359) 서면5팀-1066, 2008.5.20.

360) 대법원 98두7557, 2000.6.23.

산(취득)일은 법인의 합병・분할[물적분할(物的分割)은 제외한다]로 인하여 합병법인, 분할신설법인 또는 분할・합병의 상대방 법인으로부터 새로 주식등을 취득한 경우에는 피합병법인, 분할법인 또는 소멸한 분할・합병의 상대방 법인의 주식등을 취득한 날로 한다(소득세법 제104조 제2항).

3) 부가가치세법상 공급시기

부가가치세법상 공급시기란 재화의 공급이 어느 시점에서 이루어진 것으로 할 것인지를 결정하는 시간적 기준으로서 세금계산서의 발급, 부가가치세의 거래징수 및 신고・납부시기 등을 결정하는 중요한 기준이다.

부가가치세법상 재화의 구체적인 공급시기를 살펴보면 다음과 같다[361].

구 분	공 급 시 기
현금・외상・할부판매	재화가 인도되거나 이용가능하게 되는 때
장기할부판매	재화를 공급하고 그 대가를 월부・연부 그 밖의 부불방법에 따라 받는 경우로서 대가를 2회 이상 분할하여 받고 해당 재화를 인도한 날의 다음 날부터 최종 부불금 지급기일까지의 기간이 1년 이상인 장기할부판매의 경우 대가의 각 부분을 받기로 한 때
중간지급조건부	중간지급조건부의 경우 대가의 각 부분을 받기로 한 때
조건부판매 및 기한부 판매	반환조건부판매・동의조건부판매 기타 조건부・기한부판매의 경우에는 그 조건이 성취되거나 기한이 경과되어 판매가 확정되는 때
완성도기준 지급조건부	공급자는 일의 완성도를 측정하여 기성금을 청구하고 공급받는 자가 완성도를 확인하여 대가를 확정하는 완성도기준지급조건부의 경우 대가의 각 부분을 받기로 한 때
임대보증금에 대한 간주임대료	부동산임대용역을 제공하고 전세금 또는 임대보증금을 받아 간주임대료를 계산하는 경우 예정신고기간 또는 과세기간의 종료일
재화 인도 시 공급가액의 미확정	해당 재화를 인도하는 때를 공급시기로 보아 잠정가액으로 세금계산서를 발급하고 그 후 대가가 확정되는 때 수정세금계산서 발급
현물출자 재화	현물출자의 목적물인 재화를 인도하는 때이나, 등기・등록 기타 권리의 설정 또는 이전이 필요한 경우에는 이에 관한 서류를 완비하여 발급하는 때

4) 지방세법상 취득시기

지방세법상 부동산 등의 취득의 경우는 잔금지급일을 취득일로 하되, 지방세법상 취득의 유형이 다양하여 지방세법은 부동산 등 취득세 과세대상의 취득시기에 대하여는 다음과 같이 세분하여 규정하고 있다[362].

361) 부가가치세법 집행기준 15-28-1(재화 또는 용역의 구체적 공급시기)
362) 지방세법 시행령 제20조

구 분		취득시기
승계취득	무상승계취득	그 계약일(상속 또는 유증 개시일) 다만, 해당 취득물건을 등기·등록하지 아니하고 일정한 서류에 의하여 취득일부터 60일 이내에 계약이 해제된 사실이 입증되는 경우에는 취득한 것으로 보지 아니함(지령 §20 ①).
	유상승계취득	㉠ 신빙성이 보장되는 사실상의 취득가격이 적용되는 일정한 취득의 경우: 그 사실상의 잔금지급일(지령 §20 ② 1호) ㉡ 일반적인 유상승계취득의 경우: 그 계약상의 잔금지급일(계약상 잔금지급일이 명시되지 아니한 경우에는 계약일부터 60일이 경과한 날)(지령 §20 ② 2호)
	차량·선박의 최초 승계취득	제조·조립·건조 등이 완성되어 실수요자가 인도받는 날과 계약상의 잔금지급일 중 빠른 날을 최초의 승계취득일로 봄(지령 §20 ③).
	수입에 따른 취득	해당 물건을 우리나라에 반입하는 날(보세구역을 경유하는 것은 수입신고필증교부일)(지령 §20 ④)
	연부취득	연부로 취득하는 것[취득가액의 총액이 면세점(50만원) 적용을 받는 것은 제외]은 그 사실상의 연부금 지급일(지령 §20 ⑤)
	회원권의 기간연장의 경우	기존에는 골프회원권 등의 존속기한(입회기간)을 연장시 기간이 새로 시작되는 날을 취득일로 보았으나 "기간연장을 취득으로 보지 않음"에 따라 해당 규정 삭제(지령 §20 ⑪)(2018.1.1. 이후 납세의무가 성립하는 분부터 취득으로 보지 아니함)
	재산분할로 인한 취득	재산분할(민법 §839의 2 및 §843)로 인한 취득의 경우에는 취득물건의 등기일 또는 등록일을 취득일로 봄(지령 §20 ⑫).
	취득일 전에 등기·등록한 경우	취득일 전에 등기 또는 등록을 한 경우에는 그 등기일 또는 등록일에 취득한 것으로 봄(지령 §20 ⑬).
원시취득	건축물	건축물을 건축 또는 개수하여 취득하는 경우에는 사용승인서를 내주는 날(사용승인서를 내주기 전에 임시사용승인을 받은 경우에는 그 임시사용승인일을 말하고, 사용승인서 또는 임시사용승인서를 받을 수 없는 건축물의 경우에는 사실상 사용이 가능한 날을 말함)과 사실상의 사용일 중 빠른 날을 취득일로 봄(지령 §20 ⑥).
	토지	매립·간척 등으로 토지를 원시 취득하는 경우에는 공사 준공 인가일을 취득일로 봄. 다만, 공사 준공 인가일 전에 사용승낙·허가를 받거나 사실상 사용하는 경우에는 사용승낙일·허가일 또는 사실상 사용일 중 빠른 날(지령 §20 ⑧).
간주취득	차량·선박 등의 종류변경에 따른 취득	변경한 날과 공부상 변경한 날 중 빠른 날을 취득일로 봄(지령 §20 ⑨).

구 분		취득시기
	토지의 지목변경에 따른 취득	토지 지목이 사실상 변경된 날과 공부상 변경된 날 중 빠른 날을 취득일로 봄. 다만, 토지의 지목변경일 이전에 사용하는 부분에 대해서는 그 사실상의 사용일을 취득일로 봄(지령 §20 ⑩).

5) 증여세법상 증여시기

증여재산은 상속세 및 증여세법에서 열거한 유형별 특정 증여재산을 제외하고는 다음의 취득일을 일반 증여재산 평가기준일로 적용한다[363].

가) 일반 증여재산의 증여시기

일반적인 증여의 경우 부동산은 등기일, 동산은 인도일 또는 사실상 점유이전일을 원칙으로 하는 증여재산의 취득시기에 대하여는 다음과 같이 규정하고 있다[364].

재산구분	증여재산의 취득시기
권리이전 등에 등기·등록을 요하는 재산	소유권의 이전 등기·등록 신청서 접수일
증여 목적하에 수증인 명의로 완성한 건물	①, ②, ③ 중 빠른 날 ① 건물의 사용승인서 교부일 ② 사용승인 전 사실상 사용 또는 임시사용시 그 사용일 ③ 무허가 건축물인 경우 그 사실상 사용일
타인의 기여에 의한 재산가치 증가	• 개발사업의 시행: 개발구역으로 지정되어 고시된 날 • 형질변경: 해당 형질변경 허가일 • 공유물의 분할: 공유물 분할 등기일 • 사업의 인가·허가 또는 지하수개발·이용의 허가 등: 해당 인·허가일 • 주식 등의 상장 및 비상장주식의 등록, 법인의 합병: 주식 등의 상장일 또는 비상장주식의 등록일, 법인의 합병등기일 • 생명보험 또는 손해보험의 보험금 지급: 보험사고가 발생한 날 • 그 외의 경우: 재산가치 증가사유가 발생한 날
주식 또는 출자지분	배당금 수령이나 주주권 행사사실 등에 의하여 인도받은 사실이 객관적으로 확인되는 날. 다만, 인도받은 날이 불분명하거나 인도전 명의개서한 경우 주주명부에 명의개서 한 날
무기명채권	이자지급 사실 등으로 취득사실이 객관적으로 확인되는 날 단, 그 취득일이 불분명한 경우에는 이자지급 또는 채권상환을 청구한 날
위 외의 자산	인도한 날 또는 사실상의 사용일

363) 상속세 및 증여세법 시행령 제24조
364) 상속세 및 증여세법 집행기준 32-24-1(증여재산의 취득시기)

나) 특정 증여재산의 증여시기

민법상 증여재산은 아니지만 상속세 및 증여세법상 증여재산에 해당하는 증여재산의 취득시기는 나음과 같이 규정하고 있다[365].

재산구분	증여재산의 취득(증여)시기
신탁이익	• 원칙: 원본 또는 수익이 수익자에게 실제 지급되는 때 단, 수익자로 지정된 자가 그 이익을 받기 전에 해당 신탁재산의 위탁자가 사망한 경우 위탁자가 사망한 날, 약정일까지 지급하지 않는 경우 지급약정일
저가양수 · 고가양도	• 원칙: 대금청산일(불분명 또는 잔금청산 전 소유권이전하는 경우에는 소유권이전등기 접수일) 단, 매매계약일부터 대금청산일 전일까지 환율이 100분의 30 이상 변동하는 경우는 매매계약일
채무면제	• 채권자로부터 채무를 면제받은 경우: 채권자가 면제에 대한 의사표시를 한 날 • 제3자로부터 채무의 인수를 받은 경우: 제3자와 채권자 간에 채무의 인수계약이 체결된 날
부동산 무상사용	• 무상사용 개시일 • 계속 무상사용으로 무상사용 기간이 5년을 초과하는 경우에는 5년이 되는 날의 다음 날
합병시 증여	• 합병등기일 • 불공정합병시 평가기준일 1) 주권상장법인 등: 상법 제522조의 2의 규정에 의한 대차대조표 공시일 또는 「자본시장과 금융투자업에 관한 법률」 제119조 및 같은 법 시행령 제129조에 따라 합병의 증권신고서를 제출한 날 중 빠른 날 2) 비상장법인: 상법 제522조의 2의 규정에 의한 대차대조표 공시일[366]
증자시 증여	• 상장주식: 권리락이 있는 날 • 비상장주식: 주금납입일(납입일 전 신주인수권증서 교부시는 그 교부일)(주1)
감자시 증여	감자를 위한 주주총회 결의일

365) 상속세 및 증여세법 제33조 내지 제45조의 5, 동법 시행령 제25조 내지 제34조의 5

366) 상법 제522조의 2(합병계약서 등의 공시)

① 이사는 제522조 제1항의 주주총회 회일의 2주 전부터 합병을 한 날 이후 6개월이 경과하는 날까지 다음 각 호의 서류를 본점에 비치하여야 한다.

3. 각 회사의 최종의 대차대조표와 손익계산서

재산구분	증여재산의 취득(증여)시기
현물출자시 증여	현물출자 납입일(주1)
전환사채 등의 증여	거래단계별(인수·취득, 전환, 양도) 전환사채의 인수·취득일 및 주식 전환일
초과배당에 따른 증여이익	법인이 배당 등을 한 날(주2)
재산 취득 후 재산가치 증가에 따른 이익의 증여	취득한 날로부터 5년 내 증가사유(개발, 인허가, 상장 등)가 발생하여 기준금액 이상에 해당하는 경우 사유발생일(사유발생 전 양도시 양도일)
금전 무상대출시 증여	대출일, 대출기간이 없거나 1년 이상일 경우 1년이 되는 날의 다음 날을 새로운 대출일로 본다.
배우자 등에 대한 양도시의 증여추정	양도하는 때(일반재산 증여시기)
재산취득자금 등의 증여추정	재산 취득일 또는 채무 상환일
명의신탁재산의 증여의제	명의자로 등기·등록·명의개서 한 날(주소 및 성명을 주주명부에 기재한 때) 단, 주주명부가 작성되지 않은 경우 증여일은 다음의 순서에 따른 날 ① 양도소득세, 증여세 등 과세표준신고서에 기재된 소유권 이전일 ② 주식등변동상황명세서에 기재된 거래일
일감몰아주기 증여의제	특수관계법인과의 거래를 통한 이익의 증여의제: 수혜법인의 사업연도 종료일
일감떼어주기 증여의제	특수관계법인으로부터 제공받은 사업기회로 발생한 이익의 증여 의제: 사업기회 제공일이 속하는 사업연도 종료일
특정법인과의 거래를 통한 증여의제	특정법인에 재산을 증여하거나 거래한 날

(주1) 교부받는 주식의 시가 산정시 평가기준일은 신주효력발생일인 "납입기일의 다음날"임(서면법령부가-2796, 2018.3.15.).
(주2) '법인이 배당 등을 한 날'은 법인이 실제 배당금을 지급한 날을 의미함(서면법령재산-3790, 2016.10.12.).

다. 비상장주식의 평가기준일

일반적으로 비상장주식의 상속 및 증여와 관련하여 평가의 기준시점인 평가기준일은 '재산평가의 기준시점'과 동일하다.

라. 상속세 과세가액에 가산되는 증여재산의 평가기준일

상속개시일 전 10년 이내에 피상속인이 상속인에게 증여한 재산과 상속개시일 전 5년 이내에 상속인 외의 자에게 증여한 재산가액은 상속세 과세가액에 가산하여 상속세를 과세하고 있다.

이 경우 상속세 과세가액에 가산하는 증여재산의 가액은 당초 증여일 현재의 시가에 의한다[367].

마. 합산되는 증여재산의 평가기준일

해당 증여일 전 10년 이내에 동일인으로부터 받은 증여재산가액의 합계액이 1천만원 이상인 경우 그 가액은 해당 증여세과세가액에 합산하여 과세하고 있는바, 이 경우 가산되는 각각의 증여재산의 평가가액은 각각의 증여일 현재 재산가액에 의한다.

Ⅳ 승계에 영향을 미치는 평가원칙

앞서 살펴본 바와 같이 승계대상 자산의 평가원칙은 시가 평가가 원칙이나 과세대상이 되는 금액을 산정함에 있어서 평가방법 및 평가기준일에 대하여는 각 세법에서 별도로 규정하고 있다.

다시 말해 승계과정에서 승계대상과 승계방법에 따라 적용되는 법령이 다르게 되면 부담하는 세금도 다르게 된다. 이는 승계전략을 통하여 승계대상에 대한 소득유형의 전환이나 변경을 통해서 재산의 평가방법을 달리 선택할 수 있다는 것이다. 이러한 승계계획을 사전에 수립하는 경우 승계에 합리적인 적정시점을 선택할 수 있기 때문에 승계전략 수립에 있어서 평가방법과 평가기준일의 파악이 매우 중요하다 할 것이다.

또한, 정부의 과세정책의 방향이나 법 개정을 위해 입법 예고된 법령은 승계대상자산의 승계방식 및 승계시점을 판단하는 데 매우 중요한 기준이 되는 것이다. 이는 성공적인 승계를 위해서는 정부의 과세정책의 변화에 따라 승계시점 및 승계방식을 변화시켜야 하기 때문이다.

367) 상속세 및 증여세법 제60조 제4항

평가기준일 분석사례] 과세정책(입법예고)의 중요성

1) 기본정보

서울에 거주하는 나부자씨는 경상북도에 과수원을 소유하고 있었으나, 직접경작이 불가하여 주변 지인에게 관리를 맡겨 두었으며, 2015년에 해당 과수원을 처분하고 양도대금 일부를 자녀에게 증여할 계획이었다. 이에 적당한 매수인을 물색하여 같은 해 12월 양수도 계약을 체결하고 잔금은 2016년 1월에 수령하고 소유권이전등기를 마무리 하였다.

나부자씨는 과수원을 상당히 빨리 팔아서 상당히 만족하였으나, 3월 말 양도소득세 신고시 예상치도 못한 추가 세율 10%에 해당하는 5억원 상당액을 납부해야 한다는 사실을 알고 해결방법을 찾고 있었다.

왜 나부자씨는 10%의 세금을 추가 부담해야 할까?

2) 과세대상 및 부담세액 파악

양도소득세법상 자경하지 아니하는 과수원은 비사업용토지에 해당되며, 과수원의 양도시기는 대금청산일(대금청산일 이전에 소유권이전 시는 소유권이전등기일)이 되기 때문에 과수원의 양도소득세 과세연도 2016년도가 된다. 따라서 나부자씨는 과수원의 양도소득세는 2016년 비사업용토지의 양도소득세 과세구조에 따라 기본(누진)세율(6%~38%) + 추가 10%가 과세되게 된다. 해당 내용은 이미 입법예고된 상태라 조그만 신경을 쓰면 파악되는 상태였다.

[비사업용토지의 과세 입법예고 연혁]

비사업용토지 양도시 추가과세(누진세율 +10%)는 이미 한 차례 이상 과세유예를 둔 상태로 양도시점 이전인 2014년부터 입법예고 되었으며 2015년에 그 시행시기는 2016.1.1. 이후 양도분부터라고 다시 입법 예고된 상태였다.

3) 승계(이전) 전략 미 수립에 대한 영향

만약, 나부자씨가 과수원 승계(이전)를 위한 사전 검토를 수행했다면, 아니 과수원 양도시점에서라도 승계전략 전문가에게 문의를 했다면 승계대상의 현황을 파악하고 세율에 대한 단기분석으로도 아주 간단하게(2015년 기말 이전에 소유권이전등기) 합리적인 양도시기를 구축하여 5억원을 절세할 수 있었을 것이다. 하지만 양도거래가 마무리된 이후 세금 신고 시 억울함을 호소하여 안타까울 뿐이다.

위와 같은 실수는 누구라도 할 수 있는 상황이다. 하지만 승계전략 수립의 사전검토 중요성을 인식하고 승계전략 전문가와 협의하거나 승계대상의 평가원칙의 중요성을 인지하고 사전에 승계(이전)를 계획했더라면 충분히 발생하지 않을 세금이었을 것이다. 성공적인 승계는 아는 만큼 아주 다양한 방식으로 할 수 있기 때문에 이러한 평가원칙과 평가방법에 대한 기본적 이해는 반드시 필요하다 할 것이다.

제2절 보충적인 평가방법

I 보충적인 평가방법의 적용원칙

1. 시가산정이 어려운 경우에만 적용

유·무형 재산의 가액은 평가기준일 현재의 시가로 평가하는 것이 원칙이지만 그 시가를 산정하기 어려운 경우에는 상속세 및 증여세법 제61조 내지 제65조에서 규정하고 있는 각각의 재산 종류별로 보충적 평가방법[368]에 의하여 평가한 가액으로 한다[369]. 이렇게 보충적 평가방법을 법률에 명시함으로써 납세의무자에게는 법적안정성과 예측가능성을 보장하며, 과세당국은 조세행정의 획일성과 신속성을 도모할 수 있도록 한 것이다.

이와 같이 보충적인 평가방법은 시가를 산정하기 어려운 경우에만 사용가능하며, 시가 및 시가로 보는 범위에 해당되는 시가의 산정이 가능한 경우에 사용할 수 없다. 즉, 시가가 존재함에도 상속세 및 증여세를 줄이기 위해서 보충적인 평가방법에 의한 가액으로 신고하는 경우는 더 큰 세금폭탄을 만드는 것이므로 반드시 주의가 필요하다.

| 시가로 보는 범위 |

구 분	평가방법
매매가액	매매계약일이 평가기간 내에 있는 경우로 해당 재산에 대한 매매사례가 있는 경우 그 거래가액
감정가액	평가기간 내에 속하는 경우로 2 이상의 공신력 있는 감정평가법인이 평가한 감정가액이 있는 경우 그 감정가액의 평균액(단, 부동산 중 기준시가 10억원 이하인 경우에는 하나 이상의 감정기관이 평가한 감정가액)(다만, 주식 및 출자지분의 감정평가액은 제외)
수용·공매·경매 가격	평가기간 내에 가격결정이 된 경우로 해당 재산에 대하여 수용·경매 또는 공매사실이 있는 경우에는 그 보상가액·경매가액 또는 공매가액
유사사례가액	평가기간 내의 해당 재산과 면적·위치·용도 및 종목이 동일하거나 유사한 다른 재산에 대한 매매가액·2 이상 감정가액·수용가액·경매가액·공매가액

368) 보충적 평가방법이란 용어는 상속세 및 증여세법의 법문에서 표현되고 있는 법률용어는 아니며, 시가를 산정하기 어려운 경우 그 시가에 갈음할 수 있는 평가방법이라는 의미로 대법원 판결문에서 사용되고 있는 용어를 통용해서 사용하고 있다.

369) 상속세 및 증여세법 제60조 제3항

구 분	평가방법
주권상장법인 주식 등(유가증권 시장 · 코스닥시장)	평가기준일 이전 · 이후 각 2개월 동안 공표된 매일의 한국거래소 최종시세가액의 평균액
평가심의위원회의 심의가액	평가기준일 전 2년 이내에 매매 · 감정 · 경매 등이 있는 경우 평가기준일과 매매계약일 등에 해당하는 날까지 또는 평가기간 후 법정결정기한[신고기한부터 9개월(증여세는 6개월)]까지의 기간 중에 가격변동의 특별한 사정이 없다고 보아 상속세 또는 증여세 납세자, 지방국세청장 또는 관할 세무서장이 신청하는 때에는 평가심의위원회의 심의를 거쳐 시가에 포함시킬 수 있는 경우의 가액

2. 보충적인 평가방법의 입증책임

시가를 산정하기 어려워 보충적 평가방법을 적용한 경우 이에 대한 입증책임에 대해서 상속세 및 증여세법상 별도의 규정은 없는 상태이지만, 대법원은 '증여재산의 평가는 증여개시 당시의 시가를 산정하기 어려운 때에 한하여 비로소 택할 수 있는 보충적인 평가방법이고, 시가를 산정하기 어려워서 보충적인 평가방법을 택할 수밖에 없었다는 점에 관한 입증책임은 과세관청에게 있다'라고 판시하고 있다[370].

Ⅱ 일반재산의 평가

세법은 시가의 산정이 어려운 경우에 법에 규정하고 있는 평가대상 자산에 한하여 그 시가에 갈음할 객관적이고 합리적인 평가방법을 다음과 같이 별도로 규정하고 있다.

1. 부동산의 평가

가. 토지의 평가

보충적인 평가방법에 의한 토지의 평가가액은 다음과 같다[371].

370) 대법원 2000두406, 2001.9.14.
371) 상속세 및 증여세법 제61조, 동법 시행령 제50조

구 분		평가방법
일반지역 토지	개별공시지가가 있는 경우	국토교통부장관이 매년 1월 1일을 가격산정 기준일로 하여 고시하는 개별공시지가
	개별공시지가가 없는 경우	해당 토지와 지목·이용 상황 등 지가형성 요인이 유사한 인근 토지를 표준지로 보고 「부동산 가격공시 및 감정평가에 관한 법률」 제9조 제2항의 규정에 의한 비교표에 의하여 납세지 관할 세무서장이 평가한 가액
지정지역 토지	국세청장이 지정한 지역	개별공시지가 × 배율[372]
토지평가 특례	환지 예정지의 평가	환지 권리면적에 의하여 산정한 가액으로 평가
	도로, 하천 등의 평가	불특정 다수인이 공용하는 사실상의 도로 및 하천·제방 등은 상속재산 또는 증여재산에 포함되나, 평가기준일 현재 도로 등 외의 용도로 사용할 수 없는 경우로서 보상가격이 없는 등 재산적 가치가 없다고 인정되는 때에는 그 평가액을 영(0)으로 한다.
	조성 중인 토지의 평가	그 토지의 지목에 대하여 보충적 평가방법에 의하여 평가한 가액에 그 조성에 관련된 비용의 금액을 가산한 가액(매입·조성에 소요되는 차입금에 대한 지급이자 또는 이와 유사한 성질의 지출금은 그 조성에 관련된 비용에 포함)

나. 건물의 평가

보충적인 평가방법에 의한 건물의 평가가액은 다음과 같다.

구 분	평가방법
일반 건물	건물의 신축가격, 구조, 용도, 위치, 신축연도 등을 고려하여 매년 1회 이상 국세청장이 산정·고시하는 가액 **[건물 기준시가 산정 기본 계산식]** **(1) 기준시가=평가대상 건물의 면적(㎡)[1] × ㎡당 금액[2]** **(2) ㎡당 금액=건물신축가격기준액 × 구조지수 × 용도지수 × 위치지수 × 경과연수별잔가율 × 개별건물의 특성에 따른 조정률[3]** 1) 연면적을 말하며, 집합건물의 경우 **전용면적과 공용면적**을 포함 2) ㎡당 금액은 1,000원 단위 미만은 버린다. 3) 개별건물의 특성에 따른 조정률은 상속세 및 증여세법 제61조 제1항 제2호에 따라 기준시가를 계산하는 경우에만 적용한다.

372) 2021.1.1. 현재 국세청장이 지정한 지역 없음.

구 분		평가방법
오피스텔 및 상업용건물	국세청장이 고시한 지역	매년 1회 이상 국세청장이 토지와 건물에 대하여 일괄하여 산정 · 고시한 가액[373]
	위 이외의 경우	일반 건물 평가방법
단독/공동주택		「부동산 가격공시 및 감정평가에 관한 법률」에 따른 개별주택가격 및 공동주택가격. 단, 국세청장이 결정 · 고시한 공동주택가격이 있는 경우 그 가격
건물평가 특례	철거대상 건물	그 재산의 이용도, 철거의 시기 및 철거에 따른 보상의 유무 등 제반 상황을 감안하여 적정한 가액으로 평가
	건축 중인 건물	건설 중인 건물의 가액은 건설에 소요된 비용의 합계액(건설에 소용된 차입금에 대한 이자 또는 이와 유사한 성질의 지출금은 건설에 소요된 비용에 가산)
	임대한 재산	평가액 = Max [①, ②] ① 각 재산에 대한 보충적 평가방법에 따른 평가액 ② 임대료 등의 환산가액 = 임대보증금 + (1년간 임대료 ÷ 12%)
기타 시설물 및 구축물	재취득가액 산정 가능	재취득가액에서 해당 시설물 등의 설치일부터 평가기준일까지의 감가상각비(법인세법상 신고된 상각방법에 기준내용연수로 계산된 금액)를 차감한 가액[374]
	위 이외의 경우	지방세법 시행령 제4조 제1항 시가표준액

2. 부동산에 관한 권리의 평가

부동산에 관한 권리의 보충적인 평가방법에 의한 평가가액은 다음과 같다[375].

구 분	평가방법
지상권	$\sum_{n=1}^{\text{잔존연수}} \frac{\text{지상권이 설정된 토지가액} \times 2\%}{\left(1+\frac{10}{100}\right)^n}$ n : 평가기준일로부터 잔존연수(주1)
부동산을 취득할 수 있는 권리 (조합원입주권 등[376])	평가기준일까지 불입한 금액 + 평가기준일 현재의 프리미엄에 상당하는 금액. 단, 지방세법에 따라 고시한 시가표준액이 있는 경우에는 해당 가액 • 조합원입주권 평가가액

373) 고시가액 확인방법: 국세청 홈페이지〉조회발급〉기준시가조회〉상업용 건물/오피스텔
374) 상속세 및 증여세법 시행규칙 제16조 제4항
375) 상속세 및 증여세법 시행령 제51조
376) 재건축 조합원의 입주권의 취득시기는 「도시 및 주거환경정비법」 규정에 따른 관리처분계획인가일임. 즉,

구 분	평가방법
	=[조합원권리가액*) + 평가기준일까지 불입한 계약금, 중도금 등 + 평가기준일 현재의 프리미엄 상당액] *) 조합원권리가액: 인가받은 관리처분계획을 기준으로 계산한 가액 분양대상자의 종전 토지 및 건축물 가격 × [(정비사업 완료 후의 대지 및 건축물의 총 수입추산액 – 총 소요사업비) ÷ 종전의 토지 및 건축물의 총 가액]
특정시설물이용권	평가기준일까지 불입한 금액 + 평가기준일 현재의 프리미엄에 상당하는 금액. 단, 지방세법에 따라 고시한 시가표준액이 있는 경우에는 해당 가액

(주1) 「민법」 제280조 및 제281조에 규정된 지상권의 존속기간을 준용한다.
1. 계약으로 존속기간을 정한 경우 그 기간은 다음의 연한보다 단축하지 못한다.
① 석조, 석회조, 연와조 또는 이와 유사한 견고한 물건, 수목의 소유 목적 30년
② ① 이외의 건물 소유 목적 15년
③ 건물 이외의 공작물의 소유 목적 5년
2. 계약으로 지상권의 존속기간을 정하지 아니한 때에는 그 기간은 1호의 최단존속기간으로 한다.

3. 그 밖의 유형자산의 평가

그 밖의 유형자산에 대한 보충적인 평가방법에 의한 평가가액은 다음과 같다[377].

구 분	평가방법
선박, 항공기, 차량, 기계장비 및 「입목에 관한 법률」의 적용을 받는 입목(立木)	① 재취득가액 ② 재취득가액이 확인되지 않을 경우: 가와 나를 순차로 적용 가. 장부가액(= 취득가액 – 감가상각비 누계액[378]) 나. 지방세법의 시가표준액에 따른 가액
상품 · 제품 · 재공품 · 원재료 등 소유권의 대상이 되는 동산	① 재취득가액 ② 재취득가액이 확인되지 않을 경우: 장부가액 • 사업용 재고자산인 경우 재취득가액에 부가가치세는 불포함
판매용이 아닌 서화 · 골동품	Max [가, 나] 가. 전문분야별로 2인 이상의 전문가가 감정한 가액의 평균액 나. 국세청장이 위촉한 3인 이상의 전문가로 구성된 감정평가심의회에서 감정한 감정가액
소유권의 대상이 되는 동물, 기타 유형자산	상품 · 제품 등의 평가방법 준용
외화자산 · 부채	평가기준일 현재 「외국환거래법」 제5조 제1항에 따른 기준환율 또는 재정환율에 따라 환산한 가액을 기준으로 평가

종전 주택은 당초 관리처분계획인가일에 부동산을 취득할 수 있는 권리인 '조합원입주권'으로 변환된 것임 (조심 2020서2021, 2020.10.15.).

377) 상속세 및 증여세법 시행령 제52조 및 제58조의 4

4. 유가증권의 평가

가. 주식 등의 평가

상장주식 및 비상장주식의 1주당 가액은 다음과 같다[379]. 여기서 상장주식은 시가의 산정이 가능한 범위에 해당하는 유가증권시장과 코스닥상장시장에서 거래되는 주식으로 평가기준일 전후 2개월 이내에 거래소가 정하는 기준에 따라 매매거래가 정지되거나 관리종목으로 지정된 기간의 일부 또는 전부가 포함되는 주식 등(적정하게 시가를 반영하여 정상적으로 매매거래가 이루어지는 경우로서 기획재정부령으로 정하는 경우[380]는 제외한다)을 제외한 주식 등을 말한다.

상장주식 이외의 주식은 비상장주식의 보충적인 평가방법을 따르며, 비상장주식의 평가방법은 후술하는 "Ⅲ. 비상장주식평가"편에서 보다 자세히 설명하기로 한다.

구 분		상장주식 시가 및 비상장주식의 보충적인 평가방법
상장 주식 (코스닥 시장 포함)	일반적인 상장주식	**평가기준일* 이전 · 이후 각 2개월 동안 최종 시세가액의 평균액** *(평가기준일이 공휴일 등으로 매매가 없는 날인 경우에는 그 전일) 단, 2017.1.1. 이후 합병이익을 계산할 때 합병법인 등이 보유한 상장주식 평가액은 평가기준일 현재 최종시세가액으로 함. *법인(소득)세법: 거래소 최종시세가액(단, 경영권수반시 20% 가산). 비상장법인 보유 상장주식은 평가기준일 최종시세가액[381]
	거래정지 등 특정 상장주식 평가	매매거래가 정지되거나 관리종목으로 지정된 기간의 일부 또는 전부가 포함되는 주식 등[382] • 원칙: 비상장법인 주식등의 평가방법 준용 • 예외: 일반적인 상장주식 평가방법 준용 [예외사유] 공시의무 위반 및 사업보고서제출의무 위반 등으로 인하여 관리종목으로 지정 · 고시되거나 등록신청서 허위기재 등으로 인하여 일정기

378) 감가상각비는 법인이 납세지 관할 세무서장에게 **신고한 상각방법**에 의하여 **기준내용연수**를 적용하여 계산한 취득일부터 평가기준일까지의 감가상각비를 말한다(상속세 및 증여세법 집행기준 62-52-2).
379) 상속세 및 증여세법 제63조
380) 상속세 및 증여세법 시행규칙 제16조의 2
기획재정부령이 정하는 경우란 '공시의무 위반 및 사업보고서 제출의무 위반 등으로 인하여 관리종목으로 지정 · 고시되거나 등록신청서 허위기재 등으로 인하여 일정기간 동안 매매거래가 정지된 경우로서 적정하게 시가를 반영하여 정상적으로 매매거래가 이루어지는 경우'를 말한다.
381) 법인세법 시행령 제89조 제2항
382) 상속세 및 증여세법 시행령 제52조의 2 제3항

구 분		상장주식 시가 및 비상장주식의 보충적인 평가방법
		간 동안 매매거래가 정지된 경우로서 적정하게 시가를 반영하여 정상적으로 매매거래가 이루어지는 경우를 말한다.
	평가기간에 합병·증자 등이 있는 경우(주1)	• 동 사유가 발생한 날의 다음 날부터 평가기준일 이후 2월이 되는 날까지의 기간의 평균액 • 평가기준일 이전 2월이 되는 날부터 동 사유가 발생한 날의 전일까지 기간의 평균액 • 평가기준일 이전 동 사유가 발생한 날의 다음 날부터 평가기준일 이후 동 사유가 발생한 날의 전일까지의 기간의 평균액
	기업공개 준비 중인 법인의 주식	1. 기업공개 목적으로 유가증권 신고한 법인의 주식: Max [①, ②] ① 금융위원회가 정한 기준에 따라 결정된 공모가격 ② 코스닥상장법인 주식 등의 평가방법에 의한 평가액(그 가액이 없는 경우 비상장주식의 평가방법에 따른 평가액) 2. 코스닥시장 상장 신청한 법인의 주식: Max [①, ②] ① 금융위원회가 정한 기준에 따라 결정된 공모가격 ② 비상장주식의 평가방법에 따른 평가액
	상장법인의 유상증자 미상장 신주의 평가	신주평가액= 구주평가액[평가기준일 전후 2개월간의 최종시세가액의 평균액] - 배당차액* * 배당차액=1주당 액면가액×직전기 배당률×(사업연도 개시일－신주배당기산일 전일)/365
비상장 주식	일반법인	비상장주식 평가액= Max [①, ②] ① 순손익가치와 순자산가치를 3:2로 가중평균액 • 순손익가치 = 1주당 최근 3년간의 순손익액의 가중평균액 /10% • 순자산가치 = 순자산가액(자산평가액－부채평가액)/평가기준일 현재 발행주식수 ② 순자산가치의 80% • 단, 2017.4.1.~2018.3.31.까지 상속이 개시되거나 증여받는 분에 대해서는 70% 한도 적용
	부동산 과다보유 법인	1. 부동산 보유비율이 50% 이상인 경우 비상장주식 평가액= Max [①, ②] ① 순손익가치와 순자산가치를 2:3로 가중평균액 ② 순자산가치의 80%(2018.3.31.까지 70% 적용) 2. 부동산 보유비율이 80% 이상인 경우 비상장주식 평가액= 순자산가치의 100%
	주식 과다보유 법인	• 주식 보유비율이 80% 이상인 경우 비상장주식 평가액 = 순자산가치의 100%

<table>
<tr><th>구 분</th><th>상장주식 시가 및 비상장주식의 보충적인 평가방법</th></tr>
<tr><td>최대주주 할증평가</td><td>최대주주는 위에서 평가한 가액에 다음과 같이 할증 평가함.
단, 중소기업(중소기업기본법 제2조에 따른 중소기업을 말함)은 할증 배제[383)]
<table><tr><th>최대주주 지분율</th><th>2019.12.31.까지</th><th>2020.1.1. 이후</th></tr><tr><td>지분율 50% 이하</td><td>20%</td><td rowspan="2">20%</td></tr><tr><td>지분율 50% 초과</td><td>30%</td></tr></table></td></tr>
</table>

(주1) 평가기일 전·후 2월 중에 합병·증자 등이 있는 경우 (예시)

① 평가기준일 이전에 증자 등이 있는 경우
평가기준일 이전에 증자·합병 등의 사유가 발생한 경우에는 동 사유가 발생한 날(증자·합병 등의 사유가 2회 이상 발생한 경우에는 평가기준일과 가장 가까운 날을 말함)의 다음 날(권리락일)부터 평가기준일 이후 2월이 되는 날까지의 기간 동안의 매일 최종시세가액의 평균액으로 평가한다.

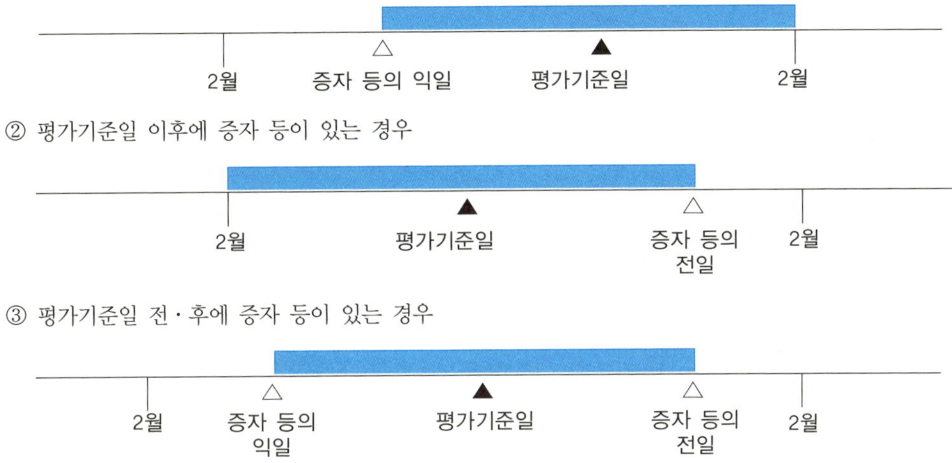

나. 국공채 등 유가증권의 평가

국공채 등 채권가액 및 보증금 등 채무가액에 대한 보충적인 평가방법에 의한 평가가액은 다음과 같다[384)]. 여기서 사채란 주식회사가 채권발행의 방법에 의하여 직접 또는 간접으로 일반 공중으로부터 기채하여 부담하는 채무를 말하며, 수익증권인 집합투자증권은 집합투자기구(집합투자를 수행하기 위한 기구로서 투자신탁, 투자회사, 투자유한회사, 투자합자회사, 투자조합, 투자익명조합, 사모투자전문회사를 말함)에 대한 출자지분(투자신탁인 경우 수익권)이 표시된 것을 말한다.

383) 상속세 및 증여세법 제63조 제3항
384) 상속세 및 증여세법 시행령 제58조

이때 "집합투자"는 2인 이상에게 투자권유를 하여 모은 금전 등 또는 「국가재정법」에 따른 여유자금을 투자자 또는 각 기금관리주체로부터 일상적인 운용지시를 받지 아니하면서 재산적 가치가 있는 투자대상자산을 취득·처분, 그 밖의 방법으로 운용하고 그 결과를 투자자 또는 각 기금관리주체에게 배분하여 귀속시키는 것을 말한다. 다만, 다음의 어느 하나에 해당하는 경우를 제외한다.

① 사모의 방법으로 금전등을 모아 운용배분하는 것으로서 투자자의 수가 일정 이하인 경우

② 자산유동화에 관한 법률의 자산유동화계획에 따라 금전 등을 모아 운용·배분하는 경우

③ 그 밖에 행위의 성격 및 투자자 보호의 필요성 등을 고려하여 대통령령으로 정하는 경우

<table>
<tr><th colspan="2">구 분</th><th>평가방법</th></tr>
<tr><td rowspan="2">국공채
및
사채</td><td>거래소
상장되어 있는
경우</td><td>Max [①, ②]
① 평가기준일 이전 2개월간 공표된 최종시세가액의 평균액
② 평가기준일 이전 최근일의 최종시세가액</td></tr>
<tr><td>거래소
비상장된 경우
(이전 2개월간
거래실적이
없는 경우
포함)</td><td>① 타인으로부터 매입한 것: 매입가액 + 평가기준일까지의 미수이자 상당액
* 해당 미수이자 상당액은 원천징수세액을 차감하지 아니한 금액임.
② 기타의 것(발행회사로부터 액면가액으로 직접 매입 포함): 처분예상금액. 단, 처분예상금액 산정이 어려운 경우 자본시장법상에 따라 인가받은 투자매매(중개)업자, 회계법인, 세무법인 중 둘 이상의 자가 평가한 금액의 평균액으로 할 수 있다[385].</td></tr>
<tr><td colspan="2">대부금·외상매출금 등
채권가액
및 입회금 보증금 등
채무가액</td><td>① 원본의 회수기간이 5년을 초과하거나 회사정리절차 또는 화의절차의 개시 등의 사유로 당초 채권의 내용이 변경된 경우
: 각 연도에 회수할 금액(원본에 이자상당액을 가산한 금액)을 적정할인율[386]에 따라 현재가치로 할인한 금액의 합계액.
다만, 채권의 전부 또는 일부가 평가기준일 현재 회수불가능한 것으로 인정되는 경우에는 그 가액을 산입하지 아니하며, 시설물이용권에 대한 입회금·보증금 등으로서 원본의 회수기간이 정하여지지 아니한 것은 그 회수기간을 5년으로 보아 현재가치로 할인한다.
② 위 ① 외의 채권의 경우
: 원본가액에서 평가기준일까지의 미수이자상당액을 합한 금액</td></tr>
<tr><td colspan="2">집합투자증권</td><td>• 원칙: 평가기준일 현재 한국거래소의 기준가격 or 집합투자업자 등이 공고한 가격
• 예외(평가기준일 현재 기준가격이 없는 경우): 환매가격 or 평가기준일 전 최근 기준가격</td></tr>
</table>

385) 상속세 및 증여세법 시행규칙 제18조의 2 제1항

386) 상속세 및 증여세법 시행규칙 제18조의 3(적정할인율은 연간 8% - 2010.11.5. 이후부터 적용(이전은 6.5%)).

<table>
<tr><th>구 분</th><th colspan="2">평가방법</th></tr>
<tr><td rowspan="6">예금·저금 또는 적금</td><td colspan="2">평가기준일 현재 예입총액과 같은 날 현재 이미 지난 미수이자상당액을 합친 금액에서 「소득세법」 제127조 제1항에 따른 원천징수세액 상당 금액을 뺀 가액으로 한다[387].</td></tr>
<tr><th>구 분</th><th>원천징수세율</th></tr>
<tr><td>장기채권의 이자와 할인액(2018.1.1. 이전발행분 만)</td><td>30%</td></tr>
<tr><td>기타의 이자소득의 경우</td><td>14%</td></tr>
<tr><td>비영업대금의 이익인 경우(주1)</td><td>25%</td></tr>
<tr><td colspan="2">(주1) 적격P2P 금융요건 충족시 2020년도분 이자소득은 14%</td></tr>
</table>

5. 전환사채 등의 평가

전환사채·신주인수권부사채(신주인수권증권이 분리된 경우에는 신주인수권증권) 또는 그 밖의 주식을 인수할 수 있는 권리가 부여된 사채 및 신주인수권증서에 대한 보충적인 평가방법에 의한 평가가액은 다음과 같다. 다만, 한국거래소에서 거래되지 않는 경우 주식으로 전환(또는 인수)이 가능한 기간과 전환(또는 인수)이 불가능한 기간으로 나누어 **다음과 같이 평가하거나 2 이상의 투자매매업자 또는 투자중개업자와 회계법인, 세무법인이 평가한 평균가액이 있을 경우에는 그 가액으로 할 수 있다**[388].

신주인수권부사채는 신주인수권이 별도로 분리되어 거래될 수 있는지에 따라 분리형과 비분리형으로 구분되며, 분리형의 경우 신주인수권의 가치를 표방하는 유가증권을 신주인수권증권이라고 하며, 신주인수권증서는 유상증자 등에 참여할 수 있는 기존 주주의 권리, 즉, 신주인수권을 증서화한 것을 말한다.

387) 상속세 및 증여세법 제63조 제4항, 동법 집행기준 63-58의 2-10(원천징수상당액은 소득세법상 원천징수세액과 그 지방소득세를 말함)
388) 상속세 및 증여세법 시행령 제58조의 2 제1항, 제2항

<table>
<tr><th colspan="2">구 분</th><th>평가방법</th></tr>
<tr><td rowspan="3">전환
사채
등</td><td>거래소
거래가
되는 경우</td><td>Max [①, ②]
① 평가기준일 이전 2개월간 공표된 최종시세가액의 평균액
② 평가기준일 이전 최근일의 최종시세가액</td></tr>
<tr><td rowspan="2">거래소
거래가
되지 않는
경우</td><td>1. 주식으로 전환(인수)이 불가능한 기간 중인 경우 평가액
: 만기상환금액을 사채발행이율과 적정할인율 중 낮은 이율에 의하여 발행 당시의 현재가치로 할인한 가액에서 발행 후 평가기준일까지 발생한 이자상당액을 가산한 가액
① 평가기준일 현재 사채의 현재가치 = ㉠ 또는 ㉡
㉠ $\frac{\text{만기상환금액}}{(1+R \text{ 또는 } r)^{n}}$ + 평가기준일까지의 이자상당액
㉡ $\frac{\text{만기상환금액}}{(1+R \text{ 또는 } r)^{m}}$ + 평가기준일부터 만기일까지 이자의 현재가치
• 할인율의 적용 : Min[R : 사채발행이율[389], r : 적정할인율[390]]
n : 발행일부터 만기까지 기간,
m : 평가기준일부터 만기일까지 남은 기간</td></tr>
<tr><td>2. 주식으로의 전환(인수)이 가능한 기간 중인 경우 평가액
전환사채 등의 평가액 = Max [①, ②]
① 위 ①의 금액
② 전환할 경우의 주식가격 = [전환시 주식가액(시가 등) − 배당차액[391]]
※ 신주인수권부사채인 경우 ② 금액은 다음과 같다.
② 평가기준일 현재 사채의 현재가치+신주인수권증권의 가치평가차이 = ① + 인수가능기간 중의 신주인수권증권평가액 − 인수금지기간의 신주인수권증권평가액</td></tr>
<tr><td rowspan="2">신주
인수권
증권</td><td>거래소
거래가
되는 경우</td><td>Max [①, ②]
① 평가기준일 이전 2개월간 공표된 최종시세가액의 평균액
② 평가기준일 이전 최근일의 최종시세가액</td></tr>
<tr><td>거래소
거래가
되지 않는
경우</td><td>1. 신주의 인수가 불가능한 기간 중인 경우 평가액
① 신주인수권증권 평가액 : [㉮ − ㉯]
㉮ 신주인수권부사채의 발행당시의 현재가치(사채발행이율 적용)
= 원금의 현재가치 + 이자의 현재가치
$= \frac{\text{만기상환금액}}{(1+R)^{n}} + \sum_{n=1}^{n} \frac{\text{매년표시 이자액}}{(1+R)^{n}}$</td></tr>
</table>

389) 사채발행이율이란 사채의 발행가액과 사채발행에 따라 만기일까지 지급할 액면이자와 만기상환금액의 현재가치를 일치시키는 이자율을 말함(재재산−1036, 2011.12.2.).

390) 적정할인율은 연간 8%을 말함(상속세 및 증여세법 시행규칙 제18조의 3).

391) 배당차액=1주당 액면가액×직전기배당률×(사업연도개시일−신주배당기산일 전일)/365

구 분		평가방법
		㉯ 신주인수권부사채의 발행당시 현재가치(적정할인율 적용) = 원금의 현재가치+이자의 현재가치 $= \frac{\text{만기상환금액}}{(1+r)^n} + \sum_{n=1}^{n} \frac{\text{매년표시 이자액}}{(1+r)^n}$ R : 사채발행이율, r : 적정할인율 n : 발행일부터 만기까지 남은 기간
		2. 신주의 인수가 가능한 기간 중인 경우 평가액 신주인수권증권 평가액 = Max [①, ②] ① 위 ①의 금액 ② 신주인수할 경우의 자본소득 =[신주인수시 주식가액(시가 등) - 배당차액 - 신주인수가액]
신주 인수권 증서	거래소 거래 시	거래소에 상장되어 거래되는 **전체** 거래일의 **종가 평균**
	그 밖의 경우	평가액=Min [권리락 후 주식가액, (권리락 전 주식가액 - 배당차액)] - 신주인수가액

6. 무체재산권의 평가

무체재산권이란 무형의 재산적 이익을 배타적으로 지배할 수 있는 권리로 외형적인 형태가 없는 무체물에 대한 재산권을 말한다. 이러한 무체재산권의 예로 영업권, 어업권, 특허권, 실용신안권, 상표권, 디자인권, 광업권, 채석권 등이 있다[392].

구 분		평가방법
무체 재산권	원칙	Max [①, ②] ① [재산의 취득가액 - 평가기준일까지 법인세법상 신고한 상각방법에 의해 계산한 감가상각비 상당액] ② 장래의 경제적 이익을 고려하여 상속세 및 증여세법 시행령 제59조에 따라 평가한 가액(하기 평가가액)
상속세 및 증여세법 시행령 제59조에	영업권	$\text{영업권} = \sum_{n=1}^{n} \frac{\text{초과이익금액*}}{(1+r)^n} = \text{초과이익금액} \times \text{연금현가계수}(n, r)$ n : 영업권 지속연수(원칙적으로 5년), r: 초과이익환원율(10%) * 초과이익금액: [최근 3년간(3년에 미달하는 경우에는 당해 연수로 한다)의 순손익액[1]의 가중

392) 상속세 및 증여세법 시행령 제59조 및 동법 집행기준 64-59-1~5

구 분		평가방법
따라 평가한 가액	영업권	평균액의 50%에 상당하는 가액 - (평가기준일 현재의 자기자본[2]×10%)] 1) 순손익액을 추정이익으로 사용할 수 있는 경우는 추정이익을 준용할 수 있음. 2) 자기자본은 비상장주식 평가시 산출된 영업권을 포함하지 아니한 순자산가액 다만, 매입한 무체재산권으로서 그 성질상 영업권에 포함시켜 평가되는 무체재산권의 경우에는 이를 별도로 평가하지 아니하되, 당해 무체재산권의 평가액이 환산한 가액보다 큰 경우에는 당해 가액을 영업권의 평가액으로 한다.
	어업권	영업권 가액에 포함하여 계산한다.
	특허권 · 실용신안권 · 상표권 · 디자인권 · 저작권 등	① 원칙: 미래의 수입금액의 현재가치로 평가, 미래의 수입금액이 미확정된 경우 평가기준일 전 3년간의 각 연도 수입금액의 평균 $\sum_{n=1}^{n} \frac{\text{각 연도의 수입금액}^*}{(1+10\%)^n}$ n : 평가기준일부터 잔존내용연수까지 남은 기간(Max 20년) ② 예외: 평가기준일 이전 최근 3년간 수입금액이 없거나 미래수입금액이 하락할 것이 명백한 경우에는 감정가액 등으로 평가 가능
	광업권, 채석권 등	평가기준일 전 3년간의 평균소득금액을 현재가치로 환산한 가액 $\sum_{n=1}^{n} \frac{\text{평가기준일 전 3년간 평균소득}}{(1+10\%)^n}$ n : 평가기준일부터 채굴가능연수

7. 조건부권리의 평가

조건부권리란 조건의 성공 · 실패 여부가 미정인 동안에 있어서 당사자의 일방이 가진 조건의 성취에 의하여 일정한 이익을 받을 것이라는 기대권을 말한다. 예로는 신탁의 이익을 받을 권리, 정기금[393]을 받을 권리, 주식매수선택권 등이 있다.

조건부권리 평가는 본래의 권리의 가액을 기초로 하여 평가기준일 현재의 조건내용을 구성하는 사실, 조건성취의 확실성, 기타 제반사정을 감안한 적정가액으로 다음과 같이 평가하도록 하고 있다[394].

393) 정기금이란 일정한 기간 동안 정기적이고 반복적으로 금전이나 기타의 물건의 급부를 받을 것을 목적으로 하는 정기금 계약에 따라 받는 금액을 말한다.
394) 상속세 및 증여세법 제65조, 동법 시행령 제60조 내지 제62조

구 분	평가방법
신탁이익을 받을 권리	1. 원본과 수익의 수익자가 동일한 경우: Max [①, ②] ① 상속세 및 증여세법상 재산평가방법에 따른 재산 평가액* ② 평가기준일 신탁계약의 철회·해지 등을 통해 받을 수 있는 일시금 * (법 §60~§65) 상속개시일·증여일 현재의 시가, 시가산정이 어려운 경우 보충적 평가방법 적용 2. 원본과 수익의 수익자가 다른 경우 1) 신탁원본의 이익을 수익하는 경우: Max [①, ②] ① [상속세 및 증여세법상 재산평가방법에 따른 재산 평가액 − 신탁의 수익 평가액*] ② 평가기준일 신탁계약의 철회·해지 등을 통해 받을 수 있는 일시금 2) 신탁수익의 이익을 수익하는 경우: Max [①, ②] ① *신탁의 수익액 평가액 $\sum_{n=1}^{n} \frac{\text{각 연도에 받을 수익의 이익} - \text{원천징수세액}}{(1+3\%)^{n}}$ 395) n : 수익시기가 정해지지 않은 경우에는 정기금을 받을 권리의 평가규정 기간을 준용함. ② 평가기준일 신탁계약의 철회·해지 등을 통해 받을 수 있는 일시금
정기금을 받을 권리	Max [①, ②] ① 다음 각호의 계산한 금액 1. 유기정기금: $\sum_{n=1}^{n} \frac{\text{각 연도에 받을 기금}}{(1+3\%)^{n}}$ n : 평가기준일부터의 경과연수 단, 1년분 정기금액의 20배에 상당하는 금액을 초과하지 못함. 2. 무기정기금: 1년분 정기금액의 20배에 상당하는 금액 3. 종신정기금: 통계청장이 승인하여 고시하는 통계표에 따른 성별·연령별 기대여명 연수를 사용하여 1호의 계산식으로 계산한 금액 ② 평가기준일 신탁계약의 철회·해지 등을 통해 받을 수 있는 일시금
가상자산 396)	1. 「특정금융정보법」상 가상자산사업자 중 국세청장이 고시한 사업자의 사업장에서 거래되는 가상자산: 고시된 사업장의 **평가기준일 이전·이후 1개월간 공표된 일평균가격의 평균액** 2. 상기 1외의 가상자산: 「특정금융정보법」상 가상자산사업자 및 그에 준하는 사업자의 사업장의 평가기준일의 일평균가격 또는 종료시각에 공표된 시세가액 등 합리적으로 인정되는 가격
소송 중인 권리	평가기준일 현재의 분쟁 관계의 진상을 조사하고 소송 진행의 상황을 감안한 적정가액

395) 상속세 및 증여세법 시행규칙 제19조의 2(2017.3.10. 이전에는 10%)

구 분	평가방법
주식매수 선택권	신고기한 이내에 행사한 경우에는 행사 당시의 주식의 시가와 행사가격의 차이를 과세대상 재산으로 평가

8. 국외재산의 평가

외국에 있는 재산은 기본적으로 국내 재산의 평가방법과 동일하나, 현실적으로 국외재산의 평가가 불가능한 경우에 보완적인 규정이 추가되어 있다. 즉, 시가평가가 원칙이나 시가를 확인할 수 없는 경우 예외적으로 다음의 순서에 의한 보충적인 평가방법으로 평가한다[397].

① 상속세 및 증여세법 제60조 내지 제65조 규정을 적용하여 평가

② ①에 의한 것이 부적당한 경우에는 당해 재산이 소재하는 국가에서 양도소득세·상속세 또는 증여세 등의 부과목적으로 평가한 가액

③ ①과 ②의 평가액이 없는 경우에는 세무서장 등이 2 이상의 국내 또는 외국의 감정기관에 의뢰하여 감정한 가액을 참작하여 평가한 가액에 의한다.

국외재산의 가액은 평가기준일 현재 「외국환거래법」에 따른 기준환율 또는 재정환율에 의하여 환산한 가액으로 평가한다.

9. 저당권 등이 설정된 재산의 평가특례

저당권 등이 설정된 재산은 시가 또는 보충적 평가방법에 의한 평가가액과 당해 재산이 담보하는 채권액을 비교하여 큰 금액으로 평가하는 특례규정을 마련하고 있다.

○ 저당권 등이 설정된 재산의 평가특례

평가액 = Max (①시가 or 보충적 평가방법에 의한 평가가액, ②당해 재산이 담보하는 채권액 등)

담보제공된 재산은 대부분 금융차입이나 임대보증금 등 채무가 있는 것이므로 당해 재산의 평가를 개별공시지가 등 보충적 평가방법으로 평가하고, 채무는 전액 인정하게 되면, 결국 개별 재산가액을 초과하는 당해 채무액이 다른 재산가액에서 차감되는 모순이 발생하기 때문에 이를 방지하기 위해서 특례규정을 두고 있는 것이다.

396) 상속세 및 증여세법 제65조 제2항의 개정규정은 2022.1.1.부터 시행함.
397) 상속세 및 증여세법 시행령 제58조의 3

가. 특례규정 평가대상 재산

다음 각 호의 어느 하나에 해당하는 재산으로 평가기준일 현재 담보제공이 되어 있는 재산에 한한다[398].

㉮ 저당권, 「동산 · 채권 등의 담보에 관한 법률」에 따른 담보권 또는 질권이 설정된 재산

㉯ 양도담보재산

㉰ 전세권이 등기된 재산(임대보증금을 받고 임대한 재산을 포함한다)

㉱ 위탁자의 채무이행을 담보할 목적으로 담보신탁계약을 체결한 재산(2019.1.1. 이후 상속증여 분부터 적용)

나. 재산이 담보하는 채권액

재산이 담보하는 채권액은 평가기준일 현재 설정되어 있는 채권 잔액으로 담보권 종류에 따라 다음과 같이 구분된다. 이때 재산을 평가함에 있어서 당해 재산에 설정된 근저당의 채권최고액이 담보하는 채권액보다 적은 경우에는 채권최고액으로 하고, 당해 재산에 설정된 물적담보 외에 신용보증기관의 보증이 있는 경우에는 담보하는 채권액에서 당해 신용보증기관이 보증한 금액을 차감한 가액으로 하며, 동일한 재산이 다수의 채권(전세금채권과 임차보증금채권을 포함한다)의 담보로 되어 있는 경우에는 그 재산이 담보하는 채권액의 합계액으로 한다[399].

구 분	재산이 담보하는 채권액
저당권(공동저당권 및 근저당권 제외)이 설정된 재산	해당 재산이 담보하는 채권액
근저당이 설정된 재산	평가기준일 현재 해당 재산이 담보하는 채권액 단, 근저당의 채권최고액이 채권액보다 적은 경우에는 채권최고액으로 함
질권 및 양도담보 재산	해당 재산이 담보하는 채권액
전세권이 등기된 재산	등기된 전세금 (임대보증금을 받고 임대한 경우 임대보증금)
「자동차저당법」 등에 의한 자동차 등 단기소모성 재산	해당 재산이 담보하는 채권액
신탁계약을 체결한 재산	신탁계약 또는 수익증권에 따른 우선수익자인 채권자의 수익 한도금액

398) 상속세 및 증여세법 제66조
399) 상속세 및 증여세법 시행령 제63조 제2항

동일재산에 다수의 채권이 담보된 경우 평가특례

○ 공시된 개별주택가액: 4억원
임대차계약: 임대보증금 3억원, 월세 1.2백만원
근저당권이 설정된 금융채무액: 2억 5천만원

◆ 저당권 등이 설정된 재산의 평가액= Max [A, B] = 5.5억원
A 임대한 재산의 평가액 = Max [①, ②] = 4.2
① 각 재산에 대한 보충적 평가방법에 따른 평가액 = 4억원
② 임대료 등의 환산가액 = 임대보증금 + (1년간 임대료 ÷ 12%)
= 3억원 + (1.2백만원 × 12)/12% = 4.2억원
B 저당권 등 설정된 재산의 특례 = Max [①, ②] = 5.5억원
① 상기 A의 가액 = 4.2억원
② 재산이 담보하는 채권액(다수 채권 합계) = 임대보증금 + 금융채무액(차입금)
=3억원 + 2.5억원 = 5.5억원

Ⅲ 비상장주식 평가

비상장주식의 평가는 비상장법인의 승계전략 수립에 있어서 매우 중요하다. 비상장주식의 평가는 경영권 지분의 양도나 증여 등에 과세표준을 결정할 뿐만 아니라 합병 등 자본거래에 있어서도 합병비율 및 교환비율 등을 결정하기 때문에 아주 중요하다. 이러한 중요성 때문에 비상장주식의 평가구조를 이해하지 못하면 원활한 승계전략을 수립할 수 없다. 여기서는 이러한 비상장법인의 주식평가에 대하여 살펴보기로 한다.

1. 비상장주식 평가의 개요

가. 시가평가의 원칙

한국거래소에 상장되지 않은 주식 또는 출자지분을 비상장주식이라 한다. 비상장주식도 평가기준일 현재의 시가로 평가한다. 여기에서 시가는 평가기준일 전·후 6월(증여재산의 경우는 3월) 이내에 불특정 다수인 사이에 자유롭게 거래가 이루어지는 경우에 통상적으로 성립된다고 인정되는 가액으로, 매매·공매·경매가액이 있는 경우의 해당 거래가액을 의미한다.

비상장주식의 경우 실제 매매가 빈번하지 아니하여 해당 시가를 산정할 수 없는 경우 상속세 및 증여세법 시행령 제54조에서 규정한 보충적인 평가방법에 따라 평가한다. 단, 비상장주식의 감정가액은 시가로 인정되지 아니한다.

나. 보충적평가액의 적용대상

비상장주식의 보충적인 평가가액은 양도나 상속·증여시 신고가액의 기준이 되며, 복잡한 자본거래(합병, 분할, 분할합병, 유상증자, 유상감자, 자기주식 취득 등)에서는 공정한 자본거래비율의 중요한 판단기준이 된다. 또한, 고·저가 양·수도거래의 판단과 법인세법 및 소득세법상 부당행위계산부인 규정 해당 여부의 판단 시에도 중요한 기준이 되므로 비상장주식 평가방법에 대한 이해가 반드시 필요하다.

다. 승계와 비상장주식 평가방법

비장장주식의 보충적인 평가가액은 평가기준일과 평가대상의 산정방식에 따라 1주당 평가가액의 차이가 발생하는 구조이다. 이는 승계대상 주식의 평가기준일에 따라 과거 3개년의 손익액이 다르기 때문이며, 승계대상 법인의 형태(일반법인 또는 부동산과다보유법인, 주식과다보유법인, 비사업용자산 과다보유법인 등)에 따라 평가방법이 다르기 때문에 주식의 평가가액도 다르게 평가되는 구조이다.

이러한 비상장주식의 평가구조는 장기적인 승계관점에서 비상장법인의 보유자산의 구성을 미리 개선할 수도 있기 때문에 승계전략의 수립 시 중요한 요소가 되는 것이다. 즉, 비상장주식의 평가구조의 이해를 바탕으로 사전 승계전략을 수립할 경우 얼마든지 합리적인 경영권승계나 양도가 가능하므로 승계(혹은 양도)시점에 인위적으로 평가가액을 조정하거나 불법적인 명의신탁 등을 할 필요도 없는 것이다. 따라서 합리적인 절세뿐만 아니라 법인의 재무상태 구조개선을 위해서라도 사전 승계전략의 수립이 중요한 것이다.

2. 비상장주식의 보충적인 평가방법

가. 비상장주식의 평가방법 총괄

비상장주식의 시가를 산정하기 어려운 경우에는 일반적인 보충적 평가방법으로 평가하게 되는데, 법인의 형태별 평가방법은 다음과 같다.

구 분	평가방법
일반법인	비상장주식 평가액 = Max [①, ②] ① 순손익가치와 순자산가치를 3:2로 가중평균액 순손익가치 − 1주당 최근 3년간의 순손익액의 가중평균액/10% 순자산가치 = 순자산가액(자산평가액−부채평가액)/평가기준일 현재 발행주식수 ② 순자산가치의 80% • 단, 2017.4.1.~2018.3.31.까지 상속이 개시되거나 증여받는 분에 대해서는 70% 한도 적용
부동산과다 보유법인	1. 부동산보유비율이 50% 이상인 경우 비상장주식 평가액 = Max [①, ②] ① 순손익가치와 순자산가치를 2:3로 가중평균액 ② 순자산가치의 80%(위와 동일하게 2018.3.31.까지 70% 적용) 2. 법인의 부동산보유비율이 80% 이상인 경우[400)] 비상장주식 평가액 = 순자산가치의 100%
주식과다 보유법인	주식보유비율이 80% 이상인 경우 비상장주식 평가액 = 순자산가치의 100%

[참고] 연도별 평가방법 변천내용

1999년 이전	2000년~2003년	2004.1.1. 이후	2017.4.1. 이후	2018.4.1. 이후
순손익가치와 순자산가치의 단순산술평균 [순손익+순자산]/2	순손익가치와 순자산가치 중 큰 금액	순손익가치와 순자산가치의 3 : 2 가중평균액 (부동산과다보유법인은 2 : 3 가중평균)	Max(가중평균액, 순자산가치 70%)	Max(가중평균액, 순자산가치 80%)

부동산과다보유법인의 주식평가 시 주의사항

일반법인의 부동산보유비율이 80% 이상인 경우 순자산가치 100%로 평가하던 규정[401)] 이 상속세 및 증여세법 시행령의 개정으로(2017.2.7. 시행일) 특정사업(골프장, 스키장, 휴양콘도미니엄, 전문휴양시설 등)을 영위하는 법인의 부동산보유비율이 80% 이상인 경우로 변경되었다가 2018.2.13. 동 시행령 개정으로 일반법인의 부동산보유비율이 80% 이상인 경우로 다시 변경되었다. 해당 부동산과다보유법인의 평가방법은 다음과 같다.

400) 상속세 및 증여세법 시행령 제54조 제4항의 개정규정은 이 영 시행(2018.2.13.) 이후 평가하는 경우부터 적용
401) 구, 상속세 및 증여세법 시행령 제54조 제4항 제4호(2012.2.2. 대통령령 제23591호, 개정)

| 부동산과다보유법인의 주식평가방법 |

구 분	2017.2.7. 이전	2017.2.7. ~ 3.31.	2017.4.1. ~2018.2.12	2018.2.13. ~3.31.	2018.4.1. 이후
부동산과다보유 일반법인(80%)	순자산가치 100%	순손익가치와 순자산가치의 2 : 3 가중평균액	Max(가중평균액, 순자산가치 70%)	순자산가치 100%	순자산가치 100%
과점주주의 부동산과다보유 법인(50%)	순손익가치와 순자산가치의 2 : 3 가중평균액		Max(가중평균액, 순자산가치 70%)		Max(가중평균액, 순자산가치 80%)
특정사업 영위 부동산과다보유 법인(80%)	순자산가치 100%				

| 부동산과다보유법인의 양도소득 재산유형 |

구 분	양도소득세 재산유형	양도세율
부동산과다보유 일반법인(80%)	일반 주식	10%~30%
과점주주의 부동산과다보유법인(50%)(주1)	기타자산(특정주식A)	기본세율(6%~45%)
특정사업 영위 부동산과다보유법인(80%)	기타자산(특정주식B)	기본세율(6%~45%)

(주1) 해당 특정주식(A) 법인의 부동산보유비율이 80% 이상이면 주식평가는 부동산과다보유법인(80%)으로 평가(순자산가치 100%)하고 과세대상 재산유형은 기타자산으로 신고 및 기본세율 적용

1) 부동산과다보유법인 판단

부동산과다보유법인은 평가기준일 현재 해당 법인의 자산총액 중 부동산가액이 차지하는 비율이 50% 이상인 법인을 말한다[402].

가) 부동산가액

부동산과다법인을 판정하기 위한 부동산가액이란 다음의 가액을 합한 금액을 의미한다. 이때 취득 전 건설가계정은 제외하며, **토지 · 건물은 장부가액과 기준시가 중 큰 금액으로 평가**한다. 이때 장부가액은 유보금액을 가감한 **세무상 가액**을 의미한다.

Ⓐ 부동산: 토지, 건물(건물에 부속된 시설물과 구축물을 포함)

Ⓑ 부동산에 관한 권리: 부동산을 취득할 수 있는 권리, 지상권, 전세권과 등기된 부동산 임차권

402) 상속세 및 증여세법 시행령 제54조 제1항, 소득세법 제94조 제1항 제4호 다목

Ⓒ 부동산과다보유법인의 주식: 해당 법인이 **직접 또는 간접**으로 보유한 다른 법인(부동산비율이 50% 이상인 법인 및 특정사업을 영위하는 부동산비율이 80% 이상인 법인)의 주식가액에 그 다른 법인의 부동산 등 보유비율을 곱하여 산출한 가액[403)]

나) 자산총액

자산총액은 장부가액기준으로 판단하는 것이며 다음의 가액을 제외한다. 이때 장부가액이란 **세무상 장부가액**을 의미하므로 세무상 유보금액을 조정하고, 토지・건물은 장부가액과 **기준시가** 중 큰 금액을 반영한다[404)].

Ⓐ 무형고정자산으로 계상된 개발비와 사용수익 기부자산가액

Ⓑ 평가기준일부터 소급하여 1년 이내에 **차입금** 또는 증자에 의하여 증자한 **현금・금융재산**(상속세 및 증여세법 제22조의 규정에 의한 금융재산. 즉, 금융회사 등이 취급하는 예금・적금・부금・계금・출자금・신탁재산(금전신탁재산에 한한다)・보험금・공제금・주식・채권・수익증권・출자지분・어음 등의 금전 및 유가증권 등을 말한다) 및 **대여금 합계액**

위 규정에도 불구하고 자산총액을 계산할 때 동일인에 대한 「법인세법」 제28조 제1항 제4호 나목에 따른 가지급금 등과 가수금이 함께 있는 경우에는 이를 상계한 금액을 자산총액으로 한다. 다만, 동일인에 대한 가지급금 등과 가수금의 발생시에 각각 상환기간 및 이자율 등에 관한 약정이 있는 경우에는 상계하지 아니한다.

세무상 자산가액 계산시 압축기장(일시상각)충당금 차감 여부 판단

세무조정계산서 중 자본금과 적립금조정명세서상의 유보액 중 **공사부담금(일시상각충당금) 관련 유보액은 공사부담금이 일시에 이익으로 계상되지 않고 내용연수에 따라 감가상각비만큼 이익으로 계상되도록 하기 위하여 세무상 유보한 금액일 뿐이므로** 상속세법상 상속재산가액을 평가하는 경우에는 공사부담금으로 취득한 자산도 자산가액에 포함되어야 하는 것이다.

○ 국심 99중1391, 2000.5.12.

비상장주식평가시 법인의 순자산가액계산상, 세무상 유보액으로 계상된 '공사부담금' 관련 **일시상각충당금은 자산가액에서 차감하지 않음.**

따라서, 순자산가액계산시 세무상 유보액으로 계상된 압축기장충당금(일시상각충당금)은 과세이연을 받기 위한 것으로 자산가액에서 차감할 것은 아니라 하겠다.

403) 간접보유 법인(손자회사)에 합산은 2020.7.1. 이후 양도하는 분부터 적용(소득세법 시행령 제158조 제7항)
404) 소득세법 시행령 제158조 제4항, 제5항

2) 주식 과다보유법인 판단

주식과다보유법인은 법인의 자산총액 중 주식 등의 가액의 합계액이 차지하는 비율이 100분의 80 이상인 법인을 말한다. 이 개정규정은 2017.2.27. 상속·증여분부터 적용한다. 여기서 주식 등은 주식 또는 출자지분을 의미한다[405]. 이때 일시보유목적의 자기주식이 있는 경우 해당 자기주식은 세무상 자산에 해당되므로 이를 준용해서 주식보유비율을 평가해야 할 것으로 보이나, 주식 등이 80% 이상인지 판단기준이 되는 자산총액과 주식 및 출자지분의 합계액을 어떻게 산정해야 하는지에 대한 명확한 기준이 없는 상태이므로 이를 명확히 할 필요가 있다.

주식보유비율 판단시 자기주식 포함 여부(부동산보유비율 준용)

○ 서면2015-상속증여-0254, 2015.2.26.

「상속세 및 증여세법 시행령」 제54조 제1항에 따른 비상장주식의 평가에 있어 같은 령 제4항 제4호에 해당하는 순자산가치로 평가하는 「소득세법 시행령」 제158조 제1항 제5호 가목의 부동산과다보유법인 해당 여부 판단시 당해 법인이 **일시적으로 보유한 후 처분할 자기주식은 자산**으로 보는 것임.

나. 순자산가치로만 평가

비상장주식의 평가는 일반적으로 순손익가치와 순자산가치를 가중평균한 가액으로 평가하나, 다음 어느 하나에 해당하는 법인의 주식인 경우에는 순자산가치로만 평가한다[406].

① 상속세 및 증여세 과세표준신고기한 이내에 평가대상 법인의 청산절차가 진행 중이거나 사업자의 사망 등으로 인하여 사업의 계속이 곤란하다고 인정되는 법인의 주식 등

② 사업개시 전의 법인, 사업개시 후 3년 미만의 법인 또는 휴업·폐업 중인 법인의 주식 등. 이 경우 「법인세법」 제46조의 3, 제46조의 5 및 제47조의 요건을 갖춘 적격분할 또는 적격물적분할로 신설된 법인의 사업기간은 분할 전 동일 사업부문의 사업개시일부터 기산한다.

③ 과거 3년간 각 사업연도소득이 결손인 경우(2018.2.13. 삭제된 조문)

즉, 과거 3년 계속 결손인 경우에도 2018.2.13. 이후 평가분부터는 순손익액을 반영한 가중평균액으로 계산

405) 상속세 및 증여세법 제5조 제1항
406) 상속세 및 증여세법 시행령 제54조 제4항

④ 법인의 자산총액 중 「소득세법」 제94조 제1항 제4호 다목 1) 및 2)의 합계액이 차지하는 비율이 100분의 80 이상인 법인의 주식 등

⑤ 법인의 자산총액 중 주식 등의 가액의 합계액이 차지하는 비율이 100분의 80 이상인 법인의 주식 등

⑥ 법인의 설립 시 정관에 존속기한이 확정된 법인으로서 평가기준일 현재 잔여 존속기한이 3년 이내인 법인의 주식 등

다. 상호출자주식의 평가

1) 10% 이하 보유주식

비상장주식 등을 발행한 법인이 다른 비상장주식 등을 발행한 법인의 발행주식총수(자기주식과 자기출자지분은 제외한다)의 100분의 10 이하의 주식 및 출자지분을 소유하고 있는 경우에는 그 다른 비상장주식 등의 평가는 시가가 있으면 시가를 우선 적용하고, 시가가 없는 경우 보충적인 평가방법 규정에도 불구하고 법인세법 규정에 따른 이동평균법을 적용한 **취득가액**에 의해 평가할 수 있다[407].

2) 10% 초과 보유주식

10% 초과 보유하고 있는 비상장법인의 주식에 대하여는 비상장주식의 보충적인 평가방법에 따라 평가한 가액으로 한다.

3) 10% 이상 상호출자한 주식

비상장주식 등을 발행한 법인이 다른 비상장법인의 총발행주식의 100분의 10을 초과하여 소유하고 있으며 상호출자하고 있는 경우에 그 다른 비상장법인 발행주식의 가액은 상속재산평가준칙 제60조 제2항에 따른 다원일차연립방정식에 의하여 평가한다. 이때 최대주주할증 대상 주식인 경우 할증률을 반영해서 계산한다.

$$1주당가액 = \frac{\alpha + pl}{2}$$

$$= \left[\frac{\left(p + b \cdot \frac{\beta + pl'}{2} + c \cdot \frac{\gamma + pl''}{2} \right) - dt}{n} + pl \right] \div 2$$

407) 상속세 및 증여세법 시행령 제54조 제3항

(주) 1. p, p′, p″ : A·B·C 각 법인이 소유하고 있는 주식가액을 제외한 A·B·C 각 법인의 자산총액
2. a, b, c : A.B.C 각 법인이 발행한 주식 중 각 법인이 소유하고 있는 주식수
3. dt, dt', dt": A.B.C 각 법인의 부채
4. n, n', n": 평가기준일 현재 A.B.C 각 법인의 발행주식총수
5. α, β, γ: A.B.C 각 법인의 1주당 순자산가액
6. pl, pl′, pl″ : A·B·C 각 법인의 1주당 수익환원가치

라. 자기주식 보유법인의 평가

자기주식은 세무상 자산에 해당하기 때문에 자기주식 존재 여부 및 보유목적에 따라 비상장주식의 평가방법이 다음과 같이 구분된다[408].

보유목적	순자산가치 계산시	순손익가치 계산시	발행주식총수
소각(감자) 목적	자기주식은 자산가액에서 제외	자기주식가액의 10% 상당액을 연도별 손익에서 차감 조정함(감자효과 반영)	자기주식수 차감
매매목적	자기주식 평가액을 자산가액에 포함	해당 사항 없음.	자기주식수 포함

여기서 자기주식의 보유목적이 매매목적인 경우 순자산가액에 포함되는 자기주식의 가액을 어떤 금액으로 반영할지에 대하여 '취득가액'을 반영해도 된다는 입장도 있지만, 여전히 **자기주식을 재평가해서** 자산가액으로 반영하도록 해석하고 있는 실정이므로 실무 반영 시 주의하기 바란다.

자기주식 평가가액 산정에 대한 과세관청 입장

○ 조심 2010서2725, 2010.12.30.

비상장법인이 자기주식을 보유한 상태에서 보충적평가를 함에 있어 자기주식 취득가액을 자산에 가산하고 자기주식수를 발행주식총수에 포함하여 1주당 보충적평가액을 산정하는 것이 타당함.

○ 법규과-906, 2013.8.21.

비상장주식을 평가할 때 평가대상 비상장법인이 일시보유목적으로 취득한 자기주식의 가액은 평가기준일 현재 **상증법에 따른 평가액**을 순자산가액에 가산함.

○ 서일 46014-10200, 2001.9.19.

비상장법인이 일시적으로 보유한 후 처분할 '자기주식'을 '자산'으로 보는 경우, 비상장

408) 상속세 및 증여세법 집행기준 63-55-1 (자기주식의 순자산 포함 여부)

주식의 1주당 순자산가액 평가방법

$$1주당순자산가액(x) = \frac{[자기주식을\ 제외한\ 순자산가액 + (자기주식수 \times 1주당순자산가액(x))]}{총\ 발행주식수}$$

마. 우선주 등의 평가

상속세 및 증여세법상 우선주의 평가방법을 구체적으로 명시하고 있는 규정은 없는 상태이다. 다만, 상속세 및 증여세법 기본통칙 63-0…3(배당의 내용을 달리하는 주식을 발행한 법인의 주식평가)에서 "법인이 우선주 등 이익배당에 관하여 내용이 다른 수종의 주식을 발행한 경우에는 그 내용을 감안하여 적정한 가액으로 평가하여야 한다"라고 명시하고 있지만, 과세당국은 현재까지 이에 대한 명확한 평가방법을 규정하고 있지 않다.

이에 우선주에 대한 평가는 우선주관련 과세관청 유권해석에 따라 비상장법인의 1주당 순손익가치 및 순자산가치를 계산할 때 발행주식총수에 해당 우선주를 포함하여 평가하고 있는 실정이다. 이는 다양한 조건의 우선주에 대한 정확한 평가방법이 존재하지 아니함에 따른 과세형평에 문제가 발생할 수 있기 때문에 빠른 입법이 필요한 상태이다.

우선주 관련 평가방법 유권해석

○ 상속증여-231(2014.7.3.), 서면4팀-1894(2004.11.23.), 서면4팀-1179(2004.7.27.)

시가를 확인할 수 없는 경우로서 비상장법인의 주식을 보충적으로 평가하는 경우 순자산가치 및 순자산가치를 계산할 때 발행주식총수에 전환우선주(상환우선주)를 포함하고, 평가기준일 현재 발행되지 않은 신주는 포함되지 아니함.

○ 서면4팀-2966(2006.8.28.)

상증법 제63조의 규정에 의하여 유가증권 등을 평가함에 있어 법인이 우선주 등 이익배당에 관하여 내용이 다른 수종의 주식을 발행한 경우에는 주식의 종류별로 그 내용을 감안하여 적정한 가액으로 평가하며, 귀 질의와 같이 골프장 운영법인이 일반 이용자보다 유리한 조건으로 골프장을 이용할 수 있는 권리와 발행가액으로 매수를 청구할 수 있는 권리가 부여된 우선주와 그 외 보통주를 발행한 경우로서 당해 보통주의 순자산가액을 같은 법 제63조 제1항 제1호 다목 및 같은 법 시행령 제55조 제1항에 따라 평가하는 경우에 우선주 발행가액은 자산가액에서 차감함.

○ 재산세과-603(2011.12.20.)

법인이 우선주 등 이익배당에 관하여 내용이 다른 수종의 주식을 발행한 경우에는 그 내용을 감안하여 적정한 가액으로 평가해야 함(**우선주의 가치는 보통주로의 전환비율을 고려하여 보통주와 달리 평가해야 함**).

바. 외국법인 주식의 평가

외국법인 주식도 내국법인과 동일하게 평가기준일 현재 시가평가를 원칙으로 하고 있다. 다만, 시가를 산정하기 어려운 경우에는 다음과 같이 법 규정에 따른 보충적인 평가방법을 준용하여 평가하되, 보충적인 평가방법으로 평가하는 것이 부적당한 경우 당해 재산이 소재하는 국가에서 양도소득세, 상속세 또는 증여세 등의 부과목적으로 평가한 가액 등을 적용할 수 있다[409].

구 분	평가방법
순자산가액 및 순손익가액	한국 기업회계기준과 한국 법인세법을 기준으로 재조정하여 비상장주식의 보충적인 평가방법에 따라 산정한 가액. 이 경우 감가상각비는 외국 소재지국에서 신고한 상각방법으로 한국 기준내용연수를 적용하여 산정하고, 순손익 계산시 차감하는 법인세결정세액은 현지에서 납부하는 법인세를 사용한다.
원화환산 방법	1주당 평가가액을 현지통화로 평가한 후 평가기준일 현재 기준환율 또는 재정환율로 환산한 최종평가액 계산

사. 최대보유주식의 할증평가

최대주주의 할증평가는 주식 발행회사의 상장 여부를 불문하고 최대주주 또는 최대출자자(최대주주 등 중 보유주식 등의 수가 가장 많은 1인을 말함) 및 그와 특수관계에 있는 주주의 주식에 대하여 보유지분별로 다음과 같이 할증평가 하는 것이다. 다만, 중소기업기본법상 중소기업은 최대주주 할증을 배제한다.

최대주주 지분율	중소기업 이외 기업 할증비율		중소기업 할증비율
	2019.12.31.까지	2020.1.1. 이후	
50% 초과	30%	20%	할증배제
50% 이하	20%		

여기서 **최대주주 등에 해당하는지 여부 판단 시 주의할 사항**은 다음과 같다.

409) 상속세 및 증여세법 시행령 제58조의 3【국외재산에 대한 평가】

① 의결권이 있는 주식이 할증대상이므로 자기주식을 제외하고 지분율을 계산
② 평가기준일 전 1년 이내 양도·증여한 주식을 합산하여 지분율을 계산
③ 최대주주 등에 해당되면 지분율에 관계없이 동일한 할증률을 적용
④ **최대주주 등은 피상속인, 증여자 및 양도자 입장에서 판단**하므로 최대주주 등이 아닌 자가 상속·증여받거나 양수한 후에 최대주주 등에 해당된다고 하여 할증평가하는 것은 아님.
⑤ 비상장법인의 순자산가액을 계산함에 있어 평가대상법인이 최대주주로서 보유하고 있는 다른 법인의 주식을 평가하는 경우에는 상속세 및 증여세법 제63조 제3항의 규정을 적용하여 최대주주 할증한 가액으로 평가[10% 이하 보유함에 따라 **취득가액으로 평가한 경우도 할증평가**(재산세과-588, 2009.10.30.)]하였으나, 법 개정으로 **시행령 시행일**(2021.2.17.) **이후** 상속이 개시되거나 증여받는 분부터 **1차 출자·보유분도 최대주주 할증평가에서 제외**함.

| 승계당사자에 따른 최대주주 주식 할증평가 여부 판단 |

승계당사자 구분		승계형태	할증 여부
양도(피상속인, 증여자)	양수(상속, 수증) **후** 당사자		
최대주주	최대주주	상속, 증여, 양도	할증평가
최대주주	최대주주 아닌 자		할증배제
최대주주 아닌 자	최대주주		할증배제

1) 최대주주의 정의

"최대주주 등"이란 주주 1인 및 그의 특수관계인에 해당하는 주주가 평가기준일 현재 보유하고 있는 의결권이 있는 주식 등의 합계를 주주그룹별로 계산하여 해당 법인에서 보유지분율이 가장 많은 주주그룹에 속하는 모든 주주 등 중 보유주식수가 가장 많은 1인을 말한다. 여기서 "특수관계인"이란 "본인과 친족관계, 경제적 연관관계 또는 경영지배관계 등 상속세 및 증여세법 시행령 제2조의 2 제1항 각 호의 어느 하나에 해당하는 관계에 있는 자"를 말한다.

2) 최대주주의 지분율 계산

최대주주 등의 지분율은 평가기준일부터 소급하여 1년 이내에 양도하거나 증여한 주식 등을 최대주주 등이 보유하는 주식 등에 합산하여 계산한다. 한국거래소에서 반복적으로

양도・양수하는 상장주식 등의 경우에는 평가기준일부터 소급하여 1년 이내의 기간 중에 최대주주 등의 주식보유비율이 가장 높은 날 이후에 양도한 주식에서 양수한 주식을 차감한 주식(부수인 경우에는 "0"으로 함)을 평가기준일 현재 보유주식에 합산하여 계산한다.

그리고 만약, 보유주식의 합계가 동일한 최대주주 등이 2 이상인 경우에는 모두를 최대주주 등으로 본다.

의결권이 없는 주식 최대주주 지분율계산에서 제외

당해 법인의 발행주식총수와 최대주주의 보유주식에는 상법 제369조 제2항의 규정에 의하여 **평가기준일 현재 의결권이 제한되는 주식은 포함하지 아니한다.**

3) 최대주주 할증평가 배제대상

다음의 주식등을 평가할 경우에는 최대주주의 할증평가를 배제한다[410].

① 평가기준일이 속하는 사업연도 전 3년 이내의 사업연도부터 계속하여 결손금이 있는 경우. 이때 계속적인 결손여부는 각 사업연도 소득금액으로 판단한다.

② 평가기준일 전후 6개월(증여재산의 경우에는 평가기준일 전 6개월부터 평가기준일 후 3개월) 이내의 기간 중 최대주주 등이 보유하는 주식 등이 전부 매각된 경우. 이 경우 평가원칙규정(상속세 및 증여세법 시행령 제49조 제1항 제1호)에 적합한 매매사례가액으로 인정되는 경우에 한한다[411]. 즉, 피상속인 또는 상속인의 친족에게 일괄하여 매각하는 경우 등은 제외된다(서면인터넷방문상담4팀-2803, 2007.10.1.).

③ 합병・증자・감자・현물출자에 따른 이익 및 전환사채 주식전환 등에 따른 증여이익을 계산하는 경우

④ 평가대상인 주식등을 발행한 법인이 다른 법인이 발행한 주식등을 보유함으로써 그 다른 법인의 최대주주등에 해당하는 경우로서 그 다른 법인의 주식등을 평가하는 경우 (1차 보유법인 할증평가 제외규정은 시행령 시행일(2021.2.17.) 이후 상속이 개시되거나 증여받는 분부터 적용(영 시행일 이전 상속이 개시되거나 증여받아 영 시행일 이후 평가하는 분도 개정규정 적용)

⑤ 평가기준일부터 소급하여 3년 이내에 사업을 개시한 법인으로서 사업개시일이 속하는 사업연도부터 평가기준일이 속하는 사업연도의 직전 사업연도까지 각 사업연도의 기업

410) 상속세 및 증여세법 시행령 제53조 제7항

411) 증여재산의 시가평가기준일 개정(전후 3개월 ⇒ 전 6개월, 후 3개월)은 2020.2.11. 이후 증여분 평가부터 적용

회계기준에 의한 영업이익이 모두 0원 이하인 경우

⑥ 상속·증여세 과세표준 신고기한 이내에 평가대상 주식 등을 발행한 법인의 청산이 확정된 경우

⑦ **최대주주 등이 보유하고 있는 주식 등을 최대주주 등 외의 자가 10년 이내에 상속 또는 증여받은 경우로서** 상속 또는 증여로 인하여 **최대주주 등에 해당되지 아니하는 경우**

⑧ 명의신탁증여의제로 주식등을 명의자가 실제 소유자로부터 증여받은 것으로 보는 경우[412)]

⑨ 중소기업기본법상 중소기업이 발행한 주식

[합병사례]에서 최대주주의 할증평가 방법

합병비율 산정시 합병당사법인의 최대주주 할증평가는 배제된다. 이 경우 해당 합병당사법인이 보유하는 유가증권의 평가시 최대주주 할증평가는 다음과 같이 판단하면 된다.

거래유형	최대주주할증 여부	근거(유권해석)
합병법인 보유 피합병법인 주식	할증배제	서면법인-20902, 2015.9.16.
피합병법인 보유 합병법인 주식	할증배제	법인세과-661, 2011.9.8.
합병법인 또는 피합병법인 보유 일반법인 주식	할증평가(단, 2021.2.17. 이후부터 할증평가 배제)	법인세과-767, 2010.8.16.

아. 비상장법인이 보유한 상장주식의 평가

비상장주식의 평가시 비상장법인이 보유한 상장주식의 평가는 거래당사자가 개인인지 또는 법인인지 여부에 따라 비상장법인이 보유한 상장주식의 평가방법을 다음의 표1과 같이 정하고 있음에 따라 과세소득의 예측가능성에 애로가 있는 상태였다. 이에 과세당국은 상장주식에 대하여 평가방법을 표2와 같이 개정하고 있으므로 적용에 주의가 필요하다.

여기서 특수관계인 개인과 법인 간에 재산을 양도 또는 양수하는 경우로서 그 대가가 법인세법상 부당행위계산부인 규정이 적용되지 아니하는 경우 양도소득세법상 부당행위계산부인 규정도 적용되지 아니하므로 그 대가는 정상적인 시가로 인정(다만, 거짓 또는 기타 부정한 방법으로 양도소득세를 감소시킨 것으로 인정되는 경우에는 제외)된다.[413)]

412) 명의신탁재산증여의제의 경우 2016.2.5. 개정된 구)상속세 및 증여세법 시행령의 시행 전에 해당 주식의 가액을 평가하였다면, 그전의 법령에 따라 최대주주 할증평가함(대법원 2018.2.8. 선고, 2017두48451).

413) 소득세법 시행령 제167조 제6항(양도소득의 부당행위계산), 상속세 및 증여세법 제35조 제3항

| 표1. 구법) 비상장법인 보유 상장주식 평가방법 및 할증평가(2021.2.16. 이전분부터 적용) |

거래유형	비상장법인 보유 상장주식 평가방법	최대주주 할증평가 여부	
		비상장법인 보유 상장주식	비상장법인 주식
개인과 개인 거래 시(주1)	평가기준일 전후 2개월간 최종시세가액의 평균액	최대주주 할증평가 적용	최대주주 → 최대주주 할증평가 적용
법인과 개인 거래 시(주2)	평가기준일 현재 거래소 최종시세가액	최대주주 할증평가 배제 (단, 경영권 수반 거래시 할증평가 적용)	최대주주 → 최대주주 할증평가 적용

(주1) 개인과 개인간 거래(양도소득세, 상속세 및 증여세)

평가대상법인인 비상장법인이 보유하고 있는 상장주식 또는 코스닥상장주식의 가액은 평가기준일 이전・이후 각 2개월 동안 공표된 매일의 한국거래소 최종시세가액(거래실적의 유무를 불문함)의 평균액에 의한다. 이때 "최대주주 등"의 주식 등에 대해서는 상속세 및 증여세법 제63조 제1항 제1호 및 제2항에 따라 평가한 가액 또는 제60조 제2항에 따라 인정되는 가액에 할증률을 적용하여 평가한다[414].

(주2) 법인과 개인간 거래(법인세)

법인세법상 비상장주식의 시가가 불분명한 경우 「상속세 및 증여세법」 제38조・제39조・제39조의 2・제39조의 3, 제61조부터 제66조까지의 규정 및 「조세특례제한법」 제101조를 준용하여 평가한 가액. 이 경우 「상속세 및 증여세법」 제63조 제1항 제1호 나목 및 같은 법 시행령 제54조에 따라 비상장주식을 평가함에 있어 해당 비상장주식을 발행한 법인이 보유한 주식(주권상장법인이 발행한 주식으로 한정한다)의 평가금액은 평가기준일의 한국거래소 최종시세가액으로 한다[415].

이때 법인세법상 비상장법인이 최대주주 등으로서 보유한 상장주식의 할증평가 여부는 법인세법 시행령 제89조 제1항에 따라 주권상장법인이 발행한 주식을 한국거래소에서 거래한 경우 해당 주식의 시가는 그 거래일의 한국거래소 최종시세가액으로 평가함에 따라 동법 시행령 제2항에 따른 최종시세가액으로 평가는 할증배제가 법해석측면에서 타당한 상태이다.

다만, 경영권 이전이 수반되는 이례적인 거래에 해당하는 경우 상장주식의 시가는 「법인세법 시행령」 제89조 제2항 제2호에 따라 「상속세 및 증여세법」 제63조 제1항을 준용하여 평가한 가액(평가기준일 이전 2개월 동안 공표된 매일의 거래소 최종시세가액의 평균액)에 할증평가액을 가산한 가액으로 하는 것임. (서면-2017-법령해석법인-0100, 2017.3.27.).

| 표2. 현행) 비상장법인 보유 상장주식 평가방법 및 할증평가(2021.2.17. 이후분부터 적용) |

구분	상장주식 평가방법	비상장법인 보유 상장주식	
		평가방법	할증평가
상증세법	평가기준일 전후 2개월간 최종시세가액의 평균액		할증배제
법인세법	① 원칙: 제3자간 일반적으로 거래된 가격 ② 장외거래 및 대량매매의 경우: 거래일의 거래소 최종시세가액 ③ ②의 거래 중 경영권 이전 되는 경우: ②의 가액에 할증평가(20%)규정 준용	평가기준일의 거래소 최종시세가액(법법 제89조 제2항)	할증배제

414) 상속세 및 증여세법 제63조 제3항
415) 법인세법 시행령 제89조 제2항

구분	상장주식 평가방법	비상장법인 보유 상장주식	
		평가방법	할증평가
소득세법	상동[416)]	좌동	할증배제

3. 순손익가치의 산정

가. 순손익가치의 계산방법

순손익가치는 평기기준일 이전 직전 사업연도부터 3년간 1주당 순손익액을 평가기준일부터 가까운 사업연도부터 3:2:1의 가중치를 두어 1주당 가중평균 순손익금액을 계산한 후 3년 만기 회사채의 유통수익률을 감안하여 기획재정부령으로 정하는 이자율(10%)로 환산한 가액을 의미한다. 해당 가액이 0원 이하인 경우에는 0원으로 한다. 이 경우 사업연도가 1년 미만일 경우 1년으로 환산한 가액으로 계산한다.

① 1주당 최근 3년간의 순손익액의 가중평균액

1주당 최근 3년간의 순손익액의 가중평균액=
{(평가기준일 이전 1년이 되는 사업연도의 1주당 순손익액 ×3)+(평가기준일 이전 2년이 되는 사업연도의 1주당 순손익액 ×2)+(평가기준일 이전 3년이 되는 사업연도의 1주당 순손익액 ×1)} ÷ 6

② 각 사업연도의 1주당 순손익액

$$\text{각 사업연도의 1주당 순손익액} = \frac{\text{각 사업연도의 순손익액}}{\text{각 사업연도 종료일 현재 발행주식 총수}}$$

각 사업연도의 1주당 순손익액을 계산할 때 각 사업연도의 주식수는 각 사업연도 종료일 현재의 발행주식총수에 의한다. 다만, 평가기준일이 속하는 사업연도 이전 3년 이내에 증자 또는 감자를 한 사실이 있는 경우에는 증자 또는 감자 전의 각 사업연도 종료일 현재의 발행주식총수로 환산한다.

이와 같이 계산하게 되면 각 사업연도의 종료일 현재 발행주식 총수는 평가기준일 현재 발행주식 총수와 일치하게 된다.

416) 소득세법 시행령 제167조 제7항

평가기준일의 최근 3년간 사업연도 판단기준

○ [해석1] 최근 3년 이내에 사업연도를 변경한 경우는 기준연도 날이 속하는 사업연도 「상속세 및 증여세법 시행령」 제56조 제1항 제1호의 규정에 의하여 비상장법인의 "1주당 최근 3년간 순손익액의 가중평균액"은 **평가기준일 이전 1년, 2년 및 3년이 되는 날이 속하는 사업연도**의 1주당 순손익액을 기준으로 하여 계산하는 것임.

○ 서면4팀-1991, 2006.6.27.

1) 사실관계
평가기준일이 2006년 6월 30일인 A법인은 법인설립시 사업연도를 1.1.~12.31.로 적용하였다가 2005년부터 4.1.~3.31.로 사업연도를 변경함.
• A법인의 사업연도 변경현황
1기: 2002.1.1.~2002.12.31., 2기: 2003.1.1.~2003.12.31., 3기: 2004.1.1.~2004.12.31.
4기: 2005.1.1.~2005.3.31., 5기: 2005.4.1.~2006.3.31.

2) 회신(해설)
'평가기준일 이전 1년, 2년, 3년이 되는 사업연도'라 함은 '평가기준일 이전 1년, 2년 및 3년이 되는 날이 속하는 사업연도'를 말하므로, 평가기준일이 2006년 6월 30일의 경우 최근 3개 사업연도는 다음과 같다.
• 1차 사업연도: 2005년 7월 1일이 속하는 사업연도 → 2005.4.1.~2006.3.31.
• 2차 사업연도: 2004년 7월 1일이 속하는 사업연도 → 2004.1.1.~2004.12.31.
• 3차 사업연도: 2003년 7월 1일이 속하는 사업연도 → 2003.1.1.~2003.12.31.

○ [해석2] 평가기준일이 연말인 경우는 1개연도로 판단
(1) 평가기준일이 2021.12.31.인 경우 평가기준연도: 2021년, 2020년, 2019년
(2) 평가기준일이 2021.12.30. 이전인 경우 평가기준연도: 2020년, 2019년, 2018년

나. 순손익액의 계산 방법

1) 순손익액의 계산 구조

각 사업연도의 순손익액의 계산은 법인세법상 각 사업연도 소득금액에서 법에서 규정한 가산할 항목 및 차감할 항목을 조정하여 계산한 손익금액을 말한다. 또한, 각 사업연도소득을 계산할 때 손금에 산입된 충당금 또는 준비금이 세법의 규정에 따라 일시 환입되는 경우에는 해당 금액이 환입될 연도를 기준으로 안분 한 금액을 환입될 각 사업연도소득에 가산한다[417].

417) 상속세 및 증여세법 시행령 제56조 제4항, 제5항

여기에 유상증자(감자)시 증가(감소)되는 자본액의 10%를 소득금액에 가산(차감)하는 규정을 두어 2011.7.26. 이후 평가분부터 적용하였다. 그리고 유형자산 등 상각대상 자산의 경우 법인세법상 신고내용연수에 따른 상각범위액보다 미달되게 감가상각비를 계상한 경우에는 결산에 반영되시 아니한 부족상각비 상당액을 각 사업연도소득에서 차감하는 규정을 두어 2014.2.21. 이후 평가하는 분부터 적용하였다.

또한, 법인이 법인세 계산시 화폐성 외화자산·부채의 평가손익 반영 여부를 선택하도록 허용함에 따라 비상장주식 평가시 순손익액의 평가액이 달라지는 불합리를 해소하기 위해서 법인의 외화환산손익을 반영하도록 규정을 두어 2019.2.12. 이후 평가하는 분부터 적용하였다. 또한, 2020.2.11. 이후 평가하는 분부터 업무용승용차 관련비용의 손금불산입액(손금산입액)을 반영하도록 하였다.

| 순손익액의 계산구조 |

구 분	내 용
① 각 사업연도소득	법인세신고서 제3호 서식 금액
② 가산·차감할 항목	법인세신고서 제15호, 제3호, 제2호, 제8호 서식 등의 금액관련 상속세 및 증여세법 시행령 제56조 제4항에 열거된 금액
③ 유상증(감)자 효과	현금납입, 출자전환 등으로 자본증가(감소)액의 10% 효과 반영
④ 순손익액: ① ± ② ± ③	㉠ 영(0) 이하인 경우 영(0)으로 평가 ㉡ 사업연도가 1년 미만인 경우에는 1년으로 계산한 가액으로 한다.

가) 각 사업연도 소득에서 가산·차감할 금액

가산할 항목	차감할 항목
• 국세 및 지방세 과오납환급금 이자 • 수입배당금 익금불산입금액 • 기부금 한도초과액의 이월손금산입액 • 이월된 업무용승용차 관련비용의 손금불산입액의 손금산입액(주1) • 외화자산부채 평가에 따른 화폐성외화자산등의 평가이익(주2)	• 벌금·과료·과태료·가산금·강제징수비 및 손금으로 인정되지 않는 공과금(법법 §21 제3호, 제4호)(주3) • 징벌적 목적의 손해배상금 등에 대한 손금불산입(법법 §21의 2)(주1) • 업무와 관련없는 비용의 손금불산입액(법법 §27) • 각 세법상 징수불이행 납부세액 • 기부금 한도초과액(법법 §24) • 접대비 한도초과액(법법 §25) • 과다경비 등의 손금불산입(법법 §26) • 업무용승용차 관련비용의 손금불산입액(법법 §27의 2 제3항, 제4항)(주1)

가산할 항목	차감할 항목
	• 지급이자 손금불산입액(법법 §28) • 법인세총결정세액(주4)(농어촌특별세 · 지방소득세 포함) • 손금불산입한 외국법인세액(주5) • 감가상각비 시인부족액(주6) • 외화자산부채 평가에 따른 화폐성외화자산등의 평가손실(주2)

(주1) 2020.2.11. 이후 상속이 개시되거나 증여받는 분을 평가하는 경우부터 적용함.

(주2) 각 사업연도소득을 계산할 때 법인세법 시행령 제76조[외화자산부채 평가]에 따른 화폐성외화자산등(외화자산부채 또는 외화관련 통화선도 등)에 대하여 **해당 사업연도 종료일 현재의 매매기준환율등으로 평가하지 않은 경우** 해당 화폐성외화자산등에 대해 해당 사업연도 종료일 현재의 매매기준율등으로 평가하여 발생한 **외화환산이익등은 가산하고, 외화환산손실등은 차감조정** 함(2019.2.12. 이후 평가하는 분부터 적용).

[법인세법 시행령 제76조(외화자산 및 부채의 평가방법)]

구 분	개정 전	2011.1.1. 이후 최초 개시사업연도 분부터 적용
금융회사 등	모든 외화자산 · 부채에 대하여 사업연도 종료일 현재의 매매기준율 등으로 평가	화폐성 외화자산 · 부채에 한하여 사업연도 종료일 현재의 매매기준율 등으로 평가(강제)
금융회사 등 외의 법인	모든 외화자산 · 부채에 대한 평가를 인정하지 않음.	화폐성 외화자산 · 부채에 한하여 사업연도 종료일 현재의 매매기준율 등으로 평가할 수 있음(선택사항)

(주3) 법인세법 제21조【세금과 공과금의 손금불산입】 규정 중 제5호 "법령에 따른 의무의 불이행 또는 금지 · 제한 등의 위반에 대한 제재(制裁)로서 부과되는 공과금"은 해당되지 아니함.

(주4) 각 사업연도소득에서 차감할 법인세액은 각 사업연도 소득금액에서 이월결손금을 공제하지 않고 계산된 금액기준으로 재계산한 법인세 총결정세액을 의미함(서울고등법원 2019누30920, 2019.10.2., 서면4팀-897, 2006.4.10.). 이 경우 법인세액에는 토지 등 양도소득에 대한 법인세, 미환류소득에 대한 법인세, 법인세 부가세액, 법인세 감면세액에 대한 농어촌특별세를 포함(상증세법 기본통칙 63-56…9)

(주5) 비상장법인 주식을 보충적으로 평가함에 있어 순손익액에서 차감하는 외국법인세액이란 해당 사업연도의 각 사업업연도소득에 포함된 국외원천소득에 대한 외국법인세액을 말하는 것임(재산세과-54, 2013.2.19.).

(주6) 법인세법상 상각범위액에 미달되게 상각한 경우 부족상각비를 차감조정(손금부인액 중 손금추인액은 가산조정)

나) 각 사업연도소득에서 가감할 금액(순손익액 계산)의 의미 해석

상속세 및 증여세법상 비상장주식의 1주당 가액을 평가할 때 상속세 및 증여세법 시행령 제56조 제4항의 항목들을 법인세법상 각 사업연도 소득금액에 가산 또는 차감하는 이유는 법인세법상의 법인세 과세표준 계산목적의 손익과는 다르더라도 그 주식의 가치를 보다 정확하게 평가하고자 함에 있다. 이에 따라 기업회계에서는 법인의 수익(비용)에 해당되나 조세정책 목적상 익금불산입(손금불산입)한 영구적 차이가 발생하는 것을 조정해서 평가하는 것이다. 또한, 감가상각비에 대한 시인부족액, 외화환산손익 등을 가감항목으로 규정함에 따라 일시적 차이에 대한 부분도 조정이 가능해진 상태이다.

이는 기존 판례[대법원 2011.7.14. 선고, 2008두4275 판결]에서 해당 '순손익액 계산'은 "평가기준일 이전 최근 3년간 기업이 산출한 순손익액의 가중평균액을 기준으로 평가기준일 현재의 주식가치를 정확히 파악하려는 데 있다"라는 입법취지에 비추어 최근 3년간의 '순손익액'을 산정함에 있어서는 당해 사업연도 말의 퇴직급여추계액을 기준으로 한 퇴직급여충당금 과소계상액을 차감하는 것이 가능하다는 입장을 반영한 것으로 볼 수도 있다.

하지만, 실무적으로는 순손익액의 계산에 있어서 가감할 항목을 조세법률주의의 엄격해석에 따른 열거된 항목으로만 할지, 아니면 1주당 순손익가치를 정확히 파악할 수 있는 금액으로 할지는 명확하지 아니한 상태이므로 과세관청의 최근 유권해석을 따라 차감항목을 적용할 필요가 있다.

2) 순손익액계산서의 작성방법

1주당 순손익액의 계산은 각 사업연도소득에 가산할 항목 및 공제할 금액을 반영하여 다음의 "별지 순손익액계산서 서식"을 작성한다. 여기서 1주당 순손익액 계산의 이해를 쉽게 하기 위해서 순손익액 계산시 특이한 사항은 별지 서식 옆에서 설명하는 것으로 한다.

〈평가심의위원회 운영규정 별지 제4호 서식 부표 4〉

순 손 익 액 계 산 서					
평가대상 법인명 :		평가기준일 :			
평가기준일 이전 1년, 2년, 3년이 되는 사업연도					
① 사업연도 소득		계			
소득에 가산할 금액	② 국세, 지방세 과오납 환급금이자				
	③ 수입배당금 익금불산입한 금액				
	④ 이월된 기부금 한도초과액 및 업무용승용차 관련비용의 손금산입액				
	(*) 외화환산이익등				
	(*) 연별도 준비금 등 안분계산금액				
(A) 합계(①+②+③+④+(*))					
소득에서 공제할 금액	⑤ 벌금, 과태료, 가산금, 강제징수비 및 손금으로 인정되지 않는 공과금				
	⑥ 징벌적 목적의 손해배상금 등에 대한 손금불산입액				
	⑦ 업무에 관련없는 지출				
	⑧ 각 세법에 규정하는 징수불이행 납부세액				
	⑨ 기부금 한도 초과액				
	⑩ 접대비 한도 초과액				
	⑪ 과다경비 및 업무용승용차 관련비용의 손금불산입액				
	⑫ 지급이자의 손금불산입액				
	⑬ 감가상각비 시인부족액에서 상각부인액을 손금으로 추인 차감한 금액				
	⑭ 법인세 총결정세액				
	⑮ 농어촌특별세 총결정세액				
	⑯ 지방소득세 총결정세액				
	(*) 외화환산손실등				
(B) 공제할 금액 합계(⑤+…⑯+(*))					
⑰ 순손익액(A－B)					
⑱ 유상증(감)자시 반영액					
⑲ 순손익액(⑰±⑱)					
⑳ 사업연도말 주식수 또는 환산주식수					
㉑ 주당순손익액(⑲÷⑳)			ⓐ	ⓑ	ⓒ
㉒ 가중평균액 {(ⓐ × 3 + ⓑ × 2 + ⓒ) / 6}					
㉓ 기획재정부령으로 정하는 이자율		10%			
㉔ 최근 3년간 순손익액의 가중평균액에 의한 1주당가액 (㉒÷㉓)					

◀ 2018.2.13. 이후 평가분부터 3년 계속 결손인 경우에도 순손익액 평가 (2018.2.13. 이전까지는 3년 결손시 순자산가치로만 평가)

◀ 준비금 등 일시환입액을 연도별 안분 반영함

◀ 매년 신고내용연수로 재계산된 감가상각비와 회계상 상각비 차이 반영

◀
- 이월결손금을 공제받지 아니한 소득금액 기준으로 재계산된 산출세액에서 감면·세액공제를 차감한 결정세액
- 손금불산입한 외국납부세액 포함

◀
- 유상증(감)자한 시점 이전의 소득에서 증(감)자금액 × 10%를 반영
- 가중 유상증(감)자시 월할계산

◀ 소숫점 이하 절사
단, 해외주식평가시는 절사하지 아니함

◀ 해당 금액이 영(0) 이하이면 영(0)으로 함

다. 순손익액 계산방법의 예외적인 경우

1) 합병시 순손익액 계산

사업연도 또는 과세기간 중 합병이 있은 경우 합병 전 각 사업연도 또는 과세기간의 1주당 순손익액은 합병법인과 피합병법인의 순손익액의 합계액을 합병 후 발행주식총수로 나누어 계산한 가액에 따른다. 이 경우 1년 미만인 사업연도의 순손익액은 연으로 환산한 가액에 의하는 것이나, 합병일이 속하는 피합병법인의 사업연도가 1년 미만으로서 합병 후부터 피합병법인과 합병법인의 순손익액이 합산되어 계산되는 경우에는 연으로 환산하지 아니한다. 만일 사업연도가 다른 법인 간 합병의 경우는 피합병법인의 소득금액을 합병법인의 사업연도를 기준으로 안분하여 재계산 후 합병법인의 소득금액에 가산한다.

2) 분할시 순손익액 계산

가) 분할사업부분의 순손익액 계산에 관한 법조문

분할 후의 분할존속법인과 분할신설법인의 주식가액을 평가함에 있어 과거 3년간 순손익액의 산정에 대하여 상속세 및 증여세법 제4장 재산의 평가(제60조~제66조)에서 명확히 규정하지 않고 있는 실정이나, '합병(분할합병)에 따른 이익의 계산방법' 규정에서 "분할합병을 하기 위하여 분할하는 법인의 분할사업부문에 대한 합병 직전 주식 등의 가액은 상속세 및 증여세법상 **보충적인 평가방법을 준용하여 분할사업부문을 평가한 가액**으로 한다[418]"라고 시행령을 개정 신설하였다. 이로 인하여 분할직전주식가액을 순자산가액비율로 안분하여 산정하도록 규정한 기존 시행규칙[419]은 삭제된 상태이다.

이는 '순손익액의 계산'은 주식가치를 명확히 계산하는 데 있다는 대법원 판례(대법원 2011.7.14. 선고, 2008두4275 판결)의 입법취지 논리와 같은 방향이라 할 수 있다. 따라서 분할된 법인의 순손익액 계산은 분할사업부의 구분경리를 통해서 정확히 계산하는 것이 합리적인 세무처리로 판단된다.

하지만, 다양한 방식의 분할(인적/물적분할 또는 적격/비적격분할) 등이 존재하는 상태에서 입법취지에 따른 합리적 판단만으로 실무를 적용하기는 쉽지 아니하기에 명확한 입법조문이 필요한 상태이다.

---

418) 상속세 및 증여세법 시행령 제28조 제7항(동 개정규정은 2016.2.5. 이후 증여받는 경우부터 적용)
419) 구 상속세 및 증여세법 시행규칙 제10조의 2[분할합병시 주식평가]

나) 적격분할과 비적격분할시 순손익액 계산에 관한 해석

과세관청은 법인세법상 적격분할(인적, 물적)을 한 경우로서 분할존속법인과 분할신설법인의 평가기준일 이전 3년간의 기간에 분할 전 법인의 사업영위기간이 포함되어 있는 경우 분할존속법인과 분할신설법인의 최근 3년간 순손익액은 분할사업부문별로 구분경리해서 계산하도록 하고 있다. 이때 분할사업부문별 손익액의 구분방식은 법인세법의 구분경리 규정[420]에 따라 안분하여 계산하고[421], 분할 전 순손익액이 사업부문별로 구분되지 아니하는 경우에는 사업부문별 순자산가액비율로 안분하여 계산하도록 해석하고 있다[422].

이 경우 적격분할 또는 적격물적분할로 신설된 법인의 사업기간은 분할 전 동일사업부문의 사업개시일부터 기산한다.

비적격분할의 경우는 분할존속법인의 순손익액은 분할사업부문별 구분 없이 전체 순손익액을 기준으로 계산하고, 분할신설법인은 사업개시 3년 미만 법인으로 보아 순자산가치로만 평가하도록 하고 있다.

3) 사후 변경된 순손익액의 계산

비상장법인의 주식을 보충적인 평가방법에 따라 평가한 이후 법인세를 수정(경정)신고하거나, 세무조사 등으로 주식평가에 사용된 최근 3개 사업연도의 순손익액이 변경되면, 변경 후 금액으로 비상장법인의 주식을 다시 평가하여야 한다. 이때 상속세 및 증여세법 제60조 제2항·제3항 및 제66조에 따라 평가한 가액으로 과세표준을 결정한 경우에는 과소신고가산세를 적용하지 아니한다[423].

4) 추정이익에 의한 순손익가치의 계산

비상장법인 주식평가시 당해 법인이 일시적이고 우발적인 사건 등의 사유 발생으로 과거의 손익을 기준으로 주식가치를 평가하는 것이 의미가 없는 경우에는 1주당 최근 3년간 순손익액의 가중평균액을 둘 이상의 신용평가전문기관, 회계법인 또는 세무법인이 산출한 1주당 추정이익의 평균가액으로 1주당 순손익액을 계산할 수 있다[424].

추정이익에 의한 1주당 순손익가치 = 〔2개 평가전문기관의 1주당 추정이익 합계 ÷ 2〕 ÷ 10%

420) 법인세법 제113조, 동법 시행규칙 제77조
421) 서면인터넷방문상담4팀-242, 2008.1.28.
422) 상속증여-0389, 2017.3.9., 상속증여-322, 2014.8.22. 이외 다수
423) 국세기본법 제47조의 3 제4항
424) 상속세 및 증여세법 시행령 제56조 제2항 및 동법 시행규칙 제17조의 3 제1항

가) 추정이익의 적용대상

평가대상 법인이 일시적이고 우발적인 사건으로 해당 법인의 최근 3년간 순손익액이 증가하는 등 다음의 어느 하나에 해당할 경우 추정이익을 적용할 수 있다.

1. 기업회계기준의 자산수증이익, 채무면제이익, 보험차익 및 재해손실(이하 "자산수증이익 등")의 합계액에 대한 최근 3년간 가중평균액이 법인세 차감전 손익에서 자산수증이익 등을 뺀 금액에 대한 최근 3년간 가중평균액의 50퍼센트를 초과하는 경우
2. 평가기준일 전 3년이 되는 날이 속하는 사업연도 개시일부터 평가기준일까지의 기간 중 합병 또는 분할을 하였거나 주요 업종이 바뀐 경우[425]
3. 합병에 따른 증여이익을 산정하기 위하여 합병당사법인의 주식가액을 산정하는 경우
4. 최근 3개 사업연도 중 1년 이상 휴업한 사실이 있는 경우
5. 기업회계기준상 유가증권·유형자산의 처분손익과 자산수증이익 등의 합계액에 대한 최근 3년간 가중평균액이 법인세 차감전 손익에 대한 최근 3년간 가중평균액의 50퍼센트를 초과하는 경우
6. 주요 업종(당해 법인이 영위하는 사업 중 직접 사용하는 유형고정자산의 가액이 가장 큰 업종을 말함)에 있어서 정상적인 매출발생기간이 3년 미만인 경우
7. 위와 유사한 경우로서 기획재정부장관이 정하여 고시하는 사유에 해당하는 경우

나) 추정이익의 사용요건

다음의 조건을 갖춘 경우 추정이익을 사용할 수 있다.

1. 상속세 과세표준 신고기한 및 증여세 과세표준 신고기한까지 1주당 추정이익의 평균가액을 신고할 것
2. 1주당 추정이익의 산정기준일과 평가서 작성일이 해당 과세표준 신고기한 이내일 것
3. 1주당 추정이익의 산정기준일과 상속개시일 또는 증여일이 같은 연도에 속할 것

다) 추정이익의 산정방법

1주당 추정이익이란 「자본시장과 금융투자업에 관한 법률 시행령」 제176조의 5 제2항에 따라 금융위원회 고시에 따라 산정한 추정이익을 의미한다[426]. 금융위원회 고시란 「증권의 발행 및 공시 등에 관한 규정 시행세칙」 제6조에 따라 계산된 수익가치를 의미하며, 동 수익가치 산정기준에서 수익가치란 '현금흐름할인모형, 배당할인모형 등 미래의 수익가치 산

425) 2015.3.13. 시행규칙 개정시 증자와 감자 사유는 삭제함.
426) 상속세 및 증여세법 시행규칙 제17조의 3 제4항

정에 관하여 일반적으로 공정하고 타당한 것으로 인정되는 모형을 적용하여 합리적으로 산정한다'라고 규정하고 있다.

라. 순손익가치가 승계에 미치는 영향

순손익가치는 순자산가치로 평가하는 경우를 제외하고 평가기준일 이전 최근 3개연도 순손익액을 가중평균해서 계산하게 되는데 최근 순자산가치로만 평가하도록 한 "3개년 계속 결손인 경우" 규정을 삭제함에 따라 3개년 계속 결손인 경우에도 순손익가치를 사용할 수 있게 되었다. 이처럼 비상장주식 평가시 순손익가치를 반영할 수 있는지 여부가 각 사업연도 소득금액에 달려 있던 것이 법령 개정으로 변화하게 된 상태이다. 이와 같은 조세정책의 변화는 1주당 순손익가치의 계산구조를 보다 더 이해해야만 승계대상 비상장주식의 평가가액을 정확하게 예측할 수 있게 하였다.

따라서 1주당 순손익가치의 계산구조를 정확히 이해하고, 승계대상 법인의 경영계획을 예측한다면 승계대상 주식의 가장 합리적인 승계시점과 승계방식 등을 파악할 수 있을 것이다. 이처럼 순손익가치의 계산구조는 승계전략의 수립 시에 중요한 영향을 미치게 되는 것이다.

4. 순자산가치의 산정

가. 순자산가치의 계산방법

1주당 순자산가치는 평가기준일 현재 비상장법인의 순자산가액을 발행주식총수로 나누어 계산한다. 순자산가치가 영(0) 이하인 경우 영(0)으로 평가한다.

1주당 순자산가치 = (평가기준일 현재의 순자산가액) ÷ 평가기준일 현재 발행주식 총수

① 순자산가액은 평가기준일 현재시점으로 평가

순자산가액의 산정은 평가기준일 현재 시점으로 평가한다. 즉, 평가기준일 현재의 기업회계기준에 의하여 가결산된 평가대상법인의 재무상태표상의 장부가액을 기초로 하여 평가해야 한다.

② 발행주식총수 계산방법

1주당 순자산가치를 계산할 때 발행주식총수 등은 평가기준일 현재의 발행주식총수에

의한다. 이때 발행주식총수에는 보통주뿐만 아니라 배당우선주 및 상환우선주가 포함되나, 평가기준일 현재 발행되지 않은 신주는 포함하지 않는다. 또한, 평가대상 법인이 보유하고 있는 자기주식 중에서 일시 보유목적이 아닌 소각목적으로 보유하고 있는 자기주식은 발행주식총수에 포함하지 아니한다.

1) 순자산가액의 계산구조

순자산가액은 평가기준일 현재 보충적인 평가방법에 따라 평가한 자산가액에서 부채가액을 차감한 금액을 말하며, 순자산가액이 0원 이하인 경우에는 0원으로 한다. 이 경우 당해 법인의 자산을 보충적인 평가방법에 의하여 평가한 가액이 장부가액(취득가액에서 감가상각비를 차감한 가액을 말함)보다 적은 경우에는 장부가액으로 하되, 장부가액보다 적은 정당한 사유가 있는 경우에는 그러하지 아니하다.

여기에 기획재정부령이 정하는 무형고정자산·준비금·충당금 등 기타 자산 및 부채의 평가와 관련된 금액은 이를 자산과 부채의 가액에서 각각 차감하거나 가산하고, 보충적인 평가방법에 따라 평가한 영업권가액은 해당 법인의 순자산가액에 합산한다.

| 순자산가액의 계산구조 |

구 분	내 용
① 자산총액	재무상태표상 자산가액 + 평가차액 ± 자산 조정항목
② 부채총액	재무상태표상 부채가액 + 평가차액 ± 부채 조정항목
③ 영업권평가액	보충적인 평가방법에 따라 평가한 영업권
④ 순자산가액=①-②+③	영(0) 이하인 경우 영(0)으로 평가

가) 자산가액 평가원칙

자산가액의 산정은 평가대상 법인이 소유한 자산 종류별로 평가기준일 현재 시가에 의하여 평가하되 시가를 산정하기 어려운 경우에는 상속세 및 증여세법 제61조부터 제66조까지에 규정된 재산의 평가규정에 따라 평가한 가액에 의한다. 이때 자산 중 회수기간이 5년을 초과하는 대부금·외상매출금·받을어음 등의 채권과 회사정리절차 또는 회의절차의 개시 등의 사유로 원래 채권의 내용이 변경된 경우에는 각 연도에 회수할 금액을 기획재정부장관이 고시하는 이자율에 의하여 현재가치로 할인한 가액으로 평가한다.

나) 부채가액 평가원칙

부채의 경우 평가기준일 현재 평가대상법인이 변제하거나 지급해야 할 것으로 확인되는 금액으로 평가하여야 한다. 따라서 평가기준일까지 발생한 미지급이자는 부채에 가산하는 것이나 평가기준일 이후 발생하는 이자 상당액 등은 부채에 포함시켜서는 안 된다. 이때 정리채무, 지급기간이 5년을 초과하는 장기채무 등은 현재가치로 할인하여 평가하도록 하고 있다[427].

다) 자산 · 부채에서 가산 · 차감할 항목[428]

자산에 가산할 항목	자산에서 차감할 항목
• 지급받을 권리가 확정된 금액으로서 재무상태표에 계상되지 아니한 것 • 유상증자가액: 평가기준일의 직전 사업연도말 재무상태표를 기준으로 평가할 경우 • 정부출연금(국고보조금): 회수사유가 발생하지 아니하는 금액은 자산에서 차감하지 아니함[429]. • 자기주식: 처분목적으로 보유하고 있는 경우	• 선급비용에서 평가 기준일 현재 비용으로 확정된 금액 • 무형고정자산 중 개발비 • 이연법인세자산

부채에서 가산할 항목	부채에서 차감할 항목
• 평가기준일까지 발생한 소득에 대한 실제 납부할 법인세, 농어촌특별세, 지방소득세 • 퇴직급여추계액: 평가기준일 현재 재직하는 임원 또는 사용인 전원이 퇴직할 경우에 퇴직급여로 지급되어야 할 금액의 추계액 • **평가기준일 현재 이익처분으로** 확정된 배당금 · 상여금 및 기타 지급의무가 확정된 금액	• 모든 준비금 및 모든 충당금(충당금 설정액 중 비용확정분과 보험업법에 따른 책임준비금 등은 제외) • 이연법인세 부채 • 보증채무. 단, 주채무자가 변제불능상태이고 구상권을 행사할 수 없는 상태이면 부채포함(재산 01254-2342, 1989.6.28)

2) 자산 · 부채의 평가차액 계산방법

가) 상속세 및 증여세법상 재산의 평가규정이 있는 자산의 경우

자산의 평가는 원칙적으로 평가기준일 시가에 의한다. 즉, 시가가 존재하는 경우 해당 시가의 금액으로 평가하고, 시가가 없는 자산 중 상속세 및 증여세법 재산의 평가규정(제61조~제66조)이 있는 자산의 경우는 기업회계기준 등에 따라 작성된 재무상태표상 장부가액

427) 재산세과-975, 2008.8.1.
428) 상속세 및 증여세법 시행규칙 제17조의 2
429) 서면4팀-3315, 2007.11.16.

(취득가액－감가상각비)과 평가가액 중 큰 금액으로 평가한다. 다만, 평가가액이 장부가액보다 적은 정당한 사유가 있는 경우에는 평가가액으로 평가한다. 예를 들면, 미수수익의 원천징수상당액 차감한 가액, 원본의 회수기간이 5년을 초과하는 장기채권·채무를 현재가치로 할인하여 평가한 가액 등은 장부가액보다 적은 경우에는 장부가액보다 적은 정당한 사유가 있는 것으로 보기 때문에 평가가액으로 평가한다[430]. 이때 취득가액에서 차감되는 감가상각비는 법인세법상 신고상각방법에 따른 기준내용연수로 재계산된 가액을 말한다.

자산·부채가액 = Max(①, ②)
① 상증세법 제60조 제3항 및 법 제66조의 규정에 의한 평가액
② 기업회계기준 장부가액 (취득가액－감가상각비)
다만, 평가액이 장부가액보다 적은 정당한 사유가 있으면 평가액으로 평가

나) 상속세 및 증여세법상 재산의 평가규정이 없는 자산의 경우

상속세 및 증여세법 재산의 평가규정이 없는 자산의 경우도 자산의 평가는 시가평가가 원칙이나, 시가가 없는 경우에는 재산의 평가규정이 없기 때문에 장부가액을 순자산가액으로 적용하게 된다. 이처럼 순자산가액으로 장부가액을 적용하는 경우는 자본금과 적립금조정명세서(을)상의 유보금액을 가감하여 평가한다.

| 자산부채의 평가차액계산 |

구 분			평가차액 계산
일반자산 (원칙)	시가 존재 시		시가 － 장부가액
	시가가 없는 경우	평가규정이 있는 자산	Max(장부가액, 평가가액) － 장부가액
		평가규정이 없는 자산	(장부가액 ± 유보금액) － 장부가액
기타 감가상각 자산 (예시)	시가 존재 시		시가 － 장부가액
	시가가 없는 경우	보충적평가액 존재 시	Max(장부가액, 평가가액) － 장부가액
		평가가액 확인불가로 감가상각비 재계산(주1)	(취득가액－재계산 감가상각비누계액) － 장부가액

(주1) **| 주식평가 시 감가상각대상 자산의 감가상각비 재계산시 주의 사항 |**

구 분	재계산 상각방법
순자산가액 감가상각비 재계산시	신고상각방법 + 기준내용연수
순손익액 부족상각비 계산시	신고상각방법 + 신고내용연수

430) 서면인터넷방문상담4팀－812, 2005.5.24.

평가차액 계산시 비교되는 장부가액의 의미에 대한 해석

기존 유권해석에 의하면 평가가액과 비교되는 장부가액은 기업회계기준상 장부가액으로 해석되었으나, 하기 최근 유권해석에 따르면 평가가액이 있는 경우에도 비교되는 장부가액은 유보금액을 반영한 세무상 장부가액으로 해석해야 하는 것으로 그 회신문구가 명확하지 아니한 상태이다.

왜냐하면, 입법취지상 자산가액평가는 명확한 주식가치를 파악하기 위한 것으로 상속세 및 증여세법상 보충적인 시가를 확인했음에도 법인세법상 귀속시기의 차이금액(유보)과 비교해서 반영하라고 한 해석은 왜곡된 평가결과를 초래할 수 있는 상태이다. 예를 들면 2010년도에 100 취득한 자산이 가치라 하락하여 회계상 50으로 계상된 상태에서 2019년 주식평가시 보충적인 시가가 30으로 확인되더라도 세무상 장부가액인 100으로 평가하라는 해석으로 왜곡된 결과를 초래할 수 있기 때문이다.

따라서 필자의 개인적 의견으로는 해당 비교되는 장부가액의 의미는 기업회계기준상 장부가액이 원칙이나, 평가가액을 확인할 수 없거나, 평가규정이 없어서 장부가액을 순자산가액으로 적용할 경우 그 자산에 유보금액을 가감해서 평가하라는 의미로 해석된다. 이는 통상 지급의무가 없거나, 미확정된 부채 등과 관련된 자산부채로서 세무상 유보금액을 조정한 금액이 자산가치를 명확히 나타내기 때문이다.

다만, 실무적용 시에는 주식가액평가의 입법취지에 따른 주식가치를 명확히 파악할 수 있는 합리적인 해석을 반영하면 되겠지만, 보수적인 입장에서는 보다 더 명확한 과세관청의 유권해석 및 과세입장을 주의 깊게 확인할 필요가 있는 상태이다.

○ [최근 유권해석] 상속증여-1175, 2017.6.15.

상속세 및 증여세법 시행령 제55조 제1항에 따라 순자산가액은 평가기준일 현재 해당 법인의 자산을 상속세 및 증여세법 제60조부터 제66조까지의 규정에 따라 평가한 가액에서 부채를 차감한 가액으로 하며, 해당 법인의 자산을 같은 법 제60조 제3항 및 같은 법 제66조의 규정에 의하여 평가한 가액이 장부가액(취득가액에서 감가상각비를 차감한 가액을 말함)보다 적은 경우에는 장부가액으로 하되, 장부가액보다 적은 정당한 사유가 있는 경우에는 그러하지 아니합니다. 이 경우 장부가액은 기업회계기준 등에 따라 작성된 재무상태표상 장부가액에 의하는 것이나, 순자산가액 계산시 장부가액을 적용하는 경우에는 자본금과 적립금조정명세서(을)상의 유보금액을 자산가액에 가감하는 것임.

○ [기존 유권해석] 재산세과-396, 2012.11.8. 외 다수

「상속세 및 증여세법 시행령」 제55조 제1항에 따라 비상장법인의 순자산가액을 계산할 때 장부가액은 일반기업회계기준 등에 의한 장부가액이며 「상속세 및 증여세법」에 따라 평가하는 자산과 관련되지 않은 법인세법상 유보금액은 순자산가액에 가감함.

3) 영업권평가액을 자산에 포함할 수 없는 경우

순자산가액 평가시 무체재산권의 평가에 따른 영업권평가액은 해당 법인의 자산가액에 이를 합산하지만 다음 각 항의 경우에는 그러하지 아니하다[431].

① 상속세 및 증여세 과세표준 신고기한 이내에 평가대상 법인의 청산절차가 진행 중이거나 사업자의 사망 등으로 인하여 사업의 계속이 곤란하다고 인정되는 법인의 주식 등

② 사업개시 전의 법인, 사업개시 후 3년 미만의 법인 또는 휴업・폐업 중인 법인의 주식 등. 이 경우 「법인세법」 제46조의 3, 제46조의 5 및 제47조의 요건을 갖춘 적격분할 또는 적격물적분할로 신설된 법인의 사업기간은 분할 전 동일 사업부문의 사업개시일부터 기산한다.

다만, 다음 각 목에 모두 해당하는 경우는 제외한다. 즉, **다음의 경우는 영업권가액을 자산에 포함 가능하다.**

가. 개인사업자가 제59조에 따른 무체재산권을 현물출자하거나 「조세특례제한법 시행령」 제29조 제2항에 따른 사업 양도・양수의 방법에 따라 법인으로 전환하는 경우로서 그 법인이 해당 사업용 무형자산을 소유하면서 사업용으로 계속 사용하는 경우

나. 가목에 따른 개인사업자와 법인의 사업 영위기간의 합계가 3년 이상인 경우

③ 과거 3년간 각 사업연도소득이 결손인 경우

: 평가기준일이 속하는 사업연도 전 3년 내의 사업연도부터 계속하여 「법인세법」상 각 사업연도에 속하거나 속하게 될 손금의 총액이 그 사업연도에 속하거나 속하게 될 익금의 총액을 초과하는 결손금이 있는 법인의 주식등

④ 법인의 자산총액 중 「소득세법」 제94조 제1항 제4호 다목 1) 및 2)의 합계액이 차지하는 비율이 100분의 80 이상인 법인의 주식 등

순자산가치로만 평가 시에도 영업권평가액을 포함하는 경우

주식 등을 자산총액에서 80% 이상 보유한 법인은 순자산가치로 평가하더라도 영업권평가액을 자산에서 제외한다는 규정이 없기 때문에 순자산가액에 포함해서 평가하는 문제가 발생한다. 참고로 법령 개정으로 3년 결손인 경우 순자산가치로만 평가에서 가중평균액을 고려한 평가방법으로 변경되었지만 영업권평가가액은 자산에 포함하지 않는다.

431) 상속세 및 증여세법 시행령 제55조 제3항

나. 순자산가액계산서의 작성방법

순자산가액은 우선 평가차액명세서와 영업권평가 조서를 작성한 후 다음 서식의 자산 및 부채에서 가산하거나 차감할 금액을 반영하여 계산한다. 여기서 순자산가액 계산의 이해를 쉽게 하기 위해서 순자산가액 계산시 특이한 사항은 별지 서식 옆에서 설명하는 것으로 한다.

〈평가심의위원회 운영규정 별지 제4호 서식 부표 5〉

순 자 산 가 액 계 산 서

평가대상 법인명 :

구 분		평가기준일			설명
① 재무상태표상의 자산가액					
자산에 가산	② 평가차액 (A − B)				◀ 평가차액명세서상 금액
	③ 법인세법상 유보금액				◀ 자산을 별도 평가 시 조정 불필요
	④ 유상증자 등				◀ 평가기준일과 재무상태표 작성일이 다른 경우 유상증(감)자금 반영
	⑤ 기 타(자기주식 등)				◀ 보유목적 자기주식가액 포함
	(*) 국고보조금 등				◀ 국고보조금 등 권리가 확정된 금액
자산에서 제외	⑥ 선급비용 등				◀ 기간경과 선급비용, 개발비, 이연법인세 자산, 회수불능채권 등
	⑦ 증자일전의 잉여금의 유보				
가. 자산총계 (① + …⑤) − (⑥ + ⑦)					
⑧ 재무상태표상의 부채액					
부채에 가산	⑨ 법인세				◀ 평가기준일 현재 세무신고 가정한 확정 법인세 등을 계산 반영
	⑩ 농어촌특별세				
	⑪ 지방소득세				
	⑫ 배당금 · 상여금				◀ 지급의무 확정된 배당금 등
	⑬ 퇴직급여추계액				◀ 전임직원 퇴사 가정시 부담총액
	⑭ 기 타				◀ 지급의무가 확정된 가액 및 사채할인차금 등
부채에서 제외	⑮ (제 준비금)				◀ 세무상 준비금을 장부에 계상한 금액
	⑯ (제 충당금)				◀ 대손충당금 퇴직급여충당부채 등
	⑰ (기 타)				◀ 이연법인세, 사채할증차금 부채 등
나. 부채총계 (⑧ + …⑭) − (⑮ + …⑰)					
⑱ 영업권 포함전 순자산가액 (가 − 나)					
⑲ 영업권					◀ 영업권 평가조서상 금액
⑳ 순 자 산 가 액 (⑱ + ⑲)					◀ 영(0) 이하인 경우 영(0)으로 평가

1) 평가차액계산명세서

자산 · 부채의 평가차액은 재무상태표상 장부가액과 상속세 및 증여세법상 평가가액의 차액으로 계산된다. 이때, 재무상태표상의 자산 · 부채에 대한 상속세 및 증여세법상 평가가액은 전술한 "Ⅱ. 일반재산의 평가"방법에 따라 평가하여 반영한다.

〈평가심의위원회 운영규정 별지 제4호 서식 부표 6〉

평 가 차 액 계 산 명 세 서

평가대상 법인명 :				평가기준일 : 년 월 일			
자산 금액				부채 금액			
계정 과목	상증법 평가액	재무상 태표상 금액	차액	계정 과목	상증법 평가액	재무상태 표상 금액	차액
합계			A	합계			B
예금등	주1)			부채	주2)		
자산	주2)			파생	주3)		
파생	주3)						
영업권	주4)						
비고							

※ 기재요령
평가기준일 또는 직전 사업연도말 현재의 재무상태표상의 자산 또는 부채금액을 기준으로 하여 순자산가액을 계산시 재무상태표상 미계상된 경우를 포함한 평가차액을 계산하는 경우에 사용합니다.
1. 계정과목란에는 평가대상 자산 또는 부채를 재무상태표에 기재된 계정명으로 기입하며 재무상태표상 미계상된 경우에는 추가로 기재합니다.
2. 평가차액란 A(자산)에서 B(부채)를 차감한 잔액을 순자산가액계산서의 ②평가차액란에 옮겨 기재합니다.

▶ • **상증법 평가액: 시가, 시가가 없으면 Max(장부가액, 보충적인 평가가액)**

주1) • 예금 등 금융상품: 원본+(이자－원천징수세액)

주2) • 일반자산 · 부채: 보충적인 평가방법에 의한 평가액

주3) • 파생상품 및 부채: 통화스왑 등 파생상품부채는 순자산가액에서 제외

주4) • 매입한 영업권: 무체재산권 평가규정에 따라 평가한 영업권

2) 영업권평가조서

영업권의 평가는 다음의 평가조서 상의 계산구조로 평가하며, 매입한 무체재산권으로서 그 성질상 영업권에 포함시켜 평가되는 무체재산권의 경우에는 이를 별도로 평가하지 아니하되 당해 무체재산권의 평가액이 환산한 가액보다 큰 경우에는 당해 가액을 영업권의 평가액으로 한다.

〈평가심의위원회운영규정 별지 제4호 서식 부표 7〉

영 업 권 평 가 조 서

평가대상 법인명 :

① 평가기준일	평가기준일 전 3년간 순손익액 가중평균액			
	② 평가기준일 이전 1년이 되는 사업연도 순손익액	③ 평가기준일 이전 2년이 되는 사업연도 순손익액	④ 평가기준일 이전3년이 되는 사업연도 순손익액	**⑤ 가중평균액** $\frac{(②\times3+③\times2+④)}{6}$

◀순손익계산서 상 순손익액

⑥ 3년간 순손익액의 가중평균액의 50% (⑤×50/100)	⑦ 평가기준일 현재의 자기자본	⑧ 기획재정부령이 정하는 이자율	⑨ 영업권 지속년수
	(주1)	10%	

◀(주1) 순자산가액계산서 상 영업권 포함 전 순자산가액.
단, 해당 금액이 영(0) 이하인 경우 영(0)으로 한다.

⑩ 영업권 계산액(5년 현재가치 할인액의 합계액) $\left[\frac{⑥-(⑦\times⑧)}{(1+0.1)n}\right]$ n:평가기준일부터의 경과연수	⑪ 영업권 상당액에 포함된 매입한 무체재산권가액 중 평가기준일까지의 감가상각비를 공제한 금액	**⑫ 영업권 평가액** (⑩ - ⑪)
	(주2)	

◀(주2) 매입한 영업권의 보충적인 평가가액

※ 계산근거 :「상속세 및 증여법 시행령」 제59조 제2항

3) 유보금액의 가산

순자산가액 계산시 자산가액에 가산하는 유보금액은 평가기준일 현재의 자본금과적립금 조정명세서(을)상의 유보금액을 의미하므로 최근 결산일과 평가기준일이 다른 경우 평가기준일 현재 유보금액을 산정해서 반영해야 한다. 다만, 평가기준일 현재 유보금액 중 상속세 및 증여세법상 재산의 평가가 수반되어 별도 평가되는 자산・부채의 유보금액은 순자산가액에 가산하지 아니한다. 그리고 충당금, 제 준비금 등으로 순자산가액 계산시 직접 조정되어 별도로 유보금액을 가산할 필요가 없는 자산・부채의 유보금액은 제외하고 평가한다.

다. 순자산가치가 승계에 미치는 영향

기존 비상장법인의 주식평가는 순자산가치와 순손익가치를 가중평균해서 산정하였으나, 2017.2.7. 상속세 및 증여세법 시행령 개정시 비상장법인의 주식평가는 Max(1주당 가중평균액, 순자산가치의 80%(2018.3.31.까지는 70%))한 가액으로 평가하도록 개정함에 따라 순자산가치의 계산구조에 대한 이해가 매우 중요하게 되었다.

이에 승계전략차원에서도 승계시점과 승계규모에 대한 합리적인 예측을 위해서는 승계대상 주식의 평가액에 영향을 미치는 재무상태 현황을 파악하고 정비하는 것이 더욱 더 중요하게 되었다. 즉, 순자산가치에 영향을 미칠 수 있는 불필요하게 과대・과소계상된 자산・부채 항목을 정비할 필요가 있는 것이다. 또한, 합병이나 분할과 같은 자본거래를 통하여 승계대상 법인의 자산보유형태 및 재무상태를 변환할 수 있으며 이를 활용한 승계방안을 수립하는 것이 더욱 중요하게 된 상태이다.

Ⅳ 승계대상 비상장주식 평가의 종합사례

사업승계(경영권 승계)에 있어서 가장 합리적인 승계방안을 도출하기 위해서는 비상장법인 주식의 평가구조에 대한 이해가 필수적이다. 이에 다음의 종합사례를 통해서 비상장주식의 평가 준비단계에서부터 최종적인 비상장주식의 1주당 가액의 평가단계까지 순서대로 살펴봄으로써 비상장주식의 평가구조를 이해하고자 한다.

1. 비상장주식 평가의 준비

가. 주식평가 준비자료

비상장주식의 평가는 평가기준일 현재 재무상태표를 기준으로 해서 과거 3개년 법인세 신고자료 및 수정(경정청구)신고자료, 세무조사 결과통지 받은 자료 등을 사전 준비해서 이를 바탕으로 평가하게 된다. 즉, 가장 합리적인 비상장주식의 평가를 위해서는 무엇보다 평가기준일 현재 평가대상회사의 주식평가 자료의 사전 준비가 중요하며, 해당 자료를 토대로 평가목적에 맞는 검토와 평가를 완성하는 것이다.

비상장주식의 평가를 위한 종합사례로서 평가기준일이 2021.6.30.자인 비상장법인 SG(주)의 주식평가를 위한 준비목록을 참고용으로 살펴보면 다음과 같다.

주식평가 준비자료 목록

[평가기준일: 2021년 6월 30일]

I. 자료준비 대상회사: 평가대상회사

☐ SG(주)

☐ 위 대상회사가 보유하고 있는 주식 중 10% 초과 비상장회사

II. 평가기준일

☐ 2021.6.30.

Ⅲ. 준비자료

평가대상 회사별로 해당사항이 있는 항목만을 준비하고, 만약, 해당 사항이 없는 항목이 있을 경우에는 "해당 없음"을 표시하면 된다.

1. 주식에 관한 사항
   - 가. 평가기준일 현재 주주현황/수권주식수와 발행주식수
   - 나. 증자/감자/출자전환 내역[최근 3년간과 평가기준일 사이(2018.1.1.~2021.6.30.)]
   - 다. 평가기준일 현재 대표자/법인소재지
   - 라. 사업개시일
2. 재무제표&세무조정계산서 등에 관한 사항
   - 가. 평가기준일 현재 재무상태표와 손익계산서(결산일이 아닌 경우 가결산 자료)
   - 나. 평가기준일 현재 세무조정계산서(자기계산)
   - 다. 최근 3개년 결산서, 감사보고서, 세무조정계산서(2018년~2020년)

3. 법인세 수정신고, 경정청구 내역 및 세무조사에 의한 경정 내역[최근 3개년과 평가기준일 사이(2018.1.1.~2021.6.30.)]

4. 매매사례가액 등(상속세 및 증여세법 시행령 제49조)
보유자산의 평가기준일 전후 6월간 매매사례가액, 감정가액, 수용·경매·공매가격이 있는 경우 그 금액 및 거래내역(매매목적, 매매의 상대방, 감정평가목적, 수용·경매·공매된 사유 등)

5. 토지
가. 평가기준일 현재 보유토지명세서

토지소재지	지번	취득일	면적(㎡)	장부가액	지목

1) 면적은 공부(등기부등본 및 토지대장)와 실제면적이 다를 경우 실제면적을 기입
2) 전용면적과 공용면적 모두 기입

나. 평가기준일 현재의 현지 감정가액
다. 해당 토지에 대해 평가하는 금액이 있을 경우 그 가액
라. 토지대장

6. 건물
가. 평가기준일 현재의 보유건물명세서

건물소재지	취득일	면적(㎡)	장부가액	용도	임대 여부

1) 면적은 공부(등기부등본 및 토지대장)와 실제면적이 다를 경우 실제면적을 기입
2) 전용면적과 공용면적 모두 기입

나. 평가기준일 현재의 현지 감정가액(있는 경우)
다. 해당 건물에 대해 평가하는 금액이 있을 경우 그 가액
라. 건설중인 건물의 내역과 당해 건설에 소요된 차입금에 대한 이자내역(있는 경우)
마. 건축물대장 및 부동산등기부등본

건물(현장)명	준공예정일	장부가액	건설자금이자	용도

7. 담보 제공된 자산내역(상속세 및 증여세법 시행령 제63조)
가. 저당권이 설정된 자산: 당해 재산이 담보하는 채권액
나. 공동저당권이 설정된 자산: 당해 재산이 담보하는 채권액을 공동 저당된 재산의 평가기준일 현재의 가액으로 안분하여 계산한 가액
다. 근저당권이 설정된 자산: 평가기준일 현재 당해 재산이 담보하는 채권액 및 근저당설정채권최고액

라. 전세권이 등기된 자산: 등기된 전세금(임대보증금을 받고 임대한 경우에는 임대보증금)

8. 임대자산: 평가기준일 현재의 임대자산 내역

건물(토지) 소재지	임차인	임대면적 (㎡)	용도	임대 보증금	월임대료	토지와 건물의 소유자가 동일한지 여부
가	A					
	B					
	계					
나	C					
	D					
	계					

1) 토지와 건물의 소유자가 동일한 경우 O 체크해 주시고 다를 경우에는 임대보증금 및 임대료를 별도로 구분하여 수령하는지 여부를 기입

9. 구축물, 기계장치 등 기타 유형자산명세서
   ① 자산구분, ② 취득일자, ③ 취득금액, ④ 감가상각누계액, ⑤ 장부가액
   ⑥ 상각방법(정액법 또는 정률법), ⑦ 신고내용연수 및 기준내용연수

10. 평가기준일 현재 외화표시 채권/채무의 명세
   ① 외화금액 ② 외화종류 ③ 장부가액

11. 선급비용 등 평가기준일 현재 비용으로 확정된 금액
12. 평가기준일 현재 지급받을 권리가 확정된 가액
13. 평가기준일 현재 이익의 처분으로 확정된 배당금, 상여금 및 기타 지급의무가 확정된 금액
14. 평가기준일 현재 유가증권/투자유가증권(지분율 및 상장유무 표시)

분류	주식수	지분율	취득가액	장부가액
상장주식				
비상장주식				
수익증권				
국공채				
xxx				

1) 유가증권의 경우 단기매도가능증권, 장기매도가능증권, 지분법적용투자주식 등 재무상태표에 표기되어 있는 분류와 일치되게 각각 작성

15. 회원권(골프회원권, 콘도회원권 등) 명세

분류	구좌수	주소지	취득일	취득가액	장부가액
골프회원권					
콘도회원권					
기타회원권					
xxx					

16. 평가기준일 현재 퇴직급여추계액의 내역
17. 회수불능채권: 외상매출금 및 받을어음 중 평가기준일 현재 회수불가능한 것으로 인정되는 가액
18. 원본의 회수기간이 5년을 초과하거나 회사성리절차 또는 화의절차의 개시 등의 사유로 당초 채권의 내용이 변경된 경우 일자별 회수할 금액
19. 원본의 회수기간이 5년을 초과하는 장·단기부채의 원리금 상환스케줄
20. 건설중인 자산에 관한 내역
21. 평가기준일 현재 미수수익 내역

나. 평가대상회사 기본정보 분석

비상장법인 주식평가를 위해서 평가대상회사에 주식평가 준비 자료를 요청하고 수령된 자료는 다음과 같다. 이를 토대로 주식평가를 순서대로 진행하면 된다.

1) 평가기준일 재무상태표 및 과거 3년간 손익계산서

재 무 상 태 표

제20기 2021년 6월 30일 현재

승계(SG)주식회사 (단위: 원)

과목	금액	과목	금액
I. 유동자산	4,318,000,000	I. 유동부채	43,006,000,000
(1) 현금및현금성자산	100,000,000	(1) 매입채무및기타채무	2,960,000,000
(2) 기타금융자산	20,000,000	1. 매입채무	1,500,000,000
1. 미수수익	20,000,000	2. 미지급금	60,000,000
2. 단기금융상품	0	3. 미지급비용	1,400,000,000
(3) 매출채권및기타채권	3,010,000,000	(2) 선수금 등	70,000,000
1. 매출채권	3,000,000,000	(3) 당기법인세부채	0
대손충당금	(30,000,000)	(4) 단기차입금	21,300,000,000
2. 미수금	40,000,000	(5) 유동성장기부채	226,000,000
대손충당금	0	(6) 유동성사채	20,000,000,000
(4) 선급금	15,000,000	유동성사채발행차금	(2,000,000,000)
(5) 선급비용	23,000,000	(7) 미지급배당금	0
(6) 재고자산	1,150,000,000	(8) 기타금융부채	450,000,000
1. 원재료	50,000,000	1. 예수금	450,000,000
2. 제공품	100,000,000	2. 예수부가세	0

3. 제품	1,000,000,000	Ⅱ. 비유동부채	200,000,000
Ⅱ. 비유동자산	48,320,000,000	(1) 장기성매입채무	0
(1) 기타금융자산	1,790,000,000	(2) 장기미지급금	0
1. 장기대여금	1,000,000,000	(3) 장기차입금	200,000,000
대손충당금	(10,000,000)	(4) 장기성외화차입금	0
2. 보증금	800,000,000	(5) 퇴직급여충당금	0
(2) 매도가능금융자산	50,000,000	퇴직보험예치금	0
(3) 종속기업투자주식	0	(6) 이연법인세대	0
(4) 유형자산	44,550,000,000	**부채총계**	43,206,000,000
1. 토지	3,500,000,000	I. 자본금	500,000,000
2. 건물	20,000,000,000	1. 보통주자본금	500,000,000
감가상각누계액	(250,000,000)	2. 우선주자본금	0
3. 기계장치	10,000,000,000	II. 자본잉여금	2,000,000,000
감가상각누계액	(4,000,000,000)	1. 주식발행초과금	2,000,000,000
4. 차량운반구	500,000,000	2. 기타자본잉여금	0
감가상각누계액	(300,000,000)	III. 자본조정	0
5. 비품	700,000,000	1. 자기주식	0
비품감가상각누계액	(600,000,000)	IV. 기타적립금	0
6. 건설중인자산	15,000,000,000	1. 재평가적립금	0
(5) 무형자산	1,700,000,000	2. 투자증권평가이익	0
1. 영업권	0	V. 이익잉여금	6,932,000,000
2. 소프트웨어	1,200,000,000	1. 이익준비금	200,000,000
3. 회원권	500,000,000	2. 미처분이익잉여금	6,732,000,000
(6) 이연법인세자산	230,000,000	자본총계	9,432,000,000
자산총계	52,638,000,000	**부채 및 자본총계**	52,638,000,000

손 익 계 산 서

제19(당)기 2020년 1월 1일부터 2020년 12월 31일까지
제18(당)기 2019년 1월 1일부터 2019년 12월 31일까지
제17(당)기 2018년 1월 1일부터 2018년 12월 31일까지

승계(SG)주식회사 (단위: 원)

과목	2020년	2019년	2018년
I. 매출액	70,000,000,000	55,000,000,000	45,000,000,000
II. 매출원가	55,900,000,000	44,000,000,000	36,000,000,000
III. 매출총이익	14,100,000,000	11,000,000,000	9,000,000,000
1. 판매비와관리비	11,350,000,000	7,850,000,000	7,080,000,000
1) 급여 등	3,800,000,000	2,600,000,000	2,000,000,000
2) 퇴직급여	350,000,000	250,000,000	180,000,000
3) 감가상각비	4,000,000,000	4,000,000,000	4,000,000,000
4) 기타	3,200,000,000	1,000,000,000	900,000,000
Ⅳ. 영업이익	2,750,000,000	3,150,000,000	1,920,000,000
1. 이자수익	100,000,000	95,000,000	80,000,000
2. 이자비용	3,000,000,000	4,000,000,000	4,500,000,000
3. 기타영업외수익	120,000,000	15,000,000	20,000,000
1) 유형자산처분익	100,000,000		
2) 기타 잡이익	20,000,000	15,000,000	20,000,000
4. 기타영업외비용	90,000,000	60,000,000	40,000,000
1) 기부금			
2) 유형자산처분손	0	0	0
3) 기타 잡손실	90,000,000	60,000,000	40,000,000
Ⅴ. 법인세비용차감전이익	(120,000,000)	(800,000,000)	(2,520,000,000)
Ⅵ. 법인세비용			0
Ⅶ. 당기순이익	(120,000,000)	(800,000,000)	(2,520,000,000)

2) 과거 3년간 법인세 신고내용 요약

(단위: 원)

과목	2020년	2019년	2018년
I. 당기순이익	(120,000,000)	(800,000,000)	(2,520,000,000)
1. 익금산입	360,000,000	414,000,000	450,000,000
1) 접대비한도초과	40,000,000	39,000,000	50,000,000
2) 과태료 등	10,000,000	30,000,000	10,000,000
3) 지급이자손금불산입	150,000,000	200,000,000	225,000,000
4) 가지급금인정이자	40,000,000	45,000,000	55,000,000
5) 기타	120,000,000	100,000,000	110,000,000
2. 손금산입	151,000,000	141,000,000	131,000,000
1) 수입배당금	1,000,000	1,000,000	1,000,000
2) 기타	150,000,000	140,000,000	130,000,000
Ⅱ. 각사업연도소득	89,000,000	(527,000,000)	(2,201,000,000)
1. 이월결손금	89,000,000	0	0
2. 기부금한도초과액	0	0	0
Ⅲ. 과세표준	0	(527,000,000)	(2,201,000,000)
Ⅳ. 산출세액	0	0	0
Ⅴ. 공제감면	0	0	0
Ⅵ. 부담세액	0	0	0

3) 주식평가를 위한 기본정보 분석

주식평가를 위한 준비목록의 회신내용과 회사 담당자 인터뷰 및 결산자료의 검토 등을 토대로 주식평가를 위한 기본정보를 정리한다.

1. 평가대상회사는 중소기업이며, 60%를 보유한 최대주주가 자녀에게 증여목적으로 평가한다.
2. 미수수익은 원천징수세액(14%로 가정)을 포함하고 있다.
3. 재고자산은 장부가액이 재취득가액이다.
4. 토지의 공시지가는 50억원이며, 담보설정된 사항 등은 없다.
5. 건물의 기준시가는 210억원이며, 담보설정된 사항 등은 없다.
6. 기계장치 등 감가상각대상자산은 기준내용연수와 신고내용연수가 동일하며, 상각시부인액이 발생하지 아니한다.
7. 외화자산·부채에 대한 평가사항은 없으며, 선급비용 중 평가기준일 현재 비용으로 확정된 금액은 없다.
8. 평가대상회사 보유 10% 초과 비상장법인은 없다.

9. 회원권은 골프회원권으로 고시된 시가표준액은 3억원이다.
10. 채권 등에 대한 회수불가능한 것으로 인정되는 것은 없다.
11. 원본의 회수기간이 5년을 초과하는 상기채권, 채무 등은 없는 상태이다.
12. 미지급비용에는 사업개시일부터 평가기준일(6/30)까지 중간예납세액 등 미지급법인세를 포함하고 있다.
13. 퇴직급여는 모두 외부적립(DC형) 중이며, 정관 등 규정에 의한 임원퇴직급여지급규정은 1배수로 낮게 설정된 상태이다.
14. 유보에 대한 별도 조정항목은 없으며, 자산관련 유보는 없다.
15. 주주 구성은 다음과 같다(액면가액은 5,000원, 주식수는 100,000주)

주주명	주식수	지분율
서판교	60,000	60.00%
배우자	20,000	20.00%
서장남	10,000	10.00%
서장녀	10,000	10.00%
합계	100,000	100%

16. 자본의 변동은 없다(즉, 유상증자(감자)는 없는 상태).
17. 세무조사, 수정(경정청구)신고 사항은 없는 상태이다.

2. 비상장주식의 평가 및 분석

비상장주식의 평가시 우선적으로 파악해야 할 가장 중요한 것은 평가목적과 평가기준일이다. 평가기준일이 정해져야 과거 3개년 손익의 분석을 통하여 순자산가치로만 평가 여부도 파악되기 때문이다. 그리고 평가목적에 따라 최대주주 할증배제 여부가 확인되기 때문에 사전적인 분석이 필요하다.

가. 순손익가치 산정 및 승계관점 분석

본 사례의 평기기준일이 2021.6.30.에 따라 과거 3개년 손익은 2020년, 2019년, 2018년이 된다. 해당 사업연도의 3개년 연속 결손 여부는 평가대상회사의 3개년 각 사업연도 소득금액을 기준으로 판단해야 하며, 해당 평가대상회사는 3개년 연속 결손이 아닌 상태이다. 이에 순손익가치를 반영해야 한다.

1) 순손익계산서 작성

① 주요 평가내역

1. 유상증자나 감자는 없는 상태라 손익에 반영할 증자(감자)효과가 없다.
2. 감가상각비 신고내용연수와 기준내용연수 일치하고 상각부인액 발생은 없는 상태라 반영할 내용이 없다.
3. 접대비 등 순손익액에 반영할 내용과 수입배당금 익금불산입 등 순손익액에 가산할 내용은 반영한다.
4. 각 사업연도소득이 3개년 연속 결손이 아니므로 순손익액을 평가한다.

② 순손익액계산서 작성

〈평가심의위원회 운영규정 별지 제4호 서식 부표 4〉

순 손 익 액 계 산 서					
평가대상 법인명 : SG			평가기준일 : 2021년 6월 30일		
평가기준일 이전 1년, 2년, 3년이 되는 사업연도			2020년	2019년	2018년
① 사업연도 소득		계	89,000,000	(527,000,000)	(2,201,000,000)
소득에 가산할 금액	② 국세, 지방세 과오납환급금이자				
	③ 수입배당금 익금불산입한 금액		1,000,000	1,000,000	1,000,000
	④ 이월된 기부금 한도초과액 및 업무용승용차 관련비용의 손금산입액				
(A) 합계(① + ② + ③ + ④)			90,000,000	(526,000,000)	(2,200,000,000)
소득에서 공제할 금액	⑤ 벌금·과태료·가산금·강제징수비 및 손금으로 인정되지 않는 공과금		10,000,000	30,000,000	10,000,000
	⑥ 징벌적 목적의 손해배상금 등에 대한 손금불산입액				
	⑦ 업무에 관련없는 지출				
	⑧ 각 세법에 규정하는 징수불이행 납부세액				
	⑨ 기부금 한도 초과액				
	⑩ 접대비 한도 초과액		40,000,000	39,000,000	50,000,000
	⑪ 과다경비 및 업무용승용차 관련 비용의 손금불산입액				
	⑫ 지급이자의 손금불산입액		150,000,000	200,000,000	225,000,000
	⑬ 감가상각비 시인부족액에서 상각부인액을 손금으로 추인차감한 금액				
	⑭ 법인세 총결정세액(주1)		8,900,000		
	⑮ 농어촌특별세 총결정세액				
	⑯ 지방소득세 총결정세액		890,000		
(B) 공제할 금액 합계(⑤+…⑯)			209,790,000	269,000,000	285,000,000
⑰ 순 손 익 액(A－B)			(119,790,000)	(795,000,000)	(2,485,000,000)
⑱ 유상증(감)자시 반영액					
⑲ 순손익액(⑰±⑱)			(119,790,000)	(795,000,000)	(2,485,000,000)
⑳ 사업연도말 주식수 또는 환산주식수			100,000	100,000	100,000
㉑ 주당순손익액(⑲÷⑳)			ⓐ (1,197)	ⓑ (7,950)	ⓒ (24,850)
㉒ 가중평균액 {(ⓐ × 3 + ⓑ × 2 + ⓒ) / 6}		－			
㉓ 기획재정부령으로 정하는 이자율		10%			
㉔ 최근 3년간 순손익액의 가중평균액에 의한 1 주당가액 (㉒÷㉓)(주2)		－			

(주1) 각 사업연도 순손익액의 계산은 이월결손금을 공제받지 아니한 소득금액을 기준으로 재계산된 산출세액에서 감면·세액공제를 차감한 결정세액으로 평가해야 함으로 2020년도는 이에 결정세액을 재계산 평가하였다.

(주2) 순손익액의 가중평균액이 영 이하인 경우 "영(0)"으로 평가한다.

2) 승계관점의 순손익가치 분석

본 사례의 평가대상회사의 경우 2020년도 유형자산처분이익이 존재하지 아니할 경우 각 사업연도소득은 결손[432]에 해당되어 과거 3개년 연속 결손으로 순손익가치를 반영하지 않고 순자산가치로만 평가해야 했지만 2018.2.13. 시행령 개정으로 3개년 연속 결손인 경우에도 가중평균액을 고려한 일반평가방법을 적용받게 되었다. 이는 상속세 및 증여세법상 비상장주식의 보충적인 평가방법의 한계이기도 하다.

이러한 보충적인 평가방법의 한계를 활용하여 사전적인 승계전략을 통한 적절한 승계시점을 전략적으로 조정할 수 있는 것이다. 하지만 평가방법의 한계를 활용한 합법적인 승계전략 수립 시 세법에 대한 폭넓은 전문적인 지식과 이해가 수반된 상태에서 세법의 개정방향도 고려하면서 진행하여야 할 것이다. 왜냐하면 인위적인 손익을 반영하기 위해서 특수관계자간 거래를 진행하거나 비정상적인 거래를 진행할 경우 손익거래를 인정하지 아니할 수 있기 때문이다. 또한, 과세당국은 비상장주식의 보충적인 평가방법의 여러 한계를 극복하고 보다 합리적인 기업가치를 산정하기 위해서 비상장주식의 평가를 Max[가중평균액으로 계산된 1주당가액, 1주당 순자산가액의 80%(2018.3.31.까지는 70%)]으로 개정하였기 때문이다.

따라서 사전적으로 승계전략을 수립 시에는 향후 주식평가방법의 개정 방향에 대하여 주시하여야 할 것이다.

주식평가방법의 개정방향 논의

기업의 주식가치에 경제적 실질을 보다 잘 반영하기 위해서는 Max[가중평균가액, 순자산가치 100%]한 가액으로 주식평가방법이 개정되어야 할 것으로 사료된다. 물론 순자산가치의 100%로 주식평가방법을 개정하기 위해서는 자산·부채에 대한 평가방법도 현재보다 더 처분가치(시장가치)에 부합하는 개념을 도입해야 할 것이다.
이러한 개정방향에서 순자산가치 100이라는 것은 지금 당장 기업을 청산해도 주식가치가 100이 된다는 의미이므로 최소한 순자산가치의 100%로 개정하는 것이 기업의 경제적 실질을 잘 반영하여 공평한 과세가 실천되리라 사료된다.

432) 2020년 각 사업연도소득 재계산: 각 사업연도 소득금액(89,000,000원) - 유형자산처분익(100,000,000원) = (-)11,000,000원

나. 순자산가치 산정 및 승계관점 분석

순자산가치는 우선 평가차액계산명세서를 작성한 후 영업권평가조서 및 순자산가액계산서를 작성함으로써 완성한다.

1) 평가차액계산명세서 작성

① 주요 평가내역

1. 회수불능채권이 없음에 따라 대손충당금은 순자산가액명세서에서 직접 반영한다.
2. 외화자산·부채가 없으며, 5년 초과 장기채권·채무도 없으므로 별도 평가·반영하지 아니한다.
3. 재고자산은 장부가액이 재취득가액이라 별도 평가·조정하지 아니한다.
4. 평가기준일 현재 미지급법인세는 이미 장부에 중간예납세액을 미지급법인세로 반영하고 있어서 별도 조정하지 아니한다.
5. 매도가능자산 중 10% 초과 유가증권은 없어서 별도 평가하지 아니한다.
6. 감가상각대상자산에 대한 감가상각비 재계산은 세무상 신고내용연수와 기준내용연수가 동일하고 상각시부인액이 없는 상태(장부상 감가상각누계액과 재계산 감가상각누계액은 일치)라 별도 조정하지 아니한다.

② 평가차액계산명세서 작성

〈평가심의위원회 운영규정 별지 제4호 서식 부표 6〉

평 가 차 액 계 산 명 세 서

평가대상 법인명 : SG				평가기준일 : 2021년 6월 30일			
자산 금액				부채 금액			
계정과목	상증법에 의한 평가액	재무상태표상 금액	차액(A)	계정과목	상증법에 의한 평가액	재무상태표상 금액	차액(B)
합 계	55,585,200,000	53,038,000,000	2,547,200,000	합 계	43,206,000,000	43,206,000,000	-
현금및현금성자산	500,000,000	500,000,000	0	매입채무	1,500,000,000	1,500,000,000	0
미수수익(주1)	17,200,000	20,000,000	(2,800,000)	미지급금	60,000,000	60,000,000	0
단기금융상품	0	0	0	미지급비용	1,400,000,000	1,400,000,000	0
매출채권	3,000,000,000	3,000,000,000	0	선수금	70,000,000	70,000,000	0
대손충당금	(30,000,000)	(30,000,000)	0	선수수익	0	0	0
미수금	40,000,000	40,000,000	0	단기차입금	21,300,000,000	21,300,000,000	0
대손충당금	0	0	0	유동성장기부채	226,000,000	226,000,000	0
선급금	15,000,000	15,000,000	0	사채	20,000,000,000	20,000,000,000	0
선급비용	23,000,000	23,000,000	0	사채발행차금	(2,000,000,000)	(2,000,000,000)	0
재고자산	1,150,000,000	1,150,000,000	0	미지급배당금	0	0	0
장기대여금	1,000,000,000	1,000,000,000	0	예수금	450,000,000	450,000,000	0
대손충당금	(10,000,000)	(10,000,000)	0	예수부가세	0	0	0
보증금	800,000,000	800,000,000	0	장기성매입채무	0	0	0
매도가능자산	50,000,000	50,000,000	0	장기미지급금	0	0	0
종속기업주식	0	0	0	장기차입금	200,000,000	200,000,000	0
토지(주2)	5,000,000,000	3,500,000,000	1,500,000,000	장기외화차입금	0	0	0
건물(주2)	21,000,000,000	20,000,000,000	1,250,000,000	퇴직급여충당금	0	0	0
감가상각누계액		(250,000,000)		퇴직보험예치금	0	0	
기계장치	10,000,000,000	10,000,000,000	0	이연법인세대	0	0	0
감가상각누계액	(4,000,000,000)	(4,000,000,000)	0				
차량운반구	500,000,000	500,000,000	0				
감가상각누계액	(300,000,000)	(300,000,000)	0				
비품	700,000,000	700,000,000	0				
감가상각누계액	(600,000,000)	(600,000,000)	0				
건설중인자산	15,000,000,000	15,000,000,000	0				
영업권	0	0	0				
소프트웨어	1,200,000,000	1,200,000,000	0				
회원권(주3)	300,000,000	500,000,000	(200,000,000)				
이연법인세자산	230,000,000	230,000,000	0				
비고							

※ 기재요령

평가기준일 또는 직전 사업연도말 현재의 재무상태표상의 자산 또는 부채금액을 기준으로 하여 순자산가액을 계산시 재무상태표상 미계상된 경우를 포함한 평가차액을 계산하는 경우에 사용합니다.

1. 계정과목란에는 평가대상 자산 또는 부채를 재무상태표에 기재된 계정명으로 기입하며 재무상태표상 미계상된 경우에는 추가로 기재합니다.
2. 평가차액란 A(자산)에서 B(부채)를 차감한 잔액을 순자산가액계산서의 ②평가차액란에 옮겨 기재합니다.

(주1) 미수수익은 원천징수세액(14%로 가정)(=20백만원×14%=2.8백만원)을 차감하여 평가·반영한다.

(주2) 토지(50억원), 건물(210억원)은 담보설정 등이 없는 상태라 보충적인 평가방법에 따른 가액으로 평가・반영한다.
(주3) 회원권(3억원)은 보충적인 평가방법에 따른 가액을 반영하여 평가한다.

2) 영업권평가조서 작성

① 평가조서 작성 내역

〈평가심의위원회운영규정 별지 제4호 서식 부표 7〉

영 업 권 평 가 조 서

평가대상 법인명 : SG

① 평가기준일	평가기준일 전 3년간 순손익액 가중평균액			
	② 평가기준일 이전 1년이 되는 사업연도 순손익액	③ 평가기준일 이전 2년이 되는 사업연도 순손익액	④ 평가기준일 이전 3년이 되는 사업연도 순손익액	⑤ 가중평균액 $\frac{(②\times3+③\times2+④)}{6}$
2021.6.30.	(119,790,000)	(795,000,000)	(2,485,000,000)	0

⑥ 3년간 순손익액의 가중평균액의 50% (⑤×50/100)	⑦ 평가기준일 현재의 자기자본	⑧ 기획재정부령이 정하는 이자율	⑨ 영업권 지속연수
0	10,189,200,000	10%	5

⑩ 영업권 계산액(5년 현재가치 할인액의 합계액) $\left[\frac{⑥-(⑦\times⑧)}{(1+0.1)n}\right]$ n:평가기준일부터의 경과연수	⑪ 영업권 상당액에 포함된 매입한 무체재산권가액 중 평가기준일까지의 감가상각비를 공제한 금액	⑫ 영업권 평가액 (⑩ - ⑪)
0	0(주1)	0

※ 계산근거 :「상속세 및 증여법 시행령」 제59조 제2항

(주1) 장부에 계상된 매입한 영업권은 감가상각 완료에 따라 영(0)으로 평가한다.

3) 순자산가액계산서 작성

① 순자산가액계산서 작성 내역

〈평가심의위원회 운영규정 별지 제4호 서식 부표 5〉

순 자 산 가 액 계 산 서			
평가대상 법인명 : SG			
구 분 / 평가기준일		2021.6.30.	비 고
① 재무상태표상의 자산가액		53,038,000,000	
자산에 가산	② 평가차액 (A－B)	2,547,200,000	평가차액 명세서[A－B]
	③ 법인세법상 유보금액(주1)	0	별도평가 대상 없음
	④ 유상증자 등		
	⑤ 기 타(자기주식 등)	0	확정된 지급받을 권리 등 없음
자산에서 제외	⑥ 선급비용 등(주2)	230,000,000	이연법인세자
	⑦ 증자일전의 잉여금의 유보		
가. 자산총계 (①＋…⑤) － (⑥＋⑦)		55,355,200,000	
⑧ 재무상태표상의 부채액		43,206,000,000	
부채에 가산	⑨ 법인세	0	미지급법인세는 부채 반영됨
	⑩ 농어촌특별세		
	⑪ 지방소득세		
	⑫ 배당금 · 상여금		미지급 상여 및 배당금 없음
	⑬ 퇴직급여추계액(주3)		평가기준일 현재 퇴직급여추계액
	⑭ 기 타(주4)	2,000,000,000	사채할인차금 등
부채에서 제외	⑮ (제 준비금)		
	⑯ (제 충당금)(주4)	40,000,000	대손충당금
	⑰ (기 타)		
나. 부채총계 (⑧＋…⑭) － (⑮＋…⑰)		45,166,000,000	
⑱ 영업권 포함전 순자산가액 (가－나)		10,189,200,000	
⑲ 영업권		0	영업권 평가조서
⑳ 순자산가액 (⑱＋⑲)		10,189,200,000	

(주1) 유보금액 관련하여 자산 · 부채에 대하여 별도로 평가하였고, 자산 · 부채관련 미확정 유보가 없음에 따라 별도 반영하지 아니한다.

(주2) 이연법인세차는 자산에 차감하여 평가한다.

(주3) 정관 등 규정에 따라 평가기준일 현재 외부적립(DC)할 추가 미지급(부채) 금액은 없는 상태라 별도 반영하지 아니한다.

(주4) 사채할인발행차금은 부채에 가산하고, 대손충당금은 부채에서 차감하여 평가한다.

4) 승계관점의 순자산가치 분석

본 사례의 평가대상회사의 경우 임원퇴직급여지급규정상 지급배수가 1배로 타사 사례 및 세법에서 정하고 있는 3배수보다 낮은 상태이다. 통상적으로 퇴직소득에 대한 한계세율(부담세율)은 다른 소득에 비하는 낮은 상태이므로 퇴직급여의 설정을 통하여 평가대상회사의 순자산가치를 조정할 수 있다. 또한, 퇴직급여의 설정은 사업가의 노후보장 및 상속세의 재원 마련 등에 활용이 가능하기 때문에 다양한 활용방안을 모색할 필요가 있다.

즉, 평가대상회사의 정관 등 규정의 정비를 통하여 퇴직급여를 적립할 경우 평가대상회사의 순자산가치 및 순손익가치가 낮아짐에 따라 평가대상회사의 1주당가액도 낮게 평가될 수 있는 상태가 가능하므로 순자산가치를 조정할 수 있는 합법적인 제도 정비를 위하여 사전적인 검토가 필요한 상태이다.

이처럼 합법적인 승계전략 수립은 세법에 대한 폭넓은 전문적인 지식과 이해가 수반된 상태에서 진행하여야 하므로 단순히 인위적으로 평가가액을 낮추는 목적으로 정관 및 규정 정비에 대하여 종합적인 검토 없이 진행할 경우 세무상 위험이 발생할 수 있으므로 꼭 전문가의 조력을 통해서 진행하기를 바란다.

다. 비상장주식평가조서 작성 및 판단분석

1) 최대주주할증 여부 및 순자산가치로만 평가 여부 판단

본 종합사례에서 승계대상 SG(주)의 주식평가 기준일은 2021.6.30.자이므로 순손익액 계산을 위한 과거 3개년 손익은 2020년, 2019년, 2018년이 된다. 평가대상 SG(주)는 순자산가치로 평가하는 대상이 아니며, 비상장주식의 평가목적이 증여세 신고이므로 최대주주 할증평가가 원칙이나, SG(주)는 중소기업에 해당함에 따라 최대주주 할증평가가 배제된다.

2) 부동산과다보유법인 해당 여부 판단

비상장법인 주식평가에 있어서 부동산과다보유법인 여부는 매우 중요하다. 이는 부동산과다보유 정도에 따라 주식평가방법이 달라지며, 양도자산의 과세대상 재산유형도 달라질 수 있기 때문이다. 이러한 차이는 승계전략 수립 시에도 중요하므로 부동산과다보유 여부는 항상 중점 관리대상이 되는 것이다.

본 사례에서 총자산 대비 부동산 보유비율은 50% 미만이다.

자산총계[A]		부동산가액[B]	
1. 자산 합계액	53,038,000,000	토지	5,000,000,000
자산관련 유보	0	건물	21,000,000,000
2. 세무상 자산 합계액	53,038,000,000	부동산에 관한 권리	0
개발비 등 제외	0		26,000,000,000
토지 평가차액 가산	1,500,000,000		
건물 평가차액 가산	1,250,000,000		
	55,788,000,000	부동산보유비율[B/A]	46.67%

3) 특정주주식(A, B) 및 비사업용토지 과다보유법인 주식 여부 판단

일단 부동산보유비율이 50% 미만이므로 기타자산으로 분류되는 특정주식(A, B)에는 해당되지 아니하기 때문에 비사업용토지 과다보유법인 주식에도 해당되지 아니한 상태이다.

이러한 특정주식 및 비사업용토지 과다보유법인 주식의 해당 여부는 승계관점에서 매우 중요하다. 특히 승계방식이 양도인 경우에는 해당 법인주식이 특정주식에 해당될 경우 일반주식이 아닌 기타자산으로 구분되어 누진과세가 되기 때문에 전략적으로 중점관리 대상이 되는 것이다. 본 사례에서 해당 비상장주식의 평가목적은 증여이기 때문에 양도자산의 유형보다는 비상장주식의 평가구조에 대한 전략적인 접근이 필요한 상태이다.

4) 비상장주식평가조서 작성

상기 검토된 내용을 종합해서 평가기준일이 2021.6.30.인 SG(주)의 1주당 비상장주식 평가가액을 다음과 같이 계산하게 된다.

1주당 주식평가액 = Max〔가중평균가액, 순자산가치 × 80%(2018.3.31.까지 70%)〕

〈평가심의위원회 운영규정 별지 제4호 서식 부표 3〉 (2016.8.16. 신설)

<table>
<tr><th colspan="6">비 상 장 주 식 평 가 조 서</th></tr>
<tr><td colspan="6">1. 평가대상 비상장법인</td></tr>
<tr><td>① 법인명
(사업자등록번호)</td><td colspan="2">SG(승계)주식회사</td><td colspan="2">② 대표자</td><td>서판교</td></tr>
<tr><td>③ 소재지</td><td colspan="2">경기도 성남시 분당구
판교로 20</td><td colspan="2">④ 사업개시일</td><td>1998년</td></tr>
<tr><td>⑤ 발행주식 총수</td><td colspan="2">100,000주</td><td colspan="2">⑥ 자본금</td><td>500,000,000원</td></tr>
<tr><td>⑦ 1주당 액면가액</td><td colspan="2">5,000원</td><td colspan="2">⑧ 휴・폐업일</td><td></td></tr>
<tr><td>⑨ 해산(합병) 등기일</td><td colspan="2"></td><td colspan="2">⑩ 평가기준일</td><td>2021.6.30.</td></tr>
<tr><td colspan="6">2. 1주당 가액 평가</td></tr>
<tr><td colspan="3">⑪ 순자산가액</td><td colspan="3">10,189,200,000</td></tr>
<tr><td colspan="3">⑫ 1주당 순자산가액 (⑪ ÷ ⑤)</td><td colspan="3">101,892</td></tr>
<tr><td colspan="3">⑬ 최근 3년간 순손익액의 가중평균액에 의한 1주당가액 또는 2 이상의 신용평가전문기관(회계법인 포함)이 산출한 1주당 추정이익의 평균액</td><td colspan="3">0</td></tr>
<tr><td colspan="3">⑭ 1주당 평가액:
Max [({(⑫ × 2) + (⑬ × 3)}÷5)*, ⑫× 80%]
* 자산가액 중 부동산가액의 50% 이상인 법인
[{(⑫ × 3)+(⑬ × 2)} ÷ 5])</td><td colspan="3">81,513</td></tr>
<tr><td colspan="3">⑮ 최대주주 소유주식의 1주당 평가액: ⑭×할증률</td><td colspan="3">81,513</td></tr>
<tr><td colspan="6">3. 상속세 및 증여세법 시행령 제54조 제4항에 해당되는 경우(순자산가치에 의한 평가 여부)</td></tr>
<tr><td>⑯ 청산중이거나, 사망 등으로 사업을 계속할 수 없는 법인</td><td>부</td><td>⑰ 사업개시 전 법인, 사업개시 후 3년 미만 법인과 휴폐업중인 법인</td><td>부</td><td>⑱ 부동산보유(80%) 법인, 주식보유(80%) 법인 등</td><td>부</td></tr>
<tr><td colspan="5">4. 최대주주 할증 여부</td><td>부</td></tr>
<tr><td>⑲ 중소기업기본법상 중소기업</td><td>여</td><td>⑳ 최대주주 해당 여부 및 지분율</td><td>여
(100%)</td><td>㉑ 최대주주 할증평가 배제 여부</td><td>해당
(중소기업)</td></tr>
</table>

3. 종합사례의 분석 및 승계차원의 주의사항

본 종합사례에서 보듯이 순손익가치의 반영을 위한 각 사업연도 소득금액의 분석 및 순자산가치의 분석을 통해 평가대상회사의 제도(정관, 퇴직급여지급규정 등)를 정비하면 비상장주식 평가가액의 조정이 가능한 상태이다. 이는 승계대상회사의 재무건전성을 위한 제도 및 규정의 정비를 통한 정상적인 거래를 결산에 반영한 결과로서 조세회피나 탈세에 해당되지 아니한다. 하지만 평가가액의 조정을 위해 인위적인 거래를 통할 경우 거래 자체가 부인되어 막대한 과세불이익이 발생할 수 있으므로 주의가 필요하다.

본 사례의 경우 유형자산 처분을 단순히 절세차원에서 분석해 보면, 평가대상회사의 3개년 사업연도인 2020년도에 유형자산을 처분하여 각 사업연도소득을 3개년 연속 결손이 아닌 것으로 전환되었으며, 평가기준일 현재 부동산과다보유법인에 해당되지 않게 되었다. 이는 비상장법인 주식의 평가구조를 활용하여 주식평가가액을 낮추는 효과가 있었다. 물론 2017년에 비상장주식의 평가방법이 개정되어 유형자산의 처분효과는 많이 상쇄되었지만 2020년도 유형자산의 처분효과는 있는 상태이다.

하지만, 장기적인 승계전략차원에서 본 사례를 분석하면 유형자산의 처분은 잘못된 판단일 수도 있다. 왜냐하면 부동산의 가치가 매년 증가하는 경우에 이런 전략을 구상하였다면 법인이나 승계자 입장에서는 기회이익을 포기한 소탐대실의 결과에 불과할 수 있기 때문이다. 즉, 단순히 증여세 절세를 위해서 엄청난 기회이익을 버린 것에 불과할 수 있기 때문이다.

따라서 승계대상 주식을 이전하기 위한 승계전략 수립 시에는 종합적으로 평가대상 법인의 제도 및 규정을 파악하고 전략적인 승계시점을 사전에 분석하여야 하는 것이다. 이러한 사전 승계전략 분석과정 없이 단순히 세금부담을 회피하기 위하여 평가대상 가액을 인위적으로 낮추는 행위는 엄청난 세무위험을 초래할 것이므로 반드시 주의가 필요하다.

제 2 편

승계전략 [고급편]

[기초편]에서 부(재산)의 승계방식별 발생하는 다양한 조세의 과세구조와 평가방법들에 대하여 모두 살펴보았다. 여기서는 승계대상 부(재산)에 대한 가장 합리적인 승계방식을 도출하는 승계전략 수립과정에 대하여 실무적인 사례를 토대로 살펴보고자 한다. 따라서 본 편은 승계에서도 복잡한 M&A방식에서부터 자본거래의 종합편인 지배구조개선을 통한 경영권 승계과정까지 망라하고 있는 전문적인 분야이므로 이해의 편의를 위해서 자산가 승계전략과 CEO(경영권 보유)의 경영권 승계전략을 구분하여 설명하기로 한다. 또한, 이해를 쉽게 하기 위해서 먼저 승계방식의 개요와 승계사례를 설명하고 이론적인 절차와 세무는 후술하는 것으로 하였다. 이는 굳이 조세전문가가 아니라면 이론적인 절차와 세무편은 생략하고 보아도 무방할 것이기 때문이다.

자산가 부(재산)의 승계전략

자산가의 승계전략 수립절차 제1절
개인기업의 법인전환을 활용한 사업승계 제2절
자산가의 종합적인 승계전략 제3절

본 장에서는 자산가의 부(재산)에 대한 승계전략을 살펴보고자 한다. 일반적인 재산의 승계방식은 이미 [기초편]에서 살펴본 바와 같이 개별 재산의 특성에 따라 양도나 증여 등의 과세구조를 활용하는 방식으로 승계(이전)를 진행하면 되나, 이는 진정한 승계전략이라고 할 수 없다. 따라서 본 장에서는 승계대상 자산의 특성에 따라 전략적인 요소를 반영한 승계전략을 수립하는 과정에 대하여 살펴보기로 한다.

제1절 자산가의 승계전략 수립절차

I 자산가의 승계전략 필요성

개인 자산가의 경우 부의 승계는 항상 고민거리이다. 이는 승계의 필요성은 항상 인식하고 있지만, 승계에 따른 세금은 항상 발생하기 때문이다. 여기에 승계(이전)에 대한 세금은 신고납부라는 점에서 고민은 더욱더 깊어지게 된다. 즉 일반적으로 부과고지 되는 세금은 단순히 납부만 하면 되지만, 개별 재산의 일반적인 승계방식인 양도 및 증여 등에 대한 세금은 납세자 자신이 직접 계산해서 신고납부를 해야 하기 때문에 고민이 되는 것이다.

이러한 신고납부제도는 당초 신고납부 시에 신고할 세액을 초과해서 납부한 경우에는 경정청구를 통하여 세금을 돌려받을 수 있지만, 이 경우도 경정청구를 할 수 있는 기한[433](법정신고기한이 지난 후 5년 이내, 후발적 경정사유가 발생한 날로부터 3개월 이내)이 존재해서 해당 경정청구기한이 경과한 경우에는 과다하게 납부한 세금을 돌려받기는 쉽지 않기 때문에 당초에 정확히 신고해야 하는 부담이 존재하고 있는 상태이다. 또한 세법을 잘 모르고 과소하게 신고한 경우에는 세무조사를 통해 가산세 등을 포함한 막대한 부담세액을 추가 납부해야 하기 때문에 이는 더욱 더 신고납부에 부담스러운 상태가 된다.

따라서 부의 승계(이전)의 세금 신고납부 시 정확히 신고할 필요가 있는 것이다. 여기서 "정확히 신고한다는 것"은 모르고 추가 납부하는 세금이 없어야 한다는 의미뿐만 아니라 승계차원에서는 법 테두리 내에서 가장 합리적인 적정세금만을 납부해야 한다는 의미이기도 하다. 이를 위해서는 충분한 시간적인 여유를 가지고 승계대상에 대한 철저한 사전분석과 검토를 통해 종합적인 승계전략을 수립해야 할 필요가 있는 것이다.

433) 국세기본법 제45조의 2(경정등의 청구) 제1항, 제2항

Ⅱ 자산가의 승계전략 수립절차

개인 자산가는 본인이 보유하고 있는 재산(부동산 등)의 특성에 따라 다양한 승계방식(양노, 사전증여, 부담부증여, 상속, 유언대용신탁, 법인전환 후 주식 양도나 증여 등)을 활용해서 승계전략을 수립할 수 있다.

이 경우 승계전략은 앞서 "제1편 제2장 제2절 Ⅱ. 승계전략의 수립과정"에서 살펴본 바와 같이 다음의 절차에 따라 사전적인 분석을 통해 수립하고 실행하면 되는 것이다.

① 승계대상 재산(부동산 등)의 소유형태 및 가치분석

② 승계받는 자의 능력 및 승계대상의 지속가능성 분석

③ 승계대상의 과세소득 형태의 전환 여부 분석

④ 승계대상 재산(부동산 등)의 정비

⑤ 최종 승계전략 선정해서 실행

물론 상기의 절차는 어디까지나 필요에 의한 충분조건과 같은 것이라 승계환경의 변화로 인하여 즉각적으로 최종 단계로 진행할 필요가 있는 경우에는 그 환경에 따라 변화되어야 할 것이다.

즉, 성공적인 승계전략은 항상 해당 시점의 과세정책 및 경제적 외부환경에 따라 승계방식이 유동적으로 변화해야 하기 때문에 특정 하나의 승계전략을 고집할 필요는 없다. 그리고 남들이 수행한 승계전략이 반드시 자신에게 맞는다는 보장도 절대 없다. 그러므로 주변 지인의 자랑거리 승계방식을 본인에게 강요하는 것은 더욱 더 필요 없는 것이다.

따라서 성공적인 승계를 위해서는 승계전략 수립절차에 따라 해당 승계대상 자산에 맞는 전략을 미리 계획하고 준비하는 것이 가장 합리적인 승계전략의 수립방식이 되는 것이다.

제2절 개인기업의 법인전환을 활용한 사업승계

Ⅰ 법인전환을 활용한 사업승계

1. 법인전환의 의의

법인전환이란 개인 사업주가 경영상 권리·의무의 주체가 되어 경영하던 기업을 법인의 형태로 바꾸는 것을 의미하는데 사업승계에 있어서 개인기업의 법인기업으로 전환 여부는 매우 중요하다. 이는 개인기업은 주식을 발행할 수 없지만 법인기업은 주식을 발행할 수 있기 때문에 조세특례제한법상 "가업의 승계에 대한 증여세과세특례"를 적용받을 수 있기 때문이다. 또한 정부는 법인기업으로 전환을 지원하기 위해서 조세특례제한법상 이월과세 제도를 두고 있다.

즉, 법인전환은 전술한 바와 같이 다양한 목적에 의하여 개인기업을 법인기업으로 전환하게 되며, 이 경우 개인기업의 사업용재산의 특성에 따라 조세특례제한법상 세감면 요건을 충족하는 법인전환으로 할지 아니면 단순한 법인전환방식을 선택할지 판단하게 되는 것이다.

2. 법인전환의 제한 및 방식

개인기업에서 법인으로 전환하는 경우 특별한 제한은 없다. 즉 모든 회사의 형태로 법인전환이 가능하다. 하지만, 실무상으로는 기업 경영상의 편리함을 들어 주식회사가 대부분이며, 최근에는 회계감사 및 현물출자를 통한 법인전환시 법원의 인가를 받아야 하는 부담 때문에 유한회사로의 전환도 이루어지기도 한다. 다만, 법인전환시 상호에 대한 부분에 있어서 누구든지 부정한 목적으로 타인의 영업으로 오인할 수 있는 상호를 사용하지 못하므로 주의가 필요하다[434].

따라서 개인기업이 법인으로의 전환은 사적자유원칙에 따라 다양하게 할 수 있으나, 사업의 이전과정에서 발생하는 양도소득세 및 지방세 등의 세금부담이나 절차의 복잡성 때문에 조세특례제한법상 이월과세요건을 충족하는 방식과 단순 일반 사업양수도 방식으로 크게 나누어 진행되고 있다.

---

434) 상법 제23조 제1항

3. 법인전환이 사업승계에 미치는 영향

개인기업의 자산에 대한 승계방식은 개별 자산별로 각각 증여 또는 양도 등으로 직접 이전하거나, 사업의 포괄양수도 방식으로 이전하는 것이 일반적이다. 이때 자산의 승계방식에 따라 양도소득세 및 상속세・증여세 등이 각자의 과세구조에 따라 발생하게 되는데 이는 우리나라 과세구조상 개별 자산형태보다는 법인주식의 형태가 세율 및 가업승계 과세특례측면에서 유리한 구조이기 때문이다.

따라서 개인 사업소득이 일정규모 이상으로 계속 성장하는 기업인 경우는 절세뿐만 아니라 다양한 형태의 사업승계(자본거래를 통한 경영권 승계 포함)전략이 가능한 법인기업으로의 전환을 검토해 볼 필요가 있는 것이다. 즉, 개인기업이 법인으로 전환하게 되면 개별자산이 주식으로 전환되어 단순히 주식의 이전(승계)만으로도 사업승계가 가능한 상태가 된다. 여기에 법인기업은 외부자금의 조달측면에서도 유리하므로 기업의 성장에 도움이 되어 성장가능성이 있는 기업은 법인전환을 통하여 사업승계를 진행하는 것이 보다 유리한 상태가 되는 것이므로 이를 잘 활용할 필요가 있다.

개인기업의 법인전환이 효과적인지에 대한 비교검토는 앞서 "제1편 제2장 제2절 Ⅱ. 4. 개인기업의 법인전환 분석"에서 설명한 부분을 참고하기 바란다.

4. 법인전환을 활용한 사업(가업)승계 사례

개인기업은 법인전환을 활용하여 가업승계에 대한 증여세 과세특례까지 적용받을 수 있는데 이에 대한 사업승계방안의 효과에 대하여 사례를 통해서 분석해 보기로 한다.

서판교씨(65세)는 제조업(개인기업)을 20년 이상 경영해 오고 있는데 사업이 계속해서 성장하고 있어서 삶의 여유가 없는 상태였다. 이에 서판교씨는 그 동안 하지 못했던 취미활동도 하면서 인생을 즐기기 위해서 자녀에게 사업의 승계를 고려하고 있다. 하지만, 단순증여를 하자니 제조업의 기계장치 등이 상당한 상태라 어떻게 승계할지 고민하고 있는 상태이다.

1) 기본정보

서판교씨가 경영하는 개인 제조업의 재무상태 및 자산의 시가는 다음과 같으며, 다른 개인재산은 거의 없는 상태이다.

과목	장부가액	시가	과목	장부가액	시가
부동산	9억원	10억원	부채(은행대출)	5억원	5억원
기계장치	20억원	20억원	순자산가액		25억원
			순손익액		2억원

2) 최적 방안 검토

가) 승계대상 현황분석

서판교씨가 경영하는 제조업은 20년 이상 된 가업으로 자산의 가치는 30억원으로 상당한 수준이다. 이를 단순증여 할 경우 최고세율 50%가 적용되어 자산의 절반을 세금으로 납부해야 함으로 좋은 방안은 아니다. 또한 사전증여에서 활용할 수 있는 부담부증여를 고려하더라도 25억원에 상당하는 자산에 대하여 증여세를 부담하기도 쉽지가 않은 상태이다. 하지만 노후생활을 즐기기 위해서는 상속 때까지 회사를 운영할 수 없으므로 가장 합리적인 사전증여방법을 찾아야 할 것이다.

따라서 사전증여를 위해서는 승계대상 재산(제조업)의 현황을 우선 분석해야 한다. 여기서 찾은 승계대상 재산(제조업)의 특징은 20년 이상된 가업이라는 점에 있다. 이를 잘 활용하면 과세특례혜택을 받을 수 있는 좋은 방안이 가능할 수 있다. 하지만, 해당 제조업이 과세특례대상 가업업종에 해당하지만 개인기업 형태라 가업승계에 대한 과세특례제도를 활용할 수 없는 상태이다. 이에 최적승계방안을 위해서는 단순증여가 아닌 가업승계를 위해서는 법인전환을 검토해 볼 필요가 있다. 이때 원활한 법인전환이 되기 위해서는 이월과세가 가능한 방식으로 진행해야 하며, 이월과세가 가능한 법인전환 방식 중에서 서판교씨의 재산상태를 고려하면 현물출자를 통한 법인전환 방식이 가장 적합한 방식이 된다. 왜냐하면 사업양수도 방식은 제조업의 순자산가액에 상당하는 현금이 있어야 가능하고, 중소기업간 통합방식은 다른 중소기업 등이 있어야 가능한데 서판교씨는 이러한 환경이 아니기 때문이다.
(본 검토 내용에 대한 자세한 이론부분은 후술하는 "Ⅱ. 법인전환 절차 및 세무"편을 참고하기 바란다)

나) 법인전환 효과 분석

본 사례는 법인전환의 목적이 가업승계이기 때문에 법인전환으로 인하여 개인재산(사업고정자산)이 주식으로 전환되었다. 이는 개인기업의 가업영위기간은 법인전환시 가업영위기간에 포함되기 때문에 법인전환 후 가업승계를 고려할 수 있는 것이다. 이에 따라 승계대상자산의 평가가액과 승계(증여)시 부담하는 세금도 달라지게 되는데 이러한 효과를 분석하면 다음과 같다. 다만, 승계대상의 전환효과 분석은 법인전환에 대한 이해를 돕고자 주식의 평가는 법인전환 후 3년 시점(이는 주식평가방법상 법인전환은 신설법인으로 판단하기 때문에 3년 이후 시점에서 평가함)을 기준으로, 법인규정의 정비는 대표자 급여 및 퇴직급여를 총 1억원 한도 내에서 지급한 것을 가정하여 간단히 분석한 점을 참고하기 바란다.

(단위: 백만원)

구 분	개인기업	법인기업(가업 가정)	
	제조업	제조업(정비 전)	제조업(정비 후)
승계자산 유형	사업용 순자산	주식	주식
가업승계 여부	불가	가능	가능
승계자산 과세가액	2,500	2,200	2,000
① 순자산가액		2,500	2,500
② 순손익가액(순손익액/0.1)		2,000	1,000
③ 주식가치(주1)		2,200	2,000
1. 승계자산 증여세	795	679	601
① 증여재산가액	2,500	2,200	2,000
② 증여공제	50	50	50
③ 증여세과세표준	2,450	2,150	1,950
④ 증여세율(누진세율)	10%~50%	10%~50%	10%~50%
⑤ 산출세액	820	700	620
⑥ 신고세액공제(2021년 3%)	25	21	19
⑦ 부담세액	795	679	601
2. 법인전환 효과		(116)	(194)
3. 법인규정 정비효과(주1)			(78)
4. 가업승계시 증여세		170	150
① 증여재산가액		2,200	2,000
② 증여공제		500	500
③ 증여세과세표준		1,700	1,500
④ 증여세율(단일세율)		10%,20%	10%,20%
⑤ 산출세액		170	150
⑥ 신고세액공제(2021년 3%)		**적용 안됨**	**적용 안됨**
⑦ 부담세액		170	150
5. 가업승계 효과(4－1)		(509)	(451)

(주1) 주식가치는 현행 세법규정에 따른 2018.4.1. 이후 중소기업 비상장주식 평가방법 MAX(가중평균가액, 순자산가액×80%)으로 함.

(주2) 법인규정 정비효과는 앞서 "제1편 제2장 제2절 Ⅱ. 5. 승계대상 법인기업의 분석"에서 설명한 바를 참고하여 승계목적에 맞는 법인규정을 정비할 경우 나타나는 효과로서 본 사례에서는 단순화한 것임.

3) 법인전환 사례분석 및 주의사항

본 사례는 개인기업의 법인전환에 따른 승계대상 자산의 전환효과와 승계대상 법인의 지급규정을 정비한 효과를 누릴 수 있는 상태이다. 또한 가업승계에 대한 과세특례제도를 활용함에 따라 과세특례 효과도 영위할 수 있는 것으로 분석되었다. 이는 승계대상의 전환효과가 발생하는 구조에서 분석한 것이므로, 실제로 법인전환을 고려할 경우, 각

자의 개인기업 재무상태에 따라 법인전환 효과가 다르게 분석될 수 있으니 사전에 철저한 검토를 통하여 법인전환효과의 발생 여부를 분석할 필요가 있다.

또한, 개인기업의 법인전환은 필요목적에 따라 진행할 필요가 있으나, 법인전환 과정은 모두 과세대상거래이므로 과세특례제도를 활용할 수 없다면 법인전환을 신중히 검토할 필요가 있다. 여기에 법인전환 후 가업승계까지 고려한다면 사후관리요건 등에 대해서도 사전에 충분한 검토가 필요하므로 반드시 법인전환 절차 및 세무 등에 대한 이해를 구한 상태에서 법인전환의 활용방안을 실행하기 바란다.

Ⅱ 법인전환 절차 및 세무

법인전환은 전환과정에서 상당한 세금이 발생하므로 이월과세 및 취득세 감면을 받지 않는다면 전환의 효과를 볼 수 없기 때문에 여기서는 조세특례제한법상 이월과세가 가능한 다음의 법인전환 방식에 대하여 살펴보기로 한다.

- 현물출자에 의한 법인전환
- 사업양수도에 의한 법인전환
- 중소기업간 통합에 의한 법인전환

1. 현물출자에 의한 법인전환

가. 현물출자에 의한 법인전환 개요

현물출자에 의한 법인전환은 현물출자와 법인전환(설립)의 성격을 동시에 갖는다. 즉, 개인기업을 법인으로 전환함에 있어서 상법상 법인설립시 변태설립사항인 현물출자 방식으로 진행하는 것을 말한다. 여기에 조세특례제한법상 이월과세요건을 충족하는 현물출자 방식을 현물출자에 의한 법인전환이라 한다.

현물출자에 의한 법인전환은 법원 인가(주식회사에 한함)가 필요하며, 신설법인의 자본금은 현물출자되는 순자산가액 이상으로 결정되어야 하는 특징이 있다.

나. 현물출자에 의한 법인전환의 절차 및 일정

현물출자에 의한 법인전환은 상법상 변태설립사항에 해당되어 절차가 복잡하고 기간도 많이 소요되나 조세지원의 혜택은 다른 법인전환 방식에 비하여 큰 것이 특징이다.

현물출자에 의한 법인전환 일정 및 절차는 다음과 같으며, 개인기업의 결산 확정일에 따라 다른 절차상의 일정도 영향을 받으므로 절차 진행에 주의가 필요하다.

| 현물출자에 의한 법인전환 절차 및 일정 |

절차 및 일정		관련 규정 내용
법인설립준비	D−10 이전	• 우선 법인전환 가능성에 대한 법률 및 조세문제 검토 • 1인 이상 발기인 구성 및 상호 결정 (동일 지역 내 동일 영업을 영위하는 법인상호가 있는지 검토) • 현물출자 절차 및 일정 확인
현물출자계약 체결	~ D	• 발기인대표와 개인 사업주간 계약체결
사업자등록 신청	D−3	• 법인전환기일 전에 사업자등록증을 발급받아야 하기 때문에 사업자등록 신청의 법정처리기간 3일 이전에 통상 신청 • 법인설립 등기 전 사업등록 신청시[435] 법정서류와 현물출자 계약서 필요함.
자산의 감정	~ D	• 법인전환기준일 시점의 현물출자 대상 자산에 대한 감정평가기관의 감정[436]
개인기업의 결산	D−10 ~ D+24	• 법인전환기준일(D)이 속하는 달의 말일부터 25일 이내에 결산을 확정해야 부가가치세를 확정신고 할 수 있음. • 결산자료는 현물출자가액(=순자산가액)을 산출하는 기초자료가 되기 때문에 신속·정확하게 진행해야 전체 법인전환 일정에 지장이 없음.
법인전환기준일	D	• 소득세 과세기준일 및 부가가치세 폐업기준일 • 법인전환기준일이 법인설립등기일이 아닌 점에 유의
공인회계사 회계감사	D+24	• 개인기업의 결산에 대한 회계감사[437]
개인기업 부가가치세 확정신고	D+25	• 법인전환기준일(D)이 속하는 달의 말일부터 25일 이내
개인기업의 폐업신고	D+	• 폐업(법인전환기준일) 후 지체 없이[438]
현물출자가액과 법인 자본금 결정	D+	• 회계감사가 종료되면 현물출자 순자산가액 결정 • 자본금[439]은 순자산가액 이상이어야 함.
정관작성 등 회사 실체 구성	D+	• 정관에 변태설립(현물출자)사항 기재 등 법인설립을 위한 절차 진행(사전준비단계에서 미리 준비 후 절차진행 필요)
검사인 선임 신청·조사	D+	• 현물출자 사항에 대한 법원의 검사인 조사 신청(공인된 감정인으로 조사 갈음 가능)
법인 설립등기	D+	• 검사인 등의 조사보고서가 송달된 날(또는 법원의 변경처분이 완료된 날)로부터 2주간 이내

절차 및 일정		관련 규정 내용
명의이전 등 후속 조치	D+	• 개인명의 재산을 법인명의로 이전하는 작업 • 이월과세신청서 제출(현물출자 양도일[440]이 속하는 달의 말일부터 2개월 이내) • 취득세 감면신청서 제출(취득일로부터 60일 이내)

다. 현물출자에 의한 법인전환의 세무

1) 양도소득세의 이월과세 요건

조세특례제한법상 **거주자**가 다음의 요건을 모두 충족하는 사업용고정자산을 현물출자하여 소비성서비스업을 제외한 법인으로 전환하는 경우 그 사업용고정자산에 대한 이월과세를 적용받을 수 있다. 다만, 해당 사업용고정자산이 주택 또는 주택을 취득할 수 있는 권리인 경우는 제외한다[441].

구분	이월과세 요건
거주자 요건	**거주자**에 한함(복수사업자의 법인전환시 모두 거주자에 해당되어야 함) * "거주자"란 국내에 주소를 두거나 183일 이상의 거소를 둔 개인을 말함.
대상자산 요건	다음의 사업용고정자산 ① 1년 이상 사용 규정은 폐지되어 사용기간 상관없음. 단, 국민주택채권 매입을 면제받기 위해서는 1년 사용조건 필요[442] ② **당해 사업에 직접 사용하는 유형자산 및 무형자산** * 즉, 사업에 직접 사용하지 아니하는 토지나 건설중인 자산(그에 딸린 토지 포함) 또는 재고자산을 현물출자하는 경우에는 이월과세가 적용되지 아니한다(조세특례제한법 집행기준 32-29-1).

435) 부가가치세법 제8조, 동법 시행령 제11조 제4항, 법인세법 제111조, 동법 시행령 제154조: 사업자 등록시 사업자등록신청서와 발기인의 주민등록등본(다만, 관할 세무서장이 발기인의 주민등록표등본을 확인하는 경우 첨부하지 않아도 됨), 사업장 임대차계약서, 현물출자계약서, 인허가 사업일 경우 허가증(사본) 등을 첨부한다.

436) 상법 및 세법의 규정에서는 1개의 공신력 있는 감정기관의 평가액으로 충분하나, 양도소득세법상 부당행위계산부인 규정 적용시 시가는 상속세 및 증여세법상 시가평가(2개 감정기관의 평균액. 단, 2018.4.1. 이후부터 부동산 중 기준시가 10억원 이하인 경우 1개 이상의 감정평가가액 적용가능)를 준용하므로 유의가 필요하다(상속세 및 증여세법 시행령 제49조).

437) 외감법상 외부감사가 아닌 공인된 감정인의 조사보고서 작성을 위한 개인기업 결산에 대한 회계감사

438) 부가가치세법 시행령 제13조

439) 조세특례제한법 집행기준 32-29-2(새로이 설립되는 법인의 자본금)
법인전환에 대한 양도소득세 이월과세 규정을 적용하는 경우 새로이 설립되는 법인의 자본금은 기업회계기준에 의한 재무상태표상 자본금을 의미한다.

440) 현물출자로 법인설립시 양도시기는 법인설립등기일

441) 조세특례제한법 제32조 제1항

구분	이월과세 요건
	③ 1981.1.1. 이후에 취득한 부동산으로서 업무무관부동산 제외 ④ **주택 또는 주택을 취득할 수 있는 권리 제외**(2021.1.1. 이후 현물출자하거나 법인전환하는 분부터 적용함)
업종 요건	다음의 **소비성서비스업을 제외한 모든 업종**(주1) ① 호텔업 및 여관업(관광진흥법에 의한 관광숙박업을 제외) ② 주점업(일반·무도유흥주점업 및 단란주점영업(관광진흥법에 따른 외국인전용유흥음식점업 및 관광유흥음식점업은 제외)) ③ 그 밖에 오락·유흥 등을 목적으로 하는 사업
자본금 요건	**신설법인의 자본금은 소멸하는 사업장의 순자산가액 이상**일 것
이월과세 신청	현물출자를 한 날이 속하는 과세연도의 과세표준신고(예정신고를 포함)시 새로이 설립되는 법인과 함께 이월과세적용신청서를 납세지 관할 세무서장에게 제출하여야 한다.

(주1) 업종 판단 시 주의사항
1. 겸업시 사업별 수입이 큰 사업으로 주된 사업 판정
2. 주된 사업 판정으로 소비성서비스업이 아니더라도 소비성서비스업에 사업용자산을 사용할 경우 해당 부분은 이월과세 제외
3. 「조세특례제한법」 제32조에 따른 법인전환에 대한 양도소득세 이월과세는 사업장별로 적용하는 것으로서 해당 사업장의 일부 업종은 법인으로 전환하고 일부 업종은 개인사업으로 계속 영위하는 경우에는 동 규정을 적용할 수 없는 것임(부동산거래-861, 2011.10.12. 재산 01254-611, 1988.3.2.).

2) 현물출자가액의 결정방법

가) 현물출자가액(= 순자산가액) 결정

법인전환 시 현물출자되는 순자산가액은 법인전환일 현재의 시가로 평가한 자산의 합계액에서 충당금을 포함한 부채의 합계액을 공제한 다음의 가액을 말한다.

구 분	평가기준
① 자산	공인회계사 감사보고서상 금액
유형자산 등	시가 및 감정평가기관의 감정가액
기타 자산	기업회계기준을 준용하여 작성한 장부가액
영업권(주1)	순자산가액 결정시 영업권은 인정하지 아니함.
② 부채	공인회계사 감사보고서상 금액

442) 주택도시기금법 시행규칙 제6조 제1항 별표 1의 현물출자 법인전환(설립)시 국민주택채권 매입의 면제요건에는 1년 이상 사용요건이 아직 남아 있음. 법인전환 지원을 위해서 주택도시기금법도 조세특례제한법처럼 법 개정이 필요한 상태로 보임.

구 분	평가기준
차입부채	사업용도로 차입한 객관적인 부채에 한함
미지급소득세(주2)	개인기업 결산시 미지급소득세 계상시 인정. 단, 주의 필요
퇴직급여충당금	현실적인 퇴직에 따른 퇴직급여를 지급하지 않고 장부에 승계하는 경우 기업회계기준을 준용하여 작성한 장부가액
기타 부채(주3)	기업회계기준을 준용하여 작성한 장부가액
③ 순자산가액(① - ②)	현물출자가액

(주1) **영업권의 평가 및 계산시 주의사항**

자본금을 결정하는 순자산가액 결정시 영업권은 고려되지 않지만, 포괄적 사업양수도시 양수도자산과 별도로 그 사업으로 소요하고 있는 인허가 등, 법률상의 특권 등 및 영업상의 이점 등을 고려하여 적절한 방법으로 평가한 가액을 유상으로 취득한 경우 해당 영업권은 자산으로 인정된다. 따라서 사업양수도시 영업권에 대한 적정대가를 수수하지 아니하는 경우 부당행위계산부인 규정이 적용되는 것이다. 다만, 현물출자가액에 자기창설영업권이 포함된 때에는 해당 영업권은 이월과세가 적용되지 아니한다.

○ 부동산거래 - 738, 2011.8.22., 조세특례제한법 기본통칙 32 - 29…2 제1항
법인전환의 경우 출자금액의 기준이 되는 **순자산가액 계산할 때 영업권가액은 포함하지 아니한다.**

○ 부동산거래 - 560, 2011.7.5.
거주자가 사업용고정자산을 현물출자하여 2012.12.31.까지 법인(소비성서비스업을 경영하는 법인은 제외)으로 전환하는 경우로서 현물출자가액에 자기창설영업권이 포함된 때에는 자기창설영업권은 「조세특례제한법」 제32조 제1항에 따른 이월과세를 적용받을 수 없음.

(주2) **미지급소득세의 부채 승계 여부에 대한 주의사항**

법인전환의 경우 출자금액의 기준이 되는 순자산가액을 계산하는 때에는 법인전환일 이전에 발생된 당해 사업장의 소득에 대한 미지급소득세가 부채로서 공제되기 위해서는 개인기업의 결산시 미지급소득세를 계상한 경우 부채로 승계할 수 있다(재재산 46070 - 272, 1998.9.23.). 이처럼 "이월과세"의 입법취지와 법인기업의 사업양수도시 미지급법인세가 부채로 인정되는 측면에서 살펴보면 개인사업장의 소득에 대한 미지급세금은 부채로 승계하는 것이 합리적인 세무처리로 판단된다.
하지만, 과세관청의 다른 하기 유권해석에서는 미지급소득세에 대한 질의에 대한 회신내용이 불명확한 상태라 실제 실무적용 시에는 명확한 해석을 확인하고 진행하기 바란다.

○ 서이 46012 - 10132, 2002.1.22.
법인이 개인사업자의 소득세를 납부한 경우 이를 당해 법인의 손금에 산입할 수 없는 것이며, 법인의 소득금액계산상 익금에 산입한 금액은 그 귀속자에 따라 상여 등 법인세법 시행령 제106조의 규정에 따라 소득처분하는 것임.

(주3) 순자산가액 계상시 주의사항

○ 조심 2015중2375, 2016.10.17.
법인전환을 위한 현물출사 직전에 소멸하는 **사업장(개인사업체)과 직접 관련이 없이 금융채무를 발생시켜 축소된 순자산가액을 출자하여 법인으로 전환하는 경우 사업의 동일성을 유지하면서 사업을 운영하는 형태만 변경하였다고 보기 어려움**[이월과세대상 아님].

○ 대법원 2016두62771, 2017.3.9. 판결
- 쟁점: 개인사업자가 법인으로 전환하면서 현물출자 바로 직전에 예금을 인출하여 자산이 축소된 경우, 인출 예금을 개인사업자의 자산에 포함하여 순자산가액을 산출하여야 하는지 여부
- 판결요지: 현물출자를 통한 법인전환 시의 순자산가액은 현물출자 당시를 기준으로 산출하므로 현물출자 이전에 인출된 예금은 자산에 포함되지 않음.

나) 자본금 결정방법

법인전환 시 이월과세를 적용받기 위한 신설되는 법인의 자본금은 개인기업의 사업용 자산을 현물출자하여 법인으로 전환하는 사업장의 순자산가액 이상이어야 한다. 따라서 실무적으로 이월과세 요건 충족을 위해서 현물출자가액에 추가로 현금을 출자하여 자본금이 순자산가액 이상이 되게 하는 경우도 있다. 이는 순자산가액 등의 변동으로 인하여 자본금이 순자산가액에 미달하는 것을 미연에 방지하기 위한 조치이기도 하다.

만약, 법인전환 시 설립법인의 자본등록면허세를 회피하기 위해서 자본금을 낮추고자 인위적으로 부채를 발생시키는 행위를 통하여 순자산가액을 낮게 설정하는 경우 향후 세무조사 등으로 부채를 부인당하게 되면 이월과세요건에 해당되지 아니할 수 있는 세무상 위험이 있으므로 반드시 주의가 필요하다.

3) 현물출자의 양도시기

양도소득세의 양도·취득시기는 당해 자산의 대금을 청산한 날을 원칙으로 한다. 이때 대금청산일이 불분명한 경우 등기부·등록부·명부 등에 기재된 등기·등록접수일 또는 명의개서일이 양도·취득시기가 되나 현물출자를 통한 법인설립시의 양도시기는 설립등기일이 되는 것으로 판단된다.

○ 부동산거래-664, 2012.12.7.
거주자가 사업용고정자산을 현물출자하는 방법으로 법인으로 전환하는 경우, 「조세특례제한법」 제32조에 따른 법인전환시기는 「상법」에 따른 **법인설립등기일**이 되는 것임.

○ 대법원 98두7558, 2000.6.23.

조세특례제한법 제32조 규정의 법인전환에 대한 양도소득세 이월과세를 적용함에 있어, 거주자가 그 사업용고정자산을 신설법인에 현물출자하여 법인전환하는 경우 해당 부동산의 양도시기는 **법인설립등기일**로 보아야 함.

4) 현물출자에 의한 법인전환 당사자별 세무요약

현물출자에 의한 법인전환이 조세특례제한법상 이월과세요건을 충족하는 지 여부에 따른 현물출자 법인전환 당사자별 세무를 요약하면 다음과 같다.

당사자	세 목	과세특례	비과세특례
거주자 개인	• 양도소득에 대한 이월과세	개인부담 면제 (법인에서 부담)	과세
	• 양도소득의 지방소득세 이월과세		
	• 부가가치세 대상 여부	해당 여부 판단	해당 여부 판단
	• 과점주주 취득세	과세 제외	과세 제외
	• 종합소득세 신고	신고	신고
	• 출자자의 제2차 납세의무	해당	해당
신설 법인	• 승계한 자산의 평가	시가	시가
	• 자산에 대한 취득세 등	75%경감(자본등록세부담)	과세
	• 이월결손금 승계 여부	미승계	미승계
	• 공제 및 감면 승계 여부	승계	미승계

5) 거주자 개인사업자의 세무

가) 양도소득에 대한 이월과세

(1) 이월과세의 의의

'이월과세'라 함은 개인이 당해 사업에 사용되는 사업용고정자산 등(이하 "종전사업용고정자산 등")을 법인에게 현물출자 등을 통하여 양도하는 경우 이를 양도하는 개인에 대하여는 소득세법상 양도소득에 대한 소득세를 과세하지 아니하고, 그 대신 이를 양수한 법인이 당해 사업용고정자산 등을 양도하는 경우 개인이 종전사업용고정자산 등을 동 법인에게 양도한 날이 속하는 과세기간에 다른 양도자산이 없다고 보아 계산한 소득세법 규정에 의한 양도소득산출세액 상당액을 법인세로 납부하는 것을 말한다[443].

즉, 이월과세를 적용받게 되는 경우에는 개인의 소득세에 대한 납세의무가 법인의 법인세 납세의무로 변경됨과 동시에 법인이 자산의 양도시점까지 납부시기가 이연되는 효과가 발생하게 된다.

(2) 이월과세금액 및 사후관리

이월과세금액 및 사후관리 요건은 다음과 같으며, 이월과세를 적용받고자 하는 거주자는 현물출자를 한 날이 속하는 과세연도의 과세표준신고시 새로이 설립되는 법인과 함께 이월과세적용신청서를 납세지 관할 세무서장에게 제출하여야 한다[444].

구 분	내 용
이월과세금액 (양도소득 산출세액)	= 〔사업용고정자산 양도가액－동 자산의 취득가액 등－장기보유 특별공제－양도소득 기본공제(2.5백만원)〕 × 양도세율 * 양도·취득가액은 실질거래가액 원칙, 불분명한 경우 시가판정 순서에 따라 결정
이월과세액의 납부방법	① 원칙: 사업용고정자산의 양도시 해당 양도자산의 양도소득세상당액을 **법인이 납부**[445] ② 특례: 사후관리(A) 위배시 이월과세액을 **거주자 개인이 납부** ③ 예외: 이월과세대상 건물을 철거 후 신축할 경우 건물을 철거한 때에 건물에 대한 이월과세액을 법인세로 납부[446]
사후관리(A) (5년간)	법인의 설립등기일[447]부터 5년 이내에 다음 각 호의 어느 하나에 해당하는 사유가 발생하는 경우에는 이월과세를 적용받은 거주자가 사유발생일이 속하는 달의 말일부터 2개월 이내에 이월과세액(이미 납부한 이월과세세액 제외)을 양도소득세로 납부하여야 한다. 1. 법인이 거주자로부터 승계받은 **사업을 폐지**(a)하는 경우 2. 거주자가 법인전환으로 취득한 **주식의 50% 이상을 처분**(b)하는 경우
사업의 폐지(a)	**사업용고정자산의 2분의 1 이상을 처분하거나 사업에 사용하지 않는 경우**는 사업의 폐지로 본다. 다만 다음 각 호는 그러하지 아니한다. 1. 전환법인이 파산하여 승계받은 자산을 처분한 경우 2. 전환법인이 「법인세법」 제44조 제2항에 따른 합병, 같은 법 제46조 제2항에 따른 분할, 같은 법 제47조 제1항에 따른 물적분할, 같은 법 제47조의 2 제1항에 따른 현물출자의 방법으로 자산을 처분한 경우 3. 전환법인이 「채무자 회생 및 파산에 관한 법률」에 따른 회생절차에 따라 법원의 허가를 받아 승계받은 자산을 처분한 경우
주식의 처분(b)	주식 또는 출자지분의 **유상이전, 무상이전, 유상감자 및 무상감자(주주의 소유주식비율에 따라 균등하게 소각하는 경우는 제외)를 포함**한다. 다만, 다음 각 호

443) 조세특례제한법 제2조 제1항 6호
444) 조세특례제한법 제32조, 동법 시행령 제29조

구 분	내 용
	는 그러하지 아니한다. 1. 해당 거주자가 **사망**하거나 파산하여 주식을 처분하는 경우 2. 해당 거주자가 적격합병이나 적격분할의 방법으로 주식을 처분하는 경우 3. 해당 거주자가 법 제38조에 따른 주식의 포괄적 교환·이전 또는 법 제38조의 2에 따른 주식의 현물출자의 방법으로 과세특례를 적용받으면서 주식 또는 출자지분을 처분하는 경우(2018. 2. 13. 개정) 4. 해당 거주자가 「채무자 회생 및 파산에 관한 법률」에 따른 회생절차에 따라 법원의 허가를 받아 주식을 처분하는 경우 5. 해당 거주자가 법령상 의무를 이행하기 위하여 주식을 처분하는 경우 6. 해당 거주자가 가업의 승계를 목적으로 해당 가업의 주식을 증여하는 경우로서 수증자가 **가업승계 증여세 과세특례를 적용받은 경우**

① 이월과세 적용대상 자산의 취득가액 계산

조세특례제한법상 중소기업간 통합 및 현물출자 등 법인전환에 따른 이월과세를 적용함에 있어서 이월과세 적용대상자산의 취득가액은 당해 자산 취득당시의 실지거래가액으로 한다. 취득당시의 실지거래가액이 불분명한 때에는 통합일·법인전환일 또는 현물출자일 현재의 당해 자산에 대하여 다음 각 호의 규정을 순차로 적용하여 계산한 금액을 「소득세법 시행령」 제176조의 2 제2항 제2호의 규정을 준용하여 환산한 가액으로 한다[448].

1. 「감정평가 및 감정평가사에 관한 법률」에 따른 감정평가업자가 감정한 가액이 있는 경우 그 가액. 다만, 증권거래소에 상장되지 아니한 주식 등을 제외한다.
2. 「상속세 및 증여세법」 제38조·동법 제39조 및 동법 제61조 내지 제64조의 규정을 준용하여 평가한 가액

취득가액의 환산(「소득세법 시행령」 제176조의 2 제2항 규정)

1. 주식 등이나 기타 자산의 경우에는 다음 산식에 의하여 계산한 가액

$$\text{양도당시의 실지거래가액, 제3항 제1호의 매매사례가액 또는 동항 제2호의 감정가액} \times \frac{\text{취득당시의 기준시가}}{\text{양도당시의 기준시가}}$$

445) 법인세 납부방법: 별지 제8호(을)서식 '4. 이월과세' 및 별지 제3호 서식 '감면분 추가납부세액'에 기재 후 납부
446) 재산세과-296. 2009.9.23., 서면5팀-245, 2006.9.26.
447) 조세특례제한법 제32조 제5항(설립일에서 설립등기일로 개정_ 2018.1.1. 이후부터 시행)
448) 조세특례제한법 시행규칙 제15조

2. 토지·건물 및 부동산을 취득할 수 있는 권리의 경우에는 다음 계산식에 따른 금액. 이 경우 「부동산 가격공시에 관한 법률」에 따른 개별주택가격 및 공동주택가격(이들에 부수되는 토지의 가격을 포함한다)이 최초로 공시되기 이전에 취득한 주택과 부수토지를 함께 양도하는 경우에는 다음 계산식 중 취득당시의 기준시가를 제164조 제7항에 따라 계산한 가액으로 한다.

$$\text{양도당시의 실지거래가액, 제3항 제1호의 매매사례가액 또는 동항 제2호의 감정가액} \times \frac{\text{취득당시의 기준시가}}{\text{양도당시의 기준시가(제164조 제8항의 규정에 해당하는 경우에는 동항의 규정에 의한 양도당시의 기준시가)}}$$

② 사업의 폐지 해당 여부

승계받은 사업용고정자산에 대한 사업의 폐지 여부를 판단함에 있어서 5년간 사업용고정자산의 50% 이상 처분 없이 계속해서 사업에 사용하면 사업의 폐지로 보지 아니하는 것으로 판단된다. 이는 승계받은 업종을 새로운 업종으로 변경한 경우에도 사업의 폐지로 보지 아니하는 유권해석(서면법규-1265, 2014.12.2.)에 따른 것이나, 승계받은 사업을 취득일부터 5년(2019.1.1. 이후분부터 시행(2018.12.31.까지 면제분은 2년)) 이내에 폐업하는 경우에는 면제 받은 취득세를 추징당하는 문제가 발생할 수 있다.

따라서 사업의 폐업 등에 대해서는 다음의 유권해석 및 이월과세의 사후관리와 취득세의 추징사유에 대한 종합적인 검토가 반드시 필요할 것이다.

○ 서면법령재산-3439, 2017.3.30.

임차법인인 을법인이 임대법인인 갑법인을 흡수합병 후 갑법인의 임대사업장을 을법인이 자가사용하는 것은 조특법 제32조 [법인전환에 대한 양도소득세의 이월과세]의 사후관리 위반에 해당하지 아니함.

○ 서면법령재산-3122, 2016.10.26.

부동산임대업을 영위하는 거주자가 사업용고정자산을 현물출자하거나 사업양수도 방법에 의하여 법인으로 전환(이하 '전환법인'이라 함)하는 경우 그 사업용고정자산에 대하여 「조세특례제한법」 제32조에 따른 이월과세를 적용받을 수 있는 것이며, 이월과세를 적용받은 전환법인이 해당 부동산을 임차하고 있는 다른 법인을 흡수합병하여 해당 부동산을 처분함이 없이 계속 사용하는 경우에는 「조세특례제한법」 제32조 제5항 제1호에 따른 거주자로부터 승계받은 사업의 폐지에 해당하지 아니하는 것임.

○ 서면법규-1265, 2014.12.2.

전환법인이 거주자로부터 승계받은 종전의 업종에 새로운 업종을 추가하거나 새로운 업종으로 변경하는 것은 같은 법 제32조 제5항 제1호에 따른 사업을 폐지하는 경우에 해당하지 아니함.

나) 법인전환에 대한 양도소득분 개인지방소득세의 이월과세

(1) 지방세특례제한법상 이월과세의 의의

"이월과세"란 개인이 해당 사업에 사용되는 사업용고정자산 등(이하 "종전사업용고정자산등")을 현물출자 등을 통하여 법인에 양도하는 경우 이를 양도하는 개인에 대해서는 「지방세법」 제103조에 따른 양도소득에 대한 개인지방소득세 (이하 "양도소득분 개인지방소득세")를 과세하지 아니하고, 그 대신 이를 양수한 법인이 그 사업용고정자산 등을 양도하는 경우 개인이 종전사업용고정자산등을 그 법인에 양도한 날이 속하는 과세기간에 다른 양도자산이 없다고 보아 계산한 같은 법 제103조의 3에 따른 양도소득에 대한 개인지방소득세 산출세액(이하 "양도소득분 개인지방소득 산출세액"이라 한다) 상당액을 법인지방소득세로 납부하는 것을 말한다[449].

(2) 이월과세 신청방법

양도소득분 개인지방소득세의 이월과세를 적용받으려는 자는 현물출자 또는 사업 양도・양수를 한 날이 속하는 과세연도의 과세표준신고 시 새롭게 설립되는 법인과 함께 행정안전부령으로 정하는 이월과세적용신청서를 납세지 관할 지방자치단체의 장에게 제출하여야 한다. 다만, 「조세특례제한법 시행령」 제29조 제4항에 따라 납세지 관할 세무서장에게 양도소득세 이월과세를 신청하는 경우에는 개인지방소득세에 대한 이월과세도 함께 신청한 것으로 본다[450].

다) 부가가치세 대상 여부

부가가치세법상 재화의 공급으로 보지 아니하는 사업의 양도에는 현물출자에 따른 법인전환에 대하여 명시적으로 규정하고 있지 아니하다.

449) 지방세특례제한법 제2조 제1항 제14호
450) 지방세특례제한법 시행령 제73조 제3항

부가가치세법상 사업의 양도 (동법 시행령 제23조)

사업장별(「상법」에 따라 분할하거나 분할합병하는 경우에는 같은 사업장 안에서 사업부문별로 구분하는 경우를 포함한다)로 그 사업에 관한 모든 권리와 의무를 포괄적으로 승계시키는 것(「법인세법」 제46조 제2항 또는 제47조 제1항의 요건을 갖춘 분할의 경우 및 양수자가 승계받은 사업 외에 새로운 사업의 종류를 추가하거나 사업의 종류를 변경한 경우를 포함한다)을 말한다. 이 경우 그 사업에 관한 권리와 의무 중 다음 각 호의 것을 포함하지 아니하고 승계시킨 경우에도 그 사업을 포괄적으로 승계시킨 것으로 본다.

1. 미수금에 관한 것
2. 미지급금에 관한 것
3. 해당 사업과 직접 관련이 없는 토지 · 건물 등에 관한 것으로서 기획재정부령으로 정하는 것

즉, 부가가치세법상 사업양도에 해당하기 위해서는 다음의 요건을 충족하여야 한다.

첫째, 사업장별로 사업의 승계가 이루어져야 하며

둘째, 사업에 관한 모든 권리와 의무가 포괄적으로 승계되어야 하고

셋째, 사업의 동질성이 유지되어야 한다.

따라서 현물출자에 따른 법인전환시 부가가치세법상 과세대상 여부에 대하여는 이월과세 여부와 별개로 포괄적인 사업양수도에 해당하는지 여부를 판단해야 할 것이다.

라) 과점주주 취득세

법인의 주식 또는 출자지분을 50% 초과 취득함으로써 과점주주가 되었을 때에는 그 과점주주가 해당 법인(유가증권시장상장법인 제외)의 부동산 등을 취득한 것으로 보아 간주취득세를 과세하지만 법인설립 시에 발행하는 주식 또는 지분을 취득함으로써 과점주주가 된 경우에는 취득으로 보지 아니한다[451].

따라서 법인전환은 법인을 설립하는 것이므로 과점주주 취득세는 과세되지 아니한다.

마) 사업소득에 대한 종합소득세 신고

개인기업을 법인으로 전환하는 개인기업의 거주자는 법인전환일이 속하는 연도의 1월 1일부터 폐업일[법인전환기준일]까지의 사업소득에 대하여 다음 해 5월 말까지 거주자의 주소지 관할 세무서에 종합소득세를 신고납부하여야 한다[452].

451) 지방세법 제7조 제5항

바) 출자자의 제2차 납세의무

국세와 지방세의 제2차 납세의무란 법인의 재산으로 그 법인(국세는 유가증권시장 및 코스닥시장 상장법인 제외, 지방세는 유가증권시장 상장법인 제외)에 부과되거나 그 법인이 납부할 국세 및 체납처분비와 지방자치단체의 징수금에 충당하여도 부족한 경우에는 그 국세와 지방세의 납세의무 성립일 현재 무한책임사원과 과점주주에 해당하는 자는 그 부족액에 대하여 제2차 납세의무를 진다. 다만, 과점주주의 경우에는 그 부족한 금액을 그 법인의 발행주식 총수(**의결권 없는 주식은 제외**)로 나눈 금액에 해당 과점주주가 실질적으로 권리를 행사하는 주식수(의결권 없는 주식은 제외)를 곱하여 산출한 금액을 한도로 한다[453].

6) 신설법인의 세무

가) 승계한 순자산의 평가

현물출자에 의한 법인전환은 변태설립사항인 현물출자에 관한 것으로 법원의 인가(주식회사에 한함)를 받아야 하며, 현물출자로 취득한 순자산은 법인세법상 시가평가를 원칙으로 하고 있다[454].

나) 취득세 등 기타 세제

① 취득세 면제

「조세특례제한법」 제32조에 따른 현물출자 또는 사업 양도・양수에 따라 2021.12.31.까지 취득하는 사업용고정자산에 대해서는 취득세를 75% 경감(통계법 제22조에 따라 통계청장이 고시하는 한국표준산업분류에 따른 **부동산 임대 및 공급업에 대해서는 제외**한다)한다. 다만, 취득일부터 5년 이내에 정당한 사유 없이 해당 사업을 폐업하거나 해당 재산을 처분(임대를 포함. 단, 2020.8.12. 이전 부동산임대업의 임대는 제외) 또는 주식을 처분하는 경우에는 면제받은 취득세를 추징한다[455].

여기서 "정당한 사유"란 다음 각 호의 어느 하나에 해당하는 경우를 말한다[456].

1. 해당 사업용 재산이 「공익사업을 위한 토지 등의 취득 및 보상에 관한 법률」 또는 그

452) 소득세법 제70조
453) 국세기본법 제39조, 지방세기본법 제46조
454) 법인세법 시행령 제72조 제2항 제3호
455) 지방세특례제한법 제57조의 2 제4항[2019.1.1. 이후분부터 75% 경감 시행(2018.12.31.까지 100% 면제분은 취득일부터 2년간 사후관리)]. 부동산임대 및 공급업 제외 개정규정은 2020.8.12. 이후 사업용 고정자산을 취득하는 경우부터 적용함.
456) 지방세특례제한법 시행령 제28조의 2 (법인 합병의 범위 등) 제3항

밖의 법률에 따라 수용된 경우

2. 법령에 따른 폐업 · 이전명령 등에 따라 해당 사업을 폐지하거나 사업용 재산을 처분하는 경우
3. 「조세특례제한법 시행령」 제29조 제7항 각 호의 어느 하나(주식처분의 정당한 사유)에 해당하는 경우
4. 「조세특례제한법」 제32조 제1항에 따른 법인전환으로 취득한 주식의 100분의 50 미만을 처분하는 경우

취득세 면제관련 주의사항

취득세의 면제는 이월과세 적용받는 사업용고정자산에 한하여 본 규정이 적용되므로 비업무용부동산 및 비업무용소형승용차 등에 대하여는 취득세를 부담하여야 할 것이다.

② 취득세 면제분에 대한 농어촌특별세 과세

현물출자에 따른 법인전환시 취득세 면제분에 대한 농어촌특별세는 비과세규정이 없음에 따라 감면분에 대한 농어촌특별세 20%가 과세된다.

③ 등록면허세

신설법인은 설립 시 자본금의 0.4%(지방교육세 포함 0.48%)가 등록면허세로 과세된다[457]. 이는 이월과세 여부와 상관없이 부담하여야 한다. 이때 신설법인이 대도시 안에 설립되는 경우에는 자본등록면허세가 3배로 중과(1.44%)된다. 다만, 대도시 법인 중과세 예외업종(은행업, 유통산업, 전기통신업, 의료업, 여객운수사업, 소프트웨어사업, 중소기업 · 벤처기업제품 판매회사 등 지방세법 시행령 제26조에 해당 업종)에 해당하는 경우에는 중과세가 제외된다. 또한, 대도시에서 「부가가치세법」 또는 「소득세법」에 따른 사업자등록을 하고 5년 이상 제조업을 경영한 개인기업이 그 대도시에서 법인으로 전환하는 경우의 해당 기업은 중과세 제외 업종에 해당된다[458].

따라서 5년 이상 제조업을 영위한 개인기업의 법인전환은 등록면허세의 중과세가 적용되지 아니하나, 제조업을 제외한 중과세 예외업종이 아닌 개인기업이 대도시에서 법인전환 시 이에 따른 자본의 등록면허세는 중과세가 적용된다.

457) 지방세법 제28조 제1항 제6호
458) 지방세법 시행령 제44조, 지방세법 시행규칙 제5조 (법인전환 기업)

다) 이월결손금 미승계

법인전환은 개인사업의 폐업이 수반되며, 사업소득의 이월결손금은 승계되지 아니한다. 따라서 법인전환시기를 결정할 때 개인사업의 해당 이월결손금의 소진 여부를 고려해서 판단해야 한다.

라) 미공제세액 및 감면의 승계

조세특례제한법 제32조(법인전환에 대한 양도소득세의 이월과세) 규정을 충족하는 경우 개인기업이 조세특례제한법 제144조에 의한 미공제세액이 있는 경우 법인이 승계하여 공제받을 수 있다.

또한, 창업중소기업 감면, 수도권 밖의 중소기업 감면 및 농공지구입주기업 감면에 대하여 그 감면기간이 종료되기 전에 있는 경우 남은 기간 법인이 감면받을 수 있다[459].

2. 사업양수도에 의한 법인전환

가. 사업양수도에 의한 법인전환 개요

사업양수도에 의한 법인전환은 해당 사업을 영위하던 자가 발기인이 되어 순자산가액 금액 이상을 출자하여 법인을 설립하고, 그 법인설립일부터 3개월 이내에 해당 법인에게 사업에 관한 모든 권리와 의무를 포괄적으로 양도하는 것을 말한다. 즉, 개인기업을 법인으로 전환함에 있어서 상법상 법인 설립 후 개인사업을 법인에 포괄적으로 사업양수도하는 것을 말한다. 여기에 조세특례제한법상 이월과세요건을 충족하는 사업양수도 방식을 사업양수도에 의한 법인전환이라 한다.

나. 사업양수도에 의한 법인전환의 절차 및 일정

사업양수도에 의한 법인전환은 법인설립 후 사업양수도 계약을 체결하고 개인의 사업을 양수도하는 구조라 사업양수대금이 필요한 구조이다. 따라서 현금이 없는 경우는 사업양수도 보다는 현물출자방식을 이용하게 된다. 하지만, 사업양수도 방식은 현물출자방식보다 간편하나 국민주택채권에 대한 면제규정이 없어서 조세지원 효과는 적은 편이 특징이다.

459) 조세특례제한법 제32조 제4항, 동법 시행령 제31조 제4항 내지 제6항

| 사업양수도에 의한 법인전환 절차 및 일정 |

절차 및 일정		관련 규정 내용
법인설립 사전준비	D-10 이전	• 우선 법인전환 가능성 검토 및 법률, 조세문제 검토 • 1인 이상 발기인 구성 및 상호 결정 (동일 지역 내 동일 영업을 영위하는 법인상호가 있는지 검토) • 사업양수도 절차 및 일정 확인
순자산가액의 추정 (자산의 감정 포함)		• 신설법인 자본금은 순자산가액 이상이어야 하므로 사전에 추정가액이 필요함.
법인자본금 결정과 법인설립	~ D	• 자본금은 순자산가액 이상이 되게 결정 • 법인설립등기 완료
사업양수도 계약체결	~ D	• 포괄적 사업양수도 계약(법인 대표이사와 개인사업주 간) • 이사의 자기거래에 대한 이사회 결의 및 주주총회 특별결의 필요
법인설립신고 및 사업자등록 신청	D-3	• 법인전환기일 전에 사업자등록증을 발급받아야 하기 때문에 사업자등록신청의 법정처리기간 3일 이전에 통상 신청 • 사업등록 신청서류는 법인설립신고 및 사업자등록증신청서 1부 등 필요
자산의 감정	~ D	• 법인전환일의 감정평가는 필수사항은 아니지만, 세무상 부당행위계산부인 등 규정을 적용받을 수 있어서 공정가치 계산을 위한 감정평가가액 필요
개인기업의 결산	D-10 ~ D+24	• 법인전환기준일(D)이 속하는 달의 말일부터 25일 이내에 결산을 확정해야 부가가치세를 확정신고 할 수 있음. • 결산자료는 순자산가액을 산출하는 기초자료가 되기 때문에 신속 · 정확하게 진행해야 전체 법인전환 일정에 지장이 없음
법인전환기준일	D	• 소득세 과세기준 및 부가가치세 폐업기준일
개인기업의 부가가치세 확정신고	D+25	• 법인전환기준일(D)이 속하는 달의 말일부터 25일 이내
개인기업의 폐업신고	D+	• 폐업(법인전환기준일) 후 지체 없이[460)]
명의이전 등 후속 조치	D+	• 개인명의 재산을 법인명의로 이전하는 작업 • 이월과세신청서 제출(사업양수도일이 속하는 달의 말일부터 2개월 이내)
		• 취득세 감면신청서 제출(취득일로부터 60일 이내) • 이월과세를 위해서는 설립등기 후 3개월 내에 사업관련 모든 권리의무 포괄적 양도[461)]

460) 부가가치세법 시행령 제13조
461) 조세특례제한법 시행령 제29조 제2항

다. 사업양수도에 의한 법인전환의 세무

1) 양도소득세 이월과세 요건

조세특례제한법상 거주자가 다음의 요건을 모두 충족하는 사업용고정자산을 **포괄적인 사업 양수도의 방법**에 따라 소비성서비스업을 제외한 법인으로 전환하는 경우 이를 양도하는 개인에 대하여는 소득세법상 양도소득에 대한 소득세를 과세하지 아니하는 이월과세를 적용받을 수 있다. 다만, 해당 사업용고정자산이 주택 또는 주택을 취득할 수 있는 권리인 경우는 제외한다[462].

여기서 포괄적인 사업양수도 방법이란 해당 사업을 영위하던 자가 발기인이 되어 순자산가액 이상을 출자하여 법인을 설립하고, 그 법인 설립일부터 3개월 이내에 해당 법인에게 개인사업에 관한 모든 권리와 의무를 포괄적으로 양도하는 것을 말한다[463].

구 분	이월과세 요건
거주자/발기인 요건	개인사업주가 거주자이면서 신설법인의 발기인이 되어야 함. * "거주자"란 국내에 주소를 두거나 183일 이상의 거소를 둔 개인을 말함.
대상자산 요건	다음의 사업용고정자산 ① 당해 사업에 직접 사용하는 유형자산 및 무형자산 * 즉, 사업에 직접 사용하지 아니하는 토지나 건설중인 자산(그에 딸린 토지 포함) 또는 재고자산을 현물출자하는 경우에는 이월과세가 적용되지 아니한다(조세특례제한법 집행기준 32-29-1). ② 1981.1.1. 이후에 취득한 부동산으로서 업무무관부동산 제외 ③ **주택 또는 주택을 취득할 수 있는 권리 제외**(2021.1.1. 이후 현물출자하거나 법인전환하는 분부터 적용함)
업종 요건	다음의 소비성서비스업을 제외한 업종 ① 호텔업 및 여관업(관광진흥법에 의한 관광숙박업을 제외) ② 주점업(일반·무도유흥주점업 및 단란주점영업(관광진흥법에 따른 외국인전용유흥음식점업 및 관광유흥음식점업은 제외)) ③ 그 밖에 오락·유흥 등을 목적으로 하는 사업
자본금 요건	신설법인의 자본금은 소멸하는 사업장의 순자산가액 이상일 것
포괄적인 사업양수도 요건	그 법인설립일(=법인설립등기일)부터 3개월 이내에 해당 법인에게 사업에 관한 모든 권리와 의무를 포괄적으로 양도

462) 조세특례제한법 제32조 제1항
463) 조세특례제한법 시행령 제29조 제2항

구 분	이월과세 요건
이월과세 신청	사업양수도를 한 날이 속하는 과세연도의 과세표준신고(예정신고를 포함) 시 새로이 설립되는 법인과 함께 이월과세적용신청서를 납세지 관할 세무서장에게 제출하여야 한다.

사업양수도에 의한 법인전환은 상기 이월과세 요건 이외의 순자산가액 결정 등의 내용은 앞서 설명한 "1. 다. 현물출자에 의한 법인전환의 세무"편을 준용하기 바란다.

2) 사업양수도에 의한 법인전환 당사자별 세무요약

사업양수도에 의한 법인전환이 조세특례제한법상 이월과세 요건을 충족하는지 여부에 따른 사업양수도 법인전환 당사자별 세무를 요약하면 다음과 같다.

당사자	세 목	과세특례	비과세특례
거주자 개인	• 양도소득에 대한 이월과세 (지방소득세의 이월과세 포함)	개인부담 면제 (법인에서 부담)	과세
	• 부가가치세 대상 여부	과세대상 아님.	해당 여부 판단
	• 과점주주 취득세	과세 제외	과세 제외
	• 종합소득세 신고	신고	신고
	• 출자자의 제2차 납세의무	해당	해당
신설 법인	• 승계한 자산의 평가	시가	시가
	• 자산에 대한 취득세 등	75% 경감(자본등록세 부담)	과세
	• 이월결손금 승계 여부	미승계	미승계
	• 공제 및 감면 승계 여부	승계	미승계

사업양수도 법인전환의 세무는 앞서 설명한 "1. 다. 현물출자에 의한 법인전환의 세무"편을 준용하기 바란다.

다만, 이월과세대상 사업양수도 법인전환은 포괄적인 사업양수도에 해당되는 경우 이월과세대상이 되므로 당연 부가가치세가 비과세대상인 점에서 현물출자방식과 차이가 있다.

3. 중소기업간 통합에 의한 법인전환

가. 중소기업간 통합에 의한 법인전환 개요

중소기업간 통합에 의한 법인전환은 소비성서비스업을 제외한 업종을 경영하는 중소기업 간의 통합으로 인하여 소멸되는 중소기업이 사업용고정자산을 통합에 의하여 설립된 법인 또는 통합 후 존속하는 법인(이하 "통합법인"이라 한다)에 양도하는 경우 그 사업용고정자산에 대해서는 이월과세를 적용받을 수 있다[464].

여기서 중소기업간의 통합이라 함은 소비성서비스업(소비성서비스업과 다른 사업을 겸영하고 있는 경우에는 부동산양도일이 속하는 사업연도의 직전사업연도의 소비성서비스업의 사업별 수입금액이 가장 큰 경우에 한한다)을 제외한 사업을 영위하는 중소기업자(「중소기업기본법」에 의한 중소기업자)가 당해 기업의 사업장별로 그 사업에 관한 주된 자산을 모두 승계하여 사업의 동일성이 유지되는 것으로서 이월과세 요건을 갖춘 것을 말한다. 이 경우 설립 후 1년이 경과되지 아니한 법인이 출자자인 개인(「국세기본법」 제39조 제2항의 규정에 의한 과점주주에 한한다)의 사업을 승계하는 것은 이를 통합으로 보지 아니한다[465].

따라서 중소기업간의 통합에 의한 법인전환은 그 사업에 관한 모든 권리와 의무를 포괄적으로 양수도하는 포괄적인 양수도개념과는 약간 다르다고 할 수 있다.

나. 중소기업간 통합에 의한 법인전환의 절차 및 일정

중소기업간 통합에 의한 법인전환의 유형은 다음 4가지로 구분된다.

① 개인중소기업 + 개인중소기업 = 법인신설

② 개인중소기업 + 법인중소기업 = 법인신설

③ 개인중소기업 + 법인중소기업 = 법인중소기업에 흡수통합

④ 법인중소기업A + 법인중소기업B = 법인중소기업간 통합(A 또는 B, 신설법인 C)

여기서 중소기업간 통합을 위한 출자방식에 대하여는 명시적인 규정은 없는 상태이므로 이월과세 요건을 충족하는 현물출자나 사업양수도 방식 등도 가능한 상태이다. 하지만, 중소기업간 통합에 의한 법인전환이 이월과세를 적용받기 위해서는 법인으로 전환하는 개인사업주는 신설 또는 존속법인의 주주가 되어야 하기 때문에 실무적으로는 현물출자방식으로 법인전환의 절차를 진행하고 있는 상태이다.

따라서 개인기업과 법인기업의 통합에 의한 법인전환에서 실무적으로 많이 이용되는 현물출자방식을 살펴보기로 한다.

---

464) 조세특례제한법 제31조 제1항

465) 조세특례제한법 시행령 제28조 제1항

| 개인기업과 법인기업의 통합에 의한 법인전환 절차 및 일정: 현물출자 방식 |

절차 및 일정		관련 규정 내용
중소기업간 통합 사전준비	D-10 이전	• 우선 법인전환가능성 검토 및 통합관련 법률, 조세문제 검투 • 신주발행 순비와 청약(현물출자, 제3자배정 등 관련 정관 확인 및 주주총회 특별결의[466) 등) • 통합에 의한 법인전환 절차 및 일정
중소기업통합계약서 체결	~ D	• 개인 사업주와 법인 대표이사 간 계약체결 • 현물출자가액의 결정방법 기재 등
사업자등록 신청	D-3	• 법인전환기일 전에 사업자등록증을 발급받아야 하기 때문에 사업자등록 신청의 법정처리기간 3일 이전에 개인사업장에 대한 법인명의 사업자등록 신청
자산의 감정	~ D	• 법인전환기준일 시점의 현물출자대상 자산에 대한 감정평가기관의 감정
개인기업의 결산	D-10 ~ D+24	• 법인전환기준일(D)이 속하는 달의 말일부터 25일 이내에 결산을 확정해야 부가가치세를 확정신고할 수 있음. • 결산자료는 현물출자가액(=순자산가액)을 산출하는 기초자료가 되기 때문에 신속·정확하게 진행해야 전체 법인전환 일정에 지장이 없음.
법인전환기준일	D	• 소득세 과세기준 및 부가가치세 폐업기준일
공인회계사 회계감사	D+24	• 개인기업 결산에 대한 회계감사
개인기업의 부가가치세 확정신고	D+25	• 법인전환기준일(D)이 속하는 달의 말일부터 25일 이내
개인기업의 폐업신고	D+	• 폐업(법인전환기준일) 후 지체 없이
현물출자가액과 신주발행가액 결정	D+	• 회계감사가 종료되면 현물출자가액 결정 • 신주가액은 순자산가액 이상이어야 함.
검사인 선임 신청·조사	D+	• 현물출자 사항에 대한 법원의 검사인 조사 신청(공인된 감정인으로 조사 갈음 가능)
자본변경등기	D+	• 검사인 등의 조사보고서가 송달된 날(또는 법원의 변경처분이 완료된 날)로부터 2주간 이내
명의이전 등 후속 조치	D+	• 개인명의 재산을 법인명의로 이전하는 작업 • 이월과세신청서 제출(현물출자 양도일이 속하는 달의 말일부터 2개월 이내) • 취득세 감면신청서 제출(취득일로부터 60일 이내)

466) 상법 제374조

다. 중소기업간 통합에 의한 법인전환의 세무

1) 양도소득세 이월과세 요건

조세특례제한법상 소비성서비스업을 제외한 중소기업 간의 통합으로 인하여 소멸되는 중소기업이 사업용고정자산을 통합에 의하여 설립된 법인 또는 통합 후 존속하는 법인(이하 "통합법인")에 양도하는 경우 그 사업용고정자산에 대해서는 이월과세를 적용받을 수 있다[467].

구 분	이월과세 요건
중소기업간 통합 요건	소비성서비스업을 제외한 사업을 영위하는 「중소기업기본법」에 의한 중소기업자가 당해 기업의 사업장별로 그 사업에 관한 주된 자산을 모두 승계하여 사업의 동일성이 유지되는 것으로서 다음 각 호의 요건을 갖춘 것을 말한다. 이 경우 **설립 후 1년이 경과되지 아니한 법인이 출자자인 개인(과점주주에 한한다)의 사업을 승계하는 것은 이를 통합으로 보지 아니한다.** 1. 소멸하는 중소기업자 내국인(거주자, 국내법인)이 통합법인의 주주 또는 출자자일 것 2. 취득한 통합법인의 주식가액이 **소멸하는 사업장의 순자산가액**(통합일 현재의 시가로 평가한 자산의 합계액에서 충당금을 포함한 부채의 합계액을 공제한 금액을 말한다) **이상일 것**
대상자산 요건	다음의 사업용고정자산 ① 당해 사업에 직접 사용하는 유형자산 및 무형자산 * 즉, 사업에 직접 사용하지 아니하는 토지나 건설중인 자산(그에 딸린 토지 포함) 또는 재고자산을 현물출자하는 경우에는 이월과세가 적용되지 아니한다(조세특례제한법 집행기준 32-29-1). ② 1981.1.1. 이후에 취득한 부동산으로서 업무무관부동산 제외
업종 요건	다음의 소비성서비스업을 제외한 업종 ① 호텔업 및 여관업(관광진흥법에 의한 관광숙박업을 제외) ② 주점업(일반 · 무도유흥주점업 및 단란주점영업(관광진흥법에 따른 외국인전용유흥음식점업 및 관광유흥음식점업은 제외)) ③ 그 밖에 오락 · 유흥 등을 목적으로 하는 사업
이월과세 신청	통합일이 속하는 과세연도의 과세표준신고(예정신고를 포함)시 통합법인과 함께 이월과세적용신청서를 납세지 관할 세무서장에게 제출하여야 한다.

중소기업간 통합에 의한 법인전환은 상기 이월과세 요건 이외의 순자산가액 결정 등은 앞서 설명한 "1. 다. 현물출자에 의한 법인전환 세무"편을 준용하기 바란다.

---

467) 조세특례제한법 제31조 제1항

다만, 중소기업간 통합에 따른 이월과세 판단시 사업의 동일성이 유지되지 아니하면 이월과세를 적용받을 수 없는 차이점이 있으므로 반드시 주의가 필요하다. 여타 법인전환과의 차이나는 요건 및 주의 사항은 다음과 같다.

① 설립 후 1년이 경과된 법인과 통합요건 준수

중소기업간 통합의 "설립 후 1년이 경과된 법인"의 의미

○ 조심 2012지0708, 2013.4.10.

「조세특례제한법 시행령」 제28조 제1항 후단에서 "설립 후 1년"이 경과되지 아니한 법인이 출자자인 개인의 사업을 승계하는 것은 이를 통합으로 보지 아니하는 바, 이 규정의 법인설립기간을 단순히 사업운영에 따른 매출실적 유무로 한정하여 해석할 수 없다 할 것이고, **"설립"의 의미를 "법인설립등기일"이외에 다른 의미로 해석할 여지가 없다** 할 것이다.

즉, 청구법인은 법인설립(2011.1.14.)한 후 1년이 경과한 2012.2.23. 개인사업자의 사업용 재산을 취득하였으므로 과세면제 요건을 충족한 것으로 보이고, 법인설립 후 매출실적이 없다 하여 휴업으로 볼 수는 없다 할 것임. (인용)

○ 법인세과-403, 2012.6.21.

「조세특례제한법」 제31조 및 같은 법 시행령 제28조에 따른 양도소득세 이월과세를 적용함에 있어서 설립일은 **조직변경 전 법인의 설립일을 기준으로 판단한다.**

즉, 주식회사에서 유한회사로 조직변경 된 경우 "설립 후 1년"의 경과 여부 판단은 조직변경 전 법인인 주식회사의 설립일을 기준으로 판단 함.

② 승계사업의 동일성 유지요건 준수

중소기업간 통합의 경우 사업의 동일성이 유지되지 아니한 사례

○ 조세특례제한법 기본통칙 31-28-4

통합에 대한 양도소득세 이월과세는 통합으로 인해 소멸되는 기업의 사업장별로 그 사업에 관한 주된 자산을 모두 승계하여 사업의 동일성이 유지되는 경우에 한하여 적용하며, 임대업에 사용되던 자산을 제조업에 사용하는 경우 동일성이 유지되지 아니한 것으로 본다.

○ 조세특례제한법 기본통칙 31-28-3

소멸한 중소기업이 임대사업에 사용하던 주된 자산을 통합법인에게 양도한 후 통합법인이 해당 부동산을 자가 사용 및 일부 임대하는 경우에는 사업의 동일성이 유지되지 아니한 것으로 본다.

2) 중소기업간 통합에 의한 법인전환 당사자별 세무요약

중소기업간 통합에 의한 법인전환이 조세특례제한법상 이월과세요건을 충족하는지 여부에 따른 중소기업간 통합의 법인전환(현물출자방식) 당사자별 세무를 요약하면 다음과 같다.

당사자	세 목	과세특례	비과세특례
거주자 개인	• 양도소득에 대한 이월과세 (지방소득세에 대한 이월과세)	개인부담 면제 (법인에서 세부담)	과세
	• 부가가치세 대상 여부	해당 여부 판단	해당 여부 판단
	• 과점주주 취득세	해당시 과세	해당시 과세
	• 종합소득세 신고	신고	신고
	• 출자자의 제2차 납세의무	해당시	해당시
통합 법인	• 승계한 자산의 평가	시가	시가
	• 자산에 대한 취득세 등(주1)	75% 경감(자본등록세 부담)	과세
	• 이월결손금 승계 여부	미승계	미승계
	• 공제 및 감면 승계 여부	승계	미승계

(주1) 중소기업 통합에 대한 취득세 경감 규정은 조세특례제한법 제32조[법인전환 방식]과 달리 **부동산 임대업 및 공급업에 대한 제한규정은 없는 상태**이다.

중소기업 통합간 법인전환(현물출자방식)의 세무는 “현물출자방식에 의한 법인전환의 당사자별 세무내용”을 준용해서 참고하기 바란다. 여기서 양도소득에 대한 지방소득세의 이월과세 규정은 지방세특례제한법 제119조, 동법 시행령 제72조에서 규정하고 있으나, 관련 내용은 다른 규정과 동일한 상태이다.

다만, 중소기업 통합에 대한 취득세 면제 및 추징사유에 대하여는 다음과 같이 차이가 있으므로 유의하기 바란다.

중소기업 통합간 취득세 면제의 추징사유

「조세특례제한법」에 따른 중소기업간 통합에 따라 **설립되거나 존속하는 법인이 양수하는** 해당 사업용 재산에 대하여 2021.12.31.까지 취득세를 75% 경감한다[468]. 다만, 사업용 재산을 취득한 날부터 5년 이내에 다음 각 호의 어느 하나에 해당하는 사유가 발생하는 경우에는 면제받은 취득세를 추징한다.

1. 통합법인이 소멸되는 중소기업으로부터 승계받은 사업을 폐지하는 경우
2. 이월과세를 적용받은 내국인이 통합으로 취득한 통합법인의 주식 또는 출자지분의 50% 이상을 처분하는 경우

4. 개인기업의 법인전환 방법의 분석

가. 법인전환의 이월과세 요건 등 주요 차이점

개인기업의 법인전환 방법에 따른 조세특례제한법상 이월과세 요건 및 당사자들의 세무에서 주요 차이점을 요약하면 다음과 같다. 중소기업간 통합은 현물출자방식에 의한 통합을 가정한다.

구 분		현물출자	사업양수도	중소기업간 통합
이월과세 요건	해당 사업업종	소비성서비스업을 제외한 모든 업종		
	포괄적인 사업양수도 요건	없음	해당	없음(사업의 동일성 유지만)
	사업용고정자산의 사업의 계속성 요건	사업에 사용만으로 충족	좌동	사업의 동일성 유지 (다른 업종 사용 안됨)
	개인사업주의 신설법인 발기인 요건	한정하지 않음(주1)	있음	한정하지 않음
	법인의 주주 요건	당연 주주	있음	있음
	순자산가액 이상 발행 요건	자본금	자본금	신주가액
취득세 면제	취득세 75% 경감 대상	사업용 고정자산 (부동산임대 및 공급업 제외)		사업용 재산
	사후관리 기간 및 추징사유	취득일부터 5년 이내		취득한 날부터 5년 이내
		정당한 사유 없이		1. 사업의 폐지

468) 지방세특례제한법 제57조의 2 제3항 제5호(2019.1.1. 이후분부터 시행(2018.12.31.까지 100% 면제))

구 분		현물출자	사업양수도	중소기업간 통합
		1. 해당 사업을 폐업하거나 2. 해당 재산을 처분(임대를 포함) 3. 주식의 50% 이상 처분		2. 주식의 50% 이상 처분
국민주택채권 매입		1년 이상 사용한 고정자산의 현물출자 시 면제	부담	부담

(주1) 상법상의 법인설립시 현물출자는 발기인에 한정하던 규정이 삭제됨에 따라 과세특례규정에서도 발기인을 한정하지 않지만, 개인사업자는 실무상 발기인이 되어 법인설립절차를 진행함.

나. 개인기업의 법인전환 시 개선방향 논의

개인기업이 법인기업으로 전환하는 것은 단지 경제주체가 개인에서 법인으로 전환하는 것일 뿐 사업의 변경이 발생하는 것은 아니다. 이러한 이유로 인하여 조세특례제한법에서는 법인전환에 따른 사업용고정자산에 대한 양도소득세를 이월과세하고 있다. 하지만, 감가상각대상 자산의 경우 감정평가를 통하여 평가손실이 발생하는 경우 해당 평가손실은 개인결산에 반영하여 필요경비로 인정받을 수 없는 실정이다.

즉, 개인기업으로 계속유지 시 감가상각대상 자산의 경우 감가상각비로 필요경비 인정받을 수 있지만 법인전환 과정에서 감정평가를 받음에 따라 평가감된 재산의 가액은 어느 누구도 비용으로 인정받지 못하는 모순이 발생하게 된다. 반대로 감정평가로 평가증이 발생할 경우 해당 재산은 법인기업에서 감가상각비를 통하여 손금으로 인정받을 수 있다는 점에 차이가 있다. 또한, 경제주체의 연속성 관점에서 살펴보면 개인기업의 이월결손금도 승계의 가능성을 검토하여 개선할 필요가 있어 보인다. 물론 개인의 경우 장부관리가 잘 되어 있지 않다는 이유로 이월결손금의 실제성을 인정할 수 없는 점도 있을 수 있다.

하지만 개인기업의 감가상각대상 자산의 손실(감정평가에 따른 감액손실)과 이월결손금을 법인전환 과정에서도 활용할 수 있는 개선정책을 통하여 법인전환을 장려한다면 좋은 입법사례가 될 수 있을 것이다.

제3 절 자산가의 종합적인 승계전략

여기서는 개인 자산가 관점에서 부의 승계전략이 어떻게 검토되고 분석되어 승계에 활용되는지 일련의 과정을 하나의 사례를 통하여 다양한 승계방안을 설명하기로 한다. 본 절에서 설명하는 승계방안들은 승계전략의 큰 틀에서 단지 승계방안의 활용에 대한 이해를 돕고자 단순하게 분석한 것이므로 본 사례의 결과에 대한 판단은 자산가 본인의 승계대상자산 형태에 따라 다를 수 있으며, 더 복잡한 분석이 필요할 수 있기 때문에 실제 승계전략 수립 시에는 반드시 전문가의 조력을 통하여 활용하기 바란다.

□ 사례를 통한 자산가의 종합적인 승계전략 분석

개별자산에 대한 승계전략은 승계전략 수립과정에서 살펴본 바와 같이 승계대상의 현황 및 지속가능성을 분석하고, 승계대상 자산의 유형전환 여부를 검토하여 승계대상에 맞는 다양한 승계방안을 도출해서 최적의 승계방안을 수립하는 것이다. 이러한 승계전략은 승계방안의 거래에서 발생하는 각종 세목에 대한 충분한 이해를 바탕으로 수립되는 것이므로 이에 대한 준비가 필요할 것이다.

사례를 통한 승계전략의 종합적인 분석방법은 승계전략 절차에 따라 분석하고 승계방안의 모색은 단순한 승계방안에서부터 복잡한 승계방안으로 순서대로 분석하는 과정이 필요하다. 여기서는 자산가의 승계전략에 대한 분석절차를 단계별로 설명하고, 자본거래를 통한 경영권 승계방안의 분석은 후술하기로 한다.

종합사례의 기본정보

자산가인 서판교씨와 강남구씨는 수익형 건물을 취득하여 부동산임대업을 영위하고 있으며, 해당 부동산들의 시세는 20억원으로 거의 동일하다. 또한, 이들은 공히 해당 부동산을 자녀 등에게 어떻게 승계(이전)할지 고민하고 있는 상태이다.

Ⅰ 승계대상의 현황분석

우선 승계대상인 재산(여기서는 부동산)의 특성을 파악하고 분석하여야 한다. 이에 따라 해당 부동산의 특성을 파악하면, 서판교씨는 최근에 은행대출을 받아서 부동산을 취득한 상태이고, 강남구씨는 과거에 부동산을 담보대출 없이 취득하여 안정적인 임대수익을 영위하고 있는 상태이나 건물의 노후화에 따른 유지보수비가 많이 발생하고 있는 실정이다.

| 자산가별 승계대상 현황 |

구 분	서판교씨	강남구씨
현재 부동산가격	20억원 상당	20억원 상당
은행담보대출	10억원	
임대소득(순이익)	연 1억원	연 8천만원
취득가액	18억원	5억원
취득시기	2년 전	20년 전
부동산 잔존 사용연수	25~30년	5~10년
위치 상권	서울(핫플레이스 지역)	서울
미래(5년 후) 부동산가격	30억원 상당	21억원 상당
다른 재산 존재 여부	거의 없음.	거의 없음.

물론 승계대상이 복잡한 특성을 갖는 그룹 주식 등일 경우 승계대상의 특성은 보다 더 구체적으로 분석해야 한다. 여기서는 분석목적상 승계받는 자의 의중 및 능력에 대한 분석 등은 생략한 상태에서 승계방안에 활용할 수 있는 승계대상의 특성은 모두 분석된 것으로 가정하고, 승계전략 방안검토 시 부담세액의 계산은 주요 세목만 검토하기로 한다.

Ⅱ 승계대상의 승계전략방안 분석

승계전략은 승계대상의 특성을 분석한 후 단계적으로 승계방안을 검토하여 최종 방안을 수립하는 것이다. 물론 승계방식에는 다양한 방안이 존재하므로 각자의 승계대상 특성에 맞는 최선의 방안을 단계적으로 분석하고 선택하면 가장 합리적인 승계전략이 될 것이다. 여기서 단계별 승계방안의 검토는 단순한 승계전략에서 복잡한 승계전략까지 폭넓은 분석을 통하여 승계대상에 가장 적합한 최종 승계방안을 도출하는 과정이므로 다음과 같은 순서로 접근하는 것을 고민해 볼 필요가 있다.

1. 사전증여를 활용하라

가. 사전증여 대상 파악

사전증여는 향후 승계대상의 경제적 가치가 상당히 증가할 것으로 예상되는 경우이거나 재투자수익이 높은 경우 등 경제적인 지원 차원에서 활용할 수 있다. 다만, 승계전략 측면에서는 이러한 개별적인 외부환경 이외에도 다양한 경제적인 내부현황을 분석하여 종합적으로 승계전략을 모색하여야 할 것이다. 승계대상의 분석결과 경제적 가치가 하락이 예상되면 승계대상을 사전에 승계하는 것이 절대 유리한 것이 아니므로 주의가 필요하다.

여기서는 단순히 사전증여 대상에 관한 분석측면만을 논할 경우 다음과 같은 경우에 사전증여를 활용하는 것이 유리할 수 있으므로 참고하기 바란다.

① 승계자산의 경제적 가치의 상승이 기대될 경우(하락시는 불리)
② 승계자산의 재투자 수익률이 상당한 경우
③ 승계받는 자의 현재 자금이 상당히 필요한 경우
④ 상속까지 시간이 충분한 경우(상속인 10년 이내 합산, 상속인 이외의 자인 경우 5년 합산 활용)
⑤ 과세정책의 변경으로 세율의 증대가 입법 예고된 경우

나. 사전증여 분석

서판교씨가 보유하고 있는 부동산은 핫플레이스 지역에 있어서 상당한 가치상승이 예상된다. 또한, 최근에 신축한 건물이라 경제적 내용연수가 상당하고 유지관리비가 적게 발생하는 것으로 분석된다. 이런 부동산의 경우 사전에 증여하는 것이 미래시점에 자녀에게 증여하는 것보다 세금부담의 절감은 물론 부동산에서 발생하는 매년 임대수익에 대한 과실도 자녀에게 이전됨으로써 부의 승계에 상당한 효과를 영위할 수 있을 것이다.

강남구씨는 부동산의 현재가치와 미래가치가 거의 동일한 상태이며, 노후화된 건물의 특성상 유지관리비가 상당히 발생할 것이므로 세법개정 등으로 미래의 상증세 세율이 증가할 예정이 아니라면 굳이 사전증여를 활용할 필요가 없는 상태이다.

| 자산가별 사전증여와 미래시점의 증여 비교 |

(단위: 백만원)

구 분	현재시점 (사전증여)	미래시점의 증여	
		서판교씨	강남구씨
증여재산가액	2,000	3,000	2,100
증여공제	50	50	50
증여세과세표준	1,950	2,950	2,050
증여세율	10%~50%	10%~50%	10%~50%
산출세액	620	1,020	660
신고세액공제(2021년 3%)	19	31	20
① 부담세액	601	989	640
② 사전증여 효과		(388)	(39)

다. 사전증여의 판단

서판교씨의 사전증여는 강남구씨의 사전증여보다 상대적으로 유리한 상태이다. 이는 서판교씨가 보유하고 있는 부동산의 경제적 가치가 강남구씨가 보유하고 있는 부동산의 경제적 가치의 상승보다 훨씬 높기 때문에 나타나는 효과이다. 물론, 승계대상 자산의 사전증여의 효과는 일반적으로 경제적 가치가 상승하는 경우 모두 존재할 수 있기 때문에 각자의 승계목적에 따라 사전증여 여부를 분석하여 승계방안으로 선택할지를 판단하면 될 것이다.

2. 부담부증여를 활용하라

가. 부담부증여 대상 파악

부담부증여는 양도와 증여가 동시에 성립되는 거래이므로 전략적으로 양도소득세와 증여세의 과세구조를 충분히 이해해야만 완벽한 전략을 수립할 수 있다. 부담부증여는 부동산의 양도차익이 낮은 경우 또는 양도소득이 비과세 대상인 자산 등에서 활용하는 것이 효율적인 방안일 수 있다. 또한, 부담부증여는 사전증여를 실행할 때 증여방식의 하나로 활용될 수 있는 것이므로 사전증여와 혼용해서 활용할 수도 있다.

여기서는 단순히 부담부증여 대상에 관한 분석측면만을 논할 경우 다음과 같은 경우에 부담부증여를 활용하는 것이 유리할 수 있으므로 참고하기 바란다.

① 승계자산의 양도차익이 낮은 경우(높은 경우는 상대적으로 불리)

② 승계자산의 보유기간이 긴 경우(장기특별공제를 받는 자산에 한함)
③ 승계자산의 양도세율이 낮은 경우(고율인 경우 상대적으로 불리)
④ 승계자산에 대한 동세권을 완전히 이전하고자 할 경우(담보채무 등 승계 필요)
⑤ 사전증여가 효과적인 경우

나. 부담부증여 분석

서판교씨는 부동산에 대한 담보채무가 있는 상태이므로 단순증여보다 부담부증여를 활용할 경우 승계 이후 별도의 채무상환을 위한 압박에서 벗어날 수 있는 상태가 된다.

강남구씨는 부동산에 대한 채무가 없는 상태라 현 상태에서는 부담부증여를 활용할 수 없지만, 담보대출을 통한 자금확보 이후 부담부증여를 활용할 수도 있다. 이러한 대출자금은 부동산 증여(승계)로 인하여 매년 발생하던 안정적인 임대수익이 단절됨에 따라 발생할 수 있는 노후생활자금의 부족현상을 충분히 보충할 수 있을 것이다. 또한, 대출자금은 새로운 재투자에 활용하여 수익을 창출할 수가 있어서 자녀에게 전 재산을 증여한 이후에도 자녀들로부터 소외되는 현실에서 벗어날 수도 있을 것이다.

| 자산가별 증여와 부담부증여(10억원 부담부증여 가정)의 비교 |

(단위: 백만원)

구 분	단순 사전증여	부담부증여(사전증여)	
		서판교씨	강남구씨
증여재산가액	2,000	1,000	1,000
증여공제	50	50	50
증여세과세표준	1,950	950	950
증여세율	10%~50%	10%~50%	10%~50%
산출세액	620	225	225
신고세액공제(2021년 3%)	19	7	7
① 증여세 부담세액	601	218	218
양도가액		1,000	1,000
취득가액(부담부채 상당액)		900	250
양도차익		100	750
장기보유특별공제		0	225
양도소득		100	525
기본공제		2.5	2.5

구 분	단순 사전증여	부담부증여(사전증여)	
		서판교씨	강남구씨
양도소득과세표준		97.5	522.5
양도소득세율		6%~45%	6%~45%
② 양도세 부담세액		19	184
③ 총부담세액(①+②)	601	237	402
④ 부담부(사전)증여 효과		(364)	(199)

다. 부담부증여의 판단

서판교씨의 부담부증여는 강남구씨의 부담부증여보다 상대적으로 유리한 상태이다. 이는 부담부증여에 따른 양도소득세의 부담세액 효과가 어느 쪽이 더 유리하냐에 따른 결과이다. 서판교씨의 경우 부동산의 양도차익이 거의 없는 상태이나 강남구씨의 부동산은 장기보유기간이 높음에도 양도차익이 워낙 크기 때문에 양도소득세의 절감효과가 서판교씨의 경우보다 적은 것이다. 즉, 부담부증여는 양도와 증여가 동시에 진행되는 것이므로 철저한 사전 분석을 통해 승계대상 자산의 정확한 양도소득세 과세구조를 이해하고 전략수립을 해야 할 것이다.

3. 법인전환을 활용하라

가. 법인전환 대상 파악

개인사업의 법인으로 전환목적 등에 대해서는 이미 살펴본 바와 같이 아주 다양하게 존재한다. 승계관점에서 법인전환은 승계대상 자산이 부동산에서 주식으로 자산유형이 전환됨과 동시에 개인의 임대사업소득이 법인의 대표자로서 근로소득과 주주로서 배당소득으로 변경되는 것을 의미한다. 따라서 법인전환은 소득세(임대소득 및 양도소득) 및 증여세 이외에 법인세의 과세구조를 충분히 이해하고 있어야 활용 가능한 승계전략 구조이다.

여기서는 승계관점에서 개인기업이 법인기업으로 전환을 고려할 필요가 있는 경우를 살펴보면 다음과 같다.

① 가업승계에 대한 증여세 과세특례를 고려할 경우

② 자산을 처분하고도 계속적인 자산의 지배권을 유지하고자 할 경우(지분을 최대 33%까지 처분하더라도 절대적인 경영권 지분율 67%(특별결의 지분율 66.67% 이상) 확

보 가능)

③ 새로운 사업의 투자가 계속적으로 필요한 경우(부동산담보 또는 주식담보를 통한 대출로 가능)

④ 비상장주식의 평가방법을 활용하고자 할 경우

나. 법인전환 분석

본 사례의 자산가들이 경영하는 부동산임대업은 소비성서비스업종에 해당하지 아니함으로 법인전환 또는 중소기업 통합시 조세특례제한법상 양도소득세의 이월과세가 가능한 상태이다. 따라서 현물출자(또는 사업양수도)를 통하여 개인기업의 부동산[사업용고정자산(해당 사업용고정자산이 주택 또는 주택을 취득할 수 있는 권리인 경우는 제외)]을 법인기업으로 전환하거나, 또는 중소기업 통합방식을 통하여 개인기업의 사업용고정자산을 법인기업으로 전환하여 승계대상 부동산을 주식으로 변경하는 과세소득유형 전환방안을 활용할 수 있을 것이다.

1) 법인전환 방식 검토

본 사례는 자산가들이 다른 중소기업 등이 없는 상태이므로 법인전환 방식은 현물출자 또는 사업양수도 중에서 선택하여야 할 것이다. 현물출자 또는 사업양수도 법인전환 방식의 선택에서 가장 큰 고려사항은 법원의 인허가의 복잡함보다는 개인기업의 순자산가액에 상당하는 현금이 있는지 여부에 있다. 해당 여유 현금이 없다면 사업양수도 방식으로 진행할 수 없기 때문에 조금 더 복잡하지만 과세혜택이 더 많은 현물출자 방식을 선택하게 되는 것이다.

| 현물출자가액(순자산가액) ≤ 자본금 납입 |

(단위: 백만원)

구 분	서판교씨	강남구씨
자산(부동산가액)	2,000	2,000
부채	1,000	–
순자산가액	1,000	2,000

본 사례 자산가들은 여유 재산(현금)이 없음에 따라 법인으로 전환은 현물출자 형태로 진행하여야 할 것이다. 다만, 「조세특례제한법」 제32조에 따른 현물출자에 취득하는 사업용 고정자산 중 부동산 임대 및 공급업에 해당하는 부분은 취득세의 경감규정을 적용받지

못하게 됨(2020.8.12. 이후 사업용 고정자산을 취득하는 경우부터 적용함)에 따라 「조세특례제한법」 제31조에 따른 중소기업 간의 통합으로 법인으로 전환되는 방식으로 진행하여야 하며, 법인전환이 승계대상의 소득유형 변화와 이에 따른 거래에서 발생하는 부담세액 및 승계대상 평가가액의 변화에 미치는 영향을 검토하여야 한다.

2) 중소기업간 통합을 통한 법인전환 시 부담세액 검토

가) 이월과세대상 양도소득세

중소기업간 통합을 통한 법인전환 시 사업용고정자산의 현물출자는 양도소득세 과세대상이 되나, 본 사례는 중소기업간 통합을 통한 법인전환은 조세특례제한법상 이월과세 요건에 해당하므로 양도소득세는 개인부담에서 신설된 법인으로 이월된다.

다만, 법인의 설립등기일부터 5년 이내에 법인이 승계받은 사업을 폐지하거나, 자산가가 법인전환으로 취득한 주식의 50% 이상을 처분한 경우에는 이월과세액을 개인이 양도소득세로 납부하여야 하므로 주의가 필요하다.

자산가별 사업용고정자산인 부동산의 양도소득세를 산출하면 다음과 같다.

| 중소기업간 통합시 부동산의 양도소득세(이월과세) |

(단위: 백만원)

구 분	서판교씨	강남구씨
양도가액	2,000	2,000
취득가액	1,800	500
양도차익	200	1,500
장기보유특별공제(주1)	0	450
양도소득	200	1,050
기본공제	2.5	2.5
양도소득 과세표준	197.5	1,047.5
양도소득세율	6%~45%	6%~45%
① 부담세액(이월과세)	56	406

(주1) 장기보유특별공제는 3년 이상 보유한 부동산 등에서 적용되는 것으로 강남구씨는 15년 이상 보유함에 따라 30% 장기보유특별공제를 받게 됨(1,500×30% = 450).

나) 법인전환 시 부담세액

조세특례제한법상 이월과세 요건이 충족되는 법인전환은 2021.12.31.까지 부동산을 취득하는 경우 취득세가 75% 경감된다. 다만, 신설법인의 자본등록세는 부담하여야 하며, 면제되는 취득세에 대한 농어촌특별세는 부담하여야 한다. 이 경우 신설법인의 소재지(부동산 소재지(서울))가 대도시인 경우 취득세 및 자본등록면허세는 중과세율로 적용된 금액을 기준으로 계산하여야 한다.

법인전환에 대한 이해를 목적으로 계산한 자산가별 부담세액은 다음과 같다.

| 서판교의 법인전환 시 부담세액 |

(단위: 백만원)

구 분	산출근거	산출세액	신설법인 부담세액	서판교 절감세액
취득세	= 법인장부(2,000) × 8%(중과)	160	40	
농어촌특별세(주1)	= 취득세액 × 10% + 감면세액 × 20%	25	25	
자본등록면허세	= 자본금(1,000) × 1.44%(중과)	14	14	
양도소득세(이월)	가) 이월과세 양도소득세 참조	56	56	(56)
합계		255	135	(56)

(주1) ① 취득세 부과분: **표준세율을 2%로 적용**하여 지방세법등에 따라 산출한 **취득세액** × 10%(농어촌특별세법 제5조 제1항)

② 취득세 감면분: 지방세특례제한법등에 따라 감면을 받는 취득세등의 **감면세액** × 20%(농어촌특별세법 제5조 제1항 제6호)

| 강남구의 법인전환 시 부담세액 |

(단위: 백만원)

구 분	산출근거	산출세액	신설법인 부담세액	강남구 절감세액
취득세	= 법인장부(2,000) × 8%(중과)	160	40	
농어촌특별세	= 취득세액 × 10% + 감면세액 × 20%	25	25	
자본등록면허세	= 자본금(2,000) × 1.44%(중과)	29	29	
양도소득세(이월)	가) 이월과세 양도소득세 참조	406	406	(406)
합계		620	500	(406)

다) 법인전환 시 부담세액 효과분석

법인전환 시 자본등록면허세는 현물출자가액(순자산가액)의 크기에 따라 달라지므로 강남구씨가 상대적으로 서판교씨보다 자본등록면허세를 많이 부담하게 된다. 하지만, 개인관점에서는 부담해야 하는 양도소득세를 법인이 부담하게 됨에 따라 강남구씨가 상대적으로 서판교씨보다 양도소득세 이월과세의 효과를 훨씬 더 많이 받게 된다.

다. 법인전환된 주식의 평가

법인전환으로 자산가들의 승계대상 자산이 부동산에서 주식으로 과세소득유형이 전환되었다. 이러한 과세소득유형의 변화가 승계대상 자산의 가치변화에 미치는 영향을 분석해야만 적합한 승계방안인지 여부를 확인할 수 있다.

1) 법인전환된 신설법인의 주식평가

여기서 신설법인의 주식평가는 평가시점별 주식평가가액의 변화를 이해하기 위한 분석이므로 평가시점을 법인전환 직후와 가중평균액으로 평가 가능한 법인전환 이후 3년이 경과된 시점으로 나누어서 분석하기로 한다. 또한, 중소기업간 통합방식을 통하여 법인전환된 경우 평가대상 법인의 순자산은 법인전환된 개인기업의 순자산 이외의 중소기업간 통합으로 추가된 다른 중소기업의 순자산을 포함하여 정확히 주식평가 가액을 분석해야 하나, 개인기업의 법인전환 효과에 대한 비교분석을 위해서 다른 자산은 없는 것으로 가정한다.

실제로 비상장주식의 평가를 정확히 계산하고 싶다면 전술한 "제1편 제4장 제2절 Ⅲ. 비상장주식 평가"편을 참고해서 분석하기 바란다.

(단위: 백만원)

구 분	서판교씨		강남구씨	
	현재시점	3년 이후	현재시점	3년 이후
① 순자산가액(주1)	1,000	2,000	2,000	2,000
② 순손익가액(순손익액/0.1)(주2)		1,000		800
③ 기업가치(주3)	1,000	1,600	2,000	1,600
④ 과세표준효과(주4)		(400)		(400)

(주1) 3년 이후 순자산가치의 변동은 핫플레이스 지역(서판교씨 부동산)은 50% 상승(자산 20억원×1.5배 - 부채 10억원), 일반지역은 변동 없음 가정.

(주2) 순손익가액의 계산은 기존 개인 임대수익이 변동은 없는 것으로 가정함. 단, 법인기업은 대표자 급여가 비용으로 처리가능하기 때문에 순손익액을 최소화 할 수 있으나, 여기서는 방안의 비교목적상 급여지급은 없는 것으로 단순화함.

(주3) 부동산과다보유법인(80% 이상)인 경우 순자산가치의 100%(2018.2.13. 이후 평가분부터 시행)이나, 여기

서는 80% 미만 50% 이상 구조를 가정함.
비상장주식 평가액 = Max[①, ②]
① 순손익가치와 순자산가치를 2:3로 가중평균액
② 순자산가치의 80%(2018.3.31.까지 70% 적용)
(주4) 법인전환에 따른 순자산이 주식으로 전환됨에 따른 과세표준 감소효과

| 개인사업의 영위기간에 대한 계속성 인정 여부 판단 |

구 분	개인기업의 법인전환 시 판단내용	판단
비상장주식 평가 시 사업개시 3년 미만 여부 판단	비상장주식 평가 시 사업개시 3년 미만 해당 여부는 개인사업자가 법인으로 전환한 경우 법인전환 후 처음으로 재화 또는 용역의 공급을 개시한 때를 사업개시일로 보는 것이며, 순자산가액 계산 시 납세의무가 성립되지 아니한 이월과세액은 부채에 포함하지 않는 것임(재산세과-397, 2011.8.26.).	포함 안함
가업승계 과세특례 요건 중 가업영위기간 10년 판단 시	개인사업자로서 영위하던 가업을 동일한 업종의 법인으로 전환하여 피상속인이 법인 설립일 이후 계속하여 해당 법인의 최대주주 등에 해당하는 경우, 개인사업자로서 가업을 영위한 기간도 가업 영위 기간에 포함(상속세 및 증여세법 집행기준 18-15-7)	포함
업종변경도 계속 사업사용에 해당 여부 판단 시	전환법인이 거주자로부터 승계받은 종전의 업종에 새로운 업종을 추가하거나 새로운 업종으로 변경하는 것은 같은 법 제32조 제5항 제1호에 따른 사업을 폐지하는 경우에 해당하지 아니함(서면법규-1265, 2014.12.2.).	사업 유지

2) 법인전환된 신설법인의 주식평가 분석

일반 부동산과다보유법인의 비상장주식은 Max[(순손익가치와 순자산가치를 2:3으로 가중평균한 가액), 순자산가치의 80%(2018.4.1. 이후부터 적용)]한 가액으로 평가되는 구조이므로 순자산가치의 변동이 없다면 강남구씨의 신설법인 주식평가가액의 변화가 상대적으로 서판교씨보다 효과가 있는 것으로 나타난다. 하지만 서판교씨의 부동산이 핫플레이스 지역에 소재하기 때문에 해당 급등시점기준으로 법인전환효과를 분석하면 서판교씨가 상대적으로 효과적일 수도 있다. 이러한 법인전환 효과는 승계과정에서 발생하는 부담세액의 감소가 가능할 수 있다는 것이므로 법인전환을 통한 승계전략은 강남구씨와 서판교씨 각자의 입장에 따라 달리 판단될 수 있다.

따라서 법인전환을 통한 승계전략은 승계효과가 극대화될 수 있는 양방향(절세효과 및 승계대상 가치 상승)의 구조를 고려해서 수립해야 할 것이다.

라. 법인전환의 종합적 판단

중소기업간 통합을 통한 법인전환은 현물출자가액인 순자산가액의 크기와 재무상태의 구조에 따라 부담세액 및 과세혜택의 크기가 상이하다. 또한, 재무상태의 구조에 따라 비상장주식의 평가가액도 상이하게 변동하게 된다.

따라서 법인전환을 고려할 경우 법인전환 후 승계전략도 함께 분석해야 연속성 있는 종합적인 판단이 가능할 것이다. 본 사례의 경우는 강남구씨가 법인전환을 고려하는 것이 서판교씨가 법인전환을 하는 것보다 상대적으로 부담세액 측면 및 자산(주식)가치의 변화측면에서 긍정적으로 판단되므로 이러한 판단요소들을 종합적으로 고려하여 최적의 승계방안을 선정하면 승계전략 효과를 극대화할 수 있을 것이다.

4. 가업승계 과세특례제도를 활용하라

가. 가업승계 과세특례 분석

개인사업에서 법인으로 전환하는 목적은 다양하다. 다양한 목적에 의하여 법인으로 전환한 경우에도 가업요건을 충족한 승계시 가업승계에 대한 증여세 과세특례를 받을 수 있다. 본 사례의 부동산임대업은 과세특례 요건인 가업에 해당하는 업종이 아니므로 과세특례를 받을 수 없다. 하지만, 만약 법인전환된 사업이 제조업이라면 가업에 해당하기 때문에 전환된 법인주식을 승계 시 증여세 과세특례가 가능할 수 있다. 이는 가업의 10년간 영위기간을 판단 시 법인전환된 개인기업의 사업기간을 포함하기 때문이다.

본 사례처럼 부동산임대업이 주업인 경우는 다음의 가업승계 과세특례 요건에 해당되지 아니하므로 주된 업종의 전환을 통하여 가업승계 과세특례가 가능할 수 있다.

따라서 가업승계특례에 맞는 업종을 전환하기 위해서는 가업승계 요건을 이해하고 이에 맞는 업종전환을 설계해야 한다. 여기서는 업종전환을 포함한 가업승계 과세특례를 활용할 수 있는 방안에 대하여 살펴보기로 한다.

| 가업승계 과세특례 요건에 맞는 전환설계 |

구분	가업승계 적용 요건	전환 설계
증여자	① 중소·중견기업인 가업을 10년 이상 계속하여 경영한 60세 이상인 수증자의 부모 ② 증여자와 특수관계에 있는 자가 법인의 발행주식 총수의 50%(상장법인은 30%) 이상 소유할 것	① 부동산임대업종을 가업업종으로 변경(예: 제조업, 도소매업 등) ② 해당

구분	가업승계 적용 요건	전환 설계
수증자	① 증여일 현재 18세 이상으로서 거주자인 자녀일 것 ② 기업 주식을 증여받은 수증자 또는 그 배우자가 증여세 신고기한까지 가업에 종사하고, 증여일로부터 5년 이내에 대표이사에 취임할 것	해당 가능

나. 주된 업종의 전환전략

부동산임대 기업이 가업승계 과세특례를 효과적으로 적용받기 위해서 고려해야 할 기본적인 요소들은 다음과 같다. 여기에 각자 기업에 맞는 전환 요소들을 추가적으로 반영하여 가업승계 방안을 마련할 필요가 있다.

1) 가업에 해당하는 주된 업종의 선택

우선 가업승계 과세특례 요건을 충족하기 위해서는 계속적으로 10년 이상의 사업을 영위할 수 있는 적합한 주된 업종이 필요하다. 주된 업종의 판단은 사업부별 매출액이 큰 사업을 기준으로 판단하므로 부동산 임대매출보다 큰 매출이 발생하는 사업을 선택해야 한다. 그리고 가업승계를 염두에 둔 전략적 선택이므로 가업을 승계받을 자녀 등의 의견도 반영해서 주된 업종을 선택하는 것이 과세특례 사후관리 요건을 충족하는 데 더 유리할 수 있다. 또한, 주된 업종은 미래의 성장 가능한 사업이면서, 지속가능성이 충분한 사업이어야 할 것이다.

2) 사업무관자산을 사업자산으로 전환

임대부동산의 경우는 가업승계 과세특례 및 가업상속공제시 대상이 되는 가업자산상당액에 포함되지 아니한다. 따라서 새로운 사업을 추가하거나 업종을 변경할 경우 임대에 사용하는 부동산을 자가로 사용할 수 있는 업종으로의 변경을 고려하는 것이 가업승계특례의 혜택을 크게 할 수 있다.

3) 부채레버리지 활용

강남구씨의 법인기업은 채무가 없는 상태이므로 주된 업종을 변경하기 위한 투자(사업)자금의 마련은 부동산에 대한 담보대출 등으로 쉽게 마련할 수 있을 것이다. 법인기업의 경우는 대출자금은 새로운 사업의 투자재원이 되며, 해당 채무의 이자비용은 법인의 비용으로 계상되어 법인세를 절감하는 효과를 누릴 수 있기 때문에 최대한 부채레버리지를 활용할 필요가 있다.

다. 법인전환을 통한 가업승계전략의 효과분석

본 사례의 기본정보에 다음과 같은 추가적인 정보를 고려하여 법인전환에 따른 승계전략 효과를 분석하는 방법은 다음과 같다.

본 종합사례의 추가정보 및 전환업종 선택

(가업승계방안은 효과분석 측면에서 강남구씨에 한정함)

중소기업간 통합을 통한 법인전환 후 주된 업종의 변경을 위해서 강남구씨는 대기업 IT부서 팀장 근무 경험을 살려 IT·게임 개발사업을 시작하였으며, 개발사업의 투자자금 10억원은 담보대출로 조달한 상태이다. 해당 사무실은 기존의 부동산임대 건물의 1층에서 시작해서 10년이 경과한 시점에는 사업이 안정화되어 전체 건물을 모두 개발사업에 사용하고 있는 상태이다. 자녀 또한 대학에서 해당 개발관련 학과를 전공하고 있어서 사업의 승계에는 문제가 없는 상태이다.

강남구씨의 법인기업 재무상태표는 이해의 편의를 위해서 다음과 같이 간단히 하였으며, 법인전환에 따른 효과를 비교분석하기 위해서 개인의 임대소득을 법인의 대표자 급여로 수령하는 구조로 변경하였다. 물론 개인은 대표자 급여 대신 배당으로 수령해도 되나 비상장법인의 주식평가 구조를 활용하는 효과도 함께 분석하기 위해서 급여로 처리한 것이므로 실제로 방안으로 적용할 경우에는 각자의 회사 특성에 맞게 종합적으로 분석해서 급여 또는 배당 등의 적용 여부를 판단해야 할 것이다.

또한, IT개발업을 10년간 영위하는 법인에서는 기존 부동산을 100% 개발업종에 사용하고 있는 상태이므로 가업에 상당하는 자산비율은 100%로 가정한다.

| 강남구씨의 법인기업 재무상태표 |

(단위: 백만원)

구 분	개인사업	법인기업(주업종)	
	부동산임대업	IT개발업(정비 후)	IT개발업(10년 후)
자산	2,000	2,000	3,000
부채	–	–	1,000
순자산	2,000	2,000	2,000
매출	80	80	1,000
임대수익	80	80	–
개발수익	–	–	1,000
비용	–	79	579
대표자인건비		79	79

구 분	개인사업	법인기업(주업종)	
	부동산임대업	IT개발업(정비 후)	IT개발업(10년 후)
이자비용 등			500
순손익	80	1	421

1) 법인전환 후 법인의 제도 · 규정 정비

성공적인 가업(사업)승계를 위해서는 사전적으로 승계대상 현황을 파악하고 제도 등을 정비하여야 법인전환 및 가업승계 효과를 극대화할 수 있다. 본 사례는 법인전환을 통한 신설이므로 법인설립시 정관 및 각종 내부규정을 승계관점에서 정할 필요가 있다. 즉, 승계관점에서 정관에 기존 주주 이외의 자에게 주식발행에 관한 사항과 임원(대표자)의 상여 및 퇴직급여지급규정을 보다 명시적으로 정해 둘 필요가 있다.

2) 승계대상 자산의 가치변화 분석

부동산임대업의 법인전환 후 가업승계 요건을 충족하기 위한 주된 업종까지 변경한 경우 승계대상 자산의 가치변화는 다음과 같이 분석된다. 단, 본 사례에서의 효과분석은 여러 가정하에서 승계대상 자산의 전환에 따른 가치변화 및 부담세액을 비교분석한 것이므로 승계전략의 수립을 분석하는 데 참고용으로 이해하기 바란다.

(단위: 백만원)

구 분	개인사업	법인기업(주된 업종)		
	부동산 임대업	IT개발업(3년 후)		IT개발업 (10년 후)
		규정 정비 전	규정 정비 후	
1. 승계자산 유형	부동산	주식	주식	주식
2. 가업승계 여부	불가	불가	불가	가능
3. 승계자산 가치	2,000	1,600	1,600	2,884
① 순자산가치		2,000	2,000	2,000
② 순손익가치(주1)		800	10	4,210
③ 주식가치(주2)		1,600	1,600	2,884
4. 법인전환 효과		(400)	(400)	
5. 법인규정 정비효과			(0)	
6. 주된업종 전환효과				884

(주1) 순손익가치는 순손익액/0.1로 계산함.

(주2) IT개발업도 부동산과다보유법인 주식평가방법에 따라 Max(가중평균액, 순자산가액×80%)으로 평가함. 단, 부동산보유비율은 80% 미만을 가정함.

일반적으로는 법인전환은 승계대상 자산의 평가가액에 변화가 발생하게 되며, 또한, 여기에 법인의 제도나 규정을 정비하면 승계대상 주식의 평가가액도 변화하게 된다(이에 대한 효과분석은 본 장 "제2절 Ⅰ. 4. 법인전환을 활용한 사업(가업)승계 사례"편을 참고). 그리고 부채레버리지 활용을 통하여 새로운 사업이 성장할 경우 승계대상 법인의 주식가치(부)가 증대되는 효과가 발생한다.

다만, 본 사례는 2017년 주식평가방법[Max(가중평균액, 순자산가액의 80%)]이 개정됨에 따라 법인의 제도·규정을 정비하여 순손익가치를 조정하더라도 주식의 가중평균액이 순자산가치의 80% 미만이라서 주식의 평가가액에는 변화가 없게 되었다.

따라서 특별한 목적이 아니라면 급여 등을 통한 현금인출을 할 필요는 없는 상태가 된다. 또한, 주식승계를 통하여 모든 자산(주식 및 현금 등)을 자녀에게 이전하고자 하는 경우라면 상여나 배당 등 외부유출을 고려할 필요가 없는 것이다.

3) 승계대상자산의 가업승계 시 부담세액 분석

승계대상 자산의 법인전환 후 가업승계를 고려할 경우 승계대상 자산유형별 승계전략 효과를 분석하면 다음과 같다.

(단위: 백만원)

구 분	개인사업	법인기업(주된 업종)		
	부동산 임대업	IT개발업(3년 후)		IT개발업 (10년 후)
		규정 정비 전	규정 정비 후	
1. 승계자산 증여세	601	446	446	944
① 증여재산가액	2,000	1,600	1,600	2,884
② 증여공제	50	50	50	50
③ 증여세과세표준	1,950	1,550	1,550	2,834
④ 증여세율(누진세율)	10%~50%	10%~50%	10%~50%	10%~50%
⑤ 산출세액	620	460	460	974
⑥ 신고세액공제(2021년 3%)	19	14	14	29
⑦ 부담세액	601	446	446	944
2. 법인전환 효과		(155)	(155)	
3. 가업승계시 증여세				238

구 분	개인사업	법인기업(주된 업종)		
	부동산 임대업	IT개발업(3년 후)		IT개발업 (10년 후)
		규정 정비 전	규정 정비 후	
① 증여재산가액				2,884
② 증여공제				500
③ 증여세과세표준				2,384
④ 증여세율(단일세율)				10%, 20%
⑤ 산출세액				238
⑥ 신고세액공제(2021년 3%)				적용 안됨.
⑦ 부담세액				238
4. 가업승계 효과(3-1)				(706)

상기와 같은 분석결과는 앞서 설명한 바와 같이 주식의 가중평균액이 순자산가치의 80% 미만인 경우에는 손익의 조정효과는 발생하지 않기 때문에 손익조정보다는 순자산가치에 영향을 미치는 요소들을 중점 조정・관리해야 전환효과가 극대화될 수 있을 것이다.

라. 가업승계전략의 판단

법인전환 후 가업승계특례를 활용하는 전략은 승계시점에 인위적으로 계획한다고 해서 가능한 것이 아니기 때문에, 사전에 철저한 승계대상의 현황 분석과 승계대상의 지속가능성의 검토 등을 통하여 승계전략을 수립해야 가능한 것이다. 본 사례에서는 사전전략을 통하여 임대사업자가 중소기업간 통합을 통한 법인전환을 하고, 주된 업종을 변경하여 자산가의 주식가치제고 및 승계 시 절세가 가능한 가업승계전략을 완성하였다.

다만, 본 사례의 가업승계전략의 효과는 이해를 돕고자 분석한 것일 뿐이다.

따라서 실제로 승계를 준비하고 있는 자산가라면, 본인의 승계대상 자산에 맞는 가업승계전략 의 구축은 반드시 장기적인 시간적 여유(최대 10년 이상의 장기적인 시간)를 갖고 외부 전문가의 조력을 받아 합법적인 범위에서 계획적으로 수립해야 원활한 가업승계를 완성할 수 있을 것이다.

Ⅲ 자산가의 종합적인 승계전략 분석 및 총평

본 사례에서 자산가별 승계방안을 종합적으로 분석해 보면 서판교씨가 보유한 자산의 경우는 성장가능성이 있고 채무가 존재하는 상태이기 때문에 부담부증여를 활용하여 사전증여방식으로 수행하는 것이 합리적일 수 있다. 하지만, 강남구씨의 경우는 부동산의 양도차익이 크고 부담할 채무 또한 없는 상태이므로 단순 사전증여나 부담부증여보다는 상대적으로 법인전환방식을 활용하는 것이 합리적일 수 있다. 이는 상기 분석효과와 같이 법인전환으로 전환하게 되면 일반적인 법인전환의 장단점 이외에 승계관점에서 법인기업의 비상장주식 평가가액이 낮아지는 전환효과를 영위할 수 있기 때문에 법인전환은 상대적으로 단순증여보다 합리적인 승계(이전)전략이 될 수 있는 것이다.

상기 승계전략의 종합적인 분석처럼 동일한 개별자산이라도 승계전략은 승계대상 자산의 특징 및 형태에 따라 아주 다양한 승계방식으로 도출될 수 있는 것이다. 하지만 다양한 승계방안을 도출해서 최종적인 승계전략을 수립하더라도 반드시 사후관리를 해야 한다. 이는 현재의 승계전략 수립시점에 최종적인 승계방안일지라도 향후 과세당국의 과세정책이 변경되는 경우에는 차선의 승계전략이 최선의 승계전략이 될 수 있기 때문이다. 또한, 본서에서 후술하는 자본거래를 활용한 경영권 승계전략까지 고려할 경우에는 보다 더 다양하고 정교한 승계방안의 수립이 가능할 수 있다.

따라서 승계대상의 가장 합리적인 승계전략은 단순한 승계방식에서부터 복잡한 자본거래를 활용한 승계방식까지 총 망라한 승계방안의 분석을 통하여 최종적인 승계전략을 수립한다면 보다 더 성공적인 승계가 완성될 수 있을 것이다.

제 2 장

CEO의 경영권(주식) 승계전략

본 장에서는 승계대상 재산 중 경영권과 관련된 승계전략을 살펴보고자 한다. 소규모 기업의 경영권은 양수도 또는 증여 등으로 쉽게 경영권의 승계가 가능하지만, 중견기업 이상 대규모기업의 경우 경영권 승계는 막대한 자금이 소요되기 때문에 양수·도나 증여 등의 방법으로 승계하기는 쉽지 않다. 이러한 제약요소 때문에 자금의 소요 없이 원활한 경영권을 승계하기 위해서 주로 자본거래방식을 활용하게 되는데 여기서 이러한 자본거래를 활용한 경영권 승계전략에 대하여 살펴보기로 한다.

제1절 자본거래를 활용한 경영권 승계전략

I 자본거래의 의의

자본거래란 협의의 자본(자기자본에서 이익잉여금을 공제한 부분)에 증감변화를 일으키는 거래이다. 즉, 자본금 및 자본잉여금의 증감변화를 일으키는 거래가 자본거래인데, 합병, 분할, 증자(감자), 현물출자, 주식교환 등이 여기에 해당된다.

자본거래의 대표적인 합병, 분할 등은 과거에는 기업을 성장시키기 위해서 국내에 한정하여 사용되었지만, 최근에는 경제활동의 글로벌화 추세에 따라 해외투자 시에도 활용되고 있다. 이러한 자본거래는 승계방법의 일환으로서 또한, 새로운 기업경영 및 투자를 위해서 다양한 방식으로 전개되고 있는데 그 유형이 새로운 형태로 매우 복잡하고 난해하게 나타나고 있다.

여기에 발맞춰 회계 및 세법, 상법 등에서 자본거래와 관련된 규정을 대폭 개정하거나, 새로 도입하여 기업구조조정을 지원하고 있는 상태이다. 즉, 회계는 2011년부터 국제회계기준을 도입하여 연결재무제표 중심의 공시체계로 전환하였으며, 상장기업과 비상장기업에 대해 한국채택국제회계기준(K-IFRS)과 일반기업회계기준을 각각 적용하는 체제로 변경하였다. 또한, 세법에서는 원활한 구조조정을 지원하기 위해 적격합병·적격분할 등의 제도를 도입하였으며, 합병에 따른 청산소득 개념을 없애고 거의 매년 관련 규정을 합리적으로 정비·개선하고 있는 상태이다.

아울러 2011년 「상법」 개정(2012.4.15. 시행)으로 삼각합병과 교부금합병 제도를 도입하였으며, 또한 무액면주식[469]의 발행이 가능하게 되어 주식분할이나 병합을 이용한 지배(지분)구조의 변동이 용이해졌다. 즉, 무액면주식은 액면가가 없으므로 액면할인발행에 대한 문제가 발생하지 아니하며 이사회가 시가를 기준으로 해서 적정한 발행가액을 자유롭게 정할 수 있게 되었다. 여기에 2015년 상법 개정시 삼각주식교환 제도 등이 도입되어 역삼각합병 등 복잡한 자본거래도 가능한 상태이다.

이러한 자본거래를 통한 기업구조조정이나 지배구조개선의 법적 절차 및 세무회계는 가장 까다롭고 난해하여, 실무상으로도 상법 등 법률과 세법, 회계 등의 종합적이고 전문적인 지식이 요구되는 분야에 해당된다.

따라서 법률 및 조세 전문가라 하더라도 다양한 형태의 기업구조조정이나 지배구조개선 업무를 직접 수행한 경험이 없는 경우라면 자본거래를 활용한 성공적인 승계전략을 수립하기가 쉽지 않기 때문에 여기서는 이러한 자본거래를 활용하는 방법의 이해를 돕고자 경영권 승계과정의 큰 흐름을 간단한 사례를 통해 설명하고자 한다.

세무상 자본거래에 대한 기본 입장

법인세법상 내국법인의 과세표준의 원천이 되는 각 사업연도의 소득은 순자산증가설에 의거 그 사업연도에 속하는 익금(益金)의 총액에서 그 사업연도에 속하는 손금(損金)의 총액을 공제한 금액으로 규정하고 있다. 하지만, 주주가 불입한 자본거래 금액(자본잉여금 등)에 대하여 순자산증가설에 입각하여 과세하게 되면 자본이 과세되어 사외로 유출되고 자본이 잠식되어 상법상 자본충실의 원칙에 어긋나는 결과가 초래하게 될 것이다. 이에 세무상 자본거래를 통해 발행한 주식발행초과금, 합병차익 등은 익금불산입하도록 규정하고 있고, 주식할인발행차금 등은 손금불산입하도록 규정하고 있는 것이다.

하지만, 자본거래금액 이외에 자본거래와 관련된 각종 세목에서는 양도손익 법인세, 취득관련 지방세, 부가가치세, 증권거래세, 부의 이전에 대한 부당행위계산부인 규정이나 증여세, 의제배당관련 소득세 등의 이슈가 발생하면 이에 대한 과세특례를 적용받는 것이 매우 중요한 문제이므로 승계전략을 위해서는 이에 대한 충분한 이해가 필요하다.

469) 상법 제451조(자본금) 제2항
② 회사가 무액면주식을 발행하는 경우 회사의 자본금은 주식 발행가액의 2분의 1 이상의 금액으로서 이사회(제416조 단서에서 정한 주식발행의 경우에는 주주총회를 말한다)에서 자본금으로 계상하기로 한 금액의 총액으로 한다. 이 경우 주식의 발행가액 중 자본금으로 계상하지 아니하는 금액은 자본준비금으로 계상하여야 한다.

Ⅱ 자본거래 등을 활용한 경영권승계

법인기업의 사업승계는 결국 지배주주의 지분확보를 통한 경영권을 승계하는 것을 의미한다. 승계하고자 하는 대상이 법인기업인 경우 우선적으로 법인기업의 제도 및 규정을 정비함으로써 승계를 위한 기초를 마련한 후, 승계대상 주식을 개별재산의 승계방식(양도, 증여 등)으로 진행할 지, 혹은 가업승계방식 또는 자본거래(합병, 분할, 현물출자 또는 주식교환, 증자(감자), 자기주식 취득, 지주회사 전환 등)를 활용한 승계방식으로 진행할 지 여부를 검토하여 다양하게 경영권 승계전략을 수립할 수 있다.

여기서는 자본거래 등을 활용한 다양한 유형의 경영권 승계전략과 경영권(지배력) 강화방안에 대하여 이해를 돕고자 복잡한 전략수립구조를 핵심적으로 단순화하여 살펴보기로 한다. 이러한, 자본거래(M&A)는 실무상으로도 가장 난해하여 고도의 전문지식이 필요하므로 법적 절차 및 세무회계는 별도로 구분하여 후술하는 "제2절 자본거래의 절차와 세무" 편에서 설명하기로 한다. 이는 경영권 승계방안의 수립 이외에 실무적인 세세한 절차 및 세금부담에 대한 효과를 분석하고자 할 때 "자본거래의 절차와 세무"편을 참고하면 될 것이고, 그 외에는 본 절의 자본거래를 활용하는 승계전략에 대한 이해로도 충분할 것으로 판단된다.

1. 합병을 활용한 경영권 승계전략

가. 합병의 개요

1) 합병의 의의

합병(merger, 合併)이란 두 개 이상의 회사가 상법의 절차에 따라 청산절차를 거치지 않고 합쳐지면서 최소한 한 개 이상 회사의 법인격을 소멸시키되, 합병 이후에 존속하는 회사 또는 합병으로 인해 신설되는 회사가 소멸하는 회사의 권리의무를 포괄적으로 승계하고 그의 사원을 수용하는 회사법상의 법률사실을 말한다[470]. 즉, 3개 이상의 회사가 동시에 합병(일명 "3사 합병")하는 것도 가능하며, 실무적으로 4개 이상의 회사가 동시에 합병하는 사례도 있다.

이때 법률적으로 합병법인은 독립적인 2개 이상의 회사가 하나로 합치면서 피합병법인의 자산·부채 등 모든 권리의무를 포괄적으로 승계하고, 그 대가로 합병계약서 상의 합병비율과 주식배정방식에 따라 피합병법인(또는 소멸법인)의 주주에게 합병법인(존속법인

470) 법인세법 집행기준 44-0-1(합병)

또는 신설법인)의 주식을 교부해야 한다. 이로 인하여 피합병법인(또는 소멸법인)의 주주는 존속법인 또는 신설법인의 주주가 되는 것이다.

2) 합병의 제한

상법상 회사는 어느 종류의 회사와도 자유롭게 합병할 수 있는 것이 원칙이다[471]. 즉 물적회사(주식회사와 유한(책임)회사) 상호간 또는, 인적회사(합자회사, 합병회사) 상호간은 물론 물적회사와 인적회사 간에도 합병할 수 있다. 다만, 물적회사와 인적회사 합병시는 존속법인은 물적회사가 되어야 하며, 주식회사와 유한회사 간 합병시에는 주식회사의 사채의 상환이 완료되지 않으면 유한회사를 존속회사로 하거나 신설회사로 할 수 없으며, 주식회사가 존속 또는 신설회사가 되는 경우 법원의 인가를 얻지 못하면 합병의 효력은 없다[472]. 해산 후 회사는 존립 중의 회사를 존속회사로 하는 경우에 한하여 합병이 가능하다.

독점규제 및 공정거래에 관한 법률에서는 기업결합의 제한에 대한 규정[473]을 두고 있으며, 대규모회사(자산총액 또는 매출액의 규모가 2조원 이상인 회사[474])가 합병당사회사에 포함된 경우 합병계약체결일부터 기업결합일 이전까지 기업결합신고를 하여야 하고 신고 후 공정거래위원회 심사결과를 통지받기 전까지 합병등기를 하여서는 아니 된다[475].

□ 채무초과회사를 소멸회사로 하는 흡수합병의 허용 여부

합병당사회사의 주주총회 특별결의와 채권자보호절차를 거치는 점을 통하여 주주나 채권자보호가 모두 이루어진 상태라면 채무초과상태인 주식회사를 해산회사로 하는 합병등기를 인정하여도 무방한 것으로 보인다. 실제로 2014.1.9.자 상업등기선례 제201401-1호에 의하여 가능한 것으로 변경되었다.

등기선례 변경 : 2014.1.9. (상업등기선례 제201401-1호 시행)

채무초과회사를 소멸회사로 하는 흡수합병등기신청의 경우, 흡수합병으로 소멸하는 회사가 채무초과회사가 아님을 소명하는 서면(예컨대 소멸회사의 재무상태표 등)은 신청서에 첨부하여야 하는 서면이 아니며, 이러한 서면을 첨부하였다 하더라도 등기관은 소멸회사가 채무초과회사인지 여부를 심사할 수 없다.

471) 상법 제174조 제1항
472) 상법 제174조 제2항, 상법 제600조
473) 독점규제 및 공정거래에 관한 법률 제7조
474) 독점규제 및 공정거래에 관한 법률 시행령 제12조의 2
475) 독점규제 및 공정거래에 관한 법률 제12조 제6항, 제7항

나. 합병의 방식

1) 흡수합병과 신설합병

합병은 크게 합병당사회사의 소멸 여부에 따라 피합병법인이 소멸하는 흡수합병과 모든 합병당사회사가 소멸하고 새로운 회사를 설립하는 신설합병 방식으로 나누어진다.

① 흡수합병

A회사는 B회사를 흡수합병하고 B주주에게 A회사 주식을 교부한다.

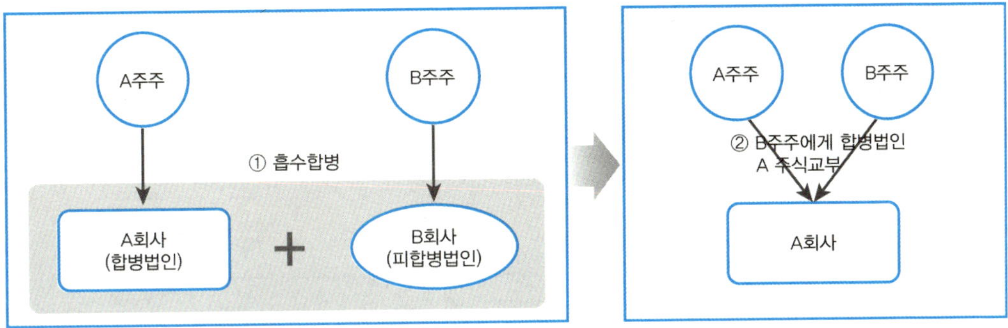

② 신설합병

A회사와 B회사는 합병을 통하여 C회사를 신설하고 A,B주주에게 C회사 주식을 교부한다.

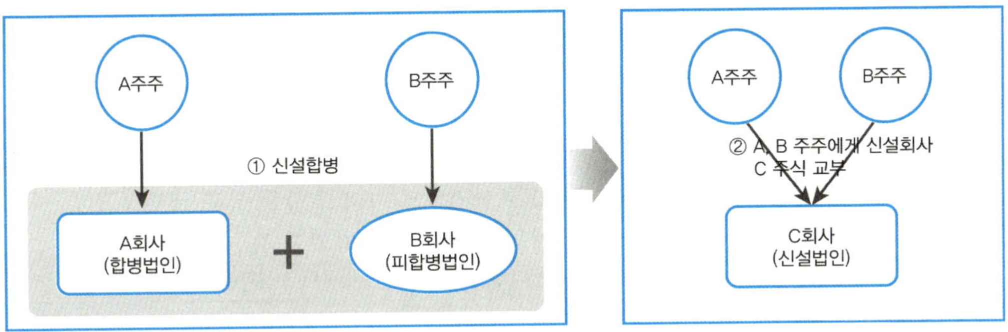

2) 간이합병과 소규모합병

상법은 주식회사 간 흡수합병인 경우에 한하여 주주총회의 특별결의 절차 대신 이사회의 결의만으로 합병할 수 있도록 하여 기업의 구조조정을 촉진하는 간이합병과 소규모합병 제도를 두고 있다[476].

476) 상법 제527조의 2, 제527조의 3

구 분	간이합병	소규모합병
대상	소멸회사에서만 인정	존속회사에서만 인정
요건	① 소멸회사 총주주의 동의 ② 존속회사가 소멸회사의 총주식 90% 이상 소유	합병으로 인해 존속회사가 발행하는 신주가 발행주식총수의 10%를 초과하지 않는 경우
제약조건	해당 없음	① 합병대가가 최종 대차대조표상 순자산가액의 5% 이하인 경우 ② 발행주식총수의 20% 이상의 주주가 반대하지 않는 경우
주식매수청구권	인정(단, 요건 ② 해당시)	인정되지 않음

다. 합병이 경영권승계에 미치는 영향

일반적으로 기업들이 서로 합병하는 주요 동기는 회사 경영의 합리화와 기업가치의 극대화에 두고 있다.

구 분	내 용
영업상 동기	• 기술 및 개발능력이 있는 회사가 마케팅 조직과 숙달된 판매원이 있는 조직과의 결합으로 시너지효과 발생 • 원료 공급회사와 생산회사의 결합으로 생산단계의 효율화 및 경쟁력 강화 • 상표, 브랜드, 독점기술 등과 같은 무형자산을 취득하여 경쟁력 강화
재무상 동기	• 합병으로 규모의 경제를 통한 자본조달을 용이(금융비용 감소)
전략상 동기	• 급격한 경쟁을 이기고 새로운 투자에 대한 위험을 감소하기 위해서는 내부적 성장전략보다 외부적 성장전략이 보다 바람직 • 다양한 회사를 결합한다면 분산투자로 위험을 감소시킬 수 있음
세무상 동기	• 이익이 많은 회사와 결손이 예상되는 회사의 결합을 통해 세부담 절감 • 비상장주식평가 평가방법에 따른 평가가액의 변화 가능성 • 일감몰아주기 해소방안 등 다양한 세부담 관점에서 활용

경영권 승계관점에서 합병은 승계대상 회사가 다수인 경우 각각 승계하는 것보다 합병 후 합병법인을 승계하는 것이 실질적인 가치측면에서 유리하면 합병을 활용한 승계전략을 수립할 수 있는 것이다.

이는 비상장법인의 주식은 평가시점 및 평가대상 법인의 유형에 따라 기업의 실질가치의 변화는 없지만 상속세 및 증여세법상 평가가액에 차이가 발생할 수 있기 때문이다. 다만, 승계전략으로 합병을 유용하게 활용하더라도 법에서 정한 합병비율이 아닌 인위적으로 합병비율의 조정을 통하여 승계를 진행할 경우 부당행위계산부인 규정 및 증여세 등의 이중적인 과세문제가 발생할 수 있으므로 반드시 주의가 필요하다.

보다 구체적인 합병비율 산정방법과 합병절차 및 일정, 세무에 관한 이해가 필요할 경우는 후술하는 "제2절 Ⅰ. 합병절차 및 세무"편을 참고하기 바란다.

라. 합병을 활용한 경영권 승계전략

합병 등을 통한 재벌그룹 등의 대기업 경영권 승계과정이 아주 복잡하게 보이지만, 쉽게 설명하면 다음과 같은 기본 원리에서 시작되는 것이다.

경영권승계 사례1] 합병

바이오산업인 A회사를 경영하고 있는 서판교씨는 회사가 계속해서 성장할 것을 예상하고 아들에게 회사를 승계하고자 하는데 아들 또한 부품산업인 B회사를 경영하고 있는 상태라 고민이다. 그리고 서판교씨는 증여세에 대한 부담 때문에 증여 없이 회사 경영권을 승계하고자 하는데 적절한 방법 및 승계시점을 찾고 있다.

1) 기본정보

각 회사는 1년 이상 계속기업인 비상장법인으로서 상속세 및 증여세법상 평가된 기업가치 및 지분율은 다음과 같다.

- A회사: 기업가치= 100억원, 발행주식총수 10,000주(액면가 5,000원)
  지분율: 서판교 54%, 기타 46%
- B회사: 기업가치= 50억원, 발행주식총수 10,000주(액면가 5,000원)
  지분율: 아들 90%, 기타 10%
- 합병비율: 현재시점= 합병법인 100억원 : 피합병법인 50억원 = 1:0.5
  특정시점= 합병법인 120억원 : 피합병법인 180억원 = 1:1.5

2) 최적 승계방안 검토

단순하게 증여 없이 경영권을 승계할 수 있는 방법은 양도이다. 하지만 양도는 양도소득세 및 양도대금의 부담이 발생하기 때문에 승계방안으로 적합하지 아니하다. 본 사례의 경우 아들 또한 회사를 경영하고 있기 때문에 합병이란 방법을 통해서 합병존속법인의 지분을 확보한다면 자연히 경영권의 승계가 가능하게 될 것이다. 다만, 합병을 통한 승계전략을 수립하기 위해서 여타 기업결합에 애로사항이 없는지 사전에 분석하고 가장 합리적인 합병비율이 도출되는 시점을 검토하여야 할 것이다.

비상장법인간 합병비율은 명문규정은 없으나 시가비율대로 진행하면 되는데 이때 시가의 산정이 어려운 경우에는 상속세 및 증여세법상 보충적인 평가방법에 따라 평가한 주식가액 비율대로 정하면 불공정합병비율에 대한 세무위험은 발생하지 아니할 것이다. 즉, 합병비율에 대한 충분한 이해가 있어야 최적의 승계전략을 수립할 수 있는 것이다.

이에 대한 적정 합병시점을 분석하면 다음과 같다.

① 현재시점 합병 분석

합병을 현재시점으로 진행할 경우 현재시점 합병비율(1:0.5)에 따라 피합병법인(B회사) 주주에게 합병법인(A회사) 주식을 교부하게 된다. 합병에 따른 합병존속법인의 지분율 현황은 다음과 같다.

구 분	현재시점					
	A회사		합병교부 신주		A회사(합병존속법인)	
기업가치	100억원		합병비율 1:0.5		150억원	
주주구성	주식수	지분율	계산내역	주식수	주식수	지분율
서판교	5,400주	54%			5,400주	36%
아들			=9,000주 × 0.5	4,500주	4,500주	30%
기타	4,600주	46%	=1,000주 × 0.5	500주	5,100주	34%
소계	10,000주			5,000주	15,000주	

상기와 같이 존속법인의 최대주주는 합병을 통해 합병존속법인의 경영권을 행사할 수 있는 지분율(36%+30%=66%)은 확보할 수 있지만, 아들의 지배력은 다른 주주에 비해 가장 낮은 상태가 된다. 또한, 존속법인의 기타주주(제3자) 지분율이 34%에 해당하게 되어 존속법인의 최대주주가 맘대로 정관변경이나 이사해임 등 주주총회 특별결의[477] 사항을 통과시킬 수 있는 지분율(66.67%)을 확보하지 못하고 있기 때문에 향후 기업경영에 많은 제약적인 애로가 있을 수 있다.

따라서 현재시점의 합병은 아들이 독자적으로 경영권을 행사할 수 없는 상태이며, 제약 없이 합병존속법인을 지배할 수도 없는 상태이므로 아들의 최대주주 지분율이 높아져야 하는 상황이다. 이는 보다 높은 수준의 경영권을 확보하기 위해서는 현재보다 높은 합병비율이 발생되는 시점의 합병이 필요한 것이다. 이러한 승계전략은 합병대상회사의 경제적 가치변화를 사전에 분석하여 상대적으로 B회사의 가치가 A회사 가치보다 높은 시점을 찾아서 최적의 합병방안을 수립할 때 완성되는 것이다.

② 합병의 적정시점 분석

합병을 활용한 경영권 승계는 사전에 합병대상회사의 분석이 없다면 적정 합병시점을 찾기는 쉽지 아니하므로 반드시 합병비율에 대한 사전검토가 필요하다. 이러한 사전검토를 통하여 상대적으로 B회사의 가치가 높아짐에 따라 합병비율(ex,1:1.5)도 높아지는 시점이 분석되어지면 해당 합병비율로 합병승계 효과를 분석하고 합병의 승계목적에 부합하는지 여부를 검토하여 최적의 합병시점을 찾으면 된다.

구 분	적정시점					
	A회사		합병교부 신주		A 합병존속법인	
기업가치	120억원		합병비율 1:1.5		300억원	
주주구성	주식수	지분율	계산내역	주식수	주식수	지분율
아버지	5,400주	54%			5,400주	22%
아들			=9,000주 × 1.5	13,500주	13,500주	54%
기타	4,600주	46%	=1,000주 × 1.5	1,500주	6,100주	24%
소계	10,000주			15,000주	25,000주	

상기와 같이 특정(적정)시점을 분석하여 합병을 진행하면 존속법인의 최대주주 지분율(76%)은 물론 아들의 지분율도 54%로 증가하여 독립적인 경영권 행사가 가능하게 된다. 이러한 합병효과로 인하여 지배주주의 경영권 승계는 원활하게 완성되는 것이다.

3) 합병의 분석 및 주의사항

합병을 통한 경영권 승계시점의 분석은 단순히 최적 합병비율을 찾는 것이 아니라 우선적으로 승계대상회사 또는 합병대상회사에 대한 정책이나 제도의 분석을 통하여 비정상적인 규정을 정비하거나 새로이 구축하여 불필요한 지출이 발생하지 아니하도록 하여 해당 승계대상회사 또는 합병대상회사의 가치를 증가시키는 검토가 필요하다. 그 다음으로 정비된 제도하의 재무상태를 기초로 해서 향후 기업의 성장가능성을 합리적이고 예측가능하게 분석하여 합병을 통한 최적의 승계시점을 찾아야 할 것이다.

이러한 일련의 과정은 승계대상회사의 성장가능성이 크게 변동하지 않더라도 회사의 정책이나 제도를 정비하거나 새로이 구축함에 따라 발생되는 정상적인 거래로 인하여 비상장주식의 평가가액이 변동될 수 있기 때문에 우선적으로 회사의 정책규정이나 제도를 정비하는 것이 승계전략 수립과정에는 반드시 필요한 것이다.
하지만, 합병을 통한 경영권 승계에 있어서 사전검토도 없이 인위적으로 주가를 조작하여 합병비율을 산정하여 승계목적을 달성하고자 한다면, 세무상 부당행위계산부인 규정과 증여 등에 대한 추가적인 세금부담은 물론 합병의 무효의 소나 배임의 이슈 등 아주 심각한 결과를 초래할 수 있으니 반드시 주의가 필요하다.

477) 상법 제434조(정관변경의 특별결의)
제433조 제1항의 결의는 출석한 주주의 의결권의 3분의 2 이상의 수와 발행주식총수의 3분의 1 이상의 수로써 하여야 한다.

마. 교부금합병을 활용한 경영권(지배력) 강화전략

2011년 상법의 개정(2012.4.15. 시행)시 기존 상법에서 그 허용 여부 및 범위에 관하여 논란이 되어 왔던 교부금합병[478]을 전면적으로 허용하는 규정을 신설하였다. 이러한, 교부금합병(cash-out merger)은 주식회사의 흡수합병시 합병계약에 따라 존속회사가 소멸회사의 주주에게 합병의 대가로 존속회사의 주식 대신에 현금뿐만 아니라 '그 밖의 재산'으로 합병대가를 지급하는 것을 의미하며 특히 '그 밖의 재산'의 범위에는 사채나 주식(모회사 주식 포함) 등 증권도 포함됨에 따라 합병법인은 자금만 잘 조달하게 되면 피합병법인 주주에게 합병법인의 주식 대신 사채나 모회사 주식 등을 지급하게 되어 합병법인의 최대주주 지분율이 희석화되는 것을 방지할 수 있게 되었다.

따라서 교부금합병은 기존 합병의 걸림돌이 되었던 최대주주 지분율의 희석화를 최소화할 수 있게 되었고, 모회사 주식을 교부받음에 따라 간접적인 방법으로 모회사의 지배권을 확보할 수 있는 기회가 생기게 되어 합병을 통한 다양한 경영권승계가 가능하게 되었다.

예를 들어 설명하면, 父가 소유하고 있는 지배회사의 자회사와 자녀 회사간 합병 시 자회사의 주식을 교부하는 것이 아니라 지배회사의 주식을 교부함에 따라 자녀의 지배회사 지배력이 강화되어 지배그룹 전체를 승계하는 효과를 누릴 수 있게 되는 것이다.

이러한, 교부금합병은 흡수합병의 경우에 한하여 인정되므로 주의가 필요하다. 또한, 승계관점 이외의 입장에서의 교부금합병은 기업구조조정을 용이하게 하고 기업의 효율성을 제고시키는 기능 이외에 소수파 주주를 축출하여 경영비용을 줄이거나 상장폐지의 수단으로도 악용될 소지가 있으니 주의할 필요가 있다.

2. 분할을 활용한 경영권 승계전략

가. 분할의 개요

1) 분할의 의의

분할(division, 分割)이라 함은 합병과 상반되는 개념으로 회사가 회사의 재산, 사원 등 일부분을 분리하여 다른 회사에 출자하거나 새로 회사를 설립함으로써 한 회사를 다수의

478) 상법 제523조 (흡수합병의 합병계약서)

① 합병할 회사의 일방이 합병 후 존속하는 경우에는 합병계약서에 다음의 사항을 적어야 한다.

4. 존속하는 회사가 합병으로 소멸하는 회사의 주주에게 제3호에도 불구하고 그 대가의 전부 또는 일부로서 금전이나 그 밖의 재산을 제공하는 경우에는 그 내용 및 배정에 관한 사항

회사로 만드는 것을 말한다. 즉, 분할에 따라 분할회사에서 분리된 권리와 의무는 분할계획서(또는 분할합병계약서)에 따라 신설회사 또는 기존회사(합병법인)에 승계되고 분할회사는 그 대가(분할대가)로서 신설 또는 기존회사의 주식을 받게 된다. 다만, 분할은 합병과 달리 의결권이 제한되는 종류주식의 주주도 분할주주총회 결의시 의결권을 행사할 수 있다[479].

2) 분할의 제한

상법상 분할은 **주식회사만 가능**하며 해산 후의 회사는 존립중의 회사를 존속하는 회사로 하거나 새로 회사를 설립하는 경우에 한하여 분할 또는 분할합병할 수 있다[480]. 즉, 분할은 합명회사, 합자회사 및 유한(책임)회사에 대해서는 인정되지 않는다.

또한, 상장법인인 경우 상장법인의 주된 영업부문을 분할하거나, 상장폐지 회피를 위한 분할시에는 분할법인이 상장폐지되는 규정을 두고 있다[481]. 그리고 비상장법인이 상장법인과 합병 후 합병등기일로부터 3년 이내 비상장법인의 사업부문을 인적분할시 우회상장하는 것을 방지하기 위해서 재상장제한 규정을 두고 있다[482].

나. 분할의 방식

1) 완전분할과 불완전분할

회사분할은 분할회사가 분할 후에 소멸하는지 여부에 따라 완전분할과 불완전분할로 구분된다. 완전분할(또는 소멸분할)이라 함은 분할 후에 분할회사가 소멸하는 회사분할을 말한다. 즉, 완전분할은 분할회사가 분할하여 그의 전 재산이 둘 이상의 회사에 현물출자되어 포괄승계되고 분할회사는 청산절차 없이 소멸된다.

이에 반하여 불완전분할(또는 존속분할)이란 분할 후에도 분할회사가 존속하는 회사분할로서 분할회사가 둘 이상의 회사로 분할되지만 분할회사 재산의 일부만이 분할신설회사 등에 이전되고 분할회사는 축소된 범위에서 존속하는 회사분할을 말한다.

2) 단순분할과 분할합병

단순분할과 분할합병은 회사분할이 합병을 수반하는지 여부에 따른 분류이다. 단순분할이란 분할회사가 분할하여 단독으로 신설회사를 설립하는 분할을 말한다. 이에 반해 분할

479) 상법 제530조의 3 제3항
480) 상법 제530조의 2 제4항
481) 유가증권시장상장규정 제48조 제2항, 코스닥시장상장규정 제38조 제2항
482) 유가증권시장상장규정 제42조, 코스닥시장상장규정 제17조

합병이란 합병과 결합된 회사분할로서, 분할회사가 분할한 후에 그 분할된 부분이 다른 기존회사 또는 다른 기존회사의 일부와 합쳐져 하나의 회사로 되는 회사분할을 말한다. 분할합병은 다시 두 가지로 나뉘는데 분할된 부분이 다른 회사에 흡수되는 「흡수분할합병」과 분할된 부분이 다른 기존회사 또는 다른 회사의 분할된 부분과 합쳐져 회사가 신설되는 「신설분할합병」이 있다. 분할합병의 경우 모회사의 주식 또는 자기주식 등의 교부로 무증자 분할합병도 가능하다.

3) 인적분할과 물적분할

인적분할과 물적분할은 분할회사의 주주가 분할신설회사 등의 주주가 되는지 여부에 따른 분류이다. 즉, 인적분할은 분할대가를 분할법인의 주주에게 교부하는 데 반하여 물적분할은 분할대가를 전부 분할법인에게 교부하는 유형의 분할을 말한다.

참고로, 인적분할의 경우 교부되는 분할신설회사 주식을 분할회사 주주들의 지분율에 비례하여 교부하는 형태를 「비례적 인적분할」이라 하고, 분할신주의 배분비율이 기존의 지분율과 상이하게 교부되는 형태를 「불비례적 인적분할」이라 한다. 불비례적인 분할은 세무상 많은 문제가 야기되기 때문에 실무상으로 잘 진행하지 않는다.

① 인적분할

A회사는 도소매사업부문을 인적분할 신설하고 A주주에게 인적분할회사 C주식을 교부한다.

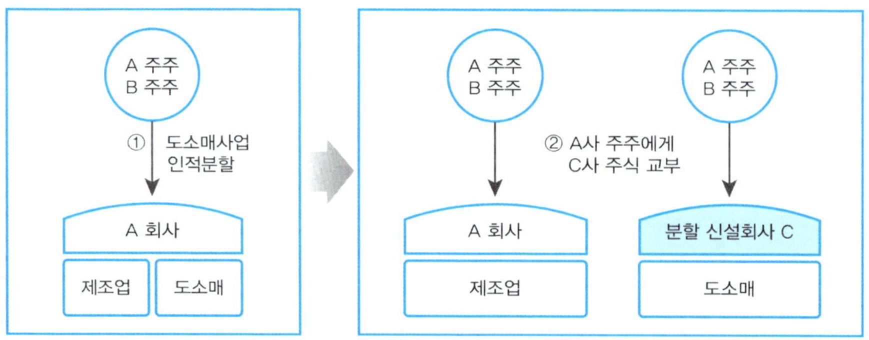

② 물적분할

A회사의 도소매사업부문은 물적분할 신설되어 A회사에게 물적분할회사 C주식을 100% 교부한다.

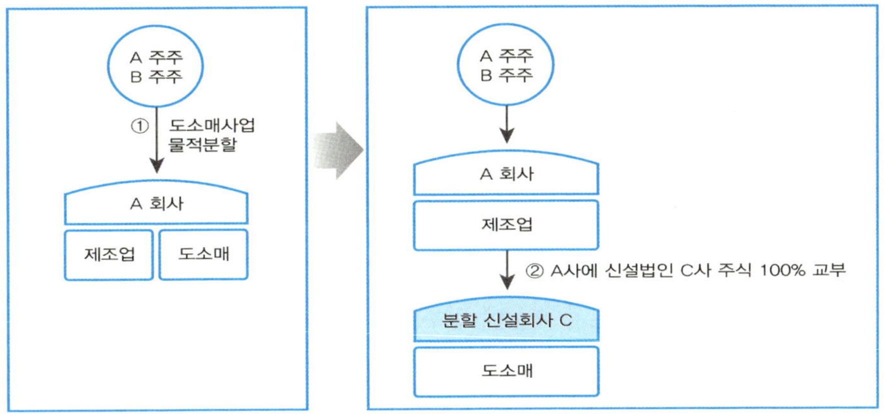

③ 인적분할합병

A회사의 제조업부분은 인적분할되어 B회사에 합병됨에 따라 B회사는 A주주에게 B회사 주식을 교부한다.

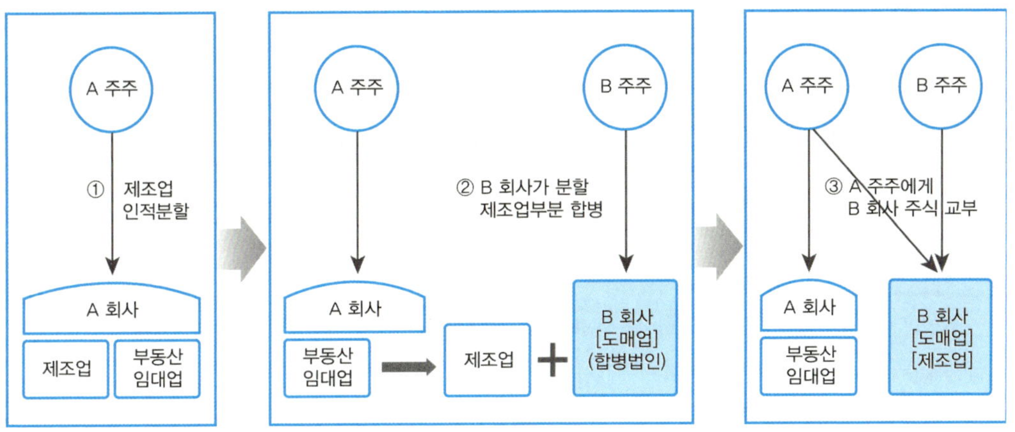

다. 분할이 경영권승계에 미치는 영향

사업승계에서 분할은 아주 중요한 전략적 방안이 될 수 있는 자본거래의 유형이다. 전형적인 예로 우리나라 사업승계지원제도[483]는 중소기업(또는 중견기업)이 전제가 되기 때문에 회사의 규모가 중소·중견기업 범위를 초과하는 경우에는 중소·중견기업을 유지할 수 있는 방안을 위해서 분할을 활용하고 있으며, 또한 승계대상 회사는 하나인데 후계자가 2명 이상인 경우 승계대상회사를 분할하여 각각 사업부별 회사를 자녀에게 승계시키는 방안에도 분할이 사용되기도 한다.

483) 제1편 제3장 제3절 '우리나라 가업승계 지원제도' 참조

이러한, 분할은 대규모 대기업 등의 경영권 승계를 위한 전략에 있어서 더욱 더 활용가치가 높은 상태이며, 대부분의 대기업 지배구조개선에서 반드시 활용되는 자본거래 유형이다. 즉, 분할방안은 분할 이후에 현물출자나 합병 등 또 다른 자본거래와 함께 진행됨으로써 지배력을 강화하는 데 아주 유용하게 활용되고 있다. 이는 대기업 또는 상장사의 경우 경영권을 확보하기 위해서는 적게는 몇 백억원에서 많게는 수 조원의 막대한 자금이 필요하게 되는데 분할을 통한 경영권 승계전략은 이러한 막대한 자금의 부담 없이도 지배구조를 개선하거나 경영권을 확보할 수 있기 때문에 실무에서는 아주 많이 활용하고 있다. 특히 지주회사로의 전환을 통한 지배구조개선 및 경영권 강화 시에 아주 필수적인 승계방안이 되고 있다.

경영권승계 사례2] 분할

서판교씨는 바이오 제조 및 도소매업을 영위하는 중소기업인 A회사를 5년 이상 경영하고 있는데 향후 바이오산업의 성장성은 지속될 것으로 예상되고 있다. 2021년 경영계획에 따르면 2021년 기말 예상매출액이 「중소기업기본법 시행령」 제3조 제1항 제1호에 따른 [별표 1]의 업종별 규모기준(의료 제조업 연평균매출액 800억원 이하, 도소매업 연평균매출액 1,000억원 이하)을 초과할 것으로 예상되며, 5년 이후에는 연평균매출액이 3천억원을 초과하여 중견기업의 매출액 범위를 넘어설 것으로 예상된다. 이에 서판교씨는 중소·중견기업의 유지와 자녀 2명에게 회사를 가업승계할 수 있는 방법을 찾고 있다.

1) 기본정보

A회사는 바이오제조에 대한 명성과 고객 충성도가 높은 회사로서 사업 부문별·연도별 매출액은 아래와 같이 예상되며, 이에 대한 중소기업의 해당 여부 판단은 다음과 같다. 단, 본 사례에서 중소기업 판단은 유예기간 해당 여부를 고려하지 않는 것으로 가정한다.

구 분	A회사 매출액		
	2020년	2021년(예상)	2022년(예상)
바이오제조	400억원	480억원	550억원
바이오도소매업	280억원	400억원	650억원
합계(3년 평균매출액 가정)	680억원	880억원	1,200억원
주 업종 판단	바이오제조	바이오제조	도소매업
규모기준	800억원	800억원	1,000억원
중소기업 여부	해당 (680억원<800억원)	해당 안됨 (880억원>800억원)	해당 안됨 (1.2천억원>1천억원)

2) 최적 방안 검토

우리나라 세제는 중소기업 등에 대하여 각종 세제혜택을 제공하고 있기 때문에 중소기업을 유지하는 것이 중요한 경영정책일 수 있다. 따라서 중소기업을 유지하기 위해서는 사업의 계속성을 유지한 상태에서 사업부문을 나누는 분할이 필요할 것이다. 분할된 사업부문의 경우 계속해서 중소·중견기업 범위를 유지하면 향후 가업승계나 가업상속공제를 통하여 자녀들에게 세금부담이 없거나 적은 금액을 자녀들에게 이전할 수 있을 것이다.

가) 분할하는 사업부문의 검토단계

중소기업을 유지하기 위해서는 사업부문의 분할이 필요하다. 이때 2개 이상의 사업부문 중에서 분할하고자 하는 사업부문의 결정은 다양한 사업부문에 대한 분석을 통하여 결정한다.

■ 분할되는 사업부문을 결정시 고려해야 하는 요소들은 다음과 같다.

1. 분할사업부문이 적격분할에 해당하는 사업인지 여부
   : 부동산임대업 등의 특정 업종은 적격분할에 해당되지 아니함으로 주의
2. 분할사업부문의 양도손익의 크기
3. 신설사업부문의 자본금의 크기
4. 분할사업부문의 취득세대상 자산의 보유 여부
5. 인허가, 면허 등의 갱신이 필요한 사업부인지 여부
6. 분할사업부문의 구분경리가 가능한지 여부
7. 분할사업부문의 인적·물적설비의 승계 복잡성 여부
8. 회사(사업부 또는 제품) 브랜드에 대한 충성도
9. 매출처(대기업)에 거래처 재등록의 복잡성 여부
10. 분할 후 현물출자 고려 시 상대적으로 주식가치가 높은 사업부인지 여부
11. 분할사업부문 자산의 평가가 복잡한지 여부 등

본 사례의 기본정보로는 분할사업부문을 정하기가 명확하지 않지만, 제조업이 고객충성도가 높은 상태이므로 도소매사업부문을 분할신설하는 인적분할을 진행하는 것이 유리할 것으로 판단된다.

나) 분할시 중소기업 해당 여부 분석단계

바이오도소매업을 인적분할한 경우 각 회사는 중소기업에 해당되는 것으로 분석된다.

구 분	A회사(분할존속)		분할신설법인	
	2021년(예상)	2022년(예상)	2021년(예상)	2022년(예상)
바이오제조	480억원	550억원		
바이오도소매업			400억원	650억원
합계	480억원	550억원	400억원	650억원
주 업종 판단	바이오제조	바이오제조	도소매업	도소매업
규모기준	800억원	800억원	1,000억원	1,000억원
중소기업 여부	해당 (480억원<800억원)	해당 (550억원<800억원)	해당 (400억원<1천억원)	해당 (650억원<1천억원)

3) 분할 분석 및 주의사항

중소기업에 대한 세제혜택 등을 위해서 단순히 회사의 규모를 나누는 분할을 진행할 경우 분할에 따른 각종 세금부담이 발생할 수 있기 때문에 사전에 충분한 세무상 검토가 필요하다. 그리고 분할도 인적분할과 물적분할 방식이 있기 때문에 분할의 목적에 맞는 분할방식을 선택해야 할 것이다.

본 사례처럼 회사가 중소기업 유지를 목적으로 할 경우 인적분할 방식이 아닌 물적분할 방식으로 분할을 진행하면 중소기업을 유지할 수 없는 상태에 이르게 된다. 왜냐하면, 물적분할은 100% 자회사를 만드는 구조이므로 중소기업 규모요건(3년 평균매출액 요건) 판단시 관계기업이 있는 기업은 지분비율 대로 연매출액을 합산해서 중소기업을 판단하기 때문에 매출의 100%을 포함하게 되면 중소기업 요건을 충족시키지 못하는 구조가 되기 때문이다. 또한, 물적분할은 지분구조상 각각의 회사를 자녀들에게 하나씩 나누어 줄 수도 없기 때문에 분할구조로는 적합하지 않게 되는 것이다.

라. 분할을 활용한 경영권 승계전략

사업승계는 단순히 주식의 양도나 증여 및 상속을 통하여 진행될 수도 있지만, 이런 승계방식은 대부분 막대한 세금부담을 야기시키는 결과를 초래할 수 있다. 따라서 사업승계를 통한 지배구조의 효율성뿐만 아니라 절세의 목적을 달성하고자 한다면 다양한 자본거래를 통한 경영권 승계전략 방안을 수립할 필요가 있을 것이다.

이런 다양한 자본거래 중 분할은 가업승계 과세특례 요건에서 승계대상회사가 처한 대규모 기업구조를 가업요건을 만족시킬 수 있는 중소·중견기업구조로 유지할 수 있게 해준다. 하지만, 이러한 단순한 분할은 가업요건을 만족시키는 목적을 달성할 수 있지만, 분할 그 자체만으로는 경영권을 확보할 수는 없다. 따라서 분할은 다른 자본거래와 융합함으로써 지분확보를 위한 경영권 승계전략에 기초적인 방안이 되는 것이다.

분할을 통한 경영권 승계전략의 사례는 후술하는 "4. 현물출자를 활용한 경영권 승계전략"편에서 확인하기 바란다.

마. 가업승계의 과세특례를 위한 분할 승계전략

가업승계에 대한 증여세 과세특례를 적용받기 위한 분할이 승계전략의 사례로 사용되는 기본원리를 살펴보면 다음과 같다.

경영권승계 사례3] 분할2

5년 이상 A회사(제조업과 부동산임대업)를 경영하고 있는 최대주주(지분율 100%) 서판교씨는 자녀 2명에게 회사를 물려주기 위해서 승계전문가에게 가장 최적의 증여방안에 대하여 검토를 의뢰하였다.

1) 기본정보

A회사의 재무상태 및 매출손익 현황, 기업가치는 다음과 같다. 단, 기업가치는 상속세 및 증여세법상 보충적인 평가방법에 따라 평가한 가액인 것으로 가정한다. 또한, 회사는 연평균매출액이 400억원을 초과하지 아니하는 상태라 중소기업기본법상 중소기업에 해당된다.

구 분	자산가액	부채가액	순자산액	연매출액	순손익액	기업가치	비고
■ 현재시점(2021년 1월 1일 이후)							
부동산임대업	700억원	650억원		70억원			주업
제조업	200억원	150억원		30억원			지속성장
A회사(합계)	900억원	800억원	100억원	100억원	6억원	84억원	(주1)
■ 10년 후 시점							
부동산임대업	700억원	640억원		71억원			
제조업	210억원	140억원		70억원			
A회사(합계)	910억원	780억원	130억원	141억원	15억원	138억원	(주1)

(주1) 기업가치에 대한 상속세 및 증여세법상 비상장주식 평가방법은 다음과 같다.
- 일반법인: Max[(순자산가치 × 0.4 + 순손익가치 × 0.6), 순자산가치 × 0.8]
- 부동산과다보유법인(50% 이상): Max[(순자산가치 × 0.6 + 순손익가치 × 0.4), 순자산가치 × 0.8]

2) 분할 전 승계 검토

① 현재시점에 승계가정

현재시점의 A회사는 부동산임대업이 제조업의 연매출액보다 많은 상태이므로 A회사의 주된 업종은 부동산임대업이 된다. 이는 가업승계에 대한 증여세 과세특례제도에서 규정하고 있는 가업업종에 해당되지 아니하여 가업승계 과세특례제도를 활용할 수 없다. 따라서

A회사 주식을 일반 증여로 자녀 2명에게 승계할 경우 증여세 산출세액은 다음과 같다.

> 증여세 산출세액 : 3,230백만원
> = 자녀1 〔증여가액 42억원 － 증여공제액 5천만원〕 × 누진세율 ＝ 1,615백만원
> 　자녀2 〔증여가액 42억원 － 증여공제액 5천만원〕 × 누진세율 ＝ 1,615백만원

② 10년 후 시점에 승계가정

현행 세법규정에 따라 10년 후 A회사의 주된 업종을 판단할 경우 여전히 부동산임대업이 제조업의 연매출액보다 많은 상태이므로 주된 업종에 해당하게 된다. 따라서 가업승계에 대한 과세특례를 적용받지 못하므로 A회사 주식을 일반 증여로 자녀 2명에게 승계할 경우 증여세 산출세액은 다음과 같다.

> 증여세 산출세액 : 5,930백만원
> = 자녀1 〔증여가액 69억원 － 증여공제액 5천만원〕 × 누진세율 ＝ 2,965백만원
> 　자녀2 〔증여가액 69억원 － 증여공제액 5천만원〕 × 누진세율 ＝ 2,965백만원

3) 인적분할 진행 후 (가업)승계 검토

가업승계에 대한 과세특례를 적용받기 위해서는 가업업종(제조업)을 10년 이상 중소·중견기업으로 경영해야 한다. 이에 제조업을 인적분할하여 10년간 경영하는 것으로 검토하였다(만약, 당초 매출이 제조업〉임대업이라면 가업승계특례를 위한 10년의 기간은 필요 없음). 이때 부동산임대업을 분할하지 않는 이유는 적격분할요건에 부동산임대업은 해당되지 않기 때문이다. 즉, 적격분할로 진행하지 않는 경우 과다한 세금이 발생할 수 있기 때문에 제조업을 인적분할하는 것이다.

이런 경우 기본정보에 추가되는 정보는 다음과 같다.

> 분할회사인 A회사 및 분할신설회사(이하 "B회사"라 한다)의 재무현황 및 기업가치(상속세 및 증여세법상 보충적인 평가방법에 따른 가액으로 가정)는 다음과 같다. 여기서 B회사는 업무무관자산이 없는 것으로 가정하여 가업에 대한 사업자산비율을 100%로 적용한다.

구 분	자산가액	부채가액	순자산액	연매출액	순손익액	기업가치	비고
■ 현재시점(2021년 1월 1일 이후)							
A회사	700억원	650억원	50억원	70억원	5억원	50억원	부동산임대업
B회사	200억원	150억원	50억원	30억원	1억원	40억원	제조업
합계	900억원	800억원	100억원	100억원	6억원	90억원	
■ 10년 후 시점							
A회사	700억원	640억원	60억원	71억원	7억원	60억원	부동산임대업
B회사	210억원	140억원	70억원	70억원	8억원	76억원	제조업
합계	910억원	780억원	130억원	141억원	15억원	136억원	

(주1) 부동산임대업 법인의 부동산비율이 80% 이상인 상태임.
• 부동산과다법인(80% 이상)의 주식평가방법: 순자산가치×100%(2018.2.13. 이후)

① 인적분할 후 현재시점에 승계 가정

이런 적격인적분할을 진행하더라도 분할신설회사인 B회사는 과거부터 계속해서 10년간 제조업을 주업으로 경영한 상태가 아니므로 가업승계에 대한 증여세 과세특례제도에서 규정하는 가업에 해당되지 아니한다. 따라서 가업승계에 대한 과세특례를 적용받지 못하므로 A회사와 B회사 주식을 일반 증여로 자녀 2명에게 승계할 경우 증여세 산출세액은 다음과 같다.

증여세 산출세액 : 3,530백만원
= 자녀1 〔증여가액 45억원 – 증여공제액 5천만원〕 × 누진세율 = 1,765백만원
자녀2 〔증여가액 45억원 – 증여공제액 5천만원〕 × 누진세율 = 1,765백만원

개정 전 부동산과다보유법인(80%)은 가중평균액과 순자산가치의 80% 중 큰 금액으로 평가하였으나 2018.2.13. 이후 평가분부터는 순자산가치로만 주식가액을 평가하도록 다시 개정되어 가중평균액이 순자산가치보다 큰 경우에도 순자산가치보다 상승하여 과세되는 효과는 없어졌다.

② 인적분할 후 10년 시점에 승계 가정

최대주주 서판교씨는 인적분할로 제조업을 주업으로 하는 B회사를 계속해서 10년간 경영한 상태가 되었기 때문에 가업승계에 대한 증여세 과세특례규정에서 정하고 있는 가업요건을 모두 충족하게 되었다. 따라서 가업승계에 대한 과세특례를 적용받기 위해서 가업에 해당하는 B회사는 자녀 1에게 모두 증여하고, A회사 주식은 자녀 2에게 모두 증여하는 것으로 가정하여 증여세 산출세액을 계산하면 다음과 같다.

증여세 산출세액: Ⓐ+Ⓑ = 3,635백만원

Ⓐ 가업승계 과세특례 적용분: B회사 지분 76억원
산출세액 = 〔증여가액 76억원 – 증여공제액 5억원〕 × 10%(과세표준 30억원 초과분은 20%)
= 1,120백만원
Ⓑ 일반 증여적용분: A회사 지분 60억원
산출세액 = 〔증여가액 60억원 – 증여공제액 5천만원〕 × 누진세율 = 2,515백만원

4) 인적분할 분석 및 주의사항

본 사례의 검토처럼 일반 사전증여와 분할을 통한 가업승계특례를 적용받는 경우를 비교하여 부담세금 측면과 경영권분쟁 가능성에 대한 효과를 분석하면 다음과 같다.

(단위: 백만원)

구 분	분할 전 회사 증여		분할 후 회사 증여	
	사전증여	10년 후 증여	사전증여	10년 후 가업승계
가업 충족 여부	×	×	×	○
증여세 산출세액	3,230	5,930	3,530	3,635
경영권 분쟁	지분승계로 경영권 분쟁 가능		회사별 승계로 경영권 분쟁 없음.	

여기서 증여는 누진세제이기 때문에 일반적으로 자녀 1명에게 하는 것보다 여러 명에게 분산 증여하는 것이 세금측면에서 유리하다. 그리고 성장성 있는 회사는 사전증여하는 것이 보다 더 세금측면에서 유리하며, 가업승계제도 활용이 일반적인 증여보다 유리한 것이 일반적이다.

하지만 본 사례에서처럼 가업승계제도 활용보다는 사전증여가 보다 유리한 상태이며, 자녀 2명에게 승계 이후 경영권 분쟁을 발생하지 않게 하는 방법은 승계대상 회사를 분할 후 각각의 분할회사로 똑같이 사전증여하는 방안이 보다 더 합리적이다. 이러한 분할 후 회사를 각각 사전증여하는 방안은 분할시점의 회사가치가 동일하다면 향후 상속시 유류분 문제도 발생하지 아니하므로 최적의 방안이 될 수 있는 것이다. 다만, 현재시점에 사전증여를 할 수 없는 특별한 사정이 있다면 특정시점에 증여하는 것보다 가업승계특례 제도를 활용하여 가업승계하는 것이 보다 더 유리할 수 있는 것이다.

따라서 각 승계대상회사의 최적의 승계전략은 각 승계대상회사의 상황에 맞는 전략적인 분석을 통하여 가장 합리적인 방안을 도출함으로써 완성되는 것이다. 다시 말해, 주변 지인들의 승계전략 방안을 당해 회사의 승계플랜으로 적용하더라도 동일한 승계효과를 누릴 수 없을 뿐만 아니라 최악의 선택이 될 수도 있다는 점에서 주의가 필요한 것이다.

3. 현물출자를 활용한 경영권 승계전략

가. 현물출자의 개요

1) 현물출자의 의의

상법상 현물출자라 함은 금전 이외의 재산, 즉 토지 · 건물과 같은 부동산, 유가증권 · 상품과 같은 동산 및 특허권 · 지상권과 같은 무형자산 등에 의한 출자형태를 말한다. 즉, 현물출자는 자본이 증가하는 자본거래와 현물출자 자산을 양도하는 손익거래가 동시에 존재하는 특징이 있다.

2) 현물출자의 제한

주식회사의 자본 증가는 현금출자가 원칙이나 회사 설립시 정관에 변태설립사항으로서 현물출자를 하는 자의 성명, 출자자산, 가격·수량과 이에 대하여 부여할 주식의 종류와 수를 기재하는 경우 현물출자가 가능하다[484]. 즉, 과거 발기인에 한하여 현물출자를 제한하던 규정은 폐지된 상태이다. 또한, 증자 시 누구라도 현물출자를 통하여 신주를 교부받을 수 있으며, 이 경우 이사회가 현물출자를 하는 자의 성명, 출자자산, 가격·수량과 이에 대하여 부여할 주식의 종류와 수를 결정하여야 한다[485].

현물출자를 하는 자가 있는 경우에는 이사는 상법 제416조 제4호의 사항을 조사하기 위하여 검사인의 선임을 법원에 청구하여야 한다. 이 경우 공인된 감정인의 감정으로 검사인의 조사에 갈음할 수 있지만 **법원의 인가**는 받아야 한다. 다만, 다음의 어느 하나에 해당할 경우에는 법원의 인가를 받을 필요가 없다[486].

구 분	법원의 인가가 필요 없는 경우
① 소규모재산	현물출자 재산의 가액이 자본금의 5분의 1을 초과하지 아니하고 5천만원을 초과하지 아니하는 경우
② 거래소의 시세가 있는 유가증권	상법 제416조 본문에 따라 결정된 신주의 발행가액 등이 다음에 정한 방법으로 산정된 기준시가를 초과하지 아니하는 경우 기준시가= Min〔(①+②+③)/3, ③〕 ① 결의일*로부터 소급하여 1개월간의 거래소에서의 평균종가 ② 결의일로부터 소급하여 1주일간의 거래소에서의 평균종가 ③ 결의일 직전 거래일의 거래소에서의 종가 * 결의일은 현물출자 이사회 결의일(주주총회시 주주총회 결의일)을 의미
③ 회사의 금전채무	변제기가 돌아온 회사에 대한 금전채권을 출자의 목적으로 하는 경우로서 그 가액이 회사장부에 적혀 있는 가액을 초과하지 아니하는 경우
④ 기타	①~③ 규정에 준하는 경우로서 대통령령으로 정하는 경우(현재까지는 정함이 없는 상태임)

484) 상법 제290조 제2호 (변태설립사항)
485) 상법 제416조 제4호 (발행사항의 결정)
486) 상법 제422조 (현물출자의 검사), 동법 시행령 제14조

나. 현물출자의 방식

현물출자는 회사 설립시 및 증자시에도 가능하며, 해당 현물출자의 목적물에 따라 주식과 주식 이외 재산으로 구분될 수 있다. 그리고 자본거래과정에서 지배구조개선이나 경영권 확보의 목적달성을 위해서 현물출자를 진행하기도 한다.

1) 주식 이외 재산의 현물출자

개인 B가 부동산을 A회사에 현물출자하고 A회사 주식을 교부받아서 A회사 주주가 되는 현물출자 방식이다.

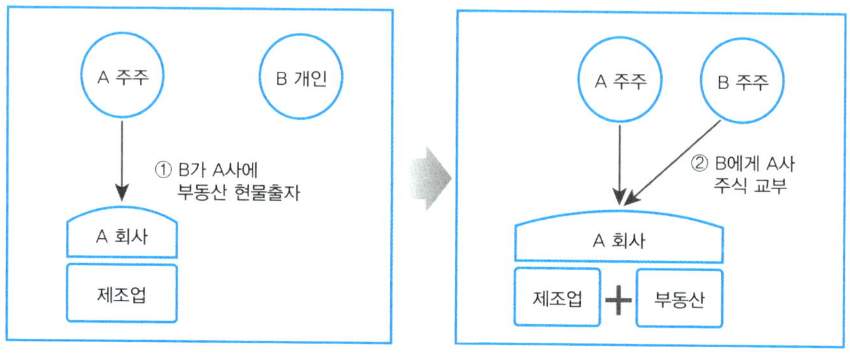

2) 주식의 현물출자

B회사 주주가 B사 주식을 A회사에 현물출자하고 A회사 주식을 교부받아서 A회사의 주주가 되는 현물출자 방식이다.

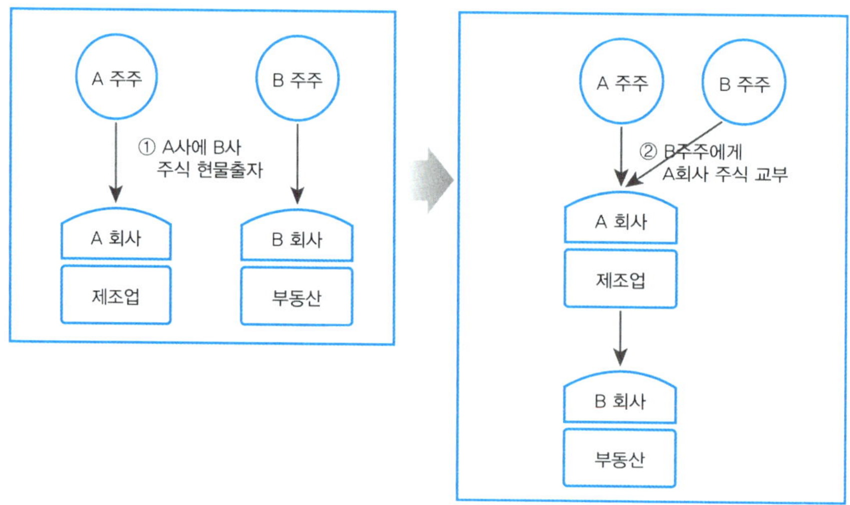

3) 분할 후 현물출자

① A회사는 분할가능한 도소매사업부를 인적분할하여 신설법인 C사를 설립한다.

② C사는 분할회사 A,B주주에게 C사 주식을 교부한다.

③ C주식을 교부받은 B주주는 A회사에 C주식을 현물출자하고 A회사 주식을 교부받아서 기존 A사에 대한 지분을 추가 확보하게 된다.

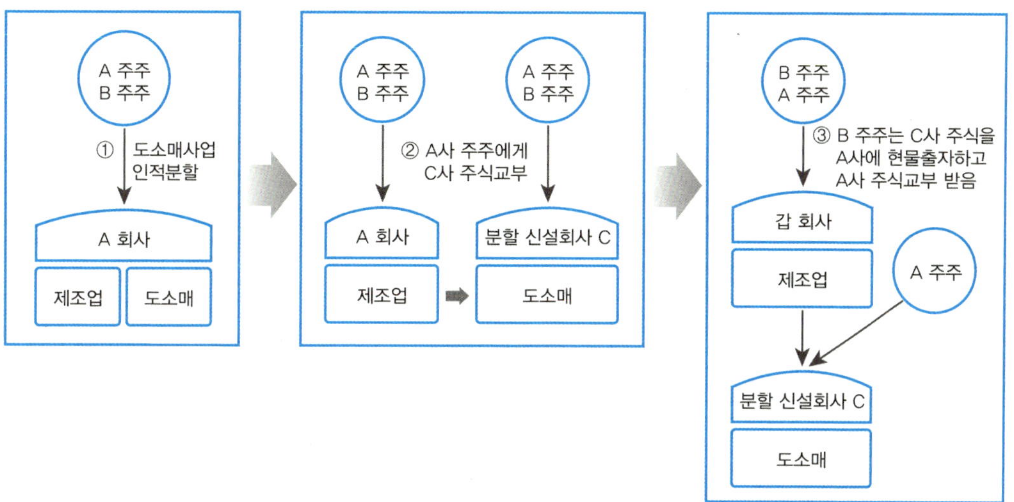

즉, 분할 후 현물출자 방식은 별도의 대가의 지급 없이도 기존에 보유하고 있던 회사의 지배력을 강화시키므로 현물출자에 따른 세금부담만 발생하지 않는다면 경영권승계에 아주 유용하게 활용할 수 있는 방식이다.

다. 현물출자가 경영권승계에 미치는 영향

현물출자는 출자의 목적이 될 수 있는 재산은 무엇이든지 상관없이 출자하고 그 대가로 주식을 교부받는 구조이다. 즉, 현물출자는 대가의 지급이 반드시 수반되기 때문에 단순히 사업을 무상으로 승계받는 차원의 의미는 아니다. 따라서 사업승계(경영권 확보)를 위한 현물출자도 대가관계가 성립되는 양도에 해당하기 때문에 세금문제가 발생한다. 이러한 이유로 순수 승계차원의 효과를 누릴 수 있는 현물출자가 되기 위해서는 과세특례제도를[487] 활용하여야 할 것이다.

487) 조세특례제한법 제38조의 2 (주식의 현물출자 등에 의한 지주회사의 설립 등에 대한 과세특례), 법인세법 제47조의 2 (현물출자 시 과세특례) 등

또한, 경영권 승계관점에서 현물출자는 지배력을 강화할 목적으로 주로 이용되는데 이 과정에서 다양한 M&A 자본거래들과 조합해서 진행하게 된다. 일반적으로 현물출자는 분할과 함께 사용될 때 다른 대가의 지급없이 경영권 지분을 확보할 수 있는 방안이 되므로 이를 주로 적극적으로 활용하고 있는 상태이다.

라. 현물출자를 활용한 경영권 승계전략

경영권의 승계는 지분의 확보과정인데 다른 재산의 추가부담 없이도 경영권 지분을 확보할 수 있는 방안은 분할을 통한 현물출자가 있을 수 있다. 이러한 승계방식은 각종 세금의 부담이 발생하게 되며, 경영상의 제약요건 등이 발생할 수 있으니 사전에 충분한 검토를 통하여 승계전략을 수립하는 것이 필요하다.

경영권승계 사례 4] 현물출자(인적분할 포함)

바이오산업인 "갑"회사를 5년 이상 경영하고 있는 서판교씨는 회사가 계속해서 성장할 것을 예상하고 아들에게 회사를 승계하고자 하는데 아들은 "갑" 회사에 대한 지분 밖에 없는 상태이다. 서판교씨는 증여세에 대한 부담 때문에 증여 없이 회사의 경영권을 승계하고자 하는 데 적절한 방법 및 시점을 찾고 있다.

1) 기본정보

"갑"회사는 바이오제조업의 성장에 힘입어 기업가치는 향후 150억원(바이오 제조부분 90억원, 도소매부분 60억원)으로 계속 성장할 예정이며, 비상장법인인 "갑"회사의 현재시점 기업가치(상속세 및 증여세법상 비상장주식 평가가액으로 가정) 및 지분율은 다음과 같다. 제조부분은 특허, 인허가 사업에 해당되며, 최근에 공장을 증축한 상태이다.

- 기업가치: 100억원(바이오 제조부분 40억원과 도소매부분 60억원)
- 지분율(발행주식총수 10,000주): 서판교 40%, 아들 30%, 기타 30%

2) 최적 승계방안 검토

본 사례에서 아들은 별도의 회사를 소유하고 있지 않기 때문에 경영권 확보를 위해서 합병이나 주식교환을 통한 경영권승계 방식은 진행할 수 없다. 또한, 아들이 "갑" 회사를 보유하고 있는 상태이기 때문에 단순 증여 없이 父의 경영권을 승계할 수 있는 방법은 쉽게 모색되지 않는 상태이다. 이런 경우 개인의 추가적인 출자자금의 부담 및 단순 증여 없이 경영권에 대한 지배력을 강화하기 위해서는 인적분할 후 현물출자를 활용하는 방식이 가능할 것이다. 다만, 분할 및 현물출자를 통한 승계전략을 수립시 핵심은 세무상 적격분할 및 적격현물출자에 대한 판단이므로 과세특례제도에 대한 사전검토가 반드시 필요하다. 여기서는 적격인적분할 및 적격현물출자에 해당되는 것으로 가정한다.

① 1단계) 인적분할 검토

우선 분할사업부문에 대한 검토가 필요하며 분할의 목적에 맞고 적격분할이 가능한 분할 사업부문을 정해야 한다. 본 사례는 제조업이 인허가 및 취득세 대상 자산에 대한 부담 때문에 존속사업부문으로 유지되어야 하고, 분할되는 사업부는 상대적으로 유리한 도소매사업부문을 분할신설로 하여야 한다. 이때 분할사업부의 결정시 고려할 사항은 앞서 설명한 "경영권 승계사례 2] 분할, 2), 가) 분할하는 사업부문의 검토"편을 참고함과 동시에 추가적으로 현물출자까지 고려되는 상황이므로 현물출자 시점별 각 분할사업부문의 기업가치 변화가 현물출자에 미치는 효과를 분석하여 이를 분할하는 사업부문의 결정에 반영하여야 할 것이다.

- 인적분할시 대상회사의 기업가치 및 지분율은 다음과 같다. 단, 분할로 인한 기업가치의 변동은 반영하지 아니하는 것으로 가정함.

구 분	"갑"회사(분할법인)	
	바이오제조업	도소매업
기업가치	100억원	
주주구성	주식수	지분율
서판교	4,000주	40%
아들	3,000주	30%
기타	3,000주	30%
소계	10,000주	

인적분할 ▶

"갑"회사(존속법인)		분할신설법인	
바이오제조업		도소매업	
40억원		60억원	
주식수	지분율	주식수	지분율
1,600주	40%	2,400주	40%
1,200주	30%	1,800주	30%
1,200주	30%	1,800주	30%
4,000주		6,000주	

② 2단계] 현물출자 검토

현물출자를 통하여 지배력을 강화하기 위해서는 우선 인적분할이 선행되어야 하며 분할과정에서 현물출자 대상 사업부문(분할 이후 회사)의 정확한 가치를 예상해야 한다. 즉, 상대적으로 기업가치가 높은 사업부문을 상대적으로 성장성이 있는 사업부문에 현물출자하는 것이 승계전략 효과를 극대화할 수 있기 때문에 정확한 가치분석은 승계전략의 수립에서 아주 중요한 사항이므로 유의하기 바란다.

본 사례는 바이오제조부분의 고성장이 예상되기 때문에 분할 이후 즉시 도소매사업부문 회사를 바이오제조부분 회사에 현물출자하는 것이 승계목적을 달성하는 데 유효한 전략이 될 것이다. 이에 따라 아들이 분할 신설된 도소매사업 회사의 지분(30%)을 바이오제조사업 회사에 현물출자하는 것이 가장 합리적인 경영권 승계전략이 된다.

- 현물출자를 통한 지분가치의 변화를 분석하면 다음과 같다. 단, 분할 및 현물출자로 인한 기업가치의 변동은 반영하지 아니하는 것으로 가정함.

구 분	"갑"회사(분할존속)		현물출자	"갑"회사(현물출자 후)		분할신설법인	
	바이오제조업			바이오제조업		도소매업	
기업가치	40억원			40억원+18억원=58억원(주2)		60억원	
주주구성	주식수	지분율		주식수	지분율	주식수	지분율
서판교	1,600주	40%		1,600주	28%	2,400주	40%
아들	1,200주	30%		3,000주(주1)	52%		
기타	1,200주	30%		1,200주	21%	1,800주	30%
A회사						1,800주	30%
소계	4,000주			5,800주		6,000주	

(주1) 기존 1,200주 + 현물출자 교부받은 주식 1,800주* = 3,000주
　　* 현물출자로 교부받는 바이오제조사부분 회사의 주식수: 1,800주
　　　= 현물출자가액(도소매 회사가치 60억원 × 30%)/바이오제조 회사 주당가액(40억원/4,000주)]
(주2) 분할 후 존속기업가치 40억원 + 현물출자받은 자회사(분할신설법인)의 지분율가치 60억원 × 30%
　　= 58억원

3) 승계전략 후 지분가치의 변화 분석

승계방안에 따라 인적분할 및 현물출자를 진행할 경우 회사의 지배구조 및 아들의 지분가치 변화를 정리하면 다음과 같다.

① 회사의 지배구조 변화

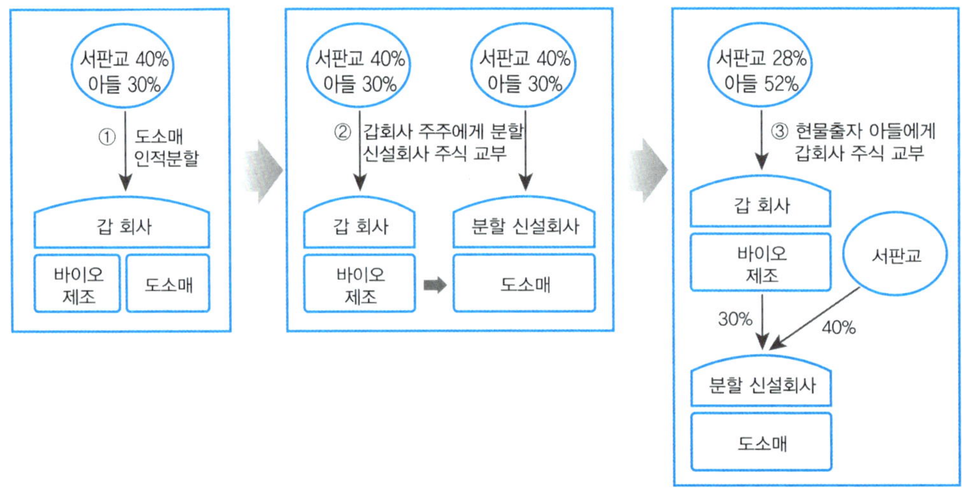

② 승계받은 아들의 지분가치 변화

구 분	분할 전 "갑"회사		분할 및 현물출자 후 "갑" 회사	
	기업가치	지분가치(30%)	바이오제조 기업가치	지분가치(52%)
현재시점	100억원	30억원	58억원(40억원+18억원)	30억원
미래시점	150억원	45억원	108억원(90억원+18억원)(주1)	56억원

(주1) 분할 후 존속기업의 미래시점 가치 90억원 + 현물출자받은 자회사(분할신설법인)의 미래시점 지분율가치 60억원 × 30% = 108억원

4) 인적분할 및 현물출자 분석 및 주의사항

상기와 같이 승계전략을 수행한 후 아들의 지분율은 기존 30%에서 52%까지 상승하였다. 이로써 아들은 추가적인 자금의 부담이 없이도 독자적으로 회사에 대한 경영권을 행사가능하게 되었으며, 지분가치도 45억원에서 56억원까지 상승되는 효과도 누릴 수 있게 되었다. 이는 정상적인 자본거래를 통한 기업가치의 실질적인 증가로 인하여 지분가치가 증가하는 효과를 보게 된 것이다.

하지만, 상법에서 현물출자의 과대평가가 기존 주주 및 회사채권자의 보호에 중대한 영향을 끼칠 수 있다는 부분에 초점을 맞추고 자본금충실의 원칙 하에서 현물출자를 규제하고 있다는 점에 비추어 볼 때, 현물출자에 관한 내용이 정관에 규정되어 있거나 이에 갈음하는 주주총회의 특별결의가 있어야 할 것이다. 또한, 불공정한 현물출자는 부의 이전에 따른 증여세 등의 이슈가 발생하므로 현물출자 재산에 대한 평가 시 외부전문평가기관의 평가가 수반되어야 할 것이다. 그리고 여기에 세금부담이 적은 원활한 경영권 승계를 위해서는 과세특례제도를 활용해야 할 것이다.

4. 주식교환을 활용한 경영권 승계전략

가. 주식교환(이전)의 개요

주식의 포괄적인 교환과 이전은 경제적인 측면에서 현물출자와 같은 성격이 있음에도 불구하고 자회사의 주주에게 현물을 출자하려는 의사가 존재하지 않는다는 점에서 현물출자로 볼 수 없어 현물출자 진행시 요구되는 상법상 법원의 검사인의 조사・보고 절차가 생략되고, 채권자보호절차도 생략되기 때문에 절차 및 비용측면에서 효율적이라고 할 수 있다. 다만, 합병과 분할처럼 주주총회 특별결의는 요구되어진다. 여기서 설명하는 주식교환과 이전은 주식의 포괄적인 교환과 이전을 말하는 것으로 한다.

1) 주식교환(이전)의 의의

주식교환은 상법 제360조의 2 규정에 의한 주식의 포괄적 교환에 의하여 완전자회사가 되는 회사의 주주가 가지는 그 회사의 주식은 주식을 교환하는 날에 주식교환에 의하여 완전모회사가 되는 회사에 이전하고, 그 완전자회사가 되는 회사의 주주는 그 완전모회사가 되는 회사가 주식교환을 위하여 발행하는 신주의 배정을 받거나 그 회사 자기주식의 이전을 받음으로써 그 회사의 주주가 되는 형태이다.

주식이전은 상법 제360조의 15 규정에 의한 주식의 포괄적 이전에 의하여 완전자회사가 되는 회사의 주주가 소유하는 그 회사의 주식은 주식이전에 의하여 설립하는 완전모회사에 이전하고, 그 완전자회사가 되는 회사의 주주는 그 완전모회사가 주식이전을 위하여 발행하는 주식의 배정을 받음으로써 그 완전모회사의 주주가 되는 형태를 말한다. 이처럼 주식이전은 모회사의 설립절차가 반드시 수행되어야 하는 번거로움이 있어서 실무상 잘 이용되지 않고 있다.

이러한 주식교환과 이전은 각 회사의 개별 법인으로서의 독립성을 유지하면서 모회사로부터의 경영지휘 통일성을 기할 수 있는 기업구조개선 및 인수합병을 위한 신속하고 저렴한 방안이라 하겠다.

참고로 포괄적인 주식의 교환이나 이전은 아니지만 기업인수방식으로 주식스왑(회사의 신주와 타사의 구주의 맞교환)도 유용하게 활용되고 있다. 하지만 우회상장에 주로 사용되는 스왑방법에는 조세회피의 소지가 있어서 반드시 주의가 필요한 상태이다. 또한, 상장법인이 비상장법인의 최대주주 주식을 취득한 후 비상장법인의 최대주주에게 제3자 배정 혹은 전환사채, 신주인수권부사채를 발행해줌으로써 비상장법인의 최대주주가 상장법인의 주식을 취득하여 최대주주가 되는 우회상장 효과를 누리게 되는데, 이런 경우 비상장주식의 취득과정에서 비상장주식의 고평가 문제가 발생하는 경우가 대부분이기 때문에 반드시 주의가 필요하다.

2) 주식교환(이전)의 제한

상법은 주식교환 등에 대하여 회사의 부실화를 방지하기 위해서 완전모회사의 자본금 증가액에 다음과 같은 한도를 두고 있다[488].

구 분	완전모회사의 자본금 증가 한도액
주식교환	① 완전모회사가 되는 회사의 자본금은 주식교환의 날에 완전자회사가 되는 회사에 현존하는 순자산액에서 다음 각호의 금액을 뺀 금액을 초과하여 증가시킬 수 없다. 1. 완전자회사 주주에게 제공할 금전이나 그 밖의 재산의 가액 2. 완전자회사 주주에게 이전하는 자기주식의 장부가액의 합계액 ② 완전모회사가 되는 회사가 주식교환 이전에 완전자회사가 되는 회사의 주식을 소유하고 있는 경우에는 완전모회사가 되는 회사의 자본금은 주식교환의 날에

488) 상법 제360조의 7, 제360조의 18

구 분	완전모회사의 자본금 증가 한도액
	완전자회사가 되는 회사에 현존하는 순자산액에 그 회사의 발행주식총수에 대한 주식교환으로 인하여 완전모회사가 되는 회사에 이전하는 주식의 수의 비율을 곱한 금액에서 제1항 각호의 금액을 뺀 금액의 한도를 초과하여 이를 증가시킬 수 없다.
주식이전	설립하는 완전모회사의 자본금은 주식이전의 날에 완전자회사가 되는 회사에 현존하는 순자산액에서 그 회사의 주주에게 제공할 금전 및 그 밖의 재산의 가액을 뺀 액을 초과하지 못한다.

나. 주식교환(이전)의 방식

1) 주식교환 및 주식이전

주식교환과 주식이전은 모두 완전모자관계가 되는 구조이며 포괄적 교환(이전) 과정에서 주주총회 특별결의와 주식매수청구권의 행사가 인정되나 다음과 같은 차이점이 있다.

구 분	주식교환	주식이전
완전모회사 형태	기존 회사	신규로 설립되는 회사
기본이 되는 서류	주식교환계약서	주식이전계획서
주주총회	특별결의	특별결의
소규모 또는 간이제도	인정(이사회 결의 갈음)	불인정
주식매수청구권	인정	인정
채권자보호절차	불필요	불필요
교부주식의 성격	신주 또는 구주(자기주식)	신주
효력발생시기	교환기일	설립등기일

① 주식교환

T주주는 A회사에 T주식을 포괄적 교환하여 A회사의 100% 완전자회사가 되는 구조

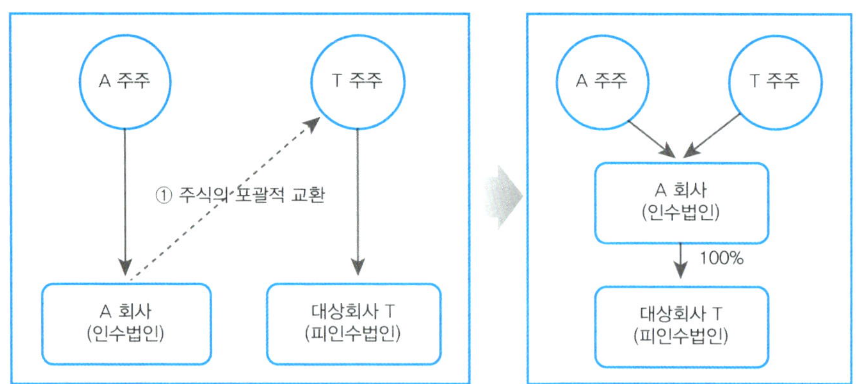

② 주식이전

T회사를 신설하고 A주식을 T회사에 포괄적 이전하여 T회사의 100% 완전자회사가 되는 구조

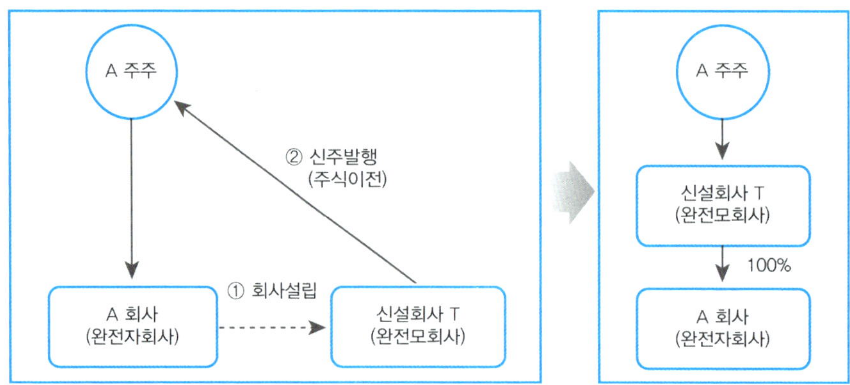

2) 간이주식교환 및 소규모주식교환

상법은 주주총회의 특별결의 절차 대신 이사회의 결의만으로 주식교환을 할 수 있도록 간이주식교환과 소규모주식교환 제도를 두고 있다[489]. 이러한 제도는 주식이전에는 존재하지 아니한다.

489) 상법 제360조의 9, 제360조의 10

구 분	간이주식교환	소규모주식교환
대상	완전자회사에서만 인정	완전모회사에서만 인정
요건	① 완전자회사의 총주주의 동의 ② 완전모회사가 완전자회사의 총주식의 90% 이상 소유	주식교환을 위해 완전모회사가 발행하는 신주 및 자기주식이 발행주식총수의 10%를 초과하지 않는 경우
제약조건	해당 없음	① 교환대가가 최종 대차대조표상 순자산가액의 5% 이하인 경우 ② 발행주식총수의 20% 이상의 주주가 반대하지 않는 경우
주식매수청구권	인정(요건 ② 해당시)	인정되지 않음.

다. 주식교환이 경영권승계에 미치는 영향

주식교환은 기업인수를 위한 방안을 주로 활용하고 있는데 합병이나 분할 등과 달리 회사의 사업부문의 합체나 분리와 같은 변화가 전혀 없으며, 회사의 지분을 100% 인수하는 것이므로 주식교환 전후에 회사의 권리의무관계는 전혀 변화가 없기 때문에 기본적인 고용이 확보되고 원활한 경영활동이 가능한 사업승계가 될 수 있는 것이다. 또한 주식교환방식은 완전모회사의 증자를 완전자회사의 주식으로 이행될 수 있고, 주식이라는 현물출자를 진행함에도 상법상 검사인의 조사, 보고 절차가 면제되고, 채권자 보호절차가 불필요하다는 것을 고려하면 절차 및 비용측면에서 효율적이라 할 수 있다.

즉, 경영권승계를 위해서 주식교환 방식을 활용할 경우 실질적인 경영권의 변화가 없기 때문에 회사 지배구조의 변경에 따른 이질감은 적을 것이다. 다만, 경영자의 개성이나 능력에 크게 의존했던 회사의 경우에는 경영권한의 이전에 따라 거래처가 이탈되고 종업원의 사기나 동기부여가 저하되는 문제가 발생할 수 있기 때문에 기타 제반사항을 고려할 필요가 있다. 또한, 주식교환은 세무상 양도에 해당되기 때문에 거래행위에서 발생하는 세금부담을 줄이기 위해서는 과세특례 요건[490]을 충족시키는 거래를 할 필요가 있다.

라. 주식교환을 활용한 경영권 승계전략

주식교환은 합병과 같이 시너지 효과 등을 볼 수 없고 주주총회의 특별결의 등 특정한 요건도 갖추어야 하기 때문에 여타 자본거래에 비하여 일반적이지는 않다. 하지만 주식교

490) 조세특례제한법 제38조 (주식의 포괄적 교환·이전에 대한 과세특례)

환 방식은 지배력 확보나 연결납세제도 도입, 지주회사 전환 등 다양한 차원에서 유용하게 활용될 수 있는 자본거래 방식이다.

주식교환을 활용한 경영권 승계전략 사례를 간단히 살펴보면 다음과 같다.

경영권승계 사례 5] 주식교환

바이오산업인 "갑"회사를 경영하고 있는 서판교씨는 회사가 계속해서 성장할 것을 예상하고 아들에게 회사를 승계하고자 하는데 아들 또한 선박부품산업인 "을"회사를 경영하고 있는 상태라 고민이다. 서판교씨는 증여세에 대한 부담 없이 회사 경영권을 승계하고자 하는 방안을 모색 중에 있다. 여기에 "갑"회사의 경우는 자회사를 다수 보유하고 있어서 지주회사로 전환도 함께 고려하고 있는 상태이다.

1) 기본정보

각 회사는 모두 비상장법인이며 상속세 및 증여세법상 주식평가가액으로 산정된 기업가치 및 지분율은 다음과 같다.

- 갑 회사 = 기업가치 : 80억원, 발행주식총수 10,000주(액면가액 5,000원)
  지분율 : 서판교 54%, 기타 46%
- 을 회사 = 기업가치 : 120억원, 발행주식총수 10,000주(액면가액 5,000원)
  지분율 : 아들 90%, 기타 10%
- 주식교환비율 = 갑회사 80억원 : 을회사 120억원 = 1:1.5

2) 주식교환 승계 검토

앞선 "경영권승계 사례1] 합병"에서 설명한 바와 같이 합병이라는 방법을 통해서 경영권을 승계할 수도 있다. 하지만, 본 사례에서는 갑회사가 지주회사로의 전환도 고려하고 있으므로 합병보다는 주식교환을 통한 자회사 형태로 승계전략을 수립하는 것이 지주회사의 전환과정에 효과적인 방법이 될 것이다.

주식교환으로 완전자회사가 되는 "을"회사 주주에게 주식교환비율대로 완전모회사("갑"회사) 주식을 교부하여야 하며, 주식교환 후 "갑"회사의 아들 지분은 54%가 되어 지배회사의 경영권을 확보할 수 있게 된다.

| 주식교환 전 · 후 지분구조 |

구 분	A회사		주식교환비율 1:1.5	"갑"회사(완전모회사)	
주주구성	주식수	지분율	교부되는 주식수	주식수	지분율
서판교	5,400주	54%		5,400주	22%
아들			9,000주×1.5 = 13,500주	13,500주	54%
기타	4,600주	46%	1,000주×1.5 = 1,500주	6,100주	24%
합계	10,000주			25,000주	

본 사례처럼 주식의 포괄적인 교환을 통하여 완전자회사가 되는 "을" 회사 주주가 완전모회사인 "갑" 회사의 주식을 받게 되는 경우 "갑" 회사는 다수의 자회사를 거느리는 지주회사 구조를 보다 공고히 할 수 있게 되는 것이다.

■ 주식교환을 통한 "갑" 회사의 경영권 승계 지배구조

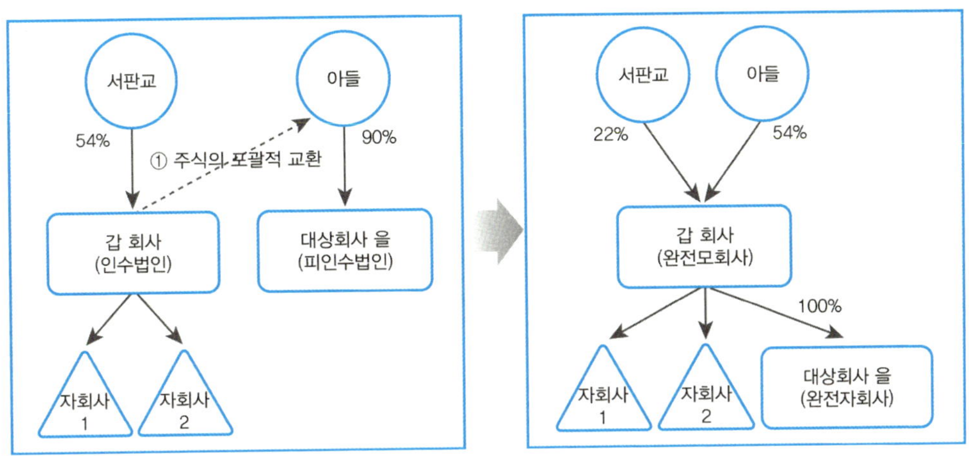

3) 주식교환 분석 및 주의사항

우리나라 중소·중견기업의 경우 대부분 가족기업 형태이므로 간이주식교환이나 소규모주식교환을 통하여 간편하게 부모가 경영하고 있는 회사의 지분을 확보하여 경영권을 승계할 수 있다. 또한, 주식교환을 통하여 향후 성장성이 있는 기업의 가치를 공유할 수 있게 되는 효과도 누릴 수 있게 될 것이다. 다만, 주식교환도 세법상 양도에 해당되므로 세금부담 없이 경영권을 원활히 승계하기 위해서는 과세특례를 적용받을 수 있는 요건에 해당하는지 여부는 반드시 사전검토를 통해서 확인해야 할 것이다.

5. 유상증자를 활용한 경영권 승계전략

가. 유상증자의 개요

'증자'(增資)란 주식을 발행해 회사의 자본금을 증가시키는 것으로 실제 주주의 주금납입으로 신주를 발행하여 회사의 자본금을 증가시키는 유상증자(有償增資, paid-in capital increase)와 주금의 납입없이 준비금의 자본전입에 의하여 회계상 자본금을 증가시키는 무상증자가 있다. 앞서 살펴본 현물출자도 회사입장에서 신주의 대가로 현금 대신 자본금에 상당하는 현물(토지, 건물 등)을 받는 유상증자에 해당된다. 또한, 채무의 출자전환(전환사채 등의 전환권행사 포함)도 자본금을 증가시키는 유상증자에 해당된다.

일반적으로 유상증자는 자본조달, 재무구조개선 및 경영권확보 및 방어 등의 목적으로 이용되며, 무상증자는 주주에 대한 이익배당이나 유통주식수 증가 등의 목적으로 이용된다.

나. 유상증자의 방식

1) 발행가액에 따른 분류(액면미달 발행)

상법상 회사가 그 성립 후에 주식을 발행하는 경우에는 그 발행가액과 주식의 수 등에 대하여 정관에 규정이 없는 것은 이사회가 결정한다. 다만, 이 법에 다른 규정이 있거나 정관으로 주주총회에서 결정하기로 정한 경우에는 그러하지 아니한다.

유상증자시 발행가액은 이사회 등에서 결정하고 있지만, 세무상 이슈가 빈번히 발생하고 있는 상태라 통상적으로 시가발행으로 이러한 세무상 문제를 해결하고 있다. 하지만, 유상증자시 발행가액인 시가가 액면가액 이하인 경우에는 상법상 액면미달발행을 다음과 같이 엄격히 제한하고 있는 상태라 실무상 애로가 있는 상태이다.

구 분	액면미달발행 허용기준
비상장법인 (상법 제417조)	① 회사가 성립한 날로부터 2년을 경과한 후에 주식을 발행하는 경우에는 회사는 주주총회의 특별결의와 법원의 인가를 얻어서 주식을 액면미달의 가액으로 발행할 수 있다. ② 주주총회의 결의에서는 주식의 최저발행가액을 정하여야 한다. ③ 법원은 회사의 현황과 제반사정을 참작하여 최저발행가액을 변경하여 인가할 수 있다. 이 경우에 법원은 회사의 재산상태 기타 필요한 사항을 조사하게 하기 위하여 검사인을 선임할 수 있다. ④ 제1항의 주식은 법원의 인가를 얻은 날로부터 1월 내에 발행하여야 한다. 법원은 이 기간을 연장하여 인가할 수 있다.
주권상장법인 특례[491)	① 주권상장법인은 「상법」 제417조에도 불구하고 법원의 인가 없이 주주총회의 특별결의만으로 주식을 액면미달의 가액으로 발행할 수 있다. 다만, 기존 주식할인발행차금 총액에 대하여 상각(償却)을 완료하지 아니한 경우에는 그러하지 아니하다. ② 주주총회의 결의에서는 주식의 최저발행가액*을 정하여야 한다. * 최저발행가액: Max(㉠, ㉡, ㉢) × 70% ㉠ 주주총회소집을 위한 이사회결의일 전일부터 과거 1개월간 최종시세가격의 평균액 ㉡ 주주총회소집을 위한 이사회결의일 전일부터 과거 1주일간 최종시세가격의 평균액 ㉢ 주주총회소집을 위한 이사회결의일 전일 최종시세가격 ③ 주권상장법인은 주주총회에서 다르게 정하는 경우를 제외하고는 제1항에 따른 주식을 주주총회의 결의일부터 1개월 이내에 발행하여야 한다.

이처럼 비상장법인의 경우 법원의 인가가 액면미달발행 요건이므로, 세무상 시가인 액면미달발행은 쉽지 아니한 상태이다. 이런 애로사항을 해결하기 위해서 실무에서는 주식수병합등을 활용하여 세무상 시가를 액면가액 이상으로 만든 이후 시가유상증자를 실시하여 세무상 이슈를 해결하고 있다.

2) 신주배정방법에 따른 분류

유상증자는 신주배정방법에 따라 증자방식을 크게 주주배정 방식, 제3자배정 방식 및 일반공모 방식으로 나누어진다.

① 주주배정 방식

주주배정 방식은 「상법」 제418조 제1항 "주주는 그가 가진 주식 수에 따라서 신주의 배정을 받을 권리가 있다."에 근거하여 신주인수권을 기존주주에게 배정하는 방식이다.

다만, 회사는 제1항 규정에 불구하고 정관에 정하는 바에 따라 주주 외의 자에게 신주를 배정할 수 있다. 이 경우에는 신기술의 도입, 재무구조의 개선 등 회사의 경영상 목적을 달성하기 위하여 필요한 경우에 한하여 신주배정을 할 수 있다[492].

② 제3자배정 방식

제3자배정 방식은 주주의 신주인수권을 배제하고 제3자에게 배정하는 것으로 정관상 주주의 신주인수권 배제에 관한 규정이 있거나, 주주총회의 특별결의로써 특정인 제3자에게 신주인수권을 부여하는 경우에만 가능하다. 참고로, 우리사주조합에 대한 우선배정과 이사회 결의에 의한 실권주 처리방식도 넓은 의미에서는 제3자 배정에 해당된다.

③ 일반공모 방식

일반공모 방식은 정관에 일반공모 증자에 관한 규정이 있는 경우 주주에 대한 신주인수권을 배제하고 불특정 다수에게 공개모집하는 방식으로서 주관사인 증권회사에서 증자총액을 인수하고 일반인에게 공모하여 공모결과 실권주가 발생하면 주관사인 증권회사에서 인수하는 방식이다.

491) 자본시장과 금융투자업에 관한 법률 제165조의 8
492) 상법 제418조

다. 유상증자가 경영권승계에 미치는 영향

유상증자는 자금의 조달뿐 아니라 지분확보차원에서 유용한데, 통상적으로 경영권승계 과정에서는 주식의 현물출자방식을 주로 이용한다. 하지만, 현물출자는 출자자 입장에서 세무상 양도에 해당되어 세부담이 발생하는 구조이기 때문에 과세특례를 활용해야 하는 부담이 있다. 반면, 일반 유상증자는 세무상 양도로 보지 아니함에 따라 증자로 인한 별도 세부담이 발생하지 아니한다.

따라서 승계받는 자가 자금력이나 재산에 여력이 있다면, 적정시점에 제3자 배정방식 증자를 통하여 지배력을 강화하는 것도 좋은 방법일 수 있다. 다만, 유상증자시 시가 외의 발행가액으로 하거나 인위적으로 증자비율을 조정할 경우 완전포괄주의 과세원칙에 따라 세무상 문제가 발생할 수 있으니 합법적인 범위 내에서 승계전략의 수립이 필요할 것이다.

라. 유상증자를 활용한 경영권 승계전략

유상증자는 기존 주주에게 신주인수권이 부여되기 때문에 지분율대로 증자를 진행하면 경영권의 변동은 없다. 따라서 지분확보를 위해서는 제3자 배정방식이나 실권주 재배정, 감자(주식병합) 후 증자 등의 방식을 통해서 증자를 진행하게 된다.

이러한 증자시 회사의 1주당가액이 액면가액 이하인 경우이면, 액면가액 미만 발행으로 인하여 주주총회의 특별결의와 법원의 인가를 얻어야 하는 절차상 복잡한 사항이 발생하게 된다. 그렇다고 신주의 발행가액을 액면가액으로 할 경우 시가보다 높게 발행되어 고가발행에 따른 고가취득 이슈와 실권자와 인수자 간의 부당행위계산부인 규정이나 증여의 문제가 발생하게 된다.

이처럼 복잡한 문제를 해결하기 위해서는 회사의 주식가액이 액면가액 이상이 되게끔 감자(주식병합)하고 증자를 진행하게 되는데 이 경우 증자는 지분확보를 위해서 제3자 배정방식 등을 활용하게 된다.

경영권승계 사례6] 유상증자

서판교씨는 의료도소매업인 "갑"회사를 경영하고 있는데, 회사의 실적이 좋지 아니하여 1주당 가액이 액면가액 이하인 상태에 있다. 하지만, 정부가 바이오사업 육성정책을 계획하고 있어서 외부투자만 잘 받아서 계속적으로 회사를 운영한다면 회사의 성장 가능성은 충분히 있다고 예상하고 있다. 물론 회사의 성장가능성은 보장할 수 없으며, 외부투자자도 거의 없는 상태이다. 이에 서판교씨는 대기업(바이오제약회사)에 근무 중인 아들에게 가업승계 여부를 타진하고 있으며, 외부투자가 없을 경우 10년 이상 가업으로 영위한 회사를 정리할 예정에 있다. 이에 아들은 가업승계 후 투자를 할지 투자 후 가업승계를 진행할지 고민 중에 있다.

1) 기본정보

회사의 주주현황 및 주당가액은 다음과 같으며, 회사의 정관에는 제3자 배정방식이 가능한 것으로 기재되어 있는 상태다.

- 발행주식총수: 100,000주(액면가액 5,000원), 1주당 주식평가가액: 2,500원
- 지분율: 서판교 90%, 기타 10%
- 유상증자대금: 2.5억원 정도

2) 최적 승계 검토

① 가업승계 여부 판단

승계관점에서는 우선적으로 승계대상 회사가 진정 투자자금만 있으면 성장가능성이 충분한 상태인지를 파악해야 한다. 만약, 성장가능성이 확신적이라면 승계 후 투자하는 것이 증자절차상 유리한 상태일 수 있다. 물론 회사는 정관에 제3자 배정에 관한 규정이 있어서 아들은 지분이 없는 상태에서도 증자에 참여가 가능하여 우선 승계 여부에 차이가 없을 수 있지만, 정관 등에 제3자 배정에 대한 규정이 없으면 아들의 증자참여 등이 상법상 절차적인 문제로 번거롭게 되기 때문이다.

반면, 회사의 성공가능성에 대한 확신이 부족한 경우에는 가업승계 이후 사후관리 요건을 만족시키지 못하는 경우가 발생할 수 있으므로 그냥 父의 회사에 대한 계속적인 기업유지차원에서 일단 투자만을 고려할 수도 있다.

본 사례의 가업주식의 가치는 225백만원으로 과세특례공제액 5억원 이하인 상태라 부담세액은 발생하지 아니하여, 가업승계 후 투자하는 것으로 전략을 수립할 수 있는 상태이다. 하지만, 가업승계 과세특례는 7년간 사후관리요건을 충족해야 하며, 또한 가업승계 주식은 상속재산에 무조건 합산되기 때문에 회사가 지속가능성이 낮은 경우 가업승계는 고려할 필요가 없다.

② 감자 후 증자 판단

회사의 주당가액(2,500원)이 액면가액(5,000원) 이하인 상태이므로 증자시 신주발행가액이 액면가액 미만으로 발행되는 것을 방지하기 위해서 우선적으로 2:1로 주식병합을 실시하고 무상감자로 주식을 소각한 후 투자금 유치를 위한 유상증자를 실시하는 것이 고가발행에 따른 세무이슈를 해결할 수 있다.

③ 최적 승계방안 선택

아들이 유상증자 참여과정에서 가업승계 여부의 판단은 가업승계의 실효성과 사후관리 충족 여부 등에 따르며, 여기에 가업승계의 시기에 대한 유상증자 전·후 판단은 증자대금의 여유 및 제3자 배정방식의 증자가 가능한지 여부에 따라 다르게 판단될 수 있다. 일반적으로 회사의 정관에 제3자 배정방식의 증자가 불가할 경우 가업승계 후 증자방식이 필요한 상태이나, "갑"회사 정관에 제3자 배정방식이 기재되어 있기 때문에 굳이 가업승계 후 증자를 진행할 필요는 없다.

본 사례는 가업 회사의 가치가 너무 낮아서 당장 가업승계를 받는 의미가 거의 없는 상태이므로 일단 유상증자(무상감자 후 제3자 배정방식)를 통하여 경영권을 확보하는 것으로 전략을 수립할 필요가 있다.

- 무상감자(2:1)로 주식수 50,000주로 감소하고 주당가액은 5,000원 상승
- 유상증자(2.5억원)로 신주 50,000주 새로 발행 후 주식수는 100,000주

구 분	"갑"회사		2:1 무상감자		제3자 배정	증자 후 "갑"회사	
1주당가액	2,500		5,000		5,000	5,000	
주주 구성	주식수	지분율	주식수	지분율	주식수	주식수	지분율
서판교	90,000주	90%	45,000주	90%		45,000주	45%
아들					50,000주	50,000주	50%
기타	10,000주	10%	5,000주	10%		5,000주	5%
소계	100,000주		50,000주		50,000주	100,000주	

3) 유상증자 분석 및 주의사항

일반적으로 성장성은 희박하나 잠재력이 있는 회사는 경영자의 의지에 따라 그 성장 가능성이 달라질 수도 있기 때문에 전략적인 접근이 필요할 수 있다. 또한, 본 사례의 증자방식(감자 후 제3자 배정방식)은 특수관계자간 자본거래에 해당하므로 고저가 증자(감자)에 따른 증여에 대한 과세위험이 발생할 수 있다. 따라서 이런 과세위험을 미연에 방지하기 위해서는 반드시 외부전문평가기관의 주식평가가액을 통해서 정상적인 거래방식으로 진행하여야 한다.

6. 전환증권을 활용한 경영권 승계전략

가. 전환증권의 개요

"전환증권"은 미리 정해진 조건[493]에 따라 특정한 시한 내에 당해 증권의 소유자가 보통주 청구에 대한 권리를 행사하면 보통주가 추가로 발행되는 금융상품 또는 기타 계약을 말한다. 이러한 전환증권은 2011년 상법 개정시 주식회사가 최종 재무상태표상 현존하는 순자산액의 4배를 초과하여 사채를 발행할 수 없도록 한 사채발행한도를 폐지하고, 이익참가부사채와 교환사채, 상환사채, 파생결합사채 등 새로운 유형의 사채를 발행할 수 있게 됨에 따라 더욱 더 다양한 형태로 활발하게 발행되고 있다.

즉, 주식회사는 사채의 발행한도 없이 자유롭게 이사회의 결의로 다양한 형태의 전환증권인 사채(전환사채, 신주인수권부사채 포함)를 발행할 수 있게 되었다[494]. 이 경우 각 신주인수권부사채에 부여된 신주인수권의 행사로 인하여 발행할 주식의 발행가액의 합계액은 각 신주인수권부사채의 금액을 초과할 수 없다[495]. 다만, 기존 주주 이외의 자에게 전환사채, 신주인수권부사채, 이익참가부사채 등을 발행할 경우 그 발행의 내용에 관하여 정관에 규정이 없으면 주주총회의 특별결의로 정하여야 발행할 수 있는 상태이므로 주의할 필요가 있다[496].

통상 전환증권이 전환될 경우 유통주식수 증가에 따라 주가라 하락할 수 있으므로 전환증권을 발행할 경우 일반 주주들은 피해를 볼 수 있다. 따라서, 자본시장과 금융투자업에 관한 법률에서는 전환사채 또는 신주인수권부사채의 사모발행시 행사가격을 시가를 반영한 기준가격 이상으로 정하도록 규정하고 있으며, 주가 하락시 전환가격 또는 행사가격 조정(Refixing)의 범위를 30% 이내(정관 또는 정관에 주주총회로 위임한 경우 주주총회 특별결의로 Refixing의 범위를 30%으로 늘릴 수 있으나 액면가액 이하로 설정하는 것은 불가능)로 제한하고 있다[497].

신주인수권부사채의 경우 상법에서는 분리형 및 비분리형 신주인수권부사채의 발행이 모두 가능하도록 규정하고 있으나, 주권상장법인의 경우 비분리형 신주인수권부사채 발행을 원칙으로 하고 공모발행에 한하여 분리형을 허용하고 있다[498].

493) 전환가격, 신주인수권 행사가격 등 전환증권 발행 조건
494) 상법 제469조 (사채의 발행), 상법 제513조 (전환사채의 발행), 상법 제516조의 2 (신주인수권부사채의 발행)
495) 상법 제516조의 2 제3항
496) 상법 제513조 제3항, 상법 제516조의 2 제4항, 상법 시행령 제20조 내지 제24조
497) 증권의 발행 및 공시 등에 관한 규정 제5-22조, 제5-23조, 제5-24조

나. 전환증권의 종류

전환증권은 의결권이 있는 보통주로 전환되는 권리가 있어서 과거 경영권 확보나 승계관점에서 아주 유용하게 활용되었다. 물론 현재에도 합법적으로 세금부담을 하면서 전환증권을 경영권 승계방안으로 활용할 수 있으므로 전환증권에 대한 기초적인 개념 이해는 필요한 것이다. 이러한 전환증권은 전환우선주(상환전환우선주 포함) 및 전환사채 등으로 구분되는데 사채의 종류는 크게 전환사채, 신주인수권부사채, 교환사채 등으로 구분된다.

1) 전환우선주 · 상환전환우선주

① 전환우선주(Convertible preference shares)

일반적으로 우선주는 의결권이 없는 대신 우선적으로 배당을 받을 권리가 있으며, 여기에 보통주로 전환할 수 있는 권리가 있는 것이 전환우선주이다.

② 상환우선주

상환우선주는 특정기간 동안 우선주의 성격을 가지고 있다가 기간이 만료되면 발행회사에서 이를 되사도록 한 주식을 말한다.

③ 상환전환우선주(RCPS: Redeemable convertible preference shares)

상환전환우선주는 상환우선주의 특성에 투자자로 하여금 발행자의 보통주 등 다른 종류의 주식으로 전환할 수 있는 권리가 부가된 것이다. 이러한 상환전환우선주는 금융부채(현금 등 금융자산을 인도하는 계약)의 요소와 지분상품(확정 수량의 발행자의 보통주 등으로 전환할 수 있는 권리를 정해진 기간 동안 보유자에게 부여하는 콜옵션)의 요소를 갖고 있어 복합금융상품에 해당된다.

상환전환우선주는 투자자가 상환을 요구하면 회사 입장에서는 상환 의무가 발생되기 때문에 상장기업이 채택하는 K-IFRS에서는 부채로 분류한다. 그러나 우리나라 대부분의 비상장기업에 적용되는 일반기업회계기준에서는 상환전환우선주를 자본으로 분류한다. 이는 일반기업회계기준에서 상환전환우선주를 부채로 분류한다면 많은 스타트업 기업들의 부채비율이 높아져 은행대출에서 어려움을 겪게 될 것이고 자본잠식까지도 갈 수 있기 때문이다. 또한, 상환전환우선주 투자자 입장에서는 스타트업 기업의 가치가 커져서 주식시장에 상장되기를 희망한다. 그러면 보통주로 전환한 후 주식시장에서 원금 대비 높은 가격으로 매도하여 가장 이상적인 방법으로 자금을 회수(exit)할 수 있기 때문이다.

498) 자본시장과 금융투자업에 관한 법률 제165조의 10 제2항

세무상 상환전환우선주의 성격(=자본)

상환전환우선주 상환시 지급하는 금전의 이자비용에 대하여 K-IFRS는 실질에 따라 자본 또는 부채로 구분하여 처리하나, 세법은 자본으로 분류하므로 자본거래로 보아 배당으로 처리(서면법령법인-2242, 2018.12.14.)

2) 전환사채 · 신주인수권부사채 · 교환사채

① 전환사채(CB : Convertible bonds)

전환사채는 일반사채에 전환권이 부여된 사채를 말하며, 전환권이란 계약내용에 따라 사채권자가 일정기간(행사기간) 동안 사채권을 일정수(전환비율)의 주식으로 전환할 수 있는 권리를 말한다. 즉, 전환사채는 전환 전에는 사채로서의 확정이자를 받을 수 있고 전환 후에는 주식으로서의 이익을 얻을 수 있는, 사채와 주식의 중간 형태를 취한 채권이다.

예를 들어 A사의 1년 만기 전환사채(만기보장 수익률 7%, 전환가격 1만원)를 투자한 경우 향후 1년 동안 A사 주가가 1만원에 못 미칠 경우 만기까지 보유했다가 7% 이자를 받으면 되고, A사 주가가 1만원을 초과하는 경우 전환권 행사를 통한 시세차익이 보장수익률을 초과하는 경우 주식으로 전환해서 주당 1만원을 초과하는 분에 대한 시세차익을 가지면 된다.

□ 공모전환사채와 사모전환사채 구분

전환사채는 발행방식에 따라 불특정 다수에게 균등한 조건으로 발행하는 공모전환사채와 공모를 거치지 않고 회사가 매입자를 개별적으로 접촉해 모집하는 제3자 배정방식으로 발행되는 사모전환사채로 구분한다.

사모전환사채는 불특정 다수인을 대상으로 발행하는 공모전환사채에 비해 발행시간과 비용이 절약되고 기업내용 공개를 피할 수 있다는 점에서 기업들이 선호하고 있다. 인수자 입장에서는 전환사채를 매입하는 만큼 발행기업의 주식을 인수하는 효과가 있기 때문에 지분매각이나 기업인수, 합병 등에 주로 이용되기도 한다.

② 신주인수권부사채(BW : Bond with warrants)

신주인수권부사채는 일반사채에 신주인수권이 부여된 사채를 말하며, 신주인수권은 사채권자가 그 계약내용에 따라 일정기간(행사기간) 동안 사채발행회사의 신주를 특정가격(행사가격)에 매입할 수 있는 권리를 말한다. 즉, 신주인수권과 회사채가 결합된 것으로,

사채권자는 보통사채의 경우와 마찬가지로 일정한 이자를 받으면서 만기에 사채금액을 상환받을 수 있으며, 동시에 자신에게 부여된 신주인수권을 가지고 주식시가가 발행가액보다 높은 경우 회사측에 신주의 발행을 청구할 수 있다.

예를 들어 신주인수권부사채(BW) 1매당 신주인수권이 2주, 권리행사가격이 액면가 5,000원으로 정해졌을 경우 이런 BW 10매를 갖고 있는 주주는 기업이 증자를 할 때 발행물량이나 시가가 얼마가 되든지 신주 20주를 주당 5,000원에 인수할 수 있다.

□ 분리형 신주인수권부사채와 비분리형 신주인수권부사채 구분

신주인수권부사채는 발행형태에 따라 사채와 신주인수권을 분리하여 양도할 수 있는 분리형과 사채와 신주인수권을 결합해서만 양도할 수 있는 비분리형으로 구분된다. 분리형 신주인수권부사채는 발행을 결의할 때 신주인수권만을 양도할 수 있도록 정한 것으로 사채권을 표시한 유가증권인 사채권과 신주인수권을 표시한 유가증권인 신주인수권증권을 각각 분리하여 발행하는 형태의 채권이다. 비분리형 신주인수권부사채는 하나의 채권에 사채권과 신주인수권을 함께 표시하여 발행하는 형태로서 양자의 분리양도가 인정되지 않기 때문에 결합형이라고도 한다.

③ 교환사채(EB : Exchangeable bond)

교환사채는 사채권자가 회사 소유의 주식이나 그 밖의 다른 유가증권으로 교환할 수 있는 사채를 말한다[499]. 교환사채는 전환사채 및 신주인수권부사채와 달리 권리행사시 발행회사의 주식이 발행되는 것이 아니므로 자본금 변동이 발생하지는 않으며, 교환사채권자는 교환사채 발행시 특정된 주식의 가격이 상승할 경우 시세차익을 얻을 수 있고 발행회사는 낮은 이율로 사채를 발행하여 이자지급 부담을 덜 수 있는 동시에 사채발행에 의한 자금조달을 촉진시킬 수 있는 특징이 있다.

예를 들어 경영권을 확보하는 과정에서 교환사채를 발행하고 교환받을 수 있는 주식을 특정 승계주식으로 정할 경우 얼마든지 승계대상회사의 경영권의 확보가 가능할 수 있다.

그러나 교환 시 급격한 자산감소가 나타나고, 교환 청구에 대비하여 보유 유가증권을 현금화하여 운용할 수 없으며, 증권예탁원에 일정기간 예치하여야 하므로 보유 유가증권의 담보화 또는 고정 자산화를 초래하는 단점이 있다.

499) 상법 제469조 제2항 제2호, 상법 시행령 제22조 (교환사채의 발행)

| 자본시장과 금융투자업에 관한 법률상 전환증권 제한규정 비교 |

구 분	전환사채/신주인수권부사채	교환사채
권리행사기간	사모발행 - 사채발행일로부터 1년 이후 가능 (공모 - 1개월 이후)	제한 없음.
기준가격 산정방법	기준가격 산정방법을 법정화	제한 없음.
Refixing	전환가격 또는 행사가격 조정은 엄격한 제한규정 있음.	제한 없음.

다. 전환증권이 경영권승계에 미치는 영향

경영권승계 관점에서 전환권 등을 소유하고 있는 자는 해당 전환권의 권리를 가장 적정한 시점에 행사함으로써 사채를 발행한 회사 또는 교환권 행사로 교부받을 주식의 회사 지분을 확보하여 지배력을 강화할 수 있게 된다.

이에 과거 대규모 기업의 경영권승계 과정에서 전환증권의 활용은 아주 빈번하게 이루어졌다. 이러한 전환증권의 활용방안은 전환증권이 저가인 상태에서 인수하여 발행회사가 정상화가 되어 회사의 주식이 고가일 때 전환권을 행사하므로 경영권 지분을 확보함은 물론 세금부담 없이 주식의 시세차익까지 누리는 경우가 있었던 것이다. 이러한 편법 승계사례들을 응용하여 현재에는 소규모 상장사에서 우회상장이나 경영권 편취 목적으로도 주로 전환증권을 활용하고 있는 상태이다.

하지만, 현행 세법은 정상적인 법 절차에 따라 전환사채 등을 통한 경영권 승계를 받게 되는 경우에도 승계과정(전환증권을 발행시점, 양수도시점, 전환권 행사시점 등 모든 단계)에서 발생하는 이익에 대하여는 포괄주의에 따른 증여세 및 부당행위계산부인 규정이 적용될 수 있으므로 반드시 사전에 충분한 구체적인 검토가 필요하다.

라. 전환증권을 활용한 경영권 승계전략

전환증권은 발행사의 자금조달 목적 이외에 투자자 입장에서는 다양한 조건으로 투자를 할 수 있는 방법이므로 자금조달이나 투자시 주로 활용되고 있다. 물론 CB, BW 등의 전환증권은 경영권을 승계과정에서 활용될 수도 있다.

경영권승계 사례7] 전환증권

바이오산업인 "갑"회사를 경영하고 있는 서판교씨는 아들에게 회사를 승계하고자 하는데 서판교씨는 증여세에 대한 부담 때문에 증여 없이 회사 경영권을 승계하는 적절한 방법 및 시점을 찾고 있다. 단, 서판교씨는 경영권 승계와 더불어 노후자금 등 다른 재투자를 위해서 상당한 유동성자금이 필요한 상태이다.

1) 기본정보

"갑"회사(지분율: 서판교 95%, 기타 5%)는 바이오제조업의 성장에 힘입어 현재 기업가치 100억원에서 몇 년 후에는 150억원으로 크게 성장할 예정이다. 아들은 의약도매업법인 "을"회사를 운영하고 있으나 유동성 자금은 거의 없는 상태이다.

2) 최적 방안 검토

아들이 별도의 회사를 소유하고 있는 경우 증여 없이 경영권을 승계할 수 있는 방안은 합병이나 주식교환 등을 통한 경영권 승계방식도 가능하지만, 부(父)가 유동성자금이 필요한 상태이므로 매매방식으로 진행해야 한다. 하지만, 이때 아들은 인수자금이 없는 상태이므로 아들 회사에서 자금을 마련해서 "갑"회사를 인수할 수 있는 방안이 검토되어야 한다.

이 경우 인수자금의 마련을 위해서 대출이나 전환증권의 발행을 고려할 수 있으나, 일반 은행차입의 경우 담보를 설정해 주어야 하기 때문에 전환증권의 발행을 선택하고, 전환증권 발행으로 조달된 자금으로 부(父의) 회사를 인수하면 된다. 이후 "을"회사는 "갑"회사의 성장이익은 배당을 통해서 얻거나 합병을 통해서 직접 공유할 수 있다. 이를 통해서 확보된 자금으로 전환증권의 상환대가를 마련할 수 있다.

여기에 전환증권의 투자자는 인수대상 회사의 성장성이 당초 예상한 수준이 아닌 경우 전환증권의 상환청구를 통하여 투자자금을 회수할 수 있고, 성장성이 상당한 경우 보통주의 전환을 통하여 권리를 행사할 수도 있다. 물론 상장사가 아닌 경우 보통주의 전환을 통한 자금회수가 쉽지 않기 때문에 IPO((Initial Public Offering)를 통해 비상장법인 주식을 상장시켜서 Exit할 수도 있다. 따라서 재무적 투자자(Financial Investors)[500]와 잘 협의가 된다면 경영권승계에 아주 유용한 방안이 될 것이다.

본 사례에서 전환증권을 통한 경영권승계를 단계별로 설명하면 다음과 같다.

① [1단계] 전환증권 발행

아들은 父의 주식을 인수할 자금이 없기 때문에 승계를 위해서는 아들이 소유하고 있는 "을"회사가 "갑"회사 주식의 인수자금을 마련하기 위해서 상환전환우선주 또는 무보증

500) 재무적 투자자란 기업이 M&A를 할 때 또는 대형 개발사업 등을 할 때 부족한 자금을 조달해주는 투자자로, 경영에 참여하지 않고 배당금 또는 원리금 등의 다양한 형태로 수익을 취하는 자를 말한다.

전환사채 등을 발행해야 한다. 이때 "을"회사의 재무상태, 신용도 및 재무적 투자자의 성향에 따라 발행되는 전환증권의 종류는 다를 수 있으므로 상황에 맞게 사전 협의가 반드시 필요할 것이다.

② [2단계] 父의 회사지분 인수

- 전환증권 조달자금으로 부의 지분 95% 인수
- 소액주주 지분 5%는 주주 관리정책에 따라 선택적으로 그냥 소액주주로 두던지, 아니면 소액주주와 협의에 의하여 인수하거나, 인수협의가 여의치 아니한 경우 상법상 지배주주의 매도청구권[501]을 행사하여 5% 전액 인수할 수 있다.

③ [3단계] 100% 자회사 합병

100% 인수된 "갑"회사는 이미 "을"회사의 완전자회사에 해당하기 때문에 성장성 있는 회사의 현금을 직접 활용하기 위해서는 흡수합병하면 된다. 물론, 자회사의 배당을 통하여 전환증권의 이자비용 및 투자원금을 상환할 수도 있다.

■ **전환증권을 통한 父의 회사 경영권승계 흐름**

이러한 전환증권을 활용한 경영권 승계과정을 도해로 표시하면 다음과 같이 아들이 父의 회사까지 모두 승계 지배하는 구조가 된다.

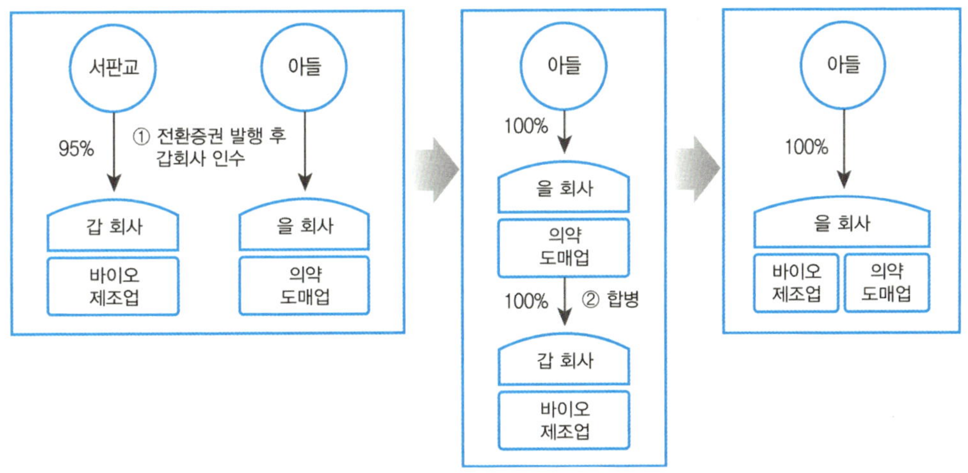

3) 전환증권 분석 및 주의사항

전환증권을 활용한 방안은 상장법인이 아닌 경우 일반적으로 비상장법인에서 활용하기는 쉽지 아니하다. 하지만 재무적 투자자만 잘 활용한다면 불가능한 방법도 아니다. 본 사례의 경우 子회사의 신용도 및 재무상태가 월등하다면 얼마든지 자금조달이 가능한 상태이므로 이를 활용해서 경영권승계를 할 수 있는 것이다. 하지만, 자금조달 능력이 안 되는 회사의 경우 인수대상회사 주식을 담보하는 차입을 통하여 父의 회사를 승계하는 경우 아주 복잡한 다른 증여이슈 등이 발생할 수 있으므로 반드시 주의가 필요하다. 즉,

자본거래를 활용하는 승계전략은 너무 복잡하고 종합적인 전문지식이 필요하므로 반드시 전문가의 사전검토가 필요한 것이다.

7. 자기주식을 활용한 경영권 승계전략

가. 자기주식의 개요

자기주식이란 주식회사가 발행한 자기회사의 주식을 매입 또는 증여에 의하여 취득한 것을 말하며, 현행 상법(2011년 개정 상법)은 배당가능이익의 범위 내에서 자유로운 자기주식취득을 허용하고, 회사가 취득한 자기주식의 처분에 관하여도 과거 상당한 시기 내에 처분하도록 강제한 규정을 삭제하였다.

자기주식을 취득하려는 회사는 미리 **주주총회의 결의**로 다음 각 호의 사항을 결정하여야 한다. 다만, 이사회의 결의로 이익배당을 할 수 있다고 정관으로 정하고 있는 경우에는 이사회의 결의로써 주주총회의 결의를 갈음할 수 있다[502]. 또한, 회사가 보유하는 자기의 주식을 처분하는 경우 정관에 규정이 없는 것은 이사회가 결정하도록 하였다[503].

1. 취득할 수 있는 주식의 종류 및 수
2. 취득가액의 총액의 한도
3. 1년을 초과하지 아니하는 범위에서 자기주식을 취득할 수 있는 기간

즉, 상법에서는 원칙적으로 회사가 자기주식을 취득하거나 발행주식 총수의 1/20을 초과하여 질권의 목적으로 자기주식을 받는 것을 금하고 있으나, 회사는 자기의 명의와 계산으로 거래소에서 시세에 따라 취득하거나, 각 주주가 가진 주식 수에 따라 **균등한 조건**으로 취득하는 경우에는 **배당가능이익 한도 내에서 자기주식을 취득**할 수 있도록 하였다. 다만, 다음의 경우에는 배당가능이익 한도와 상관없이 자기주식을 취득할 수 있다[504].

1. 회사의 합병 또는 다른 회사의 영업전부의 양수로 인한 경우
2. 회사의 권리를 실행함에 있어 그 목적을 달성하기 위하여 필요한 경우
3. 단주(端株)의 처리를 위하여 필요한 경우
4. 주주가 주식매수청구권을 행사한 경우

501) 상법 제360조의 24 (지배주주(자기계산으로 회사 주식 95% 이상 보유한 주주)의 매도청구권) 〈=〉 상법 제360조의 25 (소액주주(지배주주가 있는 회사의 소액주주)의 매수청구권)
502) 상법 제341조
503) 상법 제342조
504) 상법 제341조의 2

배당가능이익

■ 배당가능이익 한도 계산
= 직전 결산기 대차대조표상의 순자산액 - 다음 각 호의 금액
1. 자본금의 액
2. 그 결산기까지 적립된 자본준비금과 이익준비금의 합계액
3. 그 결산기에 적립하여야 할 이익준비금의 액
4. 대통령령으로 정하는 미실현이익(회계원칙에 따른 자산 및 부채에 대한 평가로 인하여 증가한 대차대조표상의 순자산액으로서, 미실현손실과 상계(相計)하지 아니한 금액을 말한다)

법인세법상 자기주식은 자산의 범위에 포함되므로 자기주식을 매각함으로써 생긴 손익은 익금 또는 손금에 산입하나, 자기주식을 소각함으로써 생긴 손익은 자본거래로 보아 익금 또는 손금에 산입하지 아니한다. 다만, 고가매입 또는 저가양도액은 그러하지 아니한다[505].

나. 자기주식 취득 및 처분의 문제

1) 자기주식 취득의 위반시 문제

자기주식을 위법하게 취득하는 경우는 상법 제341조(자기주식의 취득)에 위반한 경우와 상법 제341조의 2(특정목적에 의한 자기주식의 취득)의 각 호에 위반한 경우로 나눌 수 있다. 후자의 경우에는 당연히 무효이나 전자의 경우는 절차규정을 위반한 경우와 배당가능이익 재원규정을 위반한 경우로 나눌 수 있을 것이다.

가) 절차규정 위반의 경우

자기주식취득과 관련된 절차위반은 대체로 ① 자기명의와 계산으로 취득하지 않은 경우, ② 각 주주가 가진 수에 따라 균등한 조건으로 취득하는 방법에 위배하여 취득한 경우, ③ 자기주식의 취득을 결정하는 결의에 하자가 존재하거나 결의를 거치지 않은 경우가 있다. ①의 경우는 자기주식취득에 관한 상법 규정에 대한 탈법행위이므로 그 효력은 무효이며, ②의 경우는 그 취득방법이 주식평등의 원칙에 반하므로 그 효력은 무효이다. ③의 경우도 자기주식취득을 결정하는 결의에 하자가 있거나 결의를 거치지 않은 경우도 원칙적으로는 무효라고 보는 것이 타당하다. 다만, 자기주식의 취득을 정관이 정하는 바에 따라 이사회가

505) 법인세법 기본통칙 15-11…7 (자기주식 처분손익의 처리)

결정하는 경우에는 선의의 제3자에 대해서는 이사회 결의의 부존재 등을 주장할 수 없다고 보아야 할 것이다.

나) 배당가능이익 재원규정 위반의 경우

재원규정을 위반하는 형태는 상법이 정하는 재원, 즉 ① 배당가능이익 이외의 재원에 의한 취득과 ② 배당가능이익의 범위를 초과한 취득의 경우가 있다. 이런 경우에 학설은 모두 유효라고 주장하는 견해와 모두 무효라고 주장하는 견해가 공존하고 있다. 이는 재원규정을 위반해서 취득한 경우 회사의 손해가 없는 경우라면 굳이 무효로 볼 실익이 없다는 견해가 있기 때문이다. 또한, 배당가능이익을 초과하여 자기주식을 취득한 경우 이사는 회사에 대하여 연대하여 그 미치지 못한 금액을 배상할 책임이 있다. 다만, 이사가 배당가능이익이 미치지 못할 우려가 없다고 판단하는 때에는 주의를 게을리하지 아니하였음을 증명한 경우에는 그러하지 아니하다.[506)]

다) 무효로 된 자기주식의 처리

회사에 의한 자기주식의 취득이 무효가 되면, 그 무효가 된 부분에 해당하는 자기주식과 관련해서는 원상회복하여야 한다. 즉, 해당 자기주식의 양수인인 회사는 양도인에게 주식을 반환하여야 하고, 양도인도 그 반환받는 주식의 대금에 상응하는 금액을 회사에 반환하여야 한다. 이러한 자기주식의 취득 무효가 사실상 특정주주에게 자금을 지원하기 위한 우회거래 등에 해당된 경우라면 업무무관가지급금 등으로 보게 되므로 세무상 주의가 반드시 필요하다.

2) 자기주식 처분의 문제

자기주식의 처분이라 함은 회사가 자기주식을 취득한 경우에는 이것을 매각하는 것을 뜻하고, 질취한 경우에는 질권을 행사하거나 양도하는 것을 의미한다. 또한 현행 상법하에서 현물배당이나 합병교부금 등으로 자기주식을 지급할 수 있다는 입장에서 볼 때 이 또한 자기주식 처분의 범주에 들어간다고 할 것이다.

이러한 자기주식 처분에 관하여 현행 상법은 자기주식의 처분(보유)기간에 관하여 아무런 규정도 두고 있지 않다. 즉 현행 상법 배당가능이익으로 취득한 자기주식이든 특정목적을 위하여 취득한 자기주식이든 간에, 그것을 처분함에 있어 가격결정이나 상대방의 결정 등 중요한 사항들을 모두 이사회가 재량으로 정할 수 있게 규정하고 있을 뿐이다. 즉, 현행

506) 상법 제341조 제4항

상법은 자기주식을 처분하는 때에는, 그 취득시와 비교해 볼 때, 가격의 결정이나 상대방의 선택 등과 관련하여 공정성의 문제가 훨씬 예민하게 부각될 수 있으나 현재로서는 이에 대한 엄격한 규제는 없는 상태이다. 이는 독일 주식법이 주식평등의 원칙에 따라 처분하도록 하고 있는 것과 일본 회사법이 신주발행과 동일한 절차에 따르도록 규정하고 있는 것과 대조적인 차이점이 있다.

이는 현행 상법은 회사가 자발적 필요 의사에 의하여 자기주식을 취득하는 경우, 자본충실원칙을 해하지 않도록 하기 위해서 배당가능이익의 한도 내에서 취득하도록 규제하고 있으나, 특정목적에 의한 자기주식취득의 경우는 회사의 필요와는 상관없이 자기주식을 취득하게 되는 것이고, 이때에는 그 취득재원에 대한 규제를 받지 않으므로, 회사의 자본충실을 해할 수도 있으므로 이러한 자기주식에 대하여는 처분(보유) 시기에 대한 명확한 규정이 필요할 수 있다.

다. 자기주식이 경영권승계에 미치는 영향

회사가 자기주식을 취득하는 원인은 주식매수청구권, 주식소각, 주가안정화, 경영권 방어, 회사합병 등 구조조정 과정에서 다양하게 발생한다. 다양한 형태로 자기주식이 취득(취득 후 소각)되면 그 결과로 기존 주주의 실질 지배력은 높아지기 마련이다. 그리고 이러한 자기주식의 처분은 실제로는 신주발행과 유사한 효과를 가져 오게 되는데 회사가 자기주식 처분에 있어서 그 거래상대방을 특정해서 처분하게 되면 이는 회사가 특정주주의 지분비율을 높여주게 되는데 이는 상대적으로 다른 주주들이 회사에 대해서 가지고 있던 지배력을 약화시키는 결과를 초래하게 되어 자동적으로 특정주주의 승계가 완성될 수도 있다.

이는 특히 적대적 M&A 상황에서 회사가 자기주식을 임의로 특정주주에게 처분하게 되면, 결과적으로는 자기주식처분 사항에 관한 결정권한을 가진 이사가 주주의 회사에 대한 비례적 지배관계를 변동시킬 수도 있어서 회사 자체에 중대한 문제를 초래할 수도 있다. 이러한 문제 때문에, 자기주식을 처분하는 경우 그 상대방의 결정 등과 관련된 공정성의 확보가 중요한 의미를 가지게 되는 것이다.

그런데 현행 상법은 회사가 자기주식을 취득할 때는 각 주주가 가진 주식수에 비례하여 균등하게 취득하는 것을 원칙으로 하고 있으나, 보유하고 있던 자기주식을 처분하는 경우에 대해서는 특별한 제한을 두고 있지 않다. 현행 상법을 입법하는 과정에서 자기주식을 처분할 때에도 신주발행절차에 관한 규정을 준용할 것인지의 여부에 대한 논의가 있었으나, 반대의견이 많아 준용규정을 두지 않게 된 것이다.

물론 이러한 자기주식처분의 자유성에도 불구하고 회사가 자기주식의 처분 시 특정인에게 고가 혹은 저가로 처분하게 되면 부당행위계산부인 규정 및 증여, 배임 등의 이슈가 있는 상태이므로 이에 대한 주의는 반드시 필요한 상태이다.

라. 자기주식을 활용한 경영권 승계전략

일반적으로 상장사의 경우 자기주식을 주가방어나 소각을 통한 주주환원정책 등의 목적으로 취득하지만 이는 동시에 경영권 확보방안으로 활용된다. 즉, 상장사의 경우 대주주가 경영권을 확보하기 위한 막대한 자금 없이도 자기주식의 취득으로 경영권이 강화되기 때문이다. 이러한 효과는 비상장법인이면서 규모가 작은 경우에 더 유용할 수도 있다.

경영권승계 사례 8] 자기주식

바이오회사를 경영하고 있는 서판교씨는 회사의 배당가능이익은 풍부한 상태이다. 이에 서판교씨는 이제 회사의 잉여금을 회수할 것을 고려하면서도 회사의 경영권을 자녀에게 승계하는 방안도 고려하고 있다. 또한, 서판교씨는 경영권 승계과정에서 증여세 부담 없이 진행하기를 원한다.

1) 기본정보

바이오회사의 주주현황 및 기업가치, 배당가능이익은 다음과 같다.

- 주주 현황: 서판교씨 60%, 자녀 40%
- 기업가치: 10억원(발행주식총수 10,000주, 주당 100,000원)
- 배당가능이익: 3억원

2) 최적 승계 검토

배당가능이익이 많은 회사의 경우 그 특성에 맞게 경영권 승계방안을 수립해야 하는데, 경영자가 원하는 거래 또한 회사 잉여금의 회수 및 경영권승계이기 때문에 이를 모두 충족할 수 있는 자기주식 취득방안을 활용할 수 있다. 이러한 자기주식의 취득은 배당가능이익 한도 내에서 상법상 절차에 따라 모든 주주에게 자기주식 취득의 통지 또는 공고를 통하여 주식의 취득방법에 따라 자기주식을 취득하면 되기 때문이다.

이때 자기주식 취득이 소각목적인지 매매목적인지 여부에 따라 의제배당 또는 양도소득세가 과세된다. 이러한 세금은 모두 누진세율로 과세되기 때문에 자기주식 취득을 일시에 하는 것보다는 매년 단계적으로 일정 수준씩 취득하는 것을 고려해 볼 필요가 있다. 본 사례에서는 계산의 편의상 다음과 같이 2차례 자기주식을 취득하여 실질적인 경영권을 승계하는 것으로 가정하였다.

구 분	바이오 회사		자기주식 취득		바이오 회사	
주주구성	주식수	지분율	1차연도	2차연도	주식수	지분율(실질지배력)
서판교	6,000주	60%	(1,500주)	(1,500주)	3,000주	30%(43%)
자녀	4,000주	40%			4,000주	40%(57%)
자기주식			1,500주	1,500주	3,000주	30%(0%)
소계	10,000주	100%			10,000주	100%

이는 배당가능이익 한도 내에서 자기주식을 활용한 방법에 대한 이해차원에서 사례를 분석한 것으로 자기주식을 보유하고 있는 상태에서는 또 다른 자본거래 유형과 결합해서 다양한 형태의 경영권 승계방안으로 활용될 수 있다.

3) 자기주식 분석 및 주의사항

과거 또는 현재에도 자본거래를 통한 경영권 승계과정에서 자기주식의 활용은 대규모 상장사에서 소규모 비상장법인에 이르기까지 아주 다양하게 활용되어 오고 있다. 여기에 2011년 상법 개정으로 자기주식의 취득 제한이 완화된 이후에 더욱 더 대기업 등에서 대주주의 소유지배권을 확보하는 수단으로 자기주식을 활용하고 있는 상태이다. 이에 이러한 자기주식의 역할이 주주의 권리보호보다는 경영권 승계수단으로 악용되고 있어서 이를 다시 제재하려는 다수의 입법이 발의되어 있는 상태이다. 따라서 장기적인 경영권 승계전략 수립시에는 반드시 이에 대한 확인이 필요하다.

또한, 자기주식의 취득 및 처분 또는 감자는 그 과정에서 세무상 불공정한 이슈가 많이 발생할 수 있으며, 자기주식을 보유한 상태에서 인적분할 및 현물출자를 통하여 경영권의 지배력을 보다 견고히 하는 자본거래과정에서도 다양한 세무상 이슈가 발생할 수 있으므로 전문가의 조력을 받아서 정상적인 거래가액으로 진행하여야 성공적인 경영권 승계가 완성될 것이다.

8. 현물배당을 활용한 경영권 승계전략

가. 현물배당의 개요

1) 현물배당

현물배당이란 금전 이외에 회사가 보유하고 있는 자산으로 배당하는 것을 말한다. 현행 개정 상법(2012.4.15. 시행)에서 "회사는 정관으로 금전 외의 재산으로 배당을 할 수 있음을 정할 수 있다"라고 규정하고 있다[507]. 이는 정관에 현물배당에 관한 규정이 있을 경우 이사

507) 상법 제462조의 4 제1항

회는 현물배당을 결정할 수 있다는 것이다.

따라서 법인이 보유하고 있는 현물(자기주식 등)을 배당[결산배당, 중간배당, 분기배당(상장법인)등]하는 것이 가능하게 되었으며 현물의 시가가 낮은 시기에 현물배당을 할 경우 법인의 과세소득 및 현물배당을 받는 주주의 배당소득도 낮아서 세금부담 측면에서도 유리할 수 있다.

이러한 현물배당은 주식배당과 달리 회사의 주주는 현물배당 대신 금전을 지급할 것을 회사에 청구할 수 있어서 주주의 권리를 보호하고 있는 상태이다[508]. 다만, 현물배당은 양도거래에 해당되기 때문에 양도소득이 발생하고 자기주식을 현물배당할 경우 증권거래세의 과세대상[509]이 된다.

2) 주식배당

주식배당은 회사가 주주총회의 결의에 의하여 이익의 배당을 새로이 발행하는 주식으로써 할 수 있다. 그러나 주식에 의한 배당은 이익배당총액의 2분의 1에 상당하는 금액을 초과하지 못한다[510]. 이는 기 보유한 자기주식은 주식배당의 대상이 될 수 없다는 것이다.

또한, 주식배당에서는 주주들의 선택으로 인해 금전배당과 주식배당을 선별적으로 진행한 것은 주식평등의 원칙에 위배가 되어 위법이 될 수 있음에 유의하여야 한다. 그리고 주식배당의 경우는 회사 재산을 사외로 유출시키는 것이 아니므로 이익준비금 적립대상[511]에서 제외되었다.

3) 준비금의 감소를 통한 배당

상법상 "준비금의 감소"는 "회사가 적립된 법정준비금(자본준비금 및 이익준비금)의 총액이 자본금의 1.5배를 초과하는 경우에 주주총회의 결의에 따라 그 초과한 금액 범위에서 법정준비금을 감액할 수 있다[512]"라는 규정이다. 회사가 상법상 법정준비금을 감소시키면 미처분잉여금이 발생하게 되는데, 이러한 미처분잉여금은 다양한 용도로 처분할 수 있다. 이때, 가장 먼저 떠올릴 수 있는 방법이 주주에 대한 배당재원으로 활용하는 방법이다. 즉, 미처분잉여금의 증가는 배당가능이익의 증가로 자기주식의 취득한도를 늘릴 수 있으며, 과

508) 상법 제462조의 4 제2항
509) 기획재정부 금융세제과-188, 2018.5.15.
510) 상법 제462조의 2 제1항
511) 상법 제458조 (이익준비금) 회사는 그 자본금의 2분의 1이 될 때까지 매 결산기 이익배당액의 10분의 1 이상을 이익준비금으로 적립하여야 한다. 다만, 주식배당의 경우에는 그러하지 아니하다.
512) 상법 제461조의 2

세없이 직접 배당도 가능할 것이다. 또한, 이는 채권자보호절차가 필요한 유상감자보다 절차상 간편할 수 있다.

참고 준비금의 감소를 통한 배당시 과세 여부

- 배당소득 과세대상 아님
  상법 제461조의 2에 따라 자본준비금을 감액하여 받는 배당은 내국법인의 각 사업연도의 소득금액을 계산할 때 익금에 산입하지 아니한다(법인세법 제18조 제8호, 소득세법 시행령 제26조의 3 제6항). **다만**, 법인세법 제16조 제1항 제2호 각 목에 해당되지 아니하여 **의제배당으로 과세되는 자본준비금의 배당인 경우에는 익금에 산입**한다.
- 배당가능이익 구성순서와 상관없이 과세대상 아님
  「상법」 제461조의 2에 따라 감액하고 이를 **재원으로 특정해서** 배당하는 경우 동 배당을 지급받는 법인은 「법인세법」 제18조 제8호에 따라 익금에 산입하지 아니하는 것임(사전-2020-법령해석법인-0904, 2020.12.14.).
  즉, 배당가능이익의 구성순서(연도)와 상관없이 "준비금의 감소" 재원으로 배당할 경우 익금에 산입되지 아니하는 것임.

나. 현물의 범위

현행 상법에서는 현물의 범위를 '금전 외의 재산'이라고 표현만 할 뿐 현물배당 대상물의 종류나 가치산정과 관련하여 특별한 규정이 없다. 따라서 현물배당의 대상은 유가증권인 채권, 주식, 보험증서, 부동산, 고정자산, 재고자산 등으로 평가가 용이한 자산이면 모두 가능한 상태이다. 개정 상법상 현물배당은 보통 상장사에서 현금배당과 함께 진행하고 있으며 여기서 현물은 자기주식인 경우가 대부분이다.

다. 현물배당이 경영권승계에 미치는 영향

현물배당을 실시하는 회사의 경우 주주는 현물배당을 받을지 현금배당을 받을지 선택이 가능하기 때문에 가족기업 형태의 비상장법인의 경우는 이를 활용해서 자녀 등에게 자기주식이나 자회사의 주식을 배당하고, 나머지는 현금배당을 받는다면 자연스럽게 회사의 경영권의 승계가 단계적으로 가능하게 된다. 또한, 주식 이외의 가치 있는 자산의 승계도 가능한 상태이다.

다만, 현물배당 시 현물(재산)의 가치평가는 외부전문평가기관이 산정한 가치로 평가하여야 주주 간에 왜곡된 불공정 배당을 방지할 수 있다는 점을 인식하여야 한다. 이는 현물배당과 현금배당이 혼용된 상태에서 현물(재산)의 가치평가 왜곡은 불공정 배당으로 인하여 주주 간 부의 이전이 발생하므로 증여세 등이 과세되는 위험이 발생할 수 있기 때문이다.

라. 현물배당을 활용한 경영권 승계전략

일반적으로 경영권승계 방안은 증여나 양도 등으로 직접 승계하거나 M&A 등 자본거래를 통하여 진행하지만 현물배당을 통하여 자기주식이나 자회사 등의 지분의 이전으로도 가능하다. 여기서 주목할 것은 대규모 기업 이외에 기업가치가 소규모인 가족회사의 경우 자기주식이나 자회사 지분의 현물배당을 통하여 회사의 경영권을 승계하는 경우 증여를 통한 경우보다 유리할 수 있다. 이는 배당의 경우 10년 이내 합산규정 등이 없기 때문이다.

경영권승계 사례9] 현물배당

바이오회사를 경영하고 있는 서판교씨는 회사의 배당가능이익은 풍부하여 자기주식을 취득해 둔 상태이다. 그럼에도 불구하고 회사의 배당가능이익이 상당히 누적되어 있는 상태라 서판교씨는 이제 회사의 잉여금을 회수할 것을 고려하면서도 회사의 경영권을 자녀에게 승계하는 방안도 고려하고 있는 실정이다. 또한, 서판교씨는 경영권 승계과정에서 증여세 부담 없이 진행하기를 원한다.

1) 기본정보

바이오회사의 주주현황 및 기업가치, 배당가능이익은 다음과 같다. 그리고 이익준비금은 자본의 2분의 1에 달한 상태라 이익배당시 별도 이익준비금은 고려할 필요가 없다.

- 주주 현황 : 서판교씨 43%, 자녀 33%, 자기주식 24%
- 기업가치 : 10억원(발행주식총수 10,000주, 주당 100,000원)
- 배당가능이익 : 5억원

2) 최적 승계 검토

앞선 "7. 자기주식을 활용한 경영권 승계전략" 사례에서 살펴본 바와 같이 경영자가 원하는 잉여금의 회수 및 경영권승계가 가능한 방법은 자기주식취득 전략을 활용할 수 있다. 하지만 회사는 이미 상당한 자기주식을 보유하고 있는 상태이므로 추가적인 자기주식 취득보다는 잉여금의 회수와 경영권승계가 가능한 현물배당을 활용할 수 있을 것이다. 현물배당은 현금배당과 현물배당을 주주가 선택할 수 있으므로 경영권을 승계하기 위해서는 본인은 현물배당 대신 현금을 수령하고 자녀에게는 현물(자기주식)을 배당하는 것으로 진행하면 될 것이다.

이때 현물배당도 배당소득에 해당되어 누진세율로 과세되기 때문에 일시에 하는 것보다는 매년 단계적으로 일정 수준씩 배당하는 것을 고려해 볼 수 있다. 본 사례에서는 계산의 편의상 다음과 같이 현물배당을 통하여 경영권을 승계하는 것으로 가정한다.

구 분	바이오회사		현물/현금배당(주2)			바이오회사	
주주구성	주식수	지분율	1차연도	2차연도(주1)	3차연도	주식수	지분율
서판교	4,300주	43%	91백만원	86백만원	80백만원	4,300주	43%
자녀	3,300주	33%	700주	800주	900주	5,700주	57%
자기주식	2,400주	24%	(700)	(800)	(900)	0주	0%
소계	10,000주		161백만원	166백만원	170백만원	10,000주	

(주1) 2차 연도 배당: 자녀 지분율 40%(기존 3,300주+현물배당 700주=4,000주)이므로 배당액 166백만원 중에서 40%/(43%+40%) 해당분 80백만원(주당 10만원×800주) 현물배당 받음.

(주2) 배당가능이익 5억원 한도 내에서 3년차까지 배당을 한 상태이며, 이후 현금배당시 자녀는 지분율에 따른 상대적으로 높은 배당이 가능함.

이는 서판교씨가 경영하는 바이오회사의 경우 자녀의 지분이 존재하면서 자기주식도 보유하고 있는 상태이기 때문에 가능한 것이다. 물론 이러한 구조가 아닌 경우에는 사전 검토를 통하여 해당 지분구조의 회사로 정비해서 진행하면 될 것이다.

3) 현물배당 분석 및 주의사항

현물배당은 정관에 규정이 있는 경우 배당가능이익 한도 내에서 이사회의 결정으로 가능하다. 그러므로 현물배당은 주주가치 제고와 기업집단의 지배구조 개선 측면에서 활용 가능성이 충분하다 할 것이다. 본 사례와 같이 특정주주에게 자기주식이나 자회사 주식을 현물지급하면서 승계에 활용할 수도 있는 것이다. 다만, 이러한 현물배당시 현금으로 지급되는 주주간 배당금의 불평등 지급을 막기 위해서는 지급하는 현물에 대한 전문기관의 공정가치 평가가 매우 중요하다. 또한 중요한 자산에 대한 현물배당시에는 보다 더 이사회의 결정이 중요하므로 반드시 주의가 필요하다.

물론 위 사례는 자기주식을 가정했지만 자회사 주식 등 평가 가능한 금전 이외의 재산은 모두 가능한 상태이므로 승계전략을 수립시 회사의 정관 규정 및 자회사 주식 등의 평가가액 및 승계시점을 고려해서 사전적으로 승계계획을 수립하는 것이 보다 더 합리적인 승계방안이 될 것이다.

9. 삼각조직재편을 활용한 지배력 강화

가. 삼각조직재편의 개요

삼각조직재편은 흡수합병 등의 당사자가 합병 등의 대가로 자기의 주식을 교부하는 것이 아니라 모회사 주식 등을 대가로 교부하는 조직재편제도를 말한다. 이러한 삼각조직재편은 2012년 시행된 개정상법을 통해 교부금합병과 삼각합병[513)]의 개념이 새롭게 도입됨에 따라 가능해졌으며, 여기에 2016년 시행된 개정상법을 통해 추가로 도입된 삼각주식교환[514)] 및 삼각분할합병[515)] 제도에 따라 역삼각합병 등 다양한 삼각조직재편제도가 가능하게 되었다.

기업의 효율적 조직재편을 위해 도입된 상법상 삼각조직재편과정에서는 인수자회사가 인수모회사의 주식을 취득하는 것이 필수적인데, 이를 위해서는 자기주식을 활용하지 않는 한, 인수모회사가 정관 등 규정에 따라 이사회의 결의로 신주를 제3자 배정방식으로 인수자회사에게 발행하여야 한다. 즉, 비록 인수모회사가 실질적으로 대상회사를 인수하는 주체임에도 불구하고 형식상으로 인수자회사가 삼각합병, 삼각주식교환 또는 삼각분할합병의 당사자가 되므로 상법상 인수모회사는 해당 거래에 대하여 주주총회를 개최할 필요가 없고, 그 결과 이에 반대하는 주주들에게 주식매수청구권도 부여하지 않는다.

나. 삼각조직재편제도의 방식

1) 삼각합병

삼각합병(Triangular Merger)이란 자회사가 다른 대상회사를 흡수합병하는 경우에 존속회사인 자회사가 소멸회사인 다른 대상회사의 주주에게 합병대가로써 존속회사의 합병신주를 교부하는 대신 존속회사의 모회사 주식을 교부하는 방식으로 이루어지는 합병을 말한다.

즉, 2012년 시행된 개정상법에서 ① 합병대가를 유연화하여 흡수합병의 합병계약서에 기재할 사항으로 “존속하는 회사가 합병으로 소멸하는 회사의 주주에게 그 대가의 전부 또는 일부로서 금전이나 그 밖의 재산을 제공하는 경우에는 그 내용 및 배정에 관한 사항”을 신설하고(제523조 제4호), ② “흡수합병으로 소멸하는 회사의 주주에게 제공하는 재산이 존속하는 회사의 모회사 주식을 포함하는 경우에는 존속하는 회사는 그 지급을 위하여 모회사 주식

513) 상법 제523조의 2 (합병대가가 모회사주식인 경우의 특칙)
① 제342조의 2에도 불구하고 제523조 제4호에 따라 소멸하는 회사의 주주에게 제공하는 재산이 존속하는 회사의 모회사주식을 포함하는 경우에는 **존속하는 회사는 그 지급을 위하여 모회사주식을 취득할 수 있다.**

514) 상법 제360조의 3 제3항 제4호, 제6항

515) 상법 제530조의 6 제1항 제4호, 제4항

을 취득할 수 있다"고 규정하여(제523조의 2), 삼각합병제도를 도입한 것으로 평가된다.

삼각합병은 모회사가 인수대상회사를 직접 흡수합병함에 따라 나타날 수 있는 부담감을 자회사를 통해 흡수합병함으로써 간접적인 지배권을 확보할 수 있고 모회사의 지배력도 높일 수 있다. 또한, 직접 합병과 달리 자회사를 통한 합병이기 때문에 모회사는 주주들에게 매수청구권의 기회를 주지 않아도 되고, 인수 대상회사의 채무승계 위험을 피할 수 있는 매력도 있다.

| 삼각합병 구조 |

• S사와 T회사가 흡수합병하면서 T주주에게 S사의 모회사인 A회사 주식 교부

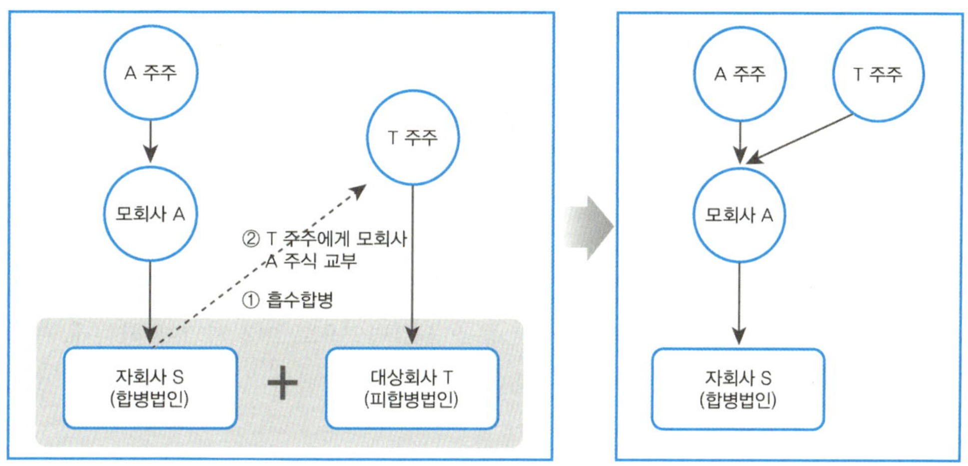

2) 역삼각합병

역삼각합병은 (정)삼각합병과 유사한 개념이다. 즉, 자회사가 다른 회사와 합병할 때 대가로 자사주가 아닌 모회사 주식을 받는다는 공통점이 있는 반면, 삼각합병은 자회사가 인수대상회사를 합병하는 것과는 반대로 역삼각합병은 인수대상회사가 자회사를 합병하는 점에 차이가 있다.

역삼각합병은 합병대가로 모회사의 주식 등을 지급하면서 자회사가 인수대상회사에 흡수되는 합병방식으로, 합병대상회사(인수 대상회사)가 양도 불가한 독점사업권, 상표권, 제3자 동의가 없으면 양도할 수 없는 계약상의 권리 등을 갖고 있어 인수대상회사를 존속시켜야 할 때 이용되는 독특한 합병방식이다.

| 역삼각합병 구조 |

- A회사의 자회사인 S회사가 T회사와 주식의 포괄적 교환을 하는 경우 T회사의 주주에게 모회사인 A회사의 주식을 교부
- S사와 T회사를 합병하면서 T회사를 존속회사로 하는 합병

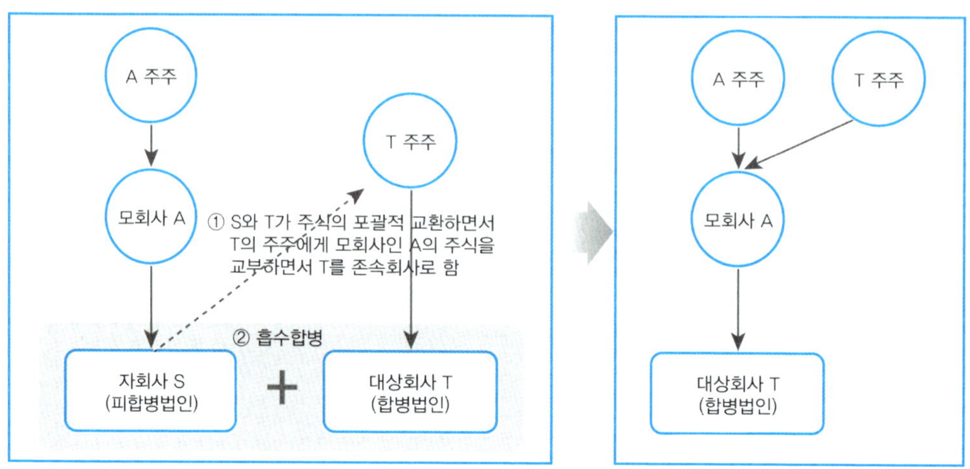

즉, 역삼각합병은 인수대상회사를 소멸시키게 되면 기존에 인수대상회사가 보유하고 있는 막대한 브랜드 권리와 고객사와의 계약 등을 신설법인으로 이전시켜야 하는데, 이같은 복잡한 과정에서 브랜드에 대한 신뢰가 깨지고 고객사가 이탈할 수 있는 부작용을 방지하기 위해서 주로 선택하게 된다.

2016년 11월에 삼성전자가 미국 전장 전문회사 하만을 80억달러(약 9조4000억원)에 인수하는 과정에서 델라웨어주 회사법에 근거한 '역삼각합병' 방식을 채택한 것으로 알려져 국내 인수합병(M&A)업계에 비상한 관심을 끌었다.

3) 삼각분할합병

삼각분할합병은 모기업을 가진 자회사가 중소·벤처기업과 M&A합병을 진행할 경우 특정사업만을 떼어내 인수한 뒤 그 대가로 모기업의 주식을 인수회사 주주에게 교부하는 방식으로 이루어진다. 즉, 기존 삼각합병은 인수회사 전체를 인수해야 했으나 삼각분할합병은 인수하고 싶은 사업부문만 인수 대상회사에서 떼어내어 자회사와 합병하게 하고 그 대가로 모회사 주식을 지급하는 방식이다.

| 삼각분할합병 구조 |

• T회사의 특정 사업부문(T2) 인적분할 후 S사와 합병시 A회사의 자회사인 S회사가 A사의 주식을 T사에 대가로 주는 방식

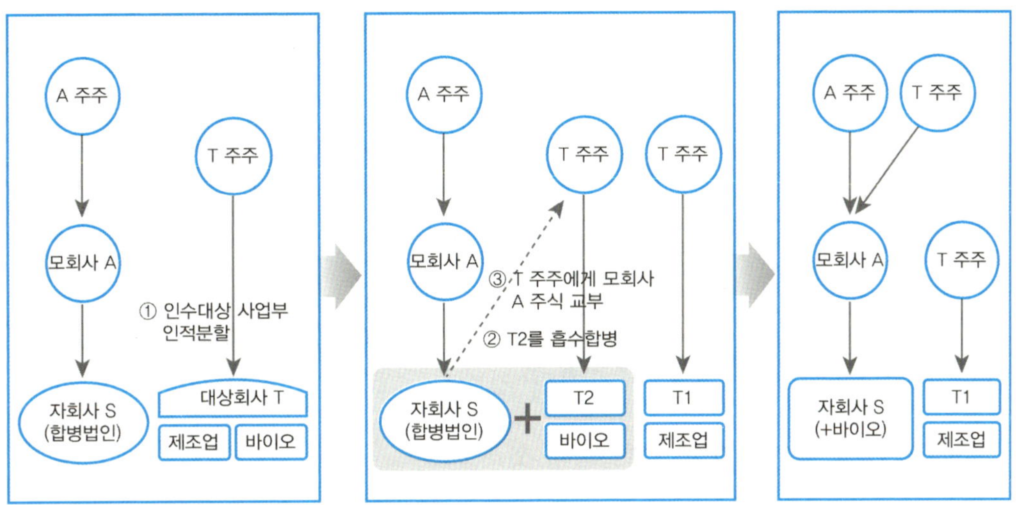

4) 삼각주식교환

삼각주식교환이란 자회사가 타사를 완전자회사(100% 손자회사)로 삼는 주식교환을 할 때 해당 완전자회사에 모회사주식을 주는 방식을 말한다[516]. 이러한 삼각주식교환제도는 모회사가 대상회사를 인수하는 실질적인 주체이면서도 주주총회 결의를 거치거나 소수주주들의 주식매수청구권 행사로 인한 자금부담을 우려할 필요가 없고 대상회사 주주에게는 과세이연이 허용되는 등 여러 가지 법적·경제적 효용을 갖고 있다.

| 삼각주식교환 구조 |

• A의 자회사 S가 T와 포괄적 주식교환계약을 맺고, 이후 S는 T의 주주에게 모회사인 A의 주식을, T의 주주는 S에게 T의 주식을 준다. 그렇게 되면 T의 주주는 A의 주주가 되고 T는 S의 자회사, 즉 A의 손자회사가 된다. 이처럼 인수대상회사가 손자회사가 되면서 그 대가로 모회사 주식을 인수대상회사 주주에게 주는 것을 삼각주식교환이라 한다.

516) 상법 제360조의 3 제3항 제4호, 제6항
③ 주식교환계약서에는 다음 각호의 사항을 적어야 한다.
4. 완전자회사가 되는 회사의 주주에게 제2호에도 불구하고 그 대가의 전부 또는 일부로서 금전이나 그 밖의 재산을 제공하는 경우에는 그 내용 및 배정에 관한 사항
⑥ 제342조의 2 제1항에도 불구하고 제3항 제4호에 따라 완전자회사가 되는 회사의 주주에게 제공하는 재산이 완전모회사가 되는 회사의 모회사 주식을 포함하는 경우에는 **완전모회사가 되는 회사는 그 지급을 위하여 그 모회사의 주식을 취득할 수 있다.**

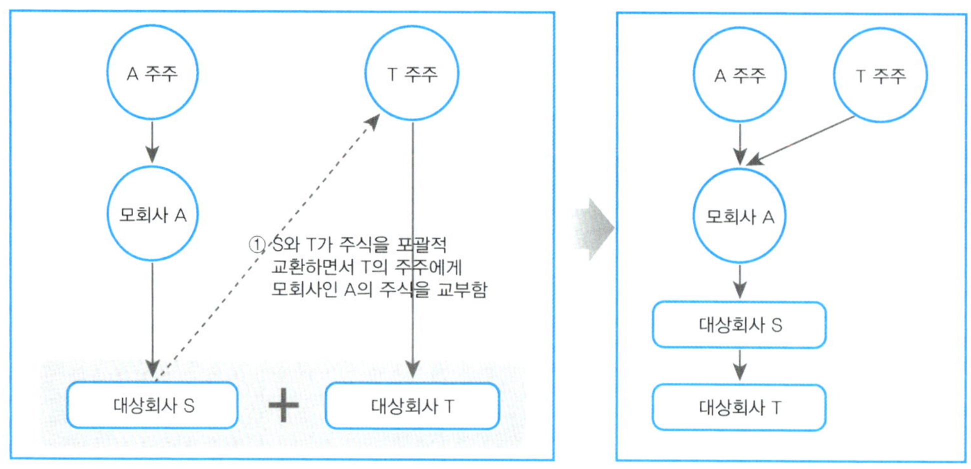

다. 삼각조직재편을 활용한 지배력 강화

1) 삼각합병을 통한 지배력 강화 국내 첫 사례

삼각조직재편제도를 통한 지배력을 강화한 국내사례를 살펴보면, 지난 2012년 11월, 삼각합병제도가 도입된 후 처음으로 실제 삼각합병이 이루어졌다. 이는 코스닥 상장법인인 주식회사 네오위즈게임즈(A)의 자회사인 주식회사 엔엔에이와, 주식회사 네오위즈(H)의 자회사인 주식회사 네오위즈아이엔에스의 흡수합병에서, 모회사인 네오위즈게임즈(A)가 보유 중이던 자기주식을 엔엔에이에게 현물출자한 뒤, 자회사인 엔엔에이가 소멸회사인 네오위즈아이엔에스의 주주인 네오위즈에게 합병대가로 모회사인 네오위즈게임즈 주식을 넘기는 구조로 이루어졌다.

결과적으로 네오위지(H)는 삼각합병을 통하여 네오위즈게임즈(A)에 대한 네오위즈(H)의 지분율이 25.3%에서 29.37%로 상승하게 되었다.

| 국내 첫 삼각합병 구조 |

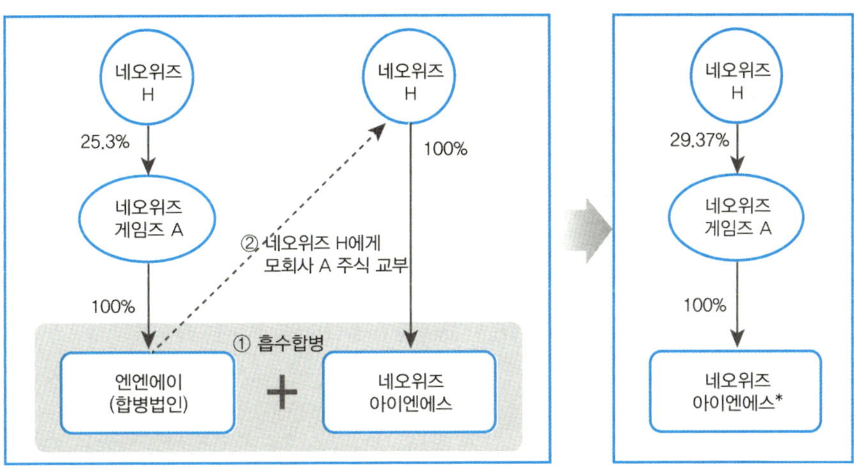

* (주)엔엔에이가 (주)네오위즈아이엔에스를 흡수합병하면서 상호를 (주)엔엔에이에서 ㈜네오위즈아이엔에스로 변경하였다.

2) 삼각조직재편 분석 및 주의사항

삼각조직재편제도는 현금을 사용하지 않고도 자기주식 등을 이용해 기업을 매수할 수 있다는 점과 인수모회사가 사실상 다른 회사를 인수하면서도 그 다른 회사의 책임을 포괄승계하는 것을 회피할 수 있다는 점, 인수모회사의 주주총회 결의 및 주식매수청구권의 회피가 가능하다는 점, 그룹의 유지 및 그룹 내의 조직재편이 가능하다는 점 등을 들어 지배구조개선에 아주 다양한 활용 방안이 될 수 있을 것이다. 하지만, 현행 세법상 삼각합병이 이루어지는 경우에는 과세이연제도를 적용받을 수 있지만, 다른 삼각조직재편방식의 자본거래에 대해서는 과세특례가 없는 상태이므로 주의가 필요하다.

이처럼 삼각조직재편제도가 과세특례를 받지 못함에 따라 절세전략관점에서 그 활용도가 낮은 상태이지만, 주식의 포괄적인 교환이나 100% 자회사를 통한 합병 등에는 과세이연이 가능한 상태이므로 경영권 강화차원에서 삼각조직재편제도의 장점을 비추어 볼 때 충분한 활용가치는 있는 방안이다. 따라서, 삼각조직재편에서의 단계별 과세특례 및 그 활용도의 분석을 통하여 이를 잘 활용할 필요가 있어 보인다.

경영권승계 사례10] 삼각합병

바이오산업인 A회사를 경영하고 있는 서판교씨는 회사가 계속해서 성장할 것을 예상하고 아들에게 회사를 승계하고자 하는데 아들 또한 부품산업인 B회사를 경영하고 있는 상태라 고민이다. 또한 서판교씨는 증여세에 대한 부담 때문에 증여 없이 회사 경영권을 승계하고자 하는데 적절한 방법 및 승계시점을 찾고 있다.

1) 기본정보

각 회사는 1년 이상 계속기업인 비상장법인으로서 상속세 및 증여세법상 평가된 기업가치 및 지분율은 다음과 같다. A회사는 자회사 C를 100% 지배하고 있고, C회사는 부품사업을 영위하고 있으며 기업가치는 90억원이다.

- A회사 : 기업가치: 120억원, 발행주식총수 10,000주(액면가 5,000원)
  지분율 : 서판교 54%, 기타 46%
- B회사 : 기업가치: 180억원, 발행주식총수 10,000주(액면가 5,000원)
  지분율 : 아들 90%, 기타 10%

2) 최적 승계방안 검토

본 사례도 앞선 "경영권승계 사례 1] 합병"에서처럼 A회사와 B회사의 합병을 통한 경영권 승계가 가능한 상태이다. 하지만, 합병의 동기는 시너지효과를 통한 기업가치 극대화가 목적인데, 실질적으로 A회사와 B회사는 서로 다른 업종에 해당하므로 시너지효과는 기대하기 어려운 상황이다.

이에 승계전략 수립의 첫 단계인 승계대상회사의 현황파악을 다시 각 회사의 특성에 맞게 분석하면 A회사는 B회사(부품사업 영위)와 동일한 사업을 영위하는 C회사를 소유하고 있음에 따라 C회사와 B회사의 합병을 통한 시너지효과를 극대화 할 수 있을 것이다. 이때 일반적인 합병으로 진행하게 되면, 아들이 A회사를 승계할 수 없는 구조이므로 삼각합병을 활용하여 C회사의 모회사인 A주식을 교부받음으로써 지배회사인 A의 경영권을 강화하여야 한다.

① 삼각합병 분석

• 1단계] 자회사 C의 모회사(A회사) 주식취득

삼각합병을 하기 위해서는 우선적으로 모회사의 주식취득이 필요한 상태이다. 모회사의 주식을 취득하는 방법은 1) 모회사 보유 자기주식 취득, 2) 제3자(자회사)배정 신주발행, 3) 외부시장에서 모회사 주식취득, 4) 모회사 보유 자기주식의 자회사에 현물출자 등의 방법 중에서 모·자회사의 자금상태 및 경영목적에 따라 합리적인 방법을 선택해서 진행하면 된다.

• 2단계] 삼각합병 진행

자회사 C와 B회사의 합병으로 B회사 주주는 자회사 C의 모회사인 A회사 주식을 교부받는 삼각합병을 진행할 경우 지분율 변화는 다음과 같이 분석된다.

구 분	A회사		B회사		합병신주 교부(주1)		A회사	
기업가치	120억원		180억원		교부비율	1:1.5		
주주구성	주식수	지분율	주식수	지분율	계산내역		주식수	지분율
아버지	5,400주	54%					5,400주	22%
아들			9,000주	90%	=9,000주×1.5	13,500주	13,500주	54%
기타	4,600주	46%	1,000주	10%	=1,000주×1.5	1,500주	6,100주	24%
소계	10,000주		10,000주			15,000주	25,000주	

(주1) 합병은 C사와 B사이지만 합병대가는 모회사 주식이므로 모회사 주식가액기준으로 교부비율을 산정함(120억원/10,000주 : 180억원/10,000주).

상기와 같이 삼각합병을 진행하면 모회사의 최대주주 지분율은 물론 아들의 지분율도 54%로 증가하여 독립적인 경영권 행사와 존속법인에 대한 특별결의사항에 대하여도 최대주주는 제약 없이 진행할 수 있게 되어 삼각합병을 통한 원활한 경영권 승계가 가능하게 되는 것이다.

② 삼각합병 이후 경영권변화 흐름

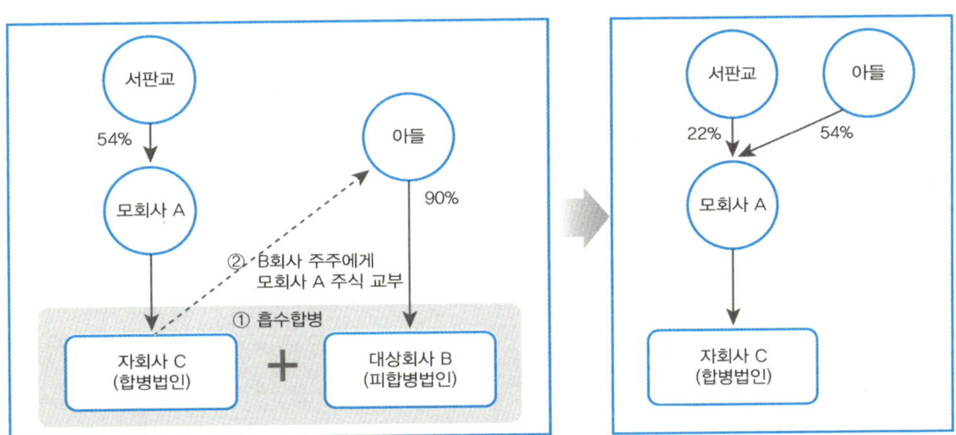

3) 삼각합병의 분석 및 주의사항

본 사례는 모회사와 합병을 통한 경영권승계 전략뿐만 아니라 삼각합병을 통한 경영권 승계도 가능하다. 하지만 합병시너지효과 측면에서 삼각합병을 통한 경영권 승계가 보다 효과적일 수 있다. 이러한 삼각합병도 과세특례를 충족하는 경우 과세이연도 가능한 상태이므로 승계방안을 수립시 전략적으로 활용할 필요가 있다.

다만, 자본거래를 통한 경영권 승계전략은 경영권 승계이전에 자본거래에 대한 기본목적을 충족하는 범위에서 승계전략도 함께 구사하여야 성공적인 자본거래를 통한 경영권 승계전략이 되는 것이다. 인위적으로 경영권승계에 초점을 두고 주가를 조작하거나 합병비율을 조정하여 승계를 할 경우 회사 가치의 훼손뿐만 아니라 세무상 부당행위계산부인 규정 및 증여 등에 대한 세금부담은 물론 합병의 무효의 소나 배임의 이슈 등 아주 심각한 결과를 초래할 수 있으니 반드시 주의가 필요하다.

10. 지주회사를 활용한 경영권 승계전략

가. 지주회사의 개요

지주회사(Holding Company)는 주식의 소유를 통하여 국내회사의 사업내용을 지배하는 것을 주된 사업으로 하는 회사를 의미하며, 독점규제 및 공정거래에 관한 법률에서 "지주회사"라 함은 주식의 소유를 통하여 국내회사의 사업내용을 지배하는 것을 주된 사업(자회사의 가액 합계액이 해당 자산총액의 50% 이상인 것)으로 하는 회사로서 자산총액이 5천억원(2017.6.30.까지는 1천억원) 이상인 회사를 말한다[517].

기업경영감시체제 등이 미흡한 우리 현실에서는 경제력집중을 심화시키는 역기능이 더 크게 나타날 우려가 있어 1987년 12월 공정거래법 제정당시부터 지주회사 설립·전환을 금지하였으나 외환위기 이후 기업지배구조의 투명성 제고 및 구조조정 촉진을 위해 지주회사 설립 전환 자체는 허용하되 과도한 경제력집중 우려를 방지하기 위해 여러 가지 행위제한 의무를 부과하고 있다.

나. 지주회사의 유형

이론적으로는 지주회사를 순수하게 자회사를 지배목적으로 하는 순수지주회사(Pure Holding Company)와 일반사업을 영위하면서 지주회사 기능을 함께 수행하는 사업지주회사(Operating Holding Company)로 구분할 수 있으나 독점규제 및 공정거래에 관한 법률은 이를 별도로 구분하지 않고 있다. 다만, 자회사의 주된 업종이 금융(금융과 보험업 등)인지 여부에 따라 일반지주회사와 금융지주회사로 구분하고 있는데 금융지주회사는 순수지주회사 형태로만 가능하고 금융지주회사법의 적용을 받게 된다.

517) 독점규제 및 공정거래에 관한 법률 제2조, 동법 시행령 제2조

다. 지주회사 설립(전환)의 목적

지주회사를 설립하거나 전환하는 목적은 지배구조 개선을 통한 경영권 확보에 있으며, 또한 계열회사별 책임경영체제의 수립 등 다음과 같은 다양한 목적에 의하여 지주회사로 전환하고 있는 상태이다.

전환목적	내 용
지배주주의 안정적인 지배구조 확보 가능	지주회사 설립시 인적분할과 주식교환 과정을 통하여 추가 비용 없이 지배주주의 지분율 상승 가능
사업구조의 개선	• 사업부의 재편을 통한 사업부별 경쟁력 있는 환경 마련 • 향후 신규 사업 추진 시 Risk 이전 방지
계열회사별 책임경영체제	회사분할을 통한 독자 생존 및 책임경영 강화의 토대 마련
안정적 경영권 이전	• 중장기적 경영권 지배력의 강화 • 소유와 경영의 분리에 의한 경영투명화로 기업가치 증대
경영권 승계 시 상속세(증여세) 감소 효과	• 지주회사 지분만 승계하더라도 지주회사구조상 그룹 전반에 대한 경영권승계의 효과와 동일 • 일반적으로 지주회사는 사업자회사보다 기업가치가 떨어지기 때문에 증여세 감소 효과와 동일
대기업 일감 몰아주기 과세 회피 가능	• 대기업의 편법적인 부의 증대를 막기 위해 특수관계에 있는 법인으로부터 전체 거래의 30%(중소 50%·중견기업 40%) 이상 일감을 받은 수혜법인의 지배주주와 친족 등을 대상으로 증여세가 부과되는데, • 수혜법인이 공정거래법상 지주회사인 경우는 자회사/손자회사/증손회사와의 거래는 특수관계자 매출에서 제외 효과

참고 **지주회사 전환시 고려사항**

지주회사로 전환을 검토할 경우 일반적으로 다음의 사항도 함께 고려해야 성공적인 지주회사의 전환이 될 것이다. 물론 해당 사항 이외에 각자의 지주회사 전환의 목적에 맞게 추가적인 고려사항을 검토·분석하면 된다.

구 분	내 용
경영적인 측면	대주주의 효율적 지배권 강화
사업적인 측면	• 기존사업의 효율적인 경영 강화 • 신규사업의 계속적인 추진 • 지주회사의 자체 수익Model(브랜드수수료, 경영자문 등) 마련
법적요건 측면	공정거래법상 지주회사 설립요건 충족(과세이연 여부)
이해관계자 측면	기업가치 제고

라. 지주회사가 경영권승계에 미치는 영향

지주회사의 전환은 지배주주의 안정적인 지배구조를 확보하기 위한 방안으로 주로 활용되는데 이는 지주회사의 지배력을 강화하고 경영권 승계과정에서 비상장주식의 평가방법을 활용할 수 있다는 장점이 있어서 현재까지 비상장법인의 경우에 많이 활용되고 있다. 물론 대기업 또는 상장사의 경우에도 지배구조를 개선하면서 지배력 강화나 경영권 승계를 위해서 지주회사 전환(설립)은 인적분할과 현물출자과정을 통하여 추가적인 비용 없이도 지배주주의 지배력을 강화할 수 있기 때문에 많이 활용하고 있는 실정이다.

특히 2017년 하반기 시작 이전에 지주회사 전환의 전성기를 맞이하였다. 이는 2017.7.1. 이후부터는 독점규제 및 공정거래에 관한 법률 상 지주회사의 자산총액기준이 1천억원에서 5천억원으로 상향되었기 때문이기도 하다. 이러한 지주회사의 전환(설립)은 모회사의 특성에 따라 단순할 수도 복잡할 수도 있지만 전환과정에서 발생하는 모든 거래들은 과세대상에 해당되기 때문에 세제혜택을 받기 위해서는 적격과세특례 요건을 충족하여야 하며, 독점규제 및 공정거래에 관한 법률에 따른 지주회사이어야 한다.

하지만, 지주회사의 주식평가방법은 상장사 이외의 법인인 경우 법률상 지주회사인지 여부가 주식의 평가방법에 영향을 미치지 않는다. 이는 중소·중견기업의 경우 굳이 독점규제 및 공정거래에 관한 법률에 따른 지주회사가 아니더라도 재무구조 개선이나 최대주주 지배력을 강화하기 위해서 지주회사의 설립이나 전환을 고려할 수 있으며, 유용한 경영권 승계방안으로 활용할 수도 있는 것이다.

이처럼 지주회사의 주식평가방법의 이점은 지주회사 전환을 촉진하는 계기가 되었지만 과세형평측면에서는 불공정한 면이 없지 않았다. 이에 과세당국은 2017년 상속세 및 증여세법을 개정하여 과거 지주회사의 주식평가방법(순자산가치 40%와 순손익가치 60%의 가중평균액)을 지주회사의 자산 중 주식 등의 가액이 80%인 법인의 주식평가는 순자산가치 100%로 평가하도록 개정하였으므로 주의가 필요한 상태다.

그럼에도 불구하고 순수지주회사가 아닌 사업지주회사 형태인 경우에는 즉, 자산의 가액 중 주식 등의 가액이 80% 미만인 경우는 Max[가중평균액, 순자산가치×80%(2018.3.30.까지는 70%)]한 주식평가가액으로 승계가 가능한 상태이므로 지주회사의 전환 목적이 효율적인 지배력 강화 및 향후 원활한 경영권의 승계라면 아직까지는 지주회사를 활용할 여지는 일부 남아 있는 상태이다.

마. 지주회사를 활용한 경영권 승계전략

우리나라 대부분의 대기업들은 지배구조를 개선하면서 지배력을 강화하거나 경영권을 승계하기 위해서 지주회사로의 전환(설립)을 하고 있으며, 이 과정에서 세무상 과세혜택을 받기 위해서 독점규제 및 공정거래에 관한 법률에 따른 지주회사로의 전환(설립)을 검토하고 있다. 이러한 지주회사의 전환은 다양한 형태의 자본거래(합병, 분할, 현물출자, 주식교환, 삼각조직재편 등)를 수반하기 때문에 반드시 전문가의 사전검토를 필요로 한다.

경영권승계 사례11] 지주회사

지배구조개선을 수반하지 아니하는 간단한 지주회사 전환이라도 상장사의 경우 상당한 전문지식을 필요로 한다. 여기서는 상장사의 지주회사 전환 사례를 통해 경영권에 대한 지배력이 강화되는 구조를 살펴보기로 한다. 이는 비상장법인에서도 당연히 적용 가능한 방안들이므로 하기 구조를 이해할 필요가 있다.

1) 지주회사 전환방식

상장회사의 경우 지주회사 전환방식은 다양한 자본거래들로 구성될 수 있으나, 지주회사로 전환하는 방식의 대부분의 경우는 1. 인적분할 또는 물적분할, 2. 지주회사 및 사업회사의 재상장/변경상장, 3. 사업회사 주식의 현물출자(공개매수)의 절차를 통하여 지주회사로 전환되는 구조를 취하고 있다.

- 지주회사 전환방식을 단계별 도해로 살펴보면 다음과 같다.

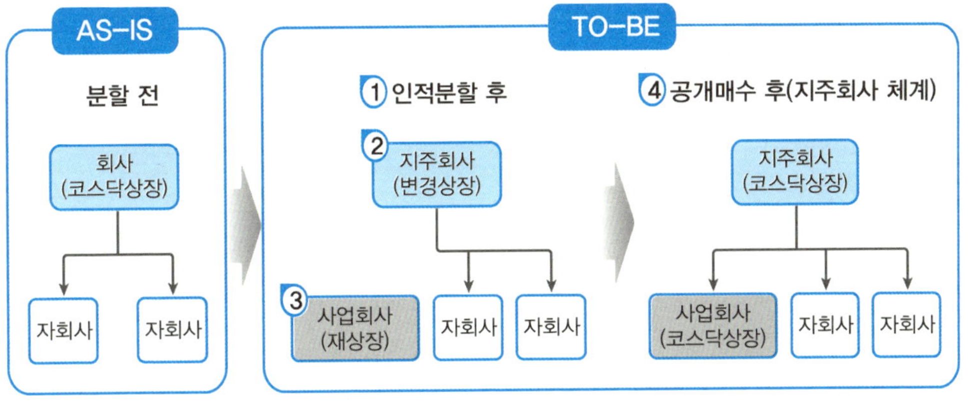

참고로, 중소·중견 비상장법인의 경우도 다음의 지주회사 전환방식과 같이 인적분할 후 제3자 배정방식 현물출자 등을 통하거나, 물적분할 방식 등을 활용하여 바로 지주회사 형태의 회사로 구조변경이 가능할 수 있기 때문에 각자의 회사 특성에 적합한 방안을 분석해서 활용하면 되는 것이다.

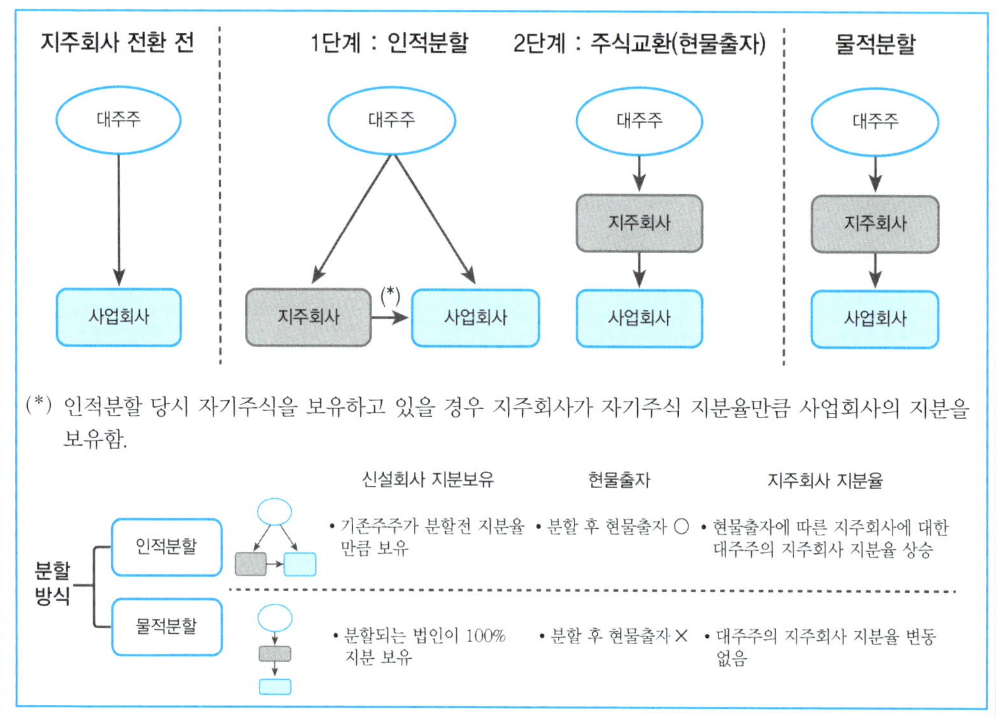

2) 지주회사 전환사례

가) 중견 상장사 H사 사례

중견 상장사 H사의 경우 지주회사 전환을 위해서 분할사업부를 인적분할(존속법인 변경상장, 신설법인 재상장)한 후 주식교환공개매수를 통하여 분할사업회사를 현물출자하여 지주회사로 전환하였다. 이때 분할비율은 지주:사업=0.18:0.82이였다. 이에 따라 H사의 대주주의 지분이 11.8%에서 36.5%로 증가하여 경영권을 강화하는 효과가 아래 도해와 같이 발생하였다.

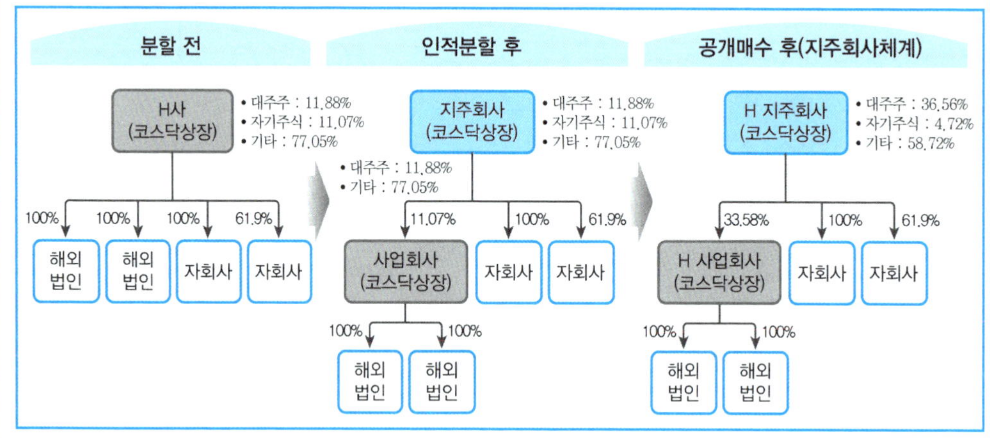

■ 지주회사를 통한 경영권의 극대화효과 분석

상기 사례에서처럼 추가적인 자금부담 없이 대주주의 지배력이 11.8%에서 36.5%로 극대화할 수 있었던 특이사항은 H사가 보유한 자기주식과 분할사업부의 가치비율에 있다. 즉, 분할신설자회사의 가치가 상대적으로 분할존속법인의 가치보다 높은 경우 지배력 강화에 더 효과적으로 발생할 수 있는데 본 사례에서는 분할가치비율은 지주:사업=0.18:0.82임에 따라 현물출자시 상대적으로 많은 신주를 교부받음으로써 상대적으로 지분율이 크게 상승한 결과를 초래한 것이다. 이와 같이 자기주식의 활용은 경영권승계를 극대화할 수 있는 지렛대 역할을 하고 있기 때문에 이를 잘 활용할 필요가 있는 것이다.

하지만, 이러한 자기주식이 경영권 승계목적으로 악용되는 양면성 때문에 이를 막기 위한 자기주식의 취득에 대한 제재 입법이 발의된 상태이므로 반드시 확인이 필요하다.

나) 대기업 상장사 사례

대부분의 대기업들도 다음의 S사와 HT사 등의 사례처럼 지주회사 전환을 통하여 지배주주의 경영권을 확보하거나 방어하였다. S사의 경우는 이후 SC&C와 합병을 통하여 경영권 승계를 마무리하였다.

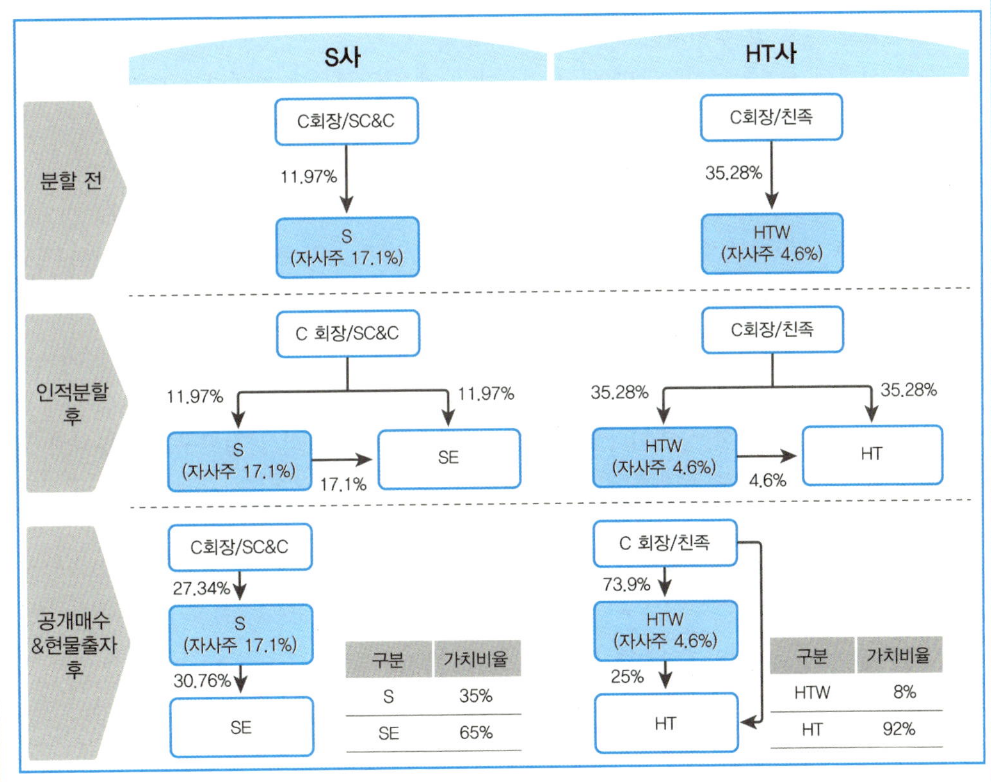

구분	가치비율
S	35%
SE	65%

구분	가치비율
HTW	8%
HT	92%

3) 지주회사를 통한 경영권의 강화방안 요소

지주회사 전환과정에서 경영권 확보를 극대화할 수 있는 요소에 대한 분석은 다음과 같다.

구 분	경영권 강화 방안
분할사업부 가치비율	분할하는 사업부의 상대적인 가치가 클수록 지주회사의 경영권 확보에 유리
현물출자비율	상대적인 가치가 큰 주식을 현물출자 이후 상대적인 가치가 크게 상승하는 회사에 현물출자시 효과적
자기주식 보유비율	분할 전 자기주식의 보유비율이 클수록 지주회사 전환 후 자회사 경영권 확보에 유리

하지만 이러한 구조를 위해서 인위적인 분할이나 현물출자 및 자기주식을 취득한다면 각 회사의 특성에 따라 예상치 못하는 요소에 의하여 막대한 세금문제가 발생할 수 있으므로 반드시 사전에 종합적 분석을 통하여 정상적인 거래로 진행해야 할 것이다.

4) 지주회사 분석 및 주의사항

상기 사례에서 자기주식을 보유하고 있음에 따라 지주회사의 지배력을 보다 더 강화할 수 있었다. 자기주식은 인적분할시 분할비율만큼 분할신설회사의 주식을 교부받음에 따라 분할신설회사는 자동적으로 분할법인의 자회사 형태로 편입되는 효과가 있으며, 주식교환 공개매수 시 자기주식의 교부를 활용하여 지분 희석화를 막을 수 있기 때문이기도 하다. 이러한 지주회사 전환방식은 대주주가 추가적인 자금의 부담없이 지주회사의 지배력을 강화해서 그룹의 경영권을 확고히 할 수 있는 것이다.

하지만, 지주회사의 전환절차인 인적분할 및 공개매수 등은 모두 과세대상 거래이므로 과세특례 적격요건을 충족해야지만 세금을 과세이연받거나 면제받을 수 있기 때문에 반드시 사전검토가 필요한 상태이다. 또한, 본 사례와 같은 지주회사 전환구조는 당사자 회사에 적합한 구조이므로 실제로 지주회사로 전환을 고려중인 회사는 자신의 회사에 맞는 정교한 지주회사 전환방안을 마련해야 성공적인 지주회사 전환이 완성될 것이다.

11. 차입매수(LBO)를 활용한 경영권 승계전략

가. 차입매수(LBO)의 개요

차입매수(LBO)(Leveraged Buyout)는 M&A와 마찬가지로 그 자체가 법률 용어는 아니며 다양한 형태의 차입매수를 그 안에 아우르는 경영학상의 용어로서 이는 통상 기업인수시 인수자금의 상당 부분을 대상회사 또는 피인수회사의 자산이나 현금흐름을 직접적으로 또는 간접적으로 담보로 제공하여 소수의 투자자들이 대규모 차입을 통하여 피인수회사를 매수하는 기법을 말한다. 경제 주체가 비싼 자산을 매수할 때 충분하지 않은 자금력을 부채를 빌어 보완하는 것은 이례적인 일도, 법의 심판을 받아야 할 정도로 파렴치한 일도 아니다. 그렇지만 LBO는 인수자금이 대상회사의 자산 등을 담보로 하여 마련되며 더 나아가 실질적으로 대상회사가 채무를 상환한다는 데 특징이 있고, 바로 이 지점이 비판과 논란의 진원지이기도 하다.

이는 대상회사의 취득을 위한 재원마련에 대하여 정상적인 금융권 등으로부터 차입하게 되므로 인수자금에 대한 부담은 없을 수 있지만, 자금능력이 없는 자의 경우에는 대출과정에서의 담보제공 등의 애로사항이 있을 수 있으며, 피인수자가 담보를 제공하는 경우 또 다른 증여이슈가 생길 수 있는 단점이 있다.

나. 차입매수(LBO) 유형별 제한

LBO는 미국이나 일본 등에서 이미 M&A의 수단으로 자리잡은 반면, 우리나라는 2000년 이후라는 비교적 늦은 시기에 자본시장의 관심사였던 사모투자펀드(PEF)(Private Equity Fund)를 통한 LBO거래를 M&A 거래에 활용하기 시작하였다. 현재에도 PEF를 통한 M&A시장의 활성화를 위해서 관련 법률의 개정을 추진하고 있는 상태이기도 하다.

실무에서는 이러한 LBO의 유형을 다음의 사례별로 구분하고 있다.

구 분	내 용	배임죄 성립
담보제공형 LBO	인수인 자신이 차입하여 주식을 매수할 때 대상회사가 담보 또는 보증을 제공하는 구조(실제 담보제공 시점은 인수인이 주식을 매입하여 주주가 된 다음인 경우를 포함)	배임죄 성립 (신한 LBO사건[518])
합병형 LBO	인수인이 SPC를 세운 뒤 자금을 차입하여 대상회사의 지배권 주식을 매입한 뒤 그 SPC를 대상회사와 합병시킴으로써 SPC가 취득한 주식과 차입금 부채를 대상회사로 승계시키는 구조	배임죄 성립 부정 (한일합섬 LBO사건[519])
자산인출 방식 LBO	합병형과 유사하나 SPC와 피인수기업이 합병하는 대신 SPC가 피인수기업의 최대주주 지위를 유지하며 상법에 규정된 방법(배당, 유상감자 등)에 따라 투자자본을 회수하는 구조	배임죄 성립 부정 (대선주조[520], 동아건설 LBO사건)
복합방식 LBO형	(1) 인수주체가 SPC가 아닌 실체가 있는 상장회사인 점, (2) 인수회사의 인수대금채무에 대하여 피인수회사의 자산을 담보로 제공한 점(신한 LBO와 유사), (3) 인수회사	배임죄 성립 부정 (온세통신 LBO사건[521])

구 분	내 용	배임죄 성립
	가 피인수회사를 흡수합병한 점(한일합섬 LBO와 유사), (4) 인수회사가 차입하여 조달한 자금으로 매입한 피인수회사 발행 회사채를 피인수회사 인수 후 피인수회사의 자산으로 조기상환한 점(동아건설 LBO와 유사) 등의 특징을 갖고 있어 담보형, 합병형, 자산인출방식 LBO의 특징들을 모두 보여주는 사례	

LBO에서 가장 큰 이슈는 배임죄 성립 여부인데, 대법원은 담보제공형 LBO인 신한을 인수하기 위한 LBO거래에서 해당 담보제공행위를 "형법상 배임죄"에 해당된다고 판시하였다. 이는 LBO가 자신의 돈은 한 푼 들이지 않고 회사를 취득하면서 그 채무를 고스란히 대상회사에 전가하는 부도덕한 행위라는 인식에서 비롯된 것으로 보인다.

하지만 이후 "합병형 LBO 등" 거래구조를 취한 사건의 판결들(한일합섬 LBO 사건, 온세통신 LBO 사건)에서는 배임죄의 성립이 부정되었다. 이로 인하여 배임죄가 부정된 대법원 판례의 사실관계를 면밀히 분석하여 이와 동일한 거래구조를 취한다면 LBO를 통한 합법적인 인수 및 승계가 원활히 진행될 수 있는 방안이 마련될 수도 있을 것이다.

다. 합리적인 차입매수(LBO)의 거래구조

부채레버리지를 활용한 LBO는 인수자가 피인수기업에 대하여 반대급부 없이 피인수기업의 재산을 담보로 제공하였다면 인수자는 담보가치에 상응하는 재산상의 이익을 획득한 반면 피인수기업은 이에 상응하는 손해를 보게 됨으로 업무상 배임죄는 물론 세무상 부당행위계산부인 및 증여세 등 세무상 위험이 발생할 수 있다.

이에 법률적으로 바람직한 LBO 거래유형을 구성할 필요가 있는 것이다. 법률적으로 바람직한 LBO 거래구조가 되기 위한 요건을 특정 법에서 명확히 규정하고 있지 아니한 상태이므로 LBO 거래에 대한 법률 및 세무상 과세위험을 제거할 필요가 있으며, 이를 위해서는 다음과 같은 조건을 모두 충족할 필요가 있다.

518) 대법원 2008.2.28. 선고 2007도5987 판결.
519) 대법원 2010.4.15. 선고 2009도6634 판결.
520) 대법원 2013.6.13. 선고 2011도524 판결.
521) 대법원 2015.3.12. 선고 2012도9148 판결.

참고 법률적으로 바람직한 LBO 조건(모두 충족 필요)

첫째, 우선 적절한 비율의 지분투자와 부채에 의존하지 않는 인수자 측의 자체적 펀딩이 인수자금의 상당부분을 구성해야 한다. 즉, 오로지 피인수기업의 재산만을 이용하여 피인수기업을 인수한다는 인상을 불식시킬 필요가 있다.

둘째, 현금흐름의 확보와 착실한 변제에 관한 사전적인 치밀한 분석이 있어야 한다. 또한, 피인수기업의 담보제공에 대하여 적정한 대가를 지급할 필요가 있다.

셋째, 거래를 수행하는 주체가 기업 인수를 통한 기업경쟁력 제고라는 장기적 비전을 가지고 거래에 임하였다는 점을 증명할 수 있어야 한다.

넷째, 합병형 LBO의 경우 합병과정에서 다른 주주 및 채권자에게 정확하고 충분한 정보를 제공함으로써 채권자 등 이해관계자의 이익이 충분히 보호되도록 해야 할 것이다.

위와 같은 조건들을 충족하더라도 세법은 완전포괄주의 관점에 따라 증여세와 포괄개념에 따른 부당행위계산부인 규정 등으로 과세할 수 있으므로 LBO의 활용 전에 반드시 법률전문가와 조세전문가의 사전 검토가 선행되는 것이 합리적이다.

라. 차입매수(LBO)가 경영권승계에 미치는 영향

부채레버리지를 활용한 LBO는 인수자의 자금이 한 푼도 없이 피인수기업(승계대상회사)를 인수할 수 있는 구조로 인수자 및 피인수기업 입장에서 법률적 배임이나 증여이슈 등이 없다면 가장 심플한 승계구조가 될 수 있다. 하지만, 해당 LBO를 통한 인수과정에서의 거래구조 및 승계의 의도 등 종합적으로 고려해서 사실판단을 할 때 LBO가 완벽하지 않은 구조라면 배임 및 증여이슈가 발생할 수 있기 때문에 쉽게 선택할 수 있는 승계방안은 아니다.

따라서 승계방안으로 LBO를 활용할 계획이라면 이슈가 되는 담보형 LBO보다는 합병형 LBO방안을 고려하여야 하며, 보다 합법적인 범위 내의 승계를 위해서는 사모투자펀드를 통하거나 법률전문가 및 조세전문가의 조력을 받아 면밀한 사전검토를 통해서 진행할 필요가 있다.

12. 우리사주조합을 통한 우호지분 확보

일반적으로 경영권을 원활하게 행사하기 위해서는 특별결의가 가능한 지분율(출석한 주주의 의결권의 3분의 2 이상 등)의 확보가 필요하다. 대부분의 비상장법인은 특수관계인의 지분율이 높아서 특별결의 지분율을 확보하고 있지만 일부는 그러하지 못한 경우가 있다.

또한, 상장사의 경우 지배주주는 최소한의 지분율로도 경영권을 유지할 수 있지만 소액주주들의 권리행사시 경영권을 잃을 수 있게 되는데, 일례로 최근 K항공 주주총회(2019.3.27.)에서 소액주주 등의 반대로 회장이 사내이사에서 물러나는 첫 사례가 발생하기도 하였다. 이처럼 회사의 경영에 있어서 우호지분의 확보는 중요하다. 이에 우호지분을 확보할 수 있는 한 사례로서 우리사주조합에 대하여 살펴보기로 한다.

가. 우리사주조합의 개요

"우리사주조합"이란 주식회사의 소속 근로자가 그 주식회사의 주식을 취득·관리하기 위하여 이 법에서 정하는 요건을 갖추어 설립한 단체(민법상 사단법인에 관한 규정 준용)를 말하며, 여기서 "근로자"란 직업의 종류와 관계없이 임금을 목적으로 사업이나 사업장에 근로를 제공하는 사람을 말한다[522]. 따라서 회사의 임원인 경우에도 주주총회에서 선임된 임원이 아닌 경우라면 우리사주조합원 자격이 될 수 있다[523].

또한, 2015.7.20. 법 개정으로 전체 근로자의 1/5 이상 동의부분을 삭제하고 우리사주조합원의 자격을 가진 근로자 2명 이상의 동의를 받아 설립준비위원회를 구성하여 우리사주조합을 설립할 수 있도록 개정하였다[524].

이러한 우리사주조합의 유용성 및 설립절차는 다음과 같다.

1) 우리사주조합제도의 유용성

구분	유용성
근로자 측면	• 주주로서 보유 주식에 대한 배당소득과 주식가치 상승으로 인한 자본이득 발생 등 임금소득 이외의 회사의 성장과 발전에 따른 자본소득 증가로 근로자의 재산 형성에 기여 • 경영 참여에 의한 내부 감시자 역할을 함으로써 건실한 기업 성장을 유인할 수 있고, 이를 통해 고용 안정 도모 • 근로자의 출연금과 회사 출연분에 대한 과세이연 및 장기보유 시 비과세 등의 세제 혜택 • 분사, 상속인의 기업 경영 포기 시 근로자의 기업인수를 촉진함으로써 근로자의 일자리 보전에 기여
회사 측면	• 우수 근로자의 유치·보존, 근로자에 대한 동기부여, 근로자의 주인의식과 애사심 고취 등 기업문화의 변화를 통해 기업 생산성 및 경쟁력 제고가 가능 • 노사 분규 예방 등 협력적인 노사관계 형성에 기여 • 임금 교섭의 탄력성 확보, 근로자에 대한 성과급으로 보유 중인 자기주식을 활용 • 근로자의 주식소유로 근로자가 내부감시자로서의 역할을 수행함에 따라 지배구조

522) 근로복지기본법 제2조 (정의)
523) 근로복지기본법 제34조 (우리사주조합원의 자격 등)
524) 근로복지기본법 제33조 (우리사주조합의 설립)

구분	유용성
	개선 효과 • 근로자 보유주식을 우호지분으로 활용함으로써 적대적 M&A를 방지할 수 있음. • 근로자가 신주를 인수하는 경우 기업의 자금조달에 기여할 수 있음. • 우리사주조합에 대한 자기주식 · 금전 출연 시 법인세 손비 처리 등 각종 세제 혜택을 받을 수 있음.
주주 측면	• 비상장회사의 주주에 대하여 주식의 환금성을 지원할 수 있는 내부 유통시장을 제공함 • 기업의 경쟁력 강화 및 생산성 향상에 따른 기업가치 상승효과가 있음.

2) 우리사주조합의 일반적인 설립절차

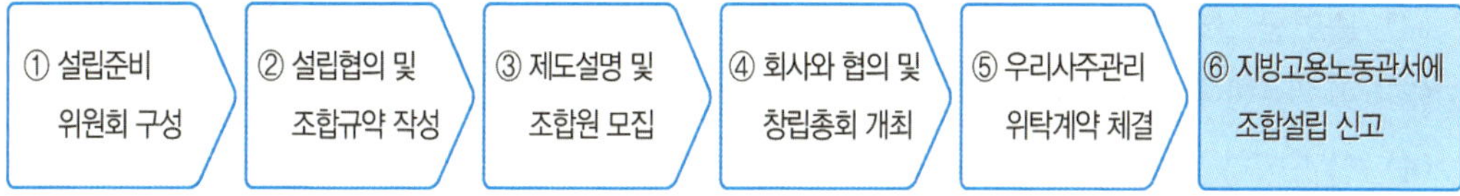

나. 우리사주조합의 우선배정제도

우리사주조합의 가장 큰 특징은 우선배정제도이다. 여기서 우선배정제도란 기존 주주 이외의 자에게 신주를 배정하기 위해서는 법률의 정함이나 정관의 정함이 있어야 하며, 법률의 정함에 따라 주주의 신주인수권을 배제하고 우리사주조합원에게 신주를 배정하는 것을 우선배정이라고 한다. 이러한 우리사주조합에 대한 우선배정의 범위는 다음과 같다[525].

1. 주권상장법인과 상장예정법인은 「자본시장법」에 따라 모집 또는 매출하는 주식의 20%를 조합원에게 우선배정하여야 한다(조합원의 권리).
2. 코스닥상장법인과 비상장법인은 「자본시장법」에 따라 모집 또는 매출하거나 의거 모집 · 매출 및 유상증자를 하는 경우 그 모집 등을 하는 주식의 20% 범위 안에서 「상법」 제418조에도 불구하고 우리사주조합원에게 해당 주식을 우선적으로 배정할 수 있다(조합원의 권리는 아님).

여기서 상법 제418조에서 "주주는 정관에 달리 정한 바가 없으면 그가 가진 주식수에 따라서 신주의 배정을 받을 권리가 있다"라고 규정함에도 불구하고 자본시장법에 따른 공모방식이나, 비상장법인 등이 일반 유상증자를 하는 경우에는 특별법인 근로복지기본법 제38조 규정에 따라 우리사주조합원에게 우선적으로 배정할 수 있기 때문에 정관에 정함이 없더라도 우리사주조합원에게 신주발행 시 우선배정이 가능하게 된다.

525) 근로복지기본법 제38조 (우리사주조합원에 대한 우선배정의 범위)

다. 우리사주조합의 지원제도

우리사주제도는 근로자로 하여금 우리사주조합을 통하여 해당 우리사주조합이 설립된 주식회사의 주식을 취득・보유하게 함으로써 근로자의 경제적・사회적 지위향상과 노사협력 증진을 도모함을 목적으로 한다. 따라서 우리사주조합을 지원하기 위해서 세제 및 금융지원 제도를 다음과 같이 두고 있다.

1) 세제 지원제도

가) 우리사주조합원에 대한 세제 지원

(1) 시가와 취득가액의 차액 비과세(상속세 및 증여세법 제46조, 조세특례제한법 제88조의 4 제8항)
(2) 출연금 소득공제(조세특례제한법 제88조의 4 제1항)
(3) 회사출연에 의한 우리사주의 조합원 배정 시 비과세(조세특례제한법 제88조의 4 제3항)
(4) 인정이자 비과세(법인세법 시행규칙 제44조)
(5) 배당소득 비과세(조세특례제한법 제88조의 4 제9항)
(6) 인출 시 과세 및 비과세(조세특례제한법 제88조의 4 제5항, 제6항)

나) 회사에 대한 세제 지원

(1) 조합에 대한 출연금 등 손비인정(법인세법 시행령 제19조)
(2) 조합운영비 지원금액 손비 인정(법인세법 시행령 제45조)
(3) 대여금 인정이자 익금불산입(법인세법 시행규칙 제44조)

다) 조합에 대한 지원

우리사주조합기금에서 발생하거나 조합이 보유하고 있는 우리사주에서 발생하는 소득에 대하여는 소득세가 부과되지 아니하고[526], 조합이 유증을 받은 경우에는 상속세가, 증여를 받은 경우에는 증여세가 부과되지 않는다[527].

라) 주주 등의 조합출연금 소득공제

거주자가 우리사주조합에 지출하는 기부금(우리사주조합원이 지출하는 기부금은 제외한다)은 해당연도의 소득금액의 30% 한도 내에서 필요경비에 산입하거나, 종합소득산출세액에서 공제할 수 있고, 법인이 우리사주조합에 지출하는 기부금은 한도 내에서 손금에 산

526) 조세특례제한법 제88조의 4 제2항
527) 상속세 및 증여세법 제12조, 제46조

입할 수 있다[528].

※ 위의 세무에 관한 사항은 반드시 관련 법률을 확인하고 실무에 적용하기 바란다.

2) 금융 지원제도

가) 회사에 의한 지원

회사는 우리사주조합원이 우리사주조합을 통하여 해당 법인의 주식을 취득하는 경우에 취득 자금을 무이자 또는 저리로 대여해 줄 수 있으며, 또한 회사는 우리사주조합이 외부기관으로부터 자금을 차입하는 경우 담보 또는 보증을 제공할 수 있다.

나) 금융기관에 의한 지원

우리사주조합원이 해당 법인의 주식을 취득하고자 하나 자금이 부족할 경우에는 한국증권금융 등 근로복지기본법령에 규정된 적격 금융회사를 통하여 자금을 대출받을 수 있다. 또한, 우리사주조합은 회사의 상환 약정 및 보증 등으로 금융회사로부터 자금을 차입하여 우리사주를 취득하고 회사가 무상 출연한 자금으로 조합의 차입금을 상환할 수 있다.

3) 우리사주의 의결권 등 권리처리 방법

가) 조합원계정에 배정된 우리사주의 의결권 행사방법

조합원계정에 배정된 우리사주라 할지라도 회사의 주주명부에는 조합장 명의로 등재되기 때문에 조합원 각자에게 주주총회 소집통지서가 발송되지 않는다. 따라서 주주총회 소집통지서를 받은 조합장은 조합원계정에 배정된 우리사주의 의결권 행사를 위해 7일 이상의 기간을 정하여 조합원이 다음의 방법 중 하나를 선택하여 의결권 행사를 할 수 있도록 하여야 한다.

① 조합원으로부터 주주총회 의안에 대한 의사 표시를 받아 그 의사 표시에 따라 의결권을 행사하거나

② 조합원이 의결권 행사의 위임을 요청하면 조합원에게 해당 조합원 지분에 해당하는 의결권의 행사를 위임하여 해당 조합원이 의결권을 직접 행사토록 하며

③ 위 기간 동안 조합원으로부터 의사 표시 또는 위임 요청이 없는 주식의 의결권은 조합의 대표자가 Shadow Voting* 방식으로 의결권을 행사한다.

* Shadow Voting(그림자 투표): 다른 주주의 의결 내용에 비례하여 자기의 의결권을 분리하여 행사하는 것을 말하는 것으로, 해당 주주총회의 참석 주식 수에서 의사 표시가 없거나 위임의 요청이 없는 주식 수를 차감한 주식의 의결 내용에 영향을 미치지 않도록 의결권을 행사하는 것임.

528) 조세특례제한법 제88조의 4 제13항

나) 조합계정에 배정된 우리사주의 의결권 행사방법

조합계정으로 보유되는 주식의 의결권 행사는 다음의 방법 중 조합과 회사가 협의하여 규약으로 정하는 방법에 따라 조합의 대표자가 행사하여야 한다.

① 위 조합원계정 의결권 행사 방법 중 주주총회의 의안에 대한 조합원의 의사표시 비율과 동일한 비율로 행사

② 조합원총회에서 정한 의사표시 내용에 따라 행사

③ Shadow Voting

라. 우리사주조합이 경영권승계에 미치는 영향

경영권승계 관점에서 승계전략은 다양한 자본거래를 활용하여 최적의 승계방안을 마련하는 것이 가능하다. 가령 인적분할 등을 통해서 경영권승계를 완성할 수도 있다. 하지만, 인적분할 등의 경우는 주주총회의 특별결의가 필요하게 되는데, 특별결의를 통과할 수 있는 지분(의결권 있는 주식의 3분의 2)을 확보하지 못한 지배주주의 입장에서는 난처한 상황이 발생하게 된다.

이러한, 경우에는 무엇보다도 우호지분의 확보가 필요하게 되는데 우호지분의 확보는 유통주식수가 많을 경우(소액주주가 다양하게 많을 경우) 확보가능성이 높지만 외부주주가 소수이면서 강성인 경우 우호지분 확보에 상당한 애로가 발생하게 된다. 우호지분의 확보가 없으면 회사의 중요한 의사결정이나 투자가 지체하게 되어 자본비용도 과대하게 발생하게 된다.

이와 같이 회사와 근로자를 위해서 중요한 의사결정을 해야 함에도 불구하고 일부 강성 외부주주로 인하여 지속적으로 중요한 의사결정이 통과되지 못하는 경우, 회사는 우리사주제도의 취지에 맞게 근로자와 협의를 통하여 우리사주제도를 도입하여 우호지분을 확보할 필요가 있을 수 있다. 이렇게 우리사주조합을 통한 우호지분이 확보되는 경우 의사결정의 원활화 및 근로자의 근로의 연속성과 경영의 지속성에 많은 도움이 될 것이다.

마. 우리사주조합을 통한 우호지분 확보방안

우리사주의 의결권은 조합원의 의사결정이 반영되므로 우리사주라고 해서 반드시 우호지분이라고 단정할 수 없다. 우리사주는 회사가 보다 좋은 근로환경 등을 조성하거나 회사의 성장과 함께 나아갈 수 있는 의사결정사항이라면 우호적이지만 그 반대인 경우에는 당연 우호적이지 아니할 수 있다. 이러한 우리사주의 특성을 항상 인지한 상태에서 우리사주조합을 통한 우호지분 확보방안을 검토하여야 보다 성공적인 우호지분확보가 가능할 것이다.

우호지분확보 사례 : 우리사주조합

바이오회사를 경영하고 있는 서판교씨는 근로자의 복지증진과 경영참여에 관심이 많아 다양한 복지정책을 운영하고 있는 상태이다. 이에 중요한 자본거래 의사결정을 해야 하는데, 의결권 주식의 2/3을 확보하지 못하고 있어서 해결방안에 많은 고민을 하고 있다. 서판교씨는 의사결정의 원활화를 위해서 외부주주로부터 지분을 취득하고자 해도 세법상 평가가액보다 엄청 높은 가액을 요구하고 있어서 경영에 애로가 상당한 상태이다.

1) 기본정보

회사의 지분율은 서판교: 66.6%, 강성 외부주주: 33.4%이다. 이로써 주주총회의 특별결의 관련 사항에 대하여 의사결정을 할 수 없는 상태이다.

2) 우리사주조합 도입 검토

중요한 의사결정을 위해서 지분확보가 필요한데 강성외부주주로 인하여 지분확보가 쉽지 아니한 상태라 의사결정에 애로가 상당한 경우라면 근로자와 협의[529]하여 우리사주조합의 도입을 고려해 볼 필요가 있다. 우리사주조합의 지분이 반드시 우호지분이라고 단정할 수는 없지만, 근로자의 재산증식 및 근로자의 경영참여의식 증진을 도모할 경우 우리사주조합은 좋은 파트너가 될 수 있다.

우리사주조합의 가장 큰 특징은 유상증자 시 20% 범위내에서 우선적인 배정을 받을 수 있다는 것이다. 이에 우리사주조합을 도입하여 유상증자를 실시할 경우 다음과 같은 지분구조가 가능하다.

주주	증자 전 회사		유상증자		증자 후 회사	
	주식수	지분율	우선배정	주주배정	주식수	지분율
지배주주	66,600	66.6%		5,328	71,928	65.4%
강성주주	33,400	33.4%		2,672	36,072	32.8%
우리사주조합	-	0.0%	2,000		2,000	1.8%
소계	100,000	100.0%	10,000	8,000	110,000	100.0%

3) 우리사주조합 분석 및 주의사항

상기와 같이 유상증자시 20% 범위내에서 우리사주조합에 우선 배정한 경우 강성주주의 지분율은 32.8%로 감소하게 되어 우리사주의 우호지분만 확보한다면 특별결의사항을 진행할 수 있게 된다. 물론 여기서 우리사주조합의 의결권은 조합원의 의사가 반영되기 때문에 조합과의 상생이 가능한 정상적인 투자나 자본거래(합병, 분할 등)에 한해서 우호지분의 역할을 할 것이므로 투명한 경영에 일조도 할 수 있다.

하지만 이때 강성주주가 기존 주주권 침해에 따른 신주발행무효의 소를 제기할 수 있는

지에 대한 부분은 법률에 따라 우선 배정한 것이고, 지배주주 지분 또한 감소했기 때문에 기존 주주권의 침해로 다툼의 여지는 크지 않을 것으로 보이나, 이러한 거래가 근로자와의 공모에 의하여 진행된 경우라면 별개의 문제가 발생할 수 있으니 반드시 법률전문가의 검토가 필요할 것이다.

13. 보통주의 우선주 전환을 통한 지배력 강화

가. 보통주의 우선주 전환 개요

보통주는 회사가 발행한 통상의 주식으로 주주의 기본권리인 의결권이 있는 반면 우선주는 의결권이 없는 대신 다른 특별한 권리(배당, 전환 등)을 갖는 데 차이가 있다. 즉, 보통주에서 의결권 없는 우선주로 전환은 이런 주주의 기본 권리인 의결권 대신 다른 배당 등의 권리를 갖는 종류주식으로 변경되는 것을 의미한다.

상법상 자본금의 구성(제329조)과 주식의 분할(제329조의 2)에 대한 규정은 액면주식의 균일함, 무액면주식의 발행 가능, 액면주식 또는 무액면주식으로 전환의 가능, 주식의 분할시 주주총회의 특별결의 사항, 주식의 전환이나 분할의 경우에는 주식병합절차 등을 준용한다라고 규정[530]하고 있을 뿐 보통주의 우선주전환에 대하여 특별한 명문 규정은 없는 상태이다.

하지만, 대법원 등기선례(2000.7.13. 등기 3402-490 질의회답)에서 주주의 합의 및 남은 주주의 전원 동의가 있으면 우선주로 변경등기가 가능하다고 하고 있기 때문에 주주총회 등을 통한 결의절차와 채권자보호절차 등의 합당한 전환절차를 수행하게 되면 가능한 상태이다. 이때, 정관에 종류주식의 발행에 관한 사항이 없다면 정관변경이 필요할 수 있다.

| 대법원 등기선례(2000.7.13. 등기 3402-490 질의회답) |

"이미 발행한 보통주식을 우선주식으로 변경함에는 회사와 우선주식으로 변경을 희망하는 주주와의 합의 및 보통주식으로 남는 **주주 전원의 동의**가 있으면 가능할 것이며, 그 변경등기신청서에는 그러한 합의 및 동의가 있음을 증명하는 서면과 정관을 첨부하여야 할 것이고, 이때 정관에 우선주식에 관한 규정이 없다면 이에 관한 정관의 규정을 신설하기 위한 정관변경절차가 선행되어야 할 것이다."

529) 공모차원으로 접근하는 것이 아닌 반드시 우리사주제도 도입의 정확한 절차에 따라 진행을 협의하고 설립해야 함.

530) 상법 제329조

또한, 2012년 시행된 개정상법에서 주금납입에 관한 상계를 허용함에 따라 보통주를 납입하고 우선주를 발행하는 방식으로 우선주의 전환이 가능할 것으로 사료되나 이러한 전환 출자거래에 대한 명확한 법률적인 규정 및 해석은 없는 상태이다. 다만, 세법은 보통주의 주금납입과 우선주 발행을 별개의 사건거래로 보아 보통주의 주금납입을 유상감자로, 우선주의 발행은 유상증자로 보아 의제배당소득세를 과세할 수 있는 상태이므로 주의가 필요하다.

나. 보통주의 우선주 전환 동기

1) 공익법인 등이 출연받은 주식에 대한 보유비율 제한 해소차원

증여세 등이 부과되지 않는 출연재산의 범위에는 제한이 없으나, 재벌들이 문화재단 등을 설립하여 계열기업을 지배하는 수단으로 이용하는 사례를 방지하기 위하여 공익법인 등에 대한 주식의 출연비율을 제한하고 있다[531].

가) 의결권주식 10% 등 초과 주식취득 및 총자산의 30% 이상 주식보유 시 제한

① 공익법인 등이 **내국법인의 의결권 있는 주식** 또는 출자지분을 출연받거나, 출연받은 재산으로 내국법인의 의결권 있는 주식 또는 출자지분을 취득하는 경우로서 그 내국법인의 의결권 있는 발행주식총수 등의 10%(출연받은 주식 등의 의결권을 행사하지 아니하고 **자선 · 장학 또는 사회복지를 목적으로 사용하는 공익법인인 경우** 20%, 상호출자제한기업집단과 특수관계에 있는 공익법인 또는 법 제48조 제11항의 요건을 충족하지 못하는 공익법인인 경우 5%)를 초과하는 부분에 대해서는 증여세가 과세된다.

② 공익법인 등이 특수관계에 있는 내국법인의 의결권 있는 주식등을 보유하는 경우 당해 내국법인의 주식등의 가액이 총 재산가액의 30%(외부감사, 전용계좌의 개설 및 사용과 결산서류 등의 공시를 이행하는 공익법인 등은 50%)를 초과하여 보유한 경우 매 사업연도 말 현재 그 초과분에 대한 시가의 5%를 가산세로 부과한다.

공익법인 주식보유비율 계산 시 자기주식 포함 여부

○ 서면 - 2018 - 법령해석재산 - 2188, 2018.7.27.

상속세 및 증여세법(2016.12.20. 법률 제14388호로 개정된 것) 제48조 제1항 단서에서 의결권 있는 발행주식총수에서 자기주식을 제외하도록 한 개정 규정은 2017.1.1. 이후 공익법인이 출연받거나 취득하는 분부터 적용하는 것이며, 2016.12.31.까지 공익법인이

531) 상속세 및 증여세법 제48조

주식을 출연받거나 취득한 경우에는 주식보유비율 계산 시 주식발행법인이 보유한 자기주식을 포함하는 것임.

나) 전환 동기

상호출자제한기업집단과 특수관계에 있지 아니한 공익법인 등의 경우 일반 공익법인보다 주식보유비율이 높다고 하지만, 공익법인의 존재 목적은 그 설립의 고유목적인 공익사업에 있다. 즉, 재단은 비과세로 출연받은 재산을 고유목적사업에 사용하여야 하는 것이다. 이러한 공익법인의 고유목적에 사용하기 위한 재단의 현금 확보차원에서는 보통주보다는 상환우선주 및 배당우선주 등이 유리한 상태이다.

보통주의 우선주 전환은 재단의 현금성을 높이거나, 의결권 있는 주식의 10% 등 초과 취득에 따른 증여세 과세 및 총재산가액의 30% 초과 보유에 따른 가산세 부담에서도 자유롭게 될 수 있다.

2) 경영권을 행사할 수 없는 주주의 현금성 확보차원

비상장주식의 경우는 유동화시장이 활성화가 되어 있지 못하기 때문에 주식의 양수도를 통한 현금성 확보가 낮은 게 현실이다. 즉, 비상장법인의 경영권을 행사할 수 없는 애매한 지분 소유자(일명, 주주총회 특별결의를 방어하지 못하는 33.4% 미만 보유자) 및 소액주주 등은 의결권의 의미가 높지 않게 된다. 이처럼 해당 주주의 경우는 의결권을 포기하는 대신 우선주로의 전환을 통하여 배당이나 상환권리를 받는 것이 향후 비상장주식의 현금성을 높이는 방안이 될 것이다.

3) 지배력 감소를 통한 경영권 승계차원

경영권의 승계는 일반적으로 의결권 있는 주식의 양도나, 증여를 통해서 이루어지는데, 이 경우 매매대금 및 양도소득세나 증여세 등의 조세부담이 발생하여 이를 납부하기 위한 재원마련에 많은 애로가 발생하게 된다. 이에 직접적인 승계방법이 아닌 간접적인 승계방법(실질적인 지배력을 높이는 방법)을 활용할 수 있는 방안이 필요하게 되는 것이다.

일반적으로 실무에서 실질지배력을 높이는 방안으로 자기주식을 취득하게 되는데 이 과정 또한 취득자금과 세금부담이 발생하고 배당가능이익 한도 내에서만 자기주식을 취득할 수 있는 제약 때문에 자유로이 활용할 수 있는 방안은 아니다. 또한, 자기주식은 소각하지 않는 한 향후 처분으로 인하여 실질지배력이 다시 낮아지게 되는 근본적인 문제가 있는 상태이다.

따라서 매매대금의 부담도 없으면서 영구적으로 지배력을 확보하기 위해서 특정 지배주주의 보통주를 우선주로 전환하게 되면 나머지 주주의 지분은 실질적으로 높아짐에 따라 경영권의 승계가 가능하게 될 수 있는 것이다.

다. 보통주의 우선주 전환에 대한 과세문제

1) 우선주로의 전환을 감자로 보는 시각

보통주에서 우선주로의 전환은 회사의 자본금에 전혀 변동이 없는 자본금 구성의 변경이지만, 세무상은 본 거래를 상환전환우선주의 전환처럼 양도가 아닌 것으로 보아야 할지, 양도에 해당하는 교환으로 보아야 할지, 아니면 의제배당에 해당하는 감자로 보아야 할지에 대한 명확한 법 규정은 없는 상태이다. 다만, 국세청의 유권해석(법규과-1268, 2013.11.19.)에서 '보통주의 우선주 전환은 의제배당을 구성한다'라고 해석함에 따라 감자성격[532]으로 보아야 할 것이다.

| 보통주의 우선주 전환 : 국세청 유권해석(법규과-1268, 2013.11.19.) |

> "법인의 일부 주주가 보유한 보통주를 우선주로 전환하는 경우 보통주를 전환한 대가로 받은 우선주의 가액이 보통주를 취득하기 위해 사용한 금액을 초과하는 금액은 소득세법 제17조 제1항 제3항 및 같은 조 제2항 제1호에 따른 의제배당에 해당하는 것입니다."

2) 보통주로의 전환은 비과세

기존 유권해석(법인-3102, 2008.10.27.)에 따르면 상환전환우선주의 보통주 전환은 과세대상이 아닌 것으로 해석하고 있음에도 불구하고 같은 자본구성 항목끼리의 변경인 보통주의 우선주 전환을 과세하는 것은 공평과세원칙과 실질과세원칙에도 맞지 아니하는 것으로 이에 대한 보다 더 명확한 해석이 필요한 상태이다.

| 우선주의 보통주 전환 : 국세청 유권해석(법인-3102, 2008.10.27.) |

> 상환전환우선주를 보유하던 법인이 전환권 행사를 통해 보통주를 취득하는 경우 보통주의 취득가액은 전환 전 동 우선주의 취득가액으로 하는 것임.

---

532) 동지: 서면1팀-109, 2004.1.27.

왜냐하면, 보통주를 정관에 정하고 있는 종류주식이라고 단정적으로 규정하기는 힘들지만, 전환주식을 발행한 경우 보통주로의 전환이 가능하고, 보통주의 종류주주총회는 개최가 필요하다고 규정하고 있으므로[533] 이러한 경우를 비추어 볼 때 보통주식도 종류주식으로 볼 수 있다는 점이다. 따라서 우선주와 보통주의 전환은 같은 종류주식끼리의 전환이라는 논리 근거가 성립되므로 우선주의 보통주 전환과 보통주의 우선주 전환을 달리 볼 여지는 없는 것이므로 이에 대한 명확한 해석이 필요한 상태이다.

라. 보통주의 우선주 전환이 경영권승계에 미치는 영향

상기와 같은 다양한 사유 등으로 보통주를 우선주로 전환할 수 있지만, 경영권 승계차원에서도 활용할 수 있다. 이는 우리나라 비상장 중소·중견기업의 대부분은 가족기업형태라 회사 지분의 대부분은 부모와 자녀들이 가지고 있는 상태이다. 이런 구조에서 부모의 보통주를 우선주로 전환하게 되면 자녀의 지배력이 실질적으로 증가하게 되므로 이를 활용할 필요가 있는 것이다. 또한, 가업회사의 규모가 상당하여 가업승계특례를 적용받을 수 있는 한도를 초과하는 지분이 있는 경우 또는 가업승계특례 요건을 충족하지 못하는 지분이 있는 경우 보통주의 우선주 전환을 고려해 볼 필요가 있다.

이는 우선주 전환으로 인하여 부모의 지분에 대한 실질가치는 줄어들지 않지만, 자녀의 회사에 대한 지배력은 실질적으로 증가하여 회사를 승계받는 효과가 있기 때문이다. 이러한 우선주의 전환효과는 노후자금의 확보와 가업승계를 동시에 달성할 수 있기 때문에 가업주식 이외에는 개인 자산이 없는 자수성가한 중소기업가들에게도 좋은 승계방안이 될 수 있다.

마. 우선주 전환을 활용한 경영권 승계전략

보통주의 우선주 전환은 보통주의 고유권한을 포기하는 대신 배당이나 상환 등의 권리를 갖는 주식으로 변경되는 다소 생소한 부분이다. 이러한 우선주로의 전환은 우선 우선주로 변경을 희망하는 주주와 회사가 합의한 후 보통주식으로 남는 주주 전원의 동의가 있으면 가능한 상태이다. 이때 우선주에 관한 사항이 정관에 없으면 정관변경절차를 선행해서 진행하면 된다.

533) 상법 제435조

경영권승계 사례12] 보통주의 우선주 전환

서판교씨는 중견기업인 바이오회사를 경영하고 있는데, 노후준비를 위해서 서서히 은퇴준비를 하고 있다. 그리고 본인의 회사 주식을 공익재단 등에 출연하면서 좋은 일에도 사용하고 자녀에게도 승계하는 방안을 찾고 있는 상태이다. 하지만, 본인의 재산은 거의 주식이라 자녀에게 경영권을 승계하고 난 이후 노후 생활자금 마련에 부담이 있어서 선뜻 경영권을 승계하지 못하고 있는 실정이다. 또한, 서판교씨는 과거 상법상 발기인 수 때문에 명의신탁된 주식을 정리하는 데 상당한 고초를 겪은 경험이 있어서 의결권이 있는 주식의 외부이전을 상당히 꺼리는 상태이다.

1) 기본정보

바이오회사는 중견기업으로 매년 이익이 발생하고 있으며, 회사의 자본 구성은 다음과 같다.

- 발행주식총수: 100,000주(액면가액: 5,000원)
- 주주구성: 서판교 70%, 자녀 30%
- 보통주와 우선주의 가치: 동일한 상태

2) 최적 방안 검토

자녀에게 경영권을 승계하는 방안만을 고려한다면 가업승계 과세특례나 사전증여, 인적분할 후 현물출자 등을 활용하는 다양한 승계방안을 수립할 수 있다. 하지만, 서판교씨는 주식이 재산의 전부라 공익재산 등에 출연할 재산도 주식밖에는 없는 상태이다. 또한, 의결권이 있는 주식의 외부이전에 대하여 상당히 민감해 하고 있는 상태라 외부양도나 출연도 할 수 없는 상태이다.

이처럼 본 사례에서 최적방안을 도출하기 위한 승계대상의 가장 핵심적인 Key는 의결권 있는 주식의 처분에 대한 제약이다. 따라서 의결권이 있는 보통주를 우선주(상환우선주 등)로 전환하여 의결권으로부터 자유롭게 할 경우 모든 문제는 해결될 수 있다. 즉, 우선주를 출연하거나 외부 이전하더라도 경영권에는 전혀 문제가 되지 않으면서 회사에 대한 자녀의 지배력이 상대적으로 증가 되기 때문에 보통주의 우선주 전환은 효과적인 승계전략이 되는 것이다.

본 사례는 경영자가 일부(4만주) 보통주식을 우선주로 전환한 경우 경영권 승계과정(30% → 50%)을 살펴본 것이다. 실제 실무적용 시에는 각 회사의 특성에 맞게 검토 분석해서 진행해야 한다.

주주	전환 전 회사		우선주 전환 등		전환 후 회사	
	주식수	지분율	①우선주 전환	②출연	주식수	지분율
서판교	70,000	70%	(40,000)		30,000	50%
자녀	30,000	30%			30,000	50%
보통주 소계	100,000	100%	(40,000)		60,000	100%
공익재단				20,000	20,000	
서판교			40,000	(20,000)	20,000	
우선주 소계			40,000		40,000	
합계	100,000				100,000	

다만, 우선주의 전환이 의제배당에 해당되는 것으로 기존 유권해석이 유지될 경우에는 보통주를 공익재단에 출연한 이후 공익재단에서 보통주의 우선주 전환방안을 고려해 볼 필요가 있다. 이는 공익재단의 우선주 전환은 취득가액과 전환시 시가가 동일한 상태이므로 의제배당에 대한 과세이슈는 발생하지 아니할 수 있기 때문이다.

3) 우선주 전환 분석 및 주의사항

보통주의 우선주 전환은 본인의 숙원사업인 사회기부도 가능하게 되어 만족하는 상태이다. 다만, 보통주의 우선주 전환은 의제배당 과세이슈가 여전히 남아 있는 상태이므로 이에 대한 세금부담의 인식과 해결방안을 함께 고려하여 승계방안을 수립할 필요가 있다. 즉, 자녀의 지분율을 높이기 위해서 과대하게 우선주 전환을 고려할 필요는 없다. 경영권의 승계는 가업승계 과세특례제도의 활용도 가능하기 때문에 우선주의 전환은 승계보다는 재단출연 등 현금화 방안을 위해서 활용하는 것이 보다 더 유용할 수 있다.

다만, 보통주의 우선주 전환은 다소 생소한 분야라 이에 대한 법률적인 명확한 규정도 없는 상태이다. 따라서 해당 방안을 전략으로 수립하기 위해서는 반드시 승계전문가의 검토 및 조력에 의하여 진행해야 할 것이다.

14. 기업지배구조개선을 통한 경영권 승계전략

가. 기업지배구조의 의의

기업지배구조(Corporate Governance)는 기업의 방향 및 목표를 설정하고 경영진을 견제·감독하는 법적 제도적 메커니즘을 총칭하는 말로서 기업지배구조는 기업조직의 특성, 시장, 국가의 법과 규제, 사회 환경 등 다양한 요인에 의하여 결정된다. 이러한 기업의 지배구조는 세계적인 금융자유화, 다국적기업 활동 증가, 주주행동주의 대두 등으로 지배구조에 대한 관심이 고조됨에 따라 1990년대 이후 주요 선진국은 자국의 경쟁력 제고를 위해 경쟁국의 기업지배구조 벤치마킹과 개선을 추진하면서 단순한 경영자 감시가 아니라 경영의사결정 기능의 제고를 통한 경쟁력제고를 목표로 하고 있다.

나. 기업지배구조개선의 의의

우리나라 대기업집단의 소유지배구조는 규제의 변천과정과 함께 변화되어 왔으며, 최근에는 부당내부거래와 순환출자 등에 대한 문제가 이슈화되면서 이를 제재하거나 규제하기 위한 특수관계기업간 내부거래에 대한 법률(세법, 상법, 독점규제 및 공정거래에 관한 법률 등)이 개정되어 대기업들의 준법위험 및 과세위험이 높아지고 있는 상태이다. 이러한 외부환경의 변화에 따라 대기업집단은 순환출자 등을 해소하기 위해서 기업지배구조를 개선하고 있는 상태이다.

기업지배구조개선은 주로 자본거래(합병, 분할, 현물출자, 계열사 정리 등) 또는 자본거래를 활용한 지주회사 전환방식으로 진행되는데 대기업집단의 경우, 특히 상장 대규모기업인 경우 기업지배구조개선은 상법 등 관련 법률의 절차 및 규정에 따라 쉽게 진행되지 아니하는 경우도 종종 발생하게 된다.

일례로 삼성중공업과 삼성엔지니어링은 2014년 플랜트사업 일원화를 위한 방안으로 합병을 발표한 이후 주가가 급락해서 반대주주들의 주식매수청구권 규모가 급증함에 따라 합병계획이 무산된 바 있다. 이는 합병에 반대하는 주주의 주식매수청구권 행사가격이 이사회 결의 시점에서 일률적으로 확정되고 그 이후 사정변경으로 인한 주가변동이 발생하여도 주식매수청구권 행사가격에 반영되지 아니하기 때문에 주주들은 시세차익을 위해서 주식매수청구권을 행사하여 합병이 무산되게 되었다.

따라서 기업기배구조개선은 사전에 철저한 준비가 필요하며, 대규모기업의 지배구조조정을 지원하는 특별법의 마련도 필요하다 할 것이다. 이에 정부는 기업활력 제고를 위한 특별법(이하, "기업활력법")(2016.8.13.부터 시행)을 3년간 한시적(2019년 8월 법 개정으로 2024년까지 법 유효기간 연장)으로 도입하여 신속한 사업재편을 지원하고 있다. 하지만, 기업활력법도 과잉공급을 해소하기 위한 사업재편시에만 상법, 공정거래법, 세법 등의 지원이 있는 상태라, 단순히 부당거래나 순환출자 등의 해소를 위한 지배구조개선시에는 지원되지 아니한다.

이에 대기업집단의 지배구조개선은 폭넓은 법률적인 지식을 바탕으로 다른 법률에서 지원받을 수 있는 사업재편방안을 수립해야 할 것이다. 여기에 상장사가 있는 집단의 지배구조개선은 이해관계자가 다수임에 따라 정보의 외부유출 방지를 위한 철저한 사전준비와 신중한 접근이 필요한 것이다.

다. 기업지배구조개선이 경영권승계에 미치는 영향

대규모기업집단의 복잡한 순환출자 해소와 중복적인 사업의 재편 등을 위한 지배구조개선은 그룹에 대한 안정적 지배력을 확보할 수 있으면서 투명하고 유연한 경영으로 대외이미지 개선과 경영효율성을 증대시킬 수 있다. 또한, 계열사별 중복적인 사업을 그룹핑(grouping)하여 자원을 재배분하고 사업포트폴리오 재편 등을 통해 중장기 성장전략을 재정립할 수도 있다. 여기에 대규모기업집단의 소유지배구조를 정비함으로써 경영권 승계전략에 적합한 효율적인 지배구조로 정립화할 수 있는 것이다.

이러한 기업지배구조개선은 앞서 살펴본 모든 자본거래 방안들을 활용하는 종합편이라 할 수 있다. 따라서 지배구조개선은 세법만이 아닌 상법, 공정거래법, 자본시장법, 기업활력법 등 자본거래와 관련된 모든 법률에 대한 전반적인 이해가 필요한 상태에서 지배구조개선 방안의 설립과 경영권승계 전략을 수립해야 하는 것이다. 이런 지배구조개선의 목적 때문에 상당한 준비기간과 폭넓은 전문지식을 바탕으로 풍부한 경험이 있는 전문가들의 조력이 필요한 것이다.

라. 기업지배구조개선을 위한 전략의 수행절차

일반적으로 기업지배구조개선은 순환출자 해소 및 부실 계열회사 정리, 성장가능성 있는 회사의 적극적인 지원을 위한 지배구조 개선의 필요성에 의해서 검토되고 또한, 대규모기업집단에 대한 지배력을 강화하기 위한 전략수립을 위해서 진행하게 된다. 이에 따른 기업지배구조개선의 궁극적인 결과는 지주회사로의 전환으로 귀결되는 경우가 대부분이라 여기서는 지주회사 전환(설립)을 위한 기업지배구조개선 절차를 전반적으로 살펴보기로 한다.

□ 지주회사 전환(설립)을 위한 기업지배구조개선 절차

실무적으로 지배구조개선 전략의 전반적인 절차는 다음과 같이 우선 예비분석 단계를 거쳐 1단계에서 지배구조 개선방안을 위한 Master Plan(재무적 의사결정)을 수립한 후, 2단계에서 분할 및 현물출자 등을 통한 지배구조 개선방안을 실행하여 그룹의 형태를 지주회사로 전환(설립)하게 된다. 그리고 마지막 3단계에서 지주회사 전환(설립) 이후 사후관리 업무를 진행함으로써 원활하게 기업지배구조를 완성하게 되는 것이다.

예비단계	1단계	2단계	3단계
예비분석	그룹현황 파악 지주회사 설립 검토	합병, 분할, 주식양수도 등 지주회사 설립 실행	지주회사 설립 후 사후관리(선택시)
• 사전적으로 지배구조 개선 필요성 파악 • 지배구조 개선에 따른 효과분석 • 재무자문 및 조세 Simulation	Finance • 그룹의 지배구조개선을 위한 목표지배구조 제시 • 목표지배구조 달성을 위한 Master Plan 수립 • 주식이동과정에 자금흐름 파악 • 각 대안별 장·단점 제시 및 최적대안 권고 • 단계별 상세 회계처리안 제시 Tax • 목표지배구조 세무상 효익분석 • 대안별 적격요건 검토 / 조세부담액 분석 • 실행가능성 및 조세위험 분석	Finance • 확정대안에 따른 일정계획 수립 • 현물출자, 주식양수도, 분할, 합병 등에 세부검토 및 추가 소요자금의 검토 • 대상회사의 사업군 실사 및 개시 재무제표 검토 • 지주회사의 설립 및 신고 • 재상장, 유가증권 신고서, 지주사 설립신고서 작성 및 검토 Tax • 실행단계별 적격요건 충족 분석 세무자문 • 실행단계별 과세관청 신고서 작성지원	Finance • 지주회사 설립요건 및 행위 제한 요건 재확인 • 지주회사 Cash-flow 개선 방안 마련 • Management Fee 적정수준 검토 • 효율적인 지주회사 운영방안 마련 Tax • 사후관리요건 충족 여부 자문 및 조세위험 분석 • 지주회사 운영관련 세무자문 및 실행지원

하지만, 실무적으로 다양한 지배구조개선 업무 경험상 상기와 같은 단계별 절차는 각 그룹의 특성에 따라 다양하게 변동될 수 있기 때문에 반드시 앞서 설명한 다양한 자본거래에 대한 활용방안을 이해하고 지배구조개선 업무를 진행할 필요가 있다.

이는 다양한 자본거래의 방안은 아는 만큼 각 그룹에 맞는 전략방안이 창출되기 때문에 지배구조개선과 관련된 폭넓은 법률의 이해와 풍부한 경험이 있는 전문가와 협업을 통해서 최선의 지배구조개선 방안을 수립할 필요가 있다.

마. 기업지배구조개선을 위한 전략수립 실무사례

일반적으로 기업지배구조개선은 독점규제 및 공정거래에 관한 법률 상 지주회사로 전환하면서 경영권도 강화하고 자본거래에 대한 과세특례도 적용받게 된다.

이러한 지배구조개선을 위한 전략수립은 우선 지배구조개선이 가능한 수많은 방안을 도출하고 분석하여 이 중에서 실행 가능성이 있는 방안을 1차적으로 선택하고 다시 실행가능성 있는 방안별로 지배구조 개선정도 및 부담세액의 크기, 경영권 강화 정도 등을 종합적으로 분석하여 경영진에게 보고하면 최고 경영진이 이 중에서 그룹의 입장에 맞는 가장 합리적인 최종방안을 결정하면서 완성된다.

경영권승계 사례13] 지배구조개선(지주회사 전환)

지분관계가 복잡한 A 그룹을 운영하고 있는 CEO는 지배구조개선을 진행하고자 한다. A그룹의 지배구조는 다음과 같으며, 하기 지배구조현황 외에 다수의 자회사들을 소유하고 있으나 사례분석을 위해서 의사결정에 영향을 미치는 핵심적인 계열사만 표현한 상태이다.

1) 지배구조현황

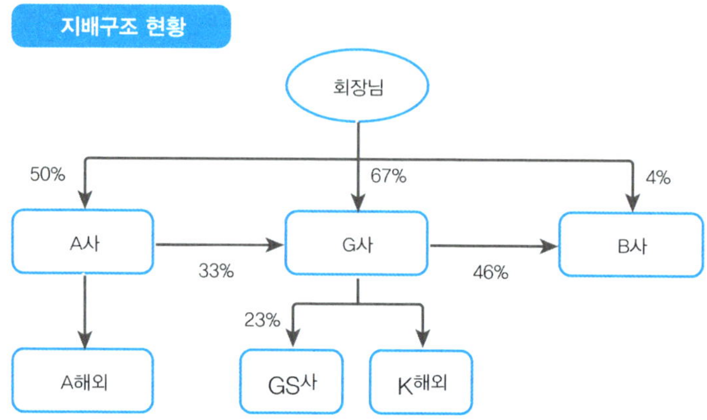

2) 지배구조개선 업무수행 절차

이러한 지배구조를 토대로 지배구조개선의 전략수립 과정을 단계별로 살펴보면 다음과 같다.

○ 예비단계 : 예비분석

- 그룹 전체의 지배구조도를 완성하고 각 계열사별 재무현황 등을 파악
- 그룹의 지배구조개선에 대한 필요성 확인

○ 1단계 : 지배구조개선 대안분석 검토

- 그룹현황을 분석하고 다양한 자본거래를 통한 지배구조개선 방안을 도출
- 도출되는 대안들에 대한 전반적인 관점에서 검토 진행 여부 결정
- 방안으로 성립 가능한 대안들에 대한 분석 및 검토를 통하여 실행 가능한 방안 도출

○ 2단계 : 지배구조개선 실행방안 분석 및 최종 방안 결정

- 실행 가능한 방안들에 대한 장단점 분석
- 실행 가능한 방안들에 대한 지배구조개선 정도(경영권 강화 정도) 및 부담세액 검토
- 실행 가능한 방안의 분석 자료를 토대로 최종 실행방안 결정

○ 3단계 : 지배구조개선 실행방안 사후관리

- 지주회사 전환(설립) 방안의 실행
- 지주회사의 현금창출방안(이전단계에서 검토)의 재확인 등

• 지주회사의 행위제한 요건 충족 여부 확인(유예기간 내) 등 사후관리

위 지배구조개선 단계들은 실무적으로 몇 개월의 기간 동안 지배구조개선 전문가에 의해서 검토·분석하는 과정이라 일일이 설명하기는 무리가 있는 상태이다. 즉, 지배구조개선과정은 각 그룹의 특성에 따라 아주 다양한 절차와 방안들이 나타나기 때문에 어느 표준화된 모델로 설명하기는 쉽지 아니하다.

3) 실무상 실행방안 도출과정 이해

상기와 같이 지배구조개선 업무는 거래의 복잡성과 다양성으로 전략수립의 전 과정을 설명하기는 쉽지 아니하지만, 실행방안 도출과정을 살펴봄으로써 지주회사 전환을 통한 지배구조개선 업무에 대한 개략적인 이해는 충분히 할 수 있을 것이다. 따라서 여기서는 경영진에게 보고할 때 분석한 실행방안을 중심으로 간단히 설명하기로 한다.

* 하기 Case들은 본 사례의 지배구조 현황하에서 지배구조개선 과정의 이해를 돕고자 분석한 방안들이므로 실제 실무적용 시에는 지배구조개선 전문가와 협의해서 진행하기 바란다.

가) 실행 가능한 방안 도출

A그룹의 지배구조개선을 위한 지주회사 전환 방안(Case)은 다음과 같이 다양하게 도출된다.

■ Case 1 : A사 물적분할과 G주식 현물출자를 통한 지주회사 설립 안

① A사의 사업부를 물적분할하여 A사업 신설하고,

② G사 주식을 A지주에 현물출자하여 지주회사로 전환

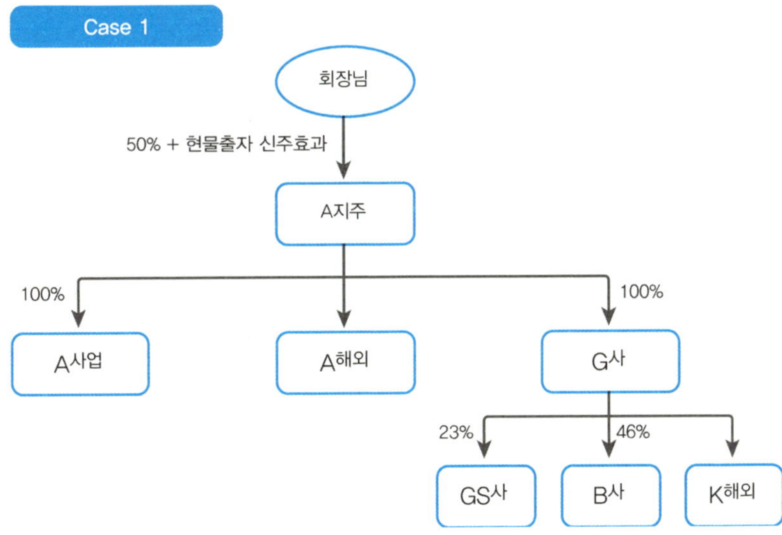

Case 1의 장·단점
- 비교적 단순하며, 지주회사의 지배력도 강화
- 공정거래법상 지주회사(1개)에 대한 행위제한요건 충족 부담 발생
- 현물출자로 인한 증권거래세 발생(지주회사 전환으로 현물출자에 대한 양도세는 과세이연 가능)

■ Case 2 : A사, G사 물적분할로 2개 지주회사 설립 안

① A사의 사업부를 물적분할하여 A사업 신설하고 지주회사로 전환하고,

② G사의 사업부를 물적분할하여 G사업 신설하고 지주회사로 전환

③ G사를 중간지주회사로 전환하거나, A지주 보유 G사 지분을 처분하여 G지주로 전환하는 형태 모두 가능하나, 본 Case는 A지주 보유 G사 지분을 처분하는 것으로 함.

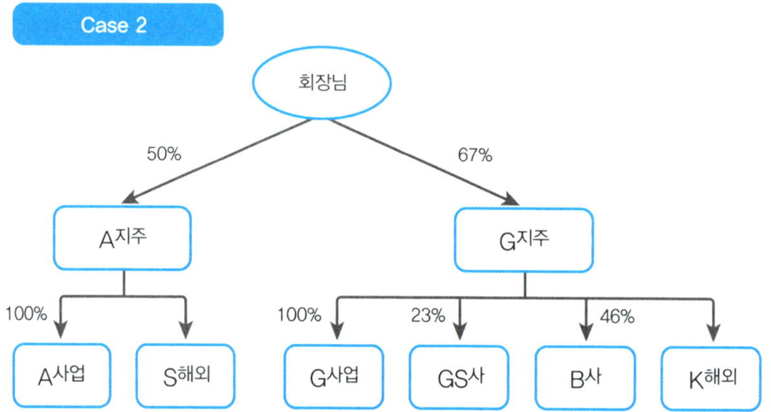

Case 2의 장·단점
- 지배구조개선을 위한 A지주 보유 G사 지분의 처분으로 거래세금 발생
- 현물출자가 없어 이에 대한 거래세금이 발생하지 아니하나 지주회사에 대한 지배력도 강화되지 아니함.
- 공정거래법상 지주회사(2개)에 대한 행위제한요건 충족 부담 발생

■ Case 3 : A사, G사, B사 3사 합병 후 물적분할로 지주회사 설립 안

① A사, G사, B사 3사 합병하고,

② 각 A사, G사, B사의 사업부를 물적분할하여 지주회사로 전환

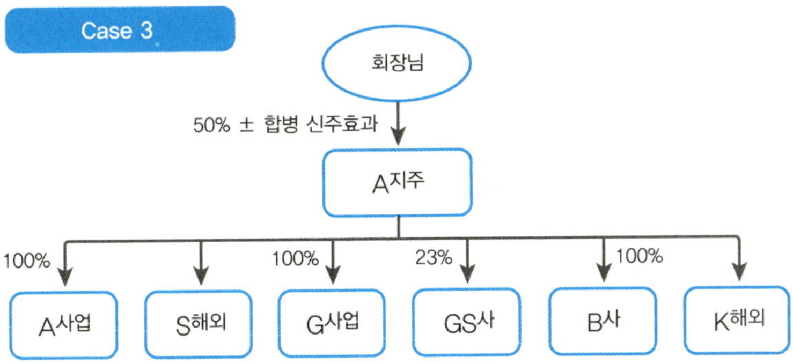

Case 3의 장·단점

- 비교적 복잡한 자본거래 발생
- 현물출자를 하지 않기 때문에 거래세금이 발생하지 아니함.
- 지주회사의 지배력 강화 여부는 합병비율에 따라 교부되는 신주의 차이에서 발생
- 공정거래법상 지주회사(1개)에 대한 행위제한요건의 충족 부담 발생

■ Case 4 : 인적분할 후 합병과 현물출자로 지주회사 설립 안

① A사, G사의 각 사업부를 인적분할하고,

② 존속 A지주와 G지주를 합병

③ 합병 후 존속 A지주에 A사업, G사업을 현물출자하여 지주회사로 전환

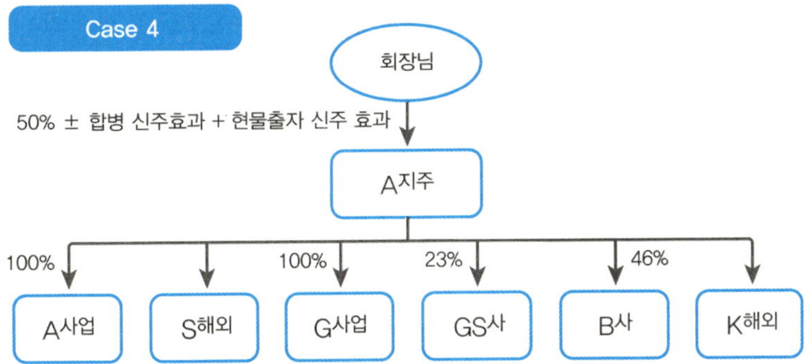

Case 4의 장·단점

- 아주 복잡한 자본거래 발생
- 현물출자로 인한 증권거래세 발생(지주회사 전환으로 현물출자에 대한 양도세는 과세이연 가능)
- 지주회사에 대한 지배력은 상대적으로 많이 강화됨.
- 공정거래법상 지주회사(1개)에 대한 행위제한요건 충족 부담 발생

나) 최종 실행방안 결정

상기와 같이 도출된 실행방안 Case들에 대하여 지배(지분)구조개선 정도 및 지배력 강화 정도, 부담세액, 자본거래 단계의 복잡성, 사후관리 등을 분석하여 종합적으로 판단하게 된다. 여기서 도출된 실행 가능한 Case별 장단점을 비교하면 다음과 같다. 물론 실무에서 상 · 중 · 하가 아니라 보다 전문적인 분석자료를 제시하게 된다. 이런 분석자료를 토대로 최고 경영진은 그룹의 지배구조개선 목적에 적합한 최종 실행방안을 선택하게 된다.

구 분	Case1	Case2	Case3	Case4
지배구조개선 정도	중	중	상	상
경영권 강화	중상	중	중	상상
부담세금	중상	상중	중	상
거래의 복잡성	하	중상	상중	상상
사후관리	중	상	상중	상상

만약, A그룹의 지배구조개선 목적이 경영권 강화라면 Case4를 선택하면 되는 것이다. 즉, 실무적으로 거래의 복잡성이나 사후관리는 실무진이 담당할 부분이라 최고 경영진의 의사결정에는 큰 영향을 미치지 아니할 수 있다.

이러한 지배구조개선 방안은 경영권승계까지 고려해서 진행할 수 있는데 이는 반드시 합법적인 법 테두리 안에서 진행해야 한다. 왜냐하면, 복잡한 거래일수록 일부 과정에서 편법적인 요소를 가미하면 얼마든지 불공정한 거래가 가능하기 때문이다. 따라서 성공적인 승계전략을 위해서는 반드시 정상적인 거래를 통한 지배구조개선을 완성해야 할 것이다.

제2절 자본거래의 절차와 세무

본 절은 자본거래를 통한 경영권 승계전략을 수립하는 과정에서 반드시 이해가 필요한 자본거래의 절차 및 세무에 대하여 살펴보기로 한다. 이러한 자본거래의 절차와 세무에 대한 이해가 없다면 성공적인 경영권 승계전략의 수립은 불가능하기 때문에 승계전문가라면 반드시 이해를 하고 있어야 할 분야이기도 하다. 여기서 다루는 자본거래의 절차와 세무는 상당한 전문지식을 바탕으로 접근해야 이해가 가능한 부분이라 되도록 쉽게 설명하기 위해서 도식화를 사용하기도 하였다.

I 합병절차 및 세무

1. 합병절차

가. 합병의 절차 및 일정

기업의 합병은 상법상 절차에 따라 진행되어야 하며, 이를 따르지 않을 경우 합병무효의 소 등이 제기될 가능성이 있는바 법적인 절차의 검토가 중요하다. 또한, 상법상 절차를 진행하기 위해서 사전에 합병비율 결정 및 적격합병 여부에 대한 검토가 필요하며 승계를 위해서는 주주구성의 변화 및 기업가치의 변화에 대하여도 사전검토가 필요하다.

1) 비상장법인 간 합병절차

합병은 사전준비단계에서 합병 가능성 등에 대한 충분한 검토 후 상법상 절차에 따라 진행하면 된다. 일반적인 비상장법인간 합병절차는 다음과 같다. 이때 총주주로부터 기간단축동의서를 얻은 경우 합병이사회 결의 익일에 주주총회개최가 가능하니 참고하기 바란다.

일정 및 절차	관련 규정 내용
사전 준비 단계	① 우선 합병 가능성에 대한 법률 및 세무 검토 ② 외부평가기관과 평가계약 체결, 합병가액 산정 및 합병비율 확정 ③ 합병절차 및 일정 확인

일정 및 절차		관련 규정 내용
D-32	이사회 결의 및 합병계약체결	합병이사회 결의 후 합병계약 체결
	합병 주총소집 이사회 결의	주총소집을 위한 이사회 결의
D-31	주주명부폐쇄 및 기준일 공고	주주명부확정 기준일 2주 전 공고
D-16	주주명부확정 기준일	합병 주총을 위한 권리주주 확정일
D-15	주총 소집통지서 발송(공고)	소집목적 등 통지, 회사 홈페이지에 게재
	합병계약서, 재무제표 등 비치	주총 2주 전부터 등기 후 6개월간 본점에 비치
	합병반대의사(주식매수청구)접수	합병반대주주의 서면접수
D-1	합병반대의사 서면 접수마감	접수마감은 소집통지일로부터 주총 전일까지
D	합병승인 주주총회 개최	주총특별결의(출석주주 2/3, 발행주식총수 1/3)
	반대주주 주식매수청구 시작	주총일로부터 20일 내
D+1	채권자 이의제출 공고 통지	주총일로부터 2주 이내 공고
	구주권 제출공고 통지	주총일로부터 2주 이내 공고(피합병법인)
D+20	주식매수청구권 행사기간 만료	주총일로부터 20일 이내
D+32	채권자 이의제출기간 만료	공고기간 1개월 이상
	구주권 제출기간 만료	
D+33	합병기일	실질적인 합병일
D+34	합병보고 이사회 결의	합병보고주주총회에 갈음
D+35	이사회 결의 공고	정관상 신문 공고 또는 홈페이지 게재
D+36	합병등기	합병보고주주총회 갈음 이사회 결의 공고일로부터 본점: 2주 내, 지점: 3주 내
D+50	주식매수청구대금 지급	주식매수청구를 받은 날로부터 2월 내에 지급

반대주주(의결권 없는 주주 포함)의 주식매수청구권

상법상 반대주주의 주식매수청구권은 합병, 분할합병, 주식교환, 주식이전, 영업양도 등 주주의 이해관계에 중대한 영향을 미치는 회사 이사회의 결의가 있는 때에 그 결의에 반대하는 주주(**의결권이 없거나 제한되는 주주를 포함**한다)가 회사에 대하여 공정한 가격으로 자신의 소유 주식을 매수하도록 청구할 수 있는 권리로서 주주총회 전에 회사에 대하여 서면으로 그 결의에 반대하는 의사를 통지한 경우에는 그 총회의 결의일부터 20일 이내에 주식의 종류와 수를 기재한 서면으로 회사에 대하여 자기가 소유하고 있는 주식의 매수를 청구할 수 있다(상법 제360조의 5, 제374조의 2, 제522조의 3).

2) 상장법인과 비상장법인 간 합병절차

상장법인과의 합병절차는 다수의 이해관계자를 보호하기 위해서 감독기관에 공시 및 신고절차, 외부평가기관의 교환되는 주식들의 평가, 주요사항보고서 제출, 신주권의 상장 등을 유가증권상장, 코스닥상장 관련 규정 등에 따라 추가해서 진행해야 하는 점을 인식하기 바란다. 일반적인 상장법인과 비상장법인 간의 합병시 사전준비절차 및 상법 등의 진행절차는 다음과 같으며 실무적으로 업무진행시에는 반드시 법률자문을 받아서 진행하기 바란다.

일정 및 절차		관련 규정 내용
사전 준비 단계		① 우선 합병 가능성에 대한 법률 및 세무 검토 ② 관계기관(금감원, 거래소, 명의개서 대행기관 등)과 충분한 사전협의 필요 ③ 외부평가기관과 평가계약 체결, 합병가액 산정 및 합병비율 확정 ④ 합병절차 및 일정확정, 합병계약서, 주요사항보고서 등 작성
D-41	이사회 결의 및 합병계약체결	합병이사회 결의 후 합병계약 체결
	이사회 결의사항 신고 및 공시	금융위, 거래소 주요사항보고서 제출
	공시관련 매매거래 정지	주요사항 공시관련 매매거래 정지
	증권신고서 제출*	금융위 제출, 효력발생기간 7영업일
	합병 주총소집 이사회 결의	주총소집을 위한 이사회 결의
D-40	주주명부폐쇄 및 기준일 공고	주주명부확정 기준일 2주 전 공고
D-30	투자설명서 제출*	신고서 효력발생시(7영업일 이상) 금융위 제출
D-25	주주명부확정 기준일	합병 주총을 위한 권리주주 확정일
D-15	주총 소집통지서 발송(공고)	소집목적 등 통지, 회사 홈페이지에 게재하고 거래소 등에 비치
	합병계약서 · 재무제표 등 비치공시	주총 2주 전부터 등기 후 6개월간 본점에 비치
	합병반대의사(주식매수청구) 접수	합병반대주주의 서면접수
D-1	합병반대의사 서면 접수마감	접수마감은 소집통지일로부터 주총 전일까지
D	합병승인 주주총회 개최	주총특별결의(출석주주 2/3, 발행주식총수 1/3)
	반대주주 주식매수청구 시작	주총일로부터 20일 내
	합병주총 결과 보고	주총결의 공시 및 결과보고
D+1	채권자 이의제출 공고 통지	주총일로부터 2주 이내 공고
	구주권 제출공고 통지	주총일로부터 2주 이내 공고

<table>
<tr><th colspan="2">일정 및 절차</th><th>관련 규정 내용</th></tr>
<tr><td rowspan="2">D+20</td><td>주식매수청구권 행사기간 만료</td><td>주총일로부터 20일 이내</td></tr>
<tr><td>주식매수청구 서류 제출</td><td>매수청구관련 서류 거래소 제출</td></tr>
<tr><td rowspan="2">D+32</td><td>채권자 이의제출기간 만료</td><td rowspan="2">공고기간 1개월 이상</td></tr>
<tr><td>구주권 제출기간 만료</td></tr>
<tr><td>D+33</td><td>합병기일</td><td>실질적인 합병일</td></tr>
<tr><td>D+34</td><td>합병보고 이사회 결의</td><td>합병보고주주총회에 갈음</td></tr>
<tr><td>D+35</td><td>이사회 결의 공고</td><td>정관상 신문 공고 또는 홈페이지 게재</td></tr>
<tr><td rowspan="4">D+36</td><td>합병등기</td><td>합병보고주주총회 갈음 이사회 결의 공고일로부터 본점: 2주 내, 지점: 3주 내</td></tr>
<tr><td>증권발행실적보고서(또는 합병종료보고서)* 제출</td><td rowspan="2">합병등기 후 지체 없이 금융위, 거래소에 제출</td></tr>
<tr><td>임원·주요주주 주식현황보고</td></tr>
<tr><td>합병신주 상장</td><td>합병등기 후 지체없이</td></tr>
<tr><td>D+41</td><td>주식 등의 대량보유상황 보고</td><td>합병등기일 익일로부터 5일 내에 거래소 등 보고</td></tr>
<tr><td>D+50</td><td>주식매수청구대금 지급</td><td>매수청구 종료일로부터 1월 이내 지급</td></tr>
</table>

* 모집매출이 아닌 경우 증권신고서, 투자설명서, 증권발행실적보고서 제출은 해당사항 없음.

나. 합병비율의 산정

1) 합병비율 합의

합병비율이란 소멸하는 회사의 주주에게 존속하는 회사가 지급하는 주식의 지급비율을 말한다. 즉, 합병비율은 당사자 간의 합의에 따른 합병계약에 의하여 결정되어지는데 그 합병비율이 현저히 불공정한 경우 합병 무효의 소의 원인일 뿐 아니라, 법인세법상 부당행위계산부인 규정 및 합병에 따른 증여의제 문제가 발생하게 된다. 따라서 합병비율의 산정은 아주 중요하므로 법 규정에 따라 공정·타당한 합리적인 가액으로 정하여야 한다.

2) 합병비율 가액의 산정

합병 시 가장 중요한 합병비율의 산정은 상장법인과의 합병 여부에 따라 차이가 있으며 그에 대한 합병가액 산정은 다음과 같다. 여기서 상장법인 간 합병 시는 기준시가 합병가액 산정방법으로 하면 되고, 비상장법인 간 합병비율 산정 시 외부평가기관의 평가는 의무사항이 아니지만, 합병 시 부당행위계산부인 규정 및 합병에 따른 증여이익 과세위험을 해소하기 위해서 시가가 확인이 안 되는 경우 상속세 및 증여세법상 보충적인 평가방법에 따른 비상장주식 평가가액이 필요한 상태이다.

구 분	합병법인(상장법인) + 피합병법인(비상장법인)	비상장법인 간
합병법인	• 기준시가를 기준으로 30% 이내 할인·할증 (계열회사 간 합병 시 10% 이내) 단, 기준시가가 자산가치에 미달하는 경우 자산가치로 할 수 있음	제한 없음 (당사자 간 합의)
피합병법인	• 본질가치[= 자산가치 × 0.4 + 수익가치 × 0.6] 단, 상대가치 비교공시	제한 없음 (당사자 간 합의)
규정 등	자본시장법 시행령 제176조의 5, 증권발행공시 제5-13조 및 시행세칙 제4-8조	보충적인 평가방법에 의한 평가(주1) 필요

(주1) 비상장법인 간 합병 시 합병비율 산정 주식평가 기준일은 「상법」 제522조의 2에 따른 **대차대조표 공시일**(합병 주주총회 회의일의 2주 전부터 대차대조표 공시)로 함[534].

가) 기준시가 산정방법

기준시가는 합병을 위한 이사회 결의일과 합병계약을 체결한 날 중 앞서는 날의 전일을 기산일로 한 다음 각목의 종가를 산술평균한 가액을 기준시가로 한다[535].

기준시가 = Average(①, ②, ③)
① 종가를 거래량으로 가중 산술평균한 1월간의 평균종가 다만, 산정대상기간 중에 배당락 또는 권리락이 있는 경우로서 배당락 또는 권리락이 있은 날부터 기산일까지의 기간이 7일 이상인 경우에는 그 기간의 평균종가로 한다. ② 종가를 거래량으로 가중 산술평균한 1주일 평균종가 ③ 최근일 종가

나) 본질가치 산정방법

본질가치는 자산가치와 수익가치를 2:3으로 가중평균하여 산정한다[536].

534) 상속세 및 증여세법 시행령 제28조 제5항
535) 자본시장과 금융투자업에 관한 법률 시행령 제176조의 5 제1항
536) 증권의 발행 및 공시 등에 관한 규정 시행세칙 제4조 내지 제7조

(1) 자산가치

자산가치는 분석기준일(주요사항보고서를 제출하는 날의 5영업일 전일) 현재의 평가대상회사의 주당 순자산가액으로서 다음 산식에 의하여 산정한다.

구 분	금액
1. 감사보고서상 자본총계(직전 사업연도 말의 재무상태표의 자본총계)	
2. 가산항목	
(1) 분석기준일 현재 자기주식	
(2) 분석기준일까지 유상증자 등에 의하여 증가한 자본금	
(3) 분석기준일까지 전환권(또는 신주인수권) 행사에 의하여 증가한 자본금	
(4) 분석기준일까지 발생한 자본잉여금 및 재평가잉여금 증가액	
(5) 분석기준일까지 이익잉여금의 증감을 수반하지 않은 중요한 순자산 증가액	
3. 차감항목	
(1) 분석기준일 현재 실질가치가 없는 무형자산	
(2) 분석기준일 현재 회수불능채권	
(3) 취득원가로 평가하는 시장성 없는 투자주식의 순자산가액과 취득원가와의 차이	
(4) 분석기준일 현재 퇴직급여충당부채 과소설정액	
(5) 분석기준일까지 발생한 자산의 손상차손	
(6) 분석기준일까지 유상감자에 의하여 감소한 자본금	
(7) 분석기준일까지 발생한 배당금 지급, 전기오류수정손실 등	
(8) 분석기준일까지 이익잉여금의 증감을 수반하지 않은 중요한 순자산 감소액	
① 순자산 = 자본총계 + 가산항목 - 차감항목	
② 분석기준일 현재 발행주식 총수	
③ 1주당 자산가치 = ① 순자산 ÷ ② 발행주식 총수	

(2) 수익가치

2012.12.에 수익가치의 평가에 관한 증권의 발행 및 공시 등에 관한 규정 시행세칙(제6조)이 개정되어 수익가치는 현금흐름할인모형, 배당할인모형 등 미래의 수익가치 산정에 관하여 일반적으로 공정·타당한 것으로 인정되는 모형을 적용하여 합리적으로 산정할 수 있게 되었다.

2. 합병 회계

가. 기업회계기준상 회계처리

사업결합(합병, 주식인수, 영업양수도)은 취득법에 따라 취득일 현재 **공정가치**로 회계처리하고 있으며, 순자산가액과 이전대가(합병대가)의 차이는 영업권 또는 염가매수차익으로 인식하고 있다. 단, 둘 이상의 기업에 대한 지배가 동일기업에 귀속되는 동일지배하에 있는 기업 간의 합병은 취득법이 배제되므로 합병회계처리는 장부금액법(Predecessor value accounting; 이는 최상위 지배 당사자의 연결재무제표에 계상된 자산과 부채의 가액으로 취득한 자산과 부채의 가액을 결정하는 방법. 즉, 연결장부금액으로 인식하고 장부금액과 이전대가 차이는 자본잉여금으로 반영)으로 회계처리하고 있어서 영업권 또는 염가매수차익이 발생하지 아니한다[537].

일반적으로 사업결합에 대한 회계처리는 일반기업회계기준 및 한국채택국제회계기준(K-IFRS)에서 공히 **취득법(공정가치)**으로 회계처리하고 동일지배하의 기업 간 합병회계는 **장부금액법**으로 회계처리하고 있다.

여기서 합병으로 회계상 계상된 영업권과 염가매수차익은 상각자산으로 인정되지 아니한다[538].

1) 사업결합 정의

사업결합은 취득자가 하나 이상의 사업에 대한 지배력을 획득하는 거래로 여기서 사업의 정의는 투자자 또는 그 밖의 소유주, 조합원 또는 참여자에게 배당, 원가감소 또는 그 밖의 경제적 효익의 형태로 수익을 직접 제공할 목적으로 수행되고 관리될 수 있는 활동과 자산의 통합된 집합을 말한다[539].

2) 사업결합 적용배제

사업결합의 정의를 충족하는 거래나 그 밖의 사건은 취득법에 따라 회계처리하나 다음의 경우에는 적용하지 아니한다[540].

(1) 조인트벤처의 구성

(2) 사업을 구성하지 않는 자산이나 자산 집단의 취득. 이 경우에 취득자는 각각의 식별가

537) K-IFRS-기업회계기준서 제1103호 사업결합, 일반기업회계기준 제12장 사업결합
538) 법인세법 시행령 제24조
539) 일반기업회계기준 제12장 [사업결합] 및 용어정리
540) 일반기업회계기준 제12장 문단 12.4

능한 취득자산(제11장 '무형자산'의 무형자산 정의와 인식기준을 충족하는 자산 포함)과 인수부채를 식별하고 인식한다. 자산집단의 원가는 매수일의 상대적 공정가치에 기초하여 각각의 식별가능한 자산과 부채에 배분한다. 이러한 거래나 사건에서는 영업권이 발생하지 않는다.

(3) 일반기업회계기준 제32장의 적용을 받는 동일지배 사업(또는 기업) 간의 결합

3) 취득법 회계처리

각 사업결합은 취득법을 적용하여 취득일(합병기일 등)에 회계처리한다. 취득법은 다음의 절차를 따른다[541].

(1) 취득자의 식별

(2) 취득일의 결정

취득자는 취득일을 식별하며, 취득일은 피취득자에 대한 지배력을 획득한 날이다. 한편, 취득자가 피취득자에 대한 지배력을 획득한 날은 일반적으로 취득자가 법적으로 대가를 이전하여, 피취득자의 자산을 취득하고 부채를 인수한 날인 종료일이다. 그러나 취득자가 종료일보다 이른 날 또는 늦은 날에 지배력을 획득하는 경우도 있으므로 취득자는 모든 관련된 사실과 상황을 고려하여 취득일을 식별한다.

따라서 합병의 경우는 합병기일이 사업결합의 취득일이 되며 회계처리 기준일이 된다.

(3) 식별가능한 취득자산, 인수부채 및 피취득자에 대한 비지배지분의 인식과 측정

(4) 영업권 또는 염가매수차익의 인식과 측정

4) 영업권 또는 염가매수차익의 인식과 측정

가) 영업권의 인식

취득자는 취득일 현재 다음 ①이 ②보다 클 경우 그 초과금액을 측정하여 영업권으로 인식한다.

① 다음의 합계금액

㈎ 이 장에 따라 측정된 이전대가로 일반적으로 취득일의 공정가치

㈏ 단계적으로 이루어지는 사업결합의 경우 취득자가 이전에 보유하고 있던 피취득자에 대한 지분의 취득일의 공정가치

② 이 장에 따라 측정된 취득일의 식별가능한 취득자산과 인수부채의 순액

541) 일반기업회계기준 제12장 문단 12.7~12.38

영업권
= (이전대가 + 보유중인 취득자 지분 공정가치) – 식별가능한 자산과 부채의 순액
= 합병대가 – [순자산 공정가치 + 식별가능한 무형자산(계약적·법적기준, 분리가능성)]

한편, 취득자와 피취득자(또는 피취득자의 이전 소유자)가 지분만을 교환하여 사업결합을 하는 경우, 취득일에 피취득자 지분의 공정가치가 취득자 지분의 공정가치보다 더 신뢰성 있게 측정되는 경우가 있다. 이 경우, 취득자는 이전한 지분의 취득일의 공정가치 대신에 피취득자 지분의 취득일의 공정가치를 이용하여 영업권의 금액을 결정한다. 대가의 이전이 없는 사업결합에서 영업권 금액을 결정하는 경우, 취득자는 이전대가의 취득일의 공정가치 대신에 가치평가기법을 사용하여 피취득자에 대한 취득자 지분의 취득일의 공정가치를 결정하여 사용한다.

한편, 영업권은 그 내용연수에 걸쳐 정액법으로 상각하며, 내용연수는 미래에 경제적 효익이 유입될 것으로 기대되는 기간으로 하며, 20년을 초과하지 못한다. K-IFRS는 영업권을 상각하지 아니하고 손상사유가 발생시 손상처리한다.

나) 염가매수차익 인식

상기 ②의 금액이 ①의 금액을 초과하는 사업결합, 즉 염가매수의 경우, 염가매수차익을 인식하기 전에, 취득자는 모든 취득자산과 인수부채를 정확하게 식별하였는지에 대해 재검토하고, 이러한 재검토에서 식별된 추가 자산이나 부채가 있다면 이를 인식한다. 이때 취득자는 취득일에 이 장에서 인식하도록 요구한 다음의 모든 사항에 대해, 그 금액을 측정하는 데 사용한 절차를 재검토한다.

(1) 식별가능한 취득자산과 인수부채
(2) 단계적으로 취득한 사업결합의 경우, 취득자가 이전에 보유하고 있던 피취득자에 대한 지분
(3) 이전대가

재검토하는 목적은 취득일 현재 이용가능한 모든 정보를 고려하여 관련 측정치에 적절히 반영하였는지 확인하기 위해서이다. 만일 그 초과금액이 재검토 후에도 남는다면, 취득자는 취득일에 그 차익을 당기손익으로 인식한다. 그 차익은 취득자에게 귀속된다.

다) 식별가능한 자산과 부채 인식

(가) 자산과 부채의 인식

사업결합 시 장부에 계상되어 있는 자산과 부채에 대한 인식은 공정가치로 평가하게 되나, 장부에는 없거나 그 금액이 적게 계상되어 있지만 사실상 그 가치가 상당하게 인정되는 기술이나 브랜드 등에 대한 가치를 적정하게 인식하지 않는다면 영업권이 과대계상되는 결과를 초래한다. 따라서 가치 있는 무형자산을 식별하고 평가하는 과정이 필요하게 되며 사업결합 시 식별가능한 자산으로 무형자산을 인식하게 된다.

(나) 식별가능한 무형자산의 인식

사업결합 시 장부에 기록되지 않은 대상을 무형자산으로의 인식은 다음의 식별요건을 하나라도 충족하는 경우에 인식할 수 있다.

식별 요건	내 용
① 분리 가능성	분리 가능성은 기업에서 분리하거나 분할할 수 있고, 다른 자산의 경제적 효익을 희생하지 않고 매각, 이전, 라이선스, 임대 또는 교환할 수 있음을 의미한다.
② 계약상 권리 또는 기타 법적 권리	계약상 권리 또는 법적 권리는 그 자체로 식별가능성을 충족한다. 즉, 해당 권리들은 제3자에게 이전 가능한지 여부나, 동 권리가 기업이나 다른 권리로부터 분리 가능한지 여부는 고려하지 않는다.

이러한 장부에 기록되지 않은 대상을 사업결합 시 인식하는 대표적인 무형자산을 열거하면 다음과 같다.

① 마케팅관련 무형자산: 등록상표, 상표명, 거래표식, 인터넷 도메인

② 고객관련 무형자산: 고객과의 계약, 고객관계, 비계약적 고객관계, 생산 및 주문 잔고

③ 기술관련 무형자산: 특허기술, 특허받지 않은 기술

④ 계약관련 무형자산: 광고, 건설, 경영 관련 용역 또는 공급 계약

위와 같이 무형자산이 식별되는 경우 다양한 평가기법을 통하여 무형자산의 공정가치를 인식하는데, 이러한 무형자산에 대한 평가는 주로 회계기준(사업결합 및 실무지침, 무형자산 및 실무지침, 공정가치 측정 및 실무지침 등)과 한국공인회계사회가 공표한 가치평가서비스 수행기준 등에 따라 이루어진다.

| 사업결합 시 취득한 무형자산과 영업권 인식 |

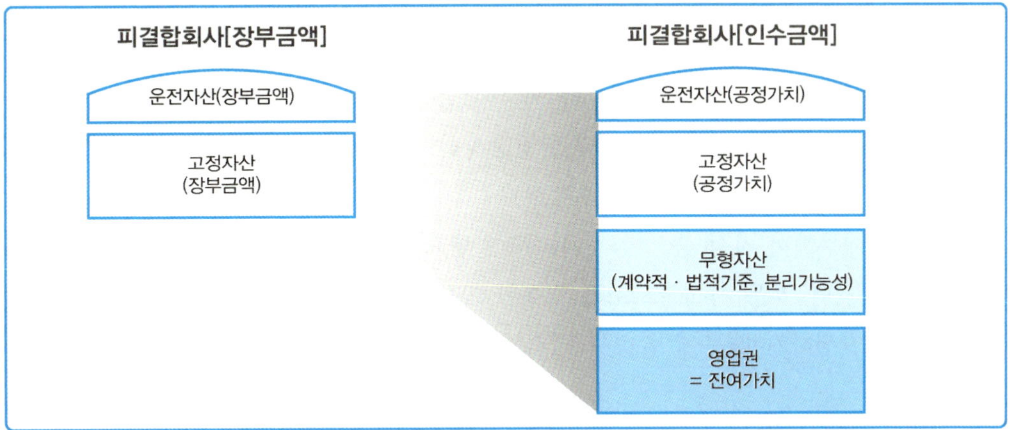

나. 종속기업이 지배기업을 역합병하는 경우

종속기업이 지배기업을 합병하는 경우 법적으로 종속기업이 합병기업이라 하더라도 실질적으로는 지배기업이 종속기업을 합병한 것으로 본다. 따라서 지배기업이 합병기업이 되어 역합병의 회계처리를 한다. 이에 지배기업이 종속기업으로부터 받은 자산과 부채를 연결재무제표상의 장부금액으로 승계한다. 다만, 자본금은 종속기업이 발행한 주식의 액면금액으로 조정한다.

여기서 회계상 역합병의 회계처리를 하더라도 세무신고는 상법상 합병법인인 종속기업을 기준으로 하여야 한다. 이때 상법상 합병법인의 사업연도 기준으로 작성된 재무제표로 세무신고를 해야 한다.

| 회계상 역합병의 세무신고 유권해석 |

○ 법인-643, 2009.5.29.

기업인수·합병 등에 관한 회계처리준칙에 따라 매수법에 의하여 합병이 이루어진 경우 합병법인이 「법인세법」 제60조 규정에 의하여 합병등기일이 속하는 사업연도의 소득에 대한 법인세과세표준과 세액을 신고함에 있어서 같은 조 제2항 제1호의 규정에 의하여 제출하는 재무제표는 상법상 합병법인의 사업연도를 기준으로 작성한 재무제표를 말하는 것임.

○ 법인-2509, 2008.9.18.

기업회계기준에 따라 피합병법인을 매수회사로 합병법인을 피매수회사로 회계처리하는 경우에도 법인세법상 납세의무는 상법에 의한 합병법인 또는 피합병법인을 기준으로 판단함.

3. 합병 세무

합병이란 두 개 이상의 회사가 상법의 절차에 따라 청산절차를 거치지 않고 합쳐지면서 합병법인이 소멸하는 회사의 권리의무를 포괄적으로 승계하고 그 대가로 합병법인의 주식을 교부하는 거래로서 합병당사법인 및 합병당사법인의 주주에 대해서도 다양한 세무문제가 발생한다.

이 중 합병세무에서 가장 중요한 것은 적격합병요건 해당 여부의 판단이다. 적격합병에 해당되지 아니하는 경우 자산양도소득에 대한 과세 및 승계대상 자산의 취득세, 의제배당 등의 과세가 발생하기 때문에 합병시 적격합병 여부를 충분히 검토할 필요가 있다.

가. 적격합병요건

법인세법상 과세특례를 적용받는 적격합병요건은 다음 각 호의 요건을 모두 갖춘 합병의 경우이다. 다만, 부득이한 사유가 있는 경우에는 제2호 · 제3호 또는 제4호의 요건을 갖추지 못한 경우에도 적격합병으로 보아 양도손익이 없는 것으로 할 수 있다[542].

구 분	적격합병요건
사업목적 합병	1. **합병등기일 현재 1년 이상 사업을 계속하던 내국법인 간**의 합병일 것. 다만, 다른 법인과 합병하는 것을 유일한 목적으로 하는 기업인수목적회사[543]의 경우는 제외한다.
지분의 연속성	2. 피합병법인의 주주등이 합병으로 인하여 받은 **합병대가의 총합계액 중 합병법인의 주식등의 가액이** 80% **이상**이거나 **합병법인의 모회사**(합병등기일 현재 합병법인의 발행주식총수 또는 출자총액을 소유하고 있는 내국법인)**의 주식등의 가액이** 80% **이상**인 경우로서, 그 주식등이 지분비율* 대로 배정되고, 피합병법인의 주요 지배주주 등이 합병등기일이 속하는 사업연도의 종료일까지 그 주식등을 보유할 것 * 피합병법인의 주요 지배주주 등에 대해서는 일정한 가액(합병교부주식 등의 총합계액×일정 지배주주 등의 피합병법인에 대한 지분율) 이상 주식 등으로 배정
사업의 계속성	3. 합병법인이 합병등기일이 속하는 사업연도의 종료일까지 피합병법인으로부터 승계받은 사업을 계속할 것
고용승계비율 유지	4. **합병등기일 1개월 전** 당시 피합병법인에 종사하는 대통령령으로 정하는 근로자 중 합병법인이 승계한 **근로자의 비율이** 80% **이상**이고, 합병등기일이 속하는 사업연도의 종료일까지 그 비율을 유지할 것(2018.1.1. 이후 합병하는 분부터 적용함)

542) 법인세법 제44조 제2항

543) 「자본시장과 금융투자업에 관한 법률 시행령」 제6조 제4항 제14호에 따른 기업인수목적회사

1) 1년 이상 사업계속의 의미

과세특례 요건 중 1년 이상 사업을 계속하던 법인의 의미는 합병당사자 모두 1년 이상 사업을 계속적으로 영위한 법인으로 매출의 존재 여부와는 상관없이 법인의 목적사업을 영위한 기간으로 판단한다.

구 분	유권해석
목적사업 중단 없이 영위	내국법인이 법인등기부상의 목적사업인 부동산임대업을 합병등기일로부터 소급하여 1년 이상 휴업 등 사업을 중단한 바 없이 영위한 경우에는 「법인세법」 제44조 제2항 제1호에서 규정하고 있는 "합병등기일 현재 1년 이상 사업을 계속하던 내국법인"에 해당하는 것임(사전법령법인-583, 2017.2.2.).
매출 존재 여부	'연구 및 개발업' 등을 목적사업으로 하는 법인이 '연구 및 개발업'에서 매출이 발생하지는 않았으나, 합병등기일로부터 소급하여 1년 이상 수명의 연구원을 고용하여 실제 '연구 및 개발업'을 영위한 경우에는 상기 『합병등기일 현재 1년 이상 계속하여 사업을 영위하던 법인』으로 볼 수 있는 것이나, 귀 질의가 이에 해당하는지 여부는 사실판단하여야 함(서면2팀-216, 2008.1.31.). 상속재산인 비상장주식을 평가함에 있어서 당해 주식발행 법인이 상속세법 시행령 제5조 제5항 제1호 (나)목 단서 규정의 '휴업 중에 있는 법인'에 해당하는지의 여부는 사업실적에 불구하고 사업을 운영하고 있는지의 여부에 대하여 소관 세무서장이 구체적인 사실을 조사하여 판단하는 것임(재산 01254-141, 1990.1.17.).
분할신설법인인 경우	분할신설법인이 다른 법인과 합병하는 경우 1년 이상 계속하여 사업을 영위하였는지 여부는 분할법인의 분할 전 사업영위기간을 포함하여 계산하는 것임(법인-699, 2011.9.23.).
현물출자 법인전환시	적격합병 판단시 사업영위기간조건인 '5년(현재 1년) 이상 계속하여 사업을 영위한 내국법인'에서 현물출자방식으로 법인전환한 개인사업자의 법인전환전의 사업기간은 포함하지 아니함(서면법인-4418, 2016.11.9.).

2) 합병대가의 80% 이상 주식교부비율 판단

주식교부비율 = 합병대가 중 합병등기일 현재 합병법인의 주식 등 또는 합병법인 모회사의 주식 등의 가액 / 합병대가의 총 합계액(*) ≥ 80%

(*) 피합병법인의 주주 등이 받은 합병대가의 총 합계액 = 합병등기일 현재 합병주식 등의 가액 및 금전 등 그 밖의 재산가액의 합계액

가) 주식 등의 가액은 시가로 계산

합병대가 중 주식가액이 80% 이상인지의 여부는 합병등기일 현재의 시가로 판단한다. 즉, 내국법인간 합병에 따른 「법인세법」 제44조 제2항 제2호 요건을 적용함에 있어 합병대가의 총합계액에 포함되는 주식 등의 가액은 시가에 의하는 것으로, 해당 주식이 같은 법 시행령 제89조 제1항에 의한 시가가 불분명한 경우 상속세 및 증여세법상 보충적인 평가방법에 따라 산정한 가액으로 한다[544].

나) 포합주식 등이 있는 경우

"합병포합주식등"이란

합병법인이 **합병등기일** 전 취득한 피합병법인의 주식 등(신설합병 또는 3 이상의 법인이 합병하는 경우 피합병법인이 취득한 다른 피합병법인의 주식 등을 포함)을 의미한다.

주식교부비율 요건에서 "합병대가의 총합계액"이란, 합병법인으로부터 합병으로 인하여 피합병법인의 주주등이 지급받는 합병법인 또는 합병법인의 모회사의 주식등(이하 "합병교부주식등"이라 함)의 가액 및 금전이나 그 밖의 재산가액의 합계액으로 하되, 합병법인이 합병등기일 전 취득한 합병포합주식등이 있는 경우에는 그 합병포합주식등에 대하여 합병교부주식등을 교부하지 아니하더라도 그 지분비율에 따라 합병교부주식등을 교부한 것으로 보아 합병교부주식등의 가액을 계산한다[545].

다만, 합병법인이 합병등기일 전 2년 내에 취득한 합병포합주식등이 있는 경우에는 그 합병포합주식 등에 대하여 합병교부주식 등을 교부하지 아니하더라도 그 지분비율에 따라 다음의 금전을 교부한 것으로 보아 합병교부주식 등의 가액을 계산한다. 이 경우 신설합병 또는 3 이상의 법인이 합병하는 경우로서 피합병법인이 취득한 다른 피합병법인의 주식등이 있는 경우에는 그 다른 피합병법인의 주식등을 취득한 피합병법인을 합병법인으로 보아 다음 각 호를 적용하여 계산한 금액을 금전으로 교부한 것으로 한다[546].

1. 합병법인이 **합병등기일** 현재 피합병법인의 지배주주가 아닌 경우: 합병법인이 합병등기일 전 2년 이내에 취득한 피합병법인의 주식이 피합병법인의 발행주식총수의 20%를 초과하는 경우 그 초과하는 주식의 가액

544) 유권해석(법인-88, 2012.1.27.)
545) 법인세법 시행령 제80조 제1항 제2호 가목
546) 법인세법 시행령 제80조의 2 제3항

2. 합병법인이 합병등기일 현재 피합병법인의 지배주주인 경우: 합병등기일 전 2년 이내에 취득한 주식의 가액

이는 2012.2.2. 시행령 개정 시 합병(분할합병)포합주식에 대해 합병교부주식의 지급 여부에 따라 합병과세특례 요건 충족 여부가 달라지는 문제점을 보완하기 위하여, 주식 배정기준의 판단 시 합병(분할합병)포합주식에 대해 합병교부주식을 지급하지 않더라도 지급한 것으로 보도록 개정하였으며, 동 개정규정은 2012.2.2. 이후 최초로 합병(분할합병)하는 분부터 적용한다.

| 포합주식 존재 시 80% 여부 판단 예시 |

구 분	교부비율 판단〔법인세법 집행기준 44-0-3의 2〕
합병법인이 피합병법인의 주주에게 합병대가 150 지급 - 피합병법인 주주(합병법인 제외) : 100 지급 - 합병법인(포합주식 보유, 지배주주) : 50 지급 • 합병등기일로부터 2년 이내 취득한 주식 : 30 • 합병등기일로부터 2년 전에 취득한 주식 : 20	
합병포합주식 등에 합병신주 교부시	$\frac{\text{합병대가 중 주식가액} - \text{2년 이내 취득한 포합주식가액*}}{\text{합 병 대 가}}$ * 지배주주 등이 아닌 경우 20%를 초과하는 주식 등의 가액 $\Rightarrow \frac{\text{주식 150} - \text{2년 이내 포합주식 30}}{\text{합병대가 150}} = 80\%$(적격)
합병포합주식 등에 합병신주 미교부시	$\frac{\text{합병대가 중 주식가액} + \text{포합주식 가액} - \text{2년 이내 포합주식가액*}}{\text{합병대가} + \text{포합주식가액}}$ $\Rightarrow \frac{\text{주식 100} + \text{교부간주 50} - \text{2년 이내 포합주식 30}}{\text{합병대가 100} + \text{교부간주 50}} = 80\%$(적격)

다) 교부비율 80% 및 지분비율대로 배정 여부 판단 시 주의사항

합병대가의 총합계액 중 교부받는 주식 등에 대한 판단에 다양한 상황이 발생할 수 있는데 이에 대한 예시적인 주의사항은 다음과 같이 해석하고 있다.

구 분	유권해석
① 신주 미발행시	합병법인이 피합병법인을 흡수합병하면서 「자본시장과 금융투자업에 관한 법률 시행령」 제176조의 5에 따라 산정한 피합병법인의 1주당 합병가액이 '0'에 미달하여 합병신주를 발행하지 않은 경우라 하더라도 「법인세법」 제44조 제2항 각호 또는 제3항의 요건을 충족하지 못한 경우에는 합병과세특례를 적용할 수 없는 것임(서면법인-3144, 2016.5.18.).
② 우선주 등 존재시	Ⓐ 주식 등 가액에 우선주 포함 "합병법인 등의 주식등의 가액이 100분의 80 이상이거나 합병법인의 모회사의 주식등의 가액이 100분의 80 이상인 경우"요건 중 **주식등의 가액에는 우선주의 가액을 포함하는 것임**(서면법인-2756, 2016.4.8.). Ⓑ 종류주식별 지분비율대로 배정요건 판단 주권상장법인이 다른 내국법인을 합병하면서 주식의 종류별로 자본시장법에 의하여 산정된 합병가액에 따라 합병교부주식을 교부하는 경우에는 **해당 주식의 종류별로 지분의 연속성 요건(지분비율대로 배정요건) 판단**(사전법령법인-187, 2015.8.31.)
③ 2개 이상 법인 합병시	내국법인이 동시에 2개 이상의 법인을 합병하는 경우 합병법인이 피합병법인을 각각 합병한 것으로 보아 적격합병 여부를 판정함(법인-1016, 2010.10.29.). 내국법인 A, B, C 간에 지배구조의 재편이 이루어지는 경우로서, A를 합병법인으로 B, C를 피합병법인으로 하여 동일자에 합병이 이루어지는 경우에는 A가 B와 C를 **각각 합병**하는 것으로 보아 적격합병 해당 여부를 판단하는 것임(법규법인 2014-478, 2014.11.14.).
④ 단주대금 지급시	피합병법인의 주주가 합병으로 받은 주식을 피합병법인에 대한 지분비율로 배정함으로써 단주가 발생한 경우 그 단주를 상법에 따라 처리한 단주처리대금과 주식배정 외에 다른 대가 지급이 없는 때에는 적격합병으로 봄(법인-508, 2011.7.25.).
⑤ 불공정 합병시	「상속세 및 증여세법」 제63조 및 같은 법 시행령 제54조에 따라 평가한 1주당 주식평가액이 0원인 내국법인을 합병법인으로 하고 다른 내국법인을 피합병법인으로 하여 합병하는 때에, 피합병법인의 주주에게 합병대가를 전부 합병법인의 주식으로 지급하는 것은 「법인세법」 제44조 제2항 제2호의 "피합병법인의 주주 등이 합병으로 인하여 받은 합병대가의 총합계액 중 합병법인의 주식 등의 가액이 100분의 80 이상"을 충족하는 것임(재법인-56, 2016.1.21.). [저자주]: 이는 불공정비율로 합병한 경우이지만, **합병대가를 전부 주식으로 교부받은 경우 '합병대가의 총합계액 중 합병법인의 주식 등의 가액이 100분의 80 이상'을 충족하는 것으로 해석하고 있지만,** 전부 주식으로 교부하지 아니하는 경우에는 80% 이상 교부비율의 판단은 시가로 하기 때문에 충족하지 못하는 경우도 있을 수 있다.

구 분	유권해석
⑥ 포합주식 할증평가 여부	합병당사법인의 합병직전 순자산가액을 평가하는 경우에 합병법인이 보유하는 피합병법인의 주식가액에 대하여는 최대주주 할증평가 규정이 적용되지 아니함(서면-2014-법인-20902, 2015.9.16.). 합병당사법인들에 대해 상증법상 보충적 평가방법에 따라 주식을 평가하여 합병비율을 산정하는 경우 피합병법인이 최대주주로서 보유하고 있는 합병법인의 주식에 대하여 상증법상 할증평가 규정이 적용되지 않음(법인세과-661, 2011.9.8.).

3사 합병 시 적격합병 여부 판단

유권해석(법규법인 2014-478, 2014.11.14.)

1. 사실관계

• A법인이 발행한 보통주 100%를 B지주회사가 보유하고 있고, B지주회사의 발행 보통주 중 10%는 정부가 나머지 90%는 C공사가 보유 중

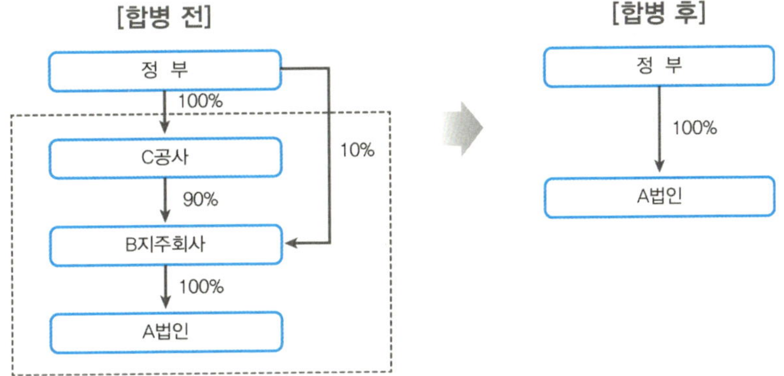

• 정부는 위 3社의 통합을 위해 관련법을 전부 개정하고

- 이에 따라 위 3社는 2014.○.○.자를 합병등기일로 하여 합병

2. 질의내용

① 지배종속관계에 있는 3개 회사가 합병하면서 피합병법인이 보유한 다른 피합병법인 주식을 승계하여 소각하는 경우 적격합병 해당 여부

② 합병법인이 피합병법인으로부터 승계한 주식이 자기주식이 되어 소각되는 경우 관련 세무조정사항(지분법평가이익 익금불산입)의 처리

③ 3개 회사가 합병하면서 합병법인이 피합병법인의 주주인 다른 피합병법인에게 신주를 배정하지 않은 경우 부당행위 해당 여부

3. 회신

① 정부가 직·간접으로 출자한 내국법인 A, B, C 간에 정부시책에 따라 지배구조의

재편이 이루어지는 경우로서, A를 합병법인으로 B, C를 피합병법인으로 하여 동일자에 합병이 이루어지는 경우에는 A가 B와 C를 각각 합병하는 것으로 보아 법인세법 제44조 제2항 각호의 충족 여부를 판단하는 것임.

이때 B와 A가 완전모자회사 관계에 있고, C가 B의 주주인 상황에서, 완전자회사인 A가 완전모회사인 B를 합병하면서 합병대가로 합병신주만을 발행하는 경우로서 B의 주주 중 C에게는 합병신주를 발행하지 않고 다른 주주인 정부에게는 지분비율대로 합병신주를 발행하고, A가 C를 합병함으로써 승계한 B법인 주식을 소각하는 경우에는 법인세법 제44조 제2항 제2호 및 제3호의 요건을 충족한 것으로 보는 것이며, A가 C에게 합병신주를 발행하지 않은 것은 법인세법 제52조에 따른 부당행위계산부인 대상에 해당하지 아니하는 것임.

② 한편, A가 C를 합병하면서 B법인 주식을 승계하였으나 동일자로 B가 A에 합병되어 소멸함으로써 B법인 주식이 소각되는 경우, B법인 주식의 세무조정 승계액(지분법평가이익 익금불산입)은 익금 또는 손금에 산입하지 아니하고 소멸하는 것임.

3) "주요 지배주주 등"의 의미

적격합병의 경우 피합병법인의 주요 지배주주 등은 합병등기일이 속하는 사업연도의 종료일까지 그 주식등을 보유하여야 한다. 단, 부득이한 사유(다음 "6) 부득이한 사유" 참고)가 있는 경우 예외로 한다.

가) 지배주주 등의 범위

"지배주주 등"이란 법인의 발행주식총수 또는 출자총액의 100분의 1 이상을 소유한 주주등으로서 그와 특수관계에 있는 자와의 소유주식 또는 출자지분의 합계가 해당 법인의 주주등 중 가장 많은 경우의 해당 주주 등을 말한다[547].

| 특수관계자 범위 |

"특수관계에 있는 자"란 해당 주주등과 다음 각 호의 어느 하나에 해당하는 관계에 있는 자를 말한다[548].

주주등	특수관계자
개인인 경우	가. 친족(「국세기본법 시행령」 제1조의 2 제1항에 해당하는 자) 나. 임원의 임면권의 행사, 사업방침의 결정 등 당해 법인의 경영에 대하여 사실상 영향력을 행사하고 있다고 인정되는 자(「상법」 제401조의 2 제1항의 규정에 의하여

547) 법인세법 시행령 제43조 제7항
548) 법인세법 시행령 제43조 제8항

주주등	특수관계자
	이사로 보는 자를 포함)와 그 친족의 관계에 있는 법인 다. 해당 주주등과 가목 및 나목에 해당하는 자가 발행주식총수 또는 출자총액의 100분의 30 이상을 출자하고 있는 법인 라. 해당 주주등과 그 친족이 이사의 과반수를 차지하거나 출연금(설립을 위한 출연금에 한한다)의 100분의 30 이상을 출연하고 그 중 1명이 설립자로 되어 있는 비영리법인 마. 다목 및 라목에 해당하는 법인이 발행주식총수 또는 출자총액의 100분의 30 이상을 출자하고 있는 법인
법인인 경우 (제3호 제외)	1. 임원의 임면권의 행사, 사업방침의 결정 등 당해 법인의 경영에 대하여 사실상 영향력을 행사하고 있다고 인정되는 자(「상법」 제401조의 2 제1항의 규정에 의하여 이사로 보는 자를 포함)와 그 친족 2. 주주 등(소액주주 등을 제외)과 그 친족 3. 법인의 임원·사용인 또는 주주 등의 사용인(주주 등이 영리법인인 경우에는 그 임원을, 비영리법인인 경우에는 그 이사 및 설립자를 말한다)이나 사용인외의 자로서 법인 또는 주주 등의 금전 기타 자산에 의하여 생계를 유지하는 자와 이들과 생계를 함께 하는 친족 4. 해당 법인이 직접 또는 그와 제1호부터 제3호까지의 관계에 있는 자를 통하여 어느 법인의 경영에 대하여 지배적인 영향력을 행사하고 있는 경우 그 법인 5. 해당 법인이 직접 또는 그와 제1호부터 제4호까지의 관계에 있는 자를 통하여 어느 법인의 경영에 대하여 지배적인 영향력을 행사하고 있는 경우 그 법인 6. 당해 법인에 100분의 30 이상을 출자하고 있는 법인에 100분의 30 이상을 출자하고 있는 법인이나 개인 7. 당해 법인이 「독점규제 및 공정거래에 관한 법률」에 의한 **기업집단에 속하는 법인인 경우 그 기업집단에 소속된 다른 계열회사 및 그 계열회사의 임원**

나) "주요 지배주주 등"의 판단

여기 적격합병요건에서 "주요 지배주주 등"이란 지배주주 등에서 다음의 자를 제외한 자를 말한다[549].

1. 친족 중 4촌 이상의 혈족 및 인척
2. 합병등기일 현재 피합병법인에 대한 지분비율이 1% 미만이면서 시가로 평가한 그 지분가액이 10억원 미만인 자
3. 자본시장과 금융투자업에 관한 법률 시행령 제6조 제4항 제14호 각 목의 요건을 갖춘 기업인수목적회사와 합병하는 피합병법인의 지배주주 등인 자

549) 법인세법 시행령 제80조의 2 제5항

4) 사업의 계속성의 의미

사업의 계속성 요건이란 합병법인이 합병등기일이 속하는 사업연도의 종료일까지 피합병법인으로부터 승계받은 사업을 계속하여야 하는 것을 말한다. 이때 합병법인이 합병등기일이 속하는 사업연도의 종료일 이전에 피합병법인으로부터 승계한 **자산가액**[유형자산, 무형자산 및 투자자산의 가액을 말한다. 이하 제6관 합병 및 분할 등에 관한 특례(제80조~제86조) 및 제156조(구분경리) 제2항에서 같다]의 2분의 1 이상을 처분하거나 사업에 사용하지 아니하는 경우에는 사업의 계속성 요건에 해당하지 아니하는 것으로 한다.

다만, 피합병법인이 보유하던 합병법인의 주식을 승계받아 자기주식을 소각하는 경우에는 해당 합병법인의 주식을 제외하고 피합병법인으로부터 승계받은 **자산**을 기준으로 사업을 계속하는지 여부를 판정하되, 승계받은 자산이 합병법인의 주식만 있는 경우에는 사업을 계속하는 것으로 본다[550].

여기서 사업계속성 요건 및 사후관리 중 승계받은 사업의 폐지 여부 판정기준인 승계받은 자산가액의 2분의 1 이상 처분 여부를 판정할 때 자산은 합병으로 **승계한 전체 자산**을 말한다. 즉 개별 사업부별 자산이나, 전체 사업에 사용되는 자산을 기준으로 판단해서는 안 된다.

구 분	자산의 2분의 1 이상 처분 여부 판정기준 "자산"
자산 정의 (합병, 분할 등 특례규정)	승계받은 "자산"이란 투자자산, 유형자산, 무형자산을 말한다. (2019.2.12. 개정)
피합병법인 보유 합병법인 주식(자기주식)	승계받은 자기주식은 자산에 포함되나, 소각하는 경우 자산에서 제외
자산의 2분의 1 판단기준	• 개별 사업부별 자산으로 판단 (×) • 전체 사업부의 사업에 사용자산으로 판단 (×) • 승계받은 전체 사업부의 자산으로 판단 (○)

| 자산(구, 고정자산) 기준 판단 유권해석 |

○ 서면법인-4070, 2016.8.24.

「법인세법」 제44조 제2항 제3호 및 같은 법 시행령 제80조의 2 제6항에 따른 승계받은 사업 계속 여부를 판단할 때, 합병법인이 피합병법인으로부터 승계받은 자기주식은 같은 항의 "피합병법인으로부터 승계한 고정자산"에 해당하는 것이나, **해당 자기주식을 소각**

550) 법인세법 시행령 제80조의 2 제7항

하는 경우에는 이를 제외하고 피합병법인으로부터 승계받은 고정자산을 기준으로 사업 계속 여부를 판단하는 것임(서면-2014-법령해석법인-21057(2015.6.18.).

○ 사전법령법인-406, 2017.1.26.

「법인세법 시행령」 제80조의 2 제6항 또는 제80조의 4 제8항을 준용하여 분할신설법인이 분할법인으로부터 승계받은 사업의 계속 여부를 판정할 때에는 분할신설법인이 분할법인으로부터 **승계받은 모든 고정자산을 기준**으로 고정자산가액의 2분의 1 이상을 계속 보유하고 사업에 사용하는 경우 승계받은 사업을 계속하는 것으로 보는 것임.

5) 고용승계비율 유지요건의 근로자

적격합병요건에서 "대통령령으로 정하는 근로자"란 「근로기준법」에 따라 근로계약을 체결한 내국인 근로자를 말한다. 다만, 다음 각 호의 어느 하나에 해당하는 근로자는 제외한다[551].

1. 다음에 해당하는 임원
   ㉮ 법인의 회장, 사장, 부사장, 이사장, 대표이사, 전무이사 및 상무이사 등 이사회의 구성원 전원과 청산인
   ㉯ 합명회사, 합자회사 및 유한회사의 업무집행사원 또는 이사
   ㉰ 유한책임회사의 업무집행자
   ㉱ 감사
   ㉲ 그 밖에 제1호부터 제4호까지의 규정에 준하는 직무에 종사하는 자
2. 합병등기일이 속하는 사업연도의 종료일 이전에 「고용상 연령차별금지 및 고령자고용촉진에 관한 법률」 제19조에 따른 정년이 도래하여 퇴직이 예정된 근로자
3. 합병등기일이 속하는 사업연도의 종료일 이전에 사망한 근로자 또는 질병 · 부상 등 「고용보험법 시행규칙」 별표 2 제9호에 해당하는 사유로 퇴직한 근로자
4. 「소득세법」 제14조 제3항 제2호에 따른 일용근로자
5. 근로계약기간이 6개월 미만인 근로자. 다만, 근로계약의 연속된 갱신으로 인하여 합병등기일 1개월 전 당시 그 근로계약의 총 기간이 1년 이상인 근로자는 제외한다.
6. 금고 이상의 형을 선고받는 등 「고용보험법」 제58조 제1호[552]에 해당하는 근로자의

551) 법인세법 시행령 제80조의 2 제6항

552) 개선사항: 고용보험법 제58조 제2호에 따른 자기 사정으로 퇴직한 근로자(자발적 퇴사자)는 제외되지 아니함에 따라 고용승계유지비율의 충족에 애로점이 발생하고 있는 상태이다. 이는 인위적인 구조조정을 못하게 하고자 했던 입법취지와 다른 상황이 발생하고 있어 이에 대한 개선책이 필요한 상태이다.

중대한 귀책사유로 퇴직한 근로자

6) 부득이한 사유

적격합병요건 및 사후관리 요건에서 다음과 같은 부득이한 사유가 발생할 경우 예외적으로 요건을 충족하는 것으로 한다.

가) 주요 지배주주 등의 주식 보유의무 관련 부득이한 사유

다음의 각 호의 경우는 피합병법인의 주요 지배주주가 교부받은 주식 등을 보유하여야 하는 요건의 예외로 한다[553].

가. 해당 주주등이 합병으로 교부받은 **전체 주식등의 2분의 1 미만을 처분한 경우**. 이 경우 해당 주주등이 합병으로 교부받은 주식등을 서로 간에 처분하는 것은 해당 주주등이 그 주식등을 처분한 것으로 보지 않고, 해당 주주등이 합병법인 주식등을 처분하는 경우에는 **합병법인이 선택한 주식등을 처분하는 것**으로 본다.
나. 해당 주주등이 **사망**하거나 파산하여 주식등을 처분한 경우
다. 해당 주주등이 적격합병, 적격분할, 적격물적분할 또는 적격현물출자에 따라 주식등을 처분한 경우
라. 해당 주주등이 「조세특례제한법」 제37조 · 제38조 · 제38조의 2 또는 제121조의 30에 따라 주식등을 포괄적으로 양도, 현물출자 또는 교환 · 이전하고 과세를 이연받으면서 주식등을 처분한 경우
마. 해당 주주등이 「채무자 회생 및 파산에 관한 법률」에 따른 회생절차에 따라 법원의 허가를 받아 주식등을 처분하는 경우
바. 해당 주주등이 「조세특례제한법 시행령」 제34조 제6항 제1호에 따른 기업개선계획의 이행을 위한 약정 또는 같은 항 제2호에 따른 기업개선계획의 이행을 위한 특별약정에 따라 주식등을 처분하는 경우
사. 해당 주주등이 법령상 의무를 이행하기 위하여 주식등을 처분하는 경우

553) 법인세법 시행령 제80조의 2 제1항 제1호

나) 사업의 계속성 관련 부득이한 사유

다음의 각 호의 경우는 합병법인이 피합병법인으로부터 승계받은 사업을 계속하여야 하는 요건의 예외로 한다[554].

가. 합병법인이 파산함에 따라 승계받은 자산을 처분한 경우
나. 합병법인이 적격합병, 적격분할, 적격물적분할 또는 적격현물출자에 따라 사업을 폐지한 경우
다. 합병법인이 「조세특례제한법 시행령」 제34조 제6항 제1호에 따른 기업개선계획의 이행을 위한 약정 또는 같은 항 제2호에 따른 기업개선계획의 이행을 위한 특별약정에 따라 승계받은 자산을 처분한 경우(2018.2.13. 이후 기업개선계획의 이행을 위한 약정 등에 따라 자산을 처분하는 분부터 적용함)
라. 합병법인이 「채무자 회생 및 파산에 관한 법률」에 따른 회생절차에 따라 법원의 허가를 받아 승계받은 자산을 처분한 경우

다) 고용승계비율 유지 관련 부득이한 사유

다음의 각 호의 경우는 고용승계비율 유지요건의 예외로 한다[555].

가. 합병법인이 「채무자 회생 및 파산에 관한 법률」 제193조에 따른 회생계획을 이행 중인 경우
나. 합병법인이 파산함에 따라 근로자의 비율을 유지하지 못한 경우
다. 합병법인이 적격합병, 적격분할, 적격물적분할 또는 적격현물출자에 따라 근로자의 비율을 유지하지 못한 경우
라. 합병등기일 1개월 전 당시 피합병법인에 종사하는 「근로기준법」에 따라 근로계약을 체결한 내국인 근로자가 5명 미만인 경우

554) 법인세법 시행령 제80조의 2 제1항 제2호(합병교부주식 처분순서 규정은 2019.2.12 이후 주식을 처분하는 분부터 적용)
555) 법인세법 시행령 제80조의 2 제1항 제3호

나. 완전모자법인 간 또는 완전자법인 간 합병 시 적격 여부

1) 양도손익 과세특례

다음 각 호의 어느 하나에 해당하는 경우에는 상기 "가. 적격합병요건"을 충족하지 못한 경우에도 피합병법인의 해산에 따른 양도손익은 없는 것으로 하여 합병과세특례신청서와 자산조정계정명세서를 피합병법인의 납세지 관할 세무서장에게 제출하여 과세이연을 시킬 수 있으며, 이 경우도 법인세법상 적격합병에 해당된다[556].

1. 내국법인이 발행주식총수 또는 출자총액을 소유하고 있는 다른 법인을 합병하거나 그 다른 법인에 합병되는 경우
2. 동일한 내국법인이 발행주식총수 또는 출자총액을 소유하고 있는 서로 다른 법인 간에 합병하는 경우(2017.1.1. 이후 합병시부터 적용)

즉, 완전모자법인 간 신주를 발행하지 아니하는 무증자합병을 하더라도 양도손익에 대한 과세특례를 적용받을 수 있는 것이다.

2) 완전모자법인 간 합병 등의 사후관리

완전모자회사 간 합병 및 완전자회사 간 합병 시 양도손익이 없는 것으로 한 경우 적격합병요건을 갖추지 아니하더라도 합병법인은 피합병법인의 자산을 장부가액으로 양도받은 것으로 하여 자산조정계정 설정과 피합병법인의 이월결손금, 세무조정사항, 감면・세액공제 승계 등 적격합병 혜택을 적용받을 수 있다. 이 경우 사후관리 위반사유가 발생하더라도 위반에 따르는 세무처리는 적용하지 아니한다[557].

다. 합병당사자별 과세체계 및 세무요약

1) 합병과세체계

합병 시 피합병법인을 흡수합병하면서 지급하는 합병대가(양도가액)와 피합병법인의 순자산 시가와의 차이에 따른 적격합병과 비적격합병 시 합병법인과 피합병법인별 과세체계를 도해하면 다음과 같다.

---

556) 법인세법 제44조 제3항
557) 법인세법 제44조의 3 제3항

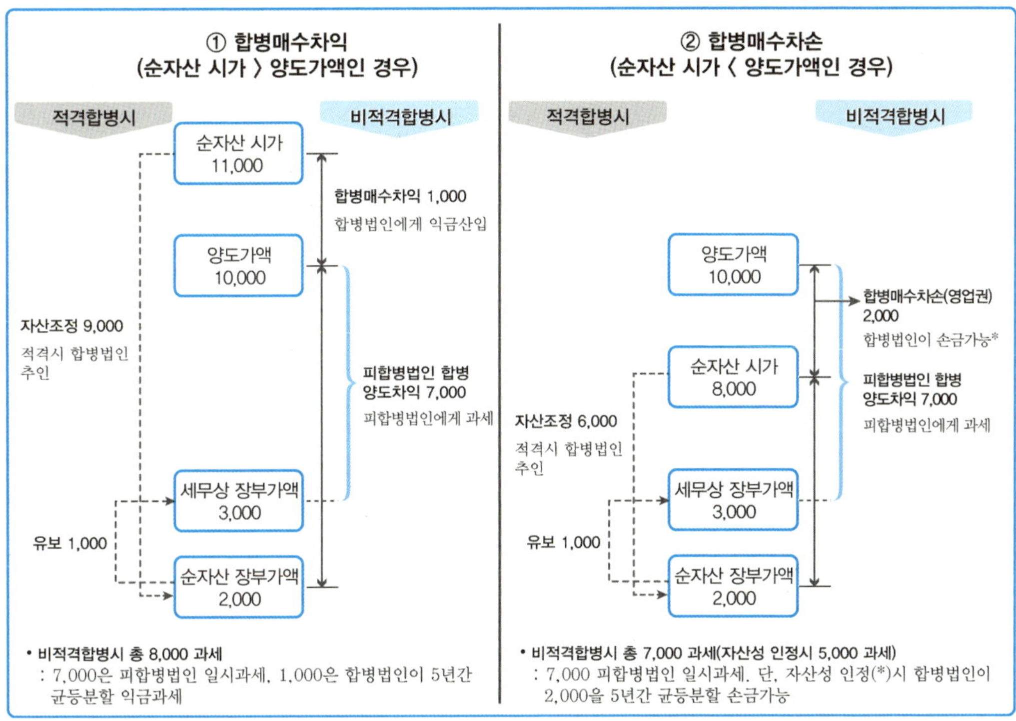

상기 합병과세체계에 합병주주의 세무까지 고려하면 합병세무관련 합병당사자별 세무를 모두 이해하게 되는 것이다.

| 불공정합병에 따른 합병 당사자별 과세 도해 |

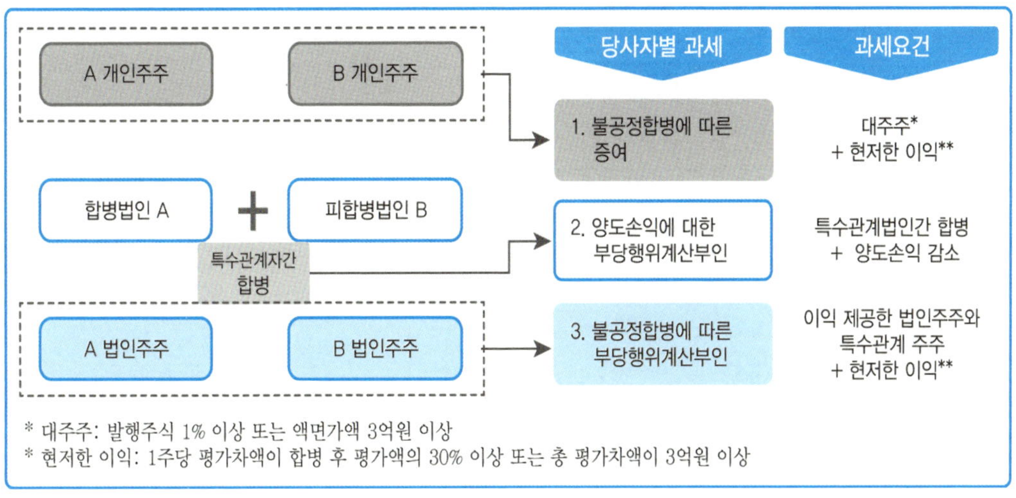

2) 합병당사자별 세무요약

합병당사자별 과세체계에 따른 주요 세무사항을 적격합병요건을 충족하여 과세이연하는 경우와 비적격합병의 경우로 나누어서 요약·정리하면 다음과 같다.

당사자	세목	적격합병	비적격합병
합병법인	승계한 순자산의 평가	순자산 장부가액 (자산조정계정 설정)	순자산 시가
	합병매수차익(손)의 발생 여부	해당사항 없음	발생
	피합병법인의 세무조정사항 승계	모두 승계	일부 승계
	피합병법인의 이월결손금 승계 여부	승계	미승계
	합병법인의 이월결손금 공제 제한	제한	해당사항 없음
	피합병법인의 세액공제·감면 승계	승계	미승계
	합병으로 인한 취득세 등	50%(중소기업간 등 합병 60%) 경감 (자본등록세 과세)	과세
피합병 법인	양도손익에 대한 법인세	과세특례신청 가능	과세
	의제사업연도에 대한 법인세신고	해당	해당
	부가가치세 대상 여부	해당 여부 판단	해당 여부 판단
	유가증권 양도의 증권거래세	면제(신청시)	과세
합병법인 주주	불공정합병시 증여의제	해당시 과세	해당시 과세
	불공정합병시 부당행위계산부인	해당시 과세	해당시 과세
	과점주주 취득세	비상장법인 주주 과세(코스닥 85% 면제)	
	합병차익 자본전입시 의제배당과세	과세	해당사항 없음
피합병 법인주주	합병시 의제배당과세	주식 교부시 제외	해당시 과세
	불공정합병시 증여의제	해당시 과세	해당시 과세
	불공정합병시 부당행위계산부인	해당시 과세	해당시 과세

위와 같이 적격합병인 경우와 비적격인 경우 조세부담의 차이로 과세특례의 적용 여부가 매우 중요하게 되는 것이다.

라. 합병법인의 세무

1) 승계한 순자산의 평가[자산조정계정·합병매수차손익]

법인세법은 합병법인이 합병으로 피합병법인의 순자산을 승계한 경우에는 그 순자산을 피합병법인으로부터 합병등기일 현재의 시가로 양도받은 것으로 보며, 이에 따라 발생하는 합병매수차익・차손은 5년간 균등 분할하여 익금 또는 손금에 산입한다. 따라서 승계받은 순자산의 평가는 시가평가가 원칙이다.

따라서, 합병시 회계상 계상된 피합병법인의 순자산 가액과 순자산의 시가에 차이가 있는 경우에는 우선적으로 다음과 같은 합병세무조정이 필요하다.

구 분	합병세무조정
회계상 승계가액 〉 순자산 시가	손금산입 **(유보)/손금불산입 **(기타)
	해당 자산을 상각하거나 처분하는 경우 추인
회계상 승계가액 〈 순자산 시가	익금산입 **(유보)/익금불산입 **(기타)
	해당 자산을 상각하거나 처분하는 경우 추인

| 합병・인적분할에 따라 취득한 자산의 취득가액 연혁[558] |

구 분	2010.7.1. 이전	2010.7.1. 이후 합병・분할 분부터
적격합병 또는 적격인적분할	장부에 계상한 출자가액 또는 승계가액. 다만, 그 가액이 시가를 초과하는 경우에는 그 초과금액을 제외하고, 금융회사 등의 금전채권 등의 경우에는 피합병법인 등의 장부가액으로 한다.	종전 피합병법인 등의 장부가액
그 밖의 경우		해당 자산의 시가

순자산 시가평가의 오해

실무상 적격합병요건 등을 충족하여 양도손익이 없는 것으로 신고하는 경우 향후 사후관리요건에 위배가 되지 않는다는 확신하에서 순자산에 대한 시가평가를 생략하는 경우가 있는데 이는 장부가액 승계에 따른 자산조정계정의 추인은 과세소득신고가액에 영향이 없다는 일차적인 생각만을 한 오판에서 기인하고 있다.

하지만, 세무관리 목적상 순자산의 합병등기일 시가평가는 반드시 필요하다. 왜냐하면, 2012.2.2. 시행령 개정 시 합병차익의 자본전입 중 자산조정계정에 대한 자본전입은 의제배당으로 과세하도록 개정하였기 때문에 자산조정계정을 반드시 정확하게 시가평가된 가액으로 신고 및 관리하여야 하는 이유이다.

558) 법인세법 시행령 제72조 제2항 제3호

가) 적격합병시 자산조정계정

합병법인이 적격합병요건을 충족하는 경우와 완전모자법인 간 합병 등에 양도손익이 없는 것으로 신고한 경우(피합병법인의 자산을 장부가액을 양도받은 경우) 양도받은 자산 및 부채의 가액을 합병등기일 현재의 시가로 계상하되, 시가에서 피합병법인의 장부가액(세무조정사항이 있는 경우에는 그 세무조정사항 중 익금불산입액은 더하고 손금불산입액은 뺀 가액으로 한다)을 뺀 금액이 0보다 큰 경우에는 그 차액을 익금에 산입하고 이에 상당하는 금액을 자산조정계정으로 손금에 산입하며, 0보다 작은 경우에는 시가와 장부가액의 차액을 손금에 산입하고 이에 상당하는 금액을 자산조정계정으로 익금에 산입한다[559].

자산조정계정= 합병등기일 현재 순자산 시가 − 피합병법인의 세무상 장부가액 ± 승계받은 세무조정사항 중 해당 자산·부채에 대한 유보금액

상기 계상된 자산조정계정은 다음과 같이 세무신고로 조정한다.

구 분		자산조정계정의 처리
감가상각 자산	자산조정계정〉0	① 자산조정계정 설정: 양편조정 손금산입〉자산조정계정 **(유보)/익금산입〉**(기타)
		② 사후관리: 해당 자산의 상각 시 또는 처분하는 경우 추인 익금산입〉자산조정계정 **(유보)
	자산조정계정〈0	상기 반대 조정
비상각 자산	자산조정계정	상기 감가상각 자산처럼 설정하고 처분시 추인. 단, 자기주식을 소각하는 경우에는 익금 또는 손금에 산입하지 아니하고 소멸

나) 비적격합병시 합병매수차손익

비적격합병으로 합병법인이 피합병법인의 자산을 승계한 경우에는 그 자산을 피합병법인으로부터 합병등기일 현재의 시가로 양도받은 것으로 보며, 이에 따라 발생하는 합병매수차익·차손은 5년간 균등 분할하여 익금 또는 손금에 산입한다[560].

559) 법인세법 시행령 제80조의 4 제1항
560) 법인세법 제44조의 2 제2항, 제3항

구 분	내 용
합병매수차익	① 합병매수차익 = 순자산의 시가* - 양도가액** * 순자산의 시가=합병등기일 현재 자산총액 시가-합병등기일 현재 부채총액 시가 ** 합병교부주식등의 가액(포합주식의 교부간주 포함) 및 금전 기타재산가액과 합병법인이 대납하는 피합병법인의 법인세 등의 합계액 ② 합병매수차익은 세무조정계산서에 계상*하고 합병등기일부터 5년간 균등분할 익금산입** * 양편조정으로 과세소득에 영향이 없게 계상 ** 합병매수차익 분할익금산입액=합병매수차익 × 해당 사업연도의 월수/60월
합병매수차손	① 합병매수차손* = 양도가액 - 순자산의 시가 * 합병법인이 피합병법인의 상호・거래관계, 그 밖의 영업상의 비밀 등에 대하여 **사업상 가치가 있다고 보아 대가를 지급한 것에 한하여 손금산입** ② 합병매수차손은 세무조정계산서에 계상하고 합병등기일부터 5년간 균등분할 손금산입

적격합병과 비적격합병시 과세방법 비교

합병법인은 피합병법인의 순자산(회계상 장부가액 200, 시가 300)을 승계하면서 합병대가로 250에 해당하는 주식(액면가 100)을 발행하여 교부하였다. 피합병법인의 자산 유보금액은 10이 있는 상태이다.

1) 합병 회계처리

동일지배하의 합병이 아니므로 취득법에 따라 공정가치로 회계처리

순자산	300	자본금	100
		주식발행초과금	150
		염가매수차익	50

2) 합병매수차익 등 세무처리

구 분		적격합병 시	비적격합병 시
합병법인	합병매수차익	해당사항 없음	50(=300-250)
	자산조정계정	100(=300-200)	해당사항 없음.
	세무조정승계	유보 10	
피합병법인	양도손익	-	40(=250-(200+10))
과세소득 합계		90(100-10)	90(50+40)

① 비적격합병시

- 합병매수차익은 5년간 균등월할 계산된 금액을 익금산입
- 양도손익은 피합병법인 의제사업연도 신고 시 익금산입

② 적격합병시
- 자산조정계정은 해당 자산의 상각시 또는 처분 시 익금산입 추인
- 승계유보는 해당 자산의 상각시 또는 처분시 추인(+유보라 손금산입 추인됨)

다) 승계자산의 대손금

법인세법은 법인이 다른 법인과 합병하거나 분할하는 경우로서 법 소정의 대손요건에 해당하는 대손금을 합병등기일 또는 분할등기일이 속하는 사업연도까지 손비로 계상하지 아니한 경우 그 대손금은 해당 법인의 합병등기일 또는 분할등기일이 속하는 사업연도의 손금으로 규정하고 있다[561].

따라서 합병법인이 승계하는 피합병법인의 채권 중 합병 당시에 법 소정의 대손요건을 갖춘 채권(예컨대, 매출채권, 대여금 등)의 경우에는 피합병법인이 결산조정에 의하여 손금에 산입할 수 있는 대손금을 결산에 반영하지 아니하더라도 합병등기일이 속하는 사업연도에 피합병법인이 대손금으로 손금산입하도록 규정함으로써 합병법인에서 인위적인 대손금의 손금산입으로 과세소득을 조정하는 것으로 방지하고 있으니 반드시 합병 시 대손사유의 판단은 면밀히 검토하여야 한다.

한편 내국법인이 특수관계에 있는 법인을 흡수합병함에 있어 합병법인과 피합병법인 간의 자금대차 금액을 상계처리한 경우 「기업인수·합병 등에 관한 회계 처리준칙」에 따라 적정하게 상계 처리한 경우 자금을 대여한 법인에 대하여는 「법인세법 기본통칙」 34-62…5에 규정한 "약정에 의한 채권포기"로 보지 않는 것이며, 자금을 차입한 법인에게는 「법인세법 시행령」 제11조 제6호에 규정한 "채무면제이익"으로 보지 않는다[562].

라) 승계자산의 감가상각

(1) 중고자산 내용연수 선택가능

법인세법은 내국법인이 기준내용연수(해당 내국법인에게 적용되는 기준내용연수를 말한다)의 100분의 50 이상이 경과된 자산(중고자산)을 다른 법인으로부터 취득(합병·분할에 의하여 자산을 승계한 경우를 포함)한 경우에는 그 자산의 기준내용연수의 100분의 50에 상당하는 연수와 기준내용연수의 범위에서 선택하여 납세지 관할 세무서장에게 신고한 연수(수정내용연수)를 내용연수로 할 수 있다[563]. 만일 합병법인이 수정내용연수를 선택

561) 법인세법 시행령 제19조의 2 제4항
562) 유권해석(법인세과-1281, 2009.11.16.)

하고자 하는 경우에는 합병등기일이 속하는 사업연도의 법인세 과세표준 신고기한까지 내용연수변경신고서를 제출하여야 한다.

(2) 적격합병등 취득자산에 대한 상각범위액 산정특례

① 적격합병등 상각범위액 산정방법

적격합병, 적격분할, 적격물적분할 또는 적격현물출자(법 제47조의 2 제1항 각 호의 요건을 모두 갖추어 양도차익에 해당하는 금액을 손금에 산입하는 현물출자를 말한다)(이하 "적격합병등"이라 한다)에 의하여 취득한 자산의 상각범위액을 정할 때 취득가액은 적격합병등에 의하여 자산을 양도한 법인(이하 "양도법인"이라 한다)의 취득가액으로 하고, 미상각잔액은 양도법인의 양도 당시의 장부가액에서 적격합병등에 의하여 자산을 양수한 법인(이하 "양수법인"이라 한다)이 이미 감가상각비로 손금에 산입한 금액을 공제한 잔액으로 하며, 해당 자산의 상각범위액은 다음 각 호의 어느 하나에 해당하는 방법으로 정할 수 있다. 이 경우 선택한 방법은 그 후 사업연도에도 계속 적용한다[564].

1. 양도법인의 상각범위액을 승계하는 방법. 이 경우 상각범위액은 법 및 이 영에 따라 양도법인이 적용하던 상각방법 및 내용연수에 의하여 계산한 금액으로 한다.
2. 양수법인의 상각범위액을 적용하는 방법. 이 경우 상각범위액은 법 및 이 영에 따라 양수법인이 적용하던 상각방법 및 내용연수에 의하여 계산한 금액으로 한다.

② 상각범위액 산정특례 사후관리

적격합병 등 취득자산에 대한 상각범위액 산정특례(이하 "상기 규정")를 적용받은 법인이 적격요건위반사유에 해당하는 경우 해당 사유가 발생한 날이 속하는 사업연도 이후의 소득금액을 계산할 때 상기 규정을 최초로 적용한 사업연도 및 그 이후의 사업연도에 상기 규정을 적용하지 아니한 것으로 보고 감가상각비 손금산입액을 계산하며, 다음의 제1호의 금액에서 제2호의 금액을 뺀 금액을 적격요건위반사유가 발생한 날이 속하는 사업연도의 소득금액을 계산할 때 익금에 산입한다.[565]

이 경우 제1호의 금액에서 제2호의 금액을 뺀 금액이 0보다 작은 경우에는 0으로 보며, 해당 사유가 발생한 날이 속하는 사업연도의 과세표준 신고와 함께 적격합병 등으로 취득한 자산 중 중고자산에 대한 수정내용연수를 신고하되, 신고하지 아니하는 경우에는 양수법인이 해당 자산에 대하여 법령에서 정한 내용연수로 신고한 것으로 본다[566].

563) 법인세법 시행령 제29조의 2 제1항
564) 법인세법 시행령 제29조의 2 제2항
565) 법인세법 시행령 제26조의 2 제10항
566) 법인세법 시행령 제29조의 2 제4항

1. 적격합병 등 취득자산에 대한 상각범위액 산정특례를 최초로 적용한 사업연도부터 해당 사업연도의 직전 사업연도까지 손금에 산입한 감가상각비 총액
2. 적격합병 등 취득자산에 대한 상각범위액 산정특례를 최초로 적용한 사업연도부터 해당사업연도의 직전 사업연도까지 그 특례를 적용하지 아니한 것으로 보고 재계산한 감가상각비 총액

2) 피합병법인 세무조정사항의 승계

내국법인이 합병 등을 하는 경우 피합병법인 등의 각 사업연도의 소득금액 및 과세표준을 계산할 때 익금 또는 손금에 산입하거나 산입하지 아니한 금액(유보사항)의 승계는 다음과 같다[567].

구 분	세무조정사항
적격합병(완전모자간 합병 등 포함) 또는 적격인적분할	세무조정사항(분할의 경우에는 분할하는 사업부문의 세무조정사항에 한정)은 모두 합병법인 등에 승계
그 밖의 경우 (적격물적분할 포함)	퇴직급여충당금 및 대손충당금을 합병법인 등이 승계한 경우에는 그와 관련된 세무조정사항은 승계하고 그 밖의 세무조정사항은 모두 합병법인 등에 승계되지 아니함.

□ 세무조정 승계방법

다음과 같이 양편조정으로 합병승계하여 합병시점에는 과세소득에는 영향이 없게 한다.

1. 익금산입(유보): 익금산입 〉 ×××(유보) /손금산입 〉 합병승계유보 ×××(기타)
2. 손금산입(유보): 손금산입 〉 ×××(△유보)/익금산입 〉 합병승계유보 ×××(기타)

3) 이월결손금 및 세액공제 감면 승계

적격합병 및 완전모자회사 간 합병 등의 경우에는 이월결손금, 세액감면 및 세액공제의 승계를 허용[568]하며 다음과 같이 구분관리 한다.

567) 법인세법 시행령 제85조, 동법 집행기준 44의 2-0-2 (합병 등의 경우 자산·부채·세무조정사항 등의 승계)
568) 법인세법 제44조의 3, 제45조, 제113조 및 동법 시행령 제80조의 4, 제81조

구 분	내 용
이월결손금 공제범위 및 한도	합병법인의 **합병등기일 현재** 결손금과 합병법인이 승계한 피합병법인의 결손금에 대한 공제(*)는 다음 각 호의 구분에 따른 소득금액의 60%[중소기업(조세특례제한법상)과 회생계획 중인 기업 등은 100%]을 한도로 한다. 1. 합병법인의 합병등기일 현재 결손금의 경우: 합병법인의 소득금액에서 피합병법인으로부터 승계받은 사업에서 발생한 소득금액을 차감한 금액 2. 합병법인이 승계한 피합병법인의 결손금의 경우: 피합병법인으로부터 승계받은 사업에서 발생한 소득금액 (*) **공제가능 이월결손금** : = 최초 승계결손금(①+②) - 합병 이후 공제·소멸한 승계결손금 ① 합병등기일 전 10년 이내에 개시한 사업연도에서 발생한 결손금일 것 ② 법 제60조에 따라 신고하거나 법 제66조에 따라 결정·경정되거나 국세기본법 제45조에 따라 수정신고한 과세표준에 포함된 결손금일 것
구분경리 및 이월결손금 공제방법	합병법인은 다음의 기간 동안 자산·부채 및 손익을 피합병법인으로부터 승계받은 사업에 속하는 것과 그 밖의 사업에 속하는 것을 각각 다른 회계로 구분하여 기록하여야 한다[569]. 다만, 중소기업(조세특례제한법상)간 또는 동일사업(*)을 하는 법인 간에 합병하는 경우에는 구분하지 아니할 수 있다. 이 경우 사업용 자산가액 비율(**)로 안분한다. 1. 합병등기일 현재 합병법인의 이월결손금이 있는 경우 또는 피합병법인의 이월결손금을 공제받으려는 경우: 그 결손금 또는 이월결손금을 공제받는 기간 2. 그 밖의 경우 : 합병 후 5년간 (*) 동일사업을 영위하는 법인의 판정은 한국표준산업분류에 따른 **세분류**에 의한다. 이 경우 합병법인 또는 피합병법인이 2 이상의 세분류에 해당하는 사업을 영위하는 경우에는 사업용 자산가액(유형자산, 무형자산 및 투자자산의 가액을 말함) 중 동일사업에 사용하는 사업용 자산가액의 비율이 각각 70%를 초과하는 경우에만 동일사업을 영위하는 것으로 본다(영 §156 ② 및 시행규칙 §75의 2). (**) 사업용 자산가액 비율이란, **합병등기일 현재** 합병법인과 피합병법인의 사업용 자산가액(**세무상 장부가액**) 비율을 말하며, 이 경우 합병법인이 승계한 피합병법인의 사업용 자산가액은 승계결손금을 공제하는 각 사업연도의 종료일 현재 계속 보유(처분 후 대체하는 경우를 포함)·사용하는 자산에 한정하여 그 자산의 합병등기일 현재 가액에 따른다(영 §80의 2 ⑦, 영 §81 ①).
합병 전 보유자산의 처분손실 (합병 후 손실처리 방지)	적격합병을 한 합병법인은 합병법인과 피합병법인이 합병 전 보유하던 자산의 처분손실(합병등기일 현재 해당 자산의 시가(법 §52 ②)가 장부가액보다 낮은 경우로서 그 차액을 한도로 하며, 합병등기일 이후 5년 이내에 끝나는 사업연도에 발생한 것만 해당)을 각각 합병 전 해당 법인의 사업에서 발생한 소득금액(해당 처분손실을 공제하기 전 소득금액을 말한다)의 범위에서 해당 사업연도에 손금산입이 허용된다. 이 경우 손금에 산입하지 아니한 처분손실은 자산처분 시 각각 합병 전 해당 법인의 사업에서 발생한 결손금으로 보아 각각 합병 전 해당 법인의 사업에서 발생한 소득금액의 범위 안에서 합병법인의 각 사업연도의 과세표준을 계산할 때 공제한다.

구 분	내 용
승계받은 사업부에서 결손 발생 시	합병법인의 각 사업연도에 피합병법인으로부터 승계받은 사업에서 결손금이 발생한 경우, 동 결손금은 합병법인의 기존 사업부문의 소득에서도 공제할 수 있다.
승계받은 세액감면 및 공제	적격합병을 한, 합병법인은 피합병법인이 합병 전에 적용받던 세액감면(법인세법 제59조 제1항 제1호에 따른 감면으로서 일정기간에 걸쳐 감면되는 것으로 한정) 및 세액공제(법 제59조 제1항 제3호에 따른 세액공제) 승계하여 적용받을 수 있다. 이 경우 법 또는 다른 법률에 해당 감면 또는 세액공제의 요건 등에 관한 규정이 있는 경우에는 합병법인이 그 요건 등을 모두 갖춘 경우에만 이를 적용한다. 한편, 승계받은 세액감면은 합병법인이 승계받은 사업에서 발생하는 소득에 대하여 합병 당시의 잔존감면기간 내에 종료하는 각 사업연도분까지 그 감면을 적용할 수 있고, 승계받은 세액공제로서 이월된 미공제액은 이월공제잔여기간 내에 종료하는 각 사업연도분까지 공제한다.
기부금한도 초과액 관리	합병법인의 합병 당시 기부금한도초과액은 합병전 해당 법인의 사업에서 발생한 소득을 기준으로 산출한 한도 내에서 손금산입하고, 피합병법인 등으로부터 승계되는 기부금한도초과액은 승계받은 사업에서 발생한 소득을 기준으로 산출한 한도 내에서 손금산입한다(2021.1.1. 이후 합병분부터 적용함).

4) 취득세 등 기타 세제

가) 취득세 면제

적격합병요건 및 완전모자회사 간 합병 등으로서 소비성서비업을 제외한 사업을 1년 이상 계속해서 영위한 법인간의 합병(소비성서비스업을 1년 이상 영위한 법인이 합병으로 인하여 소멸하고 합병법인이 소비성서비스업을 영위하지 아니하는 경우에는 해당 합병을 포함)을 하는 경우 합병으로 인한 **사업용 재산**을 2021.12.31.까지 취득시 해당 자산에 대한 **취득세의** 50%(**「중소기업기본법」**에 따른 **중소기업 간 합병** 및 법인이 **기술혁신형사업법인과의 합병**을 하는 경우에는 취득세의 60%)를 경감한다(중과대상 자산에 대한 중과세분은 과세)[570]. 이 경우 지방세의 감면을 받으려는 자는 감면대상을 취득한 날부터 60일 이내에 감면신청서를 관할 시장 · 군수 · 구청장에게 제출하여야 한다[571].

---

569) 법인세법 시행규칙 제77조
570) 지방세특례제한법 제57조의 2 제1항, 제177조의 2(2018.12.31.까지는 양수한 모든 자산에 대해 최소납부세제에 따른 85% 면제)
571) 지방세특례제한법 시행령 제126조

① 적격합병으로 인한 취득의 경우 취득세 계산

「법인세법」 제44조 제2항 또는 제3항에 해당하는 법인의 합병으로 인한 취득의 경우 지방세법 제11조 및 제12조에 따른 세율에서 중과기준세율(2%)을 뺀 세율로 산출한 금액을 그 세액으로 하되, 지방세법 제11조 제1항 제8호에 따른 주택의 취득에 대한 취득세는 해당 세율에 100분의 50을 곱한 세율을 적용하여 산출한 금액을 그 세액으로 한다. 다만, 취득물건이 과밀억제권역 안의 취득 등 중과에 해당하는 경우에는 특례규정을 적용하지 아니하는 계산방법으로 산출한 세율의 100분의 300을 적용한다[572].

| 적격합병시 부동산의 취득세율(1.5%) 분석 |

적격합병으로 인한 취득세는 [표준세율 - 중과기준세율(2%)]인 특례세율로 계산되는데, 이때 표준세율계산에 있어서 합병취득이 유상취득(4%)인지 혹은 무상취득(3.5%)인지 여부에 대한 논란에 대하여 과세관청의 해석 및 운영기준은 다음과 같다.

| 합병 · 분할 등으로 인한 취득에 대한 유무상 판단 |

구 분		유무상 취득	과세표준	표준세율(부동산)
합병	흡수	무상	시가표준액	3.5%
	신설	무상	시가표준액	3.5%
분할	인적분할	무상	시가표준액	3.5%
	물적분할	유상	법인장부가액	4.0%
현물출자		유상	법인장부가액	4.0%

〔참고해석 사례〕

○ 지방세특례제도-1534, 2016.7.5.

「지방세특례제한법」 제177조의 2에서 최소납부세제 적용에 대하여 "이 법에 따라 취득세 또는 재산세가 면제되는 경우"라고 규정하고 있어, 합병의 경우 같은 법 제57조의 2에 의해 산출된 과세표준액에 **취득세율**(1.5%)을 적용하여 산출한 세액에 대해 100분의 85에 해당하는 감면율을 적용하는 것이 타당함.

○ 분할합병은 무상취득에 해당한다는 사례(세정 13407-60, 2002.1.17.)

○ 인적분할은 무상, 물적분할은 유상에 해당한다는 사례(세정 13407-969, 1999.7.31.)

상법상 회사분할의 경우 신설회사가 분할전 회사소유의 부동산을 이전받은 경우 무상취득으로서 과세표준은 시가표준액이 되나 "물적분할"인 경우는 유상취득으로 보아 법인장부에 의해 입증되는 취득가격이 과세표준임.

572) 지방세법 제15조 제1항 제3호

○ 현물출자는 유상취득에 해당한다는 사례(대법 92누15895, 1993.4.27.)
일반적으로 발기인 또는 신주인수인이 회사에 대하여 현물출자를 하면 회사는 이들에게 주식을 발행 교부하게 되는데 현물출자와 주식의 교부는 서로 대가관계에 있는 것으로 볼 것이므로 현물출자의 유상성이 인정됨.

② 사후관리 위배시 취득세 추징

합병등기일부터 3년 이내에 다음의 어느 하나에 해당하는 사유(적격합병의 사후관리요건)가 발생하는 경우(부득이한 사유가 있는 경우 제외)에는 경감된 취득세를 추징한다[573].

1. 합병법인이 피합병법인으로부터 승계받은 사업을 폐지하는 경우
2. 피합병법인의 주요 지배주주 등이 합병법인으로부터 받은 주식등을 처분하는 경우
3. 각 사업연도 종료일 현재 합병법인에 종사하는 대통령령으로 정하는 근로자수가 합병등기일 1개월 전 당시 피합병법인과 합병법인에 각각 종사하는 근로자 수의 합의 100분의 80 미만으로 하락하는 경우(2018.1.1. 이후 합병분부터 적용)

나) 취득세 면제분에 대한 농어촌특별세 비과세

취득세 면제분에 대한 농어촌특별세는 적격합병 및 완전모자회사 간 합병 등으로 인하여 양도손익이 없는 것으로 신고한 경우에 한하여 감면분에 대한 농어촌특별세 20%가 비과세된다[574].

합병시 취득세에 대한 농어촌특별세 주의사항

합병시 취득세의 면제는 적격합병요건 등에 충족되는 경우 면제가 되지만, 취득세 면제분에 대한 농어촌특별세는 해당 양도손익이 없는 것으로 과세특례신청한 경우에만 면제가 가능하다고 규정하고 있다.

다) 등록면허세

합병으로 인하여 합병법인의 자본금을 증가시킴으로써 자본등기를 하는 경우 증가된 자본금의 0.4%(지방교육세 포함 0.48%)가 등록면허세로 과세된다[575]. 이는 적격합병 여부와 상관없이 부담하여야 한다. 이때, 증자대상 법인이 지방세법 제28조 제2항 소정의 대도

573) 지방세특례제한법 제57조의 2 제1항
574) 농어촌특별세법 시행령 제4조 제6항 제5호
575) 지방세법 제28조 제1항 제6호

시 내에서 설립되고, 설립된 지 5년 이내에 자본등기를 하는 경우에는 등록면허세가 3배(1.44%=0.48%×3) 중과세된다.

다만, 대도시 법인 중과세 예외업종(은행업, 유통산업, 전기통신업, 의료업, 여객운수사업, 소프트웨어사업, 중소기업・벤처기업제품 판매회사 등 지방세법 시행령 제26조에 해당업종)에 해당하는 경우에는 중과세가 제외된다. 또한, 대도시에서 설립 후 5년이 경과한 법인(이하 "기존법인")이 다른 기존법인과 합병하는 경우에는 중과세 대상으로 보지 아니하며, 기존법인이 대도시에서 설립 후 5년이 경과되지 아니한 법인과 합병하여 기존법인 외의 법인이 합병 후 존속하는 법인이 되거나 새로운 법인을 신설하는 경우에는 합병 당시 기존법인에 대한 자산비율에 해당하는 부분을 중과세 대상으로 보지 아니한다. 이 경우 자산비율은 자산을 평가하는 때에는 평가액을 기준으로 계산한 비율로 하고, 자산을 평가하지 아니하는 때에는 합병 당시의 장부가액을 기준으로 계산한 비율로 한다[576].

5) 적격합병 과세특례의 사후관리

가) 적격합병요건의 사후관리

적격합병으로 피합병법인의 자산을 장부가액으로 양수한 합병법인은 합병등기일이 속하는 사업연도의 다음 사업연도의 개시일부터 2년 내(근로자유지 요건은 3년)에 다음의 사유가 발생하는 경우에는 그 사유가 발생한 날이 속하는 사업연도의 소득금액 계산시 다음의 금액을 익금에 산입한다. 다만, 부득이한 사유가 있는 경우에는 그러하지 아니하다[577].

576) 지방세법 시행령 제45조 제3항
577) 법인세법 제44조의 3 제3항

구 분	내 용
사후관리 위반사유	① 합병법인이 피합병법인으로부터 승계받은 사업을 폐지하는 경우 (승계한 자산을 1/2 이상 처분하거나 사업에 사용하지 아니하는 경우) ② 피합병법인의 주요 지배주주 등이 합병법인으로부터 받은 주식 등을 1/2 이상 처분하는 경우 ③ 각 사업연도 종료일 현재 합병법인에 종사하는 「근로기준법」에 따라 근로계약을 체결한 **내국인** 근로자 수가 **합병등기일 1개월 전 당시 피합병법인과 합병법인에 각각 종사하는 근로자 수의 합의 100분의 80 미만**으로 하락하는 경우(2018.1.1. 이후 합병하는 분부터 적용함)
사후관리 위반시 세무처리	① **자산조정계정 잔액의 총합계액(총합계액이 0보다 큰 경우에 한정하며, 총합계액이 0보다 작은 경우에는 없는 것으로 한다) 익금산입** ② 승계받은 결손금 중 공제한 금액 익금산입 ③ 합병매수차익·차손의 처리 ④ 승계된 세무조정사항 처리 ⑤ 승계된 세액공제·감면의 중단 및 추징 ⑥ 취득세 등 감면된 취득세 추징
사후관리 예외	• 완전모자회사 간 합병 및 완전자회사 간 합병시 양도손익을 없는 것으로 한 경우 법인세법상 사후관리 규정은 적용되지 아니함(주의, 지방세법상 취득세 사후관리 규정은 적용됨). • 적격합병요건의 부득이한 사유가 있는 경우 사후관리에 위배되지 아니함. 단, 고용승계유지 관련 부득이한 사유 중에서 "라. 합병등기일 1개월 전 당시 피합병법인에 종사하는 「근로기준법」에 따라 근로계약을 체결한 내국인 근로자가 5명 미만인 경우"는 사후관리 예외사항이 아님.

나) 사후관리 위반 시 세무처리 주요사항

(1) 합병매수차익·차손의 처리

자산조정계정 잔액의 총합계액을 익금산입한 경우 합병매수차익(차손)에 대하여 전액 손금산입(익금산입)하고 다음과 같이 사후관리 위반사유가 발생한 날부터 합병등기일 이후 5년이 되는 날까지 구분하여 익금산입(손금산입)한다. 단, 합병매수차손은 합병법인이 피합병법인의 상호·거래관계, 그 밖의 영업상의 비밀 등에 대하여 사업상 가치가 있다고 보아 대가를 지급한 경우에 한정하여 그 금액에 상당하는 금액을 5년이 되는 날까지 분할하여 손금에 산입한다.[578]

578) 법인세법 시행령 제80조의 4 제5항

① 사후관리 사유가 발생한 날이 속하는 사업연도 :

$$\text{익금(손금) 산입액} = \text{합병매수차익(차손)} \times \frac{\text{합병등기일부터 해당 사업연도 종료일까지의 월수}}{60\text{월}}$$

② 상기 ①에 해당하는 사업연도 이후의 사업연도부터 합병등기일부터 5년이 되는 날이 속하는 사업연도 :

$$\text{익금(손금) 산입액} = \text{합병매수차익(차손)} \times \frac{\text{해당 사업연도의 월수}}{60\text{월}}$$

(2) 승계된 세무조정사항 처리

합병법인의 소득금액 및 과세표준을 계산할 때 피합병법인으로부터 승계한 세무조정사항 중 익금불산입액은 더하고 손금불산입액은 차감한다.

(3) 승계된 세액공제 · 감면의 중단 등

피합병법인으로부터 승계하여 공제한 감면 · 세액공제액 등은 사후관리 위반사유가 발생한 사업연도의 법인세에 더하여 납부한 후 해당 사업연도부터 감면 또는 세액공제를 적용하지 아니한다.

마. 피합병법인의 세무

1) 양도손익에 대한 법인세

피합병법인이 합병으로 해산하는 경우 그 법인의 자산을 합병법인에 양도한 것으로 보며, 그 양도에 따라 발생하는 양도손익은 피합병법인이 합병등기일이 속하는 사업연도의 소득금액을 계산할 때 익금 또는 손금에 산입한다[579].

가) 양도손익 계산 및 과세특례 신고

적격합병 및 완전모자회사 간 합병 등에 해당하는 경우 피합병법인이 합병법인으로부터 받은 양도가액은 피합병법인의 합병등기일 현재의 순자산 장부가액으로 보아 양도손익이 없는 것으로 할 수 있다.

다만, 비적격합병이거나, 양도손익이 없는 것으로 하여 과세특례신청을 하지 아니하는 경우에는 피합병법인의 의제사업연도 세무조정신고시 해당 양도손익 금액을 포함하여 과세표준신고를 하면 된다.

579) 법인세법 제44조 제1항, 제2항

구 분	내 용
양도손익	= 1) 피합병법인이 합병법인으로부터 받은 **양도가액** - 2) 피합병법인의 **합병등기일 현재 순자산 장부가액**
1) **양도가액**[580] (합병대가)	1. 적격합병의 경우: 피합병법인의 합병등기일 현재의 순자산장부가액 2. 1. 이외의 경우: 다음 각 목의 금액을 모두 더한 금액 가. 합병교부주식 등의 가액 나. 금전이나 그 밖의 재산가액의 합계액 다. 합병포합주식 등에 대해 합병교부주식 등을 교부하지 않더라도 그 지분비율에 따라 합병교부주식 등을 교부한 것으로 보아 합병교부주식 등의 가액에 가산 라. 합병법인이 납부하는 피합병법인의 법인세 및 그 법인세(감면세액을 포함)에 부과되는 국세와 법인지방소득세의 합계액
2) 피합병법인 **순자산 장부가액**[581]	피합병법인의 합병등기일 현재 순자산장부가액은 세무상 장부가액을 의미 1. 합병등기일 현재 재무상태표상 순자산장부가액 2. 가산금액: ① 합병등기일 세무상 유보금액 ② 「국세기본법」에 따라 환급되는 법인세액이 있는 경우에는 이에 상당하는 금액 3. 차감금액: ① 합병등기일 현재 재무상태표에 계상된 미지급법인세(주1) ② 합병법인에 승계되는 합병등기일 세무상 유보금액(주2) 4. 세무상 순자산장부가액(1+2-3)
과세특례신청서 신고	피합병법인은 의제사업연도 과세표준 신고를 할 때 합병법인과 함께 합병과세특례신청서를 납세지 관할 세무서장에게 제출하여야 한다. 이 경우 합병법인은 자산조정계정에 관한 명세서를 피합병법인의 납세지 관할 세무서장에게 함께 제출하여야 한다.

(주1) 동 미지급법인세는 상기 1) 라. 합병법인이 대납하는 법인세 등을 양도가액에 가산하여 계산하는 경우에 합병등기알 현재 피합병법인의 재무상태표상 부채에 계상된 미지급법인세는 부채에서 제외하여 계산하라는 의미임. 즉, 양도가액이 (+)되는 경우, 미지급법인세가 계상된 피합병법인의 세무상 순자산 장부가액도 (+)되는 계산방식임(이하 분할양도손익계산 등에서도 동일하게 적용).

(주2) 비적격합병시에도 승계되는 유보를 의미함(승계계상한 퇴직급여충당금, 대손충당금관련 유보).

나) 양도손익에 대한 부당행위계산부인 규정

특수관계 법인 간 합병(분할합병을 포함함)·분할에 있어서 불공정한 비율로 합병·분할하여 합병·분할에 따른 양도손익을 감소시킨 경우에는 부당행위계산부인 규정의 대상이 된다. 다만, 「자본시장과 금융투자업에 관한 법률」 제165조의 4에 따라 합병(분할합병을

580) 법인세법 시행령 제80조 제1항

581) 법인세법 시행령 제80조 제2항, 사전-2015-법령해석법인-0264, 2015.10.5.

포함)·분할하는 경우는 제외한다[582].

이는 청산소득에서 양도손익 개념으로 변경 도입된 2010.7.1. 이후 합병분부터 적용되는 것으로 적격합병의 해당 여부와 상관없이 불공정한 비율로 피합병법인의 양도손익을 감소시킨 경우 분여이익의 크기와 상관없이 부당행위계산부인의 대상이 되므로 피합병법인에서 익금산입(기타사외유출)해야 한다.

| 특수관계인간 불공정 합병 시 부당행위계산부인 여부 |

○ 법인세과-695(2011.9.21.)

귀 질의의 사실관계와 같이 내국법인이 특수관계에 있는 법인을 합병하면서 불공정한 비율로 합병하여 정상적으로 받아야 할 합병대가의 총합계액 중 주식등의 가액이 100분의 80 이상이 되지 않는 경우에는 「법인세법」 제44조 제2항에 따른 적격합병으로 볼 수 없으며, 불공정한 비율로 합병하여 양도소득을 과소계상한 것에 대해서는 같은 법 시행령 제88조 제1항 제3호의 2에 따라 부당행위계산부인 대상에 해당하는 것임.

2) 의제사업연도에 대한 법인세 신고납부

합병으로 소멸하는 법인의 경우 합병등기일까지의 의제사업연도에 소득에 대하여 합병등기일이 속하는 달의 말일부터 3개월 이내에 의제사업연도 소득에 대하여 신고납부를 해야 한다. 이때 합병등기일이라 함은 합병 후 존속하는 법인에 있어서는 변경등기일, 합병으로 인하여 설립한 법인에 있어서는 설립등기일을 말한다[583].

그러나 실무상 합병등기일 이전에 피합병법인의 모든 자산·부채 및 권리·의무가 합병법인에 인계되므로 실제 합병이 이루어지는 합병기일과 합병등기일 사이에 발생하는 손익의 귀속 대상법인을 누구로 할 것인지가 문제될 수 있다. 그리고 의제사업연도에 대한 세무조정으로 승계유보사항을 확정하기 때문에 결산조정사항과 신고조정사항에 대하여 면밀히 검토할 필요가 있다.

582) 법인세법 시행령 제88조 제1항 제3호의 2
583) 법인세법 시행령 제6조

합병기일과 합병등기일 차이에 대한 과세처리(분할 포함)

합병등기일 전에 사실상 합병한 경우 합병기일로부터 합병등기일까지 생기는 손익은 실질과세원칙에 의하여 실질상 귀속되는 법인에게 과세(법인세법 기본통칙 4-0…9).

• 합병(분할)기일과 합병(분할)등기일의 차이에 대한 손익귀속처리 등은 다음과 같다.

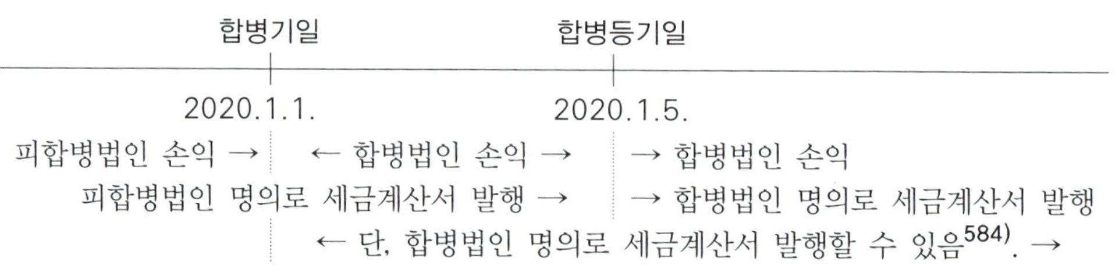

3) 부가가치세 대상 여부

가) 합병거래의 부가가치세

부가가치세법상 재화의 공급으로 보지 아니하는 사업의 양도에는 합병에 대하여 명시적으로 규정하고 있지 않다[585]. 따라서 합병거래로 인한 재화의 공급이 부가가치세법상 과세대상이 되지 않기 위해서는 포괄적인 사업의 양도에 해당되는지 여부를 파악해야 한다.

부가가치세법상 사업의 양도

사업장별(「상법」에 따라 분할하거나 분할합병하는 경우에는 같은 사업장 안에서 사업부문별로 구분하는 경우를 포함한다)로 그 사업에 관한 모든 권리와 의무를 포괄적으로 승계시키는 것(「법인세법」 제46조 제2항 또는 제47조 제1항의 요건을 갖춘 분할의 경우 및 양수자가 승계받은 사업 외에 새로운 사업의 종류를 추가하거나 사업의 종류를 변경한 경우를 포함한다)을 말한다. 이 경우 그 사업에 관한 권리와 의무 중 다음 각 호의 것을 포함하지 아니하고 승계시킨 경우에도 그 사업을 포괄적으로 승계시킨 것으로 본다.

1. 미수금에 관한 것
2. 미지급금에 관한 것
3. 해당 사업과 직접 관련이 없는 토지·건물 등에 관한 것으로서 기획재정부령이 정하는 것

584) 부가가치세법 시행령 제69조 제19항(2020.2.11. 이후 재화 또는 용역을 공급하는 분부터 적용)
585) 부가가치세법 시행령 제23조

부가가치세법상 사업의 양도에 해당하기 위해서는 다음의 요건을 충족하여야 한다.

첫째, 사업장별로의 사업의 승계가 이루어져야 하며

둘째, 사업에 관한 모든 권리와 의무를 포괄적으로 승계되어야 하고

셋째, 사업의 동질성이 유지되어야 한다.

일반적으로 합병은 포괄적으로 피합병법인의 권리·의무를 모두 승계하므로 과세문제 논란이 없지만, 합병계약시 인적(종업원)설비의 승계 없이 진행하거나, 승계 이후 바로 사업을 폐지하는 경우 등 일반적이지 아니한 해당 합병거래에 대하여는 부가가치세법상 사업양도에 해당 여부를 보다 신중히 검토해야 할 필요가 있다.

나) 부가가치세의 확정신고 및 폐업신고

합병법인은 피합병법인의 부가가치세 최종과세기간(과세기간 개시일부터 합병등기일까지)에 대하여 합병등기일이 속하는 달의 다음 달 25일 이내에 피합병법인 명의로 부가가치세 확정신고를 하여야 한다. 또한, 피합병법인의 폐업사실에 대하여 지체 없이 세무서장(관할 세무서장 또는 어느 한 세무서장)에게 신고하여야 한다[586].

4) 유가증권 양도의 증권거래세

원칙적으로 합병은 "피합병법인이 합병으로 해산하는 경우에는 그 법인의 자산을 합병법인에 양도한 것으로 본다"라고 규정함으로써 기본적인 유상거래로 보고 있지만, 적격합병요건을 충족하거나 완전모자회사 간 합병 등의 경우에는 주식의 양도에 따른 증권거래세를 면제한다[587]. 본 규정에 따라 증권거래세를 면제받는 경우 농어촌특별세도 비과세된다[588].

이 경우 증권거래세를 면제받기 위해서 증권거래세 과세표준신고서와 함께 세액면제신청서를 납세지 관할 세무서장에게 제출하여야 한다[589].

586) 부가가치세법 시행령 제13조
587) 조세특례제한법 제117조 제1항 제14호
588) 농어촌특별세법 제4조 제7호의 2
589) 조세특례제한법 시행령 제115조 제18항

바. 합병법인 주주의 세무

1) 불공정합병에 따른 증여이익

특수관계법인 간의 합병(분할합병을 포함)에 있어서 주식 등을 시가보다 높거나 낮게 평가하여 불공정한 비율로 합병한 경우(단, 「자본시장과 금융투자업에 관한 법률」 제165조의 4에 따라 합병(분할합병을 포함)하는 경우는 제외)에 현저한 이익을 분여받은 개인주주는 증여세를 부담한다[590]. 다만, 특수관계인 법인간 합병을 불공정한 비율로 하더라도 동일한 1인 주주가 보유한 자회사 간의 합병과 같은 경우에는 자기증여에 해당되므로 과세되지 아니한다.

| 불공정합병에 따른 증여이익 |

구 분	내 용
과세요건	① 특수관계에 있는 법인간의 합병 ② 합병으로 인한 일정규모 이상의 대주주의 이익 발생 * 동일 1인 주주 법인간 합병 제외
납세의무자	이익을 분여받은 대주주 * 대주주=지분율 1% 이상 또는 지분의 액면가액 3억원 이상인 자
증여시기	합병등기일
증여세 과세가액	1) 주식으로 교부받았을 경우 : 대주주 합병이익이 Min(㉠ 신설 또는 존속하는 법인의 주식 등의 평가가액 × 30%, ㉡ 3억원) 이상시 과세 • 대주주의 합병으로 인한 이익=(A－B)×대주주가 합병으로 교부받은 주식수 A: 합병 후 신설 또는 존속하는 법인의 1주당 평가가액 B: 주가가 과대평가된 합병당사법인의 1주당 평가가액×(주가가 과대평가된 합병당사법인의 합병 전 주식등의 수÷주가가 과대평가된 합병당사법인의 주주 등이 합병으로 인하여 교부받은 신설 또는 존속하는 법인의 주식 등의 수)
	2) 주식 외의 자산으로 교부받았을 경우* : 대주주 합병이익이 3억원 이상시 과세 • 대주주의 합병으로 인한 이익=(가－나)×대주주 주식수 가 : 1주당 액면가액(단, 액면가액 〉 합병대가 → 1주당 합병대가) 나 : 합병당사법인의 1주당 평가액 * 합병당사법인의 1주당 평가가액이 액면가액에 미달하는 경우로서 그 평가가액을 초과하여 지급받은 경우에 한정함.

590) 상속세 및 증여세법 제38조

상장법인의 분할합병시 비상장법인 주식평가방법 준용

합병으로 인하여 합병당사법인의 대주주가 얻은 이익을 계산함에 있어 유가증권상장주식 또는 코스닥상장주식의 경우도 비상장주식의 평가방법에 의하는 것이 평가가액의 차액이 적게 되는 때에는 비상장주식의 평가방법을 적용하며, 분할합병을 하기 위하여 분할하는 법인의 분할사업부문에 대한 합병 직전 주식 등의 가액은 비상장주식의 평가방법을 준용하여 분할사업부문을 평가한 가액으로 한다(상속세 및 증여세법 시행령 제28조 제6항, 제7항).

2016.2.5. 시행령 개정시 분할합병시 분할사업부문을 평가함에 있어서 종전에는 분할법인의 분할직전 주식가액을 분할사업부문의 순자산가액 비율로 안분하도록 규정하고 있었으나, 이를 비상장법인의 보충적 평가방법으로 평가하도록 개정하였으며, 동 개정규정은 2016.2.5. 이후 증여받는 경우부터 적용한다.

2) 불공정합병에 따른 부당행위계산부인

특수관계법인 간의 합병(분할합병을 포함)에 있어서 주식등을 시가보다 높거나 낮게 평가하여 불공정한 비율로 합병한 경우에는 해당 자본거래로 인하여 주주 등인 법인이 특수관계인 다른 주주 등에게 현저한 이익을 분여한 경우 부당행위계산부인 규정이 적용된다. 다만, 「자본시장과 금융투자업에 관한 법률」 제165조의 4에 따라 합병(분할합병을 포함함)·분할하는 경우는 제외한다[591].

그리고 완전모자회사 간 합병 등의 경우에는 불공정합병비율로 합병하거나 합병대가로 주식등을 교부하지 않는 경우에도 부당행위계산부인 규정을 적용하지 아니한다.

□ 세무조정

불공정합병시 부당행위계산부인 대상이 되는 경우 이익을 분여받은 특수관계인 주주에게 소득처분을 해야 한다[592].

1. 이익을 분여받은 자가 법인주주인 경우

① 분여받은 법인주주	② 분여한 법인주주
〈익금산입〉 유가증권 ××× (유보) • 처분시 추인	〈익금산입〉 부당행위계산부인 ××× (기타사외유출)

591) 법인세법 시행령 제88조 제1항 제8호
592) 법인세법 시행령 제106조 제1항

2. 이익을 분여받은 자가 개인주주인 경우

① 분여받은 개인주주	② 분여한 법인주주
증여세 부담시	〈익금산입〉 부당행위계산부인 ××× (기타사외유출)
증여세 해당 안 될 경우	〈익금산입〉 부당행위계산부인 ××× (상여 등*) * 주주가 임원·직원이면 상여, 아니면 배당

| 불공정합병에 따른 증여 및 부당행위계산부인 적용 예외 |

○ 서면법인-4217, 2016.9.12.

「법인세법」 제52조 및 같은 법 시행령 제88조 제1항 제8호 가목의 규정에 의하여 특수관계있는 법인 간의 합병에 있어서 주식등을 시가보다 높거나 낮게 평가하여 불공정한 비율로 합병한 경우 당해 법인의 주주등인 법인이 특수관계에 있는 다른 주주등에게 분여한 이익은 그 이익을 분여한 사업연도의 소득금액 계산상 익금에 산입하고 같은 법 시행령 제106조 제1항 각호의 규정에 따라 소득처분하는 것임.

특수관계자인 비상장법인 간에 불공정한 비율로 합병한 경우로서 합병법인의 주주와 피합병법인의 주주가 동일한 법인으로 1인 주주인 경우 외에는 「법인세법 시행령」 제88조 제1항 제8호 가목의 규정이 적용되는 것임.

○ 법인세법 집행기준 52-88-4 【완전 종속회사의 합병시 부당행위계산 부인】

지배회사가 종속회사의 주식을 100% 소유하고 있는 상태에서 종속회사를 흡수합병하면서 합병 전에 취득한 종속회사의 주식에 대하여 합병대가로 주식등을 교부하지 않는 경우에는 부당행위계산부인을 적용하지 아니한다.

○ 서면2팀-1187, 2007.6.19.

합병법인의 주주와 피합병법인의 주주가 동일한 법인으로 1인 주주인 경우에는 불공정합병시 법인세법 시행령 제88조 제1항 제8호 가목이 적용되지 아니함.

○ 서일 46014-10534, 2001.11.28.

합병법인이 발행주식 전부를 보유하고 있는 다른 법인을 흡수합병하는 경우로서, 주주간에 분여한 이익이 없는 경우에는 부당행위계산의 부인 규정을 적용하지 아니하는 것임.

3) 과점주주 취득세

가) 과점주주 취득세

법인의 주식 또는 지분을 취득함으로써 과점주주[593)]가 되었을 때에는 그 과점주주가 해

593) 지방세기본법 제46조 제2호 과점주주
주주 또는 유한책임사원 1명과 그의 특수관계인 중 대통령령으로 정하는 자로서 그들의 소유주식의 합계

당 법인(유가증권시장상장법인 제외)의 부동산 등을 취득(법인설립 시에 발행하는 주식 또는 지분을 취득함으로써 과점주주가 된 경우에는 취득으로 보지 아니한다)한 것으로 보아 취득세를 과세한다[594].

| 합병시 과점주주 과세 |

○ 서울세제-7220, 2014.5.28.
A법인이 C법인의 주식을 소유하고 있는 B법인을 흡수합병함으로써 C법인의 주식을 취득하여 C법인의 과점주주가 되는 경우 지방세법 제7조 제1항에 따라 과점주주로서 취득세 납세의무가 있다 할 것임.

다만, 코스닥시장상장법인에 해당하는 경우 과점주주가 해당 법인의 부동산 등을 취득한 것으로 보아 부과하는 과점주주 취득세를 2021.12.31.까지 면제한다[595]. 하지만, 지방세특례제한법상 100% 면제는 감면특례의 제한규정(최소납부세제)에 따라 취득세의 85%만 면제를 적용받게 되는데, 여기서 지방세법에 따라 산출한 취득세(전액면제 취득세)가 200만원 이하인 경우에는 최소납부세제를 적용하지 아니한다[596].

나) 과점주주 취득세 감면분에 대한 농어촌특별세 과세

농어촌특별세에서는 비과세, 세액면제・감면, 세액공제 또는 소득공제 모두를 감면의 범위에 포함하고 있다. 따라서 과점주주 취득세 감면분에 대한 농어촌특별세 비과세규정이 없는 상태이므로 과세된다.

4) 합병차익의 자본전입에 대한 의제배당

가) 적격합병에 따라 승계한 잉여금을 2019.2.12. 이후에 자본전입 시

법인세법 제44조 제2항에 따른 적격합병(같은 조 제3항에 따라 적격합병으로 보는 경우를 포함하며, 이하 "적격합병"이라 한다)을 한 경우 다음 각 목의 금액(주식회사 외의 법인인 경우에는 이를 준용하여 계산한 금액을 말한다)의 합계액(합병차익[597]한도)은 자본전

또는 출자액의 합계가 해당 법인의 발행주식총수 또는 출자총액의 100분의 50을 초과하면서 그에 관한 권리를 실질적으로 행사하는 자들(이하 "과점주주")

594) 지방세법 제7조 제5항, 서울세제-7220, 2014.5.28.

595) 지방세특례제한법 제57조의 2 제5항 제8호

596) 지방세특례제한법 제177조의 2(동법 제57조의 2 제5항은 2019.1.1. 이후분부터 적용)

597) 합병차익이란 상법 제174조에 따른 합병의 경우로서 소멸된 회사로부터 승계한 재산의 가액이 그 회사로부터 승계한 채무액, 그 회사의 주주에게 지급한 금액과 합병 후 존속하는 회사의 자본금증가액 또는 합병

입시 의제배당으로 과세한다[598]. 이 경우 상법 제459조 제2항에 따른 이익준비금 등 법정준비금의 승계가 있는 경우에도 그 승계가 없는 것으로 보아 계산한다. 또한, 합병차익의 일부를 자본 또는 출자에 전입하는 경우에는 다음의 각각 해당 각 목 **이외**의 금액을 먼저 전입하는 것으로 한다[599].

가. 합병등기일 현재 합병법인이 승계한 재산의 가액이 그 재산의 피합병법인 장부가액(법인세법 시행령 제85조 제1호에 따른 세무조정사항이 있는 경우에는 그 세무조정사항 중 익금불산입액은 더하고 손금불산입액은 뺀 가액으로 한다)을 초과하는 경우 그 초과하는 금액

나. 피합병법인의 자본잉여금 중 "의제배당대상 자본잉여금"에 상당하는 금액

다. 피합병법인의 이익잉여금에 상당하는 금액

나) 적격합병에 따라 승계한 잉여금을 2019.2.11. 이전에 자본전입 시

합병법인이 적격합병 및 완전모자회사 간 합병 등 양도손익이 없는 것으로 하는 합병을 한 경우 합병차익에 달할 때까지 그 구성요소를 구분하도록 하며 이 경우 상법 규정에 따른 이익준비금 등 법정준비금의 승계가 있는 경우에도 그 승계가 없는 것으로 보아 다음과 같이 순차적으로 구분하여야 한다.

합병차익 구성

㉠ 자산조정계정 : 적격합병에 따른 자산조정계정의 합계액
㉡ 합병감자차익 : 피합병법인의 주주 등에게 지급한 합병대가(합병법인 또는 합병법인 모회사의 주식과 합병교부금 등 그 밖의 재산가액의 합계액)의 총합계액(주식의 경우 액면가액으로 평가한 금액)이 피합병법인의 자본금에 미달하는 경우 그 미달하는 금액
㉢ 피합병법인의 자본잉여금 중 의제배당 과세대상이 아닌 자본잉여금 승계액
㉣ 피합병법인의 자본잉여금 중 의제배당 과세대상인 자본잉여금 승계액
㉤ 이익잉여금 승계액: 피합병법인의 이익잉여금에 상당하는 금액

으로 인하여 설립된 회사의 자본금을 초과한 경우의 그 초과금액을 말한다. 다만, 소멸된 회사로부터 승계한 재산가액이 그 회사로부터 승계한 채무액, 그 회사의 주주에게 지급한 금액과 주식가액을 초과하는 경우로서 이 법에서 익금으로 규정한 금액은 제외한다(법인세법 제17조 제1항 제5호).

합병차익* = 승계한 순자산 평가가액 - (합병교부금** + 자본금증가액(합병교부주식 액면가액))

(*) 피합병법인이 2개 이상인 경우에는 합병차익은 각각의 피합병법인별로 계산한다.
(**) 합병교부금에는 포합주식 등의 취득가액을 포함하지 않는다(법칙 제7조).

598) 법인세법 시행령 제12조 제1항 3호(합병 · 분할에 따라 승계한 잉여금을 이 영 시행(2019.2.12.) 이후 자본으로 전입하는 분부터 적용)(부칙 (2019.2.12. 대통령령 제29529호) 제4조)

599) 법인세법 시행령 제12조 제2항, 제3항

합병법인이 적격합병 이후 상기 합병차익의 구성요소 중 ㉠ 자산조정계정, ㉣ 의제배당 과세대상인 피합병법인의 자본잉여금 승계액, ㉤ 피합병법인의 이익잉여금 승계액(주식회사 외의 법인인 경우 이를 준용하여 계산한 금액)을 자본(또는 출자)에 전입함으로써 합병법인의 주주가 취득하는 주식등의 가액은 의제배당으로 과세된다[600].

이는 2010.7.1.부터 합병차익의 자본전입에 따른 의제배당 규정이 폐지되었다가 법 개정으로 적격합병·분할에 따라 승계한 잉여금을 2012.2.2. 이후 최초로 자본에 전입하는 분부터 적용한다. 따라서 비적격합병 등의 경우에는 해당 합병차익에 대한 자본전입은 과세대상이 되지 아니한다.

사례 합병차익 구성순위

■ 피합병법인의 재무상태표이다.

과목	장부가액	시가	과목	금액
자산	7,000	8,000	부채	4,000
			자본금	2,000
			주식발행초과금	500
			이익잉여금	500
합계	7,000	8,000		7,000

• 합병시 합병대가로 모두 주식(액면가 1,500, 시가 3,000)을 교부하였다.

■ 합병분개(세무상)				회계상	
자산	8,000	부채	4,000	부채	4,000
		자본금	1,500	자본금	1,500
		합병차익	2,500	주식발행초과금	1,500
				염가매수차익	1,000

합병차익의 구성순위	합병차익 구분	의제배당 과세 여부
㉠ 자산조정계정의 합계액(=4,000−3,000)	1,000	○
㉡ 합병감자차익(=2,000−1,500)	500	×
㉢ 의제배당 과세대상이 아닌 자본잉여금 승계액	500	×
㉣ 의제배당 과세대상인 자본잉여금 승계액	−	○
㉤ 이익잉여금 승계액	500	○

600) 구. 법인세법 시행령 제12조 제1항 제3호(2019.2.12. 개정 전)

사. 피합병법인 주주의 세무

1) 합병시 의제배당

가) 의제배당 과세

합병에 따라 소멸하는 법인의 주주등이 합병에 따라 설립되거나 합병 후 존속하는 법인으로부터 그 합병으로 인하여 취득하는 합병법인 또는 합병법인의 모회사의 주식등의 가액과 금전이나 그 밖의 재산가액의 합계액(이하 "합병대가")이 그 피합병법인의 주식등을 취득하기 위하여 사용한 금액을 초과하는 금액에 대해서는 배당소득으로 의제되어 과세된다[601].

의제배당액
= 합병교부 주식등 가액(a) + 금전 등 재산가액 − 피합병법인 주식의 취득가액(b)

이때 교부받은 주식의 가액은 시가 평가가 원칙이나, 다음의 의제배당 과세이연 요건을 충족하는 합병이거나 완전모자회사 간 등의 합병에 해당하는 경우에는 해당 합병교부주식의 가액을 종전의 장부가액으로 평가하도록 하고 있다. 다만, 합병대가 중 일부를 금전이나 그 밖의 재산으로 받은 경우로서 합병으로 취득한 주식등을 시가로 평가한 가액이 종전의 장부가액보다 작은 경우에는 시가를 말하며, 자본시장과 금융투자업에 관한 법률에 따른 투자회사 등이 취득하는 주식 등의 경우에는 영으로 한다.

<table>
<tr><th rowspan="2">구 분</th><th colspan="2">적격합병(의제배당 과세이연) 해당시</th><th rowspan="2">비적격합병</th></tr>
<tr><th>주식만 교부시</th><th>주식 외 재산 교부시</th></tr>
<tr><td>합병교부
주식가액(a)</td><td>종전 주식의
장부가액</td><td>Min(종전 주식의 장부가액,
교부받은 주식의 시가)</td><td>교부받은 주식의
시가(주1)</td></tr>
<tr><td>주식
취득가액(b)</td><td colspan="3">유상취득가액(실제 소요된 금액)+분여받은 이익(주2)+무상주 의제배당</td></tr>
<tr><td>의제배당</td><td>해당 없음.</td><td>금전 등 교부시 의제배당 발생가능</td><td>발생가능</td></tr>
<tr><td>원천징수
(합병법인)</td><td colspan="3">• 개인주주는 원천징수(취득가액이 불분명한 경우 액면가액으로 계산)
• 법인주주는 원천징수 없으나 지급명세서는 제출해야 함</td></tr>
<tr><td>의제배당
과세이연
요건[602]</td><td colspan="3">① 다음의 과세이연요건을 모두 충족하는 내국법인 합병
1. 합병등기일 현재 1년 이상 사업을 계속하던 내국법인 간의 합병일 것
2. 피합병법인의 주주등이 합병으로 인하여 받은 합병대가의 총합계액 중</td></tr>
</table>

601) 법인세법 제16조 제1항

<table>
<tr><th rowspan="2">구 분</th><th colspan="2">적격합병(의제배당 과세이연) 해당시</th><th rowspan="2">비적격합병</th></tr>
<tr><th>주식만 교부시</th><th>주식 외 재산 교부시</th></tr>
<tr><td></td><td colspan="3">합병법인의 주식등 또는 합병법인의 모회사의 주식등의 가액(시가)이 80% 이상으로서 그 주식등이 지분비율에 따라 배정할 것(주식등의 보유와 관련된 부분은 제외한다)
② 완전모자회사간 또는 완전자회사간 합병
③ 다음의 과세이연요건을 모두 충족하는 해외법인 합병
1. 동일 내국법인이 100%(직·간접 포함) 해외 자회사간, 해외자회사와 손자회사간(100% 지배관계) 합병
2. 합병법인과 피합병법인이 우리나라와 조세조약이 체결된 동일 국가의 법인일 것
3. 2호에 따른 해당 국가에서 피합병법인의 주주인 내국법인에 합병에 따른 법인세를 과세하지 아니하거나 과세이연할 것
4. 위 사항을 확인할 수 있는 서류를 납세지 관할 세무서장에게 제출할 것</td></tr>
</table>

(주1) 다만, 법인세법 시행령 제88조 제1항 제8호에 따른 불공정합병으로 특수관계인으로부터 분여받은 이익이 있는 경우에는 그 금액을 차감한 금액으로 함(법인세법 시행령 제14조 제1항 제1호 라목). 이는 이중과세를 조정하기 위한 것임.

(주2) 특수관계인인 개인으로부터 저가로 매입함에 따라 익금에 산입한 금액이 있는 경우 저가매입차액 가산(법인세법 집행기준 16-0-4[감자 등의 의제배당 계산시 주식 등의 취득가액]) 및 취득가액에 가산되는 기존의 합병 또는 분할합병(법령 제72조 제2항 제5호에 해당하는 경우는 제외한다)으로 특수관계자로부터 분여받은 이익이 있는 경우에는 그 이익을 가산한 금액(법인세법 시행령 제72조 제5항 제3호).

나) 의제배당의 원천징수

피합병법인 개인주주가 의제배당소득이 발생하는 경우 합병법인은 합병등기일에 의제배당에 대하여 14% 세율로 원천징수해야 한다. 법인주주에 대한 의제배당소득은 원천징수의무는 없으나 합병법인은 지급명세서를 납세지 관할 세무서장에게 제출해야 한다[603].

이때 감자, 해산, 합병, 분할에 따른 의제배당을 계산할 때 주식 또는 출자를 취득하기 위하여 사용한 금액이 **불분명한 경우**에는 그 주식 또는 출자의 **액면가액**(무액면주식의 경우에는 해당 주식의 취득일 당시 해당 주식을 발행하는 법인의 자본금을 발행주식총수로 나누어 계산한 금액을 말한다) 또는 출자금액을 그 주식 또는 출자의 취득에 사용한 금액으로 본다.[604]

602) 법인세법 시행령 제14조 제1항
603) 법인세법 제120조
604) 소득세법 제17조 제4항

2) 불공정합병에 따른 증여이익 및 부당행위계산부인

불공정합병에 따른 증여이익 및 부당행위계산부인 규정에 대한 부분은 합병법인 주주와 같이 동일하게 발생하는 문제이므로 앞서 설명한 "바. 합병법인 주주의 세무"편에서 설명한 부분을 참고하기 바란다.

[참고] 합병시 과세유형별 기타 세목에 대한 주요사항 요약

<table>
<tr><th>구 분</th><th>적격합병</th><th>비적격</th></tr>
<tr><td>승계자산 취득세
(농어촌특별세)</td><td>50%(중소기업간 등의 합병 60%) 경감
(면제분에 대한 농특세는 양도손익 없는 것으로 신고시 비과세)</td><td>과세</td></tr>
<tr><td>합병법인 주주의
과점주주 취득세</td><td>유가증권시장상장법인 제외
코스닥시장상장법인 85% 면제
비상장법인 과세
(농어촌특별세 과세)</td><td>좌동</td></tr>
<tr><td>피합병법인의
유가증권의 증권거래세</td><td>면제
(농어촌특별세 비과세)</td><td>과세</td></tr>
<tr><td>피합병주주의 구주의
증권거래세</td><td colspan="2" rowspan="2">• 의제배당 간주(양도 아님)이므로 증권거래세 대상 아님
• 합병대가로 교부하는 주권은 양도가 아닌 자본거래로 증권거래세 대상 아님.
(서면법령해석 부가 2015-22382, 2015.3.20.)</td></tr>
<tr><td>합병대가로 자기주식
교부시 증권거래세</td></tr>
</table>

4. 합병 계산사례 및 과세효과 분석

가. 합병 계산사례 및 서식작성 실무

1) 합병매수차손(영업권) 계산사례

Ⅰ. 합병거래

㈜서판교는 ㈜동판교를 2021.1.1.에 흡수합병하였다. ㈜서판교의 사업연도는 1.1.~12.31.이다. 합병일 현재 ㈜동판교의 재무상태표는 다음과 같다.

과목	장부가액	시가	과목	금액
투자자산	1,000	1,000	부채	4,000
토지	4,000	6,000	자본금	2,000
건물	2,000	1,000	자본잉여금	500
			이익잉여금	500
합계	7,000	8,000		7,000

- ㈜동판교는 합병기일 기준 자본금과 적립금조정명세서(을)상의 유보금액은 투자자산 200(투자자산 감액손실)이 있다.
- ㈜서판교는 ㈜동판교의 구주주에게 현금 1,000과 주식(액면가액:1,000, 시가:5,000)을 지분비율대로 교부하고, ㈜동판교의 자산 및 부채를 시가로 평가하여 회계처리하였다.
- ㈜서판교는 기말에 건물의 감가상각비 50(정액법, 내용연수 20년)을 비용으로 계상하였다.
- 영업권은 ㈜동판교의 상호, 거래관계, 그 밖의 영업상의 비밀 등에 대하여 사업상 가치가 있다고 보아 2,000을 지급하였다. ㈜서판교는 기말에 영업권의 상각비 400(정액법, 내용연수 5년)을 비용으로 계상하였다.
- 투자자산은 기말 현재 계속 보유 중에 있다.

Ⅱ. 합병회계처리

1. 합병법인 ㈜서판교: 취득법 회계처리

투자자산	1,000	부채	4,000
토지	6,000	자본금	1,000
건물	1,000	주식발행초과금	4,000
영업권	2,000	현금	1,000

2. 합병교부비율 : 교부주식(5,000)/총 합병대가(6,000) = 83.33%(적격합병)

Ⅲ. 적격합병 세무처리

1. 피합병법인 ㈜동판교

① ㈜동판교의 양도손익 : 양도가액 - 순자산 장부가액(세무상)

= 6,000 - (7,000+200-4,000) =2,800

② 세무조정

적격합병으로 양도손익을 과세이연하는 경우 양도손익계산시 양도가액은 순자산 장부가액으로 하는 것이므로 ㈜동판교의 양도손익은 '0'이다.

2. 합병법인 ㈜서판교

1) 합병시 세무조정

① 자산조정계정 : 적격합병으로 피합병법인의 자산을 장부가액으로 양도받은 경우

㉠ 자산조정계정의 계산 :

= 합병등기일 현재 승계한 자산·부채 시가 - 피합병법인의 장부가액 ± 승계 유보

과목	시가	장부가액	세무조정사항*	자산조정계정
투자자산	1,000	1,200	△200	0
토지	6,000	4,000		2,000
건물	1,000	2,000		(1,000)
합계	8,000	7,200	△200	1,000

* 승계유보와 반대부호로 기표

㉡ 자산조정계정 세무조정:

〈손금산입〉 자산조정계정(토지) 2,000(△유보)

〈익금산입〉 자산조정계정(건물) 1,000(유보)

〈손금불산입〉 주식발행초과금 1,000(기타)

* 실무상 자산조정계정명세서에 관리하고 기말시점에 상각이나 처분시 추인(15호 서식 반영)

② 영업권 세무조정

〈손금산입〉 영업권 2,000(△유보)

〈손금불산입〉 주식발행초과금 2,000(기타)

* 영업권은 세무상 상각자산에 해당되지 아니함. 회계상 상각시 등에 추인

③ 세무조정사항 승계 유보 세무조정

〈손금불산입〉 투자자산 200(유보)

〈손금산입〉 합병승계유보 200(기타)

2) 결산시 세무조정

① 자산조정계정의 처리

과목	시가	자산조정계정	감가상각비	감가상각비 상계(가산)
건물	1,000	(1,000)	50	(50)(=1,000/20년)

• 자산조정계정에 대한 세무조정

〈손금산입〉 자산조정계정(건물) 50(△유보)

* 자산조정계정(토지)은 비상각자산이므로 처분 시까지 과세이연 됨.

② 기타 세무조정

영업권 : 〈손금불산입〉 영업권 400(유보)

* 영업권 상각비를 부인함.

• 투자자산 승계유보: 비상각자산이므로 처분시 추인됨.

Ⅳ. 비적격합병 시 세무처리

1. 피합병법인 ㈜동판교

① ㈜동판교의 양도손익 : 양도가액 - 순자산 장부가액(세무상)

= 6,000 - (7,000+200 - 4,000) = 2,800

② 세무조정 : 〈익금산입〉 합병 양도차익 2,800(기타)

2. 합병법인 ㈜서판교

1) 합병시 세무조정

① 합병매수차손의 산정 : 양도가액 - 순자산 시가

= 6,000 - 4,000 = 2,000

② 합병매수차손의 세무조정

㉠ 매수차손에 대한 손금산입(자산성)이 인정되지 아니하는 경우

〈손금산입〉 영업권 2,000(△유보)

〈손금불산입〉 주식발행초과금 2,000(기타)

* 영업권은 세무상 상각자산에 해당되지 아니함. 회계상 상각시 추인

㉡ 매수차손에 대한 손금산입(자산성)이 인정되는 경우

〈손금산입〉 영업권 2,000 (△유보)

〈익금산입〉 합병매수차손 2,000 (유보)

* 영업권은 세무상 상각자산에 해당되지 아니함. 회계상 상각시 추인. 합병매수차손은 5년간 균등분할하여 손금산입

2) 결산시 세무조정

㉠ 매수차손에 대한 손금산입(자산성)이 인정되지 아니하는 경우

영업권 상각비 부인 : 〈손금불산입〉 영업권 400(유보)

㉡ 매수차손에 대한 손금산입(자산성)이 인정되는 경우

영업권 상각비 부인: 〈손금불산입〉 영업권 400(유보)

합병매수차손 : 〈손금산입〉 합병매수차손 400(유보)

2) 합병매수차익(염가매수차익) 계산사례

Ⅰ. 합병거래

㈜서판교는 ㈜동판교를 2021.1.1.에 흡수합병하였다. ㈜서판교의 사업연도는 1.1.~12.31.이다. 합병일 현재 ㈜동판교의 재무상태표는 다음과 같다.

과목	장부가액	시가	과목	금액
투자자산	1,000	1,000	부채	4,000
토지	4,000	6,000	자본금	2,000
건물	2,000	4,000	자본잉여금	500
			이익잉여금	500
합계	7,000	11,000		7,000

- ㈜동판교는 합병기일 기준 자본금과 적립금조정명세서(을)상의 유보금액은 투자자산 200(투자자산 감액손실)이 있다.
- ㈜서판교는 ㈜동판교의 구주주에게 현금 1,000과 주식(액면가액:1,000, 시가:5,000)을 지분비율대로 교부하고, ㈜동판교의 자산 및 부채를 시가로 평가하여 회계처리하였다.
- ㈜서판교는 기말에 건물의 감가상각비 200(정액법, 내용연수 20년)을 비용으로 계상하였다. 그리고 염가매수차익은 기말에 일시 환입하여 1,000을 이익으로 계상하였다.
- 투자자산은 기말 현재 계속 보유 중에 있다.

Ⅱ. 합병회계처리

1. 합병법인 (주)서판교 : 취득법 회계처리

투자자산	1,000	부채	4,000
토지	6,000	자본금	1,000
건물	4,000	주식발행초과금	4,000
		현금	1,000
		염가매수차익	1,000

2. 합병교부비율 : 교부주식(5,000)/총 합병대가 (6,000) = 83.33%(적격합병)

Ⅲ. 적격합병 세무처리

1. 피합병법인 ㈜동판교

① ㈜동판교의 양도손익: 양도가액 – 순자산 장부가액(세무상)
= 6,000 – (7,000+200 – 4,000) = 2,800

② 세무조정

적격합병으로 양도손익을 과세이연하는 경우 양도손익계산시 양도가액은 순자산 장부가액으로 하는 것이므로 ㈜동판교의 양도손익은 '0'이다.

2. 합병법인 ㈜서판교

1) 합병시 세무조정

① 자산조정계정: 적격합병으로 피합병법인의 자산을 장부가액으로 양도받은 경우

㉠ 자산조정계정의 계산 :

= 합병등기일 현재 승계한 자산·부채 시가－피합병법인의 장부가액 ± 승계 유보

과목	시가	장부가액	세무조정사항*	자산조정계정
투자자산	1,000	1,200	△200	0
토지	6,000	4,000		2,000
건물	4,000	2,000		2,000
합계	11,000	7,200	△200	4,000

* 승계유보와 반대부호로 기표

㉡ 자산조정계정 세무조정:

〈손금산입〉 자산조정계정(토지) 2,000(△유보)

자산조정계정(건물) 2,000(△유보)

〈손금불산입〉 주식발행초과금 4,000(기타)

* 실무상 해당사항은 자산조정계정명세서에 관리하고 기말시점에 상각이나 처분시 추인

② 염가매수차익 세무조정

〈익금산입〉 염가매수차익* 1,000(유보)

〈익금불산입〉 주식발행초과금(합병차익)** 1,000(기타)

* 부의영업권(염가매수차익)은 임의평가로 보아 세무조정하는 것임(서면2팀－1966, 2007.10.31.).

** 염가매수차익은 세무상 합병차익으로 법인세법상 합병차익은 자본거래에서 발생한 순자산증가액이므로 익금에 산입하지 않음(법인세법 제17조 제1항 제5호).

③ 세무조정사항 승계 유보 세무조정

〈손금불산입〉 투자자산 200(유보)

〈손금산입〉 합병승계유보 200(기타)

2) 결산시 세무조정

① 자산조정계정의 처리

과목	시가	자산조정계정	감가상각비	감가상각비 상계(가산)
건물	4,000	2,000	200	100(2,000/20년)

• 자산조정계정에 대한 세무조정

〈손금불산입〉 자산조정계정(건물) 100(유보)

* 자산조정계정(토지)은 비상각자산이므로 처분시까지 과세이연됨.

② 기타 세무조정

- 염가매수차익 환입이익 : 〈익금불산입〉 염가매수차익 1,000(△유보)
  - * 염가매수차익 환입이익을 부인함.
- 투자자산 승계유보 : 비상각자산이므로 처분시 추인됨.

Ⅳ. 비적격합병 시 세무처리

1. 피합병법인 ㈜동판교

① ㈜동판교의 양도손익 : 양도가액 - 순자산 장부가액(세무상)

= 6,000 - (7,000+200 - 4,000) = 2,800

② 세무조정 : 〈익금산입〉 합병 양도차익 2,800(기타)

2. 합병법인 ㈜서판교

1) 합병시 세무조정

① 합병매수차익의 산정 : 순자산 시가 - 양도가액

= 7,000 - 6,000 = 1,000

② 합병매수차익의 세무조정

〈익금산입〉 염가매수차익	1,000(유보)
〈손금산입〉 합병매수차익	1,000(유보)

2) 결산시 세무조정

염가매수차익 환입이익: 〈익금불산입〉 염가매수차익	1,000(△유보)
합병매수차익 균등익금: 〈익금산입〉 합병매수차익	200(유보)

* 합병매수차익 1,000 × 12/60 = 200

Ⅴ. 적격합병의 경우 '합병과세특례신청서' 및 자산조정명세서 (갑), (을) 작성

※ [뒷면 참조]

[별지 제42호 서식] (2013.2.23. 개정)

합병과세특례 신청서

사업연도	2021.1.1. ~ 2021.12.31.	
피합병법인 (신고법인)	① 법 인 명 : ㈜동판교	② 사업자등록번호
	③ 대표자성명 : XXX	④ 생년월일
	⑤ 본점소재지 : 경기도 성남시 분당구 XXX (전화번호:)	
합병법인	⑥ 법 인 명 : ㈜서판교	⑦ 사업자등록번호
	⑧ 대표자성명 : XXX	⑨ 생년월일
	⑩ 본점소재지 : 경기도 성남시 분당구 YYY (전화번호:)	
	⑪ 합병등기일 : 2021.1.1.	
양도가액	⑫ 합병으로 받은 주식의 출자가액	5,000
	⑬ 합병으로 받은 주식 외의 금전이나 그 밖의 재산가액	1,000
	⑭ 합병 전 취득한 피합병법인의 주식 등에 대한 합병신주 교부 간주액	
	⑮ 합병법인이 납부하는 피합병법인의 법인세 및 그 법인세에 부과되는 국세와 「지방세법」 제85조 제4호에 따른 법인세분	
	⑯ 기타	
	⑰ 합 계 (⑫+⑬+⑭+⑮+⑯)	6,000
순자산 장부가액	⑱ 자산의 장부가액	7,200
	⑲ 부채의 장부가액	4,000
	⑳ 순자산장부가액(⑱－⑲)	3,200
㉑ 양도손익(⑰－⑳)		2,800

「법인세법 시행령」 제80조 제3항에 따른 합병과세특례 신청서를 제출합니다.

년 월 일

피합병법인 (서명 또는 인)

합병법인 (서명 또는 인)

분당 세무서장 귀하

작 성 방 법
양도가액은 「법인세법 시행령」 제80조 제1항 제2호에 따라 계산한 금액을 적습니다.

210mm×297mm[백상지 80g/㎡ 또는 중질지 80g/㎡]

[별지 제46호 서식(갑)] (2013.2.23. 개정)

사 업 연 도	2021.1.1. ~ 2021.12.31.	자산조정계정명세서(갑)	법인명	㈜서판교
			사업자등록번호	

1. 합병등기일 또는 분할등기일의 자산

① 자산명	② 시가	③ 세무상 장부가액	④ 세무조정사항	⑤ 자산조정계정 [②-(③+④)]
투자자산	1,000	1,200	△200	
토지	6,000	4,000		2,000
건물	4,000	2,000		2,000
계	11,000	7,200	△200	4,000

2. 합병등기일 또는 분할등기일의 부채

⑥ 부채명	⑦ 시가	⑧ 세무상 장부가액	⑨ 세무조정사항	⑩ 자산조정계정 [⑦-(⑧+⑨)]
부채	4,000	4,000		
계	4,000	4,000		

작 성 방 법

1. 세무조정사항(④)란은 자산과 관련된 세무조정사항이 있는 경우에 익금불산입액은 (+)의 금액을, 손금불산입액은 (-)의 금액을 적습니다.
2. 자산조정계정(⑤)란은 장부가액(③)에서 세무조정사항(④)을 가감한 금액을 시가(②)로부터 차감하여 적습니다. 부채의 자산조정계정(⑩)도 자산과 동일한 방식으로 계산하여 적습니다.

210mm×297mm[백상지 80g/㎡ 또는 중질지 80g/㎡]

[별지 제46호 서식(을)] (2012.2.28. 개정)

<table>
<tr><td rowspan="2">사 업
연 도</td><td rowspan="2">2021.1.1.
~
2021.12.31.</td><td rowspan="2">자산조정계정명세서(을)</td><td>법인명</td><td>㈜서판교</td></tr>
<tr><td>사업자등록번호</td><td></td></tr>
</table>

1. 자산

<table>
<tr><td rowspan="3">① 자산명</td><td rowspan="3">② 취득가액 (시가)</td><td rowspan="3">③ 자산조정 계정</td><td colspan="5">익금 또는 손금산입</td><td rowspan="3">⑨ 당기말 자산조정계정 (③－⑤－⑦－⑧)</td></tr>
<tr><td colspan="2">전기분</td><td colspan="2">당기분</td><td rowspan="2">⑧ 자산 처분</td></tr>
<tr><td>④ 감가상각비 (누계)</td><td>⑤ 감가상각비 상계 및 가산(누계)</td><td>⑥ 감가상각비</td><td>⑦ 감가상각비 상계 및 가산</td></tr>
<tr><td>토지</td><td>6,000</td><td>2,000</td><td></td><td></td><td></td><td></td><td></td><td>2,000</td></tr>
<tr><td>건물</td><td>4,000</td><td>2,000</td><td></td><td></td><td>200</td><td>100</td><td></td><td>1,900</td></tr>
<tr><td></td><td></td><td></td><td></td><td></td><td></td><td></td><td></td><td></td></tr>
<tr><td></td><td></td><td></td><td></td><td></td><td></td><td></td><td></td><td></td></tr>
<tr><td></td><td></td><td></td><td></td><td></td><td></td><td></td><td></td><td></td></tr>
<tr><td></td><td></td><td></td><td></td><td></td><td></td><td></td><td></td><td></td></tr>
<tr><td></td><td></td><td></td><td></td><td></td><td></td><td></td><td></td><td></td></tr>
<tr><td>계</td><td>10,000</td><td>4,000</td><td></td><td></td><td>200</td><td>100</td><td></td><td>3,900</td></tr>
</table>

2. 부채

<table>
<tr><td rowspan="3">① 자산명</td><td rowspan="3">② 취득가액 (시가)</td><td rowspan="3">③ 자산조정 계정</td><td colspan="5">익금 또는 손금산입</td><td rowspan="3">⑨ 당기말 자산조정계정 (③－⑤－⑦－⑧)</td></tr>
<tr><td colspan="2">전기분</td><td colspan="2">당기분</td><td rowspan="2">⑧ 자산 처분</td></tr>
<tr><td>④ 감가상각비 (누계)</td><td>⑤ 감가상각비 상계 및 가산(누계)</td><td>⑥ 감가상각비</td><td>⑦ 감가상각비 상계 및 가산</td></tr>
<tr><td></td><td></td><td></td><td></td><td></td><td></td><td></td><td></td><td></td></tr>
<tr><td></td><td></td><td></td><td></td><td></td><td></td><td></td><td></td><td></td></tr>
<tr><td></td><td></td><td></td><td></td><td></td><td></td><td></td><td></td><td></td></tr>
<tr><td></td><td></td><td></td><td></td><td></td><td></td><td></td><td></td><td></td></tr>
<tr><td></td><td></td><td></td><td></td><td></td><td></td><td></td><td></td><td></td></tr>
<tr><td></td><td></td><td></td><td></td><td></td><td></td><td></td><td></td><td></td></tr>
<tr><td></td><td></td><td></td><td></td><td></td><td></td><td></td><td></td><td></td></tr>
<tr><td>계</td><td></td><td></td><td></td><td></td><td></td><td></td><td></td><td></td></tr>
</table>

210mm×297mm[백상지 80g/㎡ 또는 중질지 80g/㎡]

나. 합병 과세효과 분석

상기 사례들을 기준으로 합병의 법인세 과세효과를 분석하면 다음과 같다. 적격합병인 경우는 세무상 장부가액만큼만 비용으로 인정되지만, 비적격합병인 경우는 피합병법인은 양도가액과 세무상 장부가액의 차이에 대한 양도손익이 과세되고, 합병법인은 순자산의 시가를 비용으로 계상함에 따라 합병매수차익 발생분은 익금산입하게 된다. 다만, 합병매수차손이 발생하는 경우 합병법인이 피합병법인의 상호·거래관계, 그 밖의 영업상의 비밀 등에 대하여 사업상 가치가 있다고 보아 대가를 지급한 것에 한하여 손금산입하게 된다.

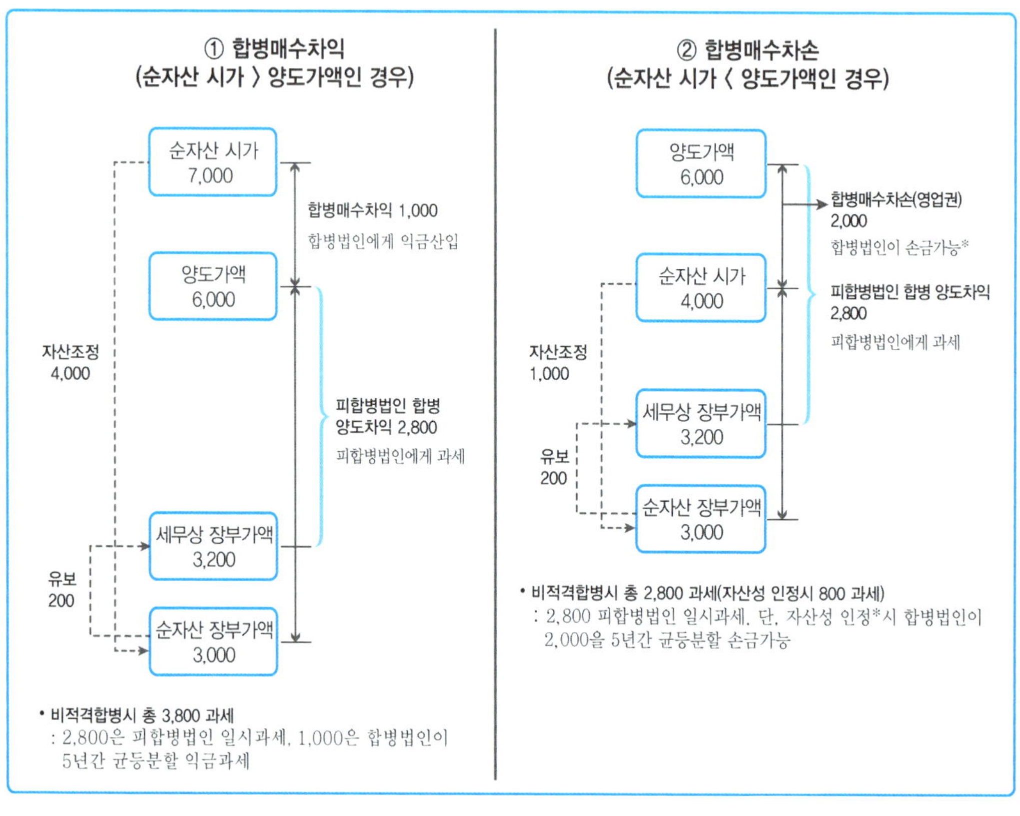

5. 합병관련 주요 항목 연혁

합병자본거래와 관련하여 발생하는 영업권 및 주요 항목에 대한 이해는 매우 중요하므로 이에 대한 연혁을 정리하면 다음과 같다.

구분	1998.12.31. 개정 ~ 2010.6.30.	2010.7.1. ~ 현행
취득가액	합병에 의하여 취득한 자산: 장부에 계상한 출자가액 또는 승계가액 다만, 그 가액이 시가를 초과하는 경우에는 그 초과금액을 제외함.	합병에 따라 취득한 자산 가. 적격합병의 경우: 피합병법인 장부가액 나. 그 밖의 경우: 해당 자산의 시가
영업권 정의	영업권 중 합병의 경우 합병법인이 계상한 영업권은 합병법인이 피합병법인의 자산을 평가하여 승계한 경우로서 피합병법인 또는 분할법인의 상호·거래관계 기타 영업상의 비밀 등으로 사업상 가치가 있어 대가를 지급한 것에 한하여 이를 감가상각자산으로 함.	영업권 중 합병 또는 분할로 인하여 합병법인 등이 계상한 영업권은 제외 합병매수차손: 양도가액 - 피합병법인의 합병등기일 현재 순자산시가 합병매수차손은 합병법인이 피합병법인의 상호·거래관계, 그 밖의 영업상의 비밀 등에 대하여 사업상가치가 있다고 보아 대가를 지급한 경우에 한하여 인정
합병차익 · 합병평가차익	합병차익은 익금불산입 다만, 합병평가차익을 제외 합병평가차익(합병차익 한도) = 피합병법인으로부터 자산을 평가하여 승계한 경우 그 가액 중 피합병법인의 장부가액(요건 미충족 시 청산소득 과세된 부분을 합한 금액)을 초과하는 부분의 가액	합병차익은 익금불산입
자산양도차익 · 청산소득	청산소득금액 = 피합병법인의 주주 등이 합병법인으로부터 받은 합병대가의 총합계액 - 피합병법인의 합병등기일 현재의 자기자본의 총액 합병대가의 총합계액 = 합병으로 인하여 취득하는 주식등의 가액(요건충족 시 액면가액, 미충족 시 시가)과 금전 기타 재산가액의 합계액	자산양도차익 = 피합병법인이 합병법인으로부터 받은 양도가액 - 피합병법인의 합병등기일 현재의 자산의 장부가액 총액에서 부채의 장부가액 총액을 뺀 가액 적격합병의 경우 양도가액을 피합병법인의 합병등기일 현재의 순자산 장부가액으로 보아 양도손익이 없는 것으로 가능함.

구분	1998.12.31. 개정 ~ 2010.6.30.	2010.7.1. ~ 현행
의제배당	의제배당=합병으로 인하여 취득하는 주식등의 가액과 금전 기타 재산가액의 합계액(이하 "합병대가"라 한다)이 그 피합병법인의 주식등을 취득하기 위하여 소요된 금액을 초과하는 금액 취득하는 주식의 가액은 적격요건 충족 시 액면가액, 미충족 시 시가로 함.	의제배당=합병으로 인하여 취득하는 주식등의 가액과 금전이나 그 밖의 재산가액의 합계액[이하 "합병대가"라 한다]이 그 피합병법인의 주식등을 취득하기 위하여 사용한 금액을 초과하는 금액 취득하는 주식의 가액은 적격요건 충족시 피합병법인 장부가액, 미충족 시 시가로 함.

[법령 연혁]

구분	1998.12.31. 개정 ~ 2010.6.30.	2010.7.1. ~ 현행
취득가액		法令 제72조【자산의 취득가액 등】 ② 법 제41조 제1항 및 제2항에 따른 자산의 취득가액은 다음 각호의 금액으로 한다. 3. 합병 · 분할 또는 현물출자에 따라 취득한 자산의 경우 다음 각 목의 구분에 따른 금액 (2012.2.2. 개정) 가. 적격합병 또는 적격분할의 경우 : 제80조의 4 제1항 또는 제82조의 4 제1항에 따른 **장부가액** 나. 그 밖의 경우: 해당 자산의 시가
영업권 정의	法令 제24조【감가상각자산의 범위】 ① 법 제23조 제2항에서 "건물, 기계 및 장치, 특허권 등 대통령령이 정하는 자산"이라 함은 다음 각호의 고정자산 (제2항의 자산을 제외하며, 이하 "감가상각자산"이라 한다)을 말한다. (1998. 12.31. 개정) 2. 다음 각목의 1에 해당하는 무형고정자산 가. 영업권, 디자인권, 실용신안권, 상표권 ④ 제1항 제2호 가목의 영업권 중 합병 또는 분할의 경우 합병법인 또는 분할신설법인(분할합병의 상대방법인을 포함한다. 이하 이 항에서 같다) 이 계상한	法令 제24조【감가상각자산의 범위】 ① 법 제23조 제1항에서 "건물, 기계 및 장치, 특허권 등 대통령령으로 정하는 자산"이란 다음 각 호의 고정자산(제3항의 자산을 제외하며, 이하 "감가상각자산"이라 한다)을 말한다. 2. 다음 각 목의 어느 하나에 해당하는 무형고정자산 (2019.2.12. 개정) 가. 영업권(**합병 또는 분할로 인하여 합병법인 등이 계상한 영업권은 제외한다**), 디자인권, 실용신안권, 상표권 (2010.6.8. 개정)

구분	1998.12.31. 개정 ~ 2010.6.30.	2010.7.1. ~ 현행
영업권 정의	영업권은 합병법인 또는 분할신설법인(분할합병의 경우에 한한다)이 피합병법인 또는 분할법인(소멸한 분할합병의 상대방법인을 포함한다. 이하 이 항에서 같다)의 **자산을 평가하여 승계한 경우로서 피합병법인 또는 분할법인의 상호·거래관계 기타 영업상의 비밀 등으로 사업상 가치가 있어 대가를 지급한 것에 한하여 이를 감가상각자산으로 한다.**	
		法 제44조의 2【비적격 합병 시 합병법인에 대한 과세】 ② 합병법인은 제1항에 따라 피합병법인의 자산을 시가로 양도받은 것으로 보는 경우로서 피합병법인에 지급한 양도가액이 **피합병법인의 합병등기일 현재의 자산총액에서 부채총액을 뺀 금액**(이하 이 관에서 "순자산시가"라 한다)보다 적은 경우에는 그 차액을 제60조 제2항 제2호에 따른 세무조정계산서에 계상하고 합병등기일부터 5년간 균등하게 나누어 익금에 산입한다. (2010.12.30. 개정) ③ 합병법인은 제1항에 따라 피합병법인의 자산을 시가로 양도받은 것으로 보는 경우에 피합병법인에 지급한 양도가액이 합병등기일 현재의 순자산시가를 초과하는 경우로서 **대통령령으로 정하는 경우**에는 그 차액을 제60조 제2항 제2호에 따른 세무조정계산서에 계상하고 **합병등기일부터 5년간 균등하게 나누어 손금**에 산입한다.
		法令 제80조의 3【비적격합병 시 양도가액과 순자산시가와의 차액 처리】 ② 법 제44조의 2 제3항에서 "대통령령으로 정하는 경우"란 합병법인이 **피합병법인의 상호·거래관계, 그 밖의 영업상의 비밀 등에 대하여 사업상 가치가 있다고 보아 대가를 지급한 경우를 말한다.** (2010.6.8. 신설)

<table>
<tr><th>구분</th><th>1998.12.31. 개정 ~ 2010.6.30.</th><th>2010.7.1. ~ 현행</th></tr>
<tr><td rowspan="2">합병
차익
·
합병평가
차익
·
의제배당</td><td>法 제17조【자본거래로 인한 수익의 익금불산입】
① 다음 각 호의 수익은 내국법인의 각 사업연도의 소득금액계산에 있어서 이를 익금에 산입하지 아니한다. (2008. 12.26. 개정)
3. 합병차익. 다만, 대통령령이 정하는 합병평가차익(이하 "합병평가차익"이라 한다)을 제외한다. (1998.12.28. 개정)

法令 제15조【주식발행액면초과액 등】
② 법 제17조 제1항 제3호 단서에서 "대통령령이 정하는 합병평가차익"이라 함은 제12조 제1항 제1호 및 동조 제3항의 규정에 의하여 계산한 금액을 말한다. (2006.2.9. 개정)</td><td>法 제17조【자본거래로 인한 수익의 익금불산입】
① 다음 각 호의 구분에 따른 수익은 내국법인의 각 사업연도의 소득금액을 계산할 때 익금에 산입(算入)하지 아니한다. (2018. 12.24. 개정)
5. 합병차익: 「상법」 제174조에 따른 합병의 경우로서 소멸된 회사로부터 승계한 재산의 가액이 그 회사로부터 승계한 채무액, 그 회사의 주주에게 지급한 금액과 합병 후 존속하는 회사의 자본금증가액 또는 합병에 따라 설립된 회사의 자본금을 초과한 경우의 그 초과금액. 다만, 소멸된 회사로부터 승계한 재산가액이 그 회사로부터 승계한 채무액, 그 회사의 주주에게 지급한 금액과 주식가액을 초과하는 경우로서 이 법에서 익금으로 규정한 금액은 제외한다.

法令 제15조【주식발행액면초과액 등】
(삭제)</td></tr>
<tr><td>法令 제12조【합병평가차익 등의 계산】
① 법 제16조 제1항 제2호 가목에서 "대통령령이 정하는 합병평가차익 등"이라 함은 「상법」 제459조 제1항 제3호의 규정에 의한 금액(이하 이 조에서 "합병차익"이라 한다)에 달할 때까지 다음 각호의 순서에 따라 순차로 계산하여 산출한 제1호·제3호(법 제16조 제1항 제2호 본문의 규정에 해당하는 잉여금에 한한다) 및 제4호의 금액(주식회사외의 법인의 경우에는 이를 준용하여 계산한 금액을 말한다)을 말한다. 다만, 제14조 제1항 제1호 다목의 규정에 해당하는 경우에는 제1호의 금액으로 한다. (2005.2.19. 개정)
1. 피합병법인으로부터 자산을 평가하</td><td>法令 제12조【자본전입 시 과세되지 아니하는 잉여금의 범위 등】
① 법 제16조 제1항 제2호 가목에서 "대통령령으로 정하는 것"이란 법 제17조 제1항 각 호의 금액에 해당하는 금액을 말한다. 다만, 다음 각 호의 어느 하나에 해당하는 금액은 제외한다. (2013.2.15. 개정)
3. 법 제44조 제2항에 따른 적격합병(같은 조 제3항에 따라 적격합병으로 보는 경우를 포함하며, 이하 "적격합병"이라 한다)을 한 경우 다음 각 목의 금액(주식회사 외의 법인인 경우에는 이를 준용하여 계산한 금액을 말한다)의 합계액. 이 경우 법 제17조 제1항 제5호에 따른 금액(이하 이 조에서 "합병차익"이라 한</td></tr>
</table>

구분	1998.12.31. 개정 ~ 2010.6.30.	2010.7.1. ~ 현행
합병차익 · 합병평가차익 · 의제배당	여 승계한 경우 그 가액 중 피합병법인의 장부가액(제14조 제1항 제1호 다목의 규정에 해당하는 경우에는 법 제16조 제1항 제5호의 규정에 의한 합병대가의 총합계액에서 승계한 피합병법인의 자산의 장부가액과 부채의 차액을 차감한 금액을 가산한 가액을 말한다)을 초과하는 부분의 가액 (1998.12.31. 개정) 2. 법 제16조 제1항 제5호의 규정에 의한 합병대가의 총합계액(주식의 경우에는 액면가액에 의하여 평가한 금액으로 한다)이 피합병법인의 자본금에 미달하는 경우 그 미달하는 금액 (1998.12.31. 개정) 3. 피합병법인의 자본잉여금 중 법 제16조 제1항 제2호 본문의 규정에 해당하는 잉여금 외의 잉여금부터 순차로 계산한 금액 (1998.12.31. 개정) 4. 피합병법인의 이익잉여금에 상당하는 금액 (1998.12.31. 개정)	다)을 한도로 한다. (2019.2.12. 개정) 가. 합병등기일 현재 합병법인이 승계한 재산의 가액이 그 재산의 피합병법인 장부가액(제85조 제1호에 따른 세무조정사항이 있는 경우에는 그 세무조정사항 중 익금불산입액은 더하고 손금불산입액은 뺀 가액으로 한다. 이하 이 항에서 같다)을 초과하는 경우 그 초과하는 금액 (2019.2.12. 개정) 나. 피합병법인의 기획재정부령으로 정하는 자본잉여금 중 법 제16조 제1항 제2호 각 목 외의 부분 본문에 따른 잉여금(이하 이 조에서 "의제배당대상 자본잉여금"이라 한다)에 상당하는 금액 (2019.2.12. 개정) 다. 피합병법인의 이익잉여금에 상당하는 금액 (2019.2.12. 목번개정)
청산소득	法 제80조【합병에 의한 청산소득금액의 계산】 ① 내국법인이 합병으로 인하여 해산하는 경우 그 청산소득(이하 "합병에 의한 청산소득" 이라 한다)의 금액은 피합병법인의 주주등이 합병법인으로부터 받은 합병대가의 총합계액에서 피합병법인의 합병등기일 현재의 자기자본의 총액을 공제한 금액으로 한다. ② 제1항의 규정에 의한 합병대가의 총합계액을 계산함에 있어서 합병법인이 합병등기일전 2년 이내에 취득한 피합병법인의 주식등(신설합병 또는 3 이상의 법인이 합병하는 경우 피합병법인이 취득한 다른 피합병법인의 주식등을 포함하며, 이하 이 조에서 "포합주식등"	法 제44조【합병 시 피합병법인에 대한 과세】 ① 피합병법인이 합병으로 해산하는 경우에는 그 법인의 자산을 합병법인에 양도한 것으로 본다. 이 경우 그 양도에 따라 발생하는 양도손익(제1호의 가액에서 제2호의 가액을 뺀 금액을 말한다. 이하 이 조 및 제44조의 3에서 같다)은 피합병법인이 합병등기일이 속하는 사업연도의 소득금액을 계산할 때 익금 또는 손금에 산입한다. (2010.12.30. 개정) 1. 피합병법인이 합병법인으로부터 받은 양도가액 (2010.12.30. 개정) 2. 피합병법인의 합병등기일 현재의 자산의 장부가액 총액에서 부채의 장부가액 총액을 뺀 가액(이하 이 관에서 "순자산

구분	1998.12.31. 개정 ~ 2010.6.30.	2010.7.1. ~ 현행
청산소득	이라 한다)이 있는 경우로서 그 포합주식등에 대하여 합병법인의 주식등을 교부하지 아니한 경우 합병대가의 총합계액은 당해 포합주식등의 취득가액을 가산한 금액으로 한다. 이 경우 주식등을 교부한 경우에는 당해 포합주식등의 취득가액에서 교부한 주식등의 가액을 공제한 금액을 가산한 금액으로 한다. ③ 제79조 제3항·제4항 및 제6항의 규정은 합병에 의한 청산소득금액의 계산에 관하여 이를 준용한다. ④ 제1항 내지 제3항의 규정을 적용함에 있어서 합병대가의 총합계액의 계산등 합병에 의한 청산소득금액의 계산에 관하여 필요한 사항은 대통령령으로 정한다.	장부가액"이라 한다) (2010.12.30. 개정) ② 제1항을 적용할 때 다음 각 호의 요건을 모두 갖춘 합병(이하 "적격합병"이라 한다)의 경우에는 제1항 제1호의 가액을 피합병법인의 합병등기일 현재의 순자산 장부가액으로 보아 양도손익이 없는 것으로 할 수 있다. 다만, 대통령령으로 정하는 부득이한 사유가 있는 경우에는 제2호·제3호 또는 제4호의 요건을 갖추지 못한 경우에도 적격합병으로 보아 대통령령으로 정하는 바에 따라 양도손익이 없는 것으로 할 수 있다. (2018.12.24. 개정)

Ⅱ 분할절차 및 세무

1. 분할절차

기업의 분할은 상법상 절차에 따라 진행되어야 하며, 이를 따르지 않을 경우 분할무효의 소 등이 제기될 가능성이 있는바 법적인 절차의 검토가 중요하다.

또한, 상법상 절차를 진행하기 위해서 사전에 분할사업부문 결정 및 적격분할요건 충족 여부에 대한 검토가 필요하며, 승계를 위해서는 승계대상 사업부문의 존속 여부, 분할신설법인의 정관 및 내부규정 정비, 그리고 분할법인 후 각 회사의 기업가치의 변화에 대하여도 사전 검토가 필요하다.

가. 분할의 절차 및 일정

1) 인적분할의 절차 및 일정

가) 비상장법인의 인적분할

비상장법인의 일반적인 상법상 인적분할 절차는 다음과 같다. 이때 총주주로부터 기간단축동의서를 징구하는 경우 분할이사회 결의 익일에 분할주주총회 개최가 가능하다.

일정 및 절차		관련 규정 내용
사전 준비 단계		① 우선 분할가능성에 대한 법률 및 세무 검토 ② 분할대상 자산 및 부채 평가 및 확정 ③ 분할비율 산정 ④ 분할절차 및 일정확정, 분할계획서 준비
D－32	분할 이사회 결의	이사회에서 분할계획서 승인
	분할 주총소집 이사회 결의	주주총회 소집을 위한 이사회 결의
D－32	주주명부폐쇄 및 기준일 공고	주주명부확정 기준일 2주 전 공고
D－16	주주명부확정 기준일	분할 주총을 위한 권리주주 확정일
D－15	주총 소집공고 및 통지	분할주총 2주 전 소집의 뜻과 회의의 목적사항 통지 (자본금 10억원 미만인 경우 10일 전)
	분할대차대조표 등 비치	분할주총 2주 전부터 등기 후 6개월간 본점에 비치
D	분할승인 주주총회 개최	주총 특별결의
D+1	채권자이의제출공고 · 최고*	주총일로부터 2주 이내 공고
	구주권 제출 공고	
D+32	채권자 이의제출기간 만료*	공고기간 1개월 이상
	구주권 제출기간 만료	
D+33	분할기일	실질적인 분할일
D+34	분할보고 이사회 결의	분할보고주주총회 갈음
D+35	이사회 결의 공고	분할보고총회 등 이사회 결의에 의한 공고로 대체
D+36	분할등기 및 신설등기	분할보고주주총회일(분할보고주주총회 갈음 이사회 결의 공고일)로부터 본점: 2주 내, 지점: 3주 내

* 연대책임 부담시 채권자 보호절차 생략가능하나, 인적분할은 구주권 제출기간이 있어서 분할일정은 단축되지 아니한다.

나) 상장법인의 인적분할

상장법인의 인적분할절차는 "비상장법인의 인적분할절차"에 거래소의 승인 및 분할신고서 제출, 법정 공시 및 신고절차와 분할종료보고서 제출, 존속법인의 변경상장절차와 분할신설법인의 재상장절차 등이 추가로 요구된다. 상장법인의 인적분할시 일반적인 사전준비절차 및 상법 등의 진행절차는 다음과 같으며 실무적으로 분할진행시에는 반드시 법률자문을 받아서 진행하기 바란다.

일정 및 절차		관련 규정 내용
사전 준비 단계		① 우선 분할가능성에 대한 법률 및 세무 검토 ② 관계기관(금감원, 거래소, 명의개서 대행기관 등)과 사전협의 ③ 분할신설법인 재상장요건 검토(인적분할 경우) ④ 분할대상 자산 및 부채 평가 및 확정 ⑤ 분할비율 산정 ⑥ 분할절차 및 일정확정, 분할계획서, 주요사항보고서 등 준비
D-105	분할이사회 결의	이사회에서 분할계획서 승인
	분할이사회 결의 신고 및 공시	거래소 신고 및 공시
	공시관련 매매거래 정지	주요사항 공시관련 매매거래 정지(인적분할시)
	주요사항보고서 제출	사유발생 익일까지 금융위, 거래소 제출
D-45	거래소 승인	거래소 45영업일 내 승인결과 통지
D-41	증권신고서 제출	금융위 제출, 효력발생기간 7영업일
	분할 주총소집 이사회 결의	주총소집을 위한 이사회 결의
	주총소집 이사회 결의 신고·공시	거래소 신고 및 공시
	주주명부폐쇄 및 기준일 공고	주주명부확정 기준일 2주 전 공고
D-30	투자설명서 제출	신고서 효력발생시(7영업일 이상) 금융위 제출
D-25	주주명부확정 기준일	분할 주총을 위한 권리주주 확정일
D-15	주총 소집공고 및 통지	소집의 뜻과 회의의 목적사항 통지
	주총 소집통지 및 공고 비치	회사의 홈페이지에 게재하고, 거래소 등에 비치
	분할계획서·재무제표 등 공시	분할주총 2주 전부터 등기 후 6개월간 본점 비치
D	분할승인 주주총회 개최	주주총회 특별결의
	분할주총 결과 보고	거래소 신고
D+1	채권자 이의제출 공고·최고	주총일로부터 2주 이내 공고
	구주권 제출 공고	
D+31	매매거래 정지	구주권 제출기간 종료 전일 ~ 변경상장 전일
D+32	채권자 이의제출기간 만료	공고기간 1개월 이상
	구주권 제출기간 만료	
D+33	분할기일	실질적인 분할일
D+34	분할보고 이사회 결의	분할보고주주총회 갈음
D+35	이사회 결의 공고	분할보고총회 등은 이사회 결의의 공고로 대체
D+36	분할등기 및 신설등기	분할보고주주총회 갈음 이사회 결의 공고일로부터 본점: 2주 내, 지점: 3주 내

<table>
<tr><th colspan="2">일정 및 절차</th><th>관련 규정 내용</th></tr>
<tr><td rowspan="4">D+36</td><td>분할종료보고서 또는 증권발행실적보고서 제출</td><td>분할등기 후 지체없이 거래소, 금융위 등에 제출</td></tr>
<tr><td>최대주주 소유주식주 변동상황 제출</td><td rowspan="2">분할등기 후 지체없이 신고
(코스닥은 해당 사항 없음)</td></tr>
<tr><td>계열회사 변경신고(자율공시)</td></tr>
<tr><td>임원 등의 특정증권 등 소유상황 보고</td><td>그 변동일로부터 5일 이내</td></tr>
<tr><td>D+</td><td>사후절차</td><td>변경상장 및 재상장 신청</td></tr>
</table>

2) 물적분할의 절차 및 일정

가) 비상장법인의 물적분할

비상장법인의 물적분할 절차는 상기에서 설명한 "인적분할절차"와 동일하며, 단지 구주권 제출절차가 생략된다는 점에서 차이가 있다. 또한, 분할 전 채무에 대하여 연대책임을 부담하는 경우 채권자 보호절차는 생략이 가능해서 물적분할의 일정은 단축이 가능하다. 여기에 총주주로부터 기간단축동의서를 얻은 경우 분할이사회 결의 익일에 주주총회개최가 가능하기 때문에 간소하게 진행할 수 있다.

<table>
<tr><th colspan="2">일정 및 절차</th><th>관련 규정 내용</th></tr>
<tr><td colspan="2">사전 준비 단계</td><td>① 우선 분할가능성에 대한 법률 및 세무검토
② 분할대상 자산 및 부채 평가 및 확정
③ 분할비율 산정
④ 분할절차 및 일정확정, 분할계획서 준비</td></tr>
<tr><td rowspan="2">D-32</td><td>분할 이사회 결의</td><td>이사회에서 분할계획서 승인</td></tr>
<tr><td>분할 주총소집 이사회 결의</td><td>주주총회 소집을 위한 이사회 결의</td></tr>
<tr><td>D-32</td><td>주주명부폐쇄 및 기준일 공고</td><td>주주명부확정 기준일 2주 전 공고</td></tr>
<tr><td>D-16</td><td>주주명부확정 기준일</td><td>분할주총을 위한 권리주주 확정일</td></tr>
<tr><td rowspan="2">D-15</td><td>주총 소집공고 및 통지</td><td>분할주총 2주 전 소집의 뜻과 회의의 목적사항 통지
(자본금 10억원 미만인 경우 10일 전)</td></tr>
<tr><td>분할대차대조표 등 비치</td><td>분할주총 2주 전부터 등기 후 6개월간 본점에 비치</td></tr>
<tr><td>D</td><td>분할승인 주주총회 개최</td><td>주총 특별결의</td></tr>
<tr><td>D+1</td><td>채권자 이의제출공고·최고*</td><td>주총일로부터 2주 이내 공고</td></tr>
<tr><td>D+32</td><td>채권자 이의제출기간 만료*</td><td>공고기간 1개월 이상</td></tr>
</table>

일정 및 절차		관련 규정 내용
D+33	분할기일	실질적인 분할일
D+34	분할보고 이사회 결의	분할보고주주총회 갈음
D+35	이사회 결의 공고	분할보고총회 등 이사회 결의에 의한 공고로 대체
D+36	분할등기 및 신설등기	분할보고주주총회일(분할보고주주총회 갈음 이사회 결의 공고일)로부터 본점: 2주 내, 지점: 3주 내

* 연대책임 부담시 채권자 보호절차 생략 가능하다.

나) 상장법인의 물적분할

상장법인의 물적분할 절차는 "상장법인의 인적분할절차"와 유사하나 구주권제출 절차와 거래소의 승인 및 재상장 등의 절차가 필요 없다. 또한, 분할 전 채무에 대하여 연대책임을 부담하는 경우 채권자 보호절차는 생략이 가능해서 물적분할 일정의 단축이 가능하다. 상장법인의 물적분할시 일반적인 사전준비절차 및 상법 등의 진행절차는 다음과 같으며 실무적으로 분할진행시에는 반드시 법률자문을 받아서 진행하기 바란다.

일정 및 절차		관련 규정 내용
사전 준비 단계		① 우선 분할가능성에 대한 법률 및 세무 검토 ② 관계기관(금감원, 거래소, 명의개서 대행기관 등)과 사전협의 ③ 분할대상 자산 및 부채 평가 및 확정 ④ 분할비율 산정 ⑤ 분할절차 및 일정확정, 분할계획서, 주요사항보고서 등 준비
D-41	분할 이사회 결의	이사회에서 분할계획서 승인
	분할 이사회 결의 신고 및 공시	거래소 신고 및 공시
	주요사항보고서 제출	사유발생 익일까지 금융위, 거래소 제출
	분할 주총소집 이사회 결의	주총소집을 위한 이사회 결의
D-40	주주명부폐쇄 및 기준일 공고	주주명부확정 기준일 2주 전 공고
D-25	주주명부확정 기준일	분할 주총을 위한 권리주주 확정일
D-15	주총 소집공고 및 통지	소집의 뜻과 회의의 목적사항 통지
	주총 소집통지 및 공고 비치	회사의 홈페이지에 게재하고, 거래소 등에 비치
	분할계획서·재무제표 등 공시	분할주총 2주 전부터 등기 후 6개월간 본점 비치
D	분할승인 주주총회 개최	주주총회 특별결의
	분할주총 결과 보고	거래소 신고

일정 및 절차		관련 규정 내용
D+1	채권자 이의제출 공고 · 최고	주총일로부터 2주 이내 공고
D+31	매매거래 정지	구주권 제출기간 종료 전일~변경상장 전일
D+32	채권자 이의제출기간 만료	공고기간 1개월 이상
D+33	분할기일	실질적인 분할일
D+34	분할보고 이사회 결의	분할보고주주총회 갈음
D+35	이사회 결의 공고	분할보고총회 등은 이사회 결의의 공고로 대체
D+36	분할등기 및 신설등기	분할보고주주총회 갈음 이사회 결의 공고일로부터 본점: 2주 내, 지점: 3주 내
	분할종료보고서 제출	분할등기 후 지체없이 거래소, 금융위 등에 제출
	계열회사 변경신고(자율공시)	분할등기 후 지체없이 신고(코스닥은 해당 사항없음)

* 연대책임 부담시 채권자 보호절차 생략 가능하다.

3) 분할합병의 절차 및 일정

가) 비상장법인의 분할합병

분할합병은 일반적으로 인적분할합병을 의미하며, 상법상 물적분할합병도 가능하지만 세무상 과세특례를 인정하지 않고 있기 때문에 특별한 목적이 없는 한 분할합병은 인적분할합병으로 진행하게 된다. 또한 분할합병의 경우 모회사의 주식 또는 자기주식 등의 교부로 무증자 분할합병도 가능하다[605]. 비상장법인의 분할합병은 인적분할절차와 합병절차를 함께 진행한다고 보면 된다. 즉, 합병과 같이 분할합병비율의 산정 및 분할합병계약서의 체결이 있어야 한다.

이때 분할합병의 상대방은 합병에 해당하므로 합병절차를 진행하면 된다.

일정 및 절차		관련 규정 내용
사전 준비 단계		① 우선 분할 및 합병 가능성에 대한 법률 및 세무검토 ② 분할대상 자산 및 부채 평가 및 확정 ③ 분할비율 및 합병비율 산정(분할합병비율 산정) ④ 분할합병절차 및 일정확정, 분할합병계약서 준비
D-32	분할합병 이사회 결의 및 분할계약서 체결	이사회에서 분할합병계약서 체결
	주총소집 이사회 결의	주주총회 소집을 위한 이사회 결의
	주주명부폐쇄 및 기준일 공고	주주명부확정 기준일 2주 전 공고

605) 상법 제503조의 6

일정 및 절차		관련 규정 내용
D-16	주주명부확정 기준일	분할합병 주총을 위한 권리주주 확정일
D-15	주총 소집공고 및 통지	분할합병주총 2주 전 소집의 뜻과 회의의 목적사항 통지
	분할합병반대 통지 접수시작	분할합병반대주주의 서면접수
	분할합병대차대조표 등 비치	분할합병주총 2주 전부터 등기 후 6개월간 본점에 비치
D-1	분할합병반대 서면 접수마감	통지일 ~ 주주총회 전일
D	분할합병승인 주주총회 개최	주주총회 특별결의
	반대주주 주매수청구 시작	주총일로부터 20일 이내 청구
D+1	채권자 이의제출공고・최고	주총일로부터 2주 이내 공고
	구주권 제출 공고	
D+32	채권자 이의제출기간 만료	공고기간 1개월 이상
	구주권 제출기간 만료	
D+33	분할합병기일	실질적인 분할합병일
D+34	분할합병보고 이사회 결의	분할합병보고주주총회 갈음
D+35	이사회 결의 공고	분할합병보고총회 등 이사회 결의의 공고로 대체
D+36	분할합병등기	분할보고주주총회일(분할보고주주총회 갈음 이사회 결의 공고일)로부터 본점: 2주 내, 지점: 3주 내

나) 상장법인의 분할합병

상장법인의 분할합병은 인적분할과 같이 신설되는 분할합병법인이나 분할합병의 상대방법인은 상장법인이어야 한다. 만약, 분할합병의 상대방법인이 비상장법인인 경우 상장법인 분할에 대한 소액주주 보호를 위해서 거래소 및 주주총회에서 승인을 받기가 쉽지 아니하여 분할합병의 진행에 애로가 있을 수 있다. 상장법인의 분할합병은 앞서 설명한 "상장법인 인적분할"+"상장법인 합병" 절차를 참고하면 될 것이다. 즉, 분할계획서 대신 분할합병계약서를 체결하는 절차 등을 합병과 분할절차를 준용해서 진행하면 되나, 실무적으로 분할 진행시에는 반드시 법률자문을 받아서 진행하기 바란다.

4) 분할 및 분할합병 절차의 비교

분할 및 분할합병 등 절차적인 중요한 사항을 정리하면 다음과 같다.

구 분	합병	단순분할		분할합병
		인적분할	물적분할	
대상회사	자유(일부제한)	주식회사만	주식회사만	주식회사만
기본 서류	합병계약서	분할계획서	분할계획서	분할합병계약서
합병·분할비율	합의(규정)	규정 없음	규정 없음	합의(규정)
자본감소절차	자본 증가	감자절차 발생	해당 없음	감자절차
배당가능이익	변동	변동(주1)	변동 없음	변동(주1)
채권자보호절차	필요	필요(연대책임시 불필요)	필요(연대책임시 불필요)	필요
구주권 제출	해당	해당	해당 없음	해당
주식매수청구권	인정	불인정(재상장 불가시 인정)	불인정	인정
소규모·간이제도	인정	불인정	불인정(인정)(주2)	인정

(주1) 합병의 경우 합병비율은 법 규정에 따른 합병가액 산정기준에 따라 정해지면 주당 액면가액 또한 합병법인의 액면가액으로 정해지기 때문에 자본금의 인위적인 변동이 불가하다. 하지만 이와 달리 인적분할의 경우 분할비율의 산정에 대하여 규정상 정의하고 있는 데는 없는 상태이다. 이에 감소하는 순자산가액 대비 자본금의 감소비율을 동일하게 정하든 달리 정하든 회사의 결정에 달려 있다.

(주2) 「기업활력제고를 위한 특별법」에 따른 승인기업은 따라 **「상법」 제530조의 12에 따른 물적 분할을 하는 경우**, 분할에 의하여 설립되는 회사의 총자산액이 승인기업의 총자산액의 100분의 10에 미달하는 때에는 승인기업의 주주총회 승인을 이사회의 승인으로 갈음할 수 있다[606].

나. 분할비율의 산정

1) 분할비율의 의의

일반적으로 단순분할에 있어서 분할비율이란 회사가 분할하는 경우 회사 전체의 자산·부채 및 자본 중 분할대상 사업부문에 귀속될 자산·부채 및 자본금액이 차지하는 비율을 의미한다. 분할은 분할비율을 산정하고 분할대상 사업부문에 귀속되는 자본금과 주식수를 확정함으로써 분할로 신설되는 회사가 분할회사 등에게 교부할 주식수를 확정할 수 있다.

2) 분할비율의 산정

분할비율에 대한 언급은 분할계획서의 기재사항 외에 별도로 상법 및 회계·세무상 명문 규정은 없는 상태이다. 이에 분할비율의 산정은 기본적으로 분할회사의 전체 사업부문별 순자산 합계액에 분할대상사업부문에 귀속되는 순자산가액이 차지하는 비율로 산출하고 있다.

606) 기업활력제고를 위한 특별법 제15조

분할비율 = 분할대상사업부문의 순자산가액 ÷ 회사 전체 순자산가액

실무적으로는 위에서 설명한 분할사업부문의 고유의 영업자산・영업부채를 분할신설회사로 이전하면서 분할신설회사의 재상장・재등록 요건을 고려하여 부채비율을 결정한 후 자본규모를 결정하기도 하며, 또한 순자산비율을 기준으로 분할비율을 산정하지 않고 분할회사의 유형(회사정리 또는 기업개선작업 등)이나 분할의 목적 등에 따라서 산정기준을 독자적으로 결정하기도 한다. 이는 상법상 분할대상의 범위나 기준에 대해서 특별한 제한이 없기 때문이다.

하지만, 세무상 불공정한 분할비율로 분할을 할 경우 조세상의 불이익이 발생할 수 있으므로 이를 고려하여 포괄적인 자산・부채의 승계범위 내에서 공정한 분할비율을 산정하여야 한다.

3) 분할법인의 자본금 감소비율에 대한 고찰

가) 의의

인적분할로 인하여 감소되는 자본금의 감소비율은 법이나 기준으로 규정하고 있지 아니하므로 분할법인은 분할비율대로 자본금을 감소하는 것이 아니라 회사에서 정하는 자본금 감소비율로 감소할 수 있다. 이런 경우 존속분할법인의 자본구성(배당가능이익 크기)에 영향을 미칠 수 있게 된다. 이는 자본금의 감소비율을 법이나 기준으로 규정하고 있지 아니하기 때문에 발생하는 문제로 이에 대한 명확한 규정의 마련이 필요해 보인다.

나) 분할법인의 자본금 감소

분할회사가 분할대상 사업부를 비례적인 인적분할을 통하여 분할신설회사에 이전할 때에는 자신의 장부금액으로 이전하는 것으로 한다. 따라서 분할회사는 일반기업회계기준 제15장(자본)에서의 감자의 회계처리를 준용하여 감소된 순자산 장부금액이 감소되는 주식의 액면금액보다 큰 경우에는 그 차액을 감자차익의 범위 내에서 상계처리하고, 미상계된 잔액이 있는 경우에는 감자차손으로 회계처리한다. 이 경우 이익잉여금(결손금) 처분(처리)으로 상각되지 않은 감자차손은 향후 발생하는 감자차익과 우선적으로 상계한다.

다) 자본금 감소비율에 따른 배당가능이익 변동

일반적으로 분할회사는 분할로 감소되는 순자산을 장부금액법에 따라 회계처리하지만 감소되는 자본금은 분할비율대로 감소되는 것이 아니라 회사의 결의에서 정하는 자본금 감소비율로 감소하는 경우가 있다. 이런 경우 다음 사례와 같이 배당가능이익의 변동이 발생할 수 있다. 이처럼 배당가능이익은 배당을 할 수 있는 기준일뿐만 아니라 자기주식을 취득할 수 있는 한도가 되기 때문에 분할비율과 자본금 감소비율의 관계에 대한 명확한 기준이 필요한 상태이다.

사례 자본금 감소비율 차이에 따른 배당가능이익 변동

A사업부의 분할비율이 0.5[=100/200]인 인적분할 사례에서 자본금 감소비율을 달리 할 경우 발생하는 배당가능이익의 변동을 분석하면 다음과 같다.

재무상태표(분할 전)

A사업부	100	자본금	100
B사업부	100	주식발행초과금	
		기타자본잉여금	
		이익준비금	
		미처분이익잉여금	100
합계	200	합계	200

회계상	상법상
자본금	자본금
자본잉여금	자본준비금
이익잉여금	이익준비금 배당가능이익

가) 자본금 감소비율이 0.5인 경우 분할회사 회계처리

자본금	50	A사업부	100
감자차손*	50		

재무상태표(분할 후)

B사업부	100	자본금	50
		주식발행초과금	
		기타자본잉여금	
		이익준비금	
		미처분이익잉여금*	50
합계	100	합계	100

* 감자차손의 처리는 감자차익에서 우선 상계하고 이익잉여금 처분으로 상각한다. 이 경우 이익잉여금에서 50 상각처리함.

나) 자본금 감소비율이 0.8인 경우 분할회사 회계처리

자본금	80	A사업부	100
감자차손	20		

재무상태표(분할 후)

B사업부	100	자본금	20
		주식발행초과금	
		기타자본잉여금	
		이익준비금	
		미처분이익잉여금	80
합계	100	합계	100

라) 자본금 감소비율의 개선방향

상기와 같이 자본금 감소비율에 대하여 분할비율대로 감소해야 한다고 법이나 기준에서 규정하고 있지 아니한 상태이므로 회사가 감소되는 자본금을 정할 경우 분할존속법인의 배당가능이익이 변동될 수 있다. 이는 분할비율대로 주식을 교부하여 양도손익에 대한 부당행위계산부인 규정 및 증여 등 다른 세무상 문제가 발생하지 아니하는 경우에도 자본의 구성항목의 변동에 따른 배당가능이익의 변동이 있을 수 있다.

물론 당초 분할계획서에 해당 사항을 기재하고 주주총회의 특별결의 등의 절차를 통과했다는 것은 주주와 채권자들의 이익을 침해하는 사항이 아니기 때문에 문제가 되지 아니한다고 할 수 있다. 하지만, 분할비율대로 자본금을 감소한 회사와 그렇지 아니한 회사 간에 자본구성 항목의 차이가 발생하는 것은 회사법상 선택적 사항으로 판단하기에는 미치는 영향이 다를 수 있기 때문에 이에 대한 명확한 규정이 마련되어야 할 것이다.

또한, 신주를 교부받는 주주가 개인인 경우 신주의 1주당 취득가액은 [(분할 전 주식 취득비용(분할시 과세된 의제배당액은 가산하고, 수령한 교부금은 차감)÷ 교부받은 신주 주식수][607]로 계산됨으로 극단적으로 자본금을 감소하는 경우 얼마든지 신주의 취득가액을 조정할 수 있는 경우가 발생할 수 있다. 따라서 이에 대한 명확한 규정이 마련되어야 할 것이다.

607) 소득세법 시행령 제163조 제1항 제5호 및 동법 집행기준 97-163-9

사례 인적분할시 자본금 감소가 없는 경우 신주의 1주당 취득가액

- 2012.1월 : 갑은 A법인의 주식 취득(5백만주, 130억원)
- 2016.1월 : A법인(분할존속법인)의 인적분할로 B법인 설립(갑의 A법인주식 0주식 감소, B법인주식 100만주 취득)
- 2019.3월 : B법인의 주식 양도

☞ 1주당 취득가액 : 0원{= 분할 전 주식 취득비용(130억원× 0주/5,000,000주)÷1,000,000주}
이런 극단적인 경우를 방지하기 위해서 법인세법의 신주의 취득가액 계산방법(분할로 감소되는 주식수가 아닌 감소되는 자기자본으로 취득가액 안분)을 준용할 필요가 있어 보인다.

2. 분할 회계

가. 인적분할 회계

일반기업회계기준에 기업은 자신의 사업 전부나 일부 사업을 분할하여 새로운 기업에 이전할 때 자신의 장부금액으로 이전한다. 새로운 기업은 이전받은 사업에 대하여 분할한 기업의 **장부금액으로 인식**하고, 이전대가로 발행한 주식의 액면금액과의 차이는 적절한 자본항목으로 반영한다[608].

분할회사의 경우 기업이 분할대가로 새로운 기업이 발행한 주식의 총수를 수령하여 자신의 주주에게 배분하는 경우 일반기업회계기준 제15장 '자본'에서 **감자의 회계처리를 준용**한다[609].

한편 한국채택국제회계기준에서는 분할에 대한 회계처리를 명시적으로 제시하고 있지 아니하여 사업결합의 경우와 유사하게 기준서의 개념체계 및 다른 기준서의 내용과 상충되지 않는 범위 내에서 가장 적절한 회계정책을 적용하고 있는 실정이다. 따라서 거의 대부분 장부금액법을 적용하고 있는 실정이다.

나. 물적분할 회계

물적분할의 경우 분할법인은 자신의 사업 전부나 일부 사업을 분할하여 새로운 기업에 이전할 때 자신의 장부금액으로 이전하고, 분할신설법인은 이전받은 사업에 대하여 분할한 기업의 장부금액으로 인식하고, 이전대가로 발행한 주식의 액면금액과의 차이는 적절한 자

608) 일반기업회계기준 제32장 [32.15]
609) 일반기업회계기준 제32장 [32.16]

본 항목으로 반영하는 회계처리를 한다[610]. 즉, 2016.1.1.자부터 물적분할도 동일지배하의 분할의 회계처리에 대한 기준인 **장부금액법**을 적용하도록 하였다.

한편, 물적분할은 그 자체만으로는 사업의 중단과 관련된 처분으로 보지 아니하나, 기업의 일부를 처분하기 위하여 물적분할을 실시하고 분할신설기업의 주식을 매각할 계획인 경우 물적분할과 주식의 매각이 '사업의 중단을 목표로 수립된 단일계획'에 포함되어 주식의 처분예정시기가 최초 공시사건일로부터 1년 내이고 그 밖의 중단사업의 조건을 모두 충족한다면 사업의 중단으로 보아 일반기업회계기준 제28장(중단사업)을 적용한다[611].

3. 인적분할 세무

분할이란 주식회사가 상법의 절차에 따라 분할신설법인(분할합병의 상대방 법인)(이하 "분할신설법인 등"이라 한다)으로 분할사업부문의 권리의무를 포괄적으로 승계하고 그 대가로 분할신설법인 등의 주식을 교부받는 거래로서 분할당사법인 및 분할당사법인의 주주에 대해서도 다양한 세무문제가 발생한다. 이 중 분할세무에서 가장 중요한 것이 적격분할요건의 해당 여부 판단이다. 적격분할에 해당되지 아니하는 경우 자산양도소득 등의 과세가 발생하기 때문에 분할시 적격분할 여부를 충분히 검토할 필요가 있다.

가. 적격분할요건

과세특례를 적용받는 적격분할요건은 다음 각 호의 요건을 모두 갖춘 분할의 경우이다. 다만, 부득이한 사유가 있는 경우에는 제2호 · 제3호 또는 제4호의 요건을 갖추지 못한 경우에도 양도손익이 없는 것으로 할 수 있다[612]. 여기서 부득이한 사유는 전술한 " Ⅰ. 3. 합병세무, 가. 6) 부득이한 사유"편에서 합병당사자를 분할당사자로, 합병등기일을 분할등기일로 준용해서 참고하기 바란다.

구분	적격분할요건
사업목적 분할	1. **분할등기일 현재 5년 이상 사업을 계속하던 내국법인**이 분할하는 것일 것(분할합병의 경우에는 소멸한 분할합병의 상대방법인이 분할등기일 현재 1년 이상 사업을 계속하던 내국법인일 것) ㉠ 분리하여 사업이 가능한 독립된 사업부문을 분할하는 것일 것

610) 일반기업회계기준 제32장 [32.15]
611) 질의회신(GKQA07-034, 2007.10.8.)
612) 법인세법 제46조 제2항, 동법 집행기준 46-0-2 (분할시 과세특례 요건)

구분	적격분할요건
	㉡ 분할하는 사업부문의 자산 및 부채가 포괄적으로 승계될 것(단, 공동으로 사용하던 자산, 채무자의 변경이 불가능한 부채 등 분할하기 어려운 자산과 부채 등의 경우에는 제외) ㉢ 분할법인(소멸한 분할합병의 상대방법인을 포함)(이하 "분할법인 등"이라 한다)만의 출자에 의하여 분할하는 것일 것
지분의 연속성	2. 분할법인 등의 주주가 분할신설법인 등으로부터 받은 분할대가의 전액(**분할합병의 경우에는 80% 이상**)이 주식으로서 그 주식이 분할법인 등의 주주가 소유하던 주식의 비율에 따라 배정되고 분할법인 등의 주요 지배주주 등이 분할등기일이 속하는 사업연도의 종료일까지 그 주식을 보유할 것
사업의 계속성	3. 분할신설법인 등이 분할등기일이 속하는 사업연도의 종료일까지 분할법인 등으로부터 승계받은 사업을 계속할 것
고용 승계 비율 유지	4. 분할등기일 1개월 전 당시 분할하는 사업부문에 종사하는 대통령령으로 정하는 근로자 중 분할신설법인 등이 승계한 근로자의 비율이 80% 이상이고, 분할등기일이 속하는 사업연도의 종료일까지 그 비율을 유지할 것(2018.1.1. 이후 분할하는 분부터 적용함)

1) 사업목적 분할의 의미

가) 5년 이상 사업계속의 의미

분할등기일 현재 5년 이상 사업의 계속이란 단순히 법인의 존속기간이 5년 이상임을 의미하는 것은 아니다. 즉, 분할등기일로부터 소급하여 5년 이내의 기간 중에 휴·폐업의 상태에 있다면 본 요건을 충족하지 못한 것으로 본다. 사업을 5년간 계속하여 영위하였는지 여부는 실무상 매출액의 발생 또는 정상적인 생산 및 영업활동 등을 수행하였는지 등을 종합적으로 판단하여야 할 것으로 보인다.

또한, **5년 이상 사업의 계속에 대한 판단대상은 분할을 하는 '내국법인'이지 분할대상이 되는 사업부분의 영위 기간이 5년 이상일 필요는 없다**[613].

나) 독립된 사업의 분리 요건

독립된 사업의 분리 요건은 분할되는 사업부문이 분리가능하고 독립적으로 사업을 영위할 수 있어야 한다는 의미이다. 즉, 독립된 사업의 분리 요건은 사업의 주요 기능을 갖추어 분리되는 사업조직만으로 독자적인 사업을 계속적으로 수행할 수 있는 정도의 요건을 의미하는 것으로, 분할법인의 인적·물적 자원의 분리 가능성 및 분리된 사업부가 독립적으로

613) 대법원 2019두47186, 2019.11.14.

운영될 수 있는지에 대한 사실관계를 종합하여 판단하여야 할 것이다.

동일업종의 분할시 적격요건 충족여부 판단

○ 서면-2017-법인-2023, 2017.10.19.

복수 개의 공장 중 독립적으로 사업이 가능한 일부 공장을 인적분할하는 경우 분할하는 일부 공장이 속한 사업부문의 자산 및 부채(분할법인에 존속하는 다른 공장과 관련한 자산·부채 제외)가 포괄적으로 승계된 경우에는 자산 및 부채의 포괄승계 요건 충족한 것임.

○ 서면-2017-법인-2112, 2018.1.29.

5년 이상 사업을 계속하던 내국법인이 운영하던 다수의 의류브랜드 사업부 중 분리 가능한 의류브랜드 사업부를 인적분할하는 경우로서 그 분할하는 의류브랜드 사업부만으로 독립된 사업이 가능한 경우에는 「법인세법」 제46조 제2항 제1호 가목의 요건을 갖춘 것으로 보는 것임.

(1) 적격분할로 보지 아니하는 경우(분리가능 한 독립된 사업부문이 아닌 경우)

다음의 어느 하나에 해당하는 사업부문을 분할하는 경우에는 적격분할로 보지 아니한다[614].

구 분	내 용
적격분할로 보지 아니하는 경우	① 부동산임대업을 주업으로 하는 사업부문[분할하는 사업부문(분할법인으로부터 승계하는 부문을 말함)이 승계하는 자산총액 중 부동산 임대업에 사용된 자산가액이 50% 이상인 사업부문을 말하며, 이 경우 하나의 분할신설법인 등이 여러 사업부문을 승계하였을 때에는 분할신설법인 등이 승계한 모든 사업부문의 자산가액을 더하여 계산함]
	② 분할법인으로부터 승계한 사업용자산가액 중 다음의 자산(소득세법 §94 ① 1호, 2호)이 80% 이상인 사업부문 다만, 분할일 현재 3년 이상 계속하여 사업을 경영한 사업부문이 직접 사용한 자산(부동산임대업에 사용되는 자산은 제외함)은 제외한다. ㉠ 토지 또는 건물(건물에 부속된 시설물과 구축물을 포함함) ㉡ 부동산에 관한 권리(부동산을 취득할 수 있는 권리, 지상권, 전세권과 등기된 부동산임차권)의 양도로 발생하는 소득
	③ 주식등과 그와 관련된 자산·부채만으로 구성된 사업부문(2021.1.1. 이후 분할하는 분부터 삭제된 규정임)

614) 법인세법 시행령 제82조의 2 제2항

(2) 주식 등의 사업부문이 분리 가능한 독립된 사업부문으로 보는 경우

주식등과 그와 관련된 자산·부채만으로 구성된 사업부문(2021.1.1. 이전의 상기 (1) ③)의 분할은 분할하는 사업부문이 다음의 어느 하나에 해당하는 사업부문인 경우로 한정하여 법 제46조 제2항 제1호 가목에 따라 분리하여 사업이 가능한 독립된 사업부문을 분할하는 것으로 본다.[615)]

구 분	내 용
주식 등의 사업부문이 독립된 사업부문으로 인정되는 경우	① 분할법인이 분할등기일 전일 현재 보유한 **모든 지배목적 보유주식 등**[분할법인이 **지배주주 등(법인세법 시행령 제43조 제7항)으로서 3년 이상 보유한 주식등**]과 그와 관련된 자산·부채만으로 구성된 사업부문[616)]. 다만, 지배목적 주식이라도 분할존속법인의 "사업부문과 관련된 주식"은 승계하지 않을 수 있음(단서조항은 2019.3.20. 이후 분할하는 분부터 적용).
	② 독점규제 및 공정거래에 관한 법률 및 금융지주회사법에 따른 지주회사를 설립하는 사업부문(**분할합병하는 경우로서 다음 각 호의 어느 하나에 해당하는 경우에는 지주회사를 설립할 수 있는 사업부문을 포함한다**). 다만, 분할하는 사업부문이 지배주주 등으로서 보유하는 주식등과 그와 관련된 자산·부채만을 승계하는 경우로 한정한다. 1. 분할합병의 상대방법인이 지주회사로 전환되는 경우 2. 분할합병의 상대방법인이 분할 등기일 현재 지주회사인 경우
	③ 분할하는 사업부문이 다음 각 호의 요건을 모두 갖춘 내국법인을 설립하는 경우를 말한다. 다만, 분할하는 사업부문이 지배주주 등으로서 보유하는 주식등과 그와 관련된 자산·부채(부채의 경우에는 분할에 한정한다)만을 승계하는 경우로 한정한다[617)]. 1. 해당 내국법인은 외국법인이 발행한 주식등 외의 다른 주식등을 보유하지 아니할 것 2. 해당 내국법인이 보유한 외국법인 주식등 가액의 합계액이 해당 내국법인 자산총액의 50% 이상일 것. 이 경우 외국법인 주식등 가액의 합계액 및 내국법인 자산총액은 분할등기일 현재 재무상태표상의 금액을 기준으로 계산한다. 3. 분할등기일이 속하는 사업연도의 다음 사업연도 개시일부터 2년 이내에 유가증권시장 또는 코스닥시장에 해당 내국법인의 주권을 상장할 것

615) 법인세법 시행령 제82조의 2 제3항(분할합병관련 부분은 2021.1.1. 이후 분할합병하는 분부터 적용)
616) 법인세법 시행규칙 제41조 제3항
617) 법인세법 시행규칙 제41조 제4항

다) 자산 · 부채의 포괄승계요건

분할의 경우 분할되는 사업부문의 자산 · 부채를 분리하여 승계하는 것은 물론, 공동으로 사용하던 자산 · 부채까지도 구분하여 승계하여야 한다. 그러나 실무상 공동사용자산을 분리하는 것이 현실적으로 용이하지 않고, 채무자의 변경이 불가능한 부채 등은 그 이전에 어려움이 있는 바, 공동으로 사용하던 자산, 채무자의 변경이 불가능한 부채 등 분할하기 어려운 자산과 부채 등으로서 다음의 자산과 부채의 경우에는 포괄승계의 대상에서 제외한다[618].

(1) 포괄승계 판단 제외대상

구 분	내 용
① 자산	㉠ 변전시설 · 폐수처리시설 · 전력시설 · 용수시설 · 증기시설 ㉡ 사무실 · 창고 · 식당 · 연수원 · 사택 · 사내교육시설 ㉢ 물리적으로 분할이 불가능한 공동의 생산시설, 사업지원시설과 그 부속토지 및 자산 ㉣ ㉠~㉢의 자산과 유사한 자산으로서 공동으로 사용하는 상표권
② 부채	㉠ 지급어음 ㉡ 차입조건상 차입자의 명의변경이 제한된 차입금 ㉢ 분할로 인하여 약정상 차입자의 차입조건이 불리하게 변경되는 차입금 ㉣ 분할하는 사업부문에 직접 사용되지 아니한 공동의 차입금 ㉤ ㉠~㉣의 부채와 유사한 부채로서 기획재정부령으로 정하는 부채
③ 20% 이하 자산 · 부채	분할하는 사업부문이 승계하여야 하는 자산 · 부채*로서 **분할 당시 시가**로 평가한 총자산가액* 및 총부채가액*의 각각 20% 이하인 자산 · 부채 * 총자산가액 및 총부채가액은 주식 등 및 포괄승계의 예외로 인정되는 상기 ①의 자산 및 ②의 부채는 제외함. • 분할하는 사업부문과 존속하는 사업부문이 공동으로 사용하는 자산 · 부채의 경우에는 각 사업부문별 사용비율(사용비율이 분명하지 아니한 경우에는 각 사업부문에만 속하는 자산 · 부채의 가액과 사용비율로 안분한 공동사용 자산 · 부채의 가액을 더한 총액의 비율을 말한다)로 안분하여 총자산가액 및 총부채가액을 계산한다. 이 경우 하나의 분할신설법인 등이 여러 사업부문을 승계하였을 때에는 분할신설법인 등이 승계한 모든 사업부문의 자산 · 부채 가액을 더하여 계산한다.

618) 법인세법 시행령 제82조의 2 제4항

(2) 주식등의 승계는 포괄승계로 보지 아니한다

분할하는 사업부문이 주식등을 승계하는 경우에는 분할하는 사업부문의 자산·부채가 포괄적으로 승계된 것으로 보지 아니한다. 다만, 주식등을 승계하는 경우에도 상기 "나) (2) 주식 등의 사업부문이 분리 가능한 독립된 사업부문으로 보는 경우"에서 기술하고 있는 주식등을 승계하는 경우 또는 이와 유사한 경우로서 다음의 어느 하나에 해당하는 주식등을 승계하는 경우에는 분할하는 사업부문의 자산·부채가 포괄적으로 승계된 것으로 본다[619]. 즉, 분할하는 "사업부문과 관련된 주식"의 승계는 예외로 인정된다.

구 분	내 용
사업부문과 관련된 주식의 포괄적 승계 인정[620]	1. 분할하는 사업부문이 분할등기일 전일 현재 법령상 의무로 보유하거나 인허가를 받기 위하여 보유한 주식등
	2. 분할하는 사업부문이 30% 이상을 매출하거나 매입하는 법인의 주식등과 분할하는 사업부문에 30% 이상을 매출 또는 매입하는 법인의 주식등[621]. 이 경우 매출 또는 매입 비율은 분할등기일이 속하는 사업연도의 직전 3개 사업연도별 매출 또는 매입 비율을 평균하여 계산한다.
	3. 분할존속법인이 독점규제 및 공정거래에 관한 법률 및 금융지주회사법에 따른 지주회사로 전환하는 경우로서 분할하는 사업부문이 분할등기일 전일 현재 사업과 관련하여 보유하는 다음의 어느 하나에 해당하는 주식등 ㉠ 분할하는 사업부문이 지배주주 등으로서 보유하는 주식등 ㉡ 분할하는 사업부문이 법 제57조 제5항에 따른 외국자회사의 주식등을 보유하는 경우로서 해당 외국자회사의 주식등을 보유한 내국법인 및 거주자인 주주 또는 출자자 중에서 가장 많이 보유한 경우의 해당 분할하는 사업부문이 보유한 주식등
	4. 분할하는 사업부문과 한국표준산업분류에 따른 세분류상 동일사업을 영위하는 법인의 주식등. 이 경우 다음 각 호의 어느 하나에 해당하는 경우에는 동일사업을 영위하는 것으로 본다. 1) 분할하는 사업부문 또는 승계하는 주식등의 발행법인의 사업용 자산가액 중 세분류상 동일사업에 사용하는 사업용 자산가액의 비율이 각각 100분의 70을 초과하는 경우(2017.3.10. 이후 분할하는 분부터 적용) 2) 분할하는 사업부문 또는 승계하는 주식등의 발행법인의 매출액 중 세분류상 동일사업에서 발생하는 매출액의 비율이 각각 100분의 70을 초과하는 경우(2018.3.21. 이후 분할하는 분부터 적용)

619) 법인세법 시행령 제82조의 2 제5항
620) 법인세법 시행규칙 제41조 제8항
621) 2017.3.10.자 이후 분할분부터 30% 적용, 이전 분할분은 50%의 기준에 의한다.

2) 분할대가의 80% 이상 주식교부비율 판단

분할합병관련 분할대가의 80% 이상 주식교부 판단은 전술한 "Ⅰ. 3. 합병세무, 가, 2) 합병대가의 80% 이상 주식교부비율 판단"편에서 합병당사자를 분할당사자로, 합병등기일을 분할등기일로 준용해서 참고하기 바란다.

100% 자회사 무증자 분할합병시 주식교부비율 및 불공정합병 판단

○ 법인세과-1059, 2009.9.29.

자회사의 주식 100%를 소유한 모회사가 자회사의 일부 사업부문을 분할합병하는 때에는 합병법인(모회사)이 자기지분에 대하여 합병신주를 발행하지 아니한 경우에도 「법인세법」 제46조 제1항 제2호의 규정에 의한 분할합병의 주식교부 비율 요건을 충족 함.

○ 사전-2016-법령해석재산-0504, 2017.5.23.

합병법인이 분할합병되는 법인의 주식을 100% 소유한 상태에서 합병교부 주식 없이 합병법인이 합병 전에 보유하고 있는 분할사업부의 자본금을 전액 소각한 경우에는 「상속세 및 증여세법」 제38조 제1항 및 같은 법 시행령 제28조 제3항에 따른 증여이익이 발생하지 않는 것이며, 이 경우 해당 분할합병은 같은 법 제42조의 2 제1항에 규정하고 있는 사유에 해당하지 않는 것임.

3) 주요 지배주주 등 및 사업의 계속성의 의미

분할관련 주요 지배주주 등에 대하여는 전술한 "Ⅰ. 3. 합병세무, 가, 3) 주요 지배주주 등의 의미, 4) 사업의 계속성의 의미"편에서 합병당사자를 분할당사자로, 합병등기일을 분할등기일로 준용해서 참고하기 바란다.

인적분할 시 자기주식의 지배주주 등 판단

분할법인이 자기주식을 보유한 상태에서 인적분할하면서 분할신설법인의 주식을 분할대가로 교부받는 경우 해당 분할법인(인적분할 과정에서 분할신설법인이 분할법인의 자기주식을 승계받은 경우는 해당 분할신설법인)은 「법인세법 시행령」 제82조의 2 제8항에 따른 주주(지배주주등)에 해당하는 것임(서면-2017-법인-1400, 2017.7.21.).

4) 고용승계비율 유지요건의 근로자

적격분할요건에서 "대통령령으로 정하는 근로자"의 범위에 관하여는 적격합병요건에서 정하는 근자로 범위(법인세법 시행령 제80조의 2 제6항)를 준용하되, 다음 각 호의 어느 하나에 해당하는 근로자는 제외할 수 있다. 이 경우 "합병등기일"은 "분할등기일"로 본다.

1. 분할 후 존속하는 사업부문과 분할하는 사업부문에 모두 종사하는 근로자
2. 분할하는 사업부문에 종사하는 것으로 볼 수 없는 인사, 재무, 회계, 경영관리 업무 또는 이와 유사한 업무를 수행하는 근로자

적격합병요건에서 "대통령령으로 정하는 근로자"란 「근로기준법」에 따라 근로계약을 체결한 내국인 근로자를 말한다. 다만, 다음 각 호의 어느 하나에 해당하는 근로자는 제외한다[622].

1. 다음에 해당하는 임원
   ㉮ 법인의 회장, 사장, 부사장, 이사장, 대표이사, 전무이사 및 상무이사 등 이사회의 구성원 전원과 청산인
   ㉯ 합명회사, 합자회사 및 유한회사의 업무집행사원 또는 이사
   ㉰ 유한책임회사의 업무집행자
   ㉱ 감사
   ㉲ 그 밖에 제1호부터 제4호까지의 규정에 준하는 직무에 종사하는 자
2. 합병등기일이 속하는 사업연도의 종료일 이전에 「고용상 연령차별금지 및 고령자고용촉진에 관한 법률」 제19조에 따른 정년이 도래하여 퇴직이 예정된 근로자
3. 합병등기일이 속하는 사업연도의 종료일 이전에 사망한 근로자 또는 질병·부상 등 「고용보험법 시행규칙」 별표 2 제9호에 해당하는 사유로 퇴직한 근로자
4. 「소득세법」 제14조 제3항 제2호에 따른 일용근로자
5. 근로계약기간이 6개월 미만인 근로자. 다만, 근로계약의 연속된 갱신으로 인하여 합병등기일 1개월 전 당시 그 근로계약의 총 기간이 1년 이상인 근로자는 제외한다.
6. 금고 이상의 형을 선고받는 등 「고용보험법」 제58조 제1호에 해당하는 근로자의 중대한 귀책사유로 퇴직한 근로자

5) 부득이한 사유

분할관련 지분의 연속성 및 사업의 계속성 관련 부득이한 사유에 대하여는 전술한 "Ⅰ. 3. 합병세무, 가, 6) 부득이한 사유"편에서 합병당사자를 분할당사자로, 합병등기일을 분할등기일로 준용해서 참고하기 바란다.

622) 법인세법 시행령 제80조의 2 제6항

나. 인적분할 당사자별 과세체계 및 세무요약

1) 인적분할 과세체계

인적분할당사자의 과세체계를 도해하면 다음과 같다.

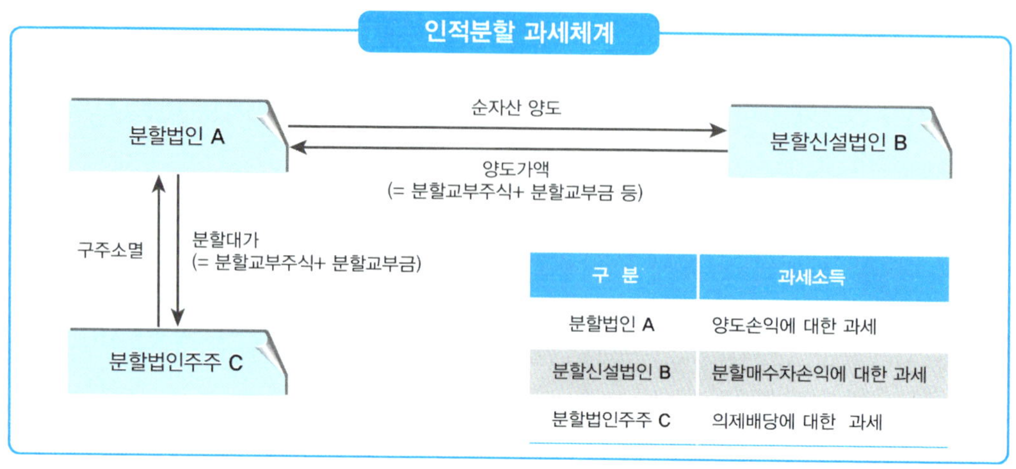

2) 인적분할 당사자별 세무요약

인적분할 당사자별 과세체계에 따른 주요 세무사항은 적격분할요건을 충족하여 과세이연하는 경우와 비적격분할의 경우로 나누어서 요약·정리하면 다음과 같다. 여기서 분할합병의 경우라면 합병당사자는 합병의 경우의 세무사항을 준용하면 된다.

당사자	세 목	적격분할	비적격분할
분할신설법인	승계한 순자산의 평가	순자산 장부가액 (자산조정계정 설정)	순자산 시가
	분할매수차익(손)의 과세 여부	해당 사항 없음	과세
	분할법인의 세무조정사항 승계 여부	모두 승계	일부 승계
	분할법인의 이월결손금 승계 여부	미승계(존속법인 소멸시는 승계)	미승계
	분할법인의 이월결손금 공제제한	제한	해당 사항 없음.
	분할법인의 세액공제·감면 승계	승계	미승계
	분할로 인한 취득세 등	75% 경감 (자본등록세 부담)	과세
	연대납세의무	해당	해당

당사자	세 목	적격분할	비적격분할
분할법인	양도손익에 대한 법인세	과세특례신청 가능	과세
	부가가치세 대상 여부	과세 제외	해당 여부 판단
	유가증권 양도의 증권거래세	면제(신청시)	과세
분할신설 법인주주	불공정분할합병시 증여의제	해당시 과세	해당시 과세
	불공정분할합병시 부당행위계산부인	해당시 과세	해당시 과세
	과점주주 취득세	해당 없음	해당 없음
	분할차익 자본전입시 의제배당과세	과세	해당 사항 없음.
분할 법인주주	분할(분할합병)시 의제배당과세	주식 교부시 제외	해당시 과세
	불공정분할합병시 증여의제	해당시 과세	해당시 과세
	불공정분할합병시 부당행위계산부인	해당시 과세	해당시 과세

다. 분할신설법인의 세무

1) 승계한 순자산의 평가[자산조정계정 · 분할매수차손익]

법인세법은 분할신설법인 등이 분할로 분할법인 등의 자산을 승계한 경우에는 그 자산을 분할법인 등으로부터 분할등기일 현재의 시가로 양도받은 것으로 보며, 이에 따라 발생하는 분할매수차익 · 차손은 5년간 균등분할하여 익금 또는 손금에 산입한다.

순자산 시가평가에 대한 주의사항

실무상 적격분할요건 등을 충족하여 양도손익이 없는 것으로 신고한 경우 승계자산을 장부가액으로 승계한 것으로 보는 관점 및 향후 사후관리요건에 위배가 되지 않는다는 가정하에서 순자산에 대한 시가평가를 생략하는 경우가 있는데 이는 세무관리 목적상 반드시 순자산의 시가평가가 필요한 부분을 간과하고 있는 것이다.

왜냐하면, 2012.2.2. 시행령 개정시 자산조정계정에 대한 자본전입은 의제배당으로 과세하도록 규정하였기 때문에 분할차익에 대한 구성항목인 자산조정계정을 반드시 정확하게 시가평가 신고 및 관리하여야 하는 이유이다.

가) 적격분할시 자산조정계정

분할신설법인 등이 적격분할에 해당하여 양도손익이 없는 것으로 신고하여 분할법인 등의 자산을 장부가액으로 양도받은 경우 양도받은 자산 및 부채의 가액을 분할등기일 현재의 시가로 계상하되, 시가에서 분할법인 등의 장부가액(세무조정사항이 있는 경우에는 그 세무조정사항 중 익금불산입액은 더하고 손금불산입액은 뺀 가액으로 한다)을 뺀 금액이 0보다 큰 경우에는 그 차액을 익금에 산입하고 이에 상당하는 금액을 자산조정계정으로 손금에 산입하며, 0보다 작은 경우에는 시가와 장부가액의 차액을 손금에 산입하고 이에 상당하는 금액을 자산조정계정으로 익금에 산입한다[623].

> 자산조정계정 = 분할등기일 현재 순자산 시가 − 분할법인의 세무상 장부가액 ± 승계받은 세무조정사항 중 해당 자산·부채에 대한 유보금액

상기 계상된 자산조정계정은 다음과 같이 세무신고로 조정한다.

구 분		자산조정계정의 처리
감가상각 자산	자산조정계정 〉0	① 자산조정계정 설정: 양편조정 손금산입 〉 자산조정계정 **(유보)/익금산입〉 **(기타)
		② 사후관리: 해당 자산의 상각 시 또는 처분하는 경우 추인 익금산입 〉 자산조정계정 **(유보)
	자산조정계정 〈0	상기 반대 조정
비상각 자산	자산조정계정	상기 감가상각자산처럼 설정하고 처분시 추인. 단, 자기주식을 소각하는 경우에는 익금 또는 손금에 산입하지 아니하고 소멸

분할신설회사의 회계상 장부가액과 세무상 순자산 시가와의 차이조정 문제

합병의 경우 취득법에 따라 순자산을 공정가치로 장부에 계상하게 되면 장부가액과 세무상 순자산가액의 시가에 대한 차이는 합병시점에 양편조정으로 세무조정하고, 향후 회계상으로 상각이나 처분을 할 경우 추인하는 조정을 하면 된다.

하지만, 인적분할은 장부금액법으로 회계처리를 하게 되고 이 경우 적격분할이면 회계상 장부가액과 세무상 취득가액인 장부가액은 일치하므로 별도 조정이 필요 없으나, 적격분할의 사후관리 목적 등의 이유로 자산조정계정을 관리해야 함에 따라 분할신설법인의 장부금액과 순자산시가 차이를 우선 세무조정하고 해당 금액을 자산조정계정으로 관리해야 하는 것이다(2017.2.3. 시행령 개정시 명확화).

나) 비적격분할시 분할매수차손익

분할신설법인 등이 분할로 분할법인 등의 자산을 승계한 경우에는 그 자산을 분할법인

623) 법인세법 시행령 제82조의 4 제1항

등으로부터 분할등기일 현재의 시가로 양도받은 것으로 보며, 이에 따라 발생하는 분할매수차익·차손은 5년간 균등분할하여 익금 또는 손금에 산입한다[624].

구 분	내 용
분할매수 차익	① 분할매수차익 = 순자산의 시가* - 양도가액** * 순자산의 시가=분할등기일 현재 자산총액 시가-분할등기일 현재 부채총액 시가 **분할(분할합병)교부주식등의 가액(분할합병포합주식의 교부간주 포함) 및 금전 기타재산가액과 분할신설법인 등이 대납하는 분할법인의 법인세 등의 합계액 ② 분할매수차익은 세무조정계산서에 계상하고 분할등기일부터 5년간 균등분할 익금산입 * 분할매수차익 분할익금산입액=분할매수차익 × 해당 사업연도의 월수/60월
분할매수 차손	① 분할매수차손* = 양도가액 - 순자산의 시가 * 분할신설법인 등이 분할법인의 상호·거래관계, 그 밖의 영업상의 비밀 등에 대하여 사업상 가치가 있다고 보아 대가를 지급한 것에 한하여 손금산입 ② 분할매수차손은 세무조정계산서에 계상하고 분할등기일부터 5년간 균등분할 손금산입

624) 법인세법 제46조의 2 제2항, 제3항

적격분할과 비적격분할시 과세방법 비교

분할법인은 A,B사업부를 운영하고 있다. 분할법인은 2020.1.1.에 A사업부(순자산 장부가액 6,000, 순자산 시가 8,000)를 분할하여 분할신설법인을 설립하였다. 분할법인의 분할 시점의 유보는 500(건물감액손실)이 있는 상태이다.

분할신설법인은 분할법인의 A사업부 분할대가로 분할신설법인의 신주(액면가 5,000, 시가 7,000)를 분할법인의 주주에게 지분율에 따라 비례적으로 배분하였다.

1) 분할신설법인 회계처리

비례적인 인적분할로 장부금액법으로 회계처리

순자산	6,000	자본금	5,000
		주식발행초과금	1,000

2) 분할매수차익 등 세무처리

구 분		적격분할 시	비적격분할 시
분할신설 법인	분할매수차익	해당 사항 없음	1,000(=8,000-7,000)
	자산조정계정	2,000(=8,000-6,000)	해당 사항 없음
	세무조정승계	유보 500	
분할법인	양도손익	-	500(=7,000-(6,000+500))
과세소득 합계		1,500(2,000-500)	1,500(1,000+500)

① 비적격분할시

- 분할매수차익은 5년간 균등월할 계산된 금액을 익금산입
- 양도손익은 분할법인의 법인세 과세표준 신고시 익금산입

② 적격분할시

- 자산조정계정은 해당 자산의 상각시 또는 처분시 익금산입 추인
  - * 분할신설법인의 장부가액과 세무상 순자산시가에 대한 세무조정을 우선적으로 수행하여 과세소득에 영향이 없게 만들어야 한다.
- 승계유보는 해당 건물의 상각시 또는 처분시 추인(+유보라 손금산입 추인됨)

다) 승계자산의 대손금

법인세법은 법인이 분할하는 경우로서 법 소정의 대손요건에 해당하는 대손금을 분할등기일이 속하는 사업연도까지 손비로 계상하지 아니한 경우 그 대손금은 해당 법인의 분할등기일이 속하는 사업연도의 손금으로 규정하고 있다[625].

625) 법인세법 시행령 제19조의 2 제4항

따라서 분할신설법인(분할합병법인)이 승계하는 분할법인의 채권 중 분할 당시에 법 소정의 대손요건을 갖춘 채권(예컨대, 매출채권, 대여금 등)의 경우에는 분할법인이 결산조정에 의하여 손금에 산입할 수 있는 대손금을 결산에 반영하지 아니하더라도 분할(분할합병)등기일이 속하는 사업연도에 분할법인이 대손금으로 손금산입하도록 규정함으로써 분할신설법인 등에서 인위적인 대손금의 손금산입으로 과세소득을 조정하는 것을 방지하고 있으니 반드시 분할시 대손사유의 판단은 면밀히 검토하여야 한다.

라) 승계자산의 감가상각

(1) 중고자산 내용연수 선택가능

법인세법은 내국법인이 기준내용연수(해당 내국법인에게 적용되는 기준내용연수를 말한다)의 100분의 50 이상이 경과된 자산(중고자산)을 다른 법인으로부터 취득(합병・분할에 의하여 자산을 승계한 경우를 포함)한 경우에는 그 자산의 기준내용연수의 100분의 50에 상당하는 연수와 기준내용연수의 범위에서 선택하여 납세지 관할 세무서장에게 신고한 연수(수정내용연수)를 내용연수로 할 수 있다[626]. 만일 분할신설법인이 수정내용연수를 선택하고자 하는 경우에는 분할등기일이 속하는 사업연도의 법인세 과세표준 신고기한까지 내용연수변경신고서를 제출하여야 한다.

(2) 적격분할등 취득자산에 대한 상각범위액 산정특례

① 적격분할등 상각범위액 산정방법

적격합병, 적격분할, 적격물적분할 또는 적격현물출자(법 제47조의 2 제1항 각 호의 요건을 모두 갖추어 양도차익에 해당하는 금액을 손금에 산입하는 현물출자를 말한다)(이하 "적격합병등"이라 한다)에 의하여 취득한 자산의 상각범위액을 정할 때 취득가액은 적격합병등에 의하여 자산을 양도한 법인(이하 "양도법인"이라 한다)의 취득가액으로 하고, 미상각잔액은 양도법인의 양도 당시의 장부가액에서 적격합병등에 의하여 자산을 양수한 법인(이하 "양수법인"이라 한다)이 이미 감가상각비로 손금에 산입한 금액을 공제한 잔액으로 하며, 해당 자산의 상각범위액은 다음 각 호의 어느 하나에 해당하는 방법으로 정할 수 있다. 이 경우 선택한 방법은 그 후 사업연도에도 계속 적용한다[627].

1. 양도법인의 상각범위액을 승계하는 방법. 이 경우 상각범위액은 법 및 이 영에 따라 양도법인이 적용하던 상각방법 및 내용연수에 의하여 계산한 금액으로 한다.
2. 양수법인의 상각범위액을 적용하는 방법. 이 경우 상각범위액은 법 및 이 영에 따라

626) 법인세법 시행령 제29조의 2 제1항
627) 법인세법 시행령 제29조의 2 제2항

양수법인이 적용하던 상각방법 및 내용연수에 의하여 계산한 금액으로 한다.

② 상각범위액 산정특례 사후관리

적격합병 등 취득자산에 대한 상각범위액 산정특례(이하 "상기 규정")를 적용받은 법인이 적격요건위반사유에 해당하는 경우 해당 사유가 발생한 날이 속하는 사업연도 이후의 소득금액을 계산할 때 상기 규정을 최초로 적용한 사업연도 및 그 이후의 사업연도에 상기 규정을 적용하지 아니한 것으로 보고 감가상각비 손금산입액을 계산하며, 다음의 제1호의 금액에서 제2호의 금액을 뺀 금액을 적격요건위반사유가 발생한 날이 속하는 사업연도의 소득금액을 계산할 때 익금에 산입한다[628].

이 경우 제1호의 금액에서 제2호의 금액을 뺀 금액이 0보다 작은 경우에는 0으로 보며, 해당 사유가 발생한 날이 속하는 사업연도의 과세표준 신고와 함께 적격합병 등으로 취득한 자산 중 중고자산에 대한 수정내용연수를 신고하되, 신고하지 아니하는 경우에는 양수법인이 해당자산에 대하여 법령에서 정한 내용연수로 신고한 것으로 본다[629].

1. 적격합병 등 취득자산에 대한 상각범위액 산정특례를 최초로 적용한 사업연도부터 해당 사업연도의 직전 사업연도까지 손금에 산입한 감가상각비 총액
2. 적격합병 등 취득자산에 대한 상각범위액 산정특례를 최초로 적용한 사업연도부터 해당사업연도의 직전 사업연도까지 그 특례를 적용하지 아니한 것으로 보고 재계산한 감가상각비 총액

2) 분할법인 세무조정사항의 승계

내국법인이 인적분할 또는 물적분할하는 경우 분할신설법인 등의 각 사업연도의 소득금액 및 과세표준을 계산할 때 익금 또는 손금에 산입하거나 산입하지 아니한 금액의 승계는 다음과 같다[630].

구 분	세무조정사항
적격인적분할(분할합병)	세무조정사항(분할의 경우에는 분할하는 사업부문의 세무조정사항에 한정)은 모두 분할신설법인 등에 승계
그 밖의 경우 (적격물적분할 포함)	퇴직급여충당금 및 대손충당금을 분할신설법인 등이 승계한 경우에는 그와 관련된 세무조정사항은 승계하고 그 밖의 세무조정사항은 모두 분할신설법인 등에 승계되지 아니함.

628) 법인세법 시행령 제26조의 2 제10항
629) 법인세법 시행령 제29조의 2 제4항
630) 법인세법 시행령 제85조, 동법 집행기준 44의 2－0－2 (합병 등의 경우 자산・부채・세무조정사항 등의 승계)

분할의 경우 일반적으로 의제사업연도가 발생하지 아니함으로 분할등기일 현재 분할사업부문에 대한 세무조정사항을 확정하기 위해서는 분할등기일이 속하는 사업연도를 기준으로 하는 과세표준계산이 필요하다. 이에 따라 확정된 유보금액은 합리적인 기준으로 분할하는 사업부문에 해당하는 유보금으로 안분하여 분할신설법인 등이 승계하여야 한다. 분할법인은 승계되는 유보는 양편조정으로 소멸시키고, 승계받는 분할신설법인은 양편조정으로 세무조정하여 반영한다.

3) 이월결손금 및 세액공제 감면 승계

적격분할(분할합병)의 경우에는 이월결손금, 세액감면 및 세액공제의 승계를 허용한다[631]. 다만, 이월결손금의 경우 분할법인이 존속하는 경우에는 승계되지 아니한다[632].

구 분	내 용
이월결손금 공제범위 및 한도	분할합병의 상대법인이 **분할등기일 현재** 결손금과 분할신설법인등이 승계한 분할법인등의 결손금에 대한 공제(*)는 다음 각 호의 구분에 따른 소득금액의 60%[중소기업(조세특례제한법상)과 회생계획 중인 기업 등의 경우는 100%]을 한도로 한다. 1. 분할합병의 상대법인의 분할등기일 현재 결손금의 경우: 분할합병의 상대방법인의 소득금액에서 분할법인으로부터 승계받은 사업에서 발생한 소득금액을 차감한 금액 2. 분할신설법인등이 승계한 분할법인등의 결손금의 경우: 분할법인등으로부터 승계받은 사업에서 발생한 소득금액 (*) **공제가능 이월결손금** : = 최초 승계결손금(①, ②요건 모두 충족) - 분할 이후 공제·소멸한 승계결손금 ① 분할등기일 전 발생한 각 사업연도의 결손금으로서 다음의 것 ㉠ 분할등기일 전 10년 이내에 개시한 사업연도에서 발생한 결손금일 것 ㉡ 법 제60조에 따라 신고하거나 법 제66조에 따라 결정·경정되거나 국세기본법 제45조에 따라 수정신고한 과세표준에 포함된 결손금일 것 ② 분할신설법인등이 승계받은 사업에 속하는 결손금일 것
구분경리 및 이월결손금 공제방법	분할합병하는 경우 분할신설법인등은 다음의 기간 동안 자산·부채 및 손익을 분할법인등으로부터 승계받은 사업에 속하는 것과 그 밖의 사업에 속하는 것을 각각 다른 회계로 구분하여 기록하여야 한다. 다만, 중소기업(조세특례제한법상) 간 또는 동일사업(*)을 하는 법인 간에 분할합병하는 경우에는 구분하지 아니할 수 있다. 이 경우 사업용 자산가액 비율(**)로 안분한다. 1. 분할법인등의 이월결손금을 공제받으려는 경우: 그 이월결손금을 공제받는 기간

631) 법인세법 제46조의 4 내지 5, 제113조 및 동법 시행령 제83조
632) 법인세법 제46조의 5 제3항 단서조항

구 분	내 용
	2. 그 밖의 경우 : 분할 후 5년간 (*) 동일사업 영위법인(분할법인의 경우에 승계된 사업분에 한함)인지 여부의 판정은 한국표준산업분류에 따른 세분류에 따른다. 이 경우 분할법인(승계된 사업분에 한함) 또는 분할합병의 상대방법인이 2 이상의 세분류에 해당하는 사업을 영위하는 경우에는 사업용 자산가액(유형자산, 무형자산 및 투자자산의 가액을 말함) 중 동일사업에 사용하는 사업용 자산가액의 비율이 각각 70%를 초과하는 경우에 한하여 동일사업을 영위하는 것으로 본다(영 §156 ②). (**) 사업용 자산가액 비율이란, 분할합병등기일 현재 분할법인(승계된 사업분만 해당함)과 분할합병의 상대방법인(소멸하는 경우를 포함)의 사업용 자산가액(세무상 장부가액) 비율을 말하며, 이 경우 분할신설법인등이 승계한 분할법인등의 사업용 자산가액은 승계결손금을 공제하는 각 사업연도의 종료일 현재 계속 보유(처분 후 대체 취득하는 경우를 포함) · 사용하는 자산에 한정하여 그 자산의 분할합병등기일 현재 가액에 따른다(영 §80의 2 ⑦, §83 ①).
분할합병 전 보유자산의 처분손실 (분할합병 후 손실처리 방지)	양도손익이 없는 것으로 한 적격분할합병을 한 분할신설법인등은 분할합병과 분할합병의 상대방법인이 분할합병 전 보유하던 자산의 처분손실[분할등기일 현재 해당 자산의 시가(법 §52 ②)가 장부가액보다 낮은 경우로서 그 차액을 한도로 하며, 분할등기일 이후 5년 이내에 끝나는 사업연도에 발생한 것만 해당함]을 각각 분할합병 전 해당 법인의 사업에서 발생한 소득금액(해당 처분손실을 공제하기 전 소득금액을 말함)의 범위 내에서 해당 사업연도의 소득금액을 계산할 때 손금에 산입한다. 이 경우 손금에 산입하지 아니한 처분손실은 자산처분시 각각 분할합병 전 해당 법인의 사업에서 발생한 결손금으로 보아 그 승계받은 사업에서 발생한 소득금액의 범위 안에서 분할신설법인등의 각 사업연도의 과세표준을 계산할 때 공제한다.
승계받은 세액감면 및 공제	분할법인등의 자산을 장부가액으로 양도받은 경우 분할법인등이 분할 전에 적용받던 법 제59조에 따른 감면 또는 세액공제를 승계하여 감면 또는 세액공제의 적용을 받을 수 있다. 이 경우 법 또는 다른 법률에 해당 감면 또는 세액공제의 요건 등에 관한 규정이 있는 경우에는 분할신설법인등이 그 요건 등을 갖춘 경우에만 이를 적용하며, 분할신설법인등은 다음 각 호의 구분에 따라 승계받은 사업에 속하는 감면 또는 세액공제에 한정하여 적용받을 수 있다[633]. 1. 이월된 감면 · 세액공제가 특정 사업 · 자산과 관련된 경우: 특정 사업 · 자산을 승계한 분할신설법인 등이 공제 2. 제1호 외의 이월된 감면 · 세액공제의 경우: 분할법인 등의 사업용 자산가액 중 분할신설법인 등이 각각 승계한 사업용 자산가액 비율로 안분하여 분할신설법인 등이 각각 공제
기부금한도 초과액 관리	분할법인의 상대방 법인의 분할 당시 기부금한도초과액은 분할 전 해당 법인의 사업에서 발생한 소득을 기준으로 산출한 한도 내에서 손금산입하고, 분할법인 등으로부터 승계되는 기부금한도초과액은 승계받은 사업에서 발생한 소득을 기준으로 산출한 한도 내에서 손금산입하도록 한다(2021.1.1. 이후 분할하는 분

구 분	내 용
	부터 적용함). *** 승계받은 사업에 속하는 기부금한도초과액 계산 방식** 기부금한도초과액 × (분할신설법인등이 승계한 사업용 자산가액 / 분할법인등의 사업용 자산가액)

4) 취득세 등 기타 세제

가) 취득세 면제

분할신설법인등이 적격분할으로 인하여 취득하는 **자산**을 2021.12.31.까지 취득하는 경우에는 **취득세의** 75%를 경감한다[634]. 이 경우 지방세의 감면을 받으려는 자는 감면대상을 취득한 날부터 60일 이내에 감면신청서를 관할 시장·군수·구청장에게 제출하여야 한다[635].

다만, **분할등기일부터** 3년 **이내**에 다음의 법인세법 제46조의 3 제3항 각 호의 어느 하나에 해당하는 사유(적격분할의 사후관리요건)가 발생하는 경우(부득이한 사유가 있는 경우 제외)에는 경감받은 취득세를 추징한다[636].

1. 분할신설법인등이 분할법인으로부터 승계받은 사업을 폐지하는 경우
2. 분할법인등의 주요 지배주주등이 분할신설법인등으로부터 받은 주식을 처분하는 경우
3. 각 사업연도 종료일 현재 분할신설법인에 종사하는 대통령령으로 정하는 근로자수가 분할등기일 1개월 전 당시 분할하는 사업부문에 종사하는 근로자 수의 100분의 80 미만으로 하락하는 경우. 다만, 분할합병의 경우에는 다음 각 목의 어느 하나에 해당하는 경우를 말한다. (2018.1.1. 이후 분할분부터 적용)
   가. 각 사업연도 종료일 현재 분할합병의 상대방법인에 종사하는 근로자 수가 분할등기일 1개월 전 당시 분할하는 사업부문과 분할합병의 상대방법인에 각각 종사하는 근로자 수의 합의 80% 미만으로 하락하는 경우
   나. 각 사업연도 종료일 현재 분할신설법인에 종사하는 근로자 수가 분할등기일 1개월 전 당시 분할하는 사업부문과 소멸한 분할합병의 상대방법인에 각각 종사하는 근로자 수의 합의 80% 미만으로 하락하는 경우

633) 법인세법 시행령 제82조의 4 제2항
634) 지방세특례제한법 제57조의 2 제3항, 제177조의 2(2018.12.31.까지는 최소납부세제에 따른 85% 면제)
635) 지방세특례제한법 시행령 제126조
636) 지방세특례제한법 제57조의 2 제3항 단서조항

| 인적분할로 인한 취득에 대한 부동산의 취득세율(3.5%) 분석 |

인적분할은 적격합병시 계산되는 취득세율[표준세율－중과기준세율(2%)]인 특례세율을 적용받지 않기 때문에 면제되는 취득세은 무상취득 표준세율 3.5%를 기준으로 계산된다.

| 분할 등으로 인한 취득에 대한 유무상 판단 |

구 분		유무상 취득	과세표준	표준세율(부동산)
분할	인적분할	무상	시가표준액	3.5%
	물적분할	유상	법인장부가액	4.0%

나) 취득세 면제분에 대한 농어촌특별세 비과세

취득세 면제분에 대한 농어촌특별세는 적격분할요건을 충족하는 경우 감면분에 대한 농어촌특별세 20%가 비과세된다[637]. 즉, 합병과 달리 분할시 취득세 면제에 대한 농어촌특별세의 비과세는 적격분할요건만 충족하면 된다.

다) 등록면허세

분할신설법인은 설립 시 자본금의 0.4%(지방교육세 포함 0.48%)가 등록면허세로 과세된다[638]. 이는 적격분할 여부와 상관없이 부담하여야 한다. 이때 분할신설법인등이 대도시 안에 설립되는 경우에는 자본등록면허세가 3배로 중과(1.44%)된다.

다만, 대도시 법인 중과세 예외업종(은행업, 유통산업, 전기통신업, 의료업, 여객운수사업, 소프트웨어사업, 중소기업·벤처기업제품 판매회사 등 지방세법 시행령 제26조에 해당 업종)에 해당하는 경우에는 중과세가 제외된다. 또한, 분할등기일 현재 5년 이상 계속하여 사업을 경영한 대도시 내의 내국법인이 법인의 분할[「법인세법」 제46조 제2항 제1호 가목부터 다목까지의 요건을 갖춘 경우로 한정한다(사업목적분할요건만)]로 인하여 법인을 설립하는 경우에는 중과세 대상으로 보지 아니한다[639].

라) 연대납세의무

법인이 분할되거나 분할합병된 후 분할되는 법인(이하 "분할법인")이 존속(또는 소멸)하는 경우 다음 각 호의 법인은 분할등기일 이전에 분할법인에 부과되거나 납세의무가 성립한 국세 및 강제징수비에 대하여 분할로 승계된 재산가액을 한도로 연대하여 납부할 의

637) 농어촌특별세법 시행령 제4조 제6항 제5호
638) 지방세법 제28조 제1항 제6호
639) 지방세법 시행령 제45조 제2항

무가 있다[640].

1. 분할법인
2. 분할 또는 분할합병으로 설립되는 법인(분할신설법인)
3. 분할법인의 일부가 다른 법인과 합병하는 경우 그 합병의 상대방인 다른 법인(분할합병의 상대방 법인)

5) 적격분할 과세특례의 사후관리

가) 사후관리위반 사유

분할법인의 자산을 장부가액으로 양수한 분할신설법인은 분할등기일이 속하는 사업연도의 다음 사업연도의 개시일부터 2년 내(고용승계비율 유지요건은 3년)에 다음의 사유가 발생하는 경우에는 그 사유가 발생한 날이 속하는 사업연도의 소득금액 계산시 다음의 금액을 익금에 산입한다. 다만, 부득이한 사유가 있는 경우에는 그러하지 아니하다[641].

구 분	내 용
사후관리 위반사유	1. 분할신설법인등이 분할법인으로부터 승계받은 사업을 폐지하는 경우 2. 분할법인등의 주요 지배주주등이 분할신설법인 등으로부터 받은 주식을 처분하는 경우 3. 각 사업연도 종료일 현재 분할신설법인에 종사하는 「근로기준법」에 따라 근로계약을 체결한 **내국인** 근로자 수가 **분할등기일 1개월 전 당시 분할하는 사업부문에 종사하는 근로자 수의 100분의 80 미만으로 하락하는 경우**. 다만, 분할합병의 경우에는 다음 각 목의 어느 하나에 해당하는 경우를 말한다. (2018.1.1. 이후 합병 또는 분할하는 분부터 적용함) 가. 각 사업연도 종료일 현재 분할합병의 상대방법인에 종사하는 근로자 수가 분할등기일 1개월 전 당시 분할하는 사업부문과 분할합병의 상대방법인에 각각 종사하는 근로자 수의 합의 100분의 80 미만으로 하락하는 경우 나. 각 사업연도 종료일 현재 분할신설법인에 종사하는 근로자 수가 분할등기일 1개월 전 당시 분할하는 사업부문과 소멸한 분할합병의 상대방법인에 각각 종사하는 근로자 수의 합의 100분의 80 미만으로 하락하는 경우
사후관리 위반시 세무처리	① 자산조정계정 잔액의 총합계액(총합계액이 0보다 큰 경우에 한정하며, 총합계액이 0보다 작은 경우에는 없는 것으로 한다) 익금산입 ② 승계받은 결손금 중 공제한 금액 익금산입 ③ 분할매수차익·차손의 처리 ④ 승계된 세무조정사항 처리

640) 국세기본법 제25조 제2항 및 제3항, 법인세법 시행령 제85조의 2
641) 법인세법 제46조의 3 제3항

구 분	내 용
	⑤ 승계된 세액공제·감면의 중단 및 추징 ⑥ 취득세 등 감면된 취득세 추징

여기서 부득이한 사유에 대하여는 전술한 "Ⅰ. 3. 합병세무, 가, 6) 부득이한 사유"편을 준용해서 참고하기 바란다.

나) 사후관리 위반시 주요 세무처리 관련

(1) 분할매수차익·차손의 처리

자산조정계정 잔액의 총합계액을 익금산입한 경우 분할매수차익(차손)에 대하여 전액 손금산입(익금산입)하고 사후관리 위반사유가 발생한 날부터 분할등기일 이후 5년이 되는 날까지 구분하여 익금산입(손금산입)한다(합병매수차손의 처리 준용). 단, 분할매수차손은 분할신설법인 등이 분할법인의 상호·거래관계, 그 밖의 영업상의 비밀 등에 대하여 사업상 가치가 있다고 보아 대가를 지급한 경우에 한정하여 그 금액에 상당하는 금액을 5년이 되는 날까지 분할하여 손금에 산입한다.[642)]

(2) 승계된 세무조정사항 처리

분할신설법인의 소득금액 및 과세표준을 계산할 때 분할법인으로부터 승계한 세무조정사항 중 익금불산입액은 더하고 손금불산입액은 차감한다.

(3) 승계된 세액공제·감면의 중단 등

분할법인으로부터 승계하여 공제한 감면·세액공제액 등은 사후관리 위반사유가 발생한 사업연도의 법인세에 더하여 납부한 후 해당 사업연도부터 감면 또는 세액공제를 적용하지 아니한다.

라. 분할법인의 세무

1) 양도손익에 대한 법인세

내국법인이 분할로 해산하는 경우[물적분할(物的分割)은 제외한다]에는 그 법인의 자산을 분할신설법인 또는 분할합병의 상대방 법인(이하 "분할신설법인등")에 양도한 것으로 본다. 이 경우 그 양도에 따라 발생하는 양도손익은 분할법인 또는 소멸한 분할합병의 상대방 법인(분할법인이 존속하는 경우에는 분할법인)(이하 "분할법인등")이 분할등기일이 속

642) 법인세법 시행령 제82조의 4 제3항

하는 사업연도의 소득금액을 계산할 때 익금 또는 손금에 산입한다[643].

가) 양도손익 계산 및 과세특례 신고

적격분할에 해당하는 경우 분할법인등이 분할신설법인등으로 승계하는 순자산의 양도가액은 분할법인의 분할등기일 현재의 순자산 장부가액으로 보아 양도손익이 없는 것으로 할 수 있다.

다만, 비적격분할이거나, 양도손익이 없는 것으로 하는 과세특례신청을 하지 아니하는 경우에는 분할법인의 과세표준 신고시 해당 분할 양도손익 금액을 포함하여 신고하면 된다.

구 분	내 용
양도손익	= 1) 분할법인등이 분할신설법인등으로부터 받은 **양도가액** - 2) 분할법인등(분할법인의 분할한 사업부문)의 **분할등기일 현재 순자산 장부가액**
1) **양도가액**[644] (분할대가)	1. 적격분할의 경우: 분할법인등의 분할등기일 현재의 순자산장부가액 2. 1. 이외의 경우: 다음 각 목의 금액을 모두 더한 금액 가. 분할교부주식 등의 가액(분할합병의 경우에는 분할등기일 현재 분할합병의 상대방 법인의 발행주식총수 또는 출자총액을 소유하고 있는 내국법인의 주식을 포함) 나. 금전이나 그 밖의 재산가액의 합계액 다. 분할합병포합주식에 대해 분할합병교부주식을 교부하지 않더라도 그 지분비율에 따라 분할합병교부주식을 교부한 것으로 보아 가액에 가산 라. 분할신설법인등이 납부하는 분할법인의 법인세 및 그 법인세(감면세액을 포함한다)에 부과되는 국세와 법인지방소득세의 합계액
2) 분할법인 등의 **순자산 장부가액**[645]	분할법인등의 분할등기일 현재 순자산 장부가액은 세무상 장부가액을 의미 1. 분할등기일 현재 재무상태표상 순자산장부가액 2. 가산금액: ① 분할등기일 세무상 유보 ② 「국세기본법」에 따라 환급되는 법인세액이 있는 경우에는 이에 상당하는 금액 3. 차감금액: ① 분할등기일 현재 재무상태표에 계상된 미지급법인세 ② 분할신설법인등에 승계되는 분할등기일 세무상 유보금액 4. 세무상 순자산장부가액(1+2-3)
과세특례 신청서 신고	분할법인등은 과세표준 신고를 할 때 분할신설법인등과 함께 분할과세특례 신청서를 납세지 관할 세무서장에게 제출하여야 한다. 이 경우 분할신설법인등은 자산조정계정에 관한 명세서를 분할법인등의 납세지 관할 세무서장에게 함께 제출하여야 한다.

643) 법인세법 제46조 제1항 및 동법 제46조의 5 제1항
644) 법인세법 시행령 제82조 제1항 및 동 시행령 제83조의 2 제1항

나) 양도손익에 대한 부당행위계산부인 규정

특수관계법인 간 합병(분할합병을 포함) · 분할에 있어서 불공정한 비율로 합병 · 분할하여 합병 · 분할에 따른 양도손익을 감소시킨 경우에는 부당행위계산부인의 대상이 된다. 다만, 「자본시장과 금융투자업에 관한 법률」 제165조의 4에 따라 합병(분할합병을 포함) · 분할하는 경우는 제외한다[646].

2) 부가가치세 대상 여부

부가가치세법상 재화의 공급으로 보지 아니하는 사업의 양도에는 「법인세법」 제46조 제2항의 요건을 갖춘 적격인적분할의 경우를 포함하는 것을 명시적으로 규정하고 있다[647].

따라서 적격분할요건에 해당하는 경우는 부가가치세법상 과세대상이 되지 아니하지만, 비적격분할인 경우는 부가치세법상 과세대상인지 여부는 포괄적인 사업의 양도에 해당되는지 여부를 파악해야 한다.

3) 유가증권 양도의 증권거래세

분할법인이 소유하고 있던 유가증권 등을 분할에 의하여 신설법인 등에 이전하는 경우이는 증권거래법상 양도에 해당되어 증권거래세가 과세된다. 다만, 적격분할요건(적격물적분할요건 포함)을 모두 갖춘 경우에는 증권거래세를 면제한다[648]. 본 규정에 따라 증권거래세를 면제받는 경우 농어촌특별세도 비과세된다[649].

이 경우 증권거래세를 면제받기 위해서는 증권거래세 과세표준신고서와 함께 세액면제신청서를 납세지 관할 세무서장에게 제출하여야 한다[650].

마. 분할신설법인 주주의 세무

1) 불공정분할(분할합병)에 따른 부당행위계산 및 증여이익

증자 · 감자, 합병 · 분할(분할합병 포함), 전환사채 등에 의한 주식의 전환 · 인수 · 교환 등 자본거래를 통해 주주 등인 법인이 특수관계인 다른 주주 등에게 이익을 분여한 경우 부당행위계산부인 규정이 적용된다[651]. 이 경우 분여받은 주주가 개인인 경우 상속세 및

645) 법인세법 시행령 제82조 제2항 및 동 시행령 제83조의 2 제2항
646) 법인세법 시행령 제88조 제1항 제3호의 2
647) 부가가치세법 시행령 제23조
648) 조세특례제한법 제117조 제1항 제14호
649) 농어촌특별세법 제4조 제7호의 2
650) 조세특례제한법 시행령 제115조 제15항

증여세법상 증여이익으로 과세될 것이다.

불공정 분할합병의 부당행위계산부인 및 증여이익에 대하여는 본 절 "Ⅰ. 3. 합병세무"편에서 설명한 내용을 참고하기 바란다.

2) 과점주주 취득세

가) 과점주주 취득세

법인의 주식 또는 지분을 취득함으로써 과점주주가 되었을 때에는 그 과점주주가 해당 법인(유가증권시장상장법인 제외)의 부동산 등을 취득한 것으로 보아 취득세를 과세하지만 법인설립 시에 발행하는 주식 또는 지분을 취득함으로써 과점주주가 된 경우에는 취득으로 보지 아니한다[652]. 또한, 코스닥시장상장법인에 해당하는 경우 과점주주가 해당 법인의 부동산 등을 취득한 것으로 보아 부과하는 과점주주 취득세를 2021.12.31.까지 면제한다[653]. 하지만, 지방세특례제한법상 100% 면제는 감면특례의 제한규정(최소납부세제)에 따라 취득세의 85%만 면제를 적용받게 되는데, 여기서 지방세법에 따라 산출한 취득세(전액면제 취득세)가 200만원 이하인 경우에는 최소납부세제를 적용하지 아니한다[654].

분할신설법인의 경우 법인설립에 해당되므로 간주취득에 해당되지 아니함으로 과점주주 취득세는 과세되지 아니한다.

나) 과점주주 취득세 감면분에 대한 농어촌특별세 과세

농어촌특별세에서는 비과세, 세액면제·감면, 세액공제 또는 소득공제 모두를 감면의 범위에 포함하고 있다. 따라서 과점주주 취득세 감면분에 대한 농어촌특별세 비과세규정이 없는 상태이므로 과세된다.

3) 분할차익의 자본전입에 대한 의제배당

가) 적격분할에 따라 승계한 잉여금을 2019.2.12. 이후에 자본전입 시

법인세법 제46조 제2항에 따른 적격분할(양도손익이 없는 것으로 신고한 적격분할)을 한 경우 다음 각 목의 금액(주식회사 외의 법인인 경우에는 이를 준용하여 계산한 금액을 말한다)의 합계액(분할차익[655] 한도)은 자본전입시 의제배당으로 과세한다[656]. 이 경우

---

651) 법인세법 시행령 제88조 제1항 제8호의 2
652) 지방세법 제7조 제5항
653) 지방세특례제한법 제57조의 2 제5항 제8호
654) 지방세특례제한법 제177조의 2(동법 제57조의 2 제5항은 2019.1.1. 이후분부터 적용)

상법 제459조 제2항에 따른 이익준비금 등 법정준비금의 승계가 있는 경우에도 그 승계가 없는 것으로 보아 계산한다. 또한, 분할차익의 일부를 자본 또는 출자에 전입하는 경우에는 다음의 각각 해당 각 목 **이외**의 금액을 먼저 전입하는 것으로 한다[657].

가. 분할등기일 현재 분할신설법인 등이 승계한 재산의 가액이 그 재산의 분할법인 장부가액(법인세법 시행령 제85조 제1호에 따른 세무조정사항이 있는 경우에는 그 세무조정사항 중 익금불산입액은 더하고 손금불산입액은 뺀 가액으로 한다)을 초과하는 경우 그 초과하는 금액

나. 분할에 따른 분할법인의 자본금 및 자본잉여금 중 의제배당대상 자본잉여금 외의 잉여금의 감소액이 분할한 사업부문의 분할등기일 현재 순자산 장부가액에 미달하는 경우 그 미달하는 금액. 이 경우 분할법인의 분할등기일 현재의 분할 전 이익잉여금과 의제배당대상 자본잉여금에 상당하는 금액의 합계액을 한도로 한다.

나) 적격분할에 따라 승계한 잉여금을 2019.2.11. 이전에 자본전입 시

분할신설법인 등이 적격분할로 양도손익이 없는 것으로 하는 분할을 한 경우 분할차익에 달할 때까지 그 구성요소를 구분하도록 하며 이 경우 상법 규정에 따른 이익준비금 등 법정준비금의 승계가 있는 경우에도 그 승계가 없는 것으로 보아 다음과 같이 순차적으로 구분하여야 한다.

분할차익 구성

㉠ 자산조정계정: 적격분할에 따른 자산조정계정의 합계액
㉡ 분할감자차익: 분할법인 등(분할법인 또는 소멸한 분할합병의 상대방법인)의 주주에게 지급한 분할대가(분할신설법인 등의 주식의 가액과 금전이나 그 밖의 재산가액의 합계액)의 총합계액(주식의 경우 액면가액으로 평가한 금액)이 분할법인 등의 자본금에 미달하는 경우 그 미달하는 금액
㉢ 분할법인 등의 자본잉여금 중 의제배당 과세대상이 아닌 자본잉여금 승계액
㉣ 분할법인 등의 자본잉여금 중 의제배당 과세대상인 자본잉여금 승계액
㉤ 이익잉여금 승계액: 피합병법인의 이익잉여금에 상당하는 금액

655) 분할차익이란 상법 제530조의 2에 따른 분할 또는 분할합병으로 설립된 회사 또는 존속하는 회사에 출자된 재산의 가액이 출자한 회사로부터 승계한 채무액, 출자한 회사의 주주에게 지급한 금액과 설립된 회사의 자본금 또는 존속하는 회사의 자본금증가액을 초과한 경우의 그 초과금액을 말한다.
656) 법인세법 시행령 제12조 제1항 제4호
657) 법인세법 시행령 제12조 제2항, 제3항

분할신설법인 등이 적격분할 이후 분할차익 구성요소 중 ㉠ 자산조정계정, ㉣ 의제배당 과세대상인 분할법인 등의 자본잉여금 승계액, ㉤ 분할법인 등의 이익잉여금 승계액(주식회사 외의 법인인 경우 이를 준용하여 계산한 금액)을 자본(또는 출자)에 전입함으로써 분할신설법인 등의 주주가 취득하는 주식등의 가액은 의제배당으로 과세된다[658].

분할차익의 구분	의제배당 과세 여부
㉠ 자산조정계정의 합계액	○
㉡ 분할감자차익	×
㉢ 의제배당 과세대상이 아닌 자본잉여금 승계액	×
㉣ 의제배당 과세대상인 자본잉여금 승계액	○
㉤ 이익잉여금 승계액	○

이는 2010.7.1.부터 분할차익의 자본전입에 따른 의제배당 규정이 폐지되었다가 법 개정으로 적격합병·분할에 따라 승계한 잉여금을 2012.2.2. 이후 최초로 자본에 전입하는 분부터 적용한다. 따라서 비적격분할 등의 경우에는 해당 분할차익에 대한 자본전입은 과세대상이 되지 아니한다.

바. 분할법인 주주의 세무

1) 분할시 의제배당

가) 의제배당 과세

분할법인의 주주가 분할신설법인 또는 분할합병의 상대방법인으로부터 분할로 인하여 취득하는 주식의 가액과 금전이나 그 밖의 재산가액의 합계액이 그 분할법인 등의 주식(분할법인이 존속하는 경우 소각 등에 의하여 감소된 주식에 한함)을 취득하기 위하여 소요된 금액을 초과하는 금액은 의제배당으로 과세된다[659].

의제배당액
= 분할교부 주식 등 가액(A) + 금전 등 재산가액 − 분할법인의 주식(존속분할인 경우에는 소각 등에 의한 감소주식에 한함)의 취득가액(B)

658) 구법, 법인세법 시행령 제12조 제1항 제4호(2019.2.12. 개정 전)
659) 법인세법 제16조 제1항 제6호

이때 교부받은 주식의 가액은 시가 평가가 원칙이나, 다음의 의제배당 과세이연 요건을 충족하는 경우에는 해당 분할교부주식의 가액을 종전의 장부가액으로 평가하도록 하고 있다.

다만, 분할대가 중 일부를 금전이나 그 밖의 재산으로 받은 경우로서 분할로 취득한 주식등을 시가로 평가한 가액이 종전의 장부가액보다 작은 경우에는 시가를 말하며, 자본시장과 금융투자업에 관한 법률에 따른 투자회사 등이 취득하는 주식등의 경우에는 영으로 한다.

구분	적격분할(의제배당 과세이연) 해당시		비적격분할
	주식만 교부시	주식 외 재산 교부시(분할합병)	
분할교부 주식가액(A)	종전 주식의 장부가액	Min(종전 주식의 장부가액, 교부받은 주식의 시가)	교부받은 주식의 시가(주1)
주식 취득가액(b)	유상취득가액(실제 소요된 금액)+분여받은 이익(주2)+무상주 의제배당		
분할법인의 주식의 취득가액(B)	분할법인이 존속하는 경우 소각 등에 의하여 감소된 "주식을 취득하기 위하여 소요된 금액"은 다음 산식에 의하여 계산한다(법통 16-0…1). $\text{분할 전 법인의 주식 취득가액(b)} \times \frac{\text{분할등기일 현재 감소한 분할법인의 자기자본 (자본금과 잉여금의 합계액 중 분할로 인하여 감소되는 금액)}}{\text{분할 전 당해 법인의 자기자본}}$		
의제배당	해당 없음	금전 등 교부시 의제배당 발생 가능	발생 가능
원천징수 (분할신설법인등)	• 개인주주는 원천징수(취득가액이 불분명한 경우 액면가액으로 계산) • 법인주주는 원천징수 없으나 지급명세서는 제출해야 함.		
의제배당 과세이연요건660)	다음의 과세이연요건을 모두 충족하는 내국법인 분할 1. 분할등기일 현재 5년 이상 사업을 계속하던 내국법인이 분할하는 것일 것(분할합병의 경우에는 소멸한 분할합병의 상대방법인이 분할등기일 현재 1년 이상 사업을 계속하던 내국법인일 것) 2. 분할법인 등의 주주가 분할신설법인 등으로부터 받은 분할대가의 전액(분할합병의 경우에는 80% 이상)이 주식으로서 그 주식이 분할법인 등의 주주가 소유하던 주식의 비율에 따라 배정할 것(주식등의 보유와 관련된 부분은 제외한다)		

(주1) 다만, 제88조 제1항 제8호에 따른 불공정분할합병에 따른 특수관계인으로부터 분여받은 이익이 있는 경우에는 그 금액을 차감한 금액으로 함(법인세법 시행령 제14조 제1항 제1호 라목). 이는 이중과세를 조정하기 위한 것임.

(주2) 특수관계인인 개인으로부터 저가로 매입함에 따라 익금에 산입한 금액이 있는 경우 저가매입차액 가산(법인세법 집행기준 16-0-4[감자 등의 의제배당 계산시 주식 등의 취득가액]) 및 취득가액에 가산되는 기존의 합병 또는 분할합병(법령 제72조 제2항 제5호에 해당하는 경우는 제외한다)으로 특수관계자로부터 분여받은 이익이 있는 경우에는 그 이익을 가산한 금액(법인세법 시행령 제72조 제5항 제3호)

660) 법인세법 시행령 제14조 제1항

나) 의제배당의 원천징수

분할법인의 개인주주에게 의제배당소득이 발생하는 경우 분할신설법인 등은 분할등기일에 의제배당에 대하여 14% 세율로 원천징수해야 한다. 법인주주에 대한 의제배당소득은 원천징수의무는 없으나 분할신설법인 등은 지급명세서를 납세지 관할 세무서장에게 제출해야 한다[661]. 이때 감자, 해산, 합병, 분할에 따른 의제배당을 계산할 때 주식 또는 출자를 취득하기 위하여 사용한 금액이 **불분명한 경우**에는 그 주식 또는 출자의 **액면가액**(무액면주식의 경우에는 해당 주식의 취득일 당시 해당 주식을 발행하는 법인의 자본금을 발행주식총수로 나누어 계산한 금액을 말한다) 또는 출자금액을 그 주식 또는 출자의 취득에 사용한 금액으로 본다[662].

2) 불공정분할(분할합병)에 따른 부당행위계산 및 증여이익

불공정분할(분할합병)에 따른 부당행위계산부인 규정 및 증여이익에 대한 부분은 분할신설법인 등의 주주와 같이 동일하게 발생하는 문제이므로 "마. 분할신설법인 주주의 세무" 편을 참고하기 바란다.

사. 인적분할 계산사례 및 서식작성 실무

[분할매수차익 사례]

Ⅰ. 인적분할 거래

㈜서판교는 A, B사업부를 운영하고 있다. ㈜서판교는 2021.1.1.에 A사업부를 인적분할하여 ㈜동판교를 신설하였다.

■ 분할일 현재 ㈜서판교의 재무상태표는 다음과 같다.

과목	장부가액	시가	과목	금액
재고자산(A)	1,000	1,000	부채(A)	4,000
토지(A)	3,000	6,000	부채(B)	2,000
건물(A)	2,000	3,000	자본금	2,000
유동자산(B)	2,000	3,000	자본잉여금	2,000
고정자산(B)	4,000	5,000	이익잉여금	2,000
합계	12,000	18,000		12,000

661) 법인세법 제120조
662) 소득세법 제17조 제4항

• ㈜서판교는 분할기일 기준 자본금과 적립금 조정명세서(을)상의 유보금액은 △500(토지 임의평가증)이 있다.
• ㈜동판교는 ㈜서판교 주주에게 주식(액면가액:1,000, 시가:5,000)을 지분비율대로 교부하고, 승계받은 자산 및 부채를 장부금액법으로 회계처리하였다.
• ㈜동판교는 기말에 건물의 감가상각비 100(정액법, 내용연수 20년)을 비용으로 계상하였다. 그리고 승계받은 토지는 기말 현재 계속 보유 중에 있다.

Ⅱ. 분할회계처리

1. 분할신설법인 ㈜동판교 : 장부금액으로 회계처리

재고자산(A)	1,000	부채(A)	4,000
토지(A)	3,000	자본금	1,000
건물(A)	2,000	주식발행초과금	1,000

2. 분할법인 ㈜서판교 : 장부금액으로 회계처리(자본은 감자회계처리 준용)

부채(A)	4,000	재고자산(A)	1,000
자본금	1,000	토지(A)	3,000
감자차손	1,000	건물(A)	2,000

3. 분할교부비율 : 교부주식(5,000)/총 분할대가(5,000) = 100%(적격분할)

Ⅲ. 적격분할 세무처리

1. 분할법인 ㈜서판교

① ㈜서판교의 양도손익 : 양도가액 - 순자산 장부가액(세무상)
= 5,000 - (6,000 - 500 - 4,000) = 3,500

② 세무조정
적격분할로 양도손익을 과세이연하는 경우 양도손익계산시 양도가액은 순자산 장부가액으로 하는 것이므로 ㈜서판교의 양도손익은 '0'이다.

2. 분할신설법인 ㈜동판교

1) 분할시 세무조정

① 자산조정계정: 적격분할로 분할법인의 자산을 장부가액으로 양도받은 경우

㉠ 자산조정계정의 계산:
= 분할등기일 현재 승계한 자산·부채 시가 - 분할법인의 장부가액 ± 승계 유보

과목	시가	장부가액	세무조정사항*	자산조정계정
재고자산(A)	1,000	1,000		0
토지(A)	6,000	2,500	500	3,000
건물(A)	3,000	2,000		1,000
합계	10,000	5,500	500	4,000

* 승계유보와 반대 부호로 기표

㉡ 자산조정계정 세무조정:

〈익금산입*〉 토지 3,000(유보)

건물 1,000(유보)

〈손금산입〉 자산조정계정(토지) 3,000(△유보)

자산조정계정(건물) 1,000(△유보)

* 자산조정계정 관리를 위해서 분할신설법인의 순자산시가와 장부가액의 차이를 우선 세무조정

② 세무조정사항 승계 유보 세무조정

〈익금불산입〉 토지 임의평가증 500(△유보)

〈익금산입〉 분할승계유보 500(기타)

2) 결산시 세무조정

① 자산조정계정의 처리

과목	시가	자산조정계정	감가상각비	감가상각비 상계(가산)
건물	3,000	1,000	100	50(1,000/20년)

• 자산조정계정에 대한 세무조정

〈손금불산입〉 자산조정계정(건물) 50(유보)

* 자산조정계정(토지)은 비상각자산이므로 처분시까지 관리함.

☞ 순자산시가와 장부가액의 차이를 조정한 건물 유보분을 추인

〈손금산입〉 건물 50(△유보)

∵ 결국, 장부금액법으로 회계처리를 하는 경우 자산조정계정에 대한 조정은 과세소득에 영향이 없어야 한다.

② 기타 세무조정

토지 승계유보 : 비상각자산이므로 처분시 추인됨.

Ⅳ. 비적격분할 시 세무처리

1. 분할법인 ㈜서판교

① ㈜서판교의 양도손익 : 양도가액 - 순자산 장부가액(세무상*)

= 5,000 - (6,000 - 500 - 4,000) = 3,500

* 임의평가 토지 유보 △500은 반영해야 추인되는 효과가 있음.

② 세무조정 : 〈익금산입〉 분할양도차익 3,500(기타)

2. 분할신설법인 ㈜동판교

1) 분할시 세무조정

① 분할매수차익의 산정 : 순자산 시가 - 양도가액

= 6,000(=10,000 - 4,000) - 5,000 = 1,000

② 분할매수차익의 세무조정

〈손금산입〉 분할매수차익 1,000(△유보)

〈손금불산입〉 주식발행초과금 1,000(기타)

③ 순자산시가와 장부가액의 차이 세무조정

: 비적격분할시 분할승계받은 자산의 취득가액은 순자산의 시가이기 때문

〈익금산입〉 토지 3,000(유보)

건물 1,000(유보)

〈익금불산입〉 주식발행초과금 4,000(기타)

2) 결산시 세무조정

① 분할매수차익 균등익금

〈익금산입〉 분할매수차익 200(유보)

* 분할매수차익은 5년간 균등 익금산입 필요 : 1,000 × 12/60 = 200

② 건물감가상각비

〈손금산입〉 건물 50(△유보)

* 건물 1,000 ÷ 12/240(20년) = 50. 이는 세무상 상각비(3,000 ÷ 20년)와 회계상 상각비(2,000 ÷ 20년) 차이임.

Ⅴ. 적격분할의 경우 '분할과세특례신청서' 및 자산조정명세서 (갑), (을) 작성

※ [뒷면 참조]

[별지 제42호의 2 서식] (2013.2.23. 개정)

분할과세특례 신청서

사업연도	2021.1.1. ~ 2021.12.31.	
분할법인 (신고법인)	① 법 인 명 : ㈜서판교	② 사업자등록번호
	③ 대표자성명 : XXX	④ 생년월일
	⑤ 본점소재지 : 경기도 성남시 분당구 XXX (전화번호:)	
분할신설 법인	⑥ 법 인 명 : ㈜동판교	⑦ 사업자등록번호
	⑧ 대표자성명 : XXX	⑨ 생년월일
	⑩ 본점소재지 : 경기도 성남시 분당구 YYY (전화번호:)	
	⑪ 분할등기일 : 2021.1.1.	
양도가액	⑫ 분할로 받은 주식의 출자가액	5,000
	⑬ 분할로 받은 주식 외의 금전이나 그 밖의 재산가액	
	⑭ 분할 전 취득한 분할법인의 주식에 대한 분할신주 교부 간주액	
	⑮ 분할신설법인등이 납부하는 분할법인의 법인세 및 그 법인세에 부과되는 국세와 「지방세법」 제85조 제4호에 따른 법인세분	
	⑯ 기타	
	⑰ 합계 (⑫+⑬+⑭+⑮+⑯)	5,000
순자산 장부가액	⑱ 자산의 장부가액	5,500
	⑲ 부채의 장부가액	4,000
	⑳ 순자산장부가액(⑱ - ⑲)	1,500
㉑ 양도손익(⑰ - ⑳)		3,500

「법인세법 시행령」 [ ] 제82조 제3항 / [√] 제83조의 2 제3항 에 따른 분할과세특례 신청서를 제출합니다.

년 월 일

분할법인 (서명 또는 인)

분할신설법인 (서명 또는 인)

세무서장 귀하

작 성 방 법

양도가액은 「법인세법 시행령」 제82조 제1항 제2호 또는 제83조의 2 제1항 제2호에 따라 계산한 금액을 적습니다.

210mm×297mm[백상지 80g/㎡ 또는 중질지 80g/㎡]

[별지 제46호 서식(갑)] (2013.2.23. 개정)

사 업 연 도	2021.1.1. ~ 2021.12.31.	**자산조정계정명세서(갑)**	법인명	㈜동판교
			사업자등록번호	

1. 합병등기일 또는 분할등기일의 자산

① 자산명	② 시가	③ 세무상 장부가액	④ 세무조정사항	⑤ 자산조정계정 [②-(③+④)]
토지	6,000	2,500	500	3,000
건물	3,000	2,000		1,000
계	9,000	4,500	500	4,000

2. 합병등기일 또는 분할등기일의 부채

⑥ 부채명	⑦ 시가	⑧ 세무상 장부가액	⑨ 세무조정사항	⑩ 자산조정계정 [⑦-(⑧+⑨)]
부채	4,000	4,000		
계	4,000	4,000		

작 성 방 법

1. 세무조정사항(④)란은 자산과 관련된 세무조정사항이 있는 경우에 익금불산입액은 (+)의 금액을, 손금불산입액은 (-)의 금액을 적습니다.
2. 자산조정계정(⑤)란은 장부가액(③)에서 세무조정사항(④)을 가감한 금액을 시가(②)로부터 차감하여 적습니다. 부채의 자산조정계정(⑩)도 자산과 동일한 방식으로 계산하여 적습니다.

210mm×297mm[백상지 80g/㎡ 또는 중질지 80g/㎡]

[별지 제46호 서식(을)] (2012. 2. 28. 개정)

<table>
<tr><td rowspan="2">사 업
연 도</td><td rowspan="2">2021.1.1.
~
2021.12.31.</td><td rowspan="2">자산조정계정명세서(을)</td><td>법인명</td><td>㈜동판교</td></tr>
<tr><td>사업자등록번호</td><td></td></tr>
</table>

1. 자산

<table>
<tr><td rowspan="3">①
자산명</td><td rowspan="3">②
취득가액
(시가)</td><td rowspan="3">③
자산
조정계정</td><td colspan="5">익금 또는 손금산입</td><td rowspan="3">⑨ 당기말
자산조정계정
(③-⑤-⑦-⑧)</td></tr>
<tr><td colspan="2">전기분</td><td colspan="2">당기분</td><td rowspan="2">⑧
자산
처분</td></tr>
<tr><td>④ 감가
상각비
(누계)</td><td>⑤ 감가
상각비
상계 및
가산(누계)</td><td>⑥ 감가
상각비</td><td>⑦ 감가
상각비
상계 및
가산</td></tr>
<tr><td>토지</td><td>6,000</td><td>3,000</td><td></td><td></td><td></td><td></td><td></td><td>3,000</td></tr>
<tr><td>건물</td><td>3,000</td><td>1,000</td><td></td><td></td><td>100</td><td>50</td><td></td><td>950</td></tr>
<tr><td></td><td></td><td></td><td></td><td></td><td></td><td></td><td></td><td></td></tr>
<tr><td></td><td></td><td></td><td></td><td></td><td></td><td></td><td></td><td></td></tr>
<tr><td></td><td></td><td></td><td></td><td></td><td></td><td></td><td></td><td></td></tr>
<tr><td></td><td></td><td></td><td></td><td></td><td></td><td></td><td></td><td></td></tr>
<tr><td></td><td></td><td></td><td></td><td></td><td></td><td></td><td></td><td></td></tr>
<tr><td>계</td><td>9,000</td><td>4,000</td><td></td><td></td><td>100</td><td>50</td><td></td><td>3,950</td></tr>
</table>

2. 부채

<table>
<tr><td rowspan="3">①
자산명</td><td rowspan="3">②
취득가액
(시가)</td><td rowspan="3">③
자산
조정계정</td><td colspan="5">익금 또는 손금산입</td><td rowspan="3">⑨ 당기말
자산조정계정
(③-⑤-⑦-⑧)</td></tr>
<tr><td colspan="2">전기분</td><td colspan="2">당기분</td><td rowspan="2">⑧
자산
처분</td></tr>
<tr><td>④ 감가
상각비
(누계)</td><td>⑤ 감가
상각비
상계 및
가산(누계)</td><td>⑥ 감가
상각비</td><td>⑦ 감가
상각비
상계 및
가산</td></tr>
<tr><td></td><td></td><td></td><td></td><td></td><td></td><td></td><td></td><td></td></tr>
<tr><td></td><td></td><td></td><td></td><td></td><td></td><td></td><td></td><td></td></tr>
<tr><td></td><td></td><td></td><td></td><td></td><td></td><td></td><td></td><td></td></tr>
<tr><td></td><td></td><td></td><td></td><td></td><td></td><td></td><td></td><td></td></tr>
<tr><td></td><td></td><td></td><td></td><td></td><td></td><td></td><td></td><td></td></tr>
<tr><td></td><td></td><td></td><td></td><td></td><td></td><td></td><td></td><td></td></tr>
<tr><td></td><td></td><td></td><td></td><td></td><td></td><td></td><td></td><td></td></tr>
<tr><td>계</td><td></td><td></td><td></td><td></td><td></td><td></td><td></td><td></td></tr>
</table>

210mm×297mm[백상지 80g/㎡ 또는 중질지 80g/㎡]

4. 물적분할 세무

가. 적격물적분할요건

과세특례를 적용받는 적격물적분할요건은 분할법인이 물적분할에 의하여 분할신설법인의 주식등을 취득한 경우로서 다음 각 호의 요건을 모두 갖춘 분할의 경우이다. 다만, 부득이한 사유가 있는 경우에는 제2호 · 제3호 또는 제4호의 요건을 갖추지 못한 경우에도 자산의 양도차익에 상당하는 금액을 압축기장충당금으로 설정할 수 있다[663].

구분	적격물적분할요건
사업목적분할	1. **분할등기일 현재 5년 이상 사업을 계속하던 내국법인**이 분할하는 것일 것 ㉠ 분리하여 사업이 가능한 독립된 사업부문을 분할하는 것일 것 ㉡ 분할하는 사업부문의 자산 및 부채가 포괄적으로 승계될 것(단, 공동으로 사용하던 자산, 채무자의 변경이 불가능한 부채 등 분할하기 어려운 자산과 부채 등의 경우에는 제외) ㉢ 분할법인만의 출자에 의하여 분할하는 것일 것
지분의 연속성	2. 분할법인이 분할신설법인으로부터 받은 분할대가를 **전액 주식으로서 배정**받고 분할법인이 분할등기일이 속하는 사업연도의 종료일까지 그 주식을 보유할 것
사업의 계속성	3. 분할신설법인이 분할등기일이 속하는 사업연도의 종료일까지 분할법인으로부터 승계받은 사업을 계속할 것
고용승계비율유지	4. **분할등기일 1개월 전** 당시 분할하는 사업부문에 종사하는 대통령령으로 정하는 근로자 중 분할신설법인이 승계한 근로자의 비율이 80% 이상이고, 분할등기일이 속하는 사업연도의 종료일까지 그 비율을 유지할 것(2018.1.1. 이후 분할하는 분부터 적용함)

상기 적격물적분할요건의 부득이한 사유와 적격물적분할요건에 대한 자세한 내용은 인적분할의 적격분할요건 판단을 준용하므로 이를 참고하기 바란다.

나. 물적분할 당사자별 세무요약

물적분할당사자의 과세체계에 따른 세무사항을 요약 · 정리하면 다음과 같다. 물적분할의 경우 **적격물적분할에 따라 취득한 자산의 취득가액은 종전 피출자법인의 장부가액에서 시가로 개정**(**2012.1.1. 이후 최초로 신고하는 분부터 적용**)**됨에 따라** 물적분할은 인적분할과 달리 자산조정계정의 설정 등이 없는 상태가 되었다.

663) 법인세법 제47조 제1항

당사자	세목	적격분할	비적격분할
분할신설 법인	• 승계한 순자산의 평가	순자산 시가	순자산 시가
	• 분할법인의 세무조정사항 승계 여부	일부 승계	일부 승계
	• 분할법인의 이월결손금 승계 여부	미승계	미승계
	• 분할법인의 세액공제 · 감면 승계	승계	미승계
	• 분할로 인한 취득세 등	75% 경감 (자본등록세 부담)	과세
	• 연대납세의무	해당	해당
분할 법인	• 자산 양도차익에 대한 과세이연	과세이연 가능	과세
	• 양도손익에 대한 부당행위계산부인	해당시 과세	해당시 과세
	• 부가가치세 대상 여부	과세 제외	해당 여부 판단
	• 유가증권 양도의 증권거래세	면제(신청시)	과세
	• 과점주주 취득세	해당 없음	해당 없음

다. 분할신설법인의 세무

1) 승계한 순자산의 평가

가) 순자산 시가 평가

물적분할의 경우는 인적분할과 달리 적격분할 여부와 상관없이 분할신설법인이 취득한 자산은 그 자산의 시가로 계상하고 있으며, 분할법인이 취득하는 물적분할 신설법인의 주식 등은 물적분할을 한 사업부의 순자산의 시가로 평가하고 있다[664].

따라서 물적분할 회계상 장부금액법으로 승계한 장부금액과 세무상 순자산 시가의 차이에 대하여 다음과 같은 물적분할 세무조정이 필요하다.

구 분	분할 세무조정
회계상 승계가액 〉 순자산 시가	손금산입 **(유보)/손금불산입 **(기타)
	해당 자산을 상각하거나 처분하는 경우 추인
회계상 승계가액 〈 순자산 시가	익금산입 **(유보)/익금불산입 **(기타)
	해당 자산을 상각하거나 처분하는 경우 추인

또한, 이러한 순자산의 시가평가금액은 분할법인의 자산의 양도손익 및 압축기장충당금 설정금액 계산에 반영되므로 순자산의 시가평가는 매우 중요하다.

664) 법인세법 시행령 제72조 제2항 제3호, 제3호의 2

| 물적분할 또는 현물출자에 따라 취득한 자산의 취득가액 연혁[665] |

<table>
<tr><th>구 분</th><th>2010.7.1. 이전</th><th>2010.7.1. 이후</th><th>2012.1.1. 이후</th></tr>
<tr><td>적격물적 또는 적격현물출자</td><td rowspan="2">장부에 계상한 출자가액 또는 승계가액. 다만, 그 가액이 시가를 초과하는 경우에는 그 초과금액을 제외</td><td>종전 피출자법인 등의 장부가액</td><td rowspan="2">해당 자산의 시가</td></tr>
<tr><td>그 밖의 경우</td><td>해당 자산의 시가</td></tr>
</table>

나) 승계자산의 감가상각

(1) 중고자산 내용연수 선택가능

법인세법은 내국법인이 기준내용연수(해당 내국법인에게 적용되는 기준내용연수를 말한다)의 100분의 50 이상이 경과된 자산(중고자산)을 다른 법인으로부터 취득(합병·분할에 의하여 자산을 승계한 경우를 포함)한 경우에는 그 자산의 기준내용연수의 100분의 50에 상당하는 연수와 기준내용연수의 범위에서 선택하여 납세지 관할 세무서장에게 신고한 연수(수정내용연수)를 내용연수로 할 수 있다[666]. 만일 분할신설법인이 수정내용연수를 선택하고자 하는 경우에는 분할등기일이 속하는 사업연도의 법인세 과세표준 신고기한까지 내용연수변경신고서를 제출하여야 한다.

(2) 적격분할등 취득자산에 대한 상각범위액 산정특례

① 적격분할등 상각범위액 산정방법[667]

적격합병, 적격분할, 적격물적분할 또는 적격현물출자(법 제47조의 2 제1항 각 호의 요건을 모두 갖추어 양도차익에 해당하는 금액을 손금에 산입하는 현물출자를 말한다)(이하 "적격합병등"이라 한다)에 의하여 취득한 자산의 상각범위액을 정할 때 취득가액은 적격합병등에 의하여 자산을 양도한 법인(이하 "양도법인"이라 한다)의 취득가액으로 하고, 미상각잔액은 양도법인의 양도 당시의 장부가액에서 적격합병등에 의하여 자산을 양수한 법인(이하 "양수법인"이라 한다)이 이미 감가상각비로 손금에 산입한 금액을 공제한 잔액으로 하며, 해당 자산의 상각범위액은 다음 각 호의 어느 하나에 해당하는 방법으로 정할 수 있다. 이 경우 선택한 방법은 그 후 사업연도에도 계속 적용한다.

1. 양도법인의 상각범위액을 승계하는 방법. 이 경우 상각범위액은 법 및 이 영에 따라 양도법인이 적용하던 상각방법 및 내용연수에 의하여 계산한 금액으로 한다.

665) 법인세법 시행령 제72조 제2항 제3호
666) 법인세법 시행령 제29조의 2 제1항
667) 법인세법 시행령 제29조의 2 제2항 및 제3항 (2019.2.12. 이후 물적분할하는 분부터 적용함)

2. 양수법인의 상각범위액을 적용하는 방법. 이 경우 상각범위액은 법 및 이 영에 따라 양수법인이 적용하던 상각방법 및 내용연수에 의하여 계산한 금액으로 한다.

다만, 적격물적분할을 하여 상각범위액 특례를 적용하는 경우로서 상각범위액이 해당 자산의 장부가액을 초과하는 경우에는 그 초과하는 금액을 손금에 산입할 수 있다. 이 경우 그 자산을 처분하면 전단에 따라 손금에 산입한 금액의 합계액을 그 자산을 처분한 날이 속하는 사업연도에 익금산입한다.

② 상각범위액 산정특례 사후관리

적격합병 등 취득자산에 대한 상각범위액 산정특례(이하 "상기 규정")를 적용받은 법인이 적격요건위반사유에 해당하는 경우 해당 사유가 발생한 날이 속하는 사업연도 이후의 소득금액을 계산할 때 상기 규정을 최초로 적용한 사업연도 및 그 이후의 사업연도에 상기 규정을 적용하지 아니한 것으로 보고 감가상각비 손금산입액을 계산하며, 다음의 제1호의 금액에서 제2호의 금액을 뺀 금액을 적격요건위반사유가 발생한 날이 속하는 사업연도의 소득금액을 계산할 때 익금에 산입한다[668].

이 경우 제1호의 금액에서 제2호의 금액을 뺀 금액이 0보다 작은 경우에는 0으로 보며, 해당 사유가 발생한 날이 속하는 사업연도의 과세표준 신고와 함께 적격합병 등으로 취득한 자산 중 중고자산에 대한 수정내용연수를 신고하되, 신고하지 아니하는 경우에는 양수법인이 해당자산에 대하여 법령에서 정한 내용연수로 신고한 것으로 본다[669].

1. 적격합병 등 취득자산에 대한 상각범위액 산정특례를 최초로 적용한 사업연도부터 해당 사업연도의 직전 사업연도까지 손금에 산입한 감가상각비 총액
2. 적격합병 등 취득자산에 대한 상각범위액 산정특례를 최초로 적용한 사업연도부터 해당사업연도의 직전 사업연도까지 그 특례를 적용하지 아니한 것으로 보고 재계산한 감가상각비 총액

다) 승계자산의 대손금

법인세법은 법인이 분할하는 경우로서 법 소정의 대손요건에 해당하는 대손금을 분할등기일이 속하는 사업연도까지 손비로 계상하지 아니한 경우 그 대손금은 해당 법인의 분할등기일이 속하는 사업연도의 손금으로 규정하고 있다[670].

따라서 분할신설법인이 승계하는 분할법인의 채권 중 분할 당시에 법 소정의 대손요건을

668) 법인세법 시행령 제26조의 2 제10항
669) 법인세법 시행령 제29조의 2 제4항
670) 법인세법 시행령 제19조의 2 제4항

갖춘 채권(예컨대, 매출채권, 대여금 등)의 경우에는 분할법인이 결산조정에 의하여 손금에 산입할 수 있는 대손금을 결산에 반영하지 아니하더라도 분할등기일이 속하는 사업연도에 분할법인이 대손금으로 손금산입하도록 규정함으로써 분할신설법인 등에서 인위적인 대손금의 손금산입으로 과세소득을 조정하는 것을 방지하고 있으니 반드시 분할시 대손사유의 판단은 면밀히 검토하여야 한다.

2) 분할법인 세무조정사항의 승계

내국법인이 물적분할을 하는 경우 적격 여부와 상관없이 퇴직급여충당금 및 대손충당금을 분할신설법인 등이 승계한 경우에는 그와 관련된 세무조정사항은 승계하고 그 밖의 세무조정사항은 모두 분할신설법인 등에 승계되지 아니한다.

이는 2014.2.21. 시행령 개정시 비적격물적분할시 퇴직급여충당금 또는 대손충당금을 분할신설법인이 승계시 관련 세무조정의 승계가 가능함을 명확히 하였으며, 동 개정규정은 2014.2.21. 이후 물적분할하는 분부터 적용한다.

3) 이월결손금 미승계 및 세액공제 감면 승계

내국법인이 물적분할을 하는 경우 적격분할 여부와 상관없이 이월결손금은 승계되지 아니하지만, 분할법인이 적격물적분할로 양도차익에 상당하는 금액을 손금에 산입한 경우 분할법인이 각 사업연도의 소득금액 및 과세표준을 계산할 때 익금 또는 손금에 산입하거나 산입하지 아니한 금액, 그 밖의 자산·부채 및 제59조에 따른 감면·세액공제 등을 분할신설법인에 승계한다. 이 경우 법 또는 다른 법률에 해당 감면 또는 세액공제의 요건 등에 관한 규정이 있는 경우에는 분할신설법인이 그 요건 등을 갖춘 경우에만 이를 적용하며, 분할신설법인은 다음 각 호의 구분에 따라 승계받은 사업에 속하는 감면 또는 세액공제에 한정하여 적용받을 수 있다[671].

1. 이월된 감면·세액공제가 특정 사업·자산과 관련된 경우: 특정 사업·자산을 승계한 분할신설법인이 공제
2. 제1호 외의 이월된 감면·세액공제의 경우: 분할법인의 사업용 자산가액 중 분할신설법인이 각각 승계한 사업용 자산가액 비율로 안분하여 분할신설법인이 각각 공제

671) 법인세법 제47조 제4항, 동법 시행령 제84조 제12항(2018.1.1. 이후 분할분부터 적용)

4) 취득세 등 기타 세제

가) 취득세 면제

분할신설법인이 적격물적분할로 인하여 취득하는 **자산**을 2021.12.31.까지 취득하는 경우에는 **취득세의** 75%를 경감한다[672]. 이 경우 지방세의 감면을 받으려는 자는 감면대상을 취득한 날부터 60일 이내에 감면신청서를 관할 시장·군수·구청장에게 제출하여야 한다[673].

다만, **분할등기일부터 3년 이내**에 다음의 법인세법 제47조 제3항 각 호의 어느 하나에 해당하는 사유(적격분할의 사후관리요건)가 발생하는 경우(부득이한 사유가 있는 경우 제외)에는 경감받은 취득세를 추징한다[674].

1. 분할신설법인이 분할법인으로부터 승계받은 사업을 폐지하는 경우
2. 분할법인이 분할신설법인의 발행주식총수 또는 출자총액의 50% 미만으로 주식등을 보유하게 되는 경우
3. 각 사업연도 종료일 현재 분할신설법인에 종사하는 대통령령으로 정하는 근로자수가 분할등기일 1개월 전 당시 분할하는 사업부문에 종사하는 근로자 수의 100분의 80 미만으로 하락하는 경우(2018.1.1. 이후 분할분부터 적용)

| 물적분할로 인한 취득에 대한 부동산의 취득세율(4%) 분석 |

물적분할은 적격합병시 계산되는 취득세율[표준세율－중과기준세율(2%)]인 특례세율을 적용받지 않기 때문에 면제되는 취득세은 유상취득 표준세율 4%를 기준으로 계산된다.

| 분할 등으로 인한 취득에 대한 유무상 판단 |

구 분		유무상 취득	과세표준	표준세율(부동산)
분할	인적분할	무상	시가표준액	3.5%
	물적분할	유상	법인장부가액	4.0%

나) 취득세 면제분에 대한 농어촌특별세 비과세

취득세 면제분에 대한 농어촌특별세는 적격분할요건을 충족하는 경우 감면분에 대한 농어촌특별세 20%가 비과세된다[675]. 즉, 합병과 달리 분할시 취득세 면제에 대한 농어촌특별

672) 지방세특례제한법 제57조의 2 제3항, 제177조의 2(2018.12.31.까지는 최소납부세제에 따른 85% 면제)
673) 지방세특례제한법 시행령 제126조
674) 지방세특례제한법 제57조의 2 제3항 단서조항
675) 농어촌특별세법 시행령 제4조 제6항 제5호

세의 비과세는 적격분할요건만 충족하면 된다.

다) 등록면허세

분할신설법인은 설립 시 자본금의 0.4%(지방교육세 포함 0.48%)가 등록면허세로 과세된다[676]. 이는 적격분할 여부와 상관없이 부담하여야 한다. 이때 분할신설법인이 대도시 안에 설립되는 경우에는 자본등록면허세가 3배로 중과(1.44%)된다.

다만, 대도시 법인 중과세 예외업종(은행업, 유통산업, 전기통신업, 의료업, 여객운수사업, 소프트웨어사업, 중소기업·벤처기업제품 판매회사 등 지방세법 시행령 제26조에 해당 업종)에 해당하는 경우에는 중과세가 제외된다. 또한, 분할등기일 현재 5년 이상 계속하여 사업을 경영한 대도시 내의 내국법인이 법인의 분할[「법인세법」 제46조 제2항 제1호 가목부터 다목까지의 요건을 갖춘 경우로 한정한다(사업목적분할요건만)]로 인하여 법인을 설립하는 경우에는 중과세 대상으로 보지 아니한다[677].

라) 연대납세의무

법인이 분할되거나 분할합병된 후 분할되는 법인(이하 "분할법인")이 존속하는 경우 다음 각 호의 법인은 분할등기일 이전에 분할법인에 부과되거나 납세의무가 성립한 국세 및 강제징수비에 대하여 분할로 승계된 재산가액을 한도로 연대하여 납부할 의무가 있다[678].

1. 분할법인
2. 분할 또는 분할합병으로 설립되는 법인(분할신설법인)
3. 분할법인의 일부가 다른 법인과 합병하는 경우 그 합병의 상대방인 다른 법인(분할합병의 상대방 법인)

마) 분할신설법인의 의무

분할법인이 양도차익에 대하여 과세특례를 적용받는 경우 분할신설법인이 분할법인으로부터 승계받은 자산[감가상각자산(건설중인 자산 등을 포함), 토지 및 주식등을 말한다]을 처분하는 경우. 이 경우 분할신설법인은 그 자산의 처분 사실을 처분일부터 1개월 이내에 분할법인에 알려야 한다[679].

676) 지방세법 제28조 제1항 제6호
677) 지방세법 시행령 제45조 제2항
678) 국세기본법 제25조 제2항 및 제3항, 법인세법 시행령 제85조의 2
679) 법인세법 제47조 제2항 제2호

라. 분할법인의 세무

1) 자산 양도차익에 대한 과세이연[압축기장충당금]

물적분할이 적격요건에 해당되는 경우 자산 양도차익에 대하여 과세특례를 신청하여 교부받은 주식이나 승계자산을 처분시까지 과세이연을 받을 수 있다. 이러한 과세체계는 법인세법 제47조의 2 현물출자시 과세특례의 과세체계에서도 준용되는 구조이다.

| 물적분할 과세체계 |

구 분	장부가액	분할당시 시가	양도당시 시가
분할법인	압축기장충당금 ◀·····▶ 주식·자산처분시 과세		
분할 신설법인		◀·····▶ 자산처분시 과세	

| 과세되는 양도차익 계산 도해 |

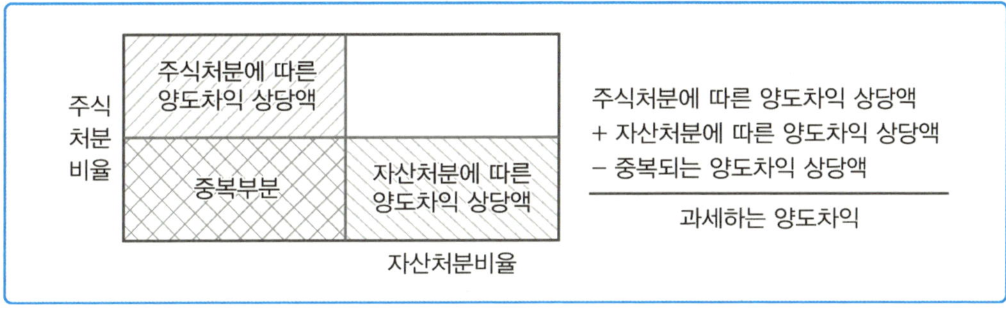

가) 양도차익 계산 및 손금산입방법

분할법인이 과세특례 요건을 충족하는 경우 분할법인의 자산 양도차익에 대하여 압축기장충당금을 설정하는 손금산입특례를 신청할 수 있다[680]. 즉, 비적격분할이거나 양도차익이 없는 것으로 하는 과세특례신청을 하지 아니하는 경우에는 분할법인의 과세표준신고 시 해당 분할양도손익 금액을 포함하여 신고하면 된다.

680) 법인세법 제47조, 동법 집행기준 47-0-1 (물적분할시 분할법인에 대한 과세특례)

구 분	내 용
자산 양도차익[681]	= 분할한 사업부문의 순자산 시가 – 분할한 사업부문의 순자산 장부가액[세무상 가액]
손금산입 특례	1. 손금산입 금액 = Min [㉠, ㉡] ㉠ 교부받은 주식의 가액(=승계받은 순자산의 시가)(주1) ㉡ 물적분할로 인한 자산의 양도차익 2. 손금에 산입하는 금액은 주식의 압축기장충당금으로 계상
과세특례 신청서 신고	분할법인 등은 과세표준 신고를 할 때 분할신설법인 등과 함께 물적분할과세특례신청서 및 자산의 양도차익에 관한 명세서를 납세지 관할 세무서장에게 제출하여야 한다.

(주1) 물적분할 시 교부받은 주식의 취득가액에 대한 연혁[682]

물적분할에 따라 취득한 **주식등의 취득가액**은 다음과 같이 복잡하게 변천하였으므로 이에 대한 시기별 검토 시는 꼭 법령을 참고하기 바란다.

구 분	2010.7.1. 이후 물적분할분부터	2012.1.1. 이후 최초 신고분부터	2014.2.21. 이후 물적분할분부터
적격물적분할	분할한 순자산의 장부가액	분할한 순자산의 장부가액	분할한 순자산의 시가
이외의 분할	취득하는 주식의 시가	분할한 순자산의 시가	

나) 압축기장충당금 환입방법

물적분할로 인한 자산양도차익을 손금산입특례 신청한 경우 이에 대한 사후 환입방법은 ① 주식이나 자산의 처분비율에 따른 환입방법과 ② 일시에 잔액 전부를 환입하는 방법으로 나누어서 다음과 같이 사후관리하고 있다[683].

구 분	내 용
압축기장 충당금 환입방법	① 다음의 사유가 발생하는 경우 **처분비율에 따라 익금산입** (단, 부득이한 사유(*) 해당시 예외 인정) 1. 분할법인이 분할신설법인으로부터 받은 주식등을 처분하는 경우 2. 분할신설법인이 분할법인으로부터 **"승계받은 자산"**을 처분하는 경우 ▪ **"승계받은 자산"**은 승계받은 감가상각자산[제24조 제3항 제1호의 자산(건설중인 자산 등)을 포함], 토지 및 주식 등을 말한다[684].

681) 법인세법 기본통칙 47-83…1【물적분할로 인한 자산양도차익의 계산】
물적분할의 자산양도차익 계산시 당해 법인이 **분할하는 사업부문에 속하는 자산 및 부채를 공정가액**으로 평가하지 아니하고 **시가**보다 낮은 가액으로 승계한 경우에는 **부당행위계산부인의 규정을 적용**한다.
682) 법인세법 시행령 제72조 제2항 제3호의 2
683) 법인세법 제47조 및 동법 시행령 제84조
684) 법인세법 시행령 제84조 제4항

<table>
<tr><th>구 분</th><th>내 용</th></tr>
<tr><td>압축기장
충당금
환입방법</td><td>[분할법인이 익금에 산입할 금액]

= 전기말 압축기장충당금(과세이연받은 양도차익) 잔액 × [당기 주식처분비율(A) + 당기 자산처분비율(B) - A×B]

• 당기 주식처분비율(A) : 분할법인이 당기에 처분한 주식등의 장부가액 ÷ 전기말 주식등의 장부가액
• 당기 자산처분비율(B) : 분할신설법인이 당기에 처분한 승계자산의 양도차익 ÷ 전기말 승계자산의 양도차익

(*) 부득이한 사유
1. 분할법인 또는 분할신설법인이 최초로 적격합병, 적격분할, 적격물적분할, 적격현물출자, 「조세특례제한법」 제38조에 따라 과세를 이연받은 주식의 포괄적 교환 등 또는 같은 법 제38조의 2에 따라 과세를 이연받은 주식의 현물출자(이하 "적격구조조정"이라 한다)로 주식등 및 자산을 처분하는 경우
2. 분할신설법인의 발행주식 또는 출자액 전부를 분할법인이 소유하고 있는 경우로서 다음 각 목의 어느 하나에 해당하는 경우
가. 분할법인이 분할신설법인을 적격합병(법 제46조의 4 제3항에 따른 적격분할합병을 포함한다)하거나 분할신설법인에 적격합병되어 분할법인 또는 분할신설법인이 주식등 및 자산을 처분하는 경우
나. 분할법인 또는 분할신설법인이 적격합병, 적격분할, 적격물적분할 또는 적격현물출자로 주식등 및 자산을 처분하는 경우. 다만, 해당 적격합병, 적격분할, 적격물적분할 또는 적격현물출자에 따른 합병법인, 분할신설법인등 또는 피출자법인의 발행주식 또는 출자액 전부를 당초의 분할법인이 직접 또는 기획재정부령으로 정하는 바에 따라 간접으로 소유하고 있는 경우로 한정한다.
3. 분할법인 또는 분할신설법인이 제82조의 2 제3항 각 호의 어느 하나에 해당하는 사업부문의 적격분할 또는 적격물적분할로 주식등 및 자산을 처분하는 경우</td></tr>
<tr><td></td><td>② 일시 잔액 전부 익금산입
: 분할등기일이 속하는 사업연도의 다음 사업연도 개시일부터 2년(고용승계비율 유지요건은 3년)로 이내에 다음의 어느 하나에 해당하는 사유가 발생하는 경우 일시 환입. 단, 적격분할요건 판단시 적용한 부득이한 사유가 있는 경우 제외
1. 분할신설법인이 분할법인으로부터 승계받은 사업을 폐지하는 경우
2. 분할법인이 분할신설법인의 발행주식총수 또는 출자총액의 50% 미만으로 주식등을 보유하게 되는 경우
* 2017.2.3. 개정 이전 분할규정에서는 보유 경과기간에 상관없이 50% 미만 보유시 압축기장충당금 잔액을 전액 일시 환입하였으나, 2017.2.3. 개정령 시행 이후부터 2년 이내 50% 미만 보유시 일시에 잔액 전부를 익금산입 함(부칙(2017.2.3. 대통령령 제27828호) 제15조).
3. 각 사업연도 종료일 현재 분할신설법인에 종사하는 대통령령으로 정하는 근로자 수가 분할등기일 1개월 전 당시 분할하는 사업부문에 종사하는 근로자 수의 80% 미만으로 하락하는 경우(2018.1.1. 이후 분할하는 분부터 적용함)</td></tr>
</table>

<table>
<tr><th>구 분</th><th>내 용</th></tr>
<tr><td>①의
부득이한
사유로
계속
과세이연
및
사후관리</td><td>㉮ 계속 과세이연 방법(압축기장충당금의 대체)
적격물적분할에 따른 과세이연을 계속 적용받는 경우 해당 분할법인이 보유한 분할신설법인주식등의 압축기장충당금은 다음의 구분에 따른 방법으로 대체한다[685].
㉠ 다음의 계산식에 따른 금액을 분할법인 또는 분할신설법인이 새로 취득하는 자산승계법인(적격구조조정등으로 분할신설법인으로부터 분할신설법인의 자산을 승계하는 법인을 말함)의 주식등(이하 "자산승계법인주식등"이라 함)의 압축기장충당금으로 할 것. 다만, 자산승계법인이 분할법인인 경우에는 분할신설법인주식등의 압축기장충당금 잔액을 분할법인이 승계하는 자산 중 최초 물적분할 당시 양도차익이 발생한 자산의 양도차익에 비례하여 안분계산한 후 그 금액을 해당 자산이 감가상각자산인 경우 그 자산의 일시상각충당금으로, 해당 자산이 감가상각자산이 아닌 경우 그 자산의 압축기장충당금으로 한다.

자산승계법인주식등의 압축기장충당금
= 분할신설법인주식등의 압축기장충당금 잔액 × 당기자산처분비율(*1)

(*1) 당기자산처분비율을 산정할 때 '처분한 승계자산'은 적격구조조정등에 따라 분할신설법인이 자산승계법인에 처분한 승계자산에 해당하는 것을 말함.
㉡ 다음의 계산식에 따른 금액을 주식승계법인(적격구조조정등으로 분할법인으로부터 분할신설법인주식등을 승계하는 법인을 말함)이 승계한 분할신설법인주식등의 압축기장충당금으로 할 것.

주식승계법인이 승계한 분할신설법인주식등의 압축기장충당금
= 분할신설법인주식등의 압축기장충당금 잔액 × 당기주식처분비율(*2)

(*2) 당기주식처분비율을 산정할 때 '처분한 주식'은 적격구조조정등에 따라 주식승계법인에 처분한 분할신설법인주식등에 해당하는 것을 말함.
㉯ 대체된 압축기장충당금의 사후관리(환입방법)
새로 압축기장충당금을 설정한 분할법인, 분할신설법인 또는 주식승계법인은 해당 주식이나 승계받은 자산을 처분하는 사유가 발생할 경우 상기 ①, ②의 '익금산입액 산식'을 준용하여 계산한 금액을 익금에 산입한다.</td></tr>
</table>

다) 양도손익에 대한 부당행위계산부인 규정

분할법인의 물적분할로 인한 자산양도차익을 계산함에 있어서 해당 법인이 분할하는 사업부문에 속하는 자산 및 부채를 공정가액으로 평가하지 아니하고 시가보다 낮은 가액으로 승계한 경우에는 부당행위계산부인 규정을 적용한다[686].

685) 법인세법 시행령 제84조 제6항

2) 부가가치세 대상 여부

부가가치세법상 재화의 공급으로 보지 아니하는 사업의 양도에는 「법인세법」 제47조 제1항의 요건을 갖춘 적격물적분할을 포함하는 것으로 명시적으로 규정하고 있다[687].

따라서 적격물적분할요건에 해당하는 경우는 부가가치세법상 과세대상이 되지 아니하지만, 비적격물적분할인 경우는 부가치세법상 과세대상인지 여부는 포괄적인 사업의 양도에 해당되는지 여부를 파악해야 한다.

3) 유가증권 양도의 증권거래세

분할법인이 소유하고 있던 유가증권 등을 분할에 의하여 신설법인 등에 이전하는 경우 이는 증권거래법상 양도에 해당되어 증권거래세가 과세된다. 다만, 적격분할요건(적격물적분할요건 포함)을 모두 갖춘 경우에는 증권거래세를 면제한다[688]. 본 규정에 따라 증권거래세를 면제받는 경우 농어촌특별세도 비과세된다[689].

이 경우 증권거래세를 면제받기 위해서는 증권거래세 과세표준신고서와 함께 세액면제신청서를 납세지 관할 세무서장에게 제출하여야 한다[690].

4) 과점주주 취득세

법인의 주식 또는 지분을 취득함으로써 과점주주가 되었을 때에는 그 과점주주가 해당 법인(유가증권시장상장법인 제외)의 부동산 등을 취득한 것으로 보아 취득세를 과세하지만 법인설립 시에 발행하는 주식 또는 지분을 취득함으로써 과점주주가 된 경우에는 취득으로 보지 아니한다[691]. 따라서 분할신설법인의 경우 법인설립에 해당되므로 간주취득에 해당되지 아니하므로 과점주주 취득세는 과세되지 아니한다.

686) 법인세법 시행령 제88조 제1항 제3호의 2, 동법 집행기준 47-0-2 (물적분할로 인한 자산양도차익의 계산)
687) 부가가치세법 시행령 제23조
688) 조세특례제한법 제117조 제1항 제14호
689) 농어촌특별세법 제4조 제7호의 2
690) 조세특례제한법 시행령 제115조 제15항
691) 지방세법 제7조 제5항

마. 물적분할 계산사례 및 서식작성 실무

[물적분할 양도차익 계산사례]

Ⅰ. 물적분할 거래

㈜서판교는 A,B사업부를 운영하고 있다. ㈜서판교는 2021.1.1.에 A사업부를 물적분할하여 ㈜동판교를 신설하였다.

■ 분할일 현재 ㈜서판교의 재무상태표는 다음과 같다.

과목	장부가액	시가	과목	금액
재고자산(A)	1,000	1,000	부채(A)	4,000
토지(A)	3,000	6,000	부채(B)	2,000
건물(A)	2,000	3,000	자본금	2,000
유동자산(B)	2,000	3,000	자본잉여금	2,000
고정자산(B)	4,000	5,000	이익잉여금	2,000
합계	12,000	18,000		12,000

- ㈜서판교는 분할기일 기준 자본금과 적립금조정명세서(을)상의 유보금액은 △500(토지 임의평가증)이 있다.
- ㈜동판교는 ㈜서판교에게 주식(액면가액:1,000, 시가:6,000)을 모두 교부하고, 승계받은 자산 및 부채를 장부금액법으로 회계처리하였다.
- ㈜동판교는 기말에 건물의 감가상각비 100(정액법, 내용연수 20년)을 비용으로 계상하였다. 그리고 승계받은 토지는 기말 현재 계속 보유 중에 있다.

Ⅱ. 분할회계처리

1. 분할신설법인 ㈜동판교 : 장부금액으로 회계처리

재고자산(A)	1,000	부채(A)	4,000
토지(A)	3,000	자본금	1,000
건물(A)	2,000	주식발행초과금	1,000

2. 분할법인 ㈜서판교 : 장부금액으로 회계처리

부채(A)	4,000	재고자산(A)	1,000
투자주식	2,000	토지(A)	3,000
		건물(A)	2,000

3. 분할교부비율 : 교부주식(6,000)/총 분할대가(6,000) = 100%(적격분할)

Ⅲ. 적격분할 세무처리

1. 분할법인 ㈜서판교

1) 분할시 세무조정

① ㈜서판교의 양도차익 : 분할한 순자산 시가 – 순자산 장부가액(세무상)

= 6,000(=10,000－4,000)－(6,000－500－4,000)= 4,500

구 분	금액	
가. 양도가액(=분할사업부문 순자산 시가)		6,000
Ⓐ 분할사업부문 자산 시가	10,000	
Ⓑ 분할사업부문 부채 시가	(4,000)	
나. 분할사업부문 세무상 순자산 장부가액 (= ①+②－③)		1,500
Ⓐ 분할사업부문 회계상 순자산 장부가액	2,000	
Ⓑ 분할사업부문 유보금액	△500	
Ⓒ 분할신설법인 승계유보(퇴직급여충당금 등)	0	
다. 자산양도차익(차손) = 가 – 나		4,500

② 압축기장충당금 설정 세무조정

■ 손금산입 금액 = Min [㉠, ㉡]

㉠ 교부받은 주식의 가액* : 6,000

㉡ 물적분할로 인한 자산의 양도차익 : 4,500

* 분할하는 사업부문의 순자산 시가를 의미하는 것으로 판단됨.

③ 양도차익 및 압축기장충당금에 대한 세무조정

〈익금산입〉 물적분할 양도차익(주식)* 4,000(유보)

〈손금산입〉 압축기장충당금** 4,500(△유보)

* 분할양도차익에 대한 회계상 금액과 세무상 금액 차이 조정함(양도차익 4,500원 중 토지(유보) 500원은 별도조정이 되므로 4,000원 익금산입. 이는 투자주식 장부가액과 시가 차이 조정금액이기도 함). 동 금액은 교부받은 주식 처분시 추인됨.

** 압축기장충당금은 환입방법에 따라 추후 환입(주식과 승계자산의 처분비율에 따른 방법 등)

2) 기말시 세무조정

• 물적분할 양도차익 : 주식의 처분이 없어서 추인은 없음.

• 압축기장충당금환입 : 주식의 처분이나, 신설법인이 승계받은 자산의 처분이 없으므로 압축기장충당금에 대한 추인은 없음.

• 분할사업부(A)의 유보는 모두 추인(승계되는 유보는 양편조정)하는 조정이 필요

〈익금산입〉 토지 임의평가증 500(유보)

2. 분할신설법인 ㈜동판교

1) 분할시 세무조정

① 순자산 시가 조정에 대한 세무조정 :

회계상 장부금액법으로 처리한 경우 세무상 순자산시가와 회계상 장부가액의 차이에 대한 조정이 있어야 한다.

〈익금산입〉 토지 3,000(유보)
건물 1,000(유보)
〈익금불산입〉 주식발행초과금 4,000(기타)

② 세무조정사항 승계 유보 세무조정

물적분할시 퇴직급여충당금 및 대손충당금을 승계하는 경우 그와 관련된 유보는 승계 가능하나, 본 사례는 해당 사항이 없으므로 조정사항은 없다.

2) 결산시 세무조정

① 순자산 시가 조정에 대한 유보

㉮ 순자산 시가와 장부가액의 차이를 조정한 건물 유보분에 대한 세무조정

〈손금산입〉 건물 50(△유보)

㉯ 승계한 감가상각자산의 상각범위액 특례적용(2019.2.12. 이후 분할분부터 적용)

〈손금불산입〉 건물 50(△유보)

(*) 회계상 상각비 100+유보분 50 - 상각범위액 특례 100(2,000/20년)=50
만약, 상각범위액 특례를 적용하는 경우로서 상각범위액이 해당 자산의 장부가액을 초과하는 경우에는 그 초과하는 금액을 손금에 산입할 수 있다.

☞ **| 적격분할시 상각범위액 특례적용에 따른 쟁점 |**

위 사례처럼 결론적으로는 적격물적분할시 상각범위액은 분할법인의 취득가액을 기준으로 계산되므로 감가상각대상 자산의 시가가 장부가액 보다 큰 경우 미리 손금산입되는 구조를 방지하는 것으로 개정이 되었다.

하지만, 신설법인의 손금인 상각비계상시 분할법인의 취득가액을 기준으로 상각범위액을 계산함에 따라 손금으로 반영되지 못하는 금액(순자산 시가 조정금액(익금유보)) 또는 상각범위액 특례에 따른 손금불산입(유보) 합계액)이 발생하게 되는데 이에 대한 향후 처리방법을 명확하게 규정하고 있지 아니한 상태이다. 다만, 법인세법 시행령 제29조의 2 제3항의 규정을 준용하여 적용할 경우 해당 자산의 처분시점 등에 손금산입을 할 수 있을 것으로 판단되나 명확한 입법이나 해석이 필요한 상태이다.

Ⅳ. 비적격분할시 세무처리

1. 분할법인 ㈜서판교

1) 분할시 자산양도차익에 대한 세무조정

〈익금산입〉 물적분할 양도차익(주식)* 4,000(유보)

* 양도차익 4,500원 중 토지(유보) 500원이 별도조정이 되므로 4,000원 익금산입함.

2) 기말시 세무조정

• 물적분할 양도차익: 주식의 처분이 없어서 추인은 없음.

• 분할사업부(A)의 유보는 모두 추인(승계되는 유보는 양편조정)하는 조정이 필요
〈익금산입〉 토지 임의평가증 500(유보)

2. 분할신설법인 ㈜동판교

1) 분할시 세무조정

① 순자산 시가 조정에 대한 세무조정 :
회계상 장부금액법으로 처리한 경우, 세무상 순자산 시가와 회계상 장부가액 차이에 대한 조정이 있어야 한다.

〈익금산입〉 토지 3,000(유보)
건물 1,000(유보)
〈익금불산입〉 주식발행초과금 4,000(기타)

② 세무조정사항 승계 유보 세무조정
물적분할시 퇴직급여충당금 및 대손충당금을 승계하는 경우 그와 관련된 유보는 승계 가능하나, 본 사례는 해당 사항이 없으므로 조정사항은 없다.

2) 결산시 세무조정

① 순자산 시가 조정에 대한 유보 추인
순자산 시가와 장부가액의 차이를 조정한 건물 유보분에 대한 세무조정
〈손금산입〉 건물 50(△유보)

∵ 비적격물적분할의 경우 상각범위액 특례적용이 되지 아니함으로 해당 순자산 시가 차이 조정금액만 발생하는 상태임.

Ⅴ. **적격물적분할의 경우 '물적분할과세특례신청서' 및 자산조정명세서 (갑), (을) 작성**

※ [뒷면 참조]

[별지 제43호 서식] (2015.3.13. 개정)

물적분할과세특례 신청서

<table>
<tr><td>사업연도</td><td colspan="3">2021.1.1. ~ 2021.12.31.</td></tr>
<tr><td rowspan="3">분할법인
(신고법인)</td><td colspan="2">① 법 인 명 : ㈜서판교</td><td>② 사업자등록번호</td></tr>
<tr><td colspan="2">③ 대표자성명 : xxx</td><td>④ 법인등록번호</td></tr>
<tr><td colspan="3">⑤ 본점소재지 : 경기도 성남시 분당구 xxx
(전화번호:)</td></tr>
<tr><td rowspan="4">분할신설
법인</td><td colspan="2">⑥ 법 인 명 : ㈜동판교</td><td>⑦ 사업자등록번호</td></tr>
<tr><td colspan="2">⑧ 대표자성명: yyy</td><td>⑨ 법인등록번호</td></tr>
<tr><td colspan="3">⑩ 본점소재지 : 경기도 성남시 분당구 yyy
(전화번호:)</td></tr>
<tr><td colspan="3">⑪ 분할등기일 : 2021.1.1</td></tr>
<tr><td rowspan="5">압축기장
충당금</td><td colspan="2">⑫ 분할법인의 계상액</td><td>4,500</td></tr>
<tr><td rowspan="3">손금
산입
한도</td><td>⑬ 물적분할한 순자산의 시가</td><td>6,000</td></tr>
<tr><td>⑭ 물적분할한 순자산의 장부가액</td><td>1,500</td></tr>
<tr><td>⑮ 한도액(⑬－⑭)</td><td>4,500</td></tr>
<tr><td colspan="2">⑯ 한도초과액(⑫－⑮)</td><td>–</td></tr>
</table>

「법인세법 시행령」 제84조 제18항에 따른 물적분할과세특례 신청서를 제출합니다.

년 월 일

분할법인 (서명 또는 인)

분할신설법인 (서명 또는 인)

세무서장 귀하

첨부서류	자산의 양도차익에 관한 명세서(갑) [별지 제46호의 2 서식(갑)]

210mm×297mm[백상지 80g/㎡ 또는 중질지 80g/㎡]

[별지 제46호의 2 서식(갑)] (2012.2.28. 신설)

사 업 연 도	2021.1.1. ~ 2021.12.31.	**자산의 양도차익에 관한 명세서(갑)**	법인명	㈜서판교
			사업자등록번호	

1. 분할등기일 또는 현물출자일의 자산

① 구분	② 자산명	③ 시가	④ 회계상 장부가액	⑤ 세무조정사항	⑥ 양도차익 [③-(④-⑤)]
기타	재고자산	1,000	1,000		-
토지	토지	6,000	3,000	500	3,500
감가상각자산	건물	3,000	2,000		1,000
계		10,000	6,000	500	4,500

2. 분할등기일 또는 현물출자일의 부채

⑦ 구분	⑧ 부채명	⑨ 시가	⑩ 회계상 장부가액	⑪ 세무조정사항	⑫ 양도차익 [⑨-(⑩-⑪)]
기타	부채	4,000	4,000		
계		4,000	4,000		

작 성 방 법

1. 구분(①)란은 개별자산별로 「법인세법 시행령」 제84조 제4항 또는 제84조의 2 제4항에 따른 감가상각자산, 토지, 주식등 및 기타로 구분하여 적습니다.
2. 자산의 양도차익(⑥)란은 장부가액(④)에서 세무조정사항(⑤)을 차감한 금액을 시가(③)로부터 차감하여 적습니다. 부채의 양도차익(⑫)란도 자산과 마찬가지 방식으로 계산하여 적습니다.

210mm×297mm[백상지 80g/㎡ 또는 중질지 80g/㎡]

[별지 제46호의 2 서식(을)] (2012.2.28. 신설)

사 업 연 도	2021.1.1. ~ 2021.12.31.	자산의 양도차익에 관한 명세서(을)	법인명	㈜서판교
			사업자등록번호	

1. 분할신설법인 또는 피출자법인이 직전 사업연도 종료일 현재 보유하고 있는 승계자산

① 구분	② 자산명	③ 시가	④ 장부가액	⑤ 세무조정사항	⑥ 양도차익 [③-(④-⑤)]
토지	토지	6,000	3,000	500	3,500
감가상각자산	건물	3,000	2,000		1,000
계		9,000	5,000	500	4,500

2. 분할신설법인 또는 피출자법인이 해당 사업연도에 처분한 승계자산

① 구분	② 자산명	③ 시가	④ 장부가액	⑤ 세무조정사항	⑥ 양도차익 [③-(④-⑤)]
계					

작 성 방 법

1. 구분(①)란은 개별자산별로 「법인세법 시행령」 제84조 제4항 또는 제84조의 2 제4항에 따른 감가상각자산, 토지, 주식등으로 구분하여 적습니다. "자산의 양도차익에 관한 명세서(갑)[별지 46호의 2 서식]"의 구분(①)란에 기타로 기재된 자산은 적지 않습니다.
2. 장부가액(④)·세무조정사항(⑤)은 "자산의 양도차익에 관한 명세서(갑)[별지 46호의 2 서식]"에서 분할등기일 또는 현물출자일의 장부가액·세무조정사항의 금액을 적으며, 양도차익(⑥)은 장부가액(④)에서 세무조정사항(⑤)을 차감한 금액을 시가(③)에서 차감하여 적습니다.

210mm×297mm[백상지 80g/㎡ 또는 중질지 80g/㎡]

Ⅲ 현물출자 절차 및 세무

1. 현물출자 절차

가. 현물출자의 절차 및 일정

일반적인 현물출자는 상법 규정에 따라 현물출자의 결정, 현물출자 자산의 평가, 현물출자의 이행 등의 순서로 진행한다. 즉, 합병이나 분할과 같이 복잡한 주주총회 결의 등의 절차가 필요한 것은 아니나 현물출자를 위한 공인회계사(또는 감정평가사)의 검사와 법원의 인가 등의 절차가 필요하다.

여기서는 현물출자의 목적물이 어떠한 것인가에 따라 그 방법과 절차가 상이할 수 있으나 이하에서는 상장사의 일반적인 현물출자 방법과 절차에 대해서 설명하고자 한다. 비상장법인의 경우는 공시 등 상장사 관련 내용을 제외한 절차를 고려하면 되고 실제 현물출자 진행시에는 법률적인 자문을 받기 바란다.

일정 및 절차		관련 내용
사전준비단계		① 우선 정관정비(제3자배정 규정 등) ② 현물출자관련 법률, 조세문제 검토 ③ 현물출자가격에 대한 감정평가보고서 작업 (주식은 시가 또는 보충적 방법에 따른 평가)
D-1	현물출자 계약체결	회사와 출자자
D	현물출자 이사회 결의	현물출자(유상증자)에 관한 사항 결의
	공시·신고	금융위원회, 거래소
D+1	유가증권신고서 제출	금융감독원(수리되어야 신주발행 가능)
D+12	현물출자 재산의 감정 및 평가	검사인, 감정인
D+19	감정평가에 의한 조사·보고 및 법원의 심사	법원(감정인의 감정으로 조사 갈음)
D+20	현물출자의 이행	출자자
D+21	청약 및 배정	
D+23	신주의 효력발생시기	납입 또는 현물출자의 이행을 한 때에는 납입기일의 다음 날로부터 발생
D+26	유가증권발행실적보고서 제출	금융위원회
D+27~32	변경등기	등기소
D+33	신주발행 교부 및 상장 신청	거래소

나. 현물출자의 가액결정

1) 현물출자 재산의 가액결정

현물출자를 받는 회사는 그 현물출자 재산에 대한 발행사항(현물출자를 하는 자의 성명과 그 목적인 재산의 종류, 수량, 가액과 이에 대하여 부여할 주식의 종류와 수)을 검사인의 조사 또는 공인된 감정인으로부터 감정을 받아 법원의 인가를 받아야 한다. 다만, 다음의 어느 하나에 해당할 경우에는 법원의 인가를 받을 필요가 없다[692].

구 분	법원의 인가가 필요 없는 경우
① 소규모재산	현물출자 재산의 가액이 자본금의 5분의 1을 초과하지 아니하고 5천만원을 초과하지 아니하는 경우
② 거래소의 시세가 있는 유가증권	상법 제416조 본문에 따라 결정된 신주의 발행가액 등이 다음에 정한 방법으로 산정된 기준시가를 초과하지 아니하는 경우 기준시가= Min [(①+②+③)/3, ③] ① 결의일*로부터 소급하여 1개월간의 거래소에서의 평균종가 ② 결의일로부터 소급하여 1주일간의 거래소에서의 평균종가 ③ 결의일 직전 거래일의 거래소에서의 종가 * 결의일은 현물출자 이사회 결의일(주주총회시 주주총회 결의일)을 의미
③ 회사의 금전채무	변제기가 돌아온 회사에 대한 금전채권을 출자의 목적으로 하는 경우로서 그 가액이 회사장부에 적혀 있는 가액을 초과하지 아니하는 경우
④ 기타	①~③ 규정에 준하는 경우로서 대통령령으로 정하는 경우(현재까지는 정함이 없는 상태임)

2) 신주의 발행가액 결정

상법상 신주발행의 경우 액면미달발행에 대하여 제한을 두고 있을 뿐 신주발행에 대한 결정은 이사회에서 자유로이 결정(정관에서 주주총회로 정한 경우 주주총회 결정)한다. 그러나 제3자배정 방식으로 현물출자(증자)를 하는 경우 그 신주의 발행가액이 기존 주주의 이익을 침해할 수 있으므로 공정가액으로 발행가액을 정하는 것을 원칙으로 하고 있다. 또한, 세무상으로 신주발행가액이 부당할 경우 부당행위계산부인 규정 및 현물출자에 따른 증여이익의 과세가 발생할 수 있으므로 신주발행가액은 시가로 결정되어야 한다.

692) 상법 제422조, 동법 시행령 제14조

주식의 현물출자시 할증평가 여부 [주의사항]

○ 서면4팀-3329, 2007.11.19.

최대주주 등이 소유하는 주식을 다른 비상장법인에 현물출자하는 경우 그 현물출자하는 주식에 대하여는 할증평가함이 타당함.

○ 서면법령재산-20735, 2015.5.4.

「상속세 및 증여세법」 제63조 제3항에 따라 최대주주의 주식에 대한 할증평가를 적용할 때 「상법」 제360조의 2에서 정한 주식의 포괄적 교환절차에 따라 완전자회사가 되는 법인의 최대주주가 완전모회사가 되는 법인에 이전하는 주식 또는 완전모회사가 되는 법인의 순자산가치를 평가함에 있어 해당 법인이 보유하고 있는 완전자회사가 되는 법인의 주식에 대해서는 해당 할증평가 규정이 적용되는 것이나, 완전모회사가 되는 법인이 교환대가로 발행하는 신주에 대해서는 해당 규정이 적용되지 아니하는 것임.

2. 현물출자 회계

일반기업회계기준에 따르면 기업이 현물을 제공받고 주식을 발행한 경우에는 제공받은 현물의 공정가치를 주식의 발행금액으로 한다. 이때 주식의 발행금액과 액면금액의 차액은 주식발행초과금 또는 주식할인발행차금으로 회계처리하되 법령 등에 따라 이익준비금 또는 기타 법정준비금을 승계받는 경우 동 승계액을 주식발행초과금에서 차감하거나 주식할인발행차금에 가산한다. 주식할인발행차금은 주식발행초과금의 범위 내에서 상계처리하고, 미상계된 잔액이 있는 경우에는 자본조정의 주식할인발행차금으로 회계처리한다. 이익잉여금(결손금) 처분(처리)으로 상각되지 않은 주식할인발행차금은 향후 발생하는 주식발행초과금과 우선적으로 상계한다.

한국채택국제회계기준에 따르면 주식결제형 주식기준보상거래에서는 제공받는 재화나 용역과 그에 상응하는 자본의 증가를 제공받는 재화나 용역의 공정가치로 직접 측정한다. 그러나 제공받는 재화나 용역의 공정가치를 신뢰성 있게 추정할 수 없다면, 제공받는 재화나 용역과 그에 상응하는 자본의 증가는 부여한 지분상품의 공정가치에 기초하여 간접 측정한다.

이와 같이 일반기업회계기준 및 한국채택국제회계기준의 경우 일반적인 현물출자의 금액은 **제공받은 현물의 공정가치**를 주식의 발행금액으로 처리하고 있는 상태다[693].

693) 일반기업회계기준 제15장[자본] 문단 15-4, 15-3, K-IFRS 제1102호 (주식기준보상)

3. 현물출자 세무

세무상 현물출자는 출자자 입장의 양도거래와 신주를 발행하는 회사 입장의 자본거래(유상증자)의 성격을 동시에 가지고 있다. 여기서는 일반적인 증자보다는 양도측면에서 다음과 같은 과세특례를 적용받을 수 있는 규정에 대하여 살펴보기로 한다.

○ 법인세법 제47조의 2 [현물출자시 과세특례]

○ 조세특례제한법 제38조의 2 [주식의 현물출자 등에 의한 지주회사의 설립 등에 대한 과세특례] ☞ 이 부분은 후술하는 "V. 지주회사 제도 및 세무"편에서 설명하기로 한다.

가. 현물출자 과세특례 요건

법인세법상 내국법인(이하 "출자법인")이 다음과 같이 과세특례 요건을 갖춘 현물출자를 하는 경우 그 현물출자로 취득한 현물출자를 받은 내국법인(이하 "피출자법인")의 주식가액 중 현물출자로 발생한 자산의 양도차익에 상당하는 금액은 현물출자일이 속하는 사업연도의 소득금액을 계산할 때 손금에 산입할 수 있다. 다만, 부득이한 사유가 있는 경우에는 제2호 또는 제4호의 요건(적격합병요건 판단시 부득이한 사유 참조)을 갖추지 못한 경우에도 자산의 양도차익에 상당하는 금액을 손금에 산입할 수 있다[694].

구분	내 용
과세 특례 요건	1. 출자법인이 **현물출자일 현재 5년 이상 사업을 계속한 법인**일 것
	2. **피출자법인이 그 현물출자일이 속하는 사업연도의 종료일까지 출자법인이 현물출자한 자산으로 영위하던 사업을 계속할 것**
	3. 다른 내국인 또는 외국인과 공동으로 출자하는 경우 공동으로 출자한 자가 출자법인의 제52조 제1항에 따른 특수관계인이 아닐 것
	4. 출자법인 및 제3호에 따라 출자법인과 공동으로 출자한 자(이하 "출자법인등")가 **현물출자일 다음 날 현재** 피출자법인의 발행주식총수 또는 출자총액의 80% **이상의 주식등을 보유**하고, 현물출자일이 속하는 사업연도의 종료일까지 그 주식등을 보유할 것
	5. 출자법인이 분리하여 사업이 가능한 독립된 사업부문을 현물출자를 통하여 피출자법인에 승계할 것(2016.1.1.~2017.12.31. 현물출자시에만 적용되는 규정으로 2018.1.1. 이후 현물출자하는 분부터 삭제된 규정임)

694) 법인세법 제47조의 2

1) 5년 이상 사업을 계속한 법인의 의미

상기 과세특례 요건 제1호의 규정은 현물출자하는 사업부문의 사업기간이 아닌 현물출자하는 법인이 현물출자일 현재 5년 이상 사업을 계속한 법인인지 여부로 판단하는 것이며[695], 사업의 계속성은 매출의 존재 여부와는 상관없이 법인의 목적사업을 영위한 기간으로 판단한다.

분할로 승계받은 사업부문 자산의 현물출자시 사업영위기간 판단 문제

○ 법인-59, 2011.1.24.

인적분할에 의하여 설립된 내국법인이 승계받은 사업부문의 자산을 피출자법인에 2010.7.1. 이후 현물출자함에 있어 사업영위기간은 분할전 사업기간을 포함하여 계산함.

○ 법규법인 2013-461, 2013.11.7.

적격물적분할로 신설된 출자법인이 분할 후에 취득한 토지를 현물출자하는 경우 「법인세법」 제47조의 2 제1항 제1호에서 출자법인의 5년 이상 사업기간 요건 충족 여부를 판단함에 있어서, 출자법인의 사업기간에 분할 전 분할법인의 사업영위기간을 포함하지 아니하는 것임.

2) 분리하여 사업이 가능한 독립된 사업부문의 범위[2016.1.1.~2017.12.31.까지 적용요건]

상기 과세특례 요건 제5호 규정은 물적분할방식으로 과세특례를 받지 못하는 경우에 현물출자방식으로 과세특례를 받는 모순을 해결하기 위해 2016.1.1. 이후 현물출자 분부터 적용하였으나, 이로 인하여 현물출자가 활성화되지 못하는 문제점이 발생하여 다시 2018.1.1. 이후부터 삭제된 상태이다.

여기서 "분리하여 사업이 가능한 독립된 사업부문"에 대한 개념정의가 명확하지 않으나, 분리가능성과 독립가능성의 판단은 사업의 주요 기능을 갖추어 분리되는 사업조직만으로 독자적인 사업을 계속적으로 수행할 수 있는 정도의 요건을 의미하는 것으로 해석된다. 다음의 경우는 독립된 사업부문이 아닌 것으로 규정하고 있다.

695) 유권해석(법인-97, 2011.2.1.)

구분	내 용
분리 가능한 독립된 사업부문이 아닌 경우	① 부동산임대업을 주업으로 하는 사업부문 (출자법인의 현물출자를 통하여 피출자법인이 승계하는 사업부문이 승계하는 자산총액 중 부동산임대업에 사용된 자산가액이 50% 이상인 사업부문을 말하며, 이 경우 하나의 피출자법인이 여러 사업부문을 승계하였을 때에는 피출자법인이 이 승계한 모든 사업부문의 자산가액을 더하여 계산함)
	② 현물출자를 받은 사업용고정자산가액 중 다음의 자산이 80% 이상인 사업부문. 다만, 사업용고정자산에서 분할일 현재 3년 이상 계속하여 사업을 경영한 사업부문이 직접 사용한 자산(부동산임대업에 사용되는 자산은 제외함)으로서 다음의 자산은 제외한다. ㉠ 토지 또는 건물(건물에 부속된 시설물과 구축물을 포함함) ㉡ 부동산에 관한 권리(부동산을 취득할 수 있는 권리, 지상권, 전세권과 등기된 부동산임차권)의 양도로 발생하는 소득
	③ 주식 등과 그와 관련된 자산·부채만으로 구성된 사업부문
주식 등의 사업부문이 독립된 사업부문으로 인정되는 경우	① 출자법인이 현물출자일 전날 현재 보유한 모든 지배목적 보유주식 등(분할법인이 지배주주 등으로서 3년 이상 보유한 주식등)과 그와 관련된 자산·부채만으로 구성된 사업부문
	② 독점규제 및 공정거래에 관한 법률 및 금융지주회사법에 따른 지주회사를 설립하는 사업부문. 다만, 분할하는 사업부문이 지배주주 등으로서 보유하는 주식등과 그와 관련된 자산·부채만을 승계하는 경우로 한정한다.
	③ 현물출자를 통하여 승계하는 사업부문이 다음 각 호의 요건을 모두 갖춘 내국법인을 설립하는 경우를 말한다. 다만, 현물출자를 통하여 승계하는 사업부문이 지배주주 등으로서 보유하는 주식등과 그와 관련된 자산·부채(부채의 경우에는 분할에 한정한다)만을 승계하는 경우로 한정한다[696]. 1. 해당 내국법인은 외국법인이 발행한 주식등 외의 다른 주식등을 보유하지 아니할 것 2. 해당 내국법인이 보유한 외국법인 주식등 가액의 합계액이 해당 내국법인 자산총액의 50% 이상일 것. 이 경우 외국법인 주식등 가액의 합계액 및 내국법인 자산총액은 분할등기일 또는 현물출자일 현재 재무상태표상의 금액을 기준으로 계산한다. 3. 분할등기일 또는 현물출자일이 속하는 사업연도의 다음 사업연도 개시일부터 2년 이내에 유가증권시장 또는 코스닥시장에 해당 내국법인의 주권을 상장할 것

696) (2018.3.21. 개정 전) 구, 법인세법 시행규칙 제41조 제4항, 2017.3.10.자 이후 분할부터 시행

나. 현물출자 당사자별 세무요약

법인세법상 현물출자당사자의 과세체계에 따른 세무사항을 요약·정리하면 다음과 같다. 이처럼 적격현물출자는 적격물적분할과 달리 연대납세의무, 세액공제·감면, 세무조정사항의 일부 승계 등이 없다는 것이다.

당사자	세목	적격현물출자	비적격현물출자
피출자 법인	• 현물출자로 취득한 순자산의 평가	순자산 시가	순자산 시가
	• 출자법인의 세무조정사항 승계 여부	미승계	미승계
	• 출자법인의 이월결손금·감면·세액공제	미승계	미승계
	• 현물출자로 인한 취득세 등	75% 경감 (자본등록세 부담)	과세
	• 연대납세의무	해당 없음	해당 없음
출자 법인	• 자산 양도차익에 대한 과세이연	과세이연 가능	과세
	• 양도손익에 대한 부당행위계산부인	해당시 과세	해당시 과세
	• 부가가치세 대상 여부	해당 여부 판단	해당 여부 판단
	• 유가증권 양도의 증권거래세	면제(증자시 과세)	과세
	• 과점주주 취득세	해당시 과세	해당시 과세

다. 피출자법인의 세무

1) 현물출자받은 순자산의 평가

현물출자의 경우는 물적분할과 같이 과세특례 충족 여부와 상관없이 피출자법인이 현물출자 시 받은 자산은 그 자산의 시가로 평가하도록 규정하고 있다[697]. 다만, 현물출자는 물적분할과 달리 사업부의 **현물출자시 영업권의 계상**이 가능하다. 이 경우 해당 영업권은 시가로 평가된다.

| 물적분할 또는 현물출자에 따라 취득한 자산의 취득가액 연혁 |

구 분	2010.7.1. 이전	2010.7.1. 이후	2012.1.1. 이후
적격물적 또는 적격현물출자	장부에 계상한 출자가액 또는 승계가액. 다만, 그 가액이 시가를 초과하는 경우에는 그 초과금액을 제외	종전 피출자법인 등의 장부가액	해당 자산의 시가
그 밖의 경우		해당 자산의 시가	

697) 법인세법 시행령 제72조 제2항

2) 현물출자받은 자산의 감가상각

가) 중고자산 내용연수 선택가능

법인세법은 내국법인이 기준내용연수(해당 내국법인에게 적용되는 기준내용연수를 말한다)의 100분의 50 이상이 경과된 자산(중고자산)을 다른 법인으로부터 취득한 경우에는 그 자산의 기준내용연수의 100분의 50에 상당하는 연수와 기준내용연수의 범위에서 선택하여 납세지 관할 세무서장에게 신고한 연수(수정내용연수)를 내용연수로 할 수 있다[698]. 만일 현물출자 받는 법인이 수정내용연수를 선택하고자 하는 경우에는 그 취득일이 속하는 사업연도의 법인세 과세표준 신고기한까지 내용연수변경신고서를 제출하여야 한다.

나) 적격현물출자 등 취득자산에 대한 상각범위액 산정특례

① 적격현물출자 등 상각범위액 산정방법[699]

적격합병, 적격분할, 적격물적분할 또는 적격현물출자(법 제47조의 2 제1항 각 호의 요건을 모두 갖추어 양도차익에 해당하는 금액을 손금에 산입하는 현물출자를 말한다)(이하 "적격합병 등"이라 한다)에 의하여 취득한 자산의 상각범위액을 정할 때 취득가액은 적격합병등에 의하여 자산을 양도한 법인(이하 "양도법인"이라 한다)의 취득가액으로 하고, 미상각잔액은 양도법인의 양도 당시의 장부가액에서 적격합병 등에 의하여 자산을 양수한 법인(이하 "양수법인"이라 한다)이 이미 감가상각비로 손금에 산입한 금액을 공제한 잔액으로 하며, 해당 자산의 상각범위액은 다음 각 호의 어느 하나에 해당하는 방법으로 정할 수 있다. 이 경우 선택한 방법은 그 후 사업연도에도 계속 적용한다.

1. 양도법인의 상각범위액을 승계하는 방법. 이 경우 상각범위액은 법 및 이 영에 따라 양도법인이 적용하던 상각방법 및 내용연수에 의하여 계산한 금액으로 한다.
2. 양수법인의 상각범위액을 적용하는 방법. 이 경우 상각범위액은 법 및 이 영에 따라 양수법인이 적용하던 상각방법 및 내용연수에 의하여 계산한 금액으로 한다.

다만, 적격현물출자를 하여 상각범위액 특례를 적용하는 경우로서 상각범위액이 해당 자산의 장부가액을 초과하는 경우에는 그 초과하는 금액을 손금에 산입할 수 있다. 이 경우 그 자산을 처분하면 전단에 따라 손금에 산입한 금액의 합계액을 그 자산을 처분한 날이 속하는 사업연도에 익금산입한다.

698) 법인세법 시행령 제29조의 2 제1항
699) 법인세법 시행령 제29조의 2 제2항 및 제3항(2019.2.12. 이후 현물출자하는 분부터 적용함)

② 상각범위액 산정특례 사후관리

적격합병 등 취득자산에 대한 상각범위액 산정특례(이하 "상기 규정")를 적용받은 법인이 적격요건위반사유에 해당하는 경우 해당 사유가 발생한 날이 속하는 사업연도 이후의 소득금액을 계산할 때 상기 규정을 최초로 적용한 사업연도 및 그 이후의 사업연도에 상기 규정을 적용하지 아니한 것으로 보고 감가상각비 손금산입액을 계산하며, 다음의 제1호의 금액에서 제2호의 금액을 뺀 금액을 적격요건위반사유가 발생한 날이 속하는 사업연도의 소득금액을 계산할 때 익금에 산입한다[700].

이 경우 제1호의 금액에서 제2호의 금액을 뺀 금액이 0보다 작은 경우에는 0으로 보며, 해당 사유가 발생한 날이 속하는 사업연도의 과세표준 신고와 함께 적격합병 등으로 취득한 자산 중 중고자산에 대한 수정내용연수를 신고하되, 신고하지 아니하는 경우에는 양수법인이 해당자산에 대하여 법령에서 정한 내용연수로 신고한 것으로 본다[701].

1. 적격합병 등 취득자산에 대한 상각범위액 산정특례를 최초로 적용한 사업연도부터 해당 사업연도의 직전 사업연도까지 손금에 산입한 감가상각비 총액
2. 적격합병 등 취득자산에 대한 상각범위액 산정특례를 최초로 적용한 사업연도부터 해당사업연도의 직전 사업연도까지 그 특례를 적용하지 아니한 것으로 보고 재계산한 감가상각비 총액

3) 출자법인의 세무조정사항, 이월결손금 및 세액공제 · 감면 승계 여부

현물출자의 경우 적격요건 해당여부와 상관없이 출자법인의 현물출자 자산(사업부)의 세무조정사항, 이월결손금 및 세액공제 · 감면은 모두 피출자법인에 승계되지 아니한다.

다만, 참고로 적격현물출자도 적격물적분할과 같이 "분리하여 사업이 가능한 독립된 사업부문"을 현물출자를 통하여 피출자법인에 승계할 수 있으므로 적격물적분할과 같이 승계받은 사업부와 관련된 세액공제 및 감면 등은 피출자법인이 승계하는 것이 합리적인 세무처리로 사료되나 아직까지는 승계할 수 없는 상태이므로 이를 적격물적분할과의 형평성 측면에서 개선할 필요가 있어 보인다.

700) 법인세법 시행령 제26조의 2 제10항
701) 법인세법 시행령 제29조의 2 제4항

4) 취득세 등 기타 세제

가) 취득세 면제

「법인세법」 제47조의 2의 규정으로 현물출자에 따라 취득하는 재산을 2021.12.31.까지 취득하는 경우에는 **취득세의** 75%를 경감한다[702]. 이 경우 지방세의 감면을 받으려는 자는 감면대상을 취득한 날부터 60일 이내에 감면신청서를 관할 시장·군수·구청장에게 제출하여야 한다[703].

다만, 취득일부터 3년 이내에 다음 각 호의 어느 하나에 해당하는 사유가 발생하는 경우(부득이한 사유가 있는 경우 제외한다)에는 경감받은 취득세를 추징한다[704].

1. 피출자법인이 출자법인이 현물출자한 자산으로 영위하던 사업을 폐지하는 경우
2. 출자법인 등이 피출자법인의 발행주식총수 또는 출자총액의 100분의 50 미만으로 주식등을 보유하게 되는 경우

나) 취득세 면제분에 대한 농어촌특별세 과세

과세특례 현물출자에 따른 취득세 면제분에 대한 농어촌특별세는 비과세되지 아니함에 따라 과세된다.

다) 등록면허세

피출자법인은 설립 시 또는 증자시 자본금의 0.4%(지방교육세 포함 0.48%)가 등록면허세로 과세된다[705]. 이는 과세특례 여부와 상관없이 부담하여야 한다. 이때 피출자신설법인이 대도시 안에 설립되는 경우에는 자본등록면허세가 3배로 중과(1.44%)된다. 다만, 대도시 법인 중과세 예외업종(은행업, 유통산업, 전기통신업, 의료업, 여객운수사업, 소프트웨어사업, 중소기업·벤처기업제품 판매회사 등 지방세법 시행령 제26조에 해당 업종)에 해당하는 경우에는 중과세가 제외된다.

라) 피출자법인 의무

출자법인이 양도차익에 대하여 과세특례를 적용받는 경우 피출자법인이 출자법인등으로부터 승계받은 자산[감가상각자산(건설중인 자산 등을 포함), 토지 및 주식등을 말한다]을 처분하는 경우. 이 경우 피출자법인은 그 자산의 처분 사실을 처분일부터 1개월 이내에 출

702) 지방세특례제한법 제57조의 2 제3항, 제177조의 2(2018.12.31.까지는 최소납부세제에 따른 85% 면제)
703) 지방세특례제한법 시행령 제126조
704) 지방세특례제한법 제57조의 2 제3항 제3호 단서조항
705) 지방세법 제28조 제1항 제6호

자법인에 알려야 한다[706].

라. 출자법인의 세무

1) 현물출자 자산의 양도차익 과세이연[압축기장충당금]

법인세법상 현물출자가 적격요건에 해당되는 경우 자산 양도차익에 대하여 과세특례를 신청하여 교부받은 주식이나 승계자산을 처분시까지 과세이연을 받을 수 있다. 즉, 비적격 현물출자이거나 양도손익이 없는 것으로 하는 과세특례신청을 하지 아니하는 경우에는 현물출자법인의 과세표준신고 시 해당 자산의 양도손익 금액을 포함하여 신고하면 된다.

가) 양도차익 계산 및 손금산입방법

현물출자법인의 현물출자 자산의 양도차익의 계산 및 압축기장충당금 설정방법은 다음과 같다[707].

구 분	내 용
자산 양도차익	= 현물출자로 교부받은 주식의 가액(주1)(주2) − 현물출자한 순자산 장부가액 [세무상 가액]
손금산입 특례	1. 손금산입 금액 = Min [㉠, ㉡] ㉠ 교부받은 주식의 가액 ㉡ 현물출자로 인한 자산의 양도차익 2. 손금에 산입하는 금액은 주식의 압축기장충당금으로 계상
과세특례 신청서 신고	출자법인 등은 과세표준 신고를 할 때 피출자법인 등과 함께 현물출자과세특례 신청서 및 자산의 양도차익에 관한 명세서를 납세지 관할 세무서장에게 제출하여야 한다.

(주1) 현물출자시 교부받은 주식의 취득가액에 대한 연혁[708]

현물출자에 따라 취득한 **주식 등의 취득가액**은 다음과 같이 복잡하게 변천하였으므로 이에 대한 시기별 검토 시는 꼭 법령을 참고하기 바란다.

706) 법인세법 제47조의 2 제2항 제2호 단서조항

707) 법인세법 제47조의 2, 동법 시행령 제84조의 2 제1항

708) 법인세법 시행령 제72조 제2항 제4호

구 분	2010.7.1. 이후 현물출자분부터	2012.1.1. 이후 최초 신고분부터	2014.2.21. 이후분부터 시행
• 적격현물출자	현물출자한 자산의 장부가액	현물출자한 순자산의 장부가액	적격 여부에 관계없이 피출자법인을 새로 설립하면서 그 대가로 주식등만 받는 경우 : 현물출자한 순자산의 시가
• 비적격현물출자로 피출자법인 새로 설립시	취득하는 주식의 시가	현물출자한 순자산의 시가	
• 그 이외의 현물출자		취득하는 주식의 시가	취득하는 주식의 시가

(주2) 양도가액: 일반적인 제3자간 매매거래가 아닌 교환 등의 경우 수익인 양도가액을 얼마로 인식할지 법에서 명확히 규정하고 있지 않으나, 법인세법 제41조 및 동법 시행령 제72조에서 규정하는 취득가액 규정이나, 기업회계를 준용하여 교환 등으로 취득한 자산의 양도당시 시가를 양도가액으로 판단해야 한다.
따라서, 현물출자로 교부받은 주식은 동법 시행령 제72조에서 규정하고 있음에 따라 해당 금액으로 판단하고, 승계한 가액이 시가보다 낮을 경우에는 부행위계산부인 규정을 적용해야 할 것으로 판단됨(법인세법 기본통칙 47-83…1[물적분할로 인한 자산양도차익의 계산] 준용해석)

현물출자시 영업권에 대한 손금산입 여부 문제

○ 사전법령법인-372, 2016.5.19.

내국법인이 특정사업을 영위할 목적으로 외국법인과 합작투자계약을 체결하고 해당 사업을 영위할 법인을 설립한 후 내국법인은 특정사업부문을 현물출자하고 외국법인은 보유주식을 현물출자하여 합작법인이 되는 경우로서 내국법인이 해당 사업부문의 이전되는 자산과는 별도로 「법인세법 시행규칙」 제12조 제1항 제1호에 따른 영업권의 대가를 수수한 경우 **해당 영업권의 양도차익 상당액은 「법인세법」 제47조의 2 제1항 및 같은 법 시행령 제84조의 2 제1항에 따라 손금에 산입할 수 있는 것임.**

○ 법인-1186, 2010.12.30.

1. 내국법인이 2010.7.1. 이후 특정사업부문을 특수관계법인에게 현물출자함에 따라 **해당 사업부문의 이전되는 자산과는 별도로 「법인세법 시행규칙」 제12조에 따른 영업권의 대가를 별도로 수수한 경우** 「법인세법」 제47조의 2 제1항 각 호의 요건을 충족한 현물출자로 인한 양도차익 중 영업권 양도차익 상당액은 같은 법 시행령 제84조의 2 제1항에 따라 **손금에 산입할 수 있는 것**임.
2. 「법인세법」 제76조의 8에 따른 연결납세방식을 적용받는 연결법인간에 특정사업부를 현물출자 또는 양도·양수하는 과정에서 양수법인이 이전받는 자산과는 별도로 대가를 지급한 영업권(같은 법 시행령 제24조 제1항 제2호 가목 및 같은 법 시행규칙 제12조 제1항 제1호에 해당하는 영업권)으로서 감가상각대상 자산으로 계상하고 그 가액이 1억원을 초과한 경우, 같은 법 제76조의 14에 따라 양도법인의 소득을 계산함에 있어서 해당 영업권의 양도소득은 같은 법 시행령 제120조의 18 제2항 본문 전단규정에 따라 익금에 산입하지 아니하는 것이며, 같은 법 제47조의 2에 따른 현물출자시의 과세특례는 적용하지 아니하는 것임(법규과-1892, 2010.12.21.).

나) 압축기장충당금 환입방법

현물출자로 인한 자산양도차익을 손금산입특례 신청한 경우 이에 대한 사후 환입방법은 ① 주식이나 자산의 처분비율에 따른 환입방법과 ② 일시에 잔액 전부를 환입하는 방법으로 나누어서 다음과 같이 사후관리하고 있다[709].

<table>
<tr><th>구 분</th><th>내 용</th></tr>
<tr><td rowspan="2">압축기장
충당금
환입방법</td><td>① 다음의 사유가 발생하는 경우 처분비율에 따라 익금산입
(단, 부득이한 사유(*) 해당시 예외 인정)
1. 출자법인이 피출자법인으로부터 받은 주식등을 처분하는 경우
2. 피출자법인이 "승계받은 자산"을 처분하는 경우
■ "승계받은 자산"은 감가상각자산(제24조 제3항 제1호의 자산(건설중인 자산 등)을 포함), 토지 및 주식등을 말한다.

[출자법인이 익금에 산입할 금액]

= 전기말 압축기장충당금(과세이연받은 양도차익) 잔액 × [당기 주식처분비율(A) + 당기 자산처분비율(B) − A×B]
• 당기 주식처분비율(A) : 출자법인이 당기에 처분한 주식등의 장부가액 ÷ 전기말 주식등의 장부가액
• 당기 자산처분비율(B) : 피출자법인이 당기에 처분한 승계자산의 양도차익÷ 전기말 승계자산의 양도차익

(*) 부득이한 사유
1. 출자법인 또는 피출자법인이 최초로 적격구조조정에 따라 주식등 및 자산을 처분하는 경우
2. 피출자법인의 발행주식 또는 출자액 전부를 출자법인이 소유하고 있는 경우로서 다음 각 목의 어느 하나에 해당하는 경우
가. 출자법인이 피출자법인을 적격합병(법 제46조의 4 제3항에 따른 적격분할합병을 포함한다. 이하 이 조에서 같다)하거나 피출자법인에 적격합병되어 출자법인 또는 피출자법인이 주식등 및 자산을 처분하는 경우
나. 출자법인 또는 피출자법인이 적격합병, 적격분할, 적격물적분할 또는 적격현물출자로 주식등 및 자산을 처분하는 경우. 다만, 해당 적격합병, 적격분할, 적격물적분할 또는 적격현물출자에 따른 합병법인, 분할신설법인 등 또는 피출자법인의 발행주식 또는 출자액 전부를 당초의 출자법인이 직접 또는 기획재정부령으로 정하는 바에 따라 간접으로 소유하고 있는 경우로 한정한다.
3. 출자법인 또는 피출자법인이 제82조의 2 제3항 각 호의 어느 하나에 해당하는 사업부문의 적격분할 또는 적격물적분할로 주식등 및 자산을 처분하는 경우</td></tr>
<tr><td>② 일시 잔액 전부 익금산입
현물출자일이 속하는 사업연도의 다음 사업연도 개시일부터 2년 이내에 다음의 어느 하나에 해당하는 사유가 발생하는 경우 일시환입. 단, 적격합병요건 판</td></tr>
</table>

709) 법인세법 제47조의 2 및 동법 시행령 제84조의 2

구 분	내 용
압축기장 충당금 환입방법	단시 적용한 부득이한 사유가 있는 경우 제외 1. 피출자법인이 현물출자받은 자산으로 영위하던 사업을 폐지하는 경우 2. 출자법인이 피출자법인의 발행주식총수 또는 출자총액의 50% 미만으로 주식 등을 보유하게 되는 경우* * 2017.2.3. 개정 이전 규정에서는 보유 경과기간에 상관없이 50% 미만 보유시 압축기장충당금 잔액을 전액 일시환입하였으나, 2017.2.3. 개정령 시행 이후부터 2년 이내 50% 미만 보유시 일시에 잔액 전부를 익금산입함(부칙(2017.2.3. 대통령령 제27828호) 제15조).
①의 부득이한 사유로 계속 과세이연 및 사후관리	물적분할의 적격구조정에 따른 압축기장충당금 계속 과세이연 방법 및 사후관리 규정 준용

2) 양도손익에 대한 부당행위계산부인 규정

법인이 현물출자를 통해 새로운 법인을 설립하는 경우 당해 법인과 신설법인간에는 법인세법에서 규정하는 특수관계자에 해당된다. 따라서 출자법인이 자산을 저가로 현물출자하는 경우 또는 고가로 신주를 인수하는 경우 부당행위계산부인 규정을 적용한다[710].

이 경우 부당행위계산부인 규정 적용 시 여러 자산을 포괄적으로 양수한 것으로 인정되는 경우에는 원칙적으로 개개의 자산별로 그 거래가격과 시가를 비교하여 고가양수 등에 대항하는 지 여부를 판단할 것이 아니라, 그 자산들의 **전체 거래가격과 시가를 비교하여 포괄적 거래 전체로서 고가양수 등에 해당하는 지 여부를 판단**하여야 한다[711].

현물출자(증자)를 통한 고가신주인수시 부당행위계산부인 유형의 판단

현물출자(증자)를 통한 고가신주인수에 대하여 대법원은 법인주주가 주식발행법인으로부터 신주를 고가로 인수하였다고 하더라도 이를 '자산을 시가보다 높은 가액으로 매입하는 경우' 또는 '그에 준하는 경우'에 해당한다고 보아 법인세법 시행령 제88조 제1항 제1호(또는 제1호에서 정하는 행위에 준하는 행위에 관한 제9호)를 적용하여 부당행위계산부인을 할 수는 없고, 다만 신주의 고가 인수로 인하여 이익을 분여받은 다른 주주가 특수관계인인 경우에 법인세법 시행령 제88조 제1항 제8호 나목을 적용하여 부당행위계산부인을 할 수 있을 뿐이라고 판결[712]함에 따라 고가 신주인수는 법인세법 시행령 제88조 제1항 제8호 나목에 따라 판단하여야 한다.

710) 법인세법 시행령 제88조 제1항, 법인세법 기본통칙 52-87…4【현물출자법인과의 특수관계 해당 여부】
711) 대법원 2013.9.27. 선고 2013두10335 판결.

즉, 고가신주인수시 "주주 - 회사간"은 부당해위계산부인 대상이 아니며, "주주 - 주주간"은 부당행위계산부인 대상이지만, 부당행위계산부인 유형 판단시 주의할 사항은 고가매입(법령 §88 ① 1호)에 해당하는 부당행위계산의 유형(저가 현물출자 등)은 시가와 거래가액의 차액이 3억원 이상이거나 시가의 5%에 상당하는 금액 이상인 경우에 한하여 부당행위계산 부인규정을 적용되지만, 고가 신주인수(법령 §88 ① 8호 나목)에 해당하는 경우에는 일정한 금액 이상 요건과 상관없이 부당행위계산부인 규정이 적용된다는 것이다.

3) 부가가치세 대상 여부

부가가치세법상 재화의 공급으로 보지 아니하는 사업의 양도에 법인세법상 과세특례 요건에 해당하는 현물출자 규정은 없다. 따라서 현물출자하는 재화는 부가가치세 과세대상이 되나 현물출자하는 사업부문이 그 사업에 관한 모든 권리와 의무를 포괄적으로 승계시키는 사업양수도에 해당하는 경우에는 재화의 공급으로 보지 아니할 것이다. 즉, 현물출자 사업부문이 다음의 요건에 충족하는 부가가치세법상 사업양도에 해당하는 지 여부를 필히 검토하여야 할 것이다.

[부가가치세법상 사업양도 충족 요건]

첫째, 사업장별로의 사업의 승계가 이루어져야 하며

둘째, 사업에 관한 모든 권리와 의무를 포괄적으로 승계되어야 하고

셋째, 사업의 동질성이 유지되어야 한다.

4) 유가증권 양도의 증권거래세

출자법인이 소유하고 있던 유가증권 등을 현물출자에 의하여 피출자법인 등에 이전하는 경우 이는 증권거래법상 양도에 해당되어 증권거래세가 과세된다. 다만, 법인세법 제47조의 2(현물출자시 과세특례)에 따른 신설법인 설립 시에는 증권거래세를 면제한다[713]. 본 규정에 따라 증권거래세를 면제받는 경우 농어촌특별세도 비과세된다[714]. 이 경우 증권거래세를 면제받기 위해서는 증권거래세 과세표준신고서와 함께 세액면제신청서를 납세지 관할 세무서장에게 제출하여야 한다[715].

712) 대법원 2014.7.24. 선고 2013두15729 판결.
713) 조세특례제한법 제117조 제1항 제14호
714) 농어촌특별세법 제4조 제7호의 2
715) 조세특례제한법 시행령 제115조 제15항

증권거래세 관련 현물출자(증자의 경우)시 주의사항

현물출자 과세특례가 설립시가 아닌 증자인 경우에는 면제규정 없는 상태이므로 유가증권 양도에 따른 증권거래세는 부담하여야 한다.

5) 과점주주 취득세

법인의 주식 또는 지분을 취득함으로써 과점주주가 되었을 때에는 그 과점주주가 해당 법인(유가증권시장상장법인 제외)의 부동산 등을 취득한 것으로 보아 취득세를 과세하지만 법인설립 시에 발행하는 주식 또는 지분을 취득함으로써 과점주주가 된 경우에는 취득으로 보지 아니한다[716].

따라서 현물출자가 법인설립에 해당시는 간주취득에 해당되지 아니하나, 증자에 해당하는 경우 과점주주에 해당되는 경우 간주취득세는 과세된다.

마. 현물출자 계산사례 및 서식작성 실무

[현물출자 양도차익 계산사례]

Ⅰ. 현물출자 거래

㈜서판교는 A,B사업부를 운영하고 있다. ㈜서판교는 2021.1.1.에 A사업부를 현물출자하여 ㈜동판교를 신설하였다.

■ 현물출자일 현재 ㈜서판교의 재무상태표는 다음과 같다.

과목	장부가액	시가	과목	금액
재고자산(A)	1,000	1,000	부채(A)	4,000
토지(A)	3,000	6,000	부채(B)	2,000
건물(A)	2,000	3,000	자본금	2,000
유동자산(B)	2,000	3,000	자본잉여금	2,000
고정자산(B)	4,000	5,000	이익잉여금	2,000
합계	12,000	18,000		12,000

- ㈜서판교는 현물출자일 기준 자본금과 적립금조정명세서(을)상의 유보금액은 △500(토지 임의평가증)이 있다.
- ㈜동판교는 ㈜서판교에게 주식(액면가액:1,000, 시가:6,000)을 모두 교부하고, 승계받은 자산 및 부채를 공정가치로 회계처리하였다. 단, 영업권은 발생하지 아니하였다.

716) 지방세법 제7조 제5항

• ㈜동판교는 기말에 건물의 감가상각비 150(정액법, 내용연수 20년)을 비용으로 계상하였다. 그리고 승계받은 토지는 기말 현재 계속 보유 중에 있다.
• ㈜서판교는 기말에 교부받은 주식을 계속 보유 중에 있다.

Ⅱ. 현물출자 회계처리

1. 신설법인 ㈜동판교: 공정가치로 회계처리

재고자산(A)	1,000	부채(A)	4,000
토지(A)	6,000	자본금	1,000
건물(A)	3,000	주식발행초과금	5,000

2. 현물출자 법인 ㈜서판교: 공정가치로 회계처리

부채(A)	4,000	재고자산(A)	1,000
투자주식	6,000	토지(A)	3,000
		건물(A)	2,000
		처분이익	4,000

Ⅲ. 현물출자 세무처리

1. 출자법인 ㈜서판교

1) 현물출자시 세무조정

① ㈜서판교의 양도차익: 교부받은 주식의 가액(*) - 순자산 장부가액(세무상)
= 6,000(=10,000-4,000)-(6,000-500-4,000)= 4,500

(*) 현물출자로 신설법인 설립시에 해당되므로 현물출자한 순자산 시가로 판단됨.

구 분	금 액	
가. 양도가액(=현물출자 사업부문 순자산 시가)		6,000
Ⓐ 현물출자 사업부문 자산 시가	10,000	
Ⓑ 현물출자 사업부문 부채 시가	(4,000)	
나. 현물출자 사업부문 세무상 순자산 장부가액 (= ①+②)		1,500
Ⓐ 현물출자 사업부문 회계상 순자산 장부가액	2,000	
Ⓑ 현물출자 사업부문 유보금액	△500	
다. 자산양도차익(차손) = 가 - 나		4,500

② 압축기장충당금 설정 세무조정

■ 손금산입 금액 = Min [㉠, ㉡]

㉠ 교부받은 주식의 가액* : 6,000

㉡ 현물출자로 인한 자산의 양도차익 : 4,500

* 현물출자로 신설법인 설립시 출자한 순자산 시가(단, 기존법인에 현물출자시 해당 교부받은 주식의 시가로 판단됨).

③ 양도차익 및 압축기장충당금에 대한 세무조정

〈익금산입〉 현물출자 양도차익* 0 (유보)

〈손금산입〉 압축기장충당금 4,500 (△유보)

* 회계상 현물출자 처분이익 4,000과 세무상 양도차익 4,500 차이를 익금산입해야 하나, 현물출자 사업부관련 유보 500이 익금산입으로 추인됨에 따라 양도차익으로 별도 추인되는 금액은 없음.

2) 기말시 세무조정

압축기장충당금환입: 주식의 처분이나, 신설법인이 승계받은 자산의 처분이 없으므로 압축기장충당금에 대한 추인은 없음.

현물출자 사업부(A)의 유보는 모두 추인하는 조정이 필요

〈익금산입〉 토지 임의평가증 500(유보)

2. 피출자법인 ㈜동판교

1) 현물출자시 세무조정

① 순자산시가 조정에 대한 세무조정 :

현물출자로 피출자법인의 순자산을 공정가치로 회계처리함에 따라 세무상 순자산시가와 차이나는 금액이 발생하지 아니하여 세무조정은 없는 상태이다.

2) 결산시 세무조정

① 현물출자 받은 감가상각자산의 상각범위액 특례적용(*)

〈손금불산입〉 건물 50(△유보)

(*) 회계상 상각비 150 - 상각범위액 특례 100(2,000/20년) = 50(2019.2.12. 이후 분할분부터 적용)
만약, 상각범위액이 해당 자산의 장부가액을 초과시 그 초과하는 금액을 손금에 산입할 수 있다.

☞ **| 적격현물출자시 상각범위액 특례적용에 따른 쟁점 |**

> 위 사례처럼 결론적으로는 적격현물출자시 상각범위액은 분할법인의 취득가액을 기준으로 계산되므로 감가상각대상 자산의 시가가 장부가액 보다 큰 경우 미리 손금산입되는 구조를 방지하는 것으로 개정이 되었다.
> 하지만, 신설법인의 손금인 상각비계상시 현물출자법인의 취득가액을 기준으로 상각범위액을 계산함에 따라 손금으로 반영되지 못하는 금액(상각범위액 특례에 따른 손금불산입(유보) 합계액)이 발생하게 되는데 이에 대한 향후 처리방법을 명확하게 규정하고 있지 아니한 상태이다. 다만, 법인세법 시행령 제29조의 2 제3항의 규정을 준용하여 적용할 경우 해당 자산의 처분시점 등에 손금산입을 할 수 있을 것으로 판단되나 명확한 입법이나 해석이 필요한 상태이다.

Ⅳ. 비적격현물출자 시 세무처리

1. 출자법인 ㈜서판교

1) 현물출자시 자산양도차익에 대한 세무조정

: 회계상 처분이익과 세무상 자산양도차익에 대한 차이가 없어서 별도 조정은 없음.

이때 현물출자된 사업부(A)의 유보는 모두 추인하는 조정이 필요
〈익금산입〉 토지 임의평가증 500(유보)

2. 피출자법인 ㈜동판교

1) 현물출자시 세무조정

① 순자산시가 조정에 대한 세무조정:
현물출자로 피출자법인의 순자산을 공정가치로 회계처리함에 따라 세무상 순자산시가와 차이나는 금액이 발생하지 아니하여 세무조정은 없는 상태이다.

2) 결산시 세무조정
: 비적격현물출자의 경우 상각범위액 특례적용이 되지 아니함으로 해당 조정금액은 발상하지 아니한다.

Ⅴ. 적격현물출자의 경우 '현물출자과세특례신청서' 및 자산의 양도차익에 관한 명세서(갑), (을) 작성

※ [뒷면 참조]

[별지 제43호의 2 서식] (2015.3.13. 개정)

현물출자과세특례 신청서

사업연도	2021.1.1. ~ 2021.12.31.		
출자법인 (신고법인)	① 법 인 명 : ㈜서판교		② 사업자등록번호
	③ 대표자성명 : XXX		④ 생년월일
	⑤ 본점소재지 : 경기도 성남시 분당구 XXX (전화번호:)		
피출자법인	⑥ 법 인 명 : ㈜동판교		⑦ 사업자등록번호
	⑧ 대표자성명 : XXX		⑨ 생년월일
	⑩ 본점소재지 : 경기도 성남시 분당구 YYY (전화번호:)		
	⑪ 현물출자일 : 2021.1.1		
압축기장 충당금	⑫ 출자법인의 계상액		4,500
	손금 산입 한도	⑬ 현물출자한 자산의 시가 및 출자법인이 취득한 주식 등의 시가	6,000
		⑭ 현물출자한 자산의 장부가액	1,500
		⑮ 한도액(⑬-⑭)	4,500
	⑯ 한도초과액(⑫-⑮)		

「법인세법 시행령」 제84조의 2 제17항에 따른 현물출자과세특례 신청서를 제출합니다.

년 월 일

출자법인 (서명 또는 인)

피출자법인 (서명 또는 인)

세무서장 귀하

첨부서류	자산의 양도차익에 관한 명세서(갑) [별지 제46호의 2 서식(갑)]

210mm×297mm[백상지 80g/㎡ 또는 중질지 80g/㎡]

[별지 제46호의 2 서식(갑)] (2012.2.28. 신설)

사 업 연 도	2021.1.1. ~ 2021.12.31.	자산의 양도차익에 관한 명세서(갑)	법인명	㈜서판교
			사업자등록번호	

1. 분할등기일 또는 현물출자일의 자산

① 구분	② 자산명	③ 시가	④ 회계상 장부가액	⑤ 세무조정사항	⑥ 양도차익 [③-(④-⑤)]
기타	재고자산	1,000	1,000		-
토지	토지	6,000	3,000	500	3,500
감가상각자산	건물	3,000	2,000		1,000
계		10,000	6,000	500	4,500

2. 분할등기일 또는 현물출자일의 부채

⑦ 구분	⑧ 부채명	⑨ 시가	⑩ 회계상 장부가액	⑪ 세무조정사항	⑫ 양도차익 [⑨-(⑩-⑪)]
기타	부채	4,000	4,000		
계		4,000	4,000		

작 성 방 법

1. 구분(①)란은 개별자산별로 「법인세법 시행령」 제84조 제4항 또는 제84조의 2 제4항에 따른 감가상각자산, 토지, 주식등 및 기타로 구분하여 적습니다.
2. 자산의 양도차익(⑥)란은 장부가액(④)에서 세무조정사항(⑤)을 차감한 금액을 시가(③)로부터 차감하여 적습니다. 부채의 양도차익(⑫)란도 자산과 마찬가지 방식으로 계산하여 적습니다.

210mm×297mm[백상지 80g/㎡ 또는 중질지 80g/㎡]

[별지 제46호의 2 서식(을)] (2012.2.28. 신설)

사업연도	2021.1.1. ~ 2021.12.31.	**자산의 양도차익에 관한 명세서(을)**	법인명	㈜서판교
			사업자등록번호	

1. 분할신설법인 또는 피출자법인이 직전 사업연도 종료일 현재 보유하고 있는 승계자산

① 구분	② 자산명	③ 시가	④ 장부가액	⑤ 세무조정사항	⑥ 양도차익 [③-(④-⑤)]
토지	토지	6,000	3,000	500	3,500
감가상각자산	건물	3,000	2,000		1,000
계		9,000	5,000	500	4,500

2. 분할신설법인 또는 피출자법인이 해당 사업연도에 처분한 승계자산

① 구분	② 자산명	③ 시가	④ 장부가액	⑤ 세무조정사항	⑥ 양도차익 [③-(④-⑤)]
계					

작 성 방 법

1. 구분(①)란은 개별자산별로 「법인세법 시행령」 제84조 제4항 또는 제84조의 2 제4항에 따른 감가상각자산, 토지, 주식등으로 구분하여 적습니다. "자산의 양도차익에 관한 명세서(갑)[별지 46호의 2 서식]"의 구분(①)란에 기타로 기재된 자산은 적지 않습니다.
2. 장부가액(④)·세무조정사항(⑤)은 "자산의 양도차익에 관한 명세서(갑)[별지 46호의 2 서식]"에서 분할등기일 또는 현물출자일의 장부가액·세무조정사항의 금액을 적으며, 양도차익(⑥)은 장부가액(④)에서 세무조정사항(⑤)을 차감한 금액을 시가(③)에서 차감하여 적습니다.

210mm×297mm[백상지 80g/㎡ 또는 중질지 80g/㎡]

Ⅳ 주식의 포괄적 교환 절차 및 세무

1. 주식의 포괄적 교환절차

완전모회사 전환 및 신설을 위한 주식의 포괄적 교환(이전)은 사전에 주식교환비율 결정 등에 대한 검토 후 상법상 절차에 따라 진행되어야 하며, 이를 따르지 않을 경우 주식교환 무효의 소 등이 제기될 가능성이 있으므로 법적인 절차의 검토가 중요하다. 주식의 포괄적인 이전은 모회사의 설립이라는 복잡한 절차가 추가적으로 필요하기 때문에 여기서는 주식교환 절차에 대하여 설명하기로 한다.

주식의 포괄적 교환은 모회사의 주주가 된다는 점에서 합병과 유사하며, 주식의 포괄적인 이전은 회사를 신설해서 완전모자관계를 만든다는 입장에서는 (물적)분할과 유사한 구조형태이기도 하다.

가. 비상장법인 간 주식의 포괄적 교환절차 및 일정

비상장법인 간 주식의 포괄적 교환절차는 다음과 같다. 이 경우 총주주로부터 기간단축 동의서를 징구하는 경우 주식교환 이사회 결의 익일에 주식교환 승인을 위한 주주총회 개최가 가능하다.

일정 및 절차		관련규정 내용
사전 준비 단계		① 우선 자회사 주식 100% 확보 방안 검토 ② 주식교환관련 법률 및 조세문제 검토 ③ 교환되는 주식들의 외부평가 ④ 주식교환계약서 준비 등 (주식이전은 주식이전계획서 준비가 필요)
D-32	주식교환 이사회 결의 및 주식교환계약 체결	이사회에서 주식교환계약 체결
	주주총회 소집 이사회 결의	주총소집을 위한 권리주주 확정 이사회 결의
D-31	주주명부폐쇄 및 기준일 공고	주주명부확정 기준일 2주 전 공고
D-16	주주명부확정 기준일	주식교환 주주총회를 위한 권리주주 확정일
D-15	주주총회 소집공고 및 통지	주식교환 계약 요령 기재
	주식교환계약서 등의 공시	주주총회 2주 전부터 등기 후 6개월간 본점에 비치
D-1	주식교환반대 서면 접수마감	통지일 ~ 주주총회 전일까지
D	주식교환승인 주주총회 개최	주주총회 특별결의
	반대주주 주식매수청구권 시작	주주총회일로부터 20일 이내 청구

일정 및 절차		관련규정 내용
D+1	완전자회사 구주권 실효 통지 및 제출공고	주주총회일로부터 주식교환일 1개월 전
D+20	주식매수청구권 행사기간 만료	주주총회일로부터 20일 이내
D+31	구주권 제출기간 만료	주식교환일 전일
D+32	주식교환기일 및 구주권 실효	주식교환 효력발생일
D+33	주식교환등기	신주발행 시 자본금 변경등기
D+61	주식매수청구대금 지급	매수청구일로부터 2월 이내

상장법인 주식의 포괄적 교환절차

상장법인 주식의 포괄적 교환절차는 다수의 이해관계자를 보호하기 위해서 감독기관에 공시 및 신고절차, 외부평가기관의 교환되는 주식들의 평가, 주요사항보고서 제출, 신주권의 상장, 주식교환 종료보고서 제출 등을 유가증권상장, 코스닥상장 관련 규정 등에 따라 추가해서 진행해야 하는 점을 인식하기 바란다. 실무적으로 주식교환 업무진행시에는 반드시 법률자문을 받아서 진행하기 바란다.

나. 주식교환비율

주식교환비율이란 완전자회사가 되는 회사의 주주에게 완전모회사가 되는 회사가 지급하는 주식의 지급비율을 말한다. 비상장법인간 주식교환비율은 당사자간의 주식교환계약에 의하여 결정되어지는데 그 주식교환비율이 현저히 불공정한 경우 주식교환의 무효의 소의 원인일 뿐 아니라, 세무상 부당행위계산부인 규정 및 주식교환에 따른 증여문제가 발생하게 된다. 따라서 주식교환비율은 외부전문기관의 평가로 산정된 가액이므로 공정하고 합리적으로 결정해야 한다.

주식의 포괄적 교환 시 할증평가 여부(주의사항)

○ 서면법령재산-20735, 2015.5.4.

「상속세 및 증여세법」 제63조 제3항에 따라 최대주주의 주식에 대한 할증평가를 적용할 때 「상법」 제360조의 2에서 정한 주식의 포괄적 교환절차에 따라 완전자회사가 되는 법인의 최대주주가 완전모회사가 되는 법인에 이전하는 주식 또는 완전모회사가 되는 법인의 순자산가치를 평가함에 있어 해당 법인이 보유하고 있는 **완전자회사가 되는 법인의 주식에 대해서는 해당 할증평가 규정이 적용되는 것이나, 완전모회사가 되는 법인이 교환대가로 발행하는 신주에 대해서는 해당 규정이 적용되지 아니하는 것임.**

상장법인 간 또는 상장법인과 비상장법인 간의 주식교환비율은 불공정한 주식교환비율로 소액주주의 피해를 막기 위해서 주식교환 평가기관 및 주식교환비율 산정방법 등 합병의 경우를 준용하도록 규정하고 있다. 또한, 상장법인과 비상장법인 간의 주식교환은 우회상장의 효과가 있기 때문에 일정한 상장요건을 충족해야 주식교환이 가능하도록 규정하고 있으며 우회상장요건 미충족시에는 상장폐지가 되니 주의할 필요가 있다.

[참고] 합병비율 산정

구 분	합병법인(상장법인) + 피합병법인(비상장법인)	비상장법인간
합병법인	• 기준시가를 기준으로 30% 이내 할인 · 할증 (계열회사간 합병시 10% 이내) 단, 기준시가가 자산가치에 미달하는 경우 자산가치로 할 수 있음.	제한 없음 (당사자 간 합의)
피합병법인	• 본질가치[= 자산가치×0.4 + 수익가치×0.6] 단, 상대가치 비교공시	제한 없음 (당사자 간 합의)
규정 등	자본시장법 시행령 제176조의 5, 증권발행공시 제5-13조 및 시행세칙 제4-8조	보충적인 평가방법에 의한 평가 필요

2. 주식의 포괄적 교환 · 이전 회계

주식의 포괄적 교환 및 이전의 방법은 주식의 인수는 사업결합의 한 유형이다. 사업결합의 경우 **취득법**에 따른 회계처리가 필요하며, 자회사의 기존주주가 소유하고 있던 주식을 모회사에 이전하고 모회사 주식(삼각주식교환의 경우는 모회사의 모회사)의 주식을 취득하는 것으로 모회사가 취득하는 완전자회사 주식의 취득가액은 완전모회사가 교부하는 주식의 공정가치로 평가해야 한다.

일반적인 주식교환 등의 회계처리는 주식교환 및 이전에 따라 신주발행이나 자기주식을 이전하는 경우 증자 또는 주식매매 회계처리를 준용하면 될 것이다.

3. 주식의 포괄적 교환 · 이전 세무

주식의 포괄적인 교환 및 이전은 합병 및 분할과 유사하나 합병 및 분할과 같이 복잡한 세무문제는 발생하지 아니한다. 하지만 주식의 교환 및 이전도 세무상 양도에 해당되기 때문에 자회사의 기존 주주에게 주식양도차익에 대한 과세문제가 발생하게 된다. 따라서 주식의 포괄적인 교환·이전에 대하여 과세특례를 적용받을 필요가 있는 것이다.

가. 주식의 포괄적인 교환·이전의 과세특례 요건

조세특례제한법상 내국법인이 다음 각 호의 요건을 모두 갖추어 상법[717] 상 주식의 포괄적 교환 또는 주식의 포괄적 이전(이하 "주식의 포괄적 교환 등")에 따라 주식의 포괄적 교환 등의 상대방 법인의 완전자회사로 되는 경우 그 주식의 포괄적 교환 등으로 발생한 완전자회사 주주의 주식양도차익에 상당하는 금액에 대한 양도소득세 또는 법인세에 대해서는 완전자회사의 주주가 완전모회사 또는 그 완전모회사의 완전모회사의 주식을 처분할 때까지 과세를 이연받을 수 있다[718].

구 분	과세특례 요건
사업목적 교환 등	1. 주식의 포괄적 교환·이전일 현재 1년 이상 계속하여 사업을 하던 내국법인 간의 주식의 포괄적 교환 등일 것. 다만, 주식의 포괄적 이전으로 신설되는 완전모회사는 제외한다.
지분의 연속성	2. ① 완전자회사의 주주가 완전모회사로부터 교환·이전대가를 받은 경우 그 교환·이전대가의 총합계액 중 완전모회사 주식의 가액이 80% 이상이거나 그 완전모회사의 완전모회사 주식의 가액이 80% 이상으로서 ② 주요 지배주주의 완전자회사에 대한 지분비율 이상의 완전모회사의 주식을 교부할 것 ③ 완전모회사 및 완전자회사의 주요 지배주주가 주식의 포괄적 교환 등으로 취득한 주식을 교환·이전일이 속하는 사업연도의 종료일까지 보유할 것 * 삼각주식교환 도입으로 완전모회사의 완전모회사 주식을 80% 이상 교부받는 경우에도 과세이연 가능하게 되었다(2017.1.1. 이후 주식교환분부터 적용).
사업의 계속성	3. 완전자회사가 교환·이전일이 속하는 사업연도의 종료일까지 사업을 계속할 것

상기 과세특례 요건은 적격합병요건과 거의 동일하므로, 해당 주요 지배주주 등, 지분의 연속성과 사업의 계속성, 부득이한 사유 등에 대하여는 앞서 설명한 본 절 Ⅰ. "3. 합병세무"편을 준용해서 참고하기 바란다.

□ 교환·이전대가의 총합계액 중 주식의 가액이 80% 이상인지를 판정

교환·이전대가의 총합계액 중 주식의 가액이 80% 이상인지를 판정할 때 완전모회사가 주식의 포괄적 교환·이전일 전 2년 내에 취득한 완전자회사의 주식이 있는 경우에는 다음의 금액을 금전으로 교부한 것으로 보아 교환·이전대가의 총합계액에 더한다[719].

717) 상법 제360조의 2, 상법 제360조의 15
718) 조세특례제한법 제38조 제1항
719) 조세특례제한법 시행령 제35조의 2 제5항

① 완전모회사가 주식의 포괄적 교환·이전일 현재 완전자회사의 법인세법상 지배주주가 아닌 경우 : 완전모회사가 주식의 포괄적 교환·이전일 전 2년 이내에 취득한 완전자회사의 주식이 완전자회사의 발행주식총수의 20%를 초과하는 경우 그 초과하는 주식의 취득가액
② 완전모회사가 주식의 포괄적 교환·이전일 현재 완전자회사의 법인세법상 지배주주인 경우 : 주식의 포괄적 교환·이전일 전 2년 이내에 취득한 주식의 취득가액

참고로 주식의 포괄적인 교환·이전은 주식의 교부만을 원칙으로 하고 있음에도 주식교부비율을 100%로 규정하고 있지 아니하는 이유는 주식교환 및 이전 시 주식매수청구권의 행사로 주식교환·이전 교부금을 지급해야 하는 문제가 발생하기 때문에 주식교부비율을 80% 이상으로 두고 있는 것이다.

나. 주식의 포괄적 교환 등의 당사자별 세무요약

조세특례제한법상 주식의 포괄적 교환·이전 당사자별 과세체계에 따른 주요 세무사항을 과세특례 요건을 충족하여 과세이연하는 경우와 비적격과세특례의 경우로 나누어서 요약·정리하면 다음과 같다.

당사자	세 목	과세특례	비과세특례
완전 모회사	• 완전자회사 주식의 평가	순자산 시가	순자산 시가
	• 과점주주 취득세	85% 면제	과세
	• 수입배당금 익금불산입	해당	해당
완전 자회사 주주	• 주식 양도차익에 대한 과세이연	과세특례신청 가능	과세
	• 불공정교환비율에 따른 부당행위계산부인	해당시 과세	해당시 과세
	• 불공정교환비율에 따른 증여이익	해당시 과세	해당시 과세
	• 증권거래세	면제	과세

다. 완전모회사의 세무

1) 완전자회사 주식의 평가

가) 2018.1.1. 이후에 주식의 포괄적 교환등이 이루어진 경우

완전모회사가 취득하는 완전자회사 주식의 취득가액은 그 자산의 법인세법상 순자산 시가로 평가한다. 2017년 12월 19일 법 개정시 주식의 포괄적 교환·이전 시 발생하는 주식

양도차익이 주식을 양도한 완전자회사의 주주와 주식을 수취한 완전모회사에게 이중으로 과세되는 것을 개선하여 완전자회사의 주주에게만 과세하도록 개정하여 장부가액으로 취득하는 경우 자산조정계정 설정하도록 한 규정을 삭제하였다.

나) 2017.12.31.까지 주식의 포괄적 교환 등이 이루어진 경우[자산조정계정]

법인세법상 완전모회사가 취득하는 완전자회사 주식의 취득가액은 그 자산의 순자산 시가[720]로 평가한다. 하지만, 완전모회사는 완전자회사 주주가 과세이연받음에 따라 완전자회사의 주식을 장부가액으로 취득한 경우 주식의 포괄적 교환 등으로 취득한 완전자회사 주식의 가액을 주식의 포괄적 교환·이전일 현재의 시가로 계상하되, 시가에서 완전자회사 주식의 장부가액 합계액을 뺀 금액을 자산조정계정으로 계상하여야 한다[721].

즉, 완전모회사는 주식의 포괄적 교환·이전일 현재의 시가와 주식의 포괄적 교환 등으로 취득한 완전자회사 주식의 장부가액과의 차액을 자산조정계정으로 계상하여야 한다.

구 분	내 용
자산조정계정	= 취득한 완전자회사 주식의 시가 − 완전자회사 주식의 장부가액* * 완전자회사 주식의 장부가액 = ㉠ + ㉡ ㉠ 주요 지배주주 및 1% 이상인 주주가 보유하던 주식: 「소득세법」 제97조 제1항 제1호에 취득가액(실질거래가액이 불분명한 경우 매매사례가액, 감정가액 또는 환산가액) ㉡ ㉠ 이외 주주 보유 주식: 주식교환·이전일 현재 완전자회사의 순자산장부가액 × 해당 주주의 지분비율
사후관리	자산조정계정은 다음 계산식에 따른 금액을 해당 주식을 처분하는 사업연도에 익금 또는 손금에 산입하되, 자기주식으로 소각되는 경우에는 익금 또는 손금에 산입하지 아니하고 소멸하는 것으로 한다. [익금·손금산입액] = 자산조정계정 × 처분한 주식수 ÷ 취득한 주식수
일시 익금 사유	완전모회사는 주식의 포괄적 교환·이전일이 속하는 사업연도의 다음 사업연도 개시일부터 2년 이내에 다음 중 어느 하나의 사유가 발생하는 경우에는 그 사유가 발생한 날이 속하는 사업연도의 소득금액을 계산할 때 자산조정계정의 잔액(잔액이 0보다 큰 경우에 한정하며, 잔액이 0보다 작은 경우에는 없는 것으로 봄)을 익금에 산입한다. 이 경우 계상한 자산조정계정은 소멸하는 것으로 한다. 다만 부득이한 사유가 있는 경우는 그러하지 아니한다[722]. ① 완전자회사가 사업을 폐지하는 경우[(주1)] ② 완전모회사 또는 완전자회사의 지배주주 등이 주식의 포괄적 교환 등으로 취득한 주식을 처분하는 경우

720) 법인세법 시행령 제72조 제2항
721) 구법, 조세특례제한법 시행령 제35조의 2 제9항(2018.2.13. 개정 전)

구 분	내 용
과세특례 신청서 신고	완전모회사는 주식의 포괄적 교환·이전일이 속하는 사업연도의 과세표준 신고를 할 때 자산조정계정명세서 및 완전자회사 주식의 장부가액 합계액 계산서를 납세지 관할 세무서장에게 제출하여야 한다.

(주1) 완전자회사의 사업의 폐지

완전자회사의 사업의 폐지 여부를 판정할 때 완전자회사가 주식의 포괄적 교환·이전일 현재 보유하는 고정자산가액의 2분의 1 이상을 처분하거나 사업에 사용하지 아니하는 경우에는 사업을 폐지한 것으로 본다[723].

2) 과점주주 취득세

가) 과점주주 취득세

법인의 주식 또는 지분을 취득함으로써 과점주주가 되었을 때에는 그 과점주주가 해당 법인(유가증권시장상장법인 제외)의 부동산 등을 취득(법인설립 시에 발행하는 주식 또는 지분을 취득함으로써 과점주주가 된 경우에는 취득으로 보지 아니한다)한 것으로 보아 취득세를 과세한다[724].

다만, 과세특례 요건을 모두 갖춘 주식의 포괄적 교환·이전으로 완전자회사의 주식을 2021.12.31.까지 취득하는 경우 과점주주 취득세를 면제한다[725]. 하지만, 지방세특례제한법상 100% 면제는 감면특례의 제한규정(최소납부세제)에 따라 취득세의 85%만 면제를 적용받게 되는데, 여기서 지방세법에 따라 산출한 취득세(전액면제 취득세)가 200만원 이하인 경우에는 최소납부세제를 적용하지 아니한다[726].

이 경우 주식의 포괄적 교환·이전일이 속하는 사업연도의 다음 연도 개시일부터 2년 이내에 다음 각 호의 어느 하나의 사유(부득이한 사유시 제외)에 해당하는 경우에는 면제받은 취득세를 추징한다.

① 완전자회사가 사업을 폐지하는 경우

② 완전모회사 또는 완전자회사의 지배주주 등이 주식의 포괄적 교환 등으로 취득한 주식을 처분하는 경우

722) 구법, 조세특례제한법 제38조 제2항, 제3항, 동법 시행령 제35조의 2 제11항 및 제12항(2018.2.13. 개정 전)
723) 조세특례제한법 시행령 제35조의 2 제8항
724) 지방세법 제7조 제5항
725) 지방세특례제한법 제57조의 2 제5항
726) 지방세특례제한법 제177조의 2(동법 제57조의 2 제5항은 2019.1.1. 이후분부터 적용)

나) 과점주주 취득세 감면분에 대한 농어촌특별세 과세

과점주주 취득세 감면분에 대한 농어촌특별세의 비과세규정이 없는 상태이므로 과세된다.

3) 수입배당금 익금불산입

완전모회사가 완전자회사로부터 받은 배당금은 이중과세를 방지하기 위해서 일정금액 [(배당금 × 익금불산입률(100%)) - 지급이자 중 익금불산입 차감액]에 대하여 익금불산입하도록 하고 있다[727]. 단, 배당소득에 대한 소득공제를 적용받는 유동화전문회사 등으로부터 받는 수입배당금은 제외한다.

4) 완전모회사의 의무

완전자회사의 주주가 주식의 포괄적 교환 등에 대하여 과세를 이연받은 경우, 완전모회사는 완전자회사 주식을 시가로 취득하며, 주식의 포괄적 교환 · 이전일이 속하는 사업연도의 다음 사업연도 개시일부터 2년 이내에 ① 완전자회사가 사업을 폐지하거나 또는 ② 완전모회사 또는 완전자회사의 지배주주 등이 주식의 포괄적 교환 등으로 취득한 주식을 처분하는 경우, 완전모회사는 해당 사유의 발생 사실을 발생일부터 1개월 이내에 완전자회사의 주주에게 알려야 한다[728].

라. 완전자회사 주주의 세무

1) 주식양도차익에 대한 과세이연[압축기장충당금 등]

주식의 포괄적 교환 등으로 발생한 완전자회사 주주의 주식양도차익에 상당하는 금액에 대해서는 완전자회사의 주주가 완전모회사 또는 그 완전모회사의 주식을 처분할 때까지 과세를 이연받을 수 있다.

가) 완전자회사의 법인주주 과세이연 및 환입방법

내국법인 완전자회사의 주주인 법인(내국법인 및 「법인세법」 제91조 제1항에 따른 외국법인에 한정한다)이 보유주식을 법 제38조 제1항에 따라 다른 내국법인인 완전모회사에 주식의 포괄적 교환 또는 주식의 포괄적 이전(이하 "주식의 포괄적 교환 등")을 하고 과세를 이연받는 경우에는 주식의 포괄적 교환 · 이전일이 속하는 사업연도의 소득금액을 계산할

727) 법인세법 제18조의 2 내지 3
728) 조세특례제한법 제38조 제2항

때 손금에 산입할 수 있다. 이 경우 손금에 산입하는 금액은 주식의 포괄적 교환 등으로 취득한 완전모회사 또는 그 완전모회사의 완전모회사 주식의 압축기장충당금으로 계상하여야 한다[729].

구 분	내 용
주식 양도차익	= 교환・이전대가* − 완전자회사 주식의 취득가액 * 교환・이전대가=교환(이전)으로 취득한 완전모회사 등 주식의 가액 + 금전 + 그 밖의 재산가액
손금산입 특례 (과세이연)	① 손금산입 금액 = 주식양도차익 − Min [주식양도차익, 교환・이전대가 중 금전 및 그 밖의 재산가액] ② 손금에 산입하는 금액은 주식의 압축기장충당금으로 계상
압축기장 충당금 환입방법	완전모회사 등 주식의 처분비율에 따라 익금산입 함. 단, 자기주식으로 소각되는 경우 익금산입하지 않고 소멸함. [익금에 산입할 금액] $= \text{압축기장충당금} \times \frac{\text{처분주식수*}}{\text{주식교환 등으로 취득한 주식수}}$ * 주의사항 : 교환・이전 이외의 방법으로 취득한 주식이 있는 경우 교환・이전으로 취득한 주식이 먼저 양도된 것으로 계산함[730].
과세특례 신청서 신고	완전자회사의 주주는 주식의 포괄적 교환・이전일이 속하는 과세연도의 과세표준 신고를 할 때 완전모회사와 함께 주식의 포괄적 교환 등 과세특례신청서를 납세지 관할 세무서장에게 제출하여야 한다.

나) 완전자회사의 개인주주(거주자 등) 과세이연 및 환입방법

내국법인 완전자회사의 주주인 거주자, 비거주자 또는 「법인세법」 제91조 제1항에 해당하지 아니하는 외국법인(이하 "거주자 등")이 보유주식을 완전모회사에 주식의 포괄적 교환 등을 하고 과세를 이연받는 경우에는 ① 과세대상 양도소득금액을 양도소득으로 보아 양도소득세를 과세하고[731] ② 과세이연받은 양도소득부분은 완전모회사 등 주식의 전부 또는 일부를 양도하는 때에는 다음 계산식에 따른 금액을 취득가액으로 보아 양도소득세를 과세한다[732].

729) 조세특례제한법 제38조 제1항, 동법 시행령 제35조의 2 제1항
730) 조세특례제한법 시행령 제35조의 2 제2항 단서조항
731) 조세특례제한법 시행령 제35조의 2 제3항
732) 조세특례제한법 시행령 제35조의 2 제4항

구 분	내 용
주식 양도차익	= 교환·이전대가* – 완전자회사 주식의 취득가액 * 교환·이전대가 = 교환(이전)으로 취득한 완전모회사등 주식의 가액 + 금전 + 그 밖의 재산가액
① 과세대상 양도소득	과세신고 양도소득 = Min[주식양도차익, 교환·이전대가 중 금전 및 그 밖의 재산가액]
② 과세이연 양도소득 환입방법	완전모회사 등 주식처분시 양도가액에서 차감되는 취득가액은 다음의 취득가액으로 하여 당초 양도소득세도 과세 = (양도가액 – 완전자회사 주식의 취득가액*) [* 완전모회사 등 주식 처분시 취득가액 계산] = (완전자회사주식의 취득가액 + 과세된 양도소득 – 주식 이외의 금전, 그밖의 재산가액의 합계액) × 처분한 주식 수 / 포괄적 교환 등으로 취득한 주식 수 * 주의사항 : 교환·이전 이외의 방법으로 취득한 주식이 있는 경우 교환·이전으로 취득한 주식이 먼저 양도된 것으로 계산함[733].
과세특례 신청서 신고	완전자회사의 주주는 주식의 포괄적 교환·이전일이 속하는 과세연도의 과세표준 신고를 할 때 완전모회사와 함께 주식의 포괄적 교환 등 과세특례신청서를 납세지 관할 세무서장에게 제출하여야 한다.

다) 완전자회사 주주의 과세특례 사후관리

2018.1.1. 이후에 주식의 포괄적 교환 등에 대하여 완전자회사의 주주가 과세를 이연받은 후 주식의 포괄적 교환·이전일이 속하는 사업연도의 다음 사업연도 개시일부터 2년 이내에 ① **완전자회사가 사업을 폐지하거나** 또는 ② **완전모회사 또는 완전자회사의 지배주주 등이 주식의 포괄적 교환 등으로 취득한 주식을 처분하는 경우**에는 완전자회사의 주주는 과세를 이연받은 법인세 또는 양도소득세를 다음의 구분에 따라 납부하여야 한다[734]. 다만, 부득이한 사유(3. 합병세무, 가. 6) 부득이한 사유 준용)가 있는 경우는 제외한다.

(1) 완전자회사의 법인주주

해당 사유발생일이 속하는 사업연도의 소득금액을 계산할 때 위 '가)'에 따라 압축기장충당금으로 손금에 산입한 금액 중 익금에 산입하고 남은 금액을 익금에 산입한다.

733) 조세특례제한법 시행령 제35조의 2 제4항 단서조항
734) 조세특례제한법 시행령 제35조의 2 제11항, 제12항

(2) 완전자회사의 개인주주

해당 사유발생일이 속하는 반기의 말일부터 2개월 이내에 위 '나)'에 따라 이연받은 세액 중 이미 납부한 금액을 제외한 남은 금액을 납부한다. 이 경우 완전모회사 등 주식을 양도하는 경우에는 그 주식의 취득가액을 주식의 포괄적 교환 · 이전일 현재 완전모회사 등 주식의 시가로 한다.

2) 불공정주식교환비율에 따른 부당행위계산부인 규정

완전자회사의 법인주주 입장에서는 주식교환 · 이전은 혼합거래(양도거래와 자본거래)이므로 특수관계인 간 자산을 시가보다 높은 가액으로 매입 또는 시가보다 낮은 가액으로 양도하는 경우 조세의 부담을 부당하게 감소시킨 것으로 의제하여 부당행위계산부인 규정이 적용된다[735].

주식의 포괄적 교환 등은 현물출자와 같이 혼합거래에 해당되지만 대법원은 고가인수 등에 대한 현물출자의 판례[대법원 2014.7.24. 선고 2013두15729 판결]와 달리 다음과 같이 분석하고 있는 상태이므로 향후 입법 및 유권해석에 주의가 필요한 상태이다.

완전모회사의 완전자회사 주식의 고가양수시 부당행위계산부인 유형의 판단

[대법원 2012두25248, 2014.11.27.]

주식의 포괄적 교환은 자산의 유상 양도로서의 성격도 있기 때문에, 주식의 포괄적 교환에 의하여 다른 회사의 발행주식의 총수를 소유하는 회사(이하 '완전모회사'라 하고, 다른 회사를 '완전자회사'라 한다)가 되는 회사가 완전자회사가 되는 회사의 주식을 시가보다 높은 가액으로 양수한 경우에는 법인의 자산이 과대계상되므로 구 법인세법 시행령(2007.2.28. 대통령령 제19891호로 개정되기 전의 것, 이하 같다) 제88조 제1항 제1호의 부당행위계산 부인에 의하여 그 시가 초과액을 자산의 취득가액에서 제외하는 한편 그 금액을 완전모회사인 법인의 익금에 산입하게 되는 것이다.

구 법인세법 시행령 제106조 제1항 제3호는 법인의 익금에 산입한 금액이 사외에 유출된 경우라도 동일한 소득이 이미 귀속자의 과세소득을 구성하고 있는 등 귀속자에게 소득세의 납세의무를 지우는 것이 부적절한 경우에는 그 귀속자에 대한 소득처분 없이 유출사실만을 확정하는 "기타 사외유출"로 처분하도록 하는데 그 취지가 있다. 그런데 주식의 포괄적 교환에 의하여 완전자회사가 되는 회사의 주주가 얻은 이익은 "법인의 자본을 증가시키는 거래에 따른 이익의 증여"로서 구 상속세 및 증여세법(2010.1.1. 법률 제9916호로 개정되기 전의 것) 제42조 제1항 제3호에 따라 증여세가 과세된다.

735) 법인세법 제52조, 동법 시행령 제88조

따라서 주식의 포괄적교환에 의하여 완전모회사가 되는 회사가 완전자회사가 되는 회사의 주식을 시가보다 높은 가액으로 양수함으로써 부당행위계산 부인에 따라 법인의 익금에 산입되는 금액에 대하여는 구 **법인세법 시행령 제88조 제1항 제8호의 경우에 준하여 "기타 사외유출"로 처분**하여야 하고, 그 귀속자에게 배당, 상여 또는 기타소득의 처분을 할 수 없다.

3) 불공정주식교환비율에 따른 증여이익

완전자회사의 개인주주 입장에서 시가보다 높은 가액으로 재산을 양도하거나 또는 시가보다 낮은 가액으로 재산을 양수한 경우에 이로 인하여 이익을 받은 자는 그 대가와 시가와의 차액에 상당하는 금액을 증여재산가액으로 한다. 다만, 과세요건 및 증여이익의 계산 등은 거래 주체간의 관계(특수관계자간 거래와 특수관계가 없는 자 간의 거래)에 따라 다음과 같이 다르게 적용되므로 주의가 필요하다[736].

구 분		저가 양수	고가 양도
특수관계가 있는 경우	과세요건	(시가 − 대가)/시가 ≥ 30% or (시가 − 대가) ≥ 3억원	(대가 − 시가)/시가 ≥ 30% or (대가 − 시가) ≥ 3억원
	증여재산 가액	(시가 − 대가) − Min(시가 × 30%, 3억원)	(대가 − 시가) − Min(시가 × 30%, 3억원)
특수관계가 없는 경우	과세요건	(대가 − 시가)/시가 ≥ 30%	(시가 − 대가)/시가 ≥ 30%
	증여재산 가액	(시가 − 대가) − 3억원	(대가 − 시가) − 3억원

4) 주식교환의 증권거래세

주식교환·이전은 양도에 해당되므로 증권거래법상 증권거래세가 과세된다. 다만, 과세특례 요건을 갖춘 주식의 포괄적 교환·이전을 위하여 주식을 양도하는 경우에는 증권거래세를 면제한다[737]. 본 규정에 따라 증권거래세를 면제받는 경우 농어촌특별세도 비과세된다[738].

이 경우 증권거래세를 면제받기 위해서는 증권거래세 과세표준신고서와 함께 세액면제신청서를 납세지 관할 세무서장에게 제출하여야 한다[739].

736) 상속세 및 증여세법 제35조
737) 조세특례제한법 제117조 제1항 제14호
738) 농어촌특별세법 제4조 제7호의 2
739) 조세특례제한법 시행령 제115조 제15항

마. 주식의 포괄적 교환 계산사례

Ⅰ. **주식의 포괄적인 교환거래**

내국법인인 ㈜동판교의 주주인 A법인(50%)과 B개인주주(50%)는 내국법인 ㈜서판교와 주식의 포괄적 교환계약을 2021.1.1. 체결하였다.

■ 주식교환일 현재 ㈜동판교의 주식의 현황은 다음과 같다.

회사	주주	취득가액	시가
㈜동판교	A법인주주	5,000	10,000
	B개인주주	4,000	10,000
합계		9,000	20,000

• ㈜서판교는 주식의 포괄적 교환으로 완전자회사 100% 지분에 대하여 현금 1,000과 신주(액면가액 5,000, 시가 19,000)을 교부하였다.
• 기말 현재 완전모회사 ㈜서판교는 완전자회사 주식의 처분은 없으며, 완전자회사의 주주도 주식의 처분은 없는 상태이다.

Ⅱ. **주식교환 회계처리**

1. 완전모회사 ㈜서판교 : 공정가치로 회계처리

투자주식(동판교)	20,000	자본금	5,000
		주식발행초과금	14,000
		현금	1,000

2. A법인주주 : 공정가치로 회계처리

투자주식(서판교)	9,500	투자주식(동판교)	5,000
현금	500	주식처분이익	5,000

3. 교환교부비율 : 교부주식(19,000)/총 교환대가 (20,000) = 95%(적격교환)

Ⅲ. **적격교환 과세이연시 세무처리**

1. A법인주주

1) 주식의 포괄적 교환시 세무조정

가) 주식양도차익 산정 : 교환·이전대가* – 완전자회사 주식의 취득가액
= 10,000(9,500 + 500) – 5,000 = 5,000

* 교환·이전대가=취득한 완전모회사 주식가액 + 금전+ 그 밖의 재산가액

나) 압축기장충당금 설정금액 산정
= 주식양도차익 – Min [주식양도차익, 교환·이전대가 중 금전 및 그 밖의 재산가액]
= 5,000 – Min[5,000, 500] = 4,500

다) 양도차익 및 압축기장충당금에 대한 세무조정
〈익금산입〉 주식교환 양도차익* 0(유보)
〈손금산입〉 압축기장충당금 4,500(△유보)
* 회계상 양도차익 5,000과 세무상 양도차익 5,000이 일치하므로 세무조정 금액 없음.

2) 기말시 세무조정
압축기장충당금 환입: 주식의 처분이 없으므로 압축기장충당금에 대한 추인은 없음.

2. B개인주주

1) 주식 교환시 양도차익 산정 : 교환·이전대가* − 완전자회사 주식의 취득가액
= 10,000(9,500 + 500) − 4,000 = 6,000

2) 양도소득세 과세금액 : Min [주식양도차익, 교환·이전대가 중 금전 및 그 밖의 재산가액]
= Min [6,000, 500] = 500

3) 주식의 처분 시 양도소득세
만약, 완전모회사 주식을 30,000에 전부 처분 가정 시 양도소득세 계산
= (양도가액 − 완전자회사 주식의 취득가액)
= {(30,000 − [(4,000 + 500 − 500) × 처분주식수/교부받은 주식수(100%)]}
= 26,000

3. 완전모회사 ㈜서판교
: 완전자회사((주)동판교) 주식이 시가로 계상된 상태라 세무조정 없음.

Ⅳ. 비적격교환 시 세무처리

1. 완전모회사 ㈜서판교
: 완전자회사((주)동판교) 주식이 시가로 계상된 상태라 세무조정 없음.

2. 완전자회사 주주
: 주식 양도차익에 대한 법인세 또는 소득세 부담
A법인 주주 : 양도소득 = 10,000 − 5,000 = 5,000
B개인 주주 : 양도소득 = 10,000 − 4,000 = 6,000

Ⅴ 지주회사 제도 및 세무

지주회사는 기업지배구조개선을 위한 과정에서 거의 대부분 활용되는 방안이다. 이에 구조조정개선을 위하여 많은 과세특례제도를 두고 있음과 동시에 지주회사에 대한 행위제한 요건 등을 두어 관리하고 있는 실정이다. 이러한 지주회사 방안은 지배구조개선과 더불어 승계전략의 관점에서 중요하므로 여기서 지주회사의 제도 및 세무에 대하여 살펴보기로 한다.

1. 지주회사의 설립요건

독점규제 및 공정거래에 관한 법률에 관한 지주회사의 설립요건 및 성립시점은 다음과 같다[740].

가. 지주회사 요건

구 분	내 용
지주회사 요건	① 주식(지분)의 소유를 통할 것 • 지주회사는 다른 회사의 주식이나 지분을 소유하여야 함. * 다른 회사에 대하여 지배적 영향력을 행사하더라도 주식이나 지분을 소유하지 않고 있다면 지주회사로 볼 수 없음. ② 국내회사의 사업내용을 지배할 것 • 지주회사의 자회사는 국내회사에 한정 • 국내 자본으로 설립한 회사라도 국외에 소재하고 있는 회사의 사업내용을 지배하는 경우에는 공정거래법상 지주회사에 해당되지 않고, 반대로 외국 자본으로 설립한 회사라도 국내에 소재하고 있는 회사의 사업내용을 지배하는 경우에는 공정거래법상 지주회사에 해당됨. ③ 자산총액이 대통령령이 정하는 금액 이상일 것 • 직전 사업연도 종료일(당해 사업연도에 새로이 설립되었거나 합병 또는 분할·분할합병·물적분할을 한 회사의 경우에는 각각 설립등기일 또는 합병등기일 또는 분할등기일을 말한다) 현재 대차대조표상의 자산총액이 5,000억원(2017.6.30.까지는 1,000억원)[741] 이상인 회사로 규정 ④ 다른 회사의 사업내용을 지배하는 것을 주된 사업으로 할 것 • "주된 사업의 기준"은 소유하고 있는 자회사의 주식가액의 합계액(직전사업연도 종료일 현재의 대차대조표상에 표시된 가액을 합계한 금액을 말한다)이 당해 회사 자산총액의 100분의 50 이상인 것으로 규정
지주회사의 성립시점	지주회사를 설립하거나 지주회사로 전환하는 경우 다음 각 호의 1에서 정한 날부터 지주회사 등의 행위제한 규정이 적용됨. 1. 지주회사를 설립하는 경우에는 설립등기일 2. 다른 회사의 합병 또는 회사의 분할을 통하여 지주회사로 전환하는 경우에는 합병등기일 또는 분할등기일 3. 다른 법률의 규정에 따라 지주회사 적용이 제외되었다가 제외기간이 경과되어 지주회사로 전환하는 경우에는 제외기간 종료일의 다음 날 4. 다른 회사의 주식취득, 자산의 증감 및 그 밖의 사유로 인하여 지주회사로 전환하는 경우에는 당해 사업연도 종료일의 다음 날

740) 독점규제 및 공정거래에 관한 법률 제2조, 동법 시행령 제2조

나. 자회사 등의 요건

구 분	내 용
자회사 개념	자회사를 지주회사에 의하여 대통령령이 정하는 기준에 따라 그 사업내용을 지배받는 국내회사로 정의
자회사 범위 (해석지침)	지주회사가 피출자회사와의 관계에 있어서 다음 각 호의 요건을 모두 충족하는 경우에는 피출자회사를 법 제2조(정의) 제1호의 3에서 규정한 지주회사의 자회사로 본다. 1. 피출자회사가 지주회사의 계열회사일 것 2. 피출자회사에 대하여 지주회사가 소유하는 주식이 시행령 제11조(특수관계인의 범위) 제1호 또는 제2호에 규정된 각각의 자 중 최다출자자가 소유하는 주식과 같거나 많을 것
자회사의 성립시점	자회사에 해당하게 된 날은 다음 각목에서 정한 날을 말함[법 제8조의 2(지주회사 등의 행위제한 등) 제3항 제1호 가목 및 제2호 가목] 1. 지주회사가 설립 또는 전환될 당시에 소유하고 있는 자회사의 경우에는 지주회사의 성립시점의 각호에서 정한 날 2. 지주회사가 다른 회사의 주식을 취득하여 지주회사의 자회사가 되는 경우에는 시행령 제18조(기업결합의 신고 등) 제7항 제1호의 각목에서 정한 날 3. 지주회사가 자회사를 설립하는 경우에는 자회사의 설립등기일
자회사 주식가액의 산정기준 (해석지침)	법 시행령 제2조(지주회사의 기준) 제2항에서 규정한 자회사의 주식가액은 다음 기준에 의하여 산정한다. 1. 자회사의 주식가액은 상법 제344조의 3(의결권의 배제·제한에 관한 종류주식)의 규정에 의한 의결권 없는 주식을 포함하여 산정한다. 2. 자회사의 주식가액은 당해 회사가 주식회사의 외부감사에 관한 법률 제13조(회계처리의 기준)의 규정에 의해 금융위원회가 정한 기업회계기준에 따라 작성한 대차대조표상의 가액으로 한다.
손자회사	자회사에 의하여 사업내용을 지배받는 국내회사(기타 자회사기준 참고) 1. 자회사의 계열회사일 것 2. 자회사가 소유하는 주식이 제11조(특수관계인의 범위) 제1호 또는 제2호에 규정된 각각의 자 중 최다출자자가 소유하는 주식과 같거나 많을 것. 다만, 자

741) 독점규제 및 공정거래에 관한 법률 부칙 (2016.9.29. 대통령령 제27529호)
제1조 (시행일) 이 영은 2016년 9월 30일부터 시행한다. 다만, 제2조 제1항의 개정규정은 2017년 7월 1일부터 시행한다.
부칙 제1조 단서에 따른 시행일 전에 지주회사를 설립하거나 지주회사로 전환하여 제15조 제1항에 따라 신고를 한 지주회사로서 같은 시행일 당시 제2조 제1항 제1호 및 제2호의 개정규정에 따른 기준에 해당하지 아니하게 된 지주회사(이하 "기존 지주회사"라 한다)는 제2조 제1항 제1호 및 제2호의 **개정규정에도 불구하고 2027년 6월 30일까지** 제2조 제1항 제1호 및 제2호의 개정규정에 따른 지주회사의 **자산총액 기준을 충족하여야 한다.** 다만, 기존 지주회사가 부칙 제1조 단서에 따른 시행일 이후 제15조 제4항에 따라 지주회사 제외 신고를 한 경우에는 신고한 날부터 지주회사에서 제외된다.

구 분	내 용
	회사가 소유하는 주식이 다음 각 목의 어느 하나에 해당하는 자가 소유하는 주식과 같은 경우는 제외한다. (2020.6.16. 단서신설) 가. 자회사의 지주회사 나. 지주회사의 다른 자회사
증손회사	손자회사가 100% 주식을 소유하고 있는 국내 계열회사를 의미

1) 자회사의 판단 예시

① 자회사에 해당되는 경우
- 지주회사가 단독으로 50% 이상 출자한 경우
- 지주회사가 단독으로 50% 미만을 출자(예: 25%)하였으나 최다출자자이고 피출자회사가 계열회사인 경우
- 피출자회사가 지주회사의 계열회사이고 피출자회사에 대하여 지주회사가 보유하는 주식이 각 특수관계인이 보유하는 주식보다 많거나 같은 경우(지주회사 20%, 특수관계인A 20%, 특수관계인B 10%)

② 자회사에 해당되지 않는 경우
- 피출자회사가 지주회사의 계열회사가 아닌 경우
- 피출자회사가 지주회사의 계열회사에 해당되지만 지주회사의 특수관계인 1인이 지주회사보다 피출자회사의 주식을 많이 보유한 경우(지주회사 20%, 특수관계인A 25%)

2) 자회사의 주식가액 예시

일반기업회계기준 제59조(투자주식의 평가) 제3항에 의해 출자회사가 발행주식총수의 100분의 20 이상을 소유하는 자회사의 경우에는 특별한 사유가 없는 한 중대한 영향을 행사할 수 있는 주식으로 보아 자회사 주식가액에 대하여 지분법을 적용하여 산정한다[742]. 단, 국제회계기준(IFRS) 도입한 회사는 원가법 또는 지분법을 선택 적용하여 산정한다.

742) 지주회사 관련 규정에 관한 해석지침(공정거래위원회 예규 제232호 개정 2015.9.1.)

2. 지주회사의 행위제한요건 및 신고

가. 지주회사 등의 행위제한요건

독점규제 및 공정거래에 관한 법률상 지주회사의 경우 지주회사로 전환되거나 설립된 이후에는 다음의 행위제한요건을 충족해야 한다[743]. 다만, 2020.12.9.자 법 개정내용 중 지주회사를 통한 편법적 지배력 확대를 차단하기 위하여 지주회사의 자·손자회사 의무지분율 요건을 단독지배기준에 준하는 30%(상장회사), 50%(비상장회사)로 상향 조정하였으나 시행시기는 2021.12.30.로 정하고 있으며 개정법 시행 전에 이미 전환·설립된 지주회사와 자·손자회사로 편입되어 있는 회사 등에 대해서는 기존 규정을 적용하도록 규정하고 있다(부칙 제11조).

구 분	내 용
지주회사의 행위제한요건	① 지주회사의 부채비율을 200% 이내로 제한 • 자본총액(대차대조표상의 자산총액에서 부채액을 차감한 금액)의 2배를 초과하는 부채액 보유 금지 ② 자회사에 대한 지분율 제한 • 자회사의 주식을 당해 자회사 발행주식총수의 100분의 50(자회사가 상장법인, 국외상장법인, 공동출자법인인 경우 100분의 30, 벤처지주회사의 자회사인 경우에는 100분의 20) 미만으로 소유하는 행위 금지 * 발행주식총수라 함은 의결권 있는 주식뿐 아니라 의결권 없는 주식까지 포함하는 개념 ③ 자회사 외의 국내 다른회사 주식소유 제한 • 자회사 외 국내계열회사 주식소유 금지 • 지주회사의 국내 비계열회사 주식소유 제한 • 계열사가 아닌 국내회사(SOC 법인 제외)의 주식을 당해 회사 발행주식총수의 100분의 5를 초과하여 소유금지 (단, 소유하고 있는 비계열회사 주식가액의 합계액이 자회사 주식가액 합계액의 100분의 15 미만인 경우 제외) ④ 금융업(또는 보험업)을 영위하는 회사와 비금융업을 영위하는 회사의 동시 소유 금지 • 금융지주회사인 경우 금융업 또는 보험업을 영위하는 회사 외의 국내회사의 주식을 소유할 수 없으며, 반대로 일반 지주회사인 경우 금융업 또는 보험업을 영위하는 국내회사의 주식을 소유금지
자회사의 행위제한요건	① 손자회사에 대한 지분율 제한 • 일반지주회사의 자회사는 손자회사의 주식을 당해 손자회사가 발행주식총수의 100분의 50[손자회사가 상장법인, 국외상장법인, 공동출자법인인 경우에는 100분의 30, 벤처지주회사(일반지주회사의 자회사인 벤처지주회

743) 독점규제 및 공정거래에 관한 법률 (개정법)제18조 제2항 제2호, 제3항 제1호 (2021.12.30. 시행)

구 분	내 용
	사로 한정한다)의 자회사인 경우에는 100분의 20] 미만으로 소유금지 ② 손자회사의 국내계열회사 주식소유 금지
손자회사의 행위제한 요건	손자회사의 국내계열회사 주식소유 금지 단, 손자회사가 100% 지분을 보유하는 국내계열회사(증손회사)의 경우[손자회사가 벤처지주회사인 경우 그 손자회사가 국내계열회사(금융업 또는 보험업을 영위하는 회사는 제외) 발행주식총수의 100분의 50 이상을 소유하는 경우]에는 예외적으로 허용
증손회사의 행위제한 요건	증손회사의 국내 계열회사 주식소유 금지

가) 자회사 등의 발행주식총수의 계산

법 제8조의 2(지주회사 등의 행위제한 등) 제2항 제2호의 규정에 의한 "자회사 발행주식총수", "제3항 제1호의 규정에 의한 "손자회사 발행주식총수" 및 제4항 제4호의 규정에 의한 "국내계열회사 발행주식총수"에는 상법 제344조의 3(의결권의 배제·제한에 관한 종류주식)의 규정에 의한 의결권 없는 주식을 포함한다.[744)]

나) 공동출자법인의 요건

1. 법 제8조의 2 제1항 제1호의 "공동출자법인"의 정의 중 "특수관계인의 관계에 있는 출자자 중 대통령령이 정하는 자"란 시행령 제12조의 3(특수관계인의 범위의 예외)에서 정하고 있는 자를 말한다.
2. 법 제8조의 2 제1항 제1호의 "특수관계인의 관계에 있는 출자자 중 대통령령이 정하는 자 외의 자는 1인으로 본다"는 것은 공동출자법인에 출자하고 있는 여러 개의 회사 중 두 개 이상의 회사가 서로 계열회사의 관계에 있을 경우 그들 회사를 1인의 출자자로 본다는 의미이다.

■ 공동출자법인 예시

"갑"회사에 3개의 회사(A: 50%, B: 30%, C: 20%)가 공동출자를 하고 있고, B와 C가 계열회사의 관계에 있는 경우 위 규정에 의해 B와 C는 특수관계인으로서 1인으로 간주되고, 따라서 회사 "갑"은 A와 B(C 포함)가 각각 50%의 지분으로 공동지배하는 공동출자법인에 해당

744) 지주회사 관련 규정에 관한 해석지침(공정거래위원회 예규 제232호 개정 2015.9.1.)

나. 지주회사의 신고 및 보고의무

독점규제 및 공정거래에 관한 법률에 관한 지주회사를 설립하거나 전환한 자는 다음의 신고기한에 따라 공정거래위원회에 신고하여야 한다[745].

구 분	내 용
지주회사 설립 전환 신고기한	• 지주회사 설립시: 설립등기일로부터 30일 이내 • 합병·분할을 통한 지주회사 전환시: 합병·분할등기일로부터 30일 이내 • 주식취득, 자산증감 등으로 지주회사가 되는 경우: 사업연도 종료일로부터 4개월 이내
지주회사 적용 제외 신고	자회사 주식이 감소(주식매각 등: 주권교부일 등)하거나 자산의 증감(자본 증감 등: 등기일 등) 등으로 지주회사에 제외되어 공정거래위원회에 신고한 경우에는 해당 사유발생일(주권교부일, 등기일 등)부터 지주회사로 보지 아니한다.
지주회사 유지 시 신고	직전 사업연도 말 기준 주식소유현황 보고는 사업연도 종료일로부터 4개월 이내 공정거래위원회에 신고하여야 한다[746].

□ 지주회사의 성립 예시

"갑"회사가 2019.3.10. 자회사의 주식을 추가 취득함으로써 지주회사 요건을 갖춘 경우에, 만약 "갑"회사가 시행령 제15조 제1항 제4호에 의거 2019.7.10.까지 사업연도 중에 지주회사 전환신고를 한 경우에는 당해 사유가 발생한 날인 2019.3.10.이 지주회사 성립시점이 되며, "갑"회사가 당해 사업연도 종료일로부터 4월 이내인 2020.4.30.까지 지주회사 전환신고를 한 경우에는 당해 사업연도 종료일의 다음 날인 2020.1.1.이 지주회사 성립시점이 된다.

745) 독점규제 및 공정거래에 관한 법률 (개정법)제17조, 동법 시행령 제15조
746) 독점규제 및 공정거래에 관한 법률 시행령 제15조의 6

[참고] 지주회사 설립요건 및 행위제한 요건 도해

<table>
<tr><th colspan="2">법적 요건</th><th>내 용</th><th>지주회사</th><th>자회사</th><th>손자회사</th></tr>
<tr><td rowspan="2">설립 요건</td><td>자산규모 기준</td><td>자산 총액이 5,000억 원 이상(*1)</td><td>O</td><td rowspan="2" colspan="2">N/A</td></tr>
<tr><td>지주비율</td><td>국내자회사(*2) 주식보유 합계액이
지주회사 총자산의 50% 이상</td><td>O</td></tr>
<tr><td rowspan="4">행위 제한 요건 (*4)</td><td>부채비율</td><td>부채비율 200% 초과 금지</td><td>O</td><td colspan="2">N/A</td></tr>
<tr><td>자(손자)회사 주식보유기준</td><td>상장 30%, 비상장 50% 미만 소유 금지</td><td>O</td><td>O</td><td>N/A
(*3)</td></tr>
<tr><td>계열회사 외 타법인 주식 소유</td><td>• 국내 비계열회사 주식 5% 초과 소유 금지
• 타법인 주식 합계액이 자회사 주식합계액의 15% 미만인 경우 예외 인정</td><td>O</td><td colspan="2">N/A</td></tr>
<tr><td>계열회사 주식소유 금지</td><td>지주회사는 자회사, 자회사는 손자회사외
국내계열회사 주식소유금지</td><td>O</td><td>O</td><td>O</td></tr>
</table>

(*1) 직전 사업연도 종료일 기준(합병 또는 분할로 신규 설립시 합병(분할)등기일)으로 대차대조표상 5천억원 이상 판단(2017.6.30.까지는 1천억 이상)

(*2) 자회사는 국내 계열회사 중 지주회사가 소유하는 주식이 그 특수관계자인 중 최다출자자와 같거나 많은 경우

(*3) 손자회사의 증손회사 보유는 원칙적으로 불가하다. 단, 증손회사를 100% 등의 소유시는 예외적으로 인정

(*4) 지주회사 전환(설립)에 따라 지주회사의 행위제한요건을 미충족한 경우는 2년(또는 1년)간 유예기간을 두고 충족해야 한다[747].

3. 지주회사 설립 · 전환 회계

지주회사의 전환 및 설립은 현물출자하거나 자기주식 교환을 통하여 자산과 자본증가의 회계처리로 이루어진다. 즉, 일반적으로 지주회사의 전환 및 설립에 관한 회계처리는 현물출자 회계처리 또는 주식의 포괄적인 교환 등의 회계처리에 따라 자회사 주식의 취득가액은 교부하는 지주회사 주식의 공정가치로 평가하고, 공정가치와 신주의 발행 액면가액과 차이는 주식발행초과금(주식할인발행차금)으로 처리한다.

4. 지주회사 설립 · 전환 세무

가. 지주회사 설립 등의 과세특례 요건

조세특례제한법상 내국법인의 내국인 주주가 2024.12.31.까지 다음의 과세특례요건을 갖

747) 독점규제 및 공정거래에 관한 법률 (개정법)제18조

추어 주식을 현물출자함에 따라 독점규제 및 공정거래에 관한 법률에 따른 지주회사(금융지주회사법에 따른 금융지주회사를 포함함. 이하 "지주회사"라 함)를 새로 설립하거나 기존의 내국법인을 지주회사로 전환하는 경우 그 현물출자 등으로 인하여 취득한 주식의 가액 중 그 현물출자 등으로 인하여 발생한 양도차익에 상당하는 금액은 양도소득세 또는 법인세의 **과세를 분할납부**할 수 있다[748].

구 분	과세특례 요건
① 현물출자에 의한 지주회사의 설립 및 전환에 대한 과세특례	1. 지주회사 및 현물출자를 한 주주 중 **주요 지배주주**가 현물출자로 취득한 주식을 현물출자일이 속하는 사업연도의 종료일까지 보유할 것 2. 현물출자로 인하여 지주회사의 자회사로 된 내국법인이 현물출자일이 속하는 사업연도의 종료일까지 사업을 계속(주1)할 것
② 현물출자 또는 **적격** 분할(적격물적분할(분할합병) 포함)로 전환된 지주회사에 현물출자 또는 자기주식교환에 대한 과세특례	위의 ①의 요건 및 다음의 요건을 모두 갖추어 현물출자 등을 하는 경우 1. 전환지주회사의 지분비율미달자회사*으로서 다음 각목에 해당하는 법인의 주식을 현물출자하거나 자기주식교환하는 것일 것 가. 전환지주회사가 될 당시 해당 전환지주회사가 출자하고 있는 다른 내국법인 나. 전환지주회사의 분할로 신설·합병되는 법인 및 분할 후 존속하는 법인 2. 전환지주회사가 된 날부터 2년 이내에 현물출자하거나 자기주식교환하는 것일 것 3. 자기주식교환의 경우에는 지분비율미달자회사의 모든 주주가 그 자기주식교환에 참여할 수 있어야 하며, 그 사실을 공시하였을 것 * 공정거래법상 지주회사의 자회사 주식보유비율(상장법인 20%, 비상장법인 40%)에 미달하는 자회사를 말한다. 다만, 개정법 시행일(2021.12.30.) 이후 지주회사가 된 경우 자회사 주식보유비율(상장법인 30%, 비상장법인 50%)에 미달하는 자회사를 말한다.

(주1) 사업계속성의 의미
자회사가 현물출자일이 속하는 사업연도 종료일 이전에 보유하던 **자산가액(유형자산, 무형자산 및 투자자산의 가액)**의 50% 이상 처분하거나 사업에 사용하지 아니하는 경우에는 사업을 폐지한 것으로 본다.

다만, 내국법인의 내국인 주주가 2021년 12월 31일까지 상기 과세특례요건을 갖추어 주식을 현물출자함에 따라 지주회사를 새로 설립하거나 기존의 내국법인을 지주회사로 전환하는 경우 그 현물출자로 인하여 취득한 주식의 가액 중 그 현물출자로 인하여 발생한 양도차익에 상당하는 금액에 대한 양도소득세 또는 법인세에 대하여는 그 주주가 해당 지주회사의 **주식을 처분할 때까지 과세를 이연**받을 수 있다. 다만 부득이한 사유가 있는 경우는 처분으로 보지 아니한다.

748) 조세특례제한법 제38조의 2(2021.12.31. 이전 분에 대해서는 종전 규정 적용)

여기서 주요 지배주주 등 및 부득이한 사유 등은 앞서 설명한 "Ⅰ. 3. 합병세무의 주요 지배주주 등 및 부득이한 사유 등"편을 준용해서 참고하기 바란다.

나. 지주회사 설립 · 전환의 과세특례 당사자별 세무요약

지주회사 설립 · 전환의 당사자별 세무사항을 요약 · 정리하면 다음과 같다.

당사자	세 목	과세특례	비과세특례
자회사 주주	• 주식 양도차익에 대한 과세이연	분할납부 (2021.12.31.까지는 과세이연)	과세
	• 증권거래세	과세(금융지주회사 면제)	과세
지주 회사	• 지주회사의 자회사 주식의 평가	순자산 시가 (2021.12.31.까지 자산조정계정설정)	순자산 시가
	• 과점주주 취득세	85% 면제	과세
	• 수입배당금 익금불산입	해당시 적용	해당시 적용

다. 자회사 주주의 세무

1) 주식양도차익의 과세이연[압축기장충당금 등]

1) - 1. 2021년 12월 31일까지 지주회사에 현물출자 분

독점규제 및 공정거래에 관한 법률에 해당하는 지주회사에 현물출자하는 자회사 주주의 주식양도차익에 상당하는 금액에 대해서는 자회사의 주주가 지주회사의 주식을 처분할 때까지 과세를 이연받을 수 있다.

가) 법인주주 과세이연 및 환입방법

내국법인의 주주인 법인(내국법인 및 법인세법 제91조 제1항에 따른 외국법인에 한정함)이 보유주식을 지주회사 또는 전환지주회사에 현물출자하거나 지주회사 또는 전환지주회사의 주식과 교환하고 과세를 이연받는 경우 그 주식의 현물출자 또는 교환을 한 날 현재의 그 현물출자 등으로 취득한 지주회사 또는 전환지주회사의 주식가액(시가)에서 그 현물출자 등을 한 날 전일의 보유주식의 장부가액을 뺀 금액(그 금액이 해당 보유주식의 시가에서 장부가액을 뺀 금액을 초과하는 경우 그 초과한 금액을 제외하며, 이하 "주식양도차익"이라 한다)을 그 사업연도의 소득금액계산에 있어서 손금에 산입한다. 이 경우 그 금액은 해당 주식의 압축기장충당금으로 계상하여야 한다[749].

구 분	내 용
주식 양도차익	= Min[①, ②] ① (현물출자 또는 교환한 날 취득한 지주회사 주식의 시가 - 현물출자 등을 한 날 전일 보유주식의 장부가액) ② (해당 보유주식의 시가 - 해당 보유주식의 장부가액)
과세이연방법	주식 양도차익을 압축기장충당금으로 손금산입
압축기장 충당금 환입방법	지주회사 주식의 처분비율에 따라 익금산입. 단, 2016.2.5. 이후 적격인적분할을 통하여 기존 지주회사 주식을 이전하여 순수 지주회사를 설립하는 경우에는 과세이연 계속 가능. [익금에 산입할 금액] = 압축기장충당금 × 처분 주식수* / 현물출자 등으로 취득한 주식수 * 주의사항 : 현물출자 등 이외의 방법으로 취득한 주식이 있는 경우 현물출자 등으로 취득한 주식이 먼저 처분된 것으로 계산함[750].
과세특례신청서 신고	해당 현물출자 등을 한 날이 속하는 사업연도의 과세표준 신고를 할 때 지주회사 또는 전환지주회사와 함께 현물출자 등 과세특례신청서를 납세지 관할 세무서장에게 제출하여야 한다.

'현물출자한 날'의 의미

「조세특례제한법 시행령」(2007.2.28. 대통령령 제19888호로 개정된 것) 제35조의 2 제1항에서 현물출자한 날 현재의 현물출자로 취득한 지주회사 또는 전환지주회사의 취득가액은 「상법」 제432조에 따라 주주의 권리의무를 취득하는 '납입기일의 다음 날'의 「법인세법」 제52조 제2항에 따른 시가 평가액으로 하는 것임(법규-271, 2013.3.12.).

나) 개인주주(거주자 등) 과세이연 및 환입방법

내국법인의 주주인 거주자, 비거주자 또는 「법인세법」 제91조 제1항에 해당하지 아니하는 외국법인(이하 "거주자 등")이 보유주식을 지주회사 또는 전환지주회사에 현물출자하거나 교환하고 과세를 이연받는 경우 해당 보유주식의 현물출자 등에 따라 발생하는 소득(이하 "주식과세이연금액")에 대하여는 양도소득세를 과세하지 아니하되, 그 지주회사 또는 전환지주회사의 주식의 양도에 대하여는 지주회사 또는 전환지주회사의 주식의 취득가

749) 구법, 조세특례제한법 시행령 제35조의 3 제1항
750) 구법, 조세특례제한법 시행령 제35조의 3 제2항 본문

액에서 주식과세이연금액을 뺀 금액을 취득가액으로 보아 양도소득세를 과세한다[751].

구 분	내 용
과세이연 금액	= 현물출자한 날 지주회사 주식의 취득가액 - 현물출자한 기 보유한 주식의 취득가액
과세이연 환입방법	지주회사 주식의 양도시 지주회사 주식의 취득가액에서 과세이연금액을 차감하여 계산한 가액을 취득가액으로 보아 양도소득세를 과세 [과세 양도소득금액] = 양도가액 - 취득가액(= 지주회사 주식의 취득가액 - 과세이연금액) * 주의사항 : 현물출자 등 이외의 방법으로 취득한 주식이 있는 경우 현물출자 등으로 취득한 주식이 먼저 양도한 것으로 봄[752].
과세특례 신청서 신고	해당 현물출자 등을 한 날이 속하는 과세연도의 과세표준 신고를 할 때 지주회사 또는 전환지주회사와 함께 현물출자 등 과세특례신청서를 납세지 관할 세무서장에게 제출하여야 한다.

1) - 2. 2022년 1월 1일 이후 지주회사에 현물출자 분

독점규제 및 공정거래에 관한 법률에 해당하는 지주회사에 현물출자 또는 자기주식교환하는 내국법인의 **내국인** 주주에 한하여 주식양도차익에 상당하는 금액에 대해서는 다음과 같이 과세를 **분할납부**할 수 있다[753].

가) 주주가 내국법인인 경우 과세이연 및 사후관리 방법

구 분	내 용
주식 양도차익	= Min[①, ②] ① (현물출자 또는 교환한 날 취득한 지주회사 주식의 시가 - 현물출자 등을 한 날 전일 보유주식의 장부가액) ② (해당 보유주식의 시가 - 해당 보유주식의 장부가액)
과세이연 방법	**주식 양도차익을 4년 거치 후 3년 분할납부 방식** : 현물출자 등이 속하는 사업연도와 해당 사업연도의 종료일 이후 3개 사업연도의 기간 중 익금에 산입하지 아니하고 그 다음 3개 사업연도의 기간 동안 **균분금액 이상**을 익금에 산입

751) 구법, 조세특례제한법 시행령 제35조의 4 제1항
752) 구법, 조세특례제한법 시행령 제35조의 4 제1항 본문
753) 조세특례제한법 제38조의 2 및 동법 시행령 제35조의 3
754) 조세특례제한법 시행령 제35조의 3 제5항

구 분	내 용
사후관리 방법	1. 양도차익 법인세를 전액 납부하기 전 지주회사 주식을 처분하는 경우 : 지주회사 주식의 처분비율에 따라 익금산입 [익금에 산입할 금액] $= \text{양도차익에 상당하는 금액 중 직전 사업연도 종료일 현재까지 익금에 산입하지 않은 금액} \times \dfrac{\text{해당 사업연도에 처분 주식수*}}{\text{현물출자 등으로 취득한 주식 중 직전 사업연도 종료일 보유 중인 주식수}}$ * 주의사항 : 현물출자 등 이외의 방법으로 취득한 주식이 있는 경우 현물출자 등으로 취득한 주식이 먼저 처분된 것으로 계산함[754]. 2. 사후관리 사유를 위반한 경우 전액 익금산입 : 내국법인의 주주가 현물출자등을 한 날이 속하는 사업연도의 다음 사업연도 개시일부터 2년 이내에 다음의 어느 하나에 해당하는 사유가 발생하는 경우[755]. 다만, ③, ④의 경우 부득이한 사유가 있는 경우 제외 ① 신설되거나 전환된 지주회사 또는 전환지주회사가 지주회사에 해당하지 아니하게 되는 경우. 다만, 독점규제 및 공정거래에 관한 법률 등 지주회사의 기준을 정한 법령의 개정으로 지주회사에 해당하지 아니하게 된 경우로서 대통령령으로 정하는 경우는 제외한다. ② 전환지주회사가 지주회사로 전환한 날의 다음 날부터 2년이 되는 날까지 지분비율미달자회사의 주식을 주식보유비율 미만으로 소유하는 경우 ③ 자회사(지분비율미달자회사를 포함함)가 사업을 폐지하는 경우 ④ 지주회사(전환지주회사를 포함) 또는 현물출자 등을 한 주요 지배주주가 현물출자등으로 취득한 주식을 처분하는 경우
과세이연 신고	해당 현물출자 등을 한 날이 속하는 과세연도의 과세표준신고와 함께 주식 현물출자등 양도차익명세서 및 과세이연 조정명세서를 납세지 관할 세무서장에게 제출해야 한다.

755) 조세특례제한법 제38조의 2 제5항

나) 주주가 거주자인 경우 과세이연 및 사후관리 방법

구 분	내 용
주식 양도차익	= [거주자가 보유한 주식의 현물출자등으로 인하여 소득세법 제94조 제1항 제3호에 따라 발생한 양도소득의 총수입금액 - 소득세법 제97조에 따른 필요경비를 공제한 금액]
과세이연 방법	**주식 양도차익을 4년 거치 후 3년 분할납부 방식** : 해당 양도소득세를 양도일이 속하는 해당 연도의 양도소득세 과세표준 확정신고기한 종료일 이후 3년이 되는 날부터 3년의 기간 동안 균분 금액 이상을 납부
사후관리 방법	1. 양도소득세를 전액 납부하기 전 지주회사 주식을 처분하는 경우 : 지주회사 주식의 처분비율에 따라 처분한 날이 속하는 해당 과세연도의 과세표준 확정신고기한 종료일까지 납부 [과세 양도소득금액] = 양도차익에 상당하는 금액에 대한 양도소득세 중 직전 과세기간 종료일 현재까지 납부하지 않은 금액 × 해당 과세기간에 처분 주식수* / 현물출자 등으로 취득한 주식 중 직전 과세기간 종료일 보유중인 주식수 * 주의사항 : 현물출자 등 이외의 방법으로 취득한 주식이 있는 경우 현물출자 등으로 취득한 주식이 먼저 처분된 것으로 계산함[756]. 2. 사후관리 사유(상기 내국법인 주주 사후관리 위반 사유)를 위반한 경우 : 납부하지 아니한 양도소득세 전액을 위반 사유가 발생한 날이 속하는 과세연도의 양도소득세 과세표준 확정신고기한 종료일까지 납부하여야 한다.
과세이연 신고	해당 현물출자 등을 한 날이 속하는 과세연도의 과세표준신고와 함께 주식 현물출자등 양도차익명세서 및 과세이연 조정명세서를 납세지 관할 세무서장에게 제출해야 한다.

2) 증권거래세

현물출자는 양도에 해당되므로 증권거래법상 증권거래세가 과세된다. 다만, 금융지주회사가 조세특례제한법 제38조의 2에 따라 주식을 이전하거나 주식을 교환하는 경우 증권거래세를 면제한다[757]. 따라서 일반 지주회사가 주식을 이전하거나 주식을 교환하는 경우는 증권거래세가 과세된다.

756) 조세특례제한법 시행령 제35조의 3 제5항
757) 조세특례제한법 제117조 제1항 제16호

라. 지주회사 또는 전환지주회사의 세무

1) 자회사 주식의 순자산평가[2021.12.31.까지 자산조정계정 설정]

법인세법상 지주회사가 취득하는 자회사 주식의 취득가액은 그 자산의 순자산 시가[758] 로 평가한다. 하지만, 2021.12.31.**까지** 내국법인의 주주가 과세이연을 받음에 따라 지주회사(전환지주회사 포함)가 자회사 주식을 장부가액으로 취득한 경우 현물출자 등으로 취득한 자회사의 주식의 가액을 현물출자 등을 한 날 현재의 시가로 계상하되, 시가에서 자회사의 주식의 장부가액 합계액을 뺀 금액을 자산조정계정으로 계상하여야 한다[759].

이 경우 현물출자 등을 한 날이 속하는 사업연도의 다음 사업연도 개시일부터 2년 이내에 다음 일시 익금사유의 어느 하나의 사유가 발생하는 경우에는 현물출자 등으로 취득한 주식의 장부가액과 현물출자 등을 한 날 현재의 시가와의 차액(시가가 장부가액보다 큰 경우만 해당)을 익금에 산입하여야 한다. 이 경우 제2호에 해당하는 사유가 발행하는 경우에는 이자상당액을 법인세 납부금액에 가산하여 납부하여야 한다[760].

| 자산조정계정 설정 및 사후관리 |

구 분	내 용
자산조정계정	= 취득한 자회사 주식의 시가 − 자회사 주식의 장부가액* * 자회사 주식의 장부가액=㉠+㉡ ㉠ 내국법인 등의 주주: 자법인의 주주인 법인의 장부가액[761] ㉡ 거주자 등의 주주: 거주자 등의 취득가액[762]
사후관리	자산조정계정은 다음 계산식에 따른 금액을 해당 주식을 처분하는 사업연도에 익금 또는 손금에 산입하되, 자기주식으로 소각되는 경우에는 익금 또는 손금에 산입하지 아니하고 소멸하는 것으로 한다[763]. [익금·손금산입액] = 자산조정계정 × 처분한 주식수 ÷ 취득한 주식수
일시 익금 사유	내국법인 주주가 과세이연을 받는 경우 지주회사 전환·설립일이 속하는 사업연도의 다음 사업연도 개시일부터 2년 이내에 다음 중 어느 하나의 사유가 발생하는 경우에는 그 사유가 발생한 날이 속하는 사업연도의 소득금액을 계산할 때 자산조정계정의 잔액(잔액이 0보다 큰 경우에 한정하며, 잔액이 0보다 작은 경우에는 없는 것으로 봄)을 익금에 산입한다. 이 경우 계상한 자산조정계정은 소멸하는 것으로 한다[764]. 다만, 3호·4호의 부득이한 사유가 있는 경우는 그

758) 법인세법 시행령 제72조 제2항
759) 구법, 조세특례제한법 시행령 제35조의 3 제6항
760) 구법, 조세특례제한법 제38조의 2 제3항

구 분	내 용
	러하지 아니한다[765]. 1. 신설되거나 전환된 지주회사 또는 전환지주회사가 지주회사에 해당하지 아니하게 되는 경우 2. 전환지주회사가 지주회사로 전환한 날의 다음 날부터 2년이 되는 날까지 지분비율미달자회사의 주식을 주식보유비율 미만으로 소유하는 경우 3. 자회사(지분비율미달자회사를 포함)가 사업을 폐지하는 경우 4. 지주회사(전환지주회사를 포함) 또는 현물출자 등을 한 주요 지배주주가 현물출자 등으로 취득한 주식을 처분하는 경우
부득이한 사유	적격요건 및 사후관리 위반 사유 3호, 4호 관련 부득이한 사유는 "Ⅰ. 3. 합병세무의 부득이한 사유" 내용을 준용한다.
과세특례 신청서 신고	2021.12.31.까지 자법인의 주식을 장부가액으로 취득한 지주회사 또는 전환지주회사는 현물출자 등을 받은 날이 속하는 사업연도의 과세표준 신고를 할 때 자법인 주식의 장부가액계산서를 납세지 관할 세무서장에게 제출하여야 한다.

2) 과점주주 취득세

가) 과점주주 취득세

지주회사(금융지주회사법에 따른 금융지주회사를 포함하되, 지주회사가 「독점규제 및 공정거래에 관한 법률」 제2조 제12호에 따른 **동일한 기업집단 내 계열회사가 아닌 회사의 과점주주인 경우를 제외**한다)가 되거나 지주회사가 자회사의 주식을 취득하는 경우 과점주주 취득세를 2021년 12월 31일까지 면제한다[766]. 하지만, 지방세특례제한법상 100% 면제는 감면특례의 제한규정(최소납부세제)에 따라 취득세의 85%만 면제를 적용받게 되는데, 여기서 지방세법에 따라 산출한 취득세(전액면제 취득세)가 200만원 이하인 경우에는 최소납부세제를 적용하지 아니한다[767].

다만, 해당 지주회사의 설립·전환일부터 3년 이내에 「독점규제 및 공정거래에 관한 법률」에 따른 지주회사의 요건을 상실하게 되는 경우에는 면제받은 취득세를 추징한다[768].

761) 구법, 조세특례제한법 시행령 제35조의 3 제14항
762) 구법, 조세특례제한법 시행령 제35조의 4 제5항
763) 구법, 조세특례제한법 시행령 제35조의 3 제6항
764) 구법, 조세특례제한법 시행령 제35조의 3 제8항
765) 구법, 조세특례제한법 제38조의 2 제5항, 동법 시행령 제35조의 3 제13항
766) 지방세특례제한법 제57조의 2 제5항
767) 지방세특례제한법 제177조의 2 (동법 제57조의 2 제5항은 2019.1.1. 이후분부터 적용)
768) 지방세특례제한법 제57조의 2 제5항 제3호

면제대상 자회사 범위 명확화

2019.1.1. 법 개정을 통하여 지주회사가 동일 기업집단 내 계열회사가 아닌 회사의 주식을 취득하여 과점주주가 되는 경우 감면 제외하여 **계열사인 회사의 주식 취득으로 지주회사가 되는 경우로 한정**하여 지주회사 간주취득세 감면 요건 명확화 함.
즉, 일반회사의 주식을 취득하여 지주회사가 되는 경우는 감면대상에서 제외됨. 이는 기존의 행정안전부 해석 및 대법원 판결이 상이함에 따른 혼란을 개선하고 입법취지를 명확히 규정하고자 한 것임.

* 지주회사가 계열사 · 자회사가 아닌 일반법인의 주식 취득으로 과점주주가 되는 경우는 간주취득세 면제 대상이 아님(지방세특례제도과-315, 2014.12.24.)
* 지주회사가 계열사의 주식을 취득한 경우 외에도, 계열사 등이 아닌 국내의 일반회사의 주식 취득으로 지주회사가 된 경우에도 취득세 감면 대상으로 판단(대법원 2017.4.13. 선고 2016두59713)

나) 과점주주 취득세 감면분에 대한 농어촌특별세 과세

과점주주 취득세 감면분에 대한 농어촌특별세 비과세규정이 없는 상태이므로 과세된다. 다만, 농협경제지주회사 또는 농협금융지주회사가 자회사의 주식을 취득하는 경우 과점주주 취득세 감면분에 대한 농어촌특별세는 비과세된다[769].

3) 지주회사의 수입배당금 익금불산입

내국법인 중 「독점규제 및 공정거래에 관한 법률」에 따른 지주회사, 「금융지주회사법」에 따른 금융지주회사 등의 지주회사가 자회사(지주회사가 자회사의 배당기준일 현재 3개월 이상 계속 보유한 경우)로부터 받은 수입배당금(의제배당 포함) 중 익금불산입액에 해당하는 금액은 각 사업연도의 소득금액을 계산할 때 익금에 산입하지 아니한다[770].

구 분	내 용
익금불산입액	지주회사[(주1)]가 자회사로부터 받는 수입배당금 중 익금불산입액 = (수입배당금[(*)] × ㉠ 익금불산입 비율) − ㉡ 차감지급이자 (*) 수입배당금에서 제외되는 금액 1. 배당기준일 전 3월 이내에 취득한 주식 등을 보유함으로써 발생하는 수입배당금액 2. 유동화전문회사 등에 대한 소득공제(법법 §51의 2) 또는 프로젝트금융투자회사에 대한 소득공제(조특법 §104의 31)의 규정을 적용받는 법인 3. 조세특례제한법 §63의 2(법인의 공장 및 본사를 수도권 밖으로 이전하는 경우 법인세 등 감면) · §121의 8(제주첨단과학기술단지 입주기업에 대한 법인세 등의 감면) 및 §121의 9

769) 농어촌특별세법 시행령 제4조 제6항 제1호의 6
770) 법인세법 제18조의 3, 동법 시행령 제17조의 3

<table>
<tr><th>구 분</th><th>내 용</th></tr>
<tr><td></td><td>(제주투자진흥지구 또는 제주자유무역지역 입주기업에 대한 법인세 등의 감면)의 규정을 적용받는 법인(감면율이 100%인 사업연도에 한함)
4. 조세특례제한법 제100조의 15(적용범위) 제1항의 동업기업과세특례를 적용받는 법인
5. 법인과세 신탁재산에 대한 소득공제(법법 §75의 14)에 따라 지급한 배당에 대하여 소득공제를 적용받는 법인과세 신탁재산으로부터 받은 수입배당금액</td></tr>
<tr><td>㉠ 익금불산입 비율</td><td>[익금불산입 비율]
<table>
<tr><th>자회사</th><th>출자비율(*)</th><th>2019.1.1. 이후</th><th>출자비율</th><th>2020.1.1. 이후</th></tr>
<tr><td rowspan="3">상장 법인</td><td>40% 초과</td><td>100%</td><td>40% 이상</td><td>100%</td></tr>
<tr><td>30% 초과 40% 이하</td><td>90%</td><td>30% 이상 40% 미만</td><td>90%</td></tr>
<tr><td>20% 이상 30% 이하</td><td>80%</td><td>20% 이상 30% 미만</td><td>80%</td></tr>
<tr><td rowspan="3">일반 법인</td><td>80% 초과</td><td>100%</td><td>80% 이상</td><td>100%</td></tr>
<tr><td>50% 초과 80% 이하</td><td>90%</td><td>50% 이상 80% 미만</td><td>90%</td></tr>
<tr><td>40% 이상 50% 이하</td><td>80%</td><td>40% 이상 50% 미만</td><td>80%</td></tr>
</table>
(*) 출자비율계산시 발행주식총수에는 우선주(의결권없는 주식)를 포함한다(기획재정부 법인세제과-240, 2006.3.27.).</td></tr>
<tr><td>㉡ 차감 지급이자</td><td>[차감 지급이자(*)]
$$= \text{지급이자} \times \frac{\text{익금불산입대상 주식 등의 장부가액 적수} \times \text{익금불산입 비율}}{\text{사업연도 말 현재 }\textbf{재무상태표상}\text{ 자산총액 적수}}$$
Ⓐ 지급이자 및 자산총액: 지급이자 손금불산입규정(법인세법 시행령 제55조)에 따라 이미 손금불산입된 금액은 차입금 및 그 차입금의 이자에서 제외
Ⓑ 자회사주식 등의 장부가액: 세무계산상 장부가액을 말하며, 적수 계산은 주식의 취득일은 포함하여 계산하고 양도일은 포함하지 않는 것으로 함(법인 46012-530, 2001.3.12.).
(*) 익금불산입 차감금액의 계산은 배당금 지급법인별로 계산함.</td></tr>
</table>

(주1) 수입배당금 익금불산입시 지주회사 해당 여부 판단기준
: 지주회사는 사업연도 종료일 현재 「독점규제 및 공정거래에 관한 법률」, 「금융지주회사법」 등 관련 법률에 따라 지주회사로 신고된 내국법인으로 한다. 다만, 해당 사업연도 종료일 현재 해당 법률에 따른 지주회사의 설립·전환의 신고기한이 도래하지 아니한 자가 해당 각 사업연도의 소득에 대한 법인세 과세표준 신고기한까지 해당 법률에 따라 지주회사로 신고한 경우에는 이를 지주회사로 본다.

마. 지주회사 전환 계산사례 및 이중과세 문제

1) 지주회사 전환 계산사례 및 서식작성 실무

Ⅰ. 지주회사 전환거래

내국법인 ㈜동판교의 주주인 A법인(50%)과 B개인주주(50%)는 내국법인 ㈜서판교와 현물출자계약을 2021.1.1. 체결하였다. 해당 현물출자로 인하여 ㈜서판교는 독점규제 및 공정거래법상 지주회사로 전환되었다.

■ 현물출자일 현재 ㈜동판교의 주식의 현황은 다음과 같다.

회사	주주	주식수	취득가액	시가
㈜동판교	A법인주주	5	5,000	10,000
	B개인주주	5	4,000	10,000
합계		10	9,000	20,000

- ㈜서판교는 현물출자된 ㈜동판교 주식에 100% 신주 10주(주당 액면가액 500, 주당 시가 2,000)를 교부하였다.
- 기말 현재 지주회사 ㈜서판교는 자회사의 사업을 폐지하거나 자회사 주식의 처분은 없으며, 자회사의 주주도 지주회사 주식의 처분은 없는 상태이다.

Ⅱ. 주식교환 회계처리

1. 지주회사 ㈜서판교 : 공정가치로 회계처리

투자주식(동판교)	20,000	자본금	5,000
		주식발행초과금	15,000

2. A법인주주 : 공정가치로 회계처리

투자주식(서판교)	10,000	투자주식(동판교)	5,000
		주식처분이익	5,000

Ⅲ. 과세이연시 세무처리

1. A법인주주

1) 현물출자시 세무조정

가) 압축기장충당금 설정 주식양도차익 산정 : Min(①, ②) = 5,000

① 현물출자일 지주회사 주식의 시가 – 현물출자일 전일 보유주식의 장부가액
= 10,000 – 5,000 = 5,000

② 보유주식의 시가 – 보유주식의 장부가액
= 10,000 – 5,000 = 5,000

나) 양도차익 및 압축기장충당금에 대한 세무조정

〈익금산입〉 현물출자 양도차익* 0(유보)

〈손금산입〉 압축기장충당금 5,000(△유보)

* 회계상 양도차익 5,000과 세무상 양도차익 5,000이 일치하므로 세무조정 금액 없음.

2) 기말시 세무조정

압축기장충당금 환입: 주식의 처분이 없으므로 압축기장충당금에 대한 추인은 없음.

* 만약, 지주회사 주식 1주(사후관리 한도 내) 처분할 경우 추인되는 압축기장충당금은
= 5,000 × 1주/5주= 1,000
〈익금산입〉 압축기장충당금 1,000(유보)

2. B개인주주

1) 주식교환 시 과세이연 금액 산정:

= 현물출자한 날 지주회사 주식의 취득가액 - 현물출자한 기 보유한 주식의 취득가액

= 10,000 - 4,000 = 6,000

2) 주식양도차익 과세이연 후 주식 처분 시 추인

* 만약, 지주회사 주식 1주(사후관리 한도 내)를 3,000원에 처분할 경우 양도소득금액 계산
= 양도가액 - 취득가액(= 지주회사 주식의 취득가액 - 과세이연금액)
= 3,000 - 800(2,000 - 6,000 × 1/5) = 2,200

3. 지주회사 ㈜서판교

1) 자산조정계정 설정 : 취득한 자회사 주식의 시가 - 자회사 주식의 장부가액

= 20,000 - (9,000) = 11,000

* 장부가액=㉠+㉡
㉠ 내국법인 등 주주 : 장부가액(5,000)
㉡ 거주자 등 주주 : 취득가액(4,000)

2) 자산조정계정 세무조정:

〈손금산입〉 자산조정계정(주식)* 11,000(△유보)

〈손금불산입〉 주식발행초과금 11,000(기타)

* 자산조정계정은 주식 처분시 익금산입 추인됨.

Ⅳ. **과세이연 미처리 시 세무처리**

1. 지주회사 ㈜서판교

: 자회사((주)동판교) 주식이 시가로 계상된 상태라 세무조정 없음.

2. 자회사 주주

: 주식 양도차익에 대한 법인세 또는 소득세 부담

A법인 주주 : 양도소득 = 10,000 - 5,000 = 5,000

B개인 주주 : 양도소득 = 10,000 - 4,000 = 6,000

[별지 제23호의 5 서식] (2011.4.7. 개정)

자법인 주식의 장부가액 계산서

❶ 지주전환 지주회사	① 법인명 : ㈜서판교		② 사업자등록번호
	③ 대 표 자 성 명 : xxx		④ 법인등록번호
	⑤ 사업장(본점) 소재지 : 경기도 성남시 분당구 xxx (전화번호:)		
	⑥ 업종 : YYY		⑦ 사업 개시일
	⑧ 사업연도	2021년 1월 1일부터 2021년 12월 31일까지	

❷ 「조세특례제한법 시행령」 제35조의 2 제10항 제1호에 따른 주주의 주식가액

⑨ 주주명	⑩ 주민등록번호 또는 사업자등록번호	⑪ 지분율	⑫ 주식수	⑬ 1주당 가액	⑭ 취득가액 (⑫ × ⑬)
A법인	12* − **	50%	5	1,000	5,000
B개인	***** − *	50%	5	800	4,000
⑮ 합계			10		9,000

❸ 상기 ❷ 외의 주주의 주식가액

⑯ 자산의 장부가액	⑰ 부채의 장부가액	⑱ 순자산 장부가액 (⑯ − ⑰)	⑲ 지분율 (1 − ⑪ 지분율의 합계란의 비율)	⑳ 그 밖의 주주 합계액 (⑱ × ⑲)

❹ 주식의 취득가액

㉑ 주식의 시가	㉒ 장부가액(⑭ 취득가액의 합계란의 금액 + ⑳)	㉓ 과세이연금액 (㉑ − ㉒)	㉔ 과세이연 세액 (㉓ × 세율)
20,000	9,000	11,000	

「조세특례제한법 시행령」 [ ]제35조의 3 제15항 / [√]제35조의 4 제7항 에 따라 자법인 주식의 장부가액 계산서를 제출합니다.

년 월 일

신청자 (서명 또는 인)

세무서장 귀하

210mm×297mm[일반용지 70g/㎡]

[별지 제26호의 2 서식] (2019.3.20. 개정)

현물출자등 과세특례신청서

접수번호	접수일		처리기간

❶ 출자법인	① 법인명 : A법인	② 사업자등록번호
	③ 대 표 자 성 명 : XXX	④ 생년월일
	⑤ 본점 소재지 : 서울시 강남구 XXX (전화번호:)	
❷ 피출자법인	⑥ 법인명 : ㈜서판교	⑦ 사업자등록번호
	⑧ 대표자 성명 : YYY	⑨ 생년월일
	⑩ 본점 소재지: 경기도 성남시 분당구 YYY (전화번호:)	

❸ 현물출자 명세

⑪ 자산명	⑫ 소재지	⑬ 수량・면적(m^2)	⑭ 현물출자일	⑮ 시가	⑯ 출자일 전일의 장부가액	⑰ 손금산입 (⑮ - ⑯)
주식(동판교)	경기도 성남시 XX	5주	2021.1.1.	10,000	5,000	5,000
계						

「조세특례제한법 시행령」 제35조의 3 제15항에 따라 현물출자등 과세특례신청서를 제출합니다.

년 월 일

신청자 (서명 또는 인)

지주회사 또는 전환지주회사 (서명 또는 인)

세무서장 귀하

첨부서류	없음	수수료 없음

210mm×297mm[일반용지 70g/㎡(재활용품)]

[별지 제26호의 3 서식] (2010.6.30. 개정)

현물출자등 과세특례신청서

구분	항목	내용	항목	내용
신청자	① 성명	B개인	② 생년월일	
	③ 주소	서울시 강남구 ****** (☎ : -)		
	④ 과세연도	2021년 1월 1일부터 2020년 12월 31일까지		
출자주식	⑤ 법인명	㈜동판교	⑥ 사업자등록번호	
	⑦ 대표자성명	XXX	⑧ 법인등록번호	
	⑨ 본점 소재지	경기도 성남시 XXX		
	⑩ 출자시기	2021.1.1.		
	⑪ 일련번호	⑫ 취득시기	⑬ 주식수	⑭ 취득가액
	***	200*.**.**	5	4,000
	계		5	4,000
지주회사·전환지주회사 주식	⑮ 법인명	㈜서판교	⑯ 사업자등록번호	
	⑰ 대표자성명	YYY	⑱ 법인등록번호	
	⑲ 본점 소재지	경기도 성남시 분당구 YYY		
	⑳ 취득주식 수	5	㉑ 주식가액	10,000
㉒ 주식과세이연금액 (㉑ 주식가액 - ⑭ 취득가액계란의 금액)			6,000	

「조세특례제한법 시행령」 제35조의 4 제6항에 따라 현물출자등 과세특례신청서를 제출합니다.

년 월 일

신 청 자: (서명 또는 인)

지주회사 또는 전환지주회사: (서명 또는 인)

세무서장 귀하

210㎜×297㎜(신문용지 54g/㎡)

2) 지주회사 전환 등의 이중과세 문제

지주회사 설립 등으로 자회사 주주가 과세이연을 받게 되면, 동 과세이연 금액은 추후 해당 주식의 처분시 모두 자산양도차익으로 과세된다. 하지만, 자회사 주주가 과세이연을 받음에 따라 지주회사가 자산조정계정으로 계상한 금액은 자회사 주식의 처분시 모두 추인됨에 따라 이중과세문제가 발생할 수 있다.

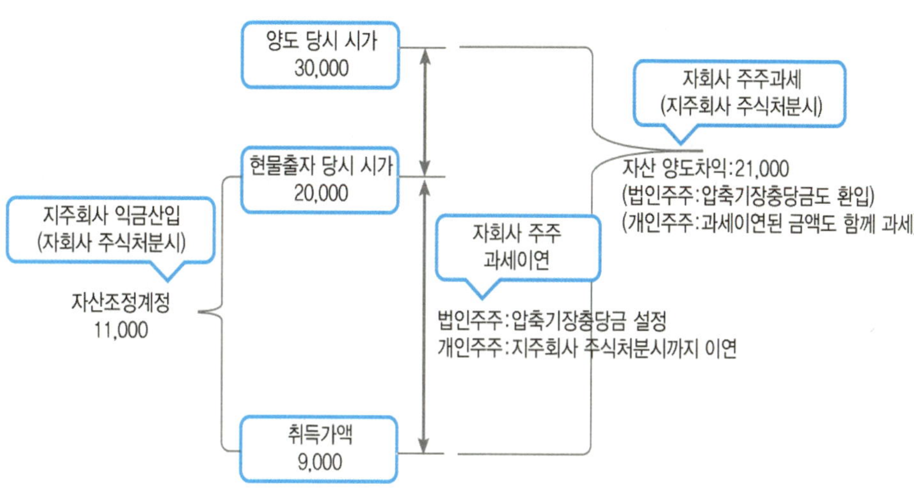

이러한 이중과세문제는 과거 법인세법상 물적분할과 현물출자의 과세특례에서 발생했던 문제였는데 개정된 법인세법에서 자산조정계정의 설정을 폐지함에 따라 이중과세문제를 해결하였으며, 조세특례제한법상 주식의 포괄적 교환·이전에 대한 과세특례규정도 2018. 1.1. 이후 분부터는 자산조정계정의 설정을 폐지함에 따라 이중과세문제를 해결하였다.

하지만, 주식의 현물출자 등에 의한 지주회사의 설립 등에 대한 과세특례 규정에서는 2021.12.31.까지 자산조정계정을 설정해서 과세하도록 함에 따라 이중과세문제는 여전히 남아 있는 상태이나, 2022.1.1. 이후 현물출자 등에 의한 지주회사의 설립시 등에는 자산조정계정 설정 문제가 발생하지 아니하게 개정됨에 따라 이중과세문제가 발생하지 아니하는 상태가 되었다.

Ⅵ 기업활력법(일명 "원샷법")

1. 기업활력법 개요

「기업활력 제고를 위한 특별법」(이하 "기업활력법")이란 기업이 과잉공급 해소를 통해 경쟁력을 높이고자 사업재편 추진 시 이를 신속하게 진행할 수 있도록 2016.8.13.부터 시행된 3년간 한시적인(2019년 8월 법 개정으로 2024년까지 법 유효기간 연장) 특별법으로 일명 "원샷법"이라고 불린다. 도입 당시에는 대기업만을 위한 제도라고 우려했지만 현재까지 사업재편을 신청한 기업을 분석해 보면 대기업보다는 중소기업이 많이 신청하고 있는 상태이다.

기업활력법은 우리나라 기업들의 선제적인 사업재편과 신성장 동력의 확보를 위해서 제정된 법으로서 사업재편을 통한 구조조정을 하고자 하는 기업이 민관합동 심의위원회 심의를 거쳐 주무부처에서 사업재편계획의 승인을 받으면 해당 기업에 상법상 사업재편 간소화, 공정거래법상 규제 유예, 고용안정 지원, 세제 및 자금의 지원 등 사업재편 계획상의 특례를 선택적으로 제공하는 제도이다.

따라서 기업활력법은 과잉공급에 따른 경쟁력 낮은 회사를 신속하게 사업재편할 수 있도록 지원해 주는 제도이므로 기업구조조정시 이에 대한 이해가 필요할 수 있다.

2. 기업활력법 지원대상 및 승인절차

가. 지원대상

기업활력법의 지원대상은 **과잉공급**을 해소하기 위하여 **사업재편**을 하고자 하는 **국내기업**이면 **중소기업부터 대기업**까지 규모와 업종에 상관없이 모두 신청대상이 된다[771]. 다만, 부실징후기업(일정 요건 해당시 제외), 회생절차개시신청 기업, 파산신청 기업, 부실금융기관과 이에 준하는 경우는 제외한다.

구 분	내 용
과잉공급 정의 (기업활력법 제2조 제4호)	"과잉공급"이란 해당 업종의 국내외 시장상황을 고려할 때 현재 또는 향후 상당기간 공급의 증가, 수요의 감소 등으로 기업의 매출액 영업이익률이 현저하게 감소하거나 비용 대비 제품・서비스의 가격변화율이 상대적으로 둔화되는

771) 기업활력법 제4조

구 분	내 용
	등 기업의 경영상황이 지속적으로 악화될 것으로 예상되는 상태로서 대통령령으로 정하는 경우를 말한다.
사업재편의 정의 (기업활력법 제2조 제2호)	"사업재편"이란 기업이 사업의 전부 또는 일부의 생산성을 상당 정도 향상시키는 것을 목적으로 하는 활동으로서 다음 각 목의 요건을 모두 갖춘 것을 말한다. 가. 합병, 분할, 주식의 이전·취득·소유, 회사의 설립 등 대통령령으로 정하는 방식에 의하여 사업의 전부 또는 일부의 구조를 변경하는 것 나. 기업이 사업의 전부 또는 일부의 분야나 방식을 변경하여 새로운 사업에 진출하거나 신기술을 도입하는 등 사업의 혁신을 추진하는 것으로서 대통령령으로 정하는 활동

나. 승인절차

기업활력법에 따라 사업재편을 하기 위해서는 과잉공급에 해당하는 업종을 소관하는 주무부처에 사업재편계획의 승인을 신청하여야 한다. 여기서 주무부처란 사업재편계획 대상이 되는 사업분야의 진흥업무를 수행하는 중앙행정기관으로 소관이 불분명한 경우 산업통상자원부장관이 관계 중앙행정기관 장과 협의하여 결정한다[772].

사업재편을 위한 일반적인 승인절차는 다음과 같다[773].

772) 기업활력법 제2조 제3호, 제5호
773) 기업활력법 종합포탈(http://www.oneshot.or.kr) 참고

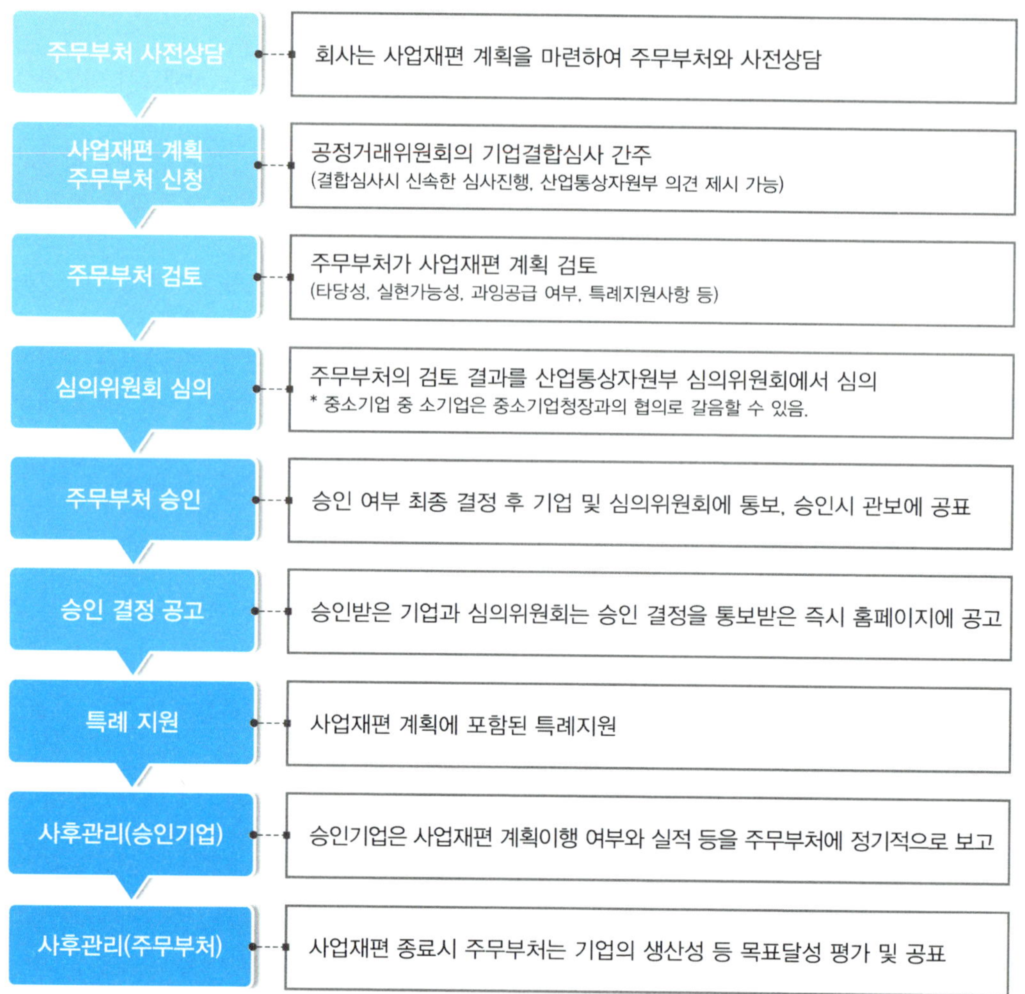

3. 기업활력법 지원내용

가. 상법 등의 법률 지원내용

상법 및 「자본시장과 금융투자업에 관한 법률」상 주요 특례내용은 다음과 같다.

1) 조직개편 간소화

구 분	내 용	규정
소규모 분할제도의 도입	현행 상법상으로는 소규모 분할제도가 없으나, 기업활력법 특례에는 분할하는 회사의 총자산 기준 10% 미만인 경우 주주총회 대신 이사회 결의로 할 수 있도록 함(단, 사업재편기간 내 한 차례만 적용).	기업활력법 제15조

구 분	내 용	규정
소규모 합병 · 소규모 주식교환 범위 확대	• 상법상 완전모회사가 되는 회사 또는 합병회사는 발행하는 신주 및 이전하는 자기주식의 총수가 그 회사의 발행주식총수 20% 이하의 소규모 조직재편을 할 때 주주총회를 생략하고 이사회 결의로 할 수 있음(상법 10%). • 기업활력법에서는 이 범위를 확대하여 신속한 사업재편을 가능하도록 하는 대신 주식매수청구권이 인정되지 않는 점을 고려하여 조직재편에 반대하는 주주의 요건은 강화함(반대요건: 발행주식총수의 10% 이상에 해당하는 주식을 소유한 주주가 반대하는 경우 소규모합병 등 불가(상법 20%))	기업활력법 제16조
간이합병 범위 확대	상법상 완전자회사가 되는 회사 또는 피합병회사는 총주주의 동의가 있거나 그 회사 발행주식총수의 80% 이상을 완전모회사가 되는 회사 또는 합병회사가 소유하고 있는 경우 주주총회를 생략하고 이사회 결의로 할 수 있음(상법 90%).	기업활력법 제17조

2) 주주총회 절차 간소화

구 분	내 용	규정
기준일 설정 및 주주명부 폐쇄기간 공고 시기 단축	상법상 기준일 및 주주명부 폐쇄기간을 정한 때에는 2주 전에 이를 공고해야 하지만, 기업활력법에서는 이 기간을 7일 영업일 전으로 단축함.	기업활력법 제18조
주주총회 개최 공고 및 서류비치 시기 단축	상법상 주주총회를 개최하는 경우 회일의 2주 전에 이를 공고해야 하나 기업활력법에서는 이 기간을 7일 영업일 전으로 단축함.	기업활력법 제18조
채권자 이의제출기간 단축	상법상 조직재편 과정에서 채권자보호절차를 거쳐야 하는 경우 이의제출기간을 1개월 이상으로 정해야 하나 기업활력법에서는 이 기간을 10영업일 이상 단축하거나 은행 지급보증 또는 보험증권 등 제출시에는 채권자보호절차 생략 가능	기업활력법 제19조
주식매수청구권 신청기간 단축	상법상 합병 등에 반대하는 주주에게 주식매수청구권이 인정될 경우 주주총회 결의일부터 20일 이내의 기간에 주식의 매수를 청구할 수 있으나 기업활력법에서는 이 기간을 10일 이내로 단축함.	기업활력법 제20조 제1항

3) 자금부담 완화

상법상 주식매수청구를 받은 회사는 청구받은 날부터 2개월 이내(상장법인의 경우 1개월)에 그 주식을 매수하여야 하나 기업활력법에서는 이 기간을 6개월 이내(상장법인은 3개월)로 연장하여 기업의 일시적 자금부담을 해소할 수 있도록 하였다[774].

나. 공정거래법 지원내용

1) 사업재편계획 제출과 기업결합신고 창구의 단일화

사업재편의 불확실성을 낮추고 기업의 이중부담을 덜기 위해 사업재편계획 제출시 기업결합신고도 함께 된 것으로 간주하는 한편, 공정거래위원회의 기업결합 심사시 사업재편계획의 효율성 증대효과에 대한 주무부처의 판단을 고려하여 심사하도록 의무화하였다[775].

■ **기업결합신고**

자산총액 또는 매출액 3,000억원 이상의 회사 또는 그 특수관계인은 자산총액 또는 매출액 300억원 이상의 다른 회사 주식을 20%(상장회사의 경우에는 15%) 이상을 소유하게 되거나 혹은 20% 이상 소유한 자가 당해 회사 주식을 추가로 취득하여 최다출자자로 되는 등의 기업결합을 할 때에는 공정거래위원회에 신고하여야 한다(공정거래법 (개정법) 제11조).

2) 지주회사 규제에 관한 특례

구 분		내 용
승인기업이 지주회사인 경우	부채비율 제한 완화	사업재편계획 승인을 받은 지주회사가 신규로 자회사를 편입하는 과정에서 200% 이상의 부채를 보유하게 되는 경우 3년 동안은 동 부채비율기준 적용을 유예함.
	자회사주식 보유기준 적용 유예	공정거래법상 지주회사는 자회사의 발행주식총수 50% 이상(상장법인, 국외상장법인, 공동출자법인의 자회사인 경우 30%, 벤처지주회사의 자회사인 경우는 20% 이상)을 소유하여야 한다. 그러나 지주회사가 신규로 자회사를 편입하는 과정에서 지주회사의 자금부담을 덜어주기 위해 3년 동안 적용을 유예함.
	비계열사 및 자회사 외	공정거래법상 지주회사는 비계열회사의 지분을 당해 지주회사의 발행주식총수의 5%를 초과하여 소유하거나 자회사가 아닌 국내계

774) 기업활력법 제20조 제2항
775) 기업활력법 제9조 제2항, 제6항, 기업활력법 제10조 제8항

구 분		내 용
	계열사에 대한 출자규제 적용 유예	열회사의 주식을 소유할 수 없다. 그러나 사업재편승인을 받은 지주회사에게는 비계열사 및 자회사 외 계열사에 대한 출자규제를 적용하지 않음으로써 주력사업 육성이나 비계열사와의 전략적인 제휴가 가능하도록 함.
승인기업이 지주회사의 자회사인 경우	손자회사보유주식기준 적용 유예	공정거래법상 지주회사 자회사는 손자회사의 발행주식총수의 50% 이상(상장회사인 경우에는 30% 이상)을 소유하여야 한다. 그러나 사업재편승인을 받은 지주회사 자회사는 신규로 손자회사를 편입하는 과정에서 3년간 손자회사 보유주식기준 적용을 유예하여 자회사의 재무부담을 완화함.
	지주회사 자회사의 공동출자 규제 완화	공정거래법상 지주회사 자회사가 손자회사를 설립 또는 보유하기 위해서는 단독출자만 가능하고 자회사가 손자회사에 공동출자하는 것이 금지되어 있다. 그러나 사업재편계획을 승인받은 승인기업(지주회사 자회사, 2개 이하)은 손자회사에 공동출자하여 신사업 진출이 가능함.
승인기업이 지주회사의 손자회사인 경우	증손회사 지분보유 규제 완화	공정거래법상 손자회사는 100% 소유를 통해서만 증손회사를 보유할 수 있고, 이러한 지분을 맞추지 못할 경우 매각할 수 밖에 없음. 그러나 사업재편계획을 승인받은 손자회사는 증손회사에 50% 이상 출자가 가능해지고, 2개 이하의 손자회사가 승인을 받아 증손회사*에 50%씩 공동출자가 가능해짐.
	지주회사 자회사의 공동출자 규제 완화	공정거래법상 지주회사 자회사가 손자회사를 설립 또는 보유하기 위해서는 단독출자만 가능하고 자회사가 손자회사에 공동출자하는 것이 금지되어 있다. 그러나 사업재편계획을 승인받은 승인기업(지주회사 자회사, 2개 이하)은 손자회사에 공동출자하여 신사업 진출이 가능함.

3) 상호출자제한 기업집단 규제 완화

구 분	내 용	규정
승인기업이 「공정거래법」상 상호출자제한 기업집단에 속할 경우	상호출자제한 기업집단에 속하는 회사는 상호출자나 신규순환출자를 형성할 수 없으나 합병 등 과정에서 부득이하게 상호출자나 신규순환출자를 하게 된 경우에는 당해 주식을 출자한 날로부터 6개월 내에 주식을 처분하여야 한다. 그러나 사업재편을 하는 과정에서 부득이하게 순환출자나 상호출자를 하게 되는 경우에는 순환출자·상호출자 해소유예기간을 6개월에서 1년으로 연장함.	기업활력법 제24조

다. 조세 등 지원내용

「기업활력법」 제27조 및 「조세특례제한법」, 「지방세특례제한법」상 주요 지원내용은 다음과 같다. 실무적으로 사업재편을 진행할 경우 해당 조세지원 세법규정은 반드시 확인하기 바란다.

구 분	내 용
양도차익 과세이연	금융채무상환을 위한 자산매각시 양도차익 과세이연(조세특례제한법 제121조의 26)
	기업간 주식교환시 양도차익 과세이연(조세특례제한법 제121조의 30)
	합병에 따른 중복자산 양도차익 과세이연(조세특례제한법 제121조의 31)
채무면제이익 과세이연	모회사의 자회사 금융채무 인수・변제시 과세이연(조세특례제한법 제121조의 27)
	주주등의 자산 무상양도에 대한 과세이연(조세특례제한법 제121조의 28)
	금융기관에 의한 채무면제시 과세이연(조세특례제한법 제121조의 29)
등록면허세 감면	설립등기・합병・증자 등으로 자본금 증가시 부과되는 등록면허세(자본금 증가분의 0.4%)를 50% 감면(지방세특례제한법 제57조의 2 제8항)
관세납기연장・분납지원	사업재편 기업의 전년도 관세 납세액의 50% 범위에서 6개월 이내 납부기한 연장(무담보) 및 3회까지 분할하여 납부할 수 있도록 지원

4. 현행 사업재편지원제도와의 비교

기존 사업재편지원제도는 부실기업에 대한 기업정상화가 목적이라면 기업활력법은 선제적인 사업재편을 통하여 기업경쟁력 강화 및 산업구조 고도화를 달성하고자 하는 데 지원의 목적이 있다고 할 것이다.

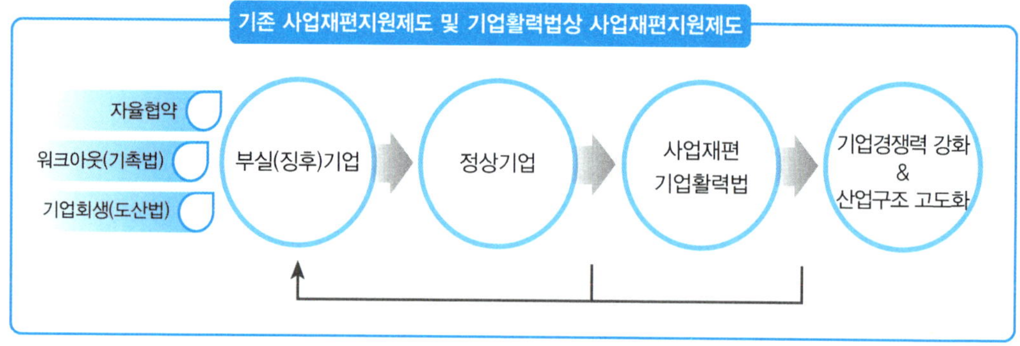

기업활력법 이외의 사업재편을 지원하는 기존의 다른 법률상 제도를 간단히 살펴보면 다음과 같다[776]. 실무적으로 적용 시에는 반드시 해당 법률 규정을 재확인하기 바란다.

구분	기업활력법	기업구조정 촉진법 (기촉법)	통합 도산법	중소기업 사업전환법	벤처기업육성에 관한특별조치법 (벤처법)
적용 대상	공급과잉 기업 (기촉법 · 도산법 대상기업 제외)	부실(징후)기업	부실기업	중소기업 (상장법인 제외)	중소기업 중 벤처대상 (상장법인 제외)
신용 등급	A · B (정상기업)	C (부실징후기업)	D (부실기업)		
특징	선제적 · 자율적 구조조정(절차 효율화 · 세제 지원 등)	채권단 주도의 구조조정 (채무조정 지원)	법원주도의 회생 또는 파산절차 (법정관리)	중소기업의 업종전환 지원	벤처기업의 창업 중심 지원
한계점	공급과잉분야에 한정	채권금융기관에 신용공여 받은 경우에 한정	부실기업에 대한 사후적 · 타율적 구조조정	지원범위가 업종의 전환 · 추가로 한정	일정요건*을 갖춘 중소기업에 한정

* 일정요건 : 일정투자기관의 투자금액 합계가 5천만원 이상 & 자본금의 10% 이상인 경우 등

5. 기업활력법의 적용사례

산업통상자원부는 '제27차 사업재편계획심의위원회(2020.9.23.)'에서 신산업진출 유형 15개 기업의 사업재편계획을 추가 승인함에 따라 제27차 시점까지 누적 승인기업이 143개사에 대하여 기업활력 제고를 위한 승인조치를 취한 것으로 보인다. 해당 승인기업은 중소·중견기업이 대부분을 차지하고 있지만 대기업도 있는 상태이다.

이 중 과잉공급을 해소하기 위한 사업재편의 성공사례를 살펴보면 다음과 같다.

776) 기업활력법 종합포털 http://www.oneshot.or.kr/sub/law/summary.asp 참조

| 한화 - 유니드 사례[777) |

구 분	내 용
사업재편 방향	한화케미칼은 울산 가성소다 공장 설비와 부지를 유니드에 매각(인적자원 또한 그대로 승계)하고, 유니드는 해당 설비를 가성칼륨 공장으로 개조
목표	• 한화케미칼 : 과잉공급에 해당하는 가성소다 생산량을 20만톤 감축하고, 주력사업인 PVC사업에 집중함으로써 경쟁력 제고 • 유니드 : 가성소다에 비해 부가가치가 높고 잠재수요가 풍부한 가성칼륨 생산량을 7만톤 증가, 가성칼륨 생산시 발생하는 부산물(염소 · 수소) 판매수익 창출
특징	기업활력법 관련 사업재편심의위원회의 심의 하에 최초로 통과된 사업재편(자산양수도) 매도자와 매수자가 서로 win - win하는 성공적 사업재편 사례를 창출하여 향후 활발한 사업재편 유도
구조	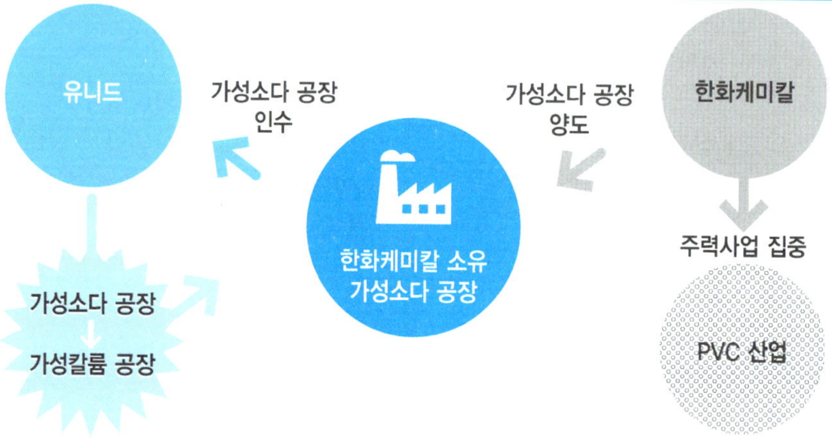

해외(일본)의 성공사례로 미쓰비시중공업과 히타치제작소가 가스터빈라인업 확대 및 해외지역 강점 보완을 위해 화력발전부문을 분할 · 통합하여 설립한 미쓰비시히타치파워시스템즈의 경우 GE, 지멘스에 이어 발전사업부문 세계 3위 기업으로 부상한 상태되므로 기업활력법을 잘 활용할 필요가 있다.

777) 기업활력법 종합포탈(http://www.oneshot.or.kr) 참조

| 저 | 자 | 소 | 개 |

■ 장두기

- 공인회계사
- 세무사(세무사 시험합격)
- 고려대학교 법학 석사
- 고려대학교 대학원 법학(조세법 전공) 박사과정 수료
- 전) 삼일회계법인 조세본부 근무
- 전) 안진회계법인 세무자문본부 이사(Director) 근무
  PCS(고액자산가서비스)팀 담당이사
- 현) 올바른 승계전략연구소 대표 공인회계사

〈강의 및 방송활동〉

- 국세청 주관 "기업결합(M&A 등) 실무교육" 강의(2020, 2017), "주식 가치평가 실무교육" 강의(2019)
- YTN 라디오 "궁금해요 경제생활" 아침방송 진행(2013)
- 딜로이트 안진회계법인 사내(일감몰아주기 실무사례, K-IFRS도입 후 개정 분할합병에 관한 세무 등) 강의
- 일감몰아주기 사례분석 및 해결방안 외부강의

〈전문분야〉

- 경영권, 가업자산 등의 승계플랜업무
- 합병, 분할 등 M&A 자본거래를 통한 지배구조개선업무
- 개인기업의 법인전환 및 일감몰아주기 해소방안 자문업무
- 조세관련 세무조사대응 · 세무자문 · 신고 · 불복업무 등

〈이메일〉

- seamanin@hanmail.net

자산가의 승계전략에서 자본거래(M&A 등)를 통한 경영권 승계까지

개정증보판 승계전략의 기법과 세무

2017년 11월 8일 초판 발행
2021년 4월 16일 3판 발행

저 자 장 두 기
발 행 인 이 희 태
발 행 처 **삼일인포마인**

저자협의
인지생략

서울특별시 용산구 한강대로 273 용산빌딩 4층
등록번호 : 1995. 6. 26 제3－633호
전 화 : (02) 3489－3100
F A X : (02) 3489－3141
I S B N : 978－89－5942－979－0 93320

♣ 파본은 교환하여 드립니다.

정가 75,000원